SURVEY OF GERMAN LITERATURE

Volume II

Classicism to Naturalism

Edited by

Kim Vivian
Guilford College

Frank Tobin
University of Nevada at Reno

Richard H. Lawson
University of North Carolina at Chapel Hill

UNIVERSITY
PRESS OF
AMERICA

LANHAM • NEW YORK • LONDON

Copyright © 1987 by

University Press of America,® Inc.

4720 Boston Way
Lanham, MD 20706

3 Henrietta Street
London WC2E 8LU England

British Cataloging in Publication Information Available

Library of Congress Cataloging in Publication Data

Survey of German literature.

Anthology selections in German; annotations in
English.
    Contents: — v. 2. Classicism to naturalism.
    1. German language—Readers.   2. German literature.
3. German language—Text-books for foreign speakers—
English.   I. Vivian, Kim.   II. Tobin, Frank J.
III. Lawson, Richard H.
PF3117.S88   1986   438.6'421   86-24620
ISBN 0-8191-5719-8 (v. 2 : alk. paper)
ISBN 0-8191-5720-1 (pbk. : v. 2 : alk. paper)

ACKNOWLEDGMENTS

The editors gratefully acknowledge the assistance of the following persons:

Prof. Stuart P. Atkins, for permission to use the annotations in his anthology **The Age of Goethe** (NY: Houghton Mifflin, 1969), which served in many ways as a model for this anthology.

Guilford College and Dean Sam Schumann for their financial support.

Marcy Thompson, without whose technical guidance and spiritual assistance this anthology would not have been possible.

TABLE OF CONTENTS

PREFACE   xi

CLASSICISM

Johann Wolfgang Goethe

  IPHIGENIE AUF TAURIS   2

  RÖMISCHE ELEGIEN (I, V, VII)   59

  VENETIANISCHE EPIGRAMME (1, 3, 34b, 103)   61

  Meeresstille   63
  Hegire   63
  Selige Sehnsucht   64
  Um Mitternacht   65

Friedrich Schiller

  Die Teilung der Erde   66
  Der Ring des Polykrates   67
  Nänie   69

Friedrich Hölderlin

  Hyperions Schicksalslied   71
  An die Parzen   71
  Die Kürze   72
  Menschenbeifall   72
  Heidelberg   72
  Hälfte des Lebens   74
  Andenken   74

ROMANTICISM

Friedrich Schlegel

  Athenäums-Fragment (116)   78

Ludwig Tieck

    DER BLONDE ECKBERT   80

Novalis (Friedrich von Hardenberg)

    HYMNEN AN DIE NACHT   95

Heinrich von Kleist

    DAS BETTELWEIB VON LOCARNO   107

E.T.A. Hoffmann

    DER GOLDENE TOPF   110

Clemens Brentano

    [Auf dem Rhein]   178
    [Lore Lay]   180
    [Einsam will ich untergehn]   183

Achim von Arnim

    [Mir ist zu licht zum Schlafen]   185
    [Hatte nicht der frische Morgen]   185

Adelbert von Chamisso

    Winter   187
    Das Schloß Boncourt   187

Joseph von Eichendorff

    Ankläge   189
    Waldgespräch   190
    Mittagsruh   190
    Heimweh   190
    Sehnsucht   191
    Die Nacht   192
    Meeresstille   192
    Mondnacht   193
    Der Einsiedler   193
    Der verspätete Wanderer   194

Heinrich Heine

[Und wüßten's die Blumen, die kleinen]   195
[Aus alten Märchen winkt es]   195
[Ich weiß nicht, was soll es bedeuten (Die Lorelei)] 196
Abenddämmerung   197
[Das Herz ist mir bedrückt, und sehnlich]   197
[Nun ist es Zeit, daß ich mit Verstand]   198

YOUNG GERMANY

Georg Büchner

DER HESSISCHE LANDBOTE (Erste Botschaft) [Excerpt]   200

Der Beschluß des Bundestages vom 10. Dezember
zum Verbot der Schriften des Jungen Deutschland   202

Georg Büchner

WOYZECK   204

Heinrich Heine

DEUTSCHLAND. EIN WINTERMÄRCHEN   231

Georg Herwegh

Wiegenlied   290
Ordonnanzen   290

Georg Werth

Das Hungerlied   294

Ferdinand Freiligrath

Von unten auf!   295
Wie man's macht   297

Heinrich Heine

Die Tendenz   301
Die schlesischen Weber   301

BIEDERMEIER

Franz Grillparzer

DER GASTFREUND   304

Jeremias Gotthelf

ELSI, DIE SELTSAME MAGD   325

Adalbert Stifter

GRANIT   348

Annette von Droste-Hülshoff

Der Weiher   375
Der Knabe im Moor   375
Im Grase   377
Am letzten Tage des Jahres   378

Nikolaus Lenau

Schilflieder   380
Einsamkeit   382
Blick in den Strom   383

Eduard Mörike

Der Feuerreiter   384
Um Mitternacht   385
Verborgenheit   386
Auf eine Lampe   386
Denk es, o Seele   387

REALISM

Friedrich Hebbel

    MARIA MAGDALENA   390

Gottfried Keller

    ROMEO UND JULIA AUF DEM DORFE   442

Friedrich Hebbel

    Nachtlied   499
    An den Tod   499
    Abondgefühl   500
    Mysterium   500
    Sommerbild   501
    Herbstbild   501

Gottfried Keller

    Winternacht   502
    Ich hab in kalten Wintertagen   502
    Land im Herbste   503

Theodor Storm

    Abseits   505
    Die Stadt   505
    Meeresstrand   506
    Über die Heide   506
    Oktoberlied   507

Conrad Ferdinand Meyer

    Eingelegte Ruder   508
    Im Spätboot   508
    Zwei Segel   508
    Der römische Brunnen   508

Theodor Fontane

    Herr Ribbeck auf Ribbeck im Havelland   510

NATURALISM

Gerhart Hauptmann

   BAHNWÄRTER THIEL   512

Arno Holz/Johannes Schlaf

   DIE FAMILIE SELICKE   539

Detlev von Liliencron

   Wer weiß wo   605
   Deutschland   606
   Zwei Meilen Trab   607
   Morgenrot und Abendrot   608

Arno Holz

   Phantasus (1886)   609

Andreas Scheu

   Festgesang   610

Paul Ernst

   Fannie   612

Hermann Conradi

   Herbst   614

PREFACE

We hope this anthology will provide third- and fourth-year students of German literature with a comprehensive survey of German literature from its beginnings through the end of the nineteenth century.

While every anthology must be selective and, to a degree, reflective of the biases of its editors, we have tried to choose texts that exemplify the period in which they appear. We believe this can best be done through texts that for the most part have not been shortened or simplified. This belief does, however, mean that fewer authors can be represented. One poem by Theodor Fontane in the chapter "Realism" cannot, of course, do justice to the greatest writer of the period, but Fontane is essentially a novelist, and novels could not be included in this work.

Although the customary divisions, "Classicism," "Romanticism," etc. are not always adequate, we have kept to them for the sake of simplicity, and most authors are included under their traditional periods; the exception is Heinrich Heine, whose works are divided between "Romanticism" and "Young Germany."

Because our main concern was to provide teachers and students with as many texts as possible, we decided to forego introductions to each period, author, and work. We believe this text will be used almost exclusively in the classroom, where the instructor can furnish such background material.

Our philosophy in annotating is to enable a student to understand a text on the first reading with the aid of the notes. Footnotes are limited to words and expressions that may be difficult to find in a standard pocket dictionary or that may have different meanings from their current ones. A word or construction that will recur throughout the text is indicated by "and passim" the first time it appears. Readers should pay especial attention to these, for they are often not noted again.

We would be grateful for comments and corrections.

KV
FT
RL

CLASSICISM

JOHANN WOLFGANG VON GOETHE

IPHIGENIE AUF TAURIS

EIN SCHAUSPIEL

PERSONEN

Iphigenie
Thoas, König der Taurier*
Orest
Pylades
Arkas

Schauplatz: Hain vor Dianens Tempel

ERSTER AUFZUG

ERSTER AUFTRITT

Iphigenie. Heraus in eure Schatten, rege Wipfel
Des alten, heil'gen, dichtbelaubten Haines,
Wie in der* Göttin stilles Heiligtum,
Tret' ich noch jetzt mit schauderndem Gefühl,
Als wenn ich sie zum erstenmal beträte,   -5-
Und es gewöhnt sich nicht mein Geist hierher.
So manches Jahr bewahrt mich hier verborgen
Ein hoher Wille, dem ich mich ergebe;
Doch immer bin ich, wie im ersten, fremd.
Denn ach! mich trennt das Meer von den Geliebten,   -10-
Und an dem Ufer steh' ich lange Tage,
Das Land der Griechen mit der Seele suchend;
Und gegen meine Seufzer bringt die Welle
Nur dumpfe Töne brausend mir herüber.
Weh dem, der fern von Eltern und Geschwistern   -15-
Ein einsam* Leben führt! Ihm zehrt der Gram
Das nächste Glück vor seinen Lippen weg,
Ihm schwärmen abwärts immer die Gedanken
Nach seines Vaters Hallen, wo die Sonne
Zuerst den Himmel vor ihm aufschloß, wo   -20-
Sich Mitgeborne spielend fest und fester

-----

before 1: a savage people who sacrificed strangers to Artemis
(Diana), daughter of Zeus, goddess of fertility and chastity.
3: genitive, and passim. 16: **einsames**, and passim.

Mit sanften Banden an einander knüpften.
Ich rechte* mit den Göttern nicht; allein
Der Frauen Zustand ist beklagenswert.
Zu Haus und in dem Kriege herrscht der Mann,   -25-
Und in der Fremde weiß er sich zu helfen.
Ihn freuet* der Besitz; ihn krönt der Sieg!
Ein ehrenvoller Tod ist ihm bereitet.
Wie eng-gebunden ist des Weibes* Glück!
Schon einem rauhen Gatten zu gehorchen,   -30-
Ist Pflicht und Trost; wie elend, wenn sie gar
Ein feindlich Schicksal in die Ferne treibt!
So hält mich Thoas hier, ein edler Mann,
In ernsten, heil'gen Sklavenbanden fest.
O wie beschämt gesteh' ich, daß ich dir   -35-
Mit stillem Widerwillen diene, Göttin,
Dir meiner Retterin! Mein Leben sollte
Zu freiem Dienste dir gewidmet sein.
Auch hab' ich stets auf dich gehofft und hoffe
Noch jetzt auf dich, Diana, die du mich,   -40-
Des größten Königes* verstoßne Tochter,
In deinen heil'gen, sanften Arm genommen*.
Ja, Tochter Zeus', wenn du den hohen Mann,
Den du, die Tochter fordernd, ängstigtest,
Wenn du den göttergleichen Agamemnon,   -45-
Der dir sein Liebstes zum Altare brachte,
Von Trojas umgewandten Mauern rühmlich
Nach seinem Vaterland zurückbegleitet,
Die Gattin ihm* Elektren und den Sohn*,
Die schönen Schätze, wohl erhalten hast: -50-
So gib auch mich den Meinen endlich wieder
Und rette mich, die du vom Tod errettet,
Auch von dem Leben hier, dem zweiten Tode!

ZWEITER AUFTRITT

Iphigenie. Arkas.

Arkas. Der König sendet mich und beut*
Der Priesterin Dianens Gruß und Heil.   -55-
Dies ist der Tag, da Tauris seiner Göttin
Für wunderbare neue Siege dankt.
Ich eile vor dem König und dem Heer,
Zu melden, daß er kommt und daß es naht.

23: demand my rights (from). 27: =freut, and passim.
29: =Frau. 41: i.e., Agamemnon's. 42: sc. hast, and
passim. 49: =seine Gattin, i.e., Clytemnestra; i.e., Orestes.
53: =bietet.

Iphigenie. Wir sind bereit, sie würdig zu empfangen,   -60-
Und unsere Göttin sieht willkommen Opfer
Von Thoas' Hand mit Gnadenblick entgegen.

Arkas. O fänd' ich auch den Blick der Priesterin,
Der werten, vielgeehrten, deinen Blick,
O heil'ge Jungfrau, heller, leuchtender,   -65-
Uns allen gutes Zeichen! Noch bedeckt
Der Gram geheimnisvoll dein Innerstes;
Vergebens harren* wir schon jahrelang
Auf ein vertraulich Wort aus deiner Brust.
Solang' ich dich an dieser Stätte kenne,   -70-
Ist dies der Blick, vor dem ich immer schaudre;
Und wie mit Eisenbanden bleibt die Seele
Ins Innerste des Busens dir geschmiedet.

Iphigenie. Wie's der Vertriebnen, der Verwaisten ziemt*.

Arkas. Scheinst du dir hier vertrieben und verwaist?   -75-

Iphigenie. Kann uns zum Vaterland die Fremde werden?

Arkas. Und dir ist fremd das Vaterland geworden.

Iphigenie. Das ist's, warum mein blutend Herz nicht heilt.
In erster Jugend, da sich kaum die Seele
An Vater, Mutter und Geschwister band,   -80-
Die neuen Schößlinge, gesellt und lieblich,
Vom Fuß der alten Stämme himmelwärts
Zu dringen strebten, leider faßte da
Ein fremder Fluch mich an und trennte mich
Von den Geliebten, riß das schöne Band   -85-
Mit ehrner* Faust entzwei. Sie war dahin,
Der Jugend beste Freude, das Gedeihn
Der ersten Jahre. Selbst gerettet, war
Ich nur ein Schatten mir, und frische Lust
Des Lebens blüht in mir nicht wieder auf.   -90-

Arkas. Wenn du dich so unglücklich nennen willst,
So darf ich dich auch wohl undankbar nennen.

Iphigenie. Dank habt ihr stets.

Arkas.   Doch nicht den reinen Dank,
Um dessentwillen man die Wohltat tut;
Den frohen Blick, der ein zufriednes Leben   -95-
Und ein geneigtes Herz dem Wirte zeigt.

68: =warten (ungeduldig). 74: befits. 86: =eherner
bronze.

Als dich ein tief geheimnisvolles Schicksal
Vor so viel Jahren diesem Tempel brachte,
Kam Thoas, dir als einer Gottgegebnen
Mit Ehrfurcht und mit Neigung zu begegnen,   -100-
Und dieses Ufer ward* dir hold und freundlich,
Das jedem Fremden sonst voll Grausens war,
Weil niemand unser Reich vor dir betrat,
Der an Dianens heil'gen Stufen nicht
Nach altem Brauch, ein blutig Opfer, fiel.   -105-

Iphigenie. Frei atmen macht das Leben nicht allein.
Welch Leben ist's, das an der heil'gen Stätte,
Gleich einem Schatten um sein eigen Grab,
Ich nur vertrauern muß? Und nenn' ich das
Ein fröhlich selbstbewußtes Leben, wenn   -110-
Uns jeder Tag, vergebens hingeträumt,
Zu jenen grauen Tagen vorbereitet,
Die an dem Ufer Lethes*, selbstvergessend,
Die Trauerschar der Abgeschiednen feiert?
Ein unnütz Leben ist ein früher Tod: -115-
Dies Frauenschicksal ist vor allen meins.

Arkas. Den edlen Stolz, daß du dir selbst nicht gnügest,
Verzeih' ich dir, so sehr ich dich bedaure:
Er raubet den Genuß des Lebens dir.
Du hast hier nichts getan seit deiner Ankunft?   -120-
Wer hat des Königs trüben Sinn erheitert?
Wer hat den alten grausamen Gebrauch,
Daß am Altar Dianens jeder Fremde
Sein Leben blutend läßt, von Jahr zu Jahr
Mit sanfter Überredung aufgehalten   -125-
Und die Gefangnen vom gewissen Tod
Ins Vaterland so oft zurückgeschickt?
Hat nicht Diane, statt erzürnt zu sein,
Daß sie der blut'gen alten Opfer mangelt,
Dein sanft Gebet in reichem Maß erhört?   -130-
Umschwebt mit frohem Fluge nicht der Sieg
Das Heer? und eilt er nicht sogar voraus?
Und fühlt nicht jeglicher* ein besser Los,
Seitdem der König, der uns weis' und tapfer
So lang' geführet, nun sich auch der Milde   -135-
In deiner Gegenwart erfreut und uns
Des schweigenden Gehorsams Pflicht erleichtert?
Das nennst du unnütz, wenn von deinem Wesen
Auf Tausende herab ein Balsam träufelt?
Wenn du dem Volke, dem ein Gott dich brachte,   -140-
Des neuen Glückes ew'ge Quelle wirst

101: =wurde. 113: river in the lower world whose waters cause
forgetfulness. 133: =jeder.

Und an dem unwirtbaren* Todesufer
Dem Fremden Heil und Rückkehr zubereitest?

Iphigenie. Das wenige verschwindet leicht dem Blick,
Der vorwärts sieht, wie viel noch übrigbleibt.   -145-

Arkas. Doch lobst du den, der, was er tut, nicht schätzt?

Iphigenie. Man tadelt den, der seine Taten wägt.

Arkas Auch den, der wahren Wert zu stolz nicht achtet,
Wie den, der falschen Wert zu eitel hebt.
Glaub' mir und hör' auf eines Mannes Wort,   -150-
Der treu und redlich dir ergeben ist:
Wenn heut' der König mit dir redet, so
Erleichtr' ihm, was er dir zu sagen denkt.

Iphigenie. Du ängstest* mich mit jedem guten Worte:
Oft wich ich seinem Antrag mühsam aus.   -155-

Arkas. Bedenke, was du tust und was dir nützt.
Seitdem der König seinen Sohn verloren,
Vertraut er wenigen der Seinen mehr,
Und diesen wenigen nicht mehr wie sonst.
Mißgünstig sieht er jedes Edlen Sohn   -160-
Als seines Reiches Folger an, er fürchtet
Ein einsam hülflos* Alter, ja vielleicht
Verwegnen Aufstand und frühzeit'gen Tod.
Der Skythe* setzt ins Reden keinen Vorzug,
Am wenigsten der König. Er, der nur   -165-
Gewohnt ist, zu befehlen und zu tun,
Kennt nicht die Kunst, von weitem ein Gespräch
Nach seiner Absicht langsam fein zu lenken.
Erschwer's Ihm nicht durch ein rückhaltend Weigern,
Durch ein vorsätzlich Mißverstehen. Geh   -170-
Gefällig ihm den halben Weg entgegen.

Iphigenie. Soll ich beschleunigen, was mich bedroht?

Arkas. Willst du sein Werben eine Drohung nennen?

Iphigenie. Es ist die schrecklichste von allen mir.

Arkas. Gib ihm für seine Neigung nur Vertraun.   -175-

Iphigenie. Wenn er von Furcht erst meine Seele löst.

142: inhospitable. 154: =ängstigst. 162: =hilflos(es).
164: member of a fierce, nomadic tribe; here: the enemy.

Arkas. Warum verschweigst du deine Herkunft ihm?

Iphigenie. Weil einer Priesterin Geheimnis ziemt.

Arkas. Dem König sollte nichts Geheimnis sein;
Und ob er's gleich nicht fordert, fühlt er's doch   -180-
Und fühlt es tief in seiner großen Seele,
Daß du sorgfältig dich vor ihm verwahrst.

Iphigenie. Nährt er Verdruß und Unmut gegen mich?

Arkas. So scheint es fast. Zwar schweigt er auch von dir;
Doch haben hingeworfne Worte mich   -185-
Belehrt, daß seine Seele fest den Wunsch
Ergriffen hat, dich zu besitzen. Laß,
O überlaß ihn nicht sich selbst! damit
In seinem Busen nicht der Unmut reife
Und dir Entsetzen bringe, *du zu spät   -190-
An meinen treuen Rat mit Reue denkest.

Iphigenie. Wie? Sinnt der König, was kein edler Mann,
Der seinen Namen liebt, und dem Verehrung
Der Himmlischen den Busen bändiget*,
Je denken sollte? Sinnt er, vom Altar   -195-
Mich in sein Bette* mit Gewalt zu ziehn?
So ruf' ich alle Götter und vor allen
Dianen, die entschloßne Göttin an,
Die ihren Schutz der Priesterin gewiß
Und Jungfrau einer Jungfrau gern gewährt.   -200-

Arkas. Sei ruhig! Ein gewaltsam neues Blut
Treibt nicht den König, solche Jünglingstat
Verwegen* auszuüben. Wie er sinnt,
Befürcht' ich andern, harten Schluß von ihm,
Den unaufhaltbar er vollenden wird: -205-
Denn seine Seel' ist fest und unbeweglich.
Drum bitt' ich dich, vertrau' ihm, sei ihm dankbar,
Wenn du ihm weiter nichts gewähren kannst.

Iphigenie. O sage, was dir weiter noch bekannt ist.

Arkas. Erfahr's von ihm. Ich seh' den König kommen.   -210-
Du ehrst ihn, und dich heißt dein eigen Herz,
Ihm freundlich und vertraulich zu begegnen.
Ein edler Mann wird durch ein gutes Wort
Der Frauen weit geführt.

190: sc.=und. 194: who(se bosom) is restrained by respect of
the divine (one). 196: =Bett. 203: adv.: boldly,
rashly. 211: commands.

Iphigenie (allein).   Zwar seh' ich nicht,
  Wie ich dem Rat des Treuen folgen soll;   -215-
  Doch folg' ich gern der Pflicht, dem Könige
  Für seine Wohltat gutes Wort zu geben,
  Und wünsche mir, daß ich dem Mächtigen,
  Was ihm gefällt, mit Wahrheit sagen möge.

                       DRITTER AUFTRITT

                      Iphigenie. Thoas.

Iphigenie. Mit königlichen Gütern segne dich   -220-
  Die Göttin! Sie gewähre Sieg und Ruhm
  Und Reichtum und das Wohl der Deinigen
  Und jedes frommen Wunsches Fülle dir!
  Daß, der du* über viele sorgend herrschest,
  Du auch vor vielen seltnes Glück genießest.   -225-

Thoas. Zufrieden wär' ich, wenn mein Volk mich rühmte:
  Was ich erwarb, genießen andre mehr
  Als ich. Der ist am glücklichsten, er sei
  Ein König oder ein Geringer, dem
  In seinem Hause Wohl bereitet ist.   -230-
  Du nahmest teil an meinen tiefen Schmerzen,
  Als mir das Schwert der Feinde meinen Sohn,
  Den letzten, besten, von der Seite riß.
  Solang' die Rache meinen Geist besaß,
  Empfand ich nicht die Öde meiner Wohnung;   -235-
  Doch jetzt, da ich befriedigt wiederkehre,
  Ihr Reich zerstört, mein Sohn gerochen* ist,
  Bleibt mir zu Hause nichts, das mich ergetze*.
  Der fröhliche Gehorsam, den ich sonst
  Aus einem jeden* Auge blicken sah,   -240-
  Ist nun von Sorg' und Unmut still gedämpft.
  Ein jeder sinnt, was künftig werden wird,
  Und folgt dem Kinderlosen, weil er muß.
  Nun komm' ich heut' in diesen Tempel, den
  Ich oft betrat, um Sieg zu bitten und   -245-
  Für Sieg zu danken. Einen alten Wunsch
  Trag' ich im Busen, der auch dir nicht fremd
  Noch unerwartet ist: ich hoffe, dich,
  Zum Segen meines Volkes und mir zum Segen,
  Als Braut in meine Wohnung einzuführen.   -250-

Iphigenie. Der Unbekannten bietest du zu viel,

224: you who. 237: =gerächt avenged. 238: =ergötze might
please, amuse. 240: each and every.

O König, an. Es steht die Flüchtige
Beschämt vor dir, die nichts an diesem Ufer
Als Schutz und Ruhe sucht, die du ihr gabst.

Thoas. Daß du in das Geheimnis deiner Abkunft   -255-
Vor mir wie vor dem Letzten stets dich hüllest,
Wär' unter keinem Volke recht und gut.
Dies Ufer schreckt die Fremden: das Gesetz
Gebietet's und die Not. Allein von dir,
Die jedes frommen Rechts genießt, ein wohl   -260-
Von uns empfangner Gast, nach eignem Sinn
Und Willen ihres Tages sich erfreut,
Von dir hofft' ich Vertrauen, das der Wirt
Für seine Treue wohl erwarten darf.

Iphigenie. Verbarg ich meiner Eltern Namen und   -265-
Mein Haus, o König, war's Verlegenheit,
Nicht Mißtraun. Denn vielleicht, ach! wüßtest du,
Wer vor dir steht, und welch verwünschtes Haupt*
Du nährst und schützest; ein Entsetzen faßte*
Dein großes Herz mit seltnem Schauer an,   -270-
Und statt die Seite deines Thrones mir
Zu bieten, triebest du mich vor der Zeit
Aus deinem Reiche; stießest mich vielleicht,
Eh' zu den Meinen frohe Rückkehr mir
Und meiner Wandrung Ende zugedacht ist,   -275-
Dem Elend zu, das jeden Schweifenden,
Von seinem Haus Vertriebnen überall
Mit kalter, fremder Schreckenshand erwartet.

Thoas. Was auch der Rat der Götter mit dir sei,
Und was sie einem Haus und dir gedenken,   -280-
So fehlt es doch, seitdem du bei uns wohnst
Und eines frommen Gastes Recht genießest,
An Segen nicht, der mir von oben kommt.
Ich möchte schwer zu überreden sein,
Daß ich an dir ein schuldvoll Haupt beschütze.   -285-

Iphigenie. Dir bringt die Wohltat Segen, nicht der Gast.

Thoas. Was man Verruchten tut, wird nicht gesegnet.
Drum endige dein Schweigen und dein Weigern!
Es fordert dies kein ungerechter Mann.
Die Göttin übergab dich meinen Händen;   -290-
Wie du ihr heilig warst, so warst du mir.
Auch sei ihr Wink noch künftig mein Gesetz:
Wenn du nach Hause Rückkehr hoffen kannst,
So sprech' ich dich von aller Fordrung los.

268: =Kopf. 269: =würde fassen.

Doch ist der Weg auf ewig dir versperrt,   -295-
Und ist dein Stamm vertrieben oder durch
Ein ungeheures Unheil ausgelöscht,
So bist du mein durch mehr als ein Gesetz.
Sprich offen! und du weißt, ich halte Wort.

Iphigenie. Vom alten Bande löset ungern sich   -300-
Die Zunge los, ein langverschwiegenes
Geheimnis endlich zu entdecken. Denn
Einmal vertraut, verläßt es ohne Rückkehr
Des tiefen Herzens sichre Wohnung, schadet,
Wie es die Götter wollen, oder nützt.   -305-
Vernimm! Ich bin aus Tantalus'* Geschlecht.

Thoas. Du sprichst ein großes Wort gelassen aus.
Nennst du **den** deinen Ahnherrn, den die Welt
Als einen ehmals Hochbegnadigten
Der Götter kennt? Ist's jener Tantalus,   -310-
Den Jupiter* zu Rat und Tafel zog,
An dessen alterfahrnen, vielen Sinn
Verknüpfenden Gesprächen Götter selbst,
Wie an Orakelsprüchen, sich ergetzten?

Iphigenie. Er ist es; aber Götter sollten nicht   -315-
Mit Menschen wie mit ihresgleichen wandeln:
Das sterbliche Geschlecht ist viel zu schwach,
In ungewohnter Höhe nicht zu schwindeln.
Unedel war er nicht und kein Verräter,
Allein zum Knecht zu groß, und zum Gesellen   -320-
Des großen Donners nur ein Mensch. So war
Auch sein Vergehen menschlich; ihr Gericht
War streng, und Dichter singen: Übermut
Und Untreu stürzten ihn von Jovis* Tisch
Zur Schmach des alten Tartarus* hinab.   -325-
Ach, und sein ganz Geschlecht trug ihren Haß!

Thoas. Trug es die Schuld des Ahnherrn oder eigne?

Iphigenie. Zwar die gewalt'ge Brust und der Titanen
Kraftvolles Mark war seiner Söhn' und Enkel
Gewisses Erbteil; doch es schmiedete   -330-
Der Gott um ihre Stirn ein ehern Band.
Rat, Mäßigung und Weisheit und Geduld

306: son of Zeus; for divulging secrets entrusted to him by
Zeus, he was punished in the lower world by being afflicted
with a raging thirst while situated in the midst of a lake
from which he could not drink.   311: =Zeus.   324: =Zeus.   325:
in the Iliad place beneath the earth reserved for the rebel
Titans; later synonomous with Hades.

Verbarg er ihrem scheuen, düstern Blick:
Zur Wut ward ihnen jegliche Begier,
Und grenzenlos drang ihre Wut umher.   -335-
Schon Pelops, der Gewaltig-Wollende,
Des Tantalus geliebter Sohn, erwarb
Sich durch Verrat und Mord das schönste Weib,
Önomaus' Erzeugte, Hippodamien.
Sie bringt den Wünschen des Gemahls zwei Söhne,   -340-
Thyest und Atreus. Neidisch sehen sie
Des Vaters Liebe zu dem ersten Sohn*
Aus einem andern Bette wachsend an.
Der Haß verbindet sie, und heimlich wagt
Das Paar im Brudermord die erste Tat.   -345-
Der Vater wähnet* Hippodamien
Die Mörderin, und grimmig fordert er
Von ihr den Sohn zurück, und sie entleibt*
Sich selbst-

Thoas.   Du schweigest? Fahre fort zu reden!
Laß dein Vertraun dich nicht gereuen! Sprich!   -350-

Iphigenie. Wohl dem, der seiner Väter gern gedenkt,
Der froh von ihren Taten, ihrer Größe
Den Hörer unterhält und, still sich freuend,
Ans Ende dieser schönen Reihe sich
Geschlossen sieht! Denn es erzeugt nicht gleich   -355-
Ein Haus den Halbgott, noch das Ungeheuer;
Erst eine Reihe Böser oder Guter
Bringt endlich das Entsetzen, bringt die Freude
Der Welt hervor.-Nach ihres Vaters Tode
Gebieten Atreus und Thyest der Stadt,   -360-
Gemeinsam-herrschend. Lange konnte nicht
Die Eintracht dauern. Bald entehrt Thyest
Des Bruders Bette. Rächend treibt Atreus
Ihn aus dem Reiche. Tückisch hatte schon
Thyest, auf schwere Taten sinnend, lange*   -365-
Dem Bruder einen Sohn entwandt und heimlich
Ihn als den seinen schmeichelnd auferzogen.
Dem füllet er die Brust mit Wut und Rache
Und sendet ihn zur Königsstadt, daß er
Im Oheim* seinen eignen Vater morde.   -370-
Des Jünglings Vorsatz wird entdeckt: der König
Straft grausam den gesandten Mörder, wähnend,
Er töte seines Bruders Sohn. Zu spät
Erfährt er, wer vor seinen trunknen* Augen
Gemartert stirbt; und die Begier der Rache   -375-

342: i.e., Chrysippus. 346: =glaubt, hält... für. 348:
=tötet. 365: long ago. 370: =Onkel. 374: =betrunkenen (vor
Wut, Rache).

Aus seiner Brust zu tilgen, sinnt er still
Auf unerhörte Tat. Er scheint gelassen,
Gleichgültig und versöhnt, und lockt den Bruder
Mit seinen beiden Söhnen in das Reich
Zurück, ergreift die Knaben, schlachtet sie   -380-
Und setzt die ekle, schaudervolle Speise
Dem Vater bei dem ersten Mahle vor.
Und da Thyest an seinem Fleische sich
Gesättigt, eine Wehmut ihn ergreift,
Er nach den Kindern fragt, den Tritt, die Stimme   -385-
Der Knaben an des Saales Türe schon
Zu hören glaubt, wirft Atreus grinsend
Ihm Haupt* und Füße der Erschlagenen hin.-
Du wendest schaudernd dein Gesicht, o König:
So wendete die Sonn' ihr Antlitz* weg   -390-
Und ihren Wagen aus dem ew'gen Gleise.
Dies sind die Ahnherrn deiner Priesterin;
Und viel unseliges Geschick der Männer,
Viel Taten des verworrnen Sinnes deckt
Die Nacht mit schweren Fittichen* und läßt   -395-
Uns nur in grauenvolle Dämmrung sehn.

Thoas. Verbirg sie schweigend auch. Es sei genug
Der Greuel! Sage nun, durch welch ein Wunder
Von diesem wilden Stamme du entsprangst.

Iphigenie. Des Atreus ältester Sohn war Agamemnon: -400-
Er ist mein Vater. Doch, ich darf es sagen,
In ihm hab' ich seit meiner ersten Zeit
Ein Muster des vollkommnen Manns gesehn.
Ihm brachte Klytämnestra mich, den Erstling
Der Liebe, dann Elektren. Ruhig herrschte   -405-
Der König, und es war dem Hause Tantals
Die lang' entbehrte Rast gewährt. Allein
Es mangelte dem Glück der Eltern noch
Ein Sohn, und kaum war dieser Wunsch erfüllt,
Daß zwischen beiden Schwestern nun Orest,   -410-
Der Liebling, wuchs, als neues Übel schon
Dem sichern Hause zubereitet war.
Der Ruf des Krieges ist zu euch gekommen,
Der, um den Raub der schönsten Frau* zu rächen,
Die ganze Macht der Fürsten Griechenlands   -415-
Um Trojens Mauern lagerte. Ob sie
Die Stadt gewonnen, ihrer Rache Ziel
Erreicht, vernahm ich nicht. Mein Vater führte
Der Griechen Heer. In Aulis harrten sie
Auf günst'gen Wind vergebens: denn Diane,   -420-

388: =Kopf. 390: =Gesicht. 395: wings. 414: i.e., Helen of
Troy.

Erzürnt auf ihren großen Führer, hielt
Die Eilenden zurück und forderte
Durch Kalchas'* Mund des Königs älteste Tochter.
Sie lockten mit der Mutter mich ins Lager;
Sie rissen mich vor den Altar und weihten   -425-
Der Göttin dieses Haupt.-Sie war versöhnt:
Sie wollte nicht mein Blut und hüllte rettend
In eine Wolke mich; in diesem Tempel
Erkannt' ich mich zuerst vom Tode wieder.
Ich bin es selbst, bin Iphigenie,   -430-
Des Atreus Enkel, Agamemnons Tochter,
Der Göttin Eigentum, die mit dir spricht.

Thoas. Mehr Vorzug und Vertauen geb' ich nicht
Der Königstochter als der Unbekannten.
Ich wiederhole meinen ersten Antrag: -435-
Komm, folge mir und teile, was ich habe.

Iphigenie. Wie darf ich solchen Schritt, o König, wagen?
Hat nicht die Göttin, die mich rettete,
Allein das Recht auf mein geweihtes Leben?
Sie hat für mich den Schutzort ausgesucht,   -440-
Und sie bewahrt mich einem Vater, den
Sie durch den Schein genug gestraft, vielleicht
Zur schönsten Freude seines Alters hier.
Vielleicht ist mir die frohe Rückkehr nah;
Und ich, auf ihren Weg nicht achtend, hätte   -445-
Mich wider ihren Willen hier gefesselt?
Ein Zeichen bat ich, wenn* ich bleiben sollte.

Thoas. Das Zeichen ist, daß du noch hier verweilst.
Such' Ausflucht solcher Art nicht ängstlich auf.
Man spricht vergebens viel, um zu versagen;   -450-
Der andre hört von allem nur das Nein.

Iphigenie. Nicht Worte sind es, die nur blenden sollen:
Ich habe dir mein tiefstes Herz entdeckt.
Und sagst du dir nicht selbst, wie ich dem Vater,
Der Mutter, den Geschwistern mich entgegen   -455-
Mit ängstlichen Gefühlen sehnen muß?
Daß in den alten Hallen, wo die Trauer
Noch manchmal stille meinen Namen lispelt,
Die Freude, wie um eine Neugeborne,
Den schönsten Kranz von Säul' an Säulen schlinge.   -460-
O sendetest du mich auf Schiffen hin!
Du gäbest mir und allen neues Leben.

Thoas. So kehr' zurück! Tu, was dein Herz dich heißt,

423: a soothsayer. 447: =ob.

Und höre nicht die Stimme guten Rats
Und der Vernunft. Sei ganz ein Weib und gib   -465-
Dich hin dem Triebe, der dich zügellos
Ergreift und dahin oder dorthin reißt.
Wenn ihnen eine Lust im Busen brennt,
Hält vom Verräter sie kein heilig Band,
Der sie dem Vater oder dem Gemahl   -470-
Aus langbewährten, treuen Armen lockt;
Und schweigt in ihrer Brust die rasche Glut,
So dringt auf sie vergebens treu und mächtig
Der Überredung goldne Zunge los.

Iphigenie. Gedenk', o König, deines edeln Wortes!   -475-
Willst du mein Zutraun so erwidern? Du
Schienst vorbereitet, alles zu vernehmen.

Thoas. Aufs Ungehoffte war ich nicht bereitet;
Doch sollt' ich's auch erwarten: wußt' ich nicht,
Daß ich mit einem Weibe handeln ging?   -480-

Iphigenie. Schilt nicht, o König, unser arm Geschlecht.
Nicht herrlich wie die euren, aber nicht
Unedel sind die Waffen eines Weibes.
Glaub' es, darin bin ich dir vorzuziehn,
Daß ich dein Glück mehr als du selber kenne.   -485-
Du wähnest, unbekannt mit dir und mir,
Ein näher Band werd' uns zum Glück vereinen.
Voll guten Mutes, wie voll guten Willens,
Dringst du in mich, daß ich mich fügen soll;
Und hier dank' ich den Göttern, daß sie mir   -490-
Die Festigkeit gegeben, dieses Bündnis
Nicht einzugehen, das sie nicht gebilligt.

Thoas. Es spricht kein Gott; es spricht dein eignes Herz.

Iphigenie. Sie reden nur durch unser Herz zu uns.

Thoas. Und hab' Ich, sie zu hören, nicht das Recht?   -495-

Iphigenie. Es überbraust der Sturm die zarte Stimme.

Thoas. Die Priesterin vernimmt sie wohl allein?

Iphigenie. Vor allen andern merke sie der Fürst.

Thoas. Dein heilig Amt und dein geerbtes Recht
An Jovis Tisch bringt dich den Göttern näher   -500-
Als einen erdgebornen Wilden.

Iphigenie.   So
Büß' ich nun das Vertraun, das du erzwangst.

Thoas. Ich bin ein Mensch; und besser ist's, wir enden.
  So bleibe denn mein Wort: Sei Priesterin
  Der Göttin, wie sie dich erkoren* hat;   -505-
  Doch mir verzeih' Diane, daß ich ihr
  Bisher, mit Unrecht und mit innerm Vorwurf,
  Die alten Opfer vorenthalten habe.
  Kein Fremder nahet glücklich unserm Ufer:
  Von alters her ist ihm der Tod gewiß.   -510-
  Nur du hast mich mit einer Freundlichkeit,
  In der ich bald der zarten Tochter Liebe,
  Bald stille Neigung einer Braut zu sehn
  Mich tief erfreute, wie mit Zauberbanden
  Gefesselt, daß ich meiner Pflicht vergaß.   -515-
  Du hattest mir die Sinnen eingewiegt,
  Das Murren meines Volks vernahm ich nicht;
  Nun rufen sie die Schuld von meines Sohnes
  Frühzeit'gem Tode lauter über mich.
  Um deinetwillen halt' ich länger nicht   -520-
  Die Menge, die das Opfer dringend fordert.

Iphigenie. Um meinetwillen hab' ich's nie begehrt.
  Der mißversteht die Himmlischen, der sie
  Blutgierig wähnt: er dichtet ihnen nur
  Die eignen grausamen Begierden an.   -525-
  Entzog die Göttin mich nicht selbst dem Priester?
  Ihr war mein Dienst willkommner als mein Tod.

Thoas. Es ziemt sich nicht für uns, den heiligen
  Gebrauch mit leicht beweglicher Vernunft
  Nach unserm Sinn zu deuten und zu lenken.   -530-
  Tu deine Pflicht, ich werde meine tun.
  Zwei Fremde, die wir in des Ufers Höhlen
  Versteckt gefunden, und die meinem Lande
  Nichts Gutes bringen, sind in meiner Hand.
  Mit diesen nehme deine Göttin wieder   -535-
  Ihr erstes, rechtes, lang' entbehrtes Opfer!
  Ich sende sie hierher; du weißt den Dienst*.

VIERTER AUFTRITT

Iphigenie (allein). Du hast Wolken, gnädige Retterin
  Einzuhüllen unschuldig Verfolgte,
  Und auf Winden dem ehrnen Geschick sie   -540-
  Aus den Armen*, über das Meer,
  Über der Erde weiteste Strecken,

505: =gewählt. 536: i.e., sacrificial. 541: (to carry) her
(i.e., Iphigenie) from the arms of an iron fate.

Und wohin es dir gut dünkt*, zu tragen.
Weise bist du und siehest das Künftige;
Nicht vorüber ist dir das Vergangne,   -545-
Und dein Blick ruht über den Deinen,
Wie dein Licht, das Leben der Nächte,
Über der Erde ruhet und waltet.
O, enthalte vom Blut meine Hände!
Nimmer bringt es Segen und Ruhe;   -550-
Und die Gestalt des zufällig Ermordeten
Wird auf des traurig-unwilligen Mörders
Böse Stunden lauern und schrecken.
Denn die Unsterblichen lieben der Menschen
Weit verbreitete gute Geschlechter,   -555-
Und sie fristen das flüchtige Leben
Gerne dem Sterblichen, wollen ihm gerne
Ihres eigenen, ewigen Himmels
Mitgenießendes fröhliches Anschaun
Eine Weile gönnen und lassen.   -560-

ZWEITER AUFZUG

ERSTER AUFTRITT

Orest. Pylades.

Orest. Es ist der Weg des Todes, den wir treten:
Mit jedem Schritt wird meine Seele stiller.
Als ich Apollen bat, das gräßliche
Geleit der Rachegeister* von der Seite
Mir abzunehmen, schien er Hilf' und Rettung   -565-
Im Tempel seiner vielgeliebten Schwester*,
Die über Tauris herrscht, mit hoffnungsreichen,
Gewissen Götterworten zu versprechen;
Und nun erfüllet sich's, daß alle Not
Mit meinem Leben völlig enden soll.   -570-
Wie leicht wird's mir, dem eine Götterhand
Das Herz zusammendrückt, den Sinn betäubt,
Dem schönen Licht der Sonne zu entsagen.
Und sollen Atreus' Enkel in der Schlacht
Ein siegbekröntes Ende nicht gewinnen,   -575-
Soll ich wie meine Ahnen, wie mein Vater
Als Opfertier im Jammertode bluten:
So sei es! Besser hier vor dem Altar,

543: =scheint.   564: i.e., the Furiae (Eumenides, Erinyes),
the Avenging Deities.   566: i.e., Diana.

Als im verworfnen Winkel, wo die Netze
Der nahverwandte Meuchelmörder stellt.   -580-
Laßt mir so lange Ruh, ihr Unterird'schen,
Die nach dem Blut ihr, das von meinen Tritten
Hernieder träufelnd meinen Pfad bezeichnet,
Wie losgelaßne Hunde spürend hetzt!
Laßt mich, ich komme bald zu euch hinab: -585-
Das Licht des Tags soll euch nicht sehn, noch mich.
Der Erde schöner grüner Teppich soll
Kein Tummelplatz für Larven* sein.   Dort unten
Such' ich euch auf: dort bindet alle dann
Ein gleich Geschick in ew'ge matte Nacht.   -590-
Nur dich, mein Pylades, dich, meiner Schuld
Und meines Banns unschuldigen Genossen,
Wie ungern nehm' ich dich in jenes Trauerland
Frühzeitig mit! Dein Leben oder Tod
Gibt mir allein noch Hoffnung oder Furcht.   -595-

Pylades. Ich bin noch nicht, Orest, wie du bereit,
In jenes Schattenreich hinabzugehn.
Ich sinne noch, durch die verworrnen Pfade,
Die nach der schwarzen Nacht zu führen scheinen,
Uns zu dem Leben wieder aufzuwinden.   -600-
Ich denke nicht *den Tod; ich sinn' und horche,
Ob nicht zu irgendeiner frohen Flucht
Die Götter Rat und Wege zubereiten.
Der Tod, gefürchtet oder ungefürchtet,
Kommt unaufhaltsam. Wenn die Priesterin   -605-
Schon, unsre Locken weihend abzuschneiden,
Die Hand erhebt, soll dein' und meine Rettung
Mein einziger Gedanke sein.   Erhebe
Von diesem Unmut deine Seele; zweifelnd
Beschleunigest du die Gefahr. Apoll   -610-
Gab uns das Wort: im Heiligtum der Schwester
Sei Trost und Hilf' und Rückkehr dir bereitet.
Der Götter Worte sind nicht doppelsinnig,
Wie der Gedrückte sie im Unmut wähnt.

Orest. Des Lebens dunkle Decke breitete   -615-
Die Mutter schon mir um das zarte Haupt,
Und so wuchs ich herauf, ein Ebenbild
Des Vaters, und es war mein stummer Blick
Ein bittrer Vorwurf ihr und Ihrem Buhlen*.
Wie oft, wenn still Elektra, meine Schwester,   -620-
Am Feuer in der tiefen Halle saß,
Drängt' ich beklommen mich an ihren Schoß
Und starrte, wie sie bitter weinte, sie
Mit großen Augen an. Dann sagte sie

588: spectres. 601: sc. an. 619: lover, i.e., Aegisthus.

Von unserm hohen Vater viel: wie sehr   -625-
Verlangt' ich, ihn zu sehn, bei ihm zu sein!
Mich wünscht' ich bald nach Troja, ihn bald her.
Es kam der Tag-

Pylades.   O laß von jener Stunde
Sich Höllengeister nächtlich unterhalten!
Uns gebe die Erinnrung schöner Zeit   -630-
Zu frischem Heldenlaufe neue Kraft.
Die Götter brauchen manchen guten Mann
Zu ihrem Dienst auf dieser weiten Erde.
Sie haben noch auf dich gezählt; sie gaben
Dich nicht dem Vater zum Geleite mit,   -635-
Da er unwillig nach dem Orkus ging.

Orest. O wär ich, seinen Saum ergreifend, ihm
Gefolgt!

Pylades. So haben die, die dich erhielten,
Für mich gesorgt: denn was ich worden* wäre,
Wenn du nicht lebtest, kann ich mir nicht denken,   -640-
Da ich mit dir und deinetwillen nur
Seit meiner Kindheit leb' und leben mag.

Orest. Erinnere mich nicht jener* schönen Tage,
Da mir dein Haus die freie Stätte gab,
Dein edler Vater* klug und liebevoll   -645-
Die halberstarrte junge Blüte pflegte;
Da du, ein immer munterer Geselle,
Gleich einem leichten, bunten Schmetterling
Um eine dunkle Blume, jeden Tag
Um mich mit neuem Leben gaukeltest,   -650-
Mir deine Lust in meine Seele spieltest,
Daß ich, vergessend meiner Not, mit dir
In rascher Jugend hingerissen schwärmte.

Pylades. Da fing mein Leben an, als ich dich liebte.

Orest. Sag: meine Not begann, und du sprichst wahr.   -655-
Das ist das Ängstliche von meinem Schicksal,
Daß ich, wie ein verpesteter Vertriebner,
Geheimen Schmerz und Tod im Busen trage;
Daß, wo ich den gesundsten Ort betrete,
Gar bald um mich die blühenden Gesichter   -660-
Den Schmerzenszug langsamen Tods verraten.

Pylades. Der Nächste wär' ich, diesen Tod zu sterben,

639: =geworden. 643: =an jene. 645: i.e., Strophius.

Wenn je dein Hauch, Orest, vergiftete*.
Bin ich nicht immer noch voll Mut und Lust?
Und Lust und Liebe sind die Fittiche   -665-
Zu großen Taten.

Orest.   Große Taten? Ja,
  Ich weiß die Zeit, da wir sie vor uns sahn!
Wenn wir zusammen oft dem Wilde nach
Durch Berg' und Täler rannten und dereinst*,
An Brust und Faust dem hohen Ahnherrn gleich,   -670-
Mit Keul' und Schwert dem Ungeheuer so,
Dem Räuber auf der Spur zu jagen hofften;
Und dann wir abends an der weiten See
Uns aneinander lehnend ruhig saßen,
Die Wellen bis zu unsern Füßen spielten,   -675-
Die Welt so weit, so offen vor uns lag:
Da fuhr wohl einer manchmal nach dem Schwert,
Und künft'ge Taten drangen wie die Sterne
Rings um uns her unzählig aus der Nacht.

Pylades.   Unendlich ist das Werk, das zu vollführen   -680-
Die Seele dringt. Wir möchten jede Tat
So groß gleich tun, als wie sie wächst und wird,
Wenn jahrelang durch Länder und Geschlechter
Der Mund der Dichter sie vermehrend wälzt*.
Es klingt so schön, was unsre Väter taten,   -685-
Wenn es, in stillen Abendschatten ruhend,
Der Jüngling mit dem Ton der Harfe schlürft;
Und was wir tun, ist, wie es ihnen war,
Voll Müh und eitel Stückwerk!
So laufen wir nach dem, was vor uns flieht,   -690-
Und achten nicht des Weges, den wir treten,
Und sehen neben uns der Ahnherrn Tritte
Und ihres Erdelebens Spuren kaum.
Wir eilen immer ihrem Schatten nach,
Der göttergleich in einer weiten Ferne   -695-
Der Berge Haupt auf goldnen Wolken krönt.
Ich halte nichts von dem, der von sich denkt,
Wie ihn das Volk vielleicht erheben möchte;
Allein, o Jüngling, danke du den Göttern,
Daß sie so früh durch dich so viel getan.   -700-

Orest. Wenn sie dem Menschen frohe Tat bescheren,
Daß er ein Unheil von den Seinen wendet,
Daß er sein Reich vermehrt, die Grenzen sichert,
Und alte Feinde fallen oder fliehn:
Dann mag er danken! denn ihm hat ein Gott   -705-
Des Lebens erste, letzte Lust gegönnt.

662: were poisoned. 669: in days to come. 684: i.e., spreads.

Mich haben sie zum Schlächter auserkoren,
Zum Mörder meiner doch verehrten Mutter,
Und, eine Schandtat schändlich rächend, mich
Durch ihren Wink zugrund' gerichtet. Glaube,   -710-
Sie haben es auf Tantals Haus gerichtet,
Und ich, der Letzte, soll nicht schuldlos, soll
Nicht ehrenvoll vergehn.

Pylades.   Die Götter rächen
Der Väter Missetat nicht an dem Sohn;
Ein jeglicher, gut oder böse, nimmt   -715-
Sich seinen Lohn mit seiner Tat hinweg.
Es erbt der Eltern Segen, nicht ihr Fluch.

Orest. Uns führt ihr Segen, dünkt mich, nicht hierher.

Pylades. Doch wenigstens der hohen Götter Wille.

Orest. So ist's ihr Wille denn, der uns verderbt*.   -720-

Pylades. Tu, was sie dir gebieten, und erwarte.
Bringst du die Schwester zu Apollen hin,
Und wohnen beide dann vereint zu Delphi*,
Verehrt von einem Volk, das edel denkt,
So wird für diese Tat das hohe Paar   -725-
Dir gnädig sein, sie werden aus der Hand
Der Unterird'schen dich erretten. Schon
In diesen heil'gen Hain wagt keine sich.

Orest. So hab' ich wenigstens geruh'gen Tod.

Pylades. Ganz anders denk' ich, und nicht ungeschickt   -730-
Hab' ich das schon Geschehne mit dem Künft'gen
Verbunden und im stillen ausgelegt.
Vielleicht reift in der Götter Rat schon lange
Das große Werk. Diana sehnet sich
Von diesem rauhen Ufer der Barbaren   -735-
Und ihren blut'gen Menschenopfern weg.
Wir waren zu der schönen Tat bestimmt,
Uns wird sie auferlegt, und seltsam* sind
Wir an der Pforte schon gezwungen hier.

Orest. Mit seltner Kunst flichtst du der Götter Rat   -740-
Und deine Wünsche klug in eins zusammen.

Pylades. Was ist des Menschen Klugheit, wenn sie nicht
Auf jener Willen droben* achtend lauscht?

720: =**verdirbt.**   723: on Mt. Parnassus; celebrated for the
oracle of Apollo.   738: in a strange fashion.   743: up above.

Zu einer schweren Tat beruft ein Gott
Den edlen Mann, der viel verbrach, und legt   -745-
Ihm auf, was uns unmöglich scheint zu enden.
Es siegt der Held, und büßend dienet er
Den Göttern und der Welt, die ihn verehrt.

Orest. Bin ich bestimmt, zu leben und zu handeln,
So nehm' ein Gott von meiner schweren Stirn   -750-
Den Schwindel weg, der auf dem schlüpfrigen,
Mit Mutterblut besprengten Pfade fort
Mich zu den Toten reißt. Er trockne gnädig
Die Quelle, die, mir aus der Mutter Wunden
Entgegensprudelnd, ewig mich befleckt.   -755-

Pylades. Erwart' es ruhiger! Du mehrst das Übel
Und nimmst das Amt der Furien auf dich.
Laß mich nur sinnen, bleibe still! Zuletzt,
Bedarf's zur Tat vereinter Kräfte, dann
Ruf' ich dich auf, und beide schreiten wir   -760-
Mit überlegter Kühnheit zur Vollendung.

Orest. Ich hör' Ulyssen reden.

Pylades.   Spotte nicht.
Ein jeglicher muß seinen Helden wählen,
Dem er die Wege zum Olymp hinauf
Sich nacharbeitet. Laß es mich gestehn: -765-
Mir scheinet List und Klugheit nicht den Mann
Zu schänden, der sich kühnen Taten weiht.

Orest. Ich schätze den, der tapfer ist und grad.

Pylades. Drum hab' ich keinen Rat von dir verlangt.
Schon ist ein Schritt getan. Von unsern Wächtern   -770-
Hab' ich bisher gar vieles ausgelockt*.
Ich weiß, ein fremdes, göttergleiches Weib
Hält jenes blutige Gesetz gefesselt:
Ein reines Herz und Weihrauch und Gebet
Bringt sie den Göttern dar. Man rühmet hoch   -775-
Die Gütige; man glaubet, sie entspringe
Vom Stamm der Amazonen, sei geflohn,
Um einem großen Unheil zu entgehn.

Orest. Es scheint, ihr lichtes Reich verlor die Kraft
Durch des Verbrechers Nähe, den der Fluch   -780-
Wie eine breite Nacht verfolgt und deckt.
Die fromme Blutgier löst den alten Brauch
Von seinen Fesseln los, uns zu verderben.

771: i.e., got information.

Der wilde Sinn des Königs tötet uns:
Ein Weib wird uns nicht retten, wenn er zürnt.   -785-

Pylades. Wohl uns, daß es ein Weib ist! denn ein Mann,
   Der beste selbst, gewöhnet seinen Geist
   An Grausamkeit und macht sich auch zuletzt
   Aus dem, was er verabscheut, ein Gesetz,
   Wird aus Gewohnheit hart und fast unkenntlich.   -790-
   Allein ein Weib bleibt stet* auf einem Sinn,
   Den sie gefaßt. Du rechnest sicherer
   Auf sie im Guten wie im Bösen.-Still!
   Sie kommt; laß uns allein. Ich darf nicht gleich
   Ihr unsre Namen nennen, unser Schicksal   -795-
   Nicht ohne Rückhalt ihr vertraun. Du gehst,
   Und eh' sie mit dir spricht, treff' ich dich noch.

                    ZWEITER AUFTRITT

                  Iphigenie. Pylades.

Iphigenie. Woher du seist und kommst, o Fremdling, sprich!
   Mir scheint es, daß ich eher einem Griechen
   Als einem Skythen dich vergleichen soll.   -800-
              (Sie nimmt ihm die Ketten ab.)
   Gefährlich ist die Freiheit, die ich gebe;
   Die Götter wenden ab, was euch bedroht!

Pylades. O süße Stimme! Vielwillkommner Ton
   Der Muttersprach' in einem fremden Lande!
   Des väterlichen Hafens blaue Berge   -805-
   Seh' ich Gefangner neu willkommen wieder
   Vor meinen Augen. Laß dir diese Freude
   Versichern, daß auch ich ein Grieche bin!
   Vergessen hab' ich einen Augenblick,
   Wie sehr ich dein bedarf*, und *meinen Geist   -810-
   Der herrlichen Erscheinung zugewendet.
   O sage, wenn dir ein Verhängnis nicht
   Die Lippe schließt, aus welchem unsrer Stämme
   Du deine göttergleiche Herkunft zählst.

Iphigenie. Die Priesterin, von ihrer Göttin selbst   -815-
   Gewählet und geheiligt, spricht mit dir.
   Das laß dir gnügen; sage, wer du seist,
   Und welch unselig-waltendes Geschick
   Mit dem Gefährten dich hierher gebracht.

791: constant, loyal (to).   810: =dich brauche; sc. habe.

Pylades. Leicht kann ich dir erzählen, welch ein Übel   -820-
   Mit lastender Gesellschaft uns verfolgt.
   O könntest du der Hoffnung frohen Blick
   Uns auch so leicht, du Göttliche, gewähren!
   Aus Kreta sind wir, Söhne des Adrasts:
   Ich bin der jüngste, Cephalus genannt,   -825-
   Und er Laodamas, der älteste
   Des Hauses. Zwischen uns stand rauh und wild
   Ein mittlerer und trennte schon im Spiel
   Der ersten Jugend Einigkeit und Lust.
   Gelassen folgten wir der Mutter Worten,   -830-
   Solang' des Vaters Kraft vor Troja stritt;
   Doch als er beutereich zurücke* kam
   Und kurz darauf verschied*, da trennte bald
   Der Streit um Reich und Erbe die Geschwister.
   Ich neigte mich zum Ältsten. Er erschlug   -835-
   Den Bruder. Um der Blutschuld willen treibt
   Die Furie gewaltig ihn umher.
   Doch diesem wilden Ufer sendet uns
   Apoll, der Delphische, mit Hoffnung zu.
   Im Tempel seiner Schwester hieß er uns   -840-
   Der Hilfe segensvolle Hand erwarten.
   Gefangen sind wir und hierher gebracht
   Und dir als Opfer dargestellt*. Du weißt's.

Iphigenie. Fiel Troja? Teurer Mann, versichr' es mir.

Pylades. Es liegt. O sichre du uns Rettung zu!   -845-
   Beschleunige die Hilfe, die ein Gott
   Versprach. Erbarme meines Bruders dich*.
   O sag' ihm bald ein gutes holdes Wort;
   Doch schone seiner*, wenn du mit ihm sprichst,
   Das bitt' ich eifrig: denn es wird gar leicht   -850-
   Durch Freud' und Schmerz und durch Erinnerung
   Sein Innerstes ergriffen und zerrüttet.
   Ein fieberhafter Wahnsinn fällt ihn an,
   Und seine schöne Seele wird
   Den Furien zum Raube hingegeben.   -855-

Iphigenie. So groß dein Unglück ist, beschwör' ich dich:
   Vergiß es, bis du mir genuggetan*.

Pylades. Die hohe Stadt, die zehen* lange Jahre
   Dem ganzen Heer der Griechen widerstand,
   Liegt nun im Schutte, steigt nicht wieder auf.   -860-
   Doch manche Gräber unsrer Besten heißen

832: =**zurück** 833: =**starb**. 843: offered (un)to. 847: Have
mercy on... 849: spare him. 857: satisfied me (by telling me
about Troy). 858: =**zehn**.

Uns an das Ufer der Barbaren denken.
Achill liegt dort mit seinem schönen Freunde*.

Iphigenie. So seid ihr Götterbilder auch zu Staub!

Pylades. Auch Palamedes*, Ajax Telamons*,   -865-
Sie sahn des Vaterlandes Tag nicht wieder.

Iphigenie.* Er schweigt von meinem Vater, nennt ihn nicht
Mit den Erschlagnen. Ja! er lebt mir noch!
Ich werd' ihn sehn. O hoffe, liebes Herz!

Pylades. Doch selig sind die Tausende, die starben   -870-
Den bittersüßen Tod von Feindes Hand!
Denn wüste Schrecken und ein traurig Ende
Hat den Rückkehrenden statt des Triumphs
Ein feindlich aufgebrachter Gott* bereitet.
Kommt denn der Menschen Stimme nicht zu euch?   -875-
So weit sie reicht, trägt sie den Ruf umher
Von unerhörten Taten, die geschahn.
So ist der Jammer, der Mycenens Hallen
Mit immer wiederholten Seufzern gefüllt,
Dir ein Geheimnis?-Klytämnestra hat   -880-
Mit Hilf' Ägisthens den Gemahl berückt*,
Am Tage seiner Rückkehr ihn ermordet!-
Ja, du verehrest dieses Königs Haus!
Ich seh' es, deine Brust bekämpft vergebens
Das unerwartet ungeheure Wort.   -885-
Bist du die Tochter eines Freundes? bist
Du nachbarlich in dieser Stadt geboren?
Verbirg es nicht und rechne mir's nicht zu,
Daß ich der erste* diese Greuel melde.

Iphigenie. Sag' an, wie ward die schwere Tat vollbracht?   -890-

Pylades. Am Tage seiner Ankunft, da der König,
Vom Bad erquickt und ruhig, sein Gewand
Aus der Gemahlin Hand verlangend, stieg,
Warf die Verderbliche ein faltenreich
Und künstlich sich verwirrendes Gewebe   -895-
Ihm auf die Schultern, um das edle Haupt;
Und da er wie von einem Netze sich
Vergebens zu entwickeln* strebte, schlug

863: i.e., Patroclus. 865: Greek hero in the Trojan War,
died, however, through Ulysses' cunning, not in the Trojan
War; hero of the Trojan War, second only to Achilles.
According to mythology, he too did not die at Troy. 867: (an
aside). 874: i.e., Poseidon. 881: beguiled. 889: sc. **bin,
der.** 898: disentangle.

Ägisth ihn, der Verräter, und verhüllt
Ging zu den Toten dieser große Fürst.   -900-

Iphigenie.   Und welchen Lohn erhielt der Mitverschworne?

Pylades.   Ein Reich und Bette, das er schon besaß.

Iphigenie.   So trieb zur Schandtat eine böse Lust?

Pylades.   Und einer alten Rache tief Gefühl.

Iphigenie.   Und wie beleidigte der König sie?   -905-

Pylades.   Mit schwerer Tat, die, wenn Entschuldigung
Des Mordes wäre, sie entschuldigte*.
Nach Aulis lockt' er sie und brachte dort,
Als eine Gottheit* sich der Griechen Fahrt
Mit ungestümen Winden widersetzte*,   -910-
Die älteste Tochter, Iphigenien,
Vor den Altar Dianens, und sie fiel,
Ein blutig Opfer, für der Griechen Heil.
Dies, sagt man, hat ihr einen Widerwillen
So tief ins Herz geprägt, daß sie dem Werben*   -915-
Ägisthens sich ergab und den Gemahl
Mit Netzen des Verderbens selbst umschlang.

Iphigenie (sich verhüllend).
Es ist genug. Du wirst mich wiedersehn.

Pylades (allein).
Vor dem Geschick des Königshauses scheint
Sie tief gerührt. Wer sie auch immer sei,   -920-
So hat sie selbst den König wohl gekannt
Und ist, zu unserm Glück, aus hohem Hause
Hierher verkauft. Nur stille, liebes Herz,
Und laß dem Stern der Hoffnung, der uns blinkt,
Mit frohem Mut uns klug entgegensteuern.   -925

907: which would pardon her if murder were pardonable.   909:
Diana.   910: because he killed a stag sacred to Artemis
(Diana).   915: courting, wooing.

DRITTER AUFZUG

ERSTER AUFTRITT

Iphigenie. Orest.

Iphigenie. Unglücklicher, ich löse deine Bande
Zum Zeichen eines schmerzlichen Geschicks.
Die Freiheit, die das Heiligtum gewährt,
Ist, wie der letzte lichte Lebensblick
Des schwer Erkrankten, Todesbote. Noch   -930-
Kann ich es mir und darf es mir nicht sagen,
Daß ihr verloren seid! Wie könnt' ich euch
Mit mörderischer Hand dem Tode weihen?
Und niemand, wer* es sei, darf euer Haupt,
Solang' ich Priesterin Dianens bin,   -935-
Berühren. Doch verweigr' ich jene Pflicht,
Wie sie der aufgebrachte König fordert,
So wählt er eine meiner Jungfraun mir
Zur Folgerin, und ich vermag alsdann
Mit heißem Wunsch allein euch beizustehn.   -940-
O werter Landsmann! Selbst der letzte Knecht,
Der an den Herd der Vatergötter streifte,
Ist uns in fremdem Lande hoch willkommen:
Wie soll ich euch genug mit Freud' und Segen
Empfangen, die ihr mir das Bild der Helden,   -945-
Die ich von Eltern her verehren lernte,
Entgegenbringet und das innre Herz
Mit neuer, schöner Hoffnung schmeichelnd labet!

Orest. Verbirgst du deinen Namen, deine Herkunft
Mit klugem Vorsatz? oder darf ich wissen,   -950-
Wer mir, gleich einer Himmlischen, begegnet?

Iphigenie. Du sollst mich kennen. Jetzo* sag' mir an,
Was ich nur halb von deinem Bruder hörte,
Das Ende derer, die, von Troja, kehrend,
Ein hartes unerwartetes Geschick   -955-
Auf ihrer Wohnung Schwelle stumm empfing.
Zwar ward ich jung an diesen Strand geführt;
Doch wohl erinnr' ich mich des scheuen Blicks,
Den ich mit Staunen und mit Bangigkeit
Auf jene Helden warf. Sie zogen aus,   -960-
Als hätte der Olymp sich aufgetan
Und die Gestalten der erlauchten* Vorwelt

934: sc. auch immer. 952: =Jetzt. 962: illustrious.

Zum Schrecken Ilions* herabgesendet,
Und Agamemnon war vor allen herrlich!
O sage mir! er fiel, sein Haus betretend,   -965-
Durch seiner Frauen* und Ägisthens Tücke?

Orest. Du sagst's!

Iphigenie.   Weh dir, unseliges Mycen!
So haben Tantals Enkel Fluch auf Fluch
Mit vollen wilden Händen ausgesät*!
Und, gleich dem Unkraut, wüste Häupter schüttelnd   -970-
Und tausendfält'gen Samen um sich streuend,
Den Kindeskindern nahverwandte Mörder
Zur ew'gen Wechselwut erzeugt! Enthülle,
Was von der Rede deines Bruders schnell
Die Finsternis des Schreckens mir verdeckte.   -975-
Wie ist des großen Stammes letzter Sohn,
Das holde Kind, bestimmt, des Vaters Rächer
Dereinst* zu sein, wie ist Orest dem Tage
Des Bluts entgangen? Hat ein gleich Geschick
Mit des Avernus* Netzen ihn umschlungen?   -980-
Ist er gerettet? Lebt er? Lebt Elektra?

Orest. Sie leben.

Iphigenie.   Goldne Sonne, leihe mir
Die schönsten Strahlen, lege sie zum Dank
Vor Jovis Thron! denn ich bin arm und stumm.

Orest. Bist du gastfreundlich diesem Königshause,   -985-
Bist du mit nähern Banden ihm verbunden,
Wie deine schöne Freude mir verrät,
So bändige dein Herz und halt es fest!
Denn unerträglich muß dem Fröhlichen
Ein jäher Rückfall in die Schmerzen sein.   -990-
Du weißt nur, merk' ich, Agamemnons Tod.

Iphigenie. Hab' ich an dieser Nachricht nicht genug?

Orest. Du hast des Greuels Hälfte nur erfahren.

Iphigenie. Was fürcht' ich noch? Orest, Elektra leben.

Orest. Und fürchtest du für Klytämnestren nichts?   -995-

Iphigenie. Sie rettet weder Hoffnung, weder Furcht.

963: =Troy. 966: archaic declension (=**Frau**). 969: sown. 978:
at some future time. 980: a lake believed to be the entrance to
Hades.

Orest. Auch schied sie aus dem Land der Hoffnung ab.

Iphigenie. Vergoß sie reuig wütend selbst ihr Blut?

Orest. Nein, doch ihr eigen Blut gab ihr den Tod.

Iphigenie. Sprich deutlicher, daß* ich nicht länger sinne.   -1000-
   Die Ungewißheit schlägt mir tausendfältig
   Die dunkeln Schwingen um das bange Haupt.

Orest. So haben mich die Götter ausersehn
   Zum Boten einer Tat, die ich so gern
   Ins klanglos-dumpfe Höhlenreich der Nacht   -1005-
   Verbergen möchte? Wider meinen Willen
   Zwingt mich dein holder Mund; allein er darf
   Auch etwas Schmerzlichs fordern und erhält's.
   Am Tage, da der Vater fiel, verbarg
   Elektra rettend ihren Bruder: Strophius,   -1010-
   Des Vaters Schwäher*, nahm ihn willig auf,
   Erzog ihn neben seinem eignen Sohne,
   Der, Pylades genannt, die schönsten Bande
   Der Freundschaft um den Angekommnen knüpfte.
   Und wie sie wuchsen, wuchs in ihrer Seele   -1015-
   Die brennende Begier, des Königs Tod
   Zu rächen. Unversehen, fremd gekleidet,
   Erreichen sie Mycen, als brächten sie
   Die Trauernachricht von Orestens Tode
   Mit seiner Asche. Wohl empfänget sie   -1020-
   Die Königin; sie treten in das Haus.
   Elektren gibt Orest sich zu erkennen;
   Sie bläst der Rache Feuer in ihm auf,
   Das vor der Mutter heil'ger Gegenwart
   In sich zurückgebrannt war. Stille führt   -1025-
   Sie ihn zum Orte, wo sein Vater fiel,
   Wo eine alte leichte Spur des frech
   Vergoßnen Blutes oftgewaschnen Boden
   Mit blassen ahndungsvollen* Streifen färbte.
   Mit ihrer Feuerzunge schilderte   -1030-
   Sie jeden Umstand der verruchten Tat,
   Ihr knechtisch elend durchgebrachtes Leben*,
   Den Übermut der glücklichen Verräter
   Und die Gefahren, die nun der Geschwister
   Von einer stiefgewordnen* Mutter warteten.-   -1035-
   Hier drang sie jenen alten Dolch ihm auf,
   Der schon in Tantals Hause grimmig wütete,
   Und Klytämnestra fiel durch Sohnes Hand.

1000: =so daß. 1011: =Schwager brother-in-law. 1029:
=ahnungsvollen ominous. 1032: her life spent miserably like a
servant. 1035: who had become a stepmother (**Stiefmutter**).

Iphigenie. Unsterbliche, die ihr den reinen Tag
  Auf immer neuen Wolken selig lebet,   -1040-
  Habt ihr nur darum mich so manches Jahr
  Von Menschen abgesondert, mich so nah
  Bei euch gehalten, mir die kindliche
  Beschäftigung, des heil'gen Feuers Glut
  Zu nähren aufgetragen, meine Seele   -1045-
  Der Flamme gleich in ew'ger frommer Klarheit
  Zu euern Wohnungen hinaufgezogen,
  Daß ich nur meines Hauses Greuel später
  Und tiefer fühlen sollte?-Sage mir
  Vom Unglücksel'gen! Sprich mir von Orest!-   -1050-

Orest. O könnte man von seinem Tode sprechen!
  Wie gärend* stieg aus der Erschlagnen Blut
  Der Mutter Geist
  Und ruft der Nacht uralten Töchtern zu:
  "Laßt nicht den Muttermörder entfliehn!   -1055-
  Verfolgt den Verbrecher? Euch ist er geweiht!"
  Sie horchen auf, es schaut ihr hohler Blick
  Mit der Begier des Adlers um sich her.
  Sie rühren sich in ihren schwarzen Höhlen,
  Und aus den Winkeln schleichen ihre Gefährten,   -1060-
  Der Zweifel und die Reue, leis herbei.
  Vor ihnen steigt ein Dampf vom Acheron*;
  In seinen Wolkenkreisen wälzet sich
  Die ewige Betrachtung des Geschehnen
  Verwirrend um des Schuld'gen Haupt umher.   -1065-
  Und sie, berechtigt zum Verderben, treten
  Der gottbesäten Erde schönen Boden,
  Von dem ein alter Fluch sie längst verbannte.
  Den Flüchtigen verfolgt ihr schneller Fuß:
  Sie geben nur, um neu zu schrecken, Rast.   -1070-

Iphigenie. Unseliger, du bist in gleichem Fall
  Und fühlst, was er, der arme Flüchtling, leidet!

Orest. Was sagst du mir? Was wähnst du gleichen Fall?

Iphigenie. Dich drückt ein Brudermord wie jenen; mir
  Vertraute dies dein jüngster Bruder schon.   -1075-

Orest. Ich kann nicht leiden, daß du große Seele
  Mit einem falschen Wort betrogen werdest*.
  Ein lügenhaft Gewebe knüpf' ein Fremder
  Dem Fremden, sinnreich und der List gewohnt,

1052: i.e., restlessly. 1062: river of the lower world.
1077: =wirst.

Zur Falle vor die Füße*; zwischen uns   -1080-
Sei Wahrheit!
Ich bin Orest! und dieses schuld'ge Haupt
Senkt nach der Grube sich und sucht den Tod:
In jeglicher Gestalt sei er willkommen!
Wer du auch seist, so wünsch' ich Rettung dir   -1085-
Und meinem Freunde; mir wünsch' ich sie nicht.
Du scheinst hier wider Willen zu verweilen:
Erfindet Rat zur Flucht und laßt mich hier.
Es stürze* mein entseelter Leib vom Fels,
Es rauche bis zum Meer hinab mein Blut   -1090-
Und bringe Fluch dem Ufer der Barbaren!
Geht ihr, daheim im schönen Griechenland
Ein neues Leben freundlich anzufangen.
                    (Er entfernt sich.)

Iphigenie. So steigst du denn, Erfüllung, schönste Tochter
Des größten Vaters, endlich zu mir nieder!   -1095-
Wie ungeheuer steht dein Blick vor mir!
Kaum reicht mein Blick dir an die Hände, die,
Mit Furcht und Segenskränzen angefüllt,
Die Schätze des Olympus niederbringen.
Wie man den König an dem Übermaß   -1100-
Der Gaben kennt-denn ihm muß wenig scheinen,
Was Tausenden schon Reichtum ist-, so kennt
Man euch, ihr Götter, an gesparten, lang'
Und weise zubereiteten Geschenken.
Denn ihr allein wißt, was uns frommen* kann,   -1105-
Und schaut der Zukunft ausgedehntes Reich,
Wenn jedes Abends Stern- und Nebelhülle
Die Aussicht uns verdeckt. Gelassen hört
Ihr unser Flehn, das um Beschleunigung
Euch kindisch bittet; aber eure Hand   -1110-
Bricht unreif nie die goldnen Himmelsfrüchte,
Und wehe dem, der, ungeduldig sie
Ertrotzend, saure Speise sich zum Tod
Genießt. O laßt das lang' erwartete,
Noch kaum gedachte Glück nicht, wie den Schatten   -1115-
Des abgeschiednen Freundes, eitel mir
Und dreifach schmerzlicher vorübergehn!

Orest (tritt wieder zu ihr).
Rufst du die Götter an für dich und Pylades,
So nenne meinen Namen nicht mit eurem.
Du rettest den Verbrecher nicht, zu dem   -1120-
Du dich gesellst, und teilest Fluch und Not.

1080: A stranger might set up a tissue (of lies) as a trap at
the feet of (another) stranger, (who is) inventive and used to
deceit, (but let there...). 1089: Let... 1105: be of use.

Iphigenie. Mein Schicksal ist an deines fest gebunden.

Orest. Mit nichten! Laß allein und unbegleitet
Mich zu den Toten gehn. Verhüllest du
In deinen Schleier selbst den Schuldigen: -1125-
Du birgst* ihn nicht vorm Blick der immer Wachen,
Und deine Gegenwart, du Himmlische,
Drängt sie nur seitwärts und verscheucht sie nicht.
Sie dürfen mit den ehrnen frechen Füßen
Des heil'gen Waldes Boden nicht betreten;   -1130-
Doch hör' ich aus der Ferne hier und da
Ihr gräßliches Gelächter. Wölfe harren
So um den Baum, auf den ein Reisender
Sich rettete. Da draußen ruhen sie
Gelagert; und verlass' ich diesen Hain,   -1135-
Dann steigen sie, die Schlangenhäupter schüttelnd,
Von allen Seiten Staub erregend auf
Und treiben ihre Beute vor sich her.

Iphigenie. Kannst du, Orest, ein freundlich Wort vernehmen?

Orest. Spar' es für einen Freund der Götter auf.   -1140-

Iphigenie. Sie geben dir zu neuer Hoffnung Licht.

Orest. Durch Rauch und Qualm seh' ich den matten Schein
Des Totenflusses mir zur Hölle leuchten.

Iphigenie. Hast du Elektren, eine Schwester nur?

Orest. Die eine kannt' ich; doch die älteste nahm   -1145-
Ihr gut Geschick, das uns so schrecklich schien,
Beizeiten* aus dem Elend unsers Hauses.
O laß dein Fragen und geselle dich
Nicht auch zu den Erinnyen; sie blasen
Mir schadenfroh die Asche von der Seele   -1150-
Und leiden nicht, daß sich die letzten Kohlen
Von unsers Hauses Schreckensbrande still
In mir verglimmen. Soll die Glut denn ewig,
Vorsätzlich angefacht, mit Höllenschwefel
Genährt, mir auf der Seele marternd brennen?   -1155-

Iphigenie. Ich bringe süßes Rauchwerk* in die Flamme.
O laß den reinen Hauch der Liebe dir
Die Glut des Busens leise wehend kühlen.
Orest, mein Teurer, kannst du nicht vernehmen?
Hat das Geleit der Schreckensgötter so   -1160-

1126: =verbirgst. 1147: betimes, in good time. 1156:
incense.

Das Blut in deinen Adern aufgetrocknet?
Schleicht, wie vom Haupt der gräßlichen Gorgone*,
Versteinernd dir ein Zauber durch die Glieder?
O wenn vergoßnen Mutterblutes Stimme
Zur Höll' hinab mit dumpfen Tönen ruft,   -1165-
Soll nicht der reinen Schwester Segenswort
Hilfreiche Götter vom Olympus rufen?

Orest. Es ruft! es ruft! So willst du mein Verderben?
Verbirgt in dir sich eine Rachegöttin?
Wer bist du, deren Stimme mir entsetzlich   -1170-
Das Innerste in seinen Tiefen wendet?

Iphigenie. Es zeigt sich dir im tiefsten Herzen an:
Orest, ich bin's! Sieh Iphigenien!
Ich lebe!

Orest.   Du!

Iphigenie.   Mein Bruder!

Orest.   Laß! Hinweg!
Ich rate dir, berühre nicht die Locken!   -1175-
Wie von Kreusas* Brautkleid zündet sich
Ein unauslöschlich Feuer von mir fort.
Laß mich! Wie Herkules will ich Unwürd'ger
Den Tod voll Schmach, in mich verschlossen, sterben.

Iphigenie. Du wirst nicht untergehn! O daß ich nur   -1180-
Ein ruhig Wort von dir vernehmen könnte!
O löse meine Zweifel, laß des Glückes,
Des lang' erflehten, mich auch sicher werden.
Es wälzet sich ein Rad von Freud' und Schmerz
Durch meine Seele. Von dem fremden Manne   -1185-
Entfernet mich ein Schauer; doch es reißt
Mein Innerstes gewaltig mich zum Bruder.

Orest. Ist hier Lyäens* Tempel? und ergreift
Unbändig-heil'ge Wut die Priesterin?

Iphigenie. O höre mich! O sieh mich an, wie mir   -1190-
Nach einer langen Zeit das Herz sich öffnet
Der Seligkeit, dem Liebsten, was die Welt
Noch für mich tragen kann, das Haupt zu küssen,
Mit meinen Armen, die den leeren Winden
Nur ausgebreitet waren, dich zu fassen!   -1195-

1162: three frightful maidens, Sthenno, Euryale, and Medusa.
Everyone who looked at Medusa's head was changed into stone.
1176: wife of Aeneas. 1188: i.e., Dionysus'.

O laß mich! Laß mich! Denn es quillet heller
Nicht vom Parnaß die ew'ge Quelle sprudelnd
Von Fels zu Fels ins goldne Tal hinab,
Wie Freude mir vom Herzen wallend fließt
Und wie ein selig Meer mich rings umfängt.   -1200-
Orest! Orest! Mein Bruder!

Orest.   Schöne Nymphe,
Ich traue dir und deinem Schmeicheln nicht.
Diana fordert strenge Dienerinnen
Und rächet das entweihte Heiligtum.
Entferne deinen Arm von meiner Brust!   -1205-
Und wenn du einen Jüngling rettend lieben,
Das schöne Glück ihm zärtlich bieten willst,
So wende meinem Freunde dein Gemüt,
Dem würd'gern Manne, zu. Er irrt umher
Auf jenem Felsenpfade: such' ihn auf,   -1210-
Weis ihn zurück und schone meiner.

Iphigenie.   Fasse
Dich, Bruder, und erkenne die Gefundne!
Schilt* einer Schwester reine Himmelsfreude
Nicht unbesonnene, strafbare Lust.
O nehmt* den Wahn ihm von dem starren Auge,   -1215-
Daß uns der Augenblick der höchsten Freude
Nicht dreifach elend mache! Sie ist hier
Die längst verlorne Schwester. Vom Altar
Riß mich die Göttin weg und rettete
Hierher mich in ihr eigen Heiligtum.   -1220-
Gefangen bist du, dargestellt zum Opfer,
Und findest in der Priesterin die Schwester.

Orest. Unselige! So mag die Sonne denn
Die letzten Greuel unsers Hauses sehn!
Ist nicht Elektra hier, damit auch sie   -1225-
Mit uns zugrunde gehe, nicht ihr Leben
Zu schwerem Geschick und Leiden friste?
Gut, Priesterin! ich folge zum Altar:
Der Brudermord ist hergebrachte Sitte
Des alten Stammes; und ich danke, Götter,   -1230-
Daß ihr mich ohne Kinder auszurotten
Beschlossen habt. Und laß dir raten, habe
Die Sonne nicht zu lieb und nicht die Sterne:
Komm, folge mir ins dunkle Reich hinab!
Wie sich vom Schwefelpfuhl erzeugte Drachen,   -1235-
Bekämpfend die verwandte Brut, verschlingen,
Zerstört sich selbst das wütende Geschlecht:
Komm kinderlos und schuldlos mit hinab!
Du siehst mich mit Erbarmen an? Laß ab!
Mit solchen Blicken suchte Klytämnestra   -1240-

1213: reproach (your sister's... as...). 1215: (to the gods).

Sich einen Weg nach ihres Sohnes Herzen;
Doch sein geschwungner Arm traf ihre Brust.
Die Mutter fiel!-Tritt auf, unwill'ger Geist!
Im Kreis geschlossen tretet an, ihr Furien,
Und wohnet dem willkommnen Schauspiel bei,   -1245-
Dem letzten, gräßlichsten, das ihr bereitet!
Nicht Haß und Rache schärfen ihren Dolch;
Die liebevolle Schwester wird zur Tat
Gezwungen. Weine nicht! Du hast nicht schuld.
Seit meinen ersten Jahren hab' ich nichts   -1250-
Geliebt, wie ich dich lieben könnte, Schwester.
Ja, schwinge deinen Stahl, verschone nicht,
Zerreiße diesen Busen und eröffne
Den Strömen, die hier sieden, einen Weg!
          (Er sinkt in Ermattung.)

Iphigenie. Allein zu tragen dieses Glück und Elend   -1255-
Vermag ich nicht.-Wo bist du, Pylades?
Wo find' ich deine Hilfe, teurer Mann?
          (Sie entfernt sich suchend.)

                    ZWEITER AUFTRITT

Orest (aus seiner Betäubung erwachend und sich aufrichtend).
Noch einen! reiche mir aus Lethes* Fluten
Den letzten kühlen Becher der Erquickung!
Bald ist der Krampf des Lebens aus dem Busen   -1260-
Hinweggespült; bald fließet still mein Geist,
Der Quelle des Vergessens hingegeben,
Zu euch, ihr Schatten, in die ew'gen Nebel.
Gefällig laßt in eurer Ruhe sich
Den umgetriebnen Sohn der Erde laben!-   -1265-
Welch ein Gelispel hör' ich in den Zweigen,
Welch ein Geräusch aus jener Dämmrung säuseln?-
Sie kommen schon, den neuen Gast zu sehn!
Wer ist die Schar, die herrlich miteinander
Wie ein versammelt Fürstenhaus sich freut?   -1270-
Sie gehen friedlich, Alt' und Junge, Männer
Mit Weibern; göttergleich und ähnlich scheinen
Die wandelnden Gestalten. Ja, sie sind's,
Die Ahnherrn meines Hauses!-Mit Thyesten*
Geht Atreus in vertraulichen Gesprächen,   -1275-
Die Knaben schlüpfen scherzend um sie her.
Ist keine Feindschaft hier mehr unter euch?

1258: river in the lower world, from which the shades drank,
and thus obtained forgetfulness of the past. 1274: brother of
Atreus, father of Aegisthus.

Verlosch die Rache wie das Licht der Sonne?
So bin auch ich willkommen, und ich darf
In euern feierlichen Zug mich mischen.   -1280-
Willkommen, Väter! euch grüßt Orest,
Von euerm Stamme der letzte Mann;
Was ihr gesät, hat er geerntet:
Mit Fluch beladen, stieg er herab.
Doch leichter trägt sich hier jede Bürde: -1285-
Nehmt ihn, o nehmt ihn in euren Kreis!-
Dich, Atreus, ehr' ich, auch dich, Thyesten:
Wir sind hier alle der Feindschaft los.-
Zeigt mir den Vater, den ich nur einmal
Im Leben sah!-Bist du's, mein Vater?   -1290-
Und führst die Mutter vertraut mit dir?
Darf Klytämnestra die Hand dir reichen,
So darf Orest auch zu ihr treten
Und darf ihr sagen: Sieh deinen Sohn!
Seht euern Sohn! Heißt ihn willkommen.   -1295-
Auf Erden war in unserm Hause
Der Gruß des Mordes gewisse Losung,
Und das Geschlecht des alten Tantalus
Hat seine Freuden jenseits der Nacht.
Ihr ruft: Willkommen! und nehmt mich auf!   -1300-
O führt zum Alten, zum Ahnherrn mich!
Wo ist der Alte? Daß ich ihn sehe,
Das teure Haupt, das vielverehrte,
Das mit den Göttern zu Rate saß.
Ihr scheint zu zaudern, euch wegzuwenden?   -1305-
Was ist es? Leidet der Göttergleiche?
Weh mir! es haben die Übermächt'gen
Der Heldenbrust grausame Qualen
Mit ehrnen Ketten fest aufgeschmiedet*.

DRITTER AUFTRITT

Orest. Iphigenie. Pylades.

Orest. Seid ihr auch schon herabgekommen?   -1310-
Wohl, Schwester, dir! Noch fehlt Elektra:
Ein güt'ger Gott send' uns die eine
Mit sanften Pfeilen auch schnell herab.
Dich, armer Freund, muß ich bedauern!
Kommt mit! Kommt mit! zu Plutos Thron*,   -1315-
Als neue Gäste den Wirt zu grüßen.

Iphigenie. Geschwister, die ihr an dem weiten Himmel

1309: forged. 1315: i.e., Hades.

Das schöne Licht bei Tag und Nacht herauf
Den Menschen bringet, und den Abgeschiednen
Nicht leuchten dürftet, rettet uns Geschwister!   -1320-
Du liebst, Diane, deinen holden Bruder
Vor allem, was dir Erd' und Himmel bietet,
Und wendest dein jungfräulich Angesicht
Nach seinem ew'gen Lichte sehnend still.
O laß den einz'gen, spätgefundnen mir   -1325-
Nicht in der Finsternis des Wahnsinns rasen!
Und ist dein Wille, da du hier mich bargst,
Nunmehr vollendet, willst du mir durch ihn
Und ihm durch mich die sel'ge Hilfe geben,
So lös' ihn von den Banden jenes Fluchs,   -1330-
Daß nicht die teure Zeit der Rettung schwinde*.

Pylades. Erkennst du uns und diesen heil'gen Hain
Und dieses Licht, das nicht den Toten leuchtet?
Fühlst du den Arm des Freundes und der Schwester,
Die dich noch fest, noch lebend halten? Fass'   -1335-
Uns kräftig an: wir sind nicht leere Schatten.
Merk' auf mein Wort! Vernimm es! Raffe dich
Zusammen! Jeder Augenblick ist teuer,
Und unsre Rückkehr hängt an zarten Fäden,
Die, scheint es, eine günst'ge Parze* spinnt.   -1340-

Orest (zu Iphigenien).
Laß mich zum ersten Mal mit freiem Herzen
In deinen Armen reine Freude haben!
Ihr Götter, die mit flammender Gewalt
Ihr* schwere Wolken aufzuzehren wandelt
Und gnädig-ernst den lang' erflehten Regen   -1345-
Mit Donnerstimmen und mit Windesbrausen
In wilden Strömen auf die Erde schüttet,
Doch bald der Menschen grausendes Erwarten
In Segen auflöst und das bange Staunen
In Freudeblick und lauten Dank verwandelt,   -1350-
Wenn in den Tropfen frisch erquickter Blätter
Die neue Sonne tausendfach sich spiegelt
Und Iris* freundlich bunt mit leichter Hand
Den grauen Flor der letzten Wolken trennt:
O laßt mich auch in meiner Schwester Armen,   -1355-
An meines Freundes Brust, was mir gegönnt,
Mit vollem Dank genießen und behalten!
Es löset sich der Fluch, mir sagt's das Herz.
Die Eumeniden ziehn, ich höre sie,
Zum Tartarus und schlagen hinter sich   -1360-
Die ehrnen Tore fernabdonnernd zu.

1330: =**verschwinde**. 1340: the Fates. 1344: subject (you
who). 1353: as personification of the rainbow.

Die Erde dampft erquickenden Geruch
Und ladet mich auf ihren Flächen ein,
Nach Lebensfreud' und großer Tat zu jagen.

Pylades. Versäumt die Zeit nicht, die gemessen ist!   -1365-
Der Wind, der unsre Segel schwellt, er bringe
Erst unsre volle Freude zum Olymp.
Kommt! Es bedarf hier schnellen Rat und Schluß.

                    VIERTER AUFZUG

                    ERSTER AUFTRITT

Iphigenie. Denken die Himmlischen
Einem der Erdgebornen
Viele Verwirrungen zu,   -1370-
Und bereiten sie ihm
Von der Freude zu Schmerzen
Und von Schmerzen zur Freude
Tief erschütternden Übergang: -1375-
Dann erziehen sie ihm
In der Nähe der Stadt,
Oder am fernen Gestade,
Daß in Stunden der Not
Auch die Hilfe bereit sei,   -1380-
Einen ruhigen Freund.
O segnet, Götter, unsern Pylades
Und was er immer unternehmen mag!
Er ist der Arm des Jünglings in der Schlacht,
Des Greises leuchtend Aug' in der Versammlung: -1385-
Denn seine Seel' ist stille; sie bewahrt
Der Ruhe heil'ges unerschöpftes Gut,
Und den Umhergetriebnen reichet er
Aus ihren Tiefen Rat und Hilfe. Mich
Riß er vom Bruder los; den staunt' ich an   -1390-
Und immer wieder an, und konnte mir
Das Glück nicht eigen machen, ließ ihn nicht
Aus meinen Armen los, und fühlte nicht
Die Nähe der Gefahr, die uns umgibt.
Jetzt gehn sie, ihren Anschlag auszuführen,   -1395-
Der See zu, wo das Schiff mit den Gefährten,
In einer Bucht versteckt, aufs Zeichen lauert,
Und haben kluges Wort mir in den Mund
Gegeben, mich gelehrt, was ich dem König
Antworte, wenn er sendet und das Opfer   -1400-
Mir dringender gebietet. Ach! ich sehe wohl,
Ich muß mich leiten lassen wie ein Kind.
Ich habe nicht gelernt, zu hinterhalten,

Noch jemand etwas abzulisten. Weh!
O weh der Lüge! Sie befreiet nicht,   -1405-
Wie jedes andre, wahrgesprochne Wort,
Die Brust; sie macht uns nicht getrost, sie ängstet
Den, der sie heimlich schmiedet, und sie kehrt,
Ein losgedruckter Pfeil, von einem Gotte
Gewendet und versagend, sich zurück   -1410-
Und trifft den Schützen. Sorg' auf Sorge schwankt
Mir durch die Brust. Es greift die Furie
Vielleicht den Bruder auf dem Boden wieder
Des ungeweihten Ufers grimmig an.
Entdeckt man sie vielleicht? Mich dünkt, ich höre   -1415-
Gewaffnete sich nahen!-Hier!-Der Bote
Kommt von dem König mit schnellem Schritt.
Es schlägt mein Herz, es trübt sich meine Seele,
Da ich des Mannes Angesicht erblicke,
Dem ich mit falschem Wort begegnen soll.   -1420-

ZWEITER AUFTRITT

Iphigenie. Arkas.

Arkas. Beschleunige das Opfer, Priesterin!
Der König wartet, und es harrt das Volk.

Iphigenie. Ich folgte* meiner Pflicht und deinem Wink,
Wenn unvermutet nicht ein Hindernis
Sich zwischen mich und die Erfüllung stellte.   -1425-

Arkas. Was ist's, das den Befehl des Königs hindert?

Iphigenie. Der Zufall, dessen wir nicht Meister sind.

Arkas. So sage mir's, daß ich's ihm schnell vermelde:
Denn er beschloß bei sich der* beiden Tod.

Iphigenie. Die Götter haben ihn noch nicht beschlossen. -1430-
Der ältste dieser Männer trägt die Schuld
Des nahverwandten Bluts, das er vergoß.
Die Furien verfolgen seinen Pfad,
Ja, in dem innern Tempel faßte selbst
Das Übel ihn, und seine Gegenwart   -1435-
Entheiligte die reine Stätte. Nun
Eil' ich mit meinen Jungfraun, an dem Meere
Der Göttin Bild mit frischer Welle netzend,
Geheimnisvolle Weihe zu begehn.

1423: =**würde folgen**. 1429: gen. pl.

Es störe niemand unsern stillen Zug!   -1440-

Arkas. Ich melde dieses neue Hindernis
Dem Könige geschwind; beginne du
Das heil'ge Werk nicht eh', bis er's erlaubt.

Iphigenie. Dies ist allein der Priesterin überlassen.

Arkas. Solch selten Fall soll auch der König wissen.   -1445-

Iphigenie. Sein Rat wie sein Befehl verändert nichts.

Arkas. Oft wird der Mächtige zum Schein gefragt.

Iphigenie. Erdringe nicht, was ich versagen sollte.

Arkas. Versage nicht, was gut und nützlich ist.

Iphigenie. Ich gebe nach, wenn du nicht säumen* willst.   -1450-

Arkas. Schnell bin ich mit der Nachricht in dem Lager,
Und schnell mit seinen Worten hier zurück.
O könnt' ich ihm noch eine Botschaft bringen,
Die alles löste, was uns jetzt verwirrt:
Denn du hast nicht des Treuen Rat geachtet.   -1455-

Iphigenie. Was ich vermochte, hab' ich gern getan.

Arkas. Noch änderst* du den Sinn zur rechten Zeit.

Iphigenie. Das steht nun einmal nicht in unsrer Macht.

Arkas. Du hältst unmöglich, was dir Mühe kostet.

Iphigenie. Dir scheint es möglich, weil der Wunsch dich trügt. -1460-

Arkas. Willst du denn alles so gelassen wagen?

Iphigenie. Ich hab' es in der Götter Hand gelegt.

Arkas. Sie pflegen Menschen menschlich zu erretten.

Iphigenie. Auf ihren Fingerzeig kommt alles an.

Arkas. Ich sage dir, es liegt in deiner Hand.   -1465-
Des Königs aufgebrachter Sinn allein
Bereitet diesen Fremden bittern Tod.
Das Heer entwöhnte längst vom harten Opfer

1450: =versäumen. 1457: =wirst ändern.

Und von dem blut'gen Dienste sein Gemüt.
Ja, mancher, den ein widriges Geschick   -1470-
An fremdes Ufer trug, empfand es selbst,
Wie göttergleich dem armen Irrenden,
Umhergetriebnen an der fremden Grenze
Ein freundlich Menschenangesicht begegnet.
O wende nicht von uns, was du vermagst!   -1475-
Du endest leicht, was du begonnen hast:
Denn nirgends baut die Milde, die herab
In menschlicher Gestalt vom Himmel kommt,
Ein Reich sich schneller, als wo trüb und wild
Ein neues Volk, voll Leben, Mut und Kraft,   -1480-
Sich selbst und banger Ahnung überlassen,
Des Menschenlebens schwere Bürden trägt.

Iphigenie. Erschüttere meine Seele nicht, die du
  Nach deinem Willen nicht bewegen kannst.

Arkas. Solang' es Zeit ist, schont man weder Mühe   -1485-
  Noch eines guten Wortes Wiederholung.

Iphigenie. Du machst dir Müh, und mir erregst du Schmerzen;
  Vergebens beides: darum laß mich nun.

Arkas. Die Schmerzen sind's, die ich zu Hilfe rufe:
  Denn es sind Freunde, Gutes raten sie.   -1490-

Iphigenie. Sie fassen meine Seele mit Gewalt,
  Doch tilgen sie den Widerwillen nicht.

Arkas. Fühlt eine schöne Welt Widerwillen
  Für eine Wohltat, die der Edle reicht?

Iphigenie. Ja, wenn der Edle, was sich nicht geziemt,   -1495-
  Statt meines Dankes mich erwerben will.

Arkas. Wer keine Neigung fühlt, dem mangelt es
  An einem Worte der Entschuld'gung nie.
  Dem Fürsten sag' ich an, was hier geschehn.
  O wiederholtest du in deiner Seele,   -1500-
  Wie edel er sich gegen dich betrug
  Von deiner Ankunft an bis diesen Tag!

                         DRITTER AUFTRITT

Iphigenie (allein). Von dieses Mannes Rede fühl' ich mir
  Zur ungelegnen Zeit das Herz im Busen
  Auf einmal umgewendet. Ich erschrecke!-   -1505-
  Denn wie die Flut mit schnellen Strömen wachsend

Die Felsen überspült, die in dem Sand
Am Ufer liegen: so bedeckte ganz
Ein Freudenstrom mein Innerstes.   Ich hielt
In meinen Armen das Unmögliche.   -1510-
Es schien sich eine Wolke wieder sanft
Um mich zu legen, von der Erde mich
Emporzuheben und in jenen Schlummer
Mich einzuwiegen, den die gute Göttin
Um meine Schläfe legte, da ihr Arm   -1515-
Mich rettend faßte.-Meinen Bruder
Ergriff das Herz mit einziger Gewalt:
Ich horchte nur auf seines Freundes Rat;
Nur sie zu retten, drang die Seele vorwärts.
Und wie den Klippen einer wüsten Insel   -1520-
Der Schiffer gern den Rücken wendet: so
Lag Tauris hinter mir.   Nun hat die Stimme
Des treuen Mannes mich wieder aufgeweckt,
Daß ich auch Menschen hier verlasse, mich
Erinnert.   Doppelt wird mir der Betrug   -1525-
Verhaßt.   O bleibe ruhig, meine Seele!
Beginnst du nun zu schwanken und zu zweifeln?
Den festen Boden deiner Einsamkeit
Mußt du verlassen! Wieder eingeschifft,
Ergreifen dich die Wellen schaukelnd, trüb   -1530-
Und bang verkennest du die Welt und dich.

VIERTER AUFTRITT

Iphigenie. Pylades.

Pylades. Wo ist sie? daß ich ihr mit schnellen Worten
Die frohe Botschaft unsrer Rettung bringe!

Iphigenie. Du siehst mich hier voll Sorgen und Erwartung
Des sichern Trostes, den du mir versprichst.   -1535-

Pylades. Dein Bruder ist geheilt! Den Felsenboden
Des ungeweihten Ufers und den Sand
Betraten wir mit fröhlichen Gesprächen;
Der Hain blieb hinter uns, wir merkten's nicht.
Und herrlicher und immer herrlicher   -1540-
Umloderte der Jugend schöne Flamme
Sein lockig Haupt; sein volles Auge glühte
Von Mut und Hoffnung, und sein freies Herz
Ergab sich ganz der Freude, ganz der Lust,
Dich seine Retterin, und mich zu retten.   -1545-

Iphigenie. Gesegnet seist du, und es möge nie
Von deiner Lippe, die so Gutes sprach,

Der Ton des Leidens und der Klage tönen!

Pylades. Ich bringe mehr als das; denn schön begleitet,
Gleich einem Fürsten, pflegt das Glück zu nahn.   -1550-
Auch die Gefährten haben wir gefunden.
In einer Felsenbucht verbargen sie
Das Schiff und saßen traurig und erwartend.
Sie sahen deinen Bruder, und es regten
Sich alle jauchzend, und sie baten dringend,   -1555-
Der Abfahrt Stunde zu beschleunigen.
Es sehnet jede Faust sich nach dem Ruder,
Und selbst ein Wind erhob vom Lande lispelnd,
Von allen gleich bemerkt, die holden Schwingen.
Drum laß uns eilen, führe mich zum Tempel,   -1560-
Laß mich das Heiligtum betreten, laß
Mich unsrer Wünsche Ziel verehrend fassen!
Ich bin allein genug, der Göttin Bild
Auf wohlgeübten Schultern wegzutragen:
Wie sehn' ich mich nach der erwünschten Last!   -1565-
**(Er geht gegen den Tempel unter* den letzten Worten,
ohne zu bemerken, daß Iphigenie nicht folgt; endlich
kehrt er sich um.)**
Du stehst und zauderst-sage mir-du schweigst!
Du scheinst verworren! Widersetzt sich
Ein neues Unheil unserm Glück? Sag' an!
Hast du dem Könige das kluge Wort
Vermelden lassen, das wir abgeredet?   -1570-

Iphigenie. Ich habe, teurer Mann; doch wirst du schelten.
Ein schweigender Verweis war mir dein Anblick.
Des Königs Bote kam, und wie du es
Mir in den Mund gelegt, so sagt' ich's ihm.
Er schien zu staunen und verlangte dringend,   -1575-
Die seltne Feier erst dem Könige
Zu melden, seinen Willen zu vernehmen;
Und nun erwart' ich seine Wiederkehr.

Pylades. Weh uns! Erneuert schwebt nun die Gefahr
Um unsre Schläfe! Warum hast du nicht   -1580-
Ins Priesterrecht dich weislich eingehüllt?

Iphigenie. Als eine Hülle hab' ich's nie gebraucht.

Pylades. So wirst du, reine Seele, dich und uns
Zugrunde richten. Warum dacht' ich nicht
Auf diesen Fall voraus und lehrte* dich   -1585-
Auch dieser Fordrung auszuweichen!

-----
after 1565: during, while speaking. 1585: =**warum lehrte ich
dich nicht.**

Iphigenie.   Schilt
  Nur mich, die Schuld ist mein, ich fühl' es wohl;
  Doch konnt' ich anders nicht dem Mann begegnen,
  Der mit Vernunft und Ernst von mir verlangte,
  Was ihm mein Herz als Recht gestehen mußte.   -1590-

Pylades. Gefährlicher zieht sich's zusammen; doch auch so
  Laß uns nicht zagen oder unbesonnen
  Und übereilt uns selbst verraten. Ruhig
  Erwarte du die Wiederkunft des Boten,
  Und dann steh fest, er bringe, was er will: -1595-
  Denn solcher Weihung Feier anzuordnen,
  Gehört der Priesterin und nicht dem König.
  Und fordert er, den fremden Mann zu sehn,
  Der von dem Wahnsinn schwer belastet ist,
  So lehn' es ab, als hieltest du uns beide   -1600-
  Im Tempel wohl verwahrt. So schaff' uns Luft,
  Daß wir aufs eiligste, den heil'gen Schatz
  Dem rauh unwürd'gen Volk entwendend, fliehn.
  Die besten Zeichen sendet uns Apoll,
  Und eh' wir die Bedingung fromm erfüllen,   -1605-
  Erfüllt er göttlich sein Versprechen schon.
  Orest ist frei, geheilt!-Mit dem Befreiten
  O führet uns hinüber, günst'ge Winde,
  Zur Felseninsel, die der Gott bewohnt;
  Dann nach Mycen, daß es lebendig werde,   -1610-
  Daß von der Asche des verloschnen Herdes
  Die Vatergötter fröhlich sich erheben,
  Und schönes Feuer ihre Wohnungen
  Umleuchte! Deine Hand soll ihnen Weihrauch
  Zuerst aus goldnen Schalen streuen. Du   -1615-
  Bringst über jene Schwelle Heil und Leben wieder,
  Entsühnst* den Fluch und schmückest neu die Deinen
  Mit frischen Lebensblüten herrlich aus.

Iphigenie. Vernehm' ich dich, so wendet sich, o Teurer,
  Wie sich die Blume nach der Sonne wendet,   -1620-
  Die Seele, von dem Strahle deiner Worte
  Getroffen, sich dem süßen Troste nach.
  Wie köstlich ist des gegenwärt'gen Freundes
  Gewisse Rede, deren Himmelskraft
  Ein Einsamer entbehrt und still versinkt.   -1625-
  Denn langsam reift, verschlossen in dem Busen,
  Gedank' ihm und Entschluß; die Gegenwart
  Des Liebenden entwickelte* sie leicht.

Pylades. Leb' wohl! Die Freunde will ich nun geschwind
  Beruhigen, die sehnlich wartend harren.   -1630-

1617: absolve. 1628: =würde entwickeln.

Dann komm' ich schnell zurück und lausche hier
Im Felsenbusch versteckt auf deinen Wink-
Was sinnest du? Auf einmal überschwebt
Ein stiller Trauerzug die freie Stirne.

Iphigenie. Verzeih! Wie leichte Wolken vor der Sonne,   -1635-
So zieht mir vor der Seele leichte Sorge
Und Bangigkeit vorüber.

Pylades.   Fürchte nicht!
Betrüglich schloß die Furcht mit der Gefahr
Ein enges Bündnis: beide sind Gesellen.

Iphigenie. Die Sorge nenn' ich edel, die mich warnt,   -1640-
Den König, der mein zweiter Vater ward,
Nicht tückisch zu betrügen, zu berauben.

Pylades. Der deinen Bruder schlachtet, dem entfliehst du.

Iphigenie. Es ist derselbe, der mir Gutes tat.

Pylades. Das ist nicht Undank, was die Not gebeut*.   -1645-

Iphigenie. Es bleibt wohl Undank; nur die Not entschuldigt.

Pylades. Vor Göttern und vor Menschen dich gewiß.

Iphigenie. Allein mein eigen Herz ist nicht befriedigt.

Pylades. Zu strenge Fordrung ist verborgner Stolz.

Iphigenie. Ich untersuche nicht, ich fühle nur.   -1650-

Pylades. Fühlst du dich recht, so mußt du dich verehren.

Iphigenie. Ganz unbefleckt genießt sich nur das Herz.

Pylades. So hast du dich im Tempel wohl bewahrt;
Das Leben lehrt uns, weniger mit uns
Und andern strenge zu sein: du lernst es auch.   -1655-
So wunderbar ist dies Geschlecht gebildet,
So vielfach ist's verschlungen und verknüpft,
Daß keiner in sich selbst, noch mit den Andern
Sich rein und unverworren halten kann.
Auch sind wir nicht bestellt, uns selbst zu richten;   -1660-
Zu wandeln und auf seinen Weg sehen,
Ist eines Menschen erste, nächste Pflicht:
Denn selten schätzt er recht, was er getan,

1645: =gebietet.

Und was er tut, weiß er fast nie zu schätzen.

Iphigenie. Fast überredst du mich zu deiner Meinung.   -1665-

Pylades. Braucht's Überredung, wo die Wahl versagt ist?
Den Bruder, dich und einen Freund zu retten,
Ist nur ein Weg; fragt sich's, ob wir ihn gehn?
Iphigenie. O laß mich zaudern! denn du tätest selbst
Ein solches Unrecht keinem Mann gelassen,   -1670-
Dem du für Wohltat dich verpflichtet hieltest.

Pylades. Wenn wir zugrunde gehen, wartet dein*
Ein härtrer Vorwurf, der Verzweiflung trägt.
Man sieht, du bist nicht an Verlust gewohnt,
Da du, dem großen Übel zu entgehen,   -1675-
Ein falsches Wort nicht einmal opfern willst.

Iphigenie. O trüg' ich doch ein männlich Herz in mir,
Das, wenn es einen kühnen Vorsatz hegt,
Vor jeder andern Stimme sich verschließt!

Pylades. Du weigerst dich umsonst; die ehrne Hand   -1680-
Der Not gebietet, und ihr ernster Wink
Ist oberstes Gesetz, dem Götter selbst
Sich unterwerfen müssen. Schweigend herrscht
Des ew'gen Schicksals unberatne Schwester.
Was sie dir auferlegt, das trage: tu,   -1685-
Was sie gebeut. Das andre weißt du. Bald
Komm' ich zurück, aus deiner heil'gen Hand
Der Rettung schönes Siegel zu empfangen.

                        FÜNFTER AUFTRITT

Iphigenie (allein). Ich muß ihm folgen: denn die Meinigen
Seh' ich in dringender Gefahr. Doch ach!   -1690-
Mein eigen Schicksal macht mir bang und bänger.
O soll ich nicht die stille Hoffnung retten,
Die in der Einsamkeit ich schön genährt?
Soll dieser Fluch denn ewig walten? Soll
Nie dies Geschlecht mit einem neuen Segen   -1695-
Sich wieder heben?-Nimmt doch alles ab!
Das beste Glück, des Lebens schönste Kraft
Ermattet endlich: warum nicht der Fluch?
So hofft' ich denn vergebens, hier verwahrt,
Von meines Hauses Schicksal abgeschieden,   -1700-
Dereinst mit reiner Hand und reinem Herzen

1672: =auf dich.

Die schwerbefleckte Wohnung zu entsühnen.
Kaum wird in meinen Armen mir ein Bruder
Vom grimm'gen Übel wundervoll und schnell
Geheilt, kaum naht ein lang' erflehtes Schiff,   -1705-
Mich in den Port der Vaterwelt zu leiten,
So legt die taube Not ein doppelt Laster
Mit ehrner Hand mir auf: das heilige,
Mir anvertraute, viel verehrte Bild
Zu rauben und den Mann zu hintergehn,   -1710-
Dem ich mein Leben und mein Schicksal danke.
O daß in meinem Busen nicht zuletzt
Ein Widerwillen keime! der Titanen,
Der alten Götter tiefer Haß auf euch,
Olympier, nicht auch die zarte Brust   -1715-
Mit Geierklauen fasse! Rettet mich
Und rettet euer Bild in meiner Seele!

Vor meinen Ohren tönt das alte Lied-
Vergessen hatt' ich's und vergaß es gern-,
Das Lied der Parzen, das sie grausend sangen,   -1720-
Als Tantalus vom goldnen Stuhle fiel:
Sie litten mit dem edlen Freunde; grimmig
War ihre Brust, und furchtbar ihr Gesang.
In unsrer Jugend sang's die Amme* mir
Und den Geschwistern vor, ich merkt' es wohl.   -1725-

                    Es fürchte die Götter
                    Das Menschengeschlecht!
                    Sie halten die Herrschaft
                    In ewigen Händen,
                    Und können sie brauchen,   -1730-
                    Wie's ihnen gefällt.

                    Der fürchte sie doppelt,
                    Den je sie erheben!
                    Auf Klippen und Wolken
                    Sind Stühle bereitet   -1735-
                    Um goldene Tische.

                    Erhebet ein Zwist sich
                    So stürzen die Gäste,
                    Geschmäht und geschändet,
                    In nächtliche Tiefen   -1740-
                    Und harren vergebens,
                    Im Finstern gebunden,
                    Gerechten Gerichtes.

1724: wet-nurse.

Sie aber, sie bleiben
In ewigen Festen
An goldenen Tischen.   -1745-
Sie schreiten vom Berge
Zu Bergen hinüber:
Aus Schlünden der Tiefe
Dampft ihnen der Atem   -1750-
Erstickter Titanen,
Gleich Opfergerüchen,
Ein leichtes Gewölke.

Es wenden die Herrscher
Ihr segnendes Auge   -1755-
Von ganzen Geschlechtern
Und meiden*, im Enkel
Die ehmals geliebten,
Still redenden Züge
Des Ahnherrn zu sehn.   -1760-

So sangen die Parzen;
Es horcht der Verbannte
In nächtlichen Höhlen,
Der Alte, die Lieder,
Denkt* Kinder und Enkel   -1765-
Und schüttelt das Haupt.

FÜNFTER AUFZUG

ERSTER AUFTRITT

Thoas. Arkas.

Arkas. Verwirrt muß ich gestehn, daß ich nicht weiß,
Wohin ich meinen Argwohn richten soll.
Sind's die Gefangnen, die auf ihre Flucht
Verstohlen sinnen? Ist's die Priesterin,   -1770-
Die ihnen hilft? Es mehrt sich das Gerücht*:
Das Schiff, das diese beiden hergebracht,
Sei irgend noch in einer Bucht versteckt.
Und jenes Mannes Wahnsinn, diese Weihe,
Der heil'ge Vorwand dieser Zögrung*, rufen   -1775-
Den Argwohn lauter und die Vorsicht auf.

Thoas. Es komme* schnell die Priesterin herbei!

1757: =**vermeiden.** 1765: sc. **an.** 1771: It's rumored. 1175:
=**Zögerung** delay. 1777: Let...

Dann geht, durchsucht das Ufer scharf und schnell
Vom Vorgebirge bis zum Hain der Göttin.
Verschonet seine* heil'gen Tiefen, legt   -1780-
Bedächt'gen Hinterhalt und greift sie* an;
Wo ihr sie findet, faßt sie, wie ihr pflegt.

ZWEITER AUFTRITT

Thoas (allein). Entsetzlich wechselt mir der Grimm im Busen:
Erst gegen sie, die ich so heilig hielt,
Dann gegen mich, der ich sie zum Verrat   -1785-
Durch Nachsicht und durch Güte bildete*.
Zur Sklaverei gewöhnt der Mensch sich gut
Und lernet leicht gehorchen, wenn man ihn
Der Freiheit ganz beraubt. Ja, wäre sie
In meiner Ahnherrn rohe Hand gefallen,   -1790-
Und hätte sie der heil'ge Grimm verschönt:
Sie wäre froh gewesen, sich allein
Zu retten, hätte dankbar ihr Geschick
Erkannt und fremdes Blut vor dem Altar
Vergossen, hätte Pflicht genannt,   -1795-
Was Not war. Nun lockt meine Güte
In ihrer Brust verwegnen Wunsch herauf.
Vergebens hofft' ich, sie mir zu verbinden:
Sie sinnt sich nun ein eigen Schicksal aus.
Durch Schmeichelei gewann sie mir das Herz: -1800-
Nun widersteh' ich der, so sucht sie sich
Den Weg durch List und Trug, und meine Güte
Scheint ihr ein alt verjährtes Eigentum.

DRITTER AUFTRITT

Iphigenie. Thoas.

Iphigenie. Du forderst mich! Was bringt dich zu uns her?

Thoas. Du schiebst das Opfer auf; sag' an, warum?   -1805-

Iphigenie. Ich hab' an Arkas alles klar erzählt.

Thoas. Von dir möcht' ich es weiter noch vernehmen.

Iphigenie. Die Göttin gibt dir Frist zur Überlegung.

1780: i.e., **des Haines.** 1781: =die Gefang(e)nen. 1786: i.e.,
helped her commit treason (against me) by my...

Thoas. Sie scheint dir selbst gelegen, diese Frist.

Iphigenie. Wenn dir das Herz zum grausamen Entschluß   -1810-
Verhärtet ist, so solltest du nicht kommen!
Ein König, der Unmenschliches verlangt,
Findt Diener gnug, die gegen* Gnad' und Lohn
Den halben Fluch der Tat begierig fassen;
Doch seine Gegenwart bleibt unbefleckt.   -1815-
Er sinnt den Tod in einer schweren Wolke,
Und seine Boten bringen flammendes
Verderben auf des Armen Haupt hinab;
Er aber schwebt durch seine Höhen ruhig,
Ein unerreichter Gott, im Sturme fort.   -1820-

Thoas. Die heil'ge Lippe tönt ein wildes Lied.

Iphigenie. Nicht Priesterin! nur Agamemnons Tochter.
Der Unbekannten Wort verehrtest du,
Der Fürstin willst du rasch gebieten? Nein!
Von Jugend auf hab' ich gelernt gehorchen,   -1825-
Erst meinen Eltern und dann einer Gottheit,
Und folgsam fühlt' ich immer meine Seele
Am schönsten frei; allein dem harten Worte,
Dem rauhen Ausspruch eines Mannes mich
Zu fügen, lernt' ich weder dort noch hier.   -1830-

Thoas. Ein alt Gesetz, nicht ich, gebietet dir.

Iphigenie. Wir fassen ein Gesetz begierig an,
Das unsrer Leidenschaft zur Waffe dient.
Ein andres spricht zu mir: ein älteres,
Mich dir zu widersetzen, das Gebot,   -1835-
Dem jeder Fremde heilig ist.

Thoas. Es scheinen die Gefangnen dir sehr nah
Am Herzen: denn vor Anteil und Bewegung
Vergissest du der Klugheit erstes Wort,
Daß man den Mächtigen nicht reizen soll.   -1840-

Iphigenie. Red' oder schweig' ich, immer kannst du wissen,
Was mir im Herzen ist und immer bleibt.
Löst die Erinnerung des gleichen Schicksals
Nicht ein verschloßnes Herz zum Mitleid auf?
Wie mehr denn meins! In ihnen seh' ich mich.   -1845-
Ich habe vorm Altare selbst gezittert,
Und feierlich umgab der frühe Tod
Die Knieende: das Messer zuckte schon,
Den lebenvolen Busen zu durchbohren;

1813: in return for.

Mein Innerstes entsetzte wirbelnd sich,   -1850-
Mein Auge brach, und-ich fand mich gerettet.
Sind wir, was Götter gnädig uns gewährt,
Unglücklichen nicht zu erstatten schuldig?
Du weißt es, kennst mich, und du willst mich zwingen!

Thoas. Gehorche deinem Dienste, nicht dem Herrn.   -1855-

Iphigenie. Laß ab! Beschönige nicht die Gewalt,
Die sich der Schwachheit eines Weibes freut.
Ich bin so frei geboren als ein Mann.
Stünd' Agamemnons Sohn dir gegenüber,
Und du verlangtest, was sich nicht gebührt,   -1860-
So hat auch er ein Schwert und einen Arm,
Die Rechte seines Busens zu verteid'gen.
Ich habe nichts als Worte, und es ziemt
Dem edlen Mann, der Frauen Wort zu achten.

Thoas. Ich acht' es mehr als eines Bruders Schwert.   -1865-

Iphigenie. Das Los der Waffen wechselt hin und her:
Kein kluger Streiter hält den Feind* gering.
Auch ohne Hilfe gegen Trutz* und Härte
Hat die Natur den Schwachen nicht gelassen.
Sie gab zur List ihm Freude, lehrt' ihn Künste: -1870-
Bald weicht er aus, verspätet und umgeht.
Ja, der Gewaltige verdient, daß man sie übt.

Thoas. Die Vorsicht stellt der List sich klug entgegen.

Iphigenie. Und eine reine Seele braucht sie nicht.

Thoas. Sprich unbehutsam* nicht dein eigen Urteil.   -1875-

Iphigenie. O sähest du, wie meine Seele kämpft,
Ein bös Geschick, das sie ergreifen will,
Im ersten Anfall mutig abzutreiben!
So steh' ich denn hier wehrlos gegen dich?
Die schöne Bitte, den anmut'gen Zweig,   -1880-
In einer Frauen Hand gewaltiger
Als Schwert und Waffe, stößest du zurück:
Was bleibt mir nun, mein Innres zu verteid'gen?
Ruf' ich die Göttin um ein Wunder an?
Ist keine Kraft in meiner Seele Tiefen?   -1885-

Thoas. Es scheint, der beiden Fremden Schicksal macht
Unmäßig dich besorgt. Wer sind sie, sprich,
Für die dein Geist gewaltig sich erhebt?

1867: sc. **für.** 1868. =**Trotz** spite. 1875: imprudently.

Iphigenie. Sie sind-sie scheinen-für Griechen halt' ich sie.

Thoas. Landsleute sind es? und sie haben wohl   -1890-
Der Rückkehr schönes Bild in dir erneut?

Iphigenie. (nach einigem Stillschweigen).
Hat denn zur unerhörten Tat der Mann
Allein das Recht? Drückt denn Unmögliches
Nur er an die gewalt'ge Heldenbrust?
Was nennt man groß? Was hebt die Seele schaudernd   -1895-
Dem immer wiederholenden Erzähler,
Als was mit unwahrscheinlichem Erfolg
Der Mutigste begann? Der in der Nacht
Allein das Heer des Feindes überschleicht,
Wie unversehn eine Flamme wütend   -1900-
Die Schlafenden, Erwachenden ergreift,
Zuletzt, gedrängt von den Ermunterten,
Auf Feindes Pferden, doch mit Beute kehrt,
Wird der allein gepriesen? der allein,
Der, einen sichern Weg verachtend, kühn   -1905-
Gebirg' und Wälder durchzustreifen geht,
Daß er von Räubern eine Gegend säubre?
Ist uns nichts übrig? Muß ein zartes Weib
Sich ihres angebornen Rechts entäußern*,
Wild gegen Wilde sein, wie Amazonen   -1910-
Das Recht des Schwerts euch rauben und mit Blute
Die Unterdrückung rächen? Auf und ab
Steigt in der Brust ein kühnes Unternehmen:
Ich werde großem Vorwurf nicht entgehn,
Noch schwerem Übel, wenn es mir mißlingt;   -1915-
Allein **euch** leg' ich's auf die Kniee! Wenn
Ihr wahrhaft seid, wie ihr gepriesen werdet,
So zeigt's durch euern Beistand und verherrlicht
Durch mich die Wahrheit!-Ja, vernimm, o König,
Es wird ein heimlicher Betrug geschmiedet: -1920-
Vergebens fragst du den Gefangnen nach;
Sie sind hinweg und suchen ihre Freunde,
Die mit dem Schiff am Ufer warten, auf.
Der älteste, den das Übel hier ergriffen
Und nun verlassen hat-es ist Orest,   -1925-
Mein Bruder, und der andre sein Vertrauter,
Sein Jugendfreund, mit Namen Pylades.
Apoll schickt sie von Delphi diesem Ufer
Mit göttlichen Befehlen zu, das Bild
Dianens wegzurauben und zu ihm   -1930-
Die Schwester hinzubringen, und dafür
Verspricht er dem von Furien Verfolgten,
Des Mutterblutes Schuldigen, Befreiung.

1909: give up.

Und beide hab' ich nun, die Überbliebnen
Von Tantals Haus, in deine Hand gelegt: -1935-
Verdirb* uns-wenn du darfst.

Thoas.   Du glaubst, es höre
Der rohe Skythe, der Barbar, die Stimme
Der Wahrheit und der Menschlichkeit, die Atreus,
Der Grieche, nicht vernahm?

Iphigenie.   Es hört sie jeder,
Geboren unter jedem Himmel, dem   -1940-
Des Lebens Quelle durch den Busen rein
Und ungehindert fließt.-Was sinnst du mir*,
O König, schweigend in der tiefen Seele?
Ist es Verderben? so töte mich zuerst!
Denn nun empfind' ich, da uns keine Rettung   -1945-
Mehr übrigbleibt, die gräßliche Gefahr,
Worein* ich die Geliebten übereilt
Vorsätzlich stürzte. Weh! Ich werde sie
Gebunden vor mir sehn! Mit welchen Blicken
Kann ich von meinem Bruder Abschied nehmen,   -1950-
Den ich ermorde? Nimmer kann ich ihm
Mehr in die vielgeliebten Augen schaun!

Thoas. So haben die Betrüger, künstlich dichtend,
Der lang' Verschloßnen, ihre Wünsche leicht
Und willig Glaubenden ein solch Gespinst*   -1955-
Ums Haupt geworfen!

Iphigenie.   Nein! o König, nein!
Ich könnte hintergangen werden; diese
Sind treu und wahr. Wirst du sie anders finden,
So laß sie fallen und verstoße mich,
Verbanne mich zur Strafe meiner Torheit   -1960-
An einer Klippeninsel traurig Ufer.
Ist aber dieser Mann der lang erflehte,
Geliebte Bruder, so entlaß uns, sei
Auch den Geschwistern wie der Schwester freundlich.
Mein Vater fiel durch seiner Frauen Schuld,   -1965-
Und sie durch ihren Sohn. Die letzte Hoffnung
Von Atreus' Stamme ruht auf ihm allein.
Laß mich mit reinem Herzen, reiner Hand
Hinübergehen und unser Haus entsühnen.
Du hältst mir Wort!-Wenn zu den Meinen je   -1970-
Mir Rückkehr zubereitet wäre, schwurst
Du, mich zu lassen; und sie ist es nun.
Ein König sagt nicht, wie gemeine Menschen,

1936: i.e., kill. 1942: What are you plotting for me? 1947:
=in die, wohinein. 1955: web (of lies).

Verlegen zu, daß er den Bittenden
Auf einen Augenblick entferne, noch   -1975-
Verspricht er auf den Fall, den er nicht hofft:
Dann fühlt er erst die Höhe seiner Würde,
Wenn er den Harrenden beglücken kann.

Thoas. Unwillig, wie sich Feuer gegen Wasser
Im Kampfe wehrt und gischend seinen Feind   -1980-
Zu tilgen sucht*, so wehret sich der Zorn
In meinem Busen gegen deine Worte.

Iphigenie. O laß die Gnade, wie das heil'ge Licht
Der stillen Opferflamme, mir, umkränzt
Von Lobgesang und Dank und Freude, lodern.   -1985-

Thoas. Wie oft besänftigte mich diese Stimme!

Iphigenie. O reiche mir die Hand zum Friedenszeichen.

Thoas. Du forderst viel in einer kurzen Zeit.

Iphigenie. Um Guts* zu tun, braucht's keiner Überlegung.

Thoas. Sehr viel! denn auch dem Guten folgt das Übel.   -1990-

Iphigenie. Der Zweifel ist's, der Gutes böse macht.
Bedenke nicht; gewähre, wie du's fühlst.

VIERTER AUFTRITT

Orest gewaffnet. Die Vorigen.

Orest (nach der Szene* gekehrt).
Verdoppelt eure Kräfte! Haltet sie
Zurück! Nur wenig Augenblicke! Weicht*
Der Menge nicht, und deckt den Weg zum Schiffe   -1995-
Mir* und der Schwester!
          (**Zu Iphigenien, ohne den König zu sehen.**)
                    Komm, wir sind verraten.
Geringer Raum bleibt uns zur Flucht. Geschwind!
          (**Er erblickt den König.**)

Thoas (nach dem Schwerte greifend).
In meiner Gegenwart führt ungestraft
Kein Mann das nackte Schwert.

1981: seeks (to destroy). 1989: =Gutes. before 1993: stage.
1994: (Don't) yield. 1996: for me (and my).

Iphigenie.   Entheiliget
  Der Göttin Wohnung nicht durch Wut und Mord.   -2000-
  Gebietet eurem Volke Stillstand, höret
  Die Priesterin, die Schwester!

Orest.   Sage mir!
  Wer ist es, der uns droht!

Iphigenie.   Verehr' in ihm
  Den König, der mein zweiter Vater ward!
  Verzeih mir, Bruder! doch mein kindlich Herz   -2005-
  Hat unser ganz Geschick in seine Hand
  Gelegt. Gestanden hab' ich euern Anschlag
  Und meine Seele vom Verrat gerettet.

Orest. Will er die Rückkehr friedlich uns gewähren?

Iphigenie. Dein blinkend Schwert verbietet mir die Antwort.   -2010-

Orest. (der das Schwert einsteckt).
  So sprich! Du siehst, ich horche deinen Worten.

                    FÜNFTER AUFTRITT

Die Vorigen. Pylades. Bald nach ihm Arkas. Beide mit bloßen
                    Schwertern.

Pylades. Verweilet nicht! Die letzten Kräfte raffen
  Die Unsrigen zusammen; weichend werden
  Sie nach der See langsam zurückgedrängt.
  Welch ein Gespräch der Fürsten find' ich hier!   -2015-
  Dies ist des Königes verehrtes Haupt!

Arkas. Gelassen, wie es dir, o König, ziemt,
  Stehst du den Feinden gegenüber. Gleich
  Ist die Verwegenheit bestraft: es weicht
  Und fällt ihr Anhang*, und ihr Schiff ist unser.   -2020-
  Ein Wort von dir, so steht's in Flammen.

Thoas.   Geh!
  Gebiete Stillstand meinem Volke! Keiner
  Beschädige den Feind, solang' wir reden.
                    (Arkas ab.)

Orest. Ich nehm' es an. Geh, sammle, treuer Freund,
  Den Rest des Volkes; harret still, welch Ende   -2025-

2020: followers.

Die Götter unsern Taten zubereiten.
(**Pylades ab.**)

SECHSTER AUFTRITT

Iphigenie. Thoas. Orest.

Iphigenie. Befreit von Sorge mich, eh' ihr zu sprechen
Beginnet. Ich befürchte bösen Zwist,
Wenn du, o König, nicht der Billigkeit
Gelinde Stimme hörest, *du, mein Bruder,   -2030-
Der raschen Jugend nicht gebieten willst.

Thoas. Ich halte meinen Zorn, wie es dem Ältern
Geziemt, zurück. Antworte mir! Womit
Bezeugst du, daß du Agamemnons Sohn
Und Dieser* Bruder bist?   -2035-

Orest.   Hier ist das Schwert,
Mit dem er* Trojas tapfre Männer schlug.
Dies nahm ich seinem Mörder ab und bat
Die Himmlischen, den Mut und Arm, das Glück
Des großen Königs mir zu verleihn
Und einen schönern Tod mir zu gewähren.   -2040-
Wähl' einen aus den Edeln deines Heers
Und stelle mir den Besten gegenüber.
So weit die Erde Heldensöhne nährt,
Ist keinem Fremden dies Gesuch verweigert.

Thoas. Dies Vorrecht hat die alte Sitte nie   -2045-
Dem Fremden hier gestattet.

Orest.   So beginne
Die neue Sitte denn von dir und mir!
Nachahmend heiliget ein ganzes Volk
Die edle Tat der Herrscher zum Gesetz.
Und laß mich nicht allein für unsre Freiheit,   -2050-
Laß mich, den Fremden für die Fremden, kämpfen!
Fall' ich, so ist ihr Urteil mit dem meinen
Gesprochen; aber gönnet mir das Glück,
Zu überwinden, so betrete nie
Ein Mann dies Ufer, dem der schnelle Blick   -2055-
Hilfreicher Liebe nicht begegnet, und
Getröstet scheide jeglicher hinweg!

2030: sc. **und wenn.** 2035: =sc. Frau (=der **Bruder dieser
Frau).** 2036: i.e., Agamemnon.

Thoas. Nicht unwert scheinest du, o Jüngling, mir
Der Ahnherrn, deren du dich rühmst, zu sein.
Groß ist die Zahl der edlen, tapfern Männer,   -2060-
Die mich begleiten; doch ich stehe* selbst
In meinen Jahren noch dem Feinde, bin
Bereit, mit dir der Waffen Los zu wagen.

Iphigenie. Mit nichten! Dieses blutigen Beweises
Bedarf es nicht, o König! Laßt die Hand   -2065-
Vom Schwerte! Denkt an mich und mein Geschick.

Iphigenie. Der rasche Kampf verewigt einen Mann:
Er falle gleich, so preset ihn das Lied.
Allein die Tränen, die unendlichen,
Der überbliebnen, der verlaßnen Frau   -2070-
Zählt keine Nachwelt, und der Dichter schweigt
Von tausend durchgeweinten Tag' und Nächten,
Wo eine stille Seele den verlornen,
Rasch abgeschiednen Freund vergebens sich
Zurückzurufen bangt und sich verzehrt.   -2075-
Mich selbst hat eine Sorge gleich gewarnt,
Daß* der Betrug nicht eines Räubers mich
Vom sichern Schutzort reiße, mich der Knechtschaft
Verrate*. Fleißig hab' ich sie befragt,
Nach jedem Umstand mich erkundigt, Zeichen   -2080-
Gefordert, und gewiß ist nun mein Herz.
Sieh hier an seiner rechten Hand das Mal
Wie von drei Sternen, das am Tage schon,
Da er geboren ward, sich zeigte, das
Auf schwere Tat, mit dieser Faust zu üben,   -2085-
Der Priester deutete*. Dann überzeugt
Mich doppelt diese Schramme, die ihm hier
Die Augenbraue spaltet. Als ein Kind
Ließ ihn Elektra, rasch und unvorsichtig
Nach ihrer Art, aus ihren Armen stürzen.   -2090-
Er schlug auf einen Dreifuß auf*-Er ist's-
Soll ich dir noch die Ähnlichkeit des Vaters,
Soll ich das innere Jauchzen meines Herzens
Dir auch als Zeugen der Versichrung nennen?

Thoas. Und* hübe* deine Rede jeden Zweifel,   -2095-
Und bändigt' ich den Zorn in meiner Brust,
So würden doch die Waffen zwischen uns
Entscheiden müssen; Frieden seh' ich nicht.
Sie sind gekommen, du bekennest selbst,
Das heil'ge Bild der Göttin mir zu rauben.   -2100-

2061: am a match for. 2077: =so daß. 2079: commit. 2086:
interpreted (i.e., as showing his prowess in combat). 2091:
fell against. 2095: sc. **selbst wenn**; =(auf)**höbe** invalidated.

Glaubt ihr, ich sehe dies gelassen an?
Der Grieche wendet oft sein lüstern Auge
Den fernen Schätzen der Barbaren zu,
Dem goldnen Felle, Pferden, schönen Töchtern;
Doch führte sie Gewalt und List nicht immer   -2105-
Mit den erlangten Gütern glücklich heim.

Orest. Das Bild, o König, soll uns nicht entzweien!
Jetzt kennen wir den Irrtum, den ein Gott
Wie einen Schleier um das Haupt uns legte,
Da er den Weg hierher uns wandern hieß.   -2110-
Um Rat und um Befreiung bat ich ihn
Von dem Geleit der Furien; er sprach:
"Bringst du die Schwester, die an Tauris' Ufer
Im Heiligtume wider Willen bleibt,
Nach Griechenland, so löset sich der Fluch."   -2115-
Wir legten's von Apollens Schwester aus*,
Und er gedachte* dich! Die strengen Bande
Sind nun gelöst: du bist den Deinen wieder,
Du Heilige, geschenkt. Von dir berührt,
War ich geheilt; in deinen Armen faßte   -2120-
Das Übel mich mit allen seinen Klauen
Zum letzten Mal und schüttelte das Mark
Entsetzlich mir zusammen; dann entfloh's
Wie eine Schlange zu der Höhle. Neu
Genieß' ich nun durch dich das weite Licht   -2125-
Des Tages. Schön und herrlich zeigt sich mir
Der Göttin Rat. Gleich einem heil'gen Bilde,
Daran der Stadt unwandelbar Geschick
Durch ein geheimes Götterwort gebannt ist*,
Nahm sie* dich weg, dich Schützerin des Hauses;   -2130-
Bewahrte dich in einer heil'gen Stille
Zum Segen deines Bruders und der Deinen.
Da alle Rettung auf der weiten Erde
Verloren schien, gibst du uns alles wieder.
Laß deine Seele sich zum Frieden wenden,   -2135-
O König! Hindre nicht, daß sie die Weihe
Das väterlichen Hauses nun vollbringe,
Mich der entsühnten Halle wiedergebe,
Mir auf das Haupt die alte Krone drücke!
Vergilt den Segen, den sie dir gebracht,   -2140-
Und laß des nähern Rechtes mich genießen!
Gewalt und List, der Männer höchster Ruhm,
Wird durch die Wahrheit dieser hohen Seele
Beschämt, und reines kindliches Vertrauen

2116: interpreted (it as being Apollo's sister, i.e., Diana).
2117: =**meinte.** 2129: Like a holy image according to which a
city's lasting fate is fixed by a secret word of the gods.
2130: i.e., **die Göttin (Diane).**

Zu einem edlen Manne wird belohnt.   -2145-

Iphigenie. Denk' an dein Wort und laß durch diese Rede
Aus einem graden treuen Munde
Dich bewegen! Sieh uns an! du hast nicht oft
Zu solcher edeln Tat Gelegenheit.
Versagen kannst du's nicht; gewähr' es bald.   -2150-

Thoas. So geht!

Iphigenie.   Nicht so, mein König! Ohne Segen,
In Widerwillen, scheid' ich nicht von dir.
Verbann' uns nicht! Ein freundlich Gastrecht walte
Von dir zu uns: so sind wir nicht auf ewig
Getrennt und abgeschieden. Wert und teuer,   -2155-
Wie mir mein Vater war, so bist du's mir,
Und dieser Eindruck bleibt in meiner Seele.
Bringt der Geringste deines Volkes je
Den Ton der Stimme mir ins Ohr zurück,
Den ich an euch gewohnt zu hören bin,   -2160-
Und seh' ich an dem Ärmsten eure Tracht:
Empfangen will ich ihn wie einen Gott,
Ich will ihm selbst ein Lager zubereiten,
Auf einen Stuhl ihn an das Feuer laden
Und nur nach dir und deinem Schicksal fragen.   -2165-
O geben dir die Götter deiner Taten
Und deiner Milde wohlverdienten Lohn!
Leb' wohl! O wende dich zu uns und gib
Ein holdes Wort des Abschieds mir zurück!
Dann schwellt der Wind die Segel sanfter an,   -2170-
Und Tränen fließen lindernder vom Auge
Des Scheidenden. Leb' wohl! und reiche mir
Zum Pfand der alten Freundschaft deine Rechte.

Thoas. Lebt wohl!
                              1787

Römische Elegien

I.

Saget*, Steine, mir an, o sprecht, ihr hohen Paläste!
  Straßen, redet ein Wort! Genius*, regst du dich nicht?
Ja, es ist alles beseelt in deinen heiligen Mauern,
  Ewige Roma; nur mir schweiget noch alles so still.
O wer flüstert mir zu, an welchem Fenster erblick' ich   -5-
  Einst* das holde Geschöpf, das mich versengend erquickt?
Ahn' ich die Wege noch nicht, durch die ich immer und immer,
  Zu ihr und von ihr zu gehn, opfre die köstliche* Zeit?
Noch betracht' ich Kirch' und Palast, Ruinen und Säulen,
  Wie ein bedächtiger Mann schicklich die Reise benutzt.   -10-
Doch bald ist es vorbei: dann wird ein einziger Tempel,
  Amors Tempel nur sein, der den Geweihten* empfängt.
Eine Welt zwar bist du, o Rom; doch ohne die Liebe
  Wäre die Welt nicht die Welt, wäre denn Rom auch nicht Rom.

V.

Froh empfind' ich mich nun auf klassischem Boden begeistert,
  Vor- und Mitwelt spricht lauter und reizender mir.
Hier befolg' ich den Rat, durchblättre die Werke der Alten
  Mit geschäftiger Hand, täglich mit neuem Genuß.
Aber die Nächte hindurch hält Amor mich anders beschäftigt;   -5-
  Werd' ich auch halb nur gelehrt, bin ich doch doppelt beglückt.
Und belehr' ich mich nicht, indem ich des lieblichen Busen
  Formen* spähe*, die Hand leite die Hüften hinab?
Dann versteh' ich den Marmor erst recht: ich denk' und vergleiche,
  Sehe mit fühlendem Aug', fühle mit sehender Hand.   -10-
Raubt die Liebste denn gleich mir einige Stunden des Tages,
  Gibt sie Stunden der Nacht mir zur Entschädigung hin.
Wird doch nicht immer geküßt, es wird vernünftig gesprochen;
  Überfällt sie der Schlaf, lieg' ich und denke mir viel.
Oftmals hab' ich auch schon in ihren Armen gedichtet   -15-
  Und des Hexameters Maß leise mit fingernder Hand
Ihr auf den Rücken gezählt. Sie atmet in lieblichem Schlummer,
  Und es durchglühet ihr Hauch mir bis ins Tiefste die Brust.

I.1: =Sagt, and passim. 2: =genius loci (L.): the (guardian)
spirit of a place, the general atmosphere of a place. 6: some
(future) day. 8: costly, precious. 12: the initiated (one)./
V.8: direct object; observe, watch.

Amor schüret* die Lamp' indes* und denket der* Zeiten,
  Da er den nämlichen Dienst seinen Triumvirn* getan.   -20-

                              VII.

O wie fühl' ich in Rom mich so froh! gedenk' ich der Zeiten,
  Da mich ein graulicher Tag hinten im Norden* umfing,
Trübe der Himmel und schwer auf meine Scheitel sich senkte,
  Farb- und gestaltlos die Welt um den Ermatteten lag,
Und ich über mein Ich, des unbefriedigten Geistes   -5-
  Düstre Wege zu spähn, still in Betrachtung versank.
Nun umleuchtet der Glanz des helleren Äthers die Stirne;
  Phöbus* rufet, der Gott, Formen und Farben hervor.
Sternhell glänzet die Nacht, sie klingt von weichen Gesängen,
  Und mir leuchtet der Mond heller als nordischer Tag.   -10-
Welche Seligkeit ward* mir Sterblichem! Träum' ich? Empfänget
  Dein ambrosisches Haus*, Jupiter Vater, den Gast?
Ach! Hier lieg' ich und strecke nach deinen Knieen die Hände
  Flehend aus. O vernimm, Jupiter Xenius*, mich!
Wie ich hereingekommen*, ich kann's nicht sagen: es faßte   -15-
  Hebe* den Wandrer und zog mich in die Hallen heran.
Hast du ihr einen Heroen herauf zu führen geboten*?
  Irrte die Schöne? Vergib! Laß mir des Irrtums Gewinn!
Deine Tochter Fortuna, sie auch! die herrlichsten Gaben
  Teilt als ein Mädchen sie aus, wie es die Laune gebeut*.   -20-
Bist du der wirtliche Gott? O dann so verstoße den Gastfreund
  Nicht von deinem Olymp wieder zur Erde hinab!
"Dichter! wohin versteigest du dich?"-Vergib mir: der hohe
  Kapitolinische Berg* ist dir ein zweiter Olymp.
Dulde mich, Jupiter, hier, und Hermes* führe mich später,   -25-
  Cestius' Mal* vorbei, leise zum Orkus* hinab.
                              1788/1790

19: i.e., increases the glow of; meanwhile; =an die. 20: i.e.,
the Roman elegiac poets Catullus, Tibullus, and Propertius./
VII.: 2: i.e., in Weimar. 8: i.e., Apollo, patron of the arts.
11: =wurde, i.e., was imparted to. 12: i.e., Jupiter's temple
on the hill of the Capitol in Rome. 14: the protector of
foreigners, visitors. 15: sc. bin. 16: the goddess of youth,
waited upon the gods and filled their cups with nectar. 17:
ordered, commanded. 20. =bietet. 24: see footnote to l. 12.
25: as conductor of the shades of the dead from the upper into
the lower world. 26: pyramid in Rome, site of the Protestant
cemetery (Mal=Denkmal); Hades.

Venetianische Epigramme

1.

Sarkophagen und Urnen verzierte der Heide mit Leben:
　　Faunen tanzen umher, mit der* Bacchantinnen* Chor
Machen sie bunte Reihe; der ziegengefüßete Pausback*
　　Zwingt den heiseren Ton wild aus dem schmetternden Horn,
Cymbeln, Trommeln erklingen; wir sehen und hören den Marmor.　　　-5-
　　Flatternde Vögel, wie schmeckt herrlich dem Schnabel die Frucht!
Euch verscheuchet* kein Lärm, noch weniger scheucht er den Amor,
　　Der in dem bunten Gewühl erst sich der Fackel* erfreut.
So überwältiget Fülle den Tod; und die Asche da drinnen
　　Scheint, im stillen Bezirk, noch sich des Lebens zu freun.　　　-10-
So umgebe denn spät den Sarkophagen des Dichters
　　Diese Rolle*, von ihm reichlich mit Leben geschmückt.

3.

Immer halt' ich die Liebste begierig im Arme geschlossen,
　　Immer drängt sich mein Herz fest an den Busen ihr an,
Immer lehnet mein Haupt* an ihren Knieen, ich blicke
　　Nach dem lieblichen Mund, ihr nach den Augen hinauf.
"Weichling!" schölte* mich einer, "und so verbringst du die Tage?"　-5-
　　Ach , ich verbringe sie schlimm! Höre nur, wie mir geschieht:
Leider wend' ich den Rücken der einzigen Freude* des Lebens,
　　Schon den zwanzigsten Tag schleppt mich der Wagen dahin.
Vetturine* trotzen mir nun, es schmeichelt der Kämmrer*,
　　Und der Bediente* vom Platz* sinnet auf Lügen und Trug.　　　-10-
Will ich ihnen entgehn, so faßt mich der Meister der Posten*,
　　Postillone* sind Herrn, dann die Dogane* dazu!
"Ich verstehe dich nicht! du widersprichst dir! du schienest
　　Paradiesisch zu ruhn, ganz, wie Rinaldo*, beglückt."
Ach! ich verstehe mich wohl: es ist mein Körper auf Reisen,　　　-15-
　　Und es ruhet mein Geist stets der Geliebten im Schoß.

2: gen. pl.; priestesses (followers) of Dionysus, the god of
wine.　3: chubby-faced one, i.e., Pan.　7: =**verscheucht**, and
passim.　8: i.e., flame of passion.　12: i.e., manuscript,
book./
3: =**Kopf**.　5: would scold.　7: i.e., Christiane, Goethe's
girlfriend (later wife) in Weimar.　9: (It.):coachmen; waiter.
10: porter, servant; i.e., local.　11: postmaster.　12: driver;
customs.　14: in Armida's magical garden in Torquato Tasso's
epic **Gerusalemme liberata** (XVI, 17).

34b.

Klein ist unter den Fürsten Germaniens freilich der meine*,
  Kurz und schmal ist sein Land, mäßig nur, was er vermag.
Aber so wende nach innen, so wende nach außen die Kräfte
  Jeder: da wär' es ein Fest, Deutscher mit Deutschen zu sein.
Doch was priesest* du ihn, den Taten und Werke verkünden?   -5-
  Und bestochen erschien'* deine Verehrung vielleicht;
Denn mir hat er gegeben, was Große selten gewähren,
  Neigung, Muße, Vertraun, Felder und Garten und Haus.
Niemand braucht'* ich zu danken als Ihm, und manches bedurft' ich,
  Der ich* mich auf den Erwerb* schlecht, als ein Dichter,   -10-
    verstand.
Hat mich Europa gelobt, was hat mir Europa gegeben?
  Nichts! Ich habe, wie schwer! meine Gedichte bezahlt.
Deutschland ahmte mich nach, und Frankreich mochte* mich lesen.
  England! freundlich empfingst du den zerrütteten Gast*.
Doch was fördert es mich, daß auch sogar der Chinese   -15-
  Malet, mit ängstlicher Hand, Werthern und Lotten auf Glas?
Niemals frug* ein Kaiser nach mir, es hat sich kein König
  Um mich bekümmert, und Er war mir August* und Mäcen*.

103.

Und so tändelt' ich mir, von allen Freuden geschieden,
  In der neptunischen Stadt* Tage wie Stunden hinweg.
Alles, was ich erfuhr, ich würzt' es mit süßer Erinnrung,
  Würzt' es mit Hoffnung; sie sind lieblichste Würzen der Welt.
                                        1790

1: i.e., Goethe's patron Karl August. 5: why would you praise.
 6: =würde erscheinen. 9: =würde brauchen. 10: I who;
livelihood. 13: liked to. 14: i.e., Goethe's novel Werther.
17: =fragte. 18: i.e., Karl August and Augustus, the first
Roman emperor (63 B.C.-14 A.D.), patron of poets; Maecenas
(70-8 B.C.), minister under Augustus, patron of Virgil and
Horace; hence any generous patron of the arts./2: i.e., Rome.

Meeresstille

Tiefe Stille herrscht im Wasser,
Ohne Regung ruht das Meer,
Und bekümmert sieht der Schiffer
Glatte Fläche rings umher.
Keine Luft von keiner Seite!   -5-
Todesstille fürchterlich!
In der ungeheuern Weite
Reget* keine Welle sich.
                                     1795

Hegire

Nord und West uns Süd zersplittern,
Throne bersten, Reiche zittern,
Flüchte du, im reinen Osten
Patriarchenluft zu kosten,
Unter Lieben, Trinken, Singen   -5-
Soll dich Chisers* Quell verjüngen.

Dort, im Reinen und im Rechten,
Will ich menschlichen Geschlechten
In des Ursprungs Tiefe dringen,
Wo sie noch von Gott empfingen   -10-
Himmelslehr' in Erdesprachen
Und sich nicht den Kopf zerbrachen.

Wo sie Väter hoch verehrten,
Jeden fremden Dienst verwehrten;
Will mich freun der Jugendschranke*:   -15-
Glaube weit, eng der Gedanke,
Wie das Wort so wichtig dort war,
Weil es ein gesprochen Wort war.

Will mich unter Hirten mischen,
An Oasen mich erfrischen,   -20-
Wenn *mit Karawanen wandle,
Schal, Kaffee und Moschus* handle;
Jeden Pfad will ich betreten
Von der Wüste zu den Städten.

Bösen Felsweg auf und nieder   -25-
Trösten, Hafis*, deine Lieder,
Wenn der Führer mit Entzücken

8: =regt./ of the spring of life. 15: youthful limitations.
21: sc. ich. 22: musk. 26: Persian poet (d. 1389?), inspiration
for the **Divan**.

Von des Maultiers hohem Rücken
Singt, die Sterne zu erwecken
Und die Räuber zu erschrecken.   -30-

Will in Bädern und in Schenken*,
Heil'ger Hafis, dein* gedenken,
Wenn den Schleier Liebchen lüftet,
Schüttelnd Ambralocken* düftet.
Ja, des Dichters Liebesflüstern   -35-
Mache selbst die Huris* lüstern.

Wolltet* ihr ihm dies beneiden
Oder etwa gar verleiden,
Wisset nur, daß Dichterworte
Um des Paradieses Pforte   -40-
Immer leise klopfend schweben,
Sich erbittend ew'ges Leben.
                                    1814*

Selige Sehnsucht*

Sagt es niemand, nur den Weisen,
Weil die Menge gleich verhöhnet*,
Das Lebend'ge will ich preisen,
Das nach Flammentod sich sehnet.

In der Liebesnächte Kühlung,   -5-
Die dich* zeugte, wo du zeugtest,
Überfällt dich fremde* Fühlung,
Wenn die stille Kerze leuchtet.

Nicht mehr bleibest du umfangen
In der* Finsternis Beschattung,   -10-
Und dich reißet neu Verlangen
Auf zu höherer Begattung.

Keine Ferne macht dich schwierig*,
Kommst geflogen und gebannt*,
Und zuletzt, des Lichts begierig,   -15-
Bist du, Schmetterling, verbrannt.

31: taverns. 32: gen. (remember you). 34: ambra: a
sweet-smelling resin. 36: in Islam, virgins who wait upon the
faithful. 37: =würdet... wollen. after 42: opening poem of
"Moganni Nameh. Buch des Sängers" in the cycle **West-östlicher
Divan** (1819)./ 2:=**verhöhnt**, and passim. 6: sc.
Schmetterling. 7: an unusual. 10. gen. 13: =**bietet dir keine
Schwierigkeiten.** 14: enchanting, captivated.

Und so lang du das nicht hast,
Dieses: Stirb und werde!
Bist du nur ein trüber Gast
Auf der dunklen* Erde.   -20-
                    1814*

Um Mitternacht

Um Mitternacht ging ich, nicht eben gerne,
Klein, kleiner Knabe, jenen Kirchhof hin*
Zu Vaters Haus, des Pfarrers; Stern am Sterne
Sie leuchteten doch alle gar zu schön;
    Um Mitternacht.   -5-

Wenn ich dann ferner in des Lebens Weite*
Zur Liebsten mußte, mußte, weil sie zog*,
Gestirn und Nordschein über mir im Streite,
Ich gehend, kommend Seligkeiten sog*;
    Um Mitternacht.   -10-

*Bis dann zuletzt des vollen Mondes Helle
So klar und deutlich mir ins Finstere drang,
Auch der Gedanke willig, sinnig, schnelle
Sich ums Vergangne wie ums Künftige schlang;
    Um Mitternacht.   -15-
                    1818

20: simply by contrast with the gleaming sea--an epithet in
classical poetry. after 20: in the first book ("Moganni Nameh.
Buch des Sängers") of the cycle **West-östlicher Divan** (1819)./
2: =**entlang**. 6: in the course of life's breadth (of
experience). 7: =**anzog** attracted (me). 9: drew in breaths of.
 11: sc. **So war es**, (the stanza refers to the memories of age,
evoked by the night's brightness). 13: sc. **Bis dann zuletzt**;
=**zuerst sinnig, dann**.

FRIEDRICH SCHILLER

Die Teilung der Erde

"Nehmt hin die Welt!" rief Zeus von seinen Höhen
  Den Menschen zu. "Nehmt, sie soll euer sein!
Euch schenk ich sie zum Erb und ewgen Lehen*,
  Doch teilt euch brüderlich darein."

Da eilt, was Hände hat, sich einzurichten,   -5-
  Es regte sich geschäftig jung und alt.
Der Ackermann griff nach des Feldes Früchten,
  Der Junker birschte* durch den Wald.

Der Kaufmann nimmt, was seine Speicher* fassen,
  Der Abt wählt sich den edeln Firnewein*,   -10-
Der König sperrt die Brücken und die Straßen
  Und sprach: "Der Zehente* ist mein."

Ganz spät, nachdem die Teilung längst geschehen*,
  Naht der Poet, er kam aus weiter Fern*;
Ach! da war überall nichts mehr zu sehen,   -15-
  Und alles hatte seinen Herrn!

"Weh mir! so soll ich denn allein von allen
  Vergessen sein, ich, dein getreuster Sohn?"
So ließ er laut der* Klage Ruf erschallen
  Und warf sich hin vor Jovis* Thron.   -20-

"Wenn du im Land der Träume dich verweilet*",
  Versetzt der Gott, "so hadre* nicht mit mir.
Wo warst du denn, als man die Welt geteilet*?"
  "Ich war", sprach der Poet, "bei dir.

Mein Auge hing an deinem Angesichte,   -25-
  An deines Himmels Harmonie mein Ohr-
Verzeih dem Geiste, der, von deinem Lichte
  Berauscht, das Irdische verlor!"

"Was tun?" spricht Zeus. "Die Welt ist weggegeben,
  Der Herbst, die Jagd, der Markt ist nicht mehr mein.   -30-
Willst du in meinem Himmel mit mir leben:
  So oft du kommst, er soll dir offen sein."
                                                    1795

3: fief, feudal tenure. 8: =pirschte stalked, hunted. 9:
storerooms. 10. aged wine. 12: =Zehnte. 13: sc. war. 14:
=Ferne. 19: gen. 20: Jove=Jupiter=Zeus. 21: =verweilst. 22:
=hadere quarrel. 23: =geteilt (hat).

Der Ring des Polykrates

Er stand auf seines Daches Zinnen*,
Er schaute mit vergnügten Sinnen
Auf das beherrschte Samos hin.
"Dies alles ist mir untertänig",
Begann er zu Ägyptens König,   −5−
"Gestehe, daß ich glücklich bin."

"Du hast der* Götter Gunst erfahren!
Die vormals deinesgleichen waren,
Sie* zwingt jetzt deines Szepters Macht.
Doch einer lebt noch, sie* zu rächen,   −10−
Dich kann mein Mund nicht glücklich sprechen,
Solang des Feindes Auge wacht."

Und eh der König noch geendet*,
Da stellt sich, von Milet* gesendet,
Ein Bote dem Tyrannen dar*:   −15−
"Laß, Herr! des Opfers Düfte steigen
Und mit des Lorbeers muntern Zweigen
Bekränze dir dein festlich Haar.

Getroffen sank dein Feind vom Speere,
Mich sendet mit der frohen Märe*   −20−
Dein treuer Feldherr Polydor−"
Und *nimmt aus einem schwarzen Becken,
Noch blutig, zu der beiden Schrecken,
Ein wohlbekanntes Haupt* hervor.

Der König tritt zurück mit Grauen: −25−
"Doch warn ich dich, dem Glück zu trauen",
Versetzt er mit besorgtem Blick.
"Bedenk, auf ungetreuen Wellen,
Wie leicht kann sie der Sturm zerschellen,
Schwimmt deiner Flotte zweifelnd Glück."   −30−

Und eh er noch das Wort gesprochen,
Hat ihn der Jubel unterbrochen,
Der von der Reede jauchzend schallt.
Mit fremden Schätzen reich beladen,
Kehrt zu den heimischen Gestaden*   −35−
Der Schiffe mastenreicher Wald.

1: battlements. 7: gen. pl., and passim. 9: i.e., die Gunst.
10: i.e., die Götter. 13: sc. hat. 14: =Miletus, an ancient
Greek city in western Asia Minor, now in ruins. 15: presents
himself. 20: news. 22: sc. er. 24: =Kopf. 35: shores.

Der königliche Gast erstaunet*:
"Dein Glück ist heute gut gelaunet,
Doch fürchte seinen Unbestand.
Der Kreter waffenkundge Scharen*   -40-
Bedräuen* dich mit Kriegsgefahren,
Schon nahe sind sie diesem Strand."

Und eh ihm noch das Wort entfallen,
Da sieht mans von den Schiffen wallen,
Und tausend Stimmen rufen: "Sieg!   -45-
Von Feindesnot sind wir befreiet,
Die Kreter hat der Sturm zerstreuet,
Vorbei, geendet ist der Krieg."

Das hört der Gastfreund mit Entsetzen:
"Fürwahr*, ich muß dich glücklich schätzen,   -50-
Doch", spricht er, "zittr ich für dein Heil.
Mir grauet vor der Götter Neide,
Des Lebens ungemischte Freude
Ward* keinem Irdischen zuteil*.

Auch mir ist alles wohlgeraten,   -55-
Bei allen meinen Herrschertaten
Begleitet mich des Himmels Huld,
Doch hatt ich einen teuren Erben,
Den nahm mir Gott, ich sah ihn sterben,
Dem Glück bezahlt' ich meine Schuld.   -60-

Drum, willst du dich vor Leid bewahren,
So flehe zu den Unsichtbaren,
Daß sie zum Glück den Schmerz verleihn.
Noch keinen sah ich fröhlich enden,
Auf den mit immer vollen Händen   -65-
Die Götter ihre Gaben streun.

Und wenns die Götter nicht gewähren,
So acht auf eines Freundes Lehren
Und rufe selbst das Unglück her,
Und was von allen deinen Schätzen   -70-
Dein Herz am höchsten mag ergötzen,
Das nimm und wirfs in dieses Meer."

Und jener spricht, von Furcht beweget:
"Von allem, was die Insel heget*,
Ist dieser Ring mein höchstes Gut.   -75-

37: =erstaunt, and passim. 40: troops of Cretans skilled in
the use of weapons. 41: =Bedrohen. 50: Truly. 54: =Wurde;
was not meant for any mortal. 74: contains.

Ihn will ich den Erinnen* weihen,
Ob sie mein Glück mir dann verzeihen."
Und wirft das Kleinod in die Flut.

Und bei des nächsten Morgens Lichte,
Da tritt mit fröhlichem Gesichte   -80-
Ein Fischer vor den Fürsten hin:
"Herr, diesen Fisch hab ich gefangen,
Wie keiner noch ins Netz gegangen,
Dir zum Geschenke bring ich ihn."

Und als der Koch den Fisch zerteilet,   -85-
Kommt er bestürzt herbeigeeilet
Und ruft mit hocherstauntem Blick:
"Sieh, Herr, den Ring, den du getragen,
Ihn fand ich in des Fisches Magen,
O, ohne Grenzen ist dein Glück!"   -90-

Hier wendet sich der Gast mit Grausen:
"So kann ich hier nicht ferner hausen,
Mein Freund kannst du nicht weiter sein.
Die Götter wollen dein Verderben,
Fort eil ich, nicht mit dir zu sterben."   -95-
Und sprachs und schiffte schnell sich ein.
                              (1797) 1798

Nänie

Auch das Schöne muß sterben! Das* Menschen und Götter bezwinget*,
    Nicht die eherne Brust rührt es des stygischen Zeus*.
Einmal nur erweichte die Liebe den Schattenbeherrscher,
    Und an der Schwelle noch, streng, rief er zurück sein Geschenk*.
Nicht stillt Aphrodite dem schönen Knaben* die Wunde,   -5-
    Die in den zierlichen Leib grausam der Eber geritzt*.
Nicht errettet den göttlichen Held die unsterbliche Mutter*,
    Wann* er, am skäischen Tor* fallend, sein Schicksal erfüllt.
Aber sie steigt aus dem Meer mit allen Töchtern des Nereus*,

76: the Furies, the avenging deities./ 1: sc. **was**; =bezwingt.
2: i.e., Pluto, god of the lower world. 4: i.e., Eurydice, the
wife of Orpheus. Upon her death he followed her into Hades to
retrieve her. He was ordered not to look back at her until
they arrived in the upper world. He failed to do so, and she
was swept back. 5: i.e., Adonis, who was killed by a boar he
was chasing. Aphrodite's grief was so great that the gods of
the lower world allowed him to spend half of the year in the
upper world with her. 6: sc. **hat**. 7: i.e., Thetis, mother of
Achilles. 8: =Wenn; at Troy. 9: the old man of the sea,
father of Thetis. His daughters were the fifty Nereides.

    Und die Klage hebt an um den verherrlichten Sohn.   -10-
Siehe! Da weinen die Götter, es weinen die Göttinnen alle,
    Daß das Schöne vergeht, daß das Vollkommene stirbt.
Auch ein Klaglied zu sein im Mund der Geliebten, ist herrlich,
    Denn das Gemeine* geht klanglos zum Orkus* hinab.
                                    (1799) 1800

14: that which is common; =Hades.

FRIEDRICH HÖLDERLIN

[Hyperions Schicksalslied]

Ihr wandelt droben* im Licht
  Auf weichem Boden, selige Genien*!
Glänzende Götterlüfte
  Rühren euch leicht,
    Wie die Finger der Künstlerin   -5-
  Heilige Saiten.

Schicksallos, wie der schlafende
  Säugling, atmen die Himmlischen;
Keusch bewahrt
  In bescheidener Knospe,   -10-
    Blühet* ewig
  Ihnen der Geist,
    Und die seligen Augen
      Blicken in stiller
        Ewiger Klarheit.   -15-

Doch uns ist gegeben,
  Auf keiner Stätte zu ruhn,
Es schwinden, es fallen
  Die leidenden Menschen
    Blindlings von einer   -20-
  Stunde zur andern,
    Wie Wasser von Klippe
      Zu Klippe geworfen,
        Jahr lang ins Ungewisse hinab.
            (1797) 1798*

An die Parzen*

Nur **einen** Sommer gönnt, ihr Gewaltigen!
Und einen Herbst zu reifem Gesange mir,
  Daß williger mein Herz, vom süßen
    Spiele gesättiget*, dann mir sterbe.

1: **da oben.** 2: genius or daemon, a spirit presiding over the
birth and life of every man, place, or thing, and determining
character, conduct, and destiny. 11: =**blüht.** after 24: in
Hölderlin's novel **Hyperion, oder der Eremit in Griechenland**
(1797/1799)./ before 1: the three Fates: Atropos bears the
shears and cuts the thread of life; Clotho carries the spindle
and spins the thread of life; Lachesis carries the globe or
scroll and determines the length of the thread of life. 4:
=**gesättigt** satiated.

Die Seele, der* im Leben ihr göttlich Recht   -5-
Nicht ward*, sie ruht auch drunten* im Orkus* nicht;
Doch ist mir einst das Heil'ge, das am
Herzen mir liegt, das Gedicht, gelungen,

Willkommen dann, o Stille der Schattenwelt!
Zufrieden bin ich, wenn auch mein Saitenspiel   -10-
Mich nicht hinab geleitet; einmal
Lebt ich, wie Götter, und mehr bedarf's nicht.
                                        1798

Die Kürze

"Warum bist du so kurz? liebst du, wie vormals, denn
Nun nicht mehr den Gesang? fandst du, als Jüngling, doch
In den Tagen der Hoffnung,
Wenn du sangest*, das Ende nie!"

Wie mein Glück, ist mein Lied.-Willst du im Abendrot   -5-
Froh dich baden? hinweg ist's! und die Erd ist kalt,
Und der Vogel der Nacht schwirrt
Unbequem vor das Auge dir.
                                 1798

Menschenbeifall

Ist nicht heilig mein Herz, schöneren Lebens voll,
Seit ich liebe? warum achtetet ihr mich mehr,
Da* ich stolzer und wilder,
Wortereicher und leerer war?

Ach! der Menge gefällt, was auf den Marktplatz taugt,   -5-
Und es ehret* der Knecht nur den Gewaltsamen;
An das Göttliche glauben
Die allein, die es selber sind.
                                 1798

Heidelberg

Lange lieb ich dich schon, möchte dich, mir zur Lust,
Mutter nennen, und dir schenken ein kunstlos Lied,
Du, der* Vaterlandsstädte
Ländlichschönste, so viel ich sah.

5: dat. 6: =wurde granted, given (to); =da unten. Hades./ 4:
=sangst./ 3: =Als. 6: =ehrt./ 3: gen. pl.

Wie der Vogel des Walds über die Gipfel* fliegt,   -5-
Schwingt sich über den Strom, wo er vorbei dir glänzt,
Leicht und kräftig die Brücke*,
    Die von Wagen und Menschen tönt.

Wie von Göttern gesandt, fesselt' ein Zauber einst
Auf die Brücke mich an, da* ich vorüberging,   -10-
Und herein in die Berge
    Mir die reizende Ferne schien,

Und der Jüngling, der Strom, fort in die Ebne* zog,
Traurigfroh, wie das Herz, wenn es, sich selbst zu schön,
Liebend unterzugehen,   -15-
    In die Fluten der Zeit sich wirft.

Quellen hattest du ihm, hattest dem Flüchtigen
Kühle Schatten geschenkt, und die Gestade* sahn
All ihm nach, und es bebte
    Aus den Wellen ihr lieblich Bild.   -20-

Aber schwer in das Tal hing die gigantische,
Schicksalskundige Burg* nieder bis auf den Grund,
Von den Wettern zerrissen*;
    Doch die ewige Sonne goß

Ihr verjüngendes Licht über das alternde   -25-
Riesenbild, und umher grünte lebendiger
Efeu; freundliche Wälder
    Rauschten über die Burg herab.

Sträuche blühten herab, bis wo im heitern Tal,
An den Hügel gelehnt, oder dem Ufer hold*,   -30-
Deine fröhlichen Gassen
    Unter duftenden Gärten ruhn.
                        1800

5: =**Wipfel** treetops. 7: the Karl-Theodor-Brücke, a Heidelberg
landmark. 10: =**als**. 13: =**Ebene** plain. 18: banks. 22: the
Heidelberg castle (which because of its site and history is
very knowledgeable of man's life and fate). 23: in 1764 by
lightning. 30: gracing the bank.

Hälfte des Lebens

Mit gelben Birnen hänget*
Und voll mit wilden Rosen
Das Land in den See,
Ihr holden Schwäne,
Und trunken von Küssen   -5-
Tunkt* ihr das Haupt
Ins heilignüchterne Wasser.

Weh mir, wo nehm ich, wenn
Es Winter ist, die Blumen, und wo
Den Sonnenschein,   -10-
Und Schatten der Erde?
Die Mauern stehn
Sprachlos und kalt, im Winde
Klirren die Fahnen*.
                    1803

Andenken

Der Nordost wehet*,
Der liebste unter den Winden
Mir, weil er feurigen Geist
Und gute Fahrt verheißet den Schiffern.
Geh aber nun und grüße   -5-
Die schöne Garonne*,
Und die Gärten von Bourdeaux
Dort, wo am scharfen Ufer
Hingehet der Steg* und in den Strom
Tief fällt der Bach*, darüber aber   -10-
Hinschauet ein edel Paar
Von Eichen und Silberpappeln;

Noch denket das mir wohl* und wie
Die breiten Gipfel neiget
Der Ulmwald, über die Mühl,   -15-
Im Hofe aber wächset ein Feigenbaum.
An Feiertagen gehn
Die braunen Frauen daselbst
Auf seidnen Boden,
Zur Märzenzeit*,   -20-
Wenn gleich ist Nacht und Tag*,
Und über langsamen Stegen,

1: =hängt. 6: =taucht. 14: =Wetterfahnen weather vanes./ 1:
=weht, and passim. 6: the river of the port of Bordeaux
(formerly Bourdeaux). 9: footbridge. 10: sc. wo. 13: These
things I still remember. 20: =Im März. 21: i.e., the equinox.

Von goldenen Träumen schwer,
Einwiegende Lüfte ziehen.

Es reiche aber,   -25-
Des dunkeln Lichtes voll,
Mir einer* den duftenden Becher,
Damit ich ruhen möge; denn süß
Wär unter Schatten der Schlummer.
Nicht ist es gut,   -30-
Seelos* von sterblichen
Gedanken zu sein. Doch gut
Ist ein Gespräch und zu sagen
Des Herzens Meinung, zu hören viel
Von Tagen der Lieb,   -35-
Und Taten, welche geschehen*.

Wo aber sind die Freunde? Bellarmin*
Mit dem* Gefährten? Mancher
Trägt Scheue, an die Quelle* zu gehn;
Es beginnet nämlich der Reichtum   -40-
Im Meere. Sie,
Wie Maler*, bringen zusammen
Das Schöne der Erd und verschmähn
Den geflügelten* Krieg nicht, und*
Zu wohnen einsam, jahrlang, unter   -45-
Dem entlaubten* Mast, wo nicht die Nacht
   durchglänzen
Die Feiertage der Stadt,
Und Saitenspiel und eingeborener Tanz nicht.

Nun aber sind zu Indiern*
Die Männer gegangen,   -50-
Dort an der luftigen Spitz*
An Traubenbergen*, wo herab
Die Dordogne kommt,
Und zusammen mit der prächt'gen
Garonne meerbreit   -55-
Ausgehet der Strom. Es nehmet* aber
Und gibt Gedächtnis die See*,

27: subject. 31: spiritless (because filled) with mortal
concerns (only). 36: sc. **sind** (**waren**). 37: an addressee of
the letters of the titular protagonist in Hölderlin's novel
Hyperion, a fighter for independence. 38:more logically **den**.
39: source (of prosperity which is here: maritime trade). 42:
answer to l. 37. 44: under sail; sc. **verschmäh(e)n nicht**. 46:
bare (of the foliage that once grew on it). 49: East Indians.
51: =**Landspitze** the promontory where the Garonne and Dordogne
meet. 52: sc. **vorbei**. 56: =**nimmt**. 57: at sea one remembers
home and the past.

Und die Lieb auch heftet fleißig die Augen*,
Was bleibet aber, stiften die Dichter.
1803

58: i.e., love also casts a great spell.

ROMANTICISM

FRIEDRICH SCHLEGEL

Athenäums-Fragment (116)*

Die romantische Poesie ist eine progressive Universalpoesie.
Ihre Bestimmung ist nicht bloß, alle getrennten Gattungen der
Poesie wieder zu vereinigen und die Poesie mit der Philosophie
und Rhetorik in Berührung zu setzen. Sie will und soll auch Poesie und Prosa, Genialität und Kritik, Kunstpoesie und Naturpoe-   -5-
sie bald mischen, bald verschmelzen, die Poesie lebendig und
gesellig und das Leben und die Gesellschaft poetisch machen, den
Witz* poetisieren und die Formen der Kunst mit gediegenem* Bil-
dungsstoff jeder Art anfüllen und sättigen und durch die Schwin-
gungen des Humors beseelen. Sie umfaßt alles, was nur poetisch   -10-
ist, vom größten wieder mehrere Systeme in sich enthaltenden
Systeme der Kunst* bis zu dem Seufzer, dem Kuß, den das dich-
tende Kind aushaucht in kunstlosen Gesang. Sie kann sich so in
das Dargestellte verlieren, daß man glauben möchte*, poetische
Individuen jeder Art zu charakterisieren, sei ihr Eins und   -15-
Alles; und doch gibt es noch keine Form, die so dazu gemacht
wäre, den Geist des Autors vollständig auszudrücken: so daß
manche Künstler, die nur auch einen Roman schreiben wollten, von
ungefähr sich selbst dargestellt haben. Nur sie kann gleich dem
Epos ein Spiegel der ganzen umgebenden Welt, ein Bild des Zeit- -20-
alters werden. Und doch kann auch sie am meisten zwischen dem
Dargestellten und dem Darstellenden, frei von allem realen und
idealen Interesse, auf den Flügeln der poetischen Reflexion in
der Mitte schweben, diese Reflexion immer wieder potentizieren*
und wie in einer endlosen Reihe von Spiegeln vervielfachen. Sie -25-
ist der höchsten und der allseitigen Bildung fähig; nicht bloß
von innen heraus, sondern auch von außen hinein; indem sie
jedem, was ein Ganzes in ihren Produkten sein soll, alle Teile
ähnlich organisiert, wodurch ihr die Aussicht auf eine grenzenlos wachsende Klassizität eröffnet wird. Die romantische Poesie -30-
ist unter den Künsten, was der Witz der* Philosophie, und die
Gesellschaft, Umgang, Freundschaft und Liebe im Leben ist. Andre
Dichtarten sind fertig und können nun vollständig zergliedert
werden. Die romantische Dichtart ist noch im Werden; ja das ist
ihr eigentliches Wesen, daß sie ewig nur werden, nie vollendet   -35-
sein kann. Sie kann durch keine Theorie erschöpft werden, und
nur eine divinatorische Kritik dürfte es wagen, ihr Ideal charakterisieren zu wollen. Sie allein ist unendlich, wie sie

-----

before 1: in **Athenäum. Eine Zeitschrift** von **August Wilhelm
Schlegel** und **Friedrich Schlegel**. 8: spirit; pure, true. 12: from
the greatest system which in turn contains many systems within
it. 14: might. 24: raise to an ever higher power (i.e., square,
cube, etc.). 31: for, to.

allein frei ist und das als ihr erstes Gesetz anerkennt, daß die
Willkür des Dichters kein Gesetz über sich leide. Die
romantische Dichtart ist die einzige, die mehr als Art und
gleichsam die Dichtkunst selbst ist: denn in einem gewissen Sinn
ist oder soll alle Poesie romantisch sein.

1798

LUDWIG TIECK

DER BLONDE ECKBERT

In einer Gegend des Harzes* wohnte ein Ritter, den man gewöhn-
lich nur den blonden Eckbert nannte. Er war ohngefähr* vierzig
Jahre alt, kaum von mittler Größe, und kurze hellblonde Haare
lagen schlicht und dicht an seinem blassen eingefallenen
Gesichte. Er lebte sehr ruhig für sich und war niemals in den   -5-
Fehden seiner Nachbarn verwickelt, auch sah man ihn nur selten
außerhalb den Ringmauern seines kleinen Schlosses. Sein Weib*
liebte die Einsamkeit ebensosehr, und beide schienen sich von
Herzen zu lieben, nur klagten sie gewöhnlich darüber, daß der
Himmel ihre Ehe mit keinen Kindern segnen wolle.   -10-
   Nur selten wurde Eckbert von Gästen besucht, und wenn es auch
geschah, so wurde ihretwegen fast nichts in dem gewöhnlichen
Gange des Lebens geändert, die Mäßigkeit wohnte dort, und die
Sparsamkeit selbst schien alles anzuordnen. Eckbert war alsdann*
heiter und aufgeräumt, nur wenn er allein war, bemerkte man an   -15-
ihm eine gewisse Verschlossenheit, eine Stille zurückhaltende
Melancholie.
   Niemand kam so häufig auf die Burg als Philipp Walther, ein
Mann, dem sich Eckbert angeschlossen hatte, weil er an diesem
ohngefähr dieselbe Art zu denken fand, der auch er am meisten   -20-
zugetan war. Dieser wohnte eigentlich in Franken*, hielt sich
aber oft über ein halbes Jahr in der Nähe von Eckberts Burg auf,
sammelte Kräuter und Steine, und beschäftigte sich damit, sie in
Ordnung zu bringen, er lebte von einem kleinen Vermögen und war
von niemand abhängig. Eckbert begleitete ihn oft auf seinen ein- -25-
samen Spaziergängen, und mit jedem Jahre entspann sich* zwischen
ihnen eine innigere Freundschaft.
   Es gibt Stunden, in denen es den Menschen ängstigt, wenn er
vor seinem Freunde ein Geheimnis haben soll, was er bis dahin
oft mit vieler Sorgfalt verborgen hat, die Seele fühlt dann   -30-
einen unwiderstehlichen Trieb, sich ganz mitzuteilen, dem
Freunde auch das Innerste aufzuschließen, damit er um so mehr
unser Freund werde. In diesen Augenblicken geben sich die zarten
Seelen einander zu erkennen, und zuweilen* geschieht es wohl
auch, daß einer vor der Bekanntschaft des andern zurückschreckt. -35-
   Es war schon im Herbst, als Eckbert an einem neblichten* Abend
mit seinem Freunde und seinem Weibe Bertha um das Feuer eines
Kamines saß. Die Flamme warf einen hellen Schein durch das

1: mountains in central Germany, known for supernatural events.
2: =ungefähr. 7: =Frau. 15: dann. 21: Franconia: a former duchy
in southwestern Germany, important in the Middle Ages. 26:
developed. 34: now and then. 36: =nebligen, and passim.

Gemach* und spielte oben an der Decke, die Nacht sah schwarz zu
den Fenstern herein, und die Bäume draußen schüttelten sich vor
nasser Kälte. Walther klagte über den weiten Rückweg, den er
habe, und Eckbert schlug ihm vor, bei ihm zu bleiben, die halbe
Nacht unter traulichen Gesprächen hinzubringen, und dann in -5-
einem Gemache des Hauses bis am Morgen zu schlafen. Walther ging
den Vorschlag ein, und nun ward* Wein und die Abendmahlzeit her-
eingebracht, das Feuer durch Holz vermehrt, und das Gespräch der
Freunde heitrer und vertraulicher.
        Als das Abendessen abgetragen war, und sich die Knechte wieder -10-
entfernt hatten, nahm Eckbert die Hand Walthers und sagte:
"Freund, Ihr* solltet Euch einmal von meiner Frau die Geschichte
ihrer Jugend erzählen lassen, die seltsam genug ist." - "Gern",
sagte Walther, und man setzte sich wieder um den Kamin.
        Es war jetzt gerade Mitternacht, der Mond sah abwechselnd -15-
durch die vorüberflatternden Wolken. "Ihr müßt mich nicht für
zudringlich halten", fing Bertha an, "mein Mann sagt, daß Ihr so
edel denkt, daß es unrecht sei, Euch etwas zu verhehlen. Nur
haltet meine Erzählung für kein Märchen, so sonderbar sie auch
klingen mag.   -20-
        Ich bin in einem Dorfe geboren, mein Vater war ein armer
Hirte. Die Haushaltung bei meinen Eltern war nicht zum besten
bestellt, sie wußten sehr oft nicht, wo sie das Brot hernehmen
sollten. Was mich aber noch weit mehr jammerte, war, daß mein
Vater und meine Mutter sich oft über ihre Armut entzweiten, und -25-
einer dem andern dann bittere Vorwürfe machte. Sonst hört* ich
beständig von mir, daß ich ein einfältiges dummes Kind sei, das
nicht das unbedeutendste Geschäft auszurichten wisse, und wirklich war ich äußerst ungeschickt und unbeholfen, ich ließ alles
aus den Händen fallen, ich lernte weder nähen noch spinnen, ich -30-
konnte nichts in der Wirtschaft helfen, nur die Not meiner
Eltern verstand ich sehr gut. Oft saß ich dann im Winkel und
füllte meine Vorstellungen* damit an*, wie ich ihnen helfen
wollte, wenn ich plötzlich reich würde, wie ich sie mit Gold und
Silber überschütten und mich an ihrem Erstaunen laben möchte, -35-
dann sah ich Geister heraufschweben, die mir unterirdische
Schätze entdeckten, oder mir kleine Kiesel gaben, die sich in
Edelsteine verwandelten, kurz, die wunderbarsten Phantasien
beschäftigten mich, und wenn ich nun aufstehn mußte, um irgend
etwas zu helfen, oder zu tragen, so zeigte ich mich noch viel -40-
ungeschickter, weil mir der Kopf von allen den seltsamen Vorstellungen schwindelte.
        Mein Vater war immer sehr ergrimmt auf mich, daß ich eine so
ganz unnütze Last des Hauswesens sei, er behandelte mich daher
oft ziemlich grausam, und es war selten, daß ich ein freund- -45-
liches Wort von ihm vernahm. So war ich ungefähr acht Jahr alt
geworden, und es wurden nun ernstliche Anstalten gemacht,

1: =Zimmer. 7: =wurde. 12: archaic form of address, =du, Sie.
26: =hörte, and passim. 33: thoughts, daydreams; =voll.

daß ich etwas tun, oder lernen sollte. Mein Vater glaubte, es
wäre nur Eigensinn oder Trägheit von mir, um meine Tage in
Müßiggang hinzubringen, genug, er setzte mir mit Drohungen unbeschreiblich zu, da diese aber doch nichts fruchteten, züchtigte
er mich auf die grausamste Art, indem er sagte, daß diese Strafe -5-
mit jedem Tage wiederkehren sollte, weil ich doch nur ein unnützes Geschöpf sei.
     Die ganze Nacht hindurch weint ich herzlich, ich fühlte mich
so außerordentlich verlassen, ich hatte ein solches Mitleid mit
mir selber, daß ich zu sterben wünschte. Ich fürchtete den An- -10-
bruch des Tages, ich wußte mir alle mögliche Geschicklichkeit
und konnte gar nicht begreifen, warum ich einfältiger sei, als
die übrigen Kinder meiner Bekanntschaft. Ich war der Verzweiflung nahe.
     Als der Tag graute, stand ich auf und eröffnete, fast ohne daß -15-
ich es wußte, die Tür unsrer kleinen Hütte. Ich stand auf dem
freien Felde, bald darauf war ich in einem Walde, in den der Tag
kaum noch hineinblickte. Ich lief immerfort, ohne mich umzusehn,
ich fühlte keine Müdigkeit, denn ich glaubte immer, mein Vater
würde mich noch wieder einholen, und, durch meine Flucht ge- -20-
reizt, mich noch grausamer behandeln.
     Als ich aus dem Walde wieder heraustrat, stand die Sonne schon
ziemlich hoch, ich sah jetzt etwas Dunkles vor mir liegen,
welches ein dichter Nebel bedeckte. Bald mußte ich über Hügel
klettern, bald durch einen zwischen Felsen gewundenen Weg gehn, -25-
und ich erriet nun, daß ich mich wohl in dem benachbarten Gebirge befinden müsse, worüber ich anfing mich in der Einsamkeit
zu fürchten. Denn ich hatte in der Ebene noch keine Berge gesehn, und das bloße Wort Gebirge, wenn ich davon hatte reden
hören, war meinem kindischen Ohr ein fürchterlicher Ton gewesen. -30-
Ich hatte nicht das Herz zurückzugehn, meine Angst trieb mich
vorwärts; oft sah ich mich erschrocken um, wenn der Wind über
mir weg durch die Bäume fuhr, oder ein ferner Holzschlag weit
durch den stillen Morgen hintönte. Als mir Köhler und Bergleute
endlich begegneten und ich eine fremde Aussprache hörte, wäre -35-
ich vor Entsetzen fast in Ohnmacht gesunken.
     Ich kam durch mehrere Dörfer und bettelte, weil ich jetzt
Hunger und Durst empfand, ich half mir so ziemlich mit meinen
Antworten durch, wenn ich gefragt wurde. So war ich ohngefähr
vier Tage fortgewandert, als ich auf einen kleinen Fußsteig ge- -40-
riet, der mich von der großen Straße immer mehr entfernte. Die
Felsen um mich her gewannen jetzt eine andre, weit seltsamere
Gestalt. Es waren Klippen, so aufeinandergepackt, daß es das
Ansehn hatte, als wenn sie der erste Windstoß durcheinander-
werfen würde. Ich wußte nicht, ob ich weitergehn sollte. Ich -45-
hatte des Nachts immer im Walde geschlafen, denn es war gerade
zur schönsten Jahrszeit, oder in abgelegenen Schäferhütten; hier
traf ich aber gar keine menschliche Wohnung, und konnte auch
nicht vermuten, in dieser Wildnis auf eine zu stoßen; die Felsen
wurden immer furchtbarer, ich mußte oft dicht an schwindlichten -50-
Abgründen vorbeigehn, und endlich hörte sogar der Weg unter

meinen Füßen auf. Ich war ganz trostlos, ich weinte und schrie,
und in den Felsentälern hallte meine Stimme auf eine schreckliche Art zurück. Nun brach die Nacht herein, und ich suchte mir
eine Moosstelle aus, um dort zu ruhn. Ich konnte nicht schlafen;
in der Nacht hörte ich die seltsamen Töne, bald hielt ich es für   -5-
wilde Tiere, bald für den Wind, der durch die Felsen klage, bald
für fremde Vögel. Ich betete, und ich schlief nur spät qeqen
Morgen ein.
    Ich erwachte, als mir der Tag ins Gesicht schien. Vor mir war
ein steiler Felsen, ich kletterte in der Hoffnung hinauf, von   -10-
dort den Ausgang aus der Wildnis zu entdecken, und vielleicht
Wohnungen oder Menschen gewahr zu werden. Als ich aber oben
stand, war alles, so weit nur mein Auge reichte, ebenso, wie um
mich her, alles war mit einem neblichten Dufte überzogen, der
Tag war grau und trübe, und keinen Baum, keine Wiese, selbst   -15-
kein Gebüsch konnte mein Auge erspähn, einzelne Sträucher ausgenommen, die einsam und betrübt in engen Felsenritzen empor-
geschossen waren. Es ist unbeschreiblich, welche Sehnsucht ich
empfand, nur eines Menschen ansichtig zu werden*, wäre es auch,
daß* ich mich vor ihm hätte fürchten müssen. Zugleich fühlte ich   -20-
einen peinigenden Hunger, ich setzte mich nieder und beschloß zu
sterben. Aber nach einiger Zeit trug die Lust zu leben dennoch
den Sieg davon, ich raffte mich auf und ging unter Tränen, unter
abgebrochenen Seufzern den ganzen Tag hindurch; am Ende war ich
mir meiner* kaum noch bewußt, ich war müde und erschöpft, ich   -25-
wünschte kaum noch zu leben, und fürchtete doch den Tod.
    Gegen Abend schien die Gegend umher etwas freundlicher zu
werden, meine Gedanken, meine Wünsche lebten wieder auf, die
Lust zum Leben erwachte in allen meinen Adern. Ich glaubte jetzt
das Gesause einer Mühle aus der Ferne zu hören, ich verdoppelte   -30-
meine Schritte, und wie wohl, wie leicht ward mir, als ich endlich wirklich die Grenzen der öden Felsen erreichte; ich sah
Wälder und Wiesen mit fernen angenehmen Bergen wieder vor mir
liegen. Mir war, als wenn ich aus der Hölle in ein Paradies getreten wäre, die Einsamkeit und meine Hülflosigkeit* schienen   -35-
mir nun gar nichr fürchterlich.
    Statt der gehofften Mühle stieß ich auf einen Wasserfall, der
meine Freude freilich um vieles minderte; ich schöpfte mit der
Hand einen Trunk aus dem Bache, als mir plötzlich war, als höre
ich in einiger Entfernung ein leises Husten. Nie bin ich so an-   -40-
genehm überrascht worden, als in diesem Augenblick, ich ging
näher und ward an der Ecke des Waldes eine alte Frau gewahr, die
auszuruhen schien. Sie war fast ganz schwarz gekleidet und eine
schwarze Kappe bedeckte ihren Kopf und einen großen Teil des
Gesichtes, in der Hand hielt sie einen Krückenstock. Ich nä-   -45-
herte mich ihr und bat um ihre Hülfe; sie ließ mich neben

19: =einen Menschen erblicken zu können. 20: even though. 25: of
myself. 35: =Hilflosigkeit.

sich niedersitzen und gab mir Brot und etwas Wein. Indem ich aß,
sang sie mit kreischendem Ton ein geistliches Lied. Als sie geendet hatte, sagte sie mir, ich möchte ihr folgen.
    Ich war über diesen Antrag sehr erfreut, so wunderlich mir
auch die Stimme und das Wesen der Alten vorkam. Mit ihrem   -5-
Krückenstocke ging sie ziemlich behende, und bei jedem Schritte
verzog sie ihr Gesicht so, daß ich im* Anfange darüber lachen
mußte. Die wilden Felsen traten immer weiter hinter uns zurück,
wir gingen über eine angenehme Wiese, und dann durch einen ziemlich langen Wald. Als wir heraustraten, ging die Sonne gerade   -10-
unter, und ich werde den Anblick und die Empfindung dieses
Abends nie vergessen. In das sanfteste Rot und Gold war alles
verschmolzen, die Bäume standen mit ihren Wipfeln in der Abend-
röte, und über den Feldern lag der entzückende Schein, die
Wälder und die Blätter der Bäume standen still, der reine Himmel   -15-
sah aus wie ein aufgeschlossenes Paradies, und das Rieseln der
Quellen und von Zeit zu Zeit das Flüstern der Bäume tönte durch
die heitre Stille wie in wehmütiger Freude. Meine junge Seele
bekam jetzt zuerst eine Ahndung* von der Welt und ihren Begeben-
heiten. Ich vergaß mich und meine Führerin, mein Geist und meine   -20-
Augen schwärmten nur zwischen den goldnen Wolken.
    Wir stiegen nun einen Hügel hinan, der mit Birken bepflanzt
war, von oben sah man in ein grünes Tal voller Birken hinein,
und unten mitten in den Bäumen lag eine kleine Hütte. Ein munteres Bellen kam uns entgegen, und bald sprang ein kleiner be-   -25-
hender Hund die Alte an, und wedelte, dann kam er zu mir, besah
mich von allen Seiten, und kehrte mit freundlichen Gebärden zur
Alten zurück.
    Als wir vom Hügel heruntergingen, hörte ich einen wunderbaren*
Gesang, der aus der Hütte zu kommen schien, wie von einem Vogel,   -30-
es sang also:

                'Waldeinsamkeit,
                Die mich erfreut,
                So morgen wie heut
                In ewger Zeit,   -35-
                O wie mich freut
                Waldeinsamkeit.'

    Diese wenigen Worte wurden beständig wiederholt; wenn ich es
beschreiben soll, so war es fast, als wenn Waldhorn und Schal-
meie* ganz in der Ferne durcheinanderspielen.   -40-
    Meine Neugier war außerordentlich gespannt; ohne daß ich auf
den Befehl der Alten wartete, trat ich mit in die Hütte. Die
Dämmerung war schon eingebrochen, alles war ordentlich aufgeräumt, einige Becher standen auf einem Wandschranke, fremd-
artige Gefäße auf einem Tische, in einem glänzenden Käfig   -45-

-----
7: =am. 19: =Ahnung. 29: strange. 40: a double-reed wind instru-
ment resembling the oboe, now obsolete.

hing ein Vogel am Fenster, und er war es wirklich, der die Worte
sang. Die Alte keichte* und hustete, sie schien sich gar nicht
wieder erholen zu können, bald streichelte sie den kleinen Hund,
bald sprach sie mit dem Vogel, der ihr nur mit seinem gewöhnlichen Liede Antwort gab; übrigens tat sie gar nicht als wenn   -5-
ich zugegen wäre. Indem ich sie so betrachtete, überlief mich
mancher Schauer: denn ihr Gesicht war in einer ewigen Bewegung,
indem sie dazu wie vor Alter* mit dem Kopfe schüttelte, so daß
ich durchaus nicht wissen konnte, wie ihr eigentliches Aussehn
beschaffen war.   -10-
      Als sie sich erholt hatte, zündete sie Licht an, deckte einen
ganz kleinen Tisch und trug das Abendessen auf. Jetzt sah sie
sich nach mir um, und hieß* mir einen von den geflochtenen Rohr-
stühlen nehmen. So saß ich ihr nun dicht gegenüber und das Licht
stand zwischen uns. Sie faltete ihre knöchernen Hände und betete -15-
laut, indem sie ihre Gesichtsverzerrungen machte, so daß es mich
beinahe wieder zum Lachen gebracht hätte; aber ich nahm mich
sehr in acht, um sie nicht zu erbosen.
      Nach dem Abendessen betete sie wieder, und dann wies sie mir
in einer niedrigen und engen Kammer ein Bett an; sie schlief in   -20-
der Stube. Ich blieb nicht lange munter*, ich war halb betäubt,
aber in der Nacht wachte ich einigemal auf, und dann hörte ich
die Alte husten und mit dem Hunde sprechen, und *den Vogel dazwischen, der im Traum zu sein schien, und immer nur einzelne
Worte von seinem Liede sang. Das machte mit den Birken, die vor   -25-
dem Fenster rauschten, und mit dem Gesang entfernten Nachtigall ein so wunderbares Gemisch, daß es mir immer nicht war,
als sei ich erwacht, sondern als fiele ich nur in einen andern
noch seltsamern Traum.
      Am Morgen weckte mich die Alte, und wies mich bald nachher zur -30-
Arbeit an. Ich mußte spinnen, und ich begriff es auch bald,
dabei hatte ich noch für den Hund und für den Vogel zu sorgen.
Ich lernte mich schnell in die Wirtschaft finden, und alle
Gegenstände umher wurden mir bekannt; nun war mir, als müßte
alles so sein, ich dachte gar nicht mehr daran, daß die Alte   -35-
etwas Seltsames an sich habe, daß die Wohnung abenteuerlich und
von allen Menschen entfernt liege, und daß an dem Vogel etwas
Außerordentliches sei. Seine Schönheit fiel mir zwar immer auf,
denn seine Federn glänzten mit allen möglichen Farben, das
schönste Hellblau und das brennendste Rot wechselten an seinem   -40-
Halse und Leibe, und wenn er sang, blähte er sich stolz auf, so
daß sich seine Federn noch prächtiger zeigten.
      Oft ging die Alte aus und kam erst am Abend zurück, ich ging
ihr dann mit dem Hunde entgegen, und sie nannte mich Kind und
Tochter. Ich ward ihr endlich von Herzen gut*, wie sich unser   -45-
Sinn denn an alles, besonders in der Kindheit, gewöhnt. In den

-----
2: =keuchte wheezed. 8: from (old) age. 13: ordered (to). 21:
=wach. 23: sc. dann hörte ich. 45: I finally became attached to
her.

Abendstunden lehrte sie mich lesen, ich fand mich leicht in die
Kunst, und es ward nachher in meiner Einsamkeit eine Quelle von
unendlichem Vergnügen, denn sie hatte einige alte geschriebene
Bücher, die wunderbare Geschichten enthielten.

Die Erinnerung an meine damalige Lebensart ist mir noch bis   -5-
jetzt immer seltsam: von keinem menschlichen Geschöpfe besucht,
nur in einem so kleinen Familienzirkel einheimisch, denn der
Hund und der Vogel machten denselben Eindruck auf mich, den
sonst nur längst gekannte Freunde hervorbringen. Ich habe mich
immer nicht wieder auf den seltsamen Namen des Hundes besinnen   -10-
können, sooft ich ihn auch damals nannte.

Vier Jahre hatte ich so mit der Alten gelebt, und ich mochte
ohngefähr zwölf Jahr alt sein, als sie mir endlich mehr vertraute, und mir ein Geheimnis entdeckte. Der Vogel legte nämlich
an jedem Tage ein Ei, in dem sich eine Perl oder ein Edelstein   -15-
befand. Ich hatte schon immer bemerkt, daß sie heimlich in dem
Käfige wirtschafte*, mich aber nie genauer darum bekümmert. Sie
trug mir jetzt das Geschäft auf, in ihrer Abwesenheit diese Eier
zu nehmen und in den fremdartigen Gefäßen wohl zu verwahren. Sie
ließ mir meine Nahrung zurück, und blieb nun länger aus, Wochen,   -20-
Monate; mein Rädchen* schnurrte, der Hund bellte, der wunderbare
Vogel sang und dabei war alles so still in der Gegend umher, daß
ich mich in der ganzen Zeit keines* Sturmwindes, keines Ge-
witters erinnere. Kein Mensch verirrte sich dorthin, kein Wild
kam unserer Behausung nahe, ich war zufrieden und arbeitete mich   -25-
von einem Tage zum andern hinüber. - Der Mensch wäre vielleicht
recht glücklich, wenn er so ungestört sein Leben bis ans Ende
fortführen könnte.

Aus dem wenigen, was ich las, bildete ich mir ganz wunderliche
Vorstellungen von der Welt und den Menschen, alles war von mir   -30-
und meiner Gesellschaft hergenommen: wenn von lustigen Leuten
die Rede war, konnte ich sie mir nicht anders vorstellen wie den
kleinen Spitz, prächtige Damen sahen immer wie der Vogel aus,
alle alte Frauen wie meine wunderliche Alte. Ich hatte auch von
Liebe etwas gelesen, und spielte nun in meiner Phantasie selt-   -35-
same Geschichten mit mir selber. Ich dachte mir den schönsten
Ritter von der Welt, ich schmückte ihn mit allen Vortreff-
lichkeiten aus, ohne eigentlich zu wissen, wie er nun nach allen
meinen Bemühungen aussah: aber ich konnte ein rechtes Mitleid
mit mir selber haben, wenn er mich nicht wieder liebte; dann   -40-
sagte ich lange rührende Reden in Gedanken her, zuweilen auch
wohl laut, um ihn nur zu gewinnen. - Ihr lächelt! wir sind jetzt
freilich alle über diese Zeit der Jugend hinüber.

Es war mir jetzt lieber, wenn ich allein war, denn alsdann*
war ich selbst die Gebieterin im Hause. Der Hund liebte mich   -45-
sehr und tat alles was ich wollte, der Vogel antwortete mir in
seinem Liede auf alle meine Fragen, mein Rädchen drehte sich

17: rummaged around.   21: (little) spinning wheel.   23: =an
keinen.   44: =dann.

immer munter, und so fühlte ich im Grunde nie einen Wunsch nach
Veränderung. Wenn die Alte von ihren langen Wanderungen zurückkam, lobte sie meine Aufmerksamkeit, sie sagte, daß ihre Haushaltung, seit ich dazugehöre, weit ordentlicher geführt werde,
sie freute sich über mein Wachstum und mein gesundes Aussehn,   -5-
kurz, sie ging ganz mit mir wie mit einer Tochter um.
    'Du bist brav, mein Kind!' sagte sie einst zu mir mit einem
schnarrenden Tone; 'wenn du so fortfährst, wird es dir auch
immer gut gehn: aber nie gedeiht es, wenn man von der rechten
Bahn abweicht, die Strafe folgt nach, wenn auch noch so spät.' -   -10-
Indem sie das sagte, achtete ich eben nicht sehr darauf, denn
ich war in allen meinen Bewegungen und meinem ganzen Wesen sehr
lebhaft; aber in der Nacht fiel es mir wieder ein, und ich
konnte nicht begreifen, was sie damit hätte sagen wollen. Ich
überlegte alle Worte genau, ich hatte wohl von Reichtümern ge-   -15-
lesen, und am Ende fiel mir ein, daß ihre Perlen und Edelsteine
wohl etwas Kostbares sein könnten. Dieser Gedanke wurde mir bald
noch deutlicher. Aber was konnte sie mit der rechten Bahn
meinen? Ganz konnte ich den Sinn ihrer Worte noch immer nicht
fassen.   -20-
    Ich war jetzt vierzehn Jahr alt, und es ist ein Unglück für
den Menschen, daß er seinen Verstand nur darum bekömmt*, um die
Unschuld seiner Seele zu verlieren. Ich begriff nämlich wohl,
daß es nur auf mich ankomme, in der Abwesenheit der Alten den
Vogel und die Kleinodien zu nehmen, und damit die Welt, von der   -25-
ich gelesen hatte, aufzusuchen. Zugleich war es mir dann vielleicht möglich, den überaus schönen Ritter anzutreffen, der mir
immer noch im Gedächtnisse lag.
    Im Anfange war dieser Gedanke nichts weiter als jeder andre
Gedanke, aber wenn ich so an meinem Rade saß, so kam er mir   -30-
immer wider Willen zurück, und ich verlor mich so in ihm, daß
ich mich schon herrlich geschmückt sah, und Ritter und Prinzen
um mich her. Wenn ich mich so vergessen hatte, konnte ich ordentlich betrübt werden, wenn ich wieder aufschaute, und mich in
der kleinen Wohnung antraf. Übrigens, wenn ich meine Geschäfte   -35-
tat, bekümmerte sich die Alte nicht weiter um mein Wesen.
    An einem Tage ging meine Wirtin wieder fort, und sagte mir,
daß sie diesmal länger als gewöhnlich ausbleiben werde, ich
solle ja auf alles ordentlich achtgeben und mir die Zeit nicht
lang werden lassen. Ich nahm mit einer gewissen Bangigkeit von   -40-
ihr Abschied, denn es war mir, als würde ich sie nicht wiedersehn. Ich sah ihr lange nach und wußte selbst nicht, warum ich
so beängstigt war; es war fast, als wenn mein Vorhaben schon
vor mir stände, ohne mich dessen deutlich bewußt zu sein.
    Nie hab ich des* Hundes und des Vogels mit einer solchen Em- -45-
sigkeit gepflegt, sie lagen mir näher am Herzen, als sonst. Die
Alte war schon einige Tage abwesend, als ich mit dem festen
Vorsatze aufstand, mit dem Vogel die Hütte zu verlassen, und die

-----
22: =bekommt.   45: =den.

sogenannte Welt aufzusuchen. Es war mir enge und bedrängt zu
Sinne, ich wünschte wieder dazubleiben, und doch war mir der
Gedanke widerwärtig; es war ein seltsamer Kampf in meiner Seele,
wie ein Streiten von zwei widerspenstigen Geistern in mir. In
einem Augenblicke kam mir die ruhige Einsamkeit so schön vor, -5-
dann entzückte mich wieder die Vorstellung einer neuen Welt, mit
allen ihren wunderbaren Mannigfaltigkeiten.
Ich wußte nicht, was ich aus mir selber machen sollte, der
Hund sprang mich unaufhörlich an, der Sonnenschein breitete sich
munter über die Felder aus, die grünen Birken funkelten: ich -10-
hatte die Empfindung, als wenn ich etwas sehr Eiliges zu tun
hätte, ich griff also den kleinen Hund, band ihn in der Stube
fest, und nahm dann den Käfig mit dem Vogel unter den Arm. Der
Hund krümmte sich und winselte über diese ungewohnte Behandlung,
er sah mich mit bittenden Augen an, aber ich fürchtete mich, ihn -15-
mit mir zu nehmen. Noch nahm ich eins von den Gefäßen, das mit
Edelsteinen angefüllt war, und steckte es zu mir, die übrigen
ließ ich stehn.
Der Vogel drehte den Kopf auf eine wunderliche Weise, als ich
mit ihm zur Tür hinaustrat, der Hund strengte sich sehr an, mir -20-
nachzukommen, aber er mußte zurückbleiben.
Ich vermied den Weg nach den wilden Felsen und ging nach der
entgegengesetzten Seite. Der Hund bellte und winselte immerfort,
und er rührte mich recht inniglich*, der Vogel wollte einigemal
zu singen anfangen, aber da er getragen ward, mußte es ihm wohl -25-
unbequem fallen.
So wie ich weiter ging, hörte ich das Bellen immer schwächer,
und endlich hörte es ganz auf. Ich weinte und wäre beinahe
wieder umgekehrt, aber die Sucht etwas Neues zu sehn, trieb mich
vorwärts. -30-
Schon war ich über Berge und durch einige Wälder gekommen, als
es Abend ward, und ich in einem Dorfe einkehren mußte. Ich war
sehr blöde*, als ich in die Schenke trat, man wies mir eine
Stube und ein Bette* an, ich schlief ziemlich ruhig, nur daß ich
von der Alten träumte, die mir drohte. -35-
Meine Reise war ziemlich einförmig, aber je weiter ich ging,
je mehr ängstigte mich die Vorstellung von der Alten und dem
kleinen Hunde; ich dachte daran, daß er wahrscheinlich ohne
meine Hülfe verhungern müsse, im Walde glaubt ich oft, die Alte
würde mir plötzlich entgegentreten. So legte ich unter Tränen -40-
und Seufzern den Weg zurück; sooft ich ruhte, und den Käfig auf
den Boden stellte, sang der Vogel sein wunderliches Lied, und
ich erinnerte mich dabei recht lebhaft des schönen verlassenen
Aufenthalts. Wie die menschliche Natur vergeßlich ist, so glaubt
ich jetzt, meine vormalige Reise in der Kindheit sei nicht so -45-
trübselig gewesen als meine jetzige; ich wünschte wieder in derselben Lage zu sein.

24: =innig. 33: timorous. 34: =Bett.

Ich hatte einige Edelsteine verkauft und kam nun nach einer
Wanderschaft von vielen Tagen in einem Dorfe an. Schon beim Eintritt ward mir wundersam zumute, ich erschrak und wußte nicht
worüber; aber bald erkannt ich mich*, denn es war dasselbe Dorf,
in welchem ich geboren war. Wie ward ich überrascht! Wie liefen   -5-
mir vor Freuden, wegen tausend seltsamer Erinnerungen, die
Tränen von den Wangen! Vieles war verändert, es waren neue
Häuser entstanden, andre, die man damals erst errichtet hatte,
waren jetzt verfallen, ich traf auch Brandstellen; alles war
weit kleiner, gedrängter als ich erwartet hatte. Unendlich   -10-
freute ich mich darauf, meine Eltern nun nach so manchen Jahren
wiederzusehn; ich fand das kleine Haus, die wohlbekannte
Schwelle, der Griff der Tür war noch ganz so wie damals, es war
mir, als hätte ich sie nur gestern angelehnt; mein Herz klopfte
ungestüm, ich öffnete sie hastig - aber ganz fremde Gesichter   -15-
saßen in der Stube umher und stierten mich an. Ich fragte nach
dem Schäfer Martin, und man sagte mir, er sei schon seit drei
Jahren mit seiner Frau gestorben. - Ich trat schnell zurück, und
ging laut weinend aus dem Dorfe hinaus.
    Ich hatte es mir so schön gedacht, sie mit meinem Reichtume zu   -20-
überraschen; durch den seltsamsten Zufall war das nun wirklich
geworden, was ich in der Kindheit immer nur träumte - und jetzt
war alles umsonst, sie konnten sich nicht mit mir freuen, und
das, worauf ich am meisten immer im Leben gehofft hatte, war für
mich auf ewig verloren.   -25-
    In einer angenehmen Stadt mietete ich mir ein kleines Haus mit
einem Garten, und nahm eine Aufwärterin zu mir. So wunderbar,
als ich es vermutet hatte, kam mir die Welt nicht vor, aber ich
vergaß die Alte und meinen ehemaligen Aufenthalt etwas mehr, und
so lebt ich im ganzen recht zufrieden.   -30-
    Der Vogel hatte schon seit lange nicht mehr gesungen; ich er-
schrak daher nicht wenig, als er in einer Nacht plötzlich wieder
anfing, und zwar mit einem veränderten Liede. Er sang:

          'Waldeinsamkeit
          Wie liegst du weit!   -35-
          O dich gereut
          Einst mit der Zeit*.-
          Ach einzge Freud
          Waldeinamkeit!'

    Ich konnte die Nacht hindurch nicht schlafen, alles fiel mir   -40-
von neuem in die Gedanken, und mehr als jemals fühlt ich, daß
ich Unrecht getan hatte. Als ich aufstand, war mir der Anblick
des Vogels ordentlich zuwider, er sah immer nach mir hin, und
seine Gegenwart ängstigte mich. Er hörte nun mit seinem Liede
gar nicht wieder auf, und er sang es lauter und schallender, als   -45-
er es sonst gewohnt gewesen war. Je mehr ich ihn betrachtete, je

-----
4: realized (that it).   37: in the future as time passes.

bänger machte er mich; ich öffnete endlich den Käfig, steckte
die Hand hinein und faßte seinen Hals, herzhaft drückte ich die
Finger zusammen, er sah mich bittend an, ich ließ los, aber er
war schon gestorben. - Ich begrub ihn im Garten.

Jetzt wandelte mich oft eine Furcht vor meiner Aufwärterin an, -5-
ich dachte an mich selbst zurück, und glaubte, daß sie mich auch
einst berauben oder wohl gar ermorden könne. - Schon lange kannt
ich einen jungen Ritter, der mir überaus gefiel, ich gab ihm
meine Hand - und hiermit, Herr Walther, ist meine Geschichte
geendigt."   -10-

"Ihr hättet sie damals sehen sollen", fiel Eckbert hastig ein
- "ihre Jugend, ihre Schönheit, und welch einen unbeschreib-
lichen Reiz ihr ihre einsame Erziehung gegeben hatte. Sie kam
mir vor wie ein Wunder, und ich liebte sie ganz über alles Maß.
Ich hatte kein Vermögen, aber durch ihre Liebe kam ich in diesen -15-
Wohlstand, wir zogen hieher, und unsere Verbindung hat uns bis
jetzt noch keinen Augenblick gereut."

"Aber über unser Schwatzen", fing Bertha wieder an, "ist es
schon tief in die Nacht geworden - wir wollen uns schlafen
legen."   -20-

Sie stand auf und ging nach ihrer Kammer. Walther wünschte ihr
mit einem Handkusse eine gute Nacht, und sagte: "Edle Frau, ich
danke Euch, ich kann mir Euch recht vorstellen, mit dem seltsamen Vogel, und wie Ihr den kleinen **Strohmian** füttert."

Auch Walther legte sich schlafen, nur Eckbert ging noch un- -25-
ruhig im Saale auf und ab. - "Ist der Mensch nicht ein Tor?"
fing er endlich an; ich bin erst die Veranlassung, daß meine
Frau ihre Geschichte erzählt, und jetzt gereut mich diese Vertraulichkeit! - Wird er sie nicht mißbrauchen? Wird er sie nicht
andern mitteilen? Wird er nicht vielleicht, denn das ist die -30-
Natur des Menschen, eine unselige Habsucht nach unsern Edel-
gesteinen* empfinden, und deswegen Plane* anlegen und sich ver-
stellen?"

Es fiel ihm ein, daß Walther nicht so herzlich von ihm Abschied genommen hatte, als es nach einer solchen Vertraulichkeit -35-
wohl natürlich gewesen wäre. Wenn die Seele erst einmal zum Argwohn gespannt ist, so trifft sie auch in allen Kleinigkeiten
Bestätigung an. Dann warf sich Eckbert wieder sein unedles
Mißtrauen gegen seinen wackern Freund vor, und konnte doch nicht
davon zurückkehren. Er schlug sich die ganze Nacht mit diesen -40-
Vorstellungen herum, und schlief nur wenig.

Bertha war krank und konnte nicht zum Frühstück erscheinen;
Walther schien sich nicht viel darum zu kümmern, und verließ
auch den Ritter ziemlich gleichgültig. Eckbert konnte sein Betragen nicht begreifen; er besucht seine Gattin*, sie lag in -45-
einer Fieberhitze und sagte, die Erzählung in der Nacht müsse
sie auf diese Art gespannt haben.

Seit diesem Abend besuchte Walther nur selten die Burg seines

-----
32: =Edelsteinen; =Pläne. 45: =(Ehe)Frau.

Freundes, und wenn er auch kam, ging er nach einigen unbedeutenden Worten wieder weg. Eckbert ward durch dieses Betragen
im äußersten Grade gepeinigt; er ließ sich zwar gegen Bertha und
Walther nichts davon merken, aber jeder mußte doch seine inner-
liche Unruhe an ihm gewahr werden.   -5-
  Mit Berthas Krankheit ward es immer bedenklicher; der Arzt
ward ängstlich, die Röte von ihren Wangen war verschwunden, und
ihre Augen wurden immer glühender. - An einem Morgen ließ sie
ihren Mann an ihr Bette* rufen, die Mägde mußten sich entfernen.
  "Lieber Mann", fing sie an, "ich muß dir etwas entdecken, das   -10-
mich fast um meinen Verstand gebracht hat, das meine Gesundheit
zerrüttet, so eine unbedeutende Kleinigkeit es auch an sich
scheinen möchte. - Du weißt, daß ich mich immer nicht, sooft ich
von meiner Kindheit sprach, trotz aller angewandten Mühe auf den
Namen des kleinen Hundes besinnen konnte, mit welchem ich so   -15-
lange umging; an jenem Abend sagte Walther beim Abschiede plötzlich zu mir: 'Ich kann mir Euch recht vorstellen, wie Ihr den
kleinen **Strohmian** füttert.' Ist das Zufall? Hat er den Namen
erraten, weiß er ihn und hat er ihn mit Vorsatz genannt? Und wie
hängt dieser Mensch dann mit meinem Schicksale zusammen? Zu-   -20-
weilen kämpfe ich mit mir, als ob ich mir diese Seltsamkeit nur
einbilde, aber es ist gewiß, nur zu gewiß. Ein gewaltiges Entsetzen befiel mich, als mir ein fremder Mensch so zu meinen Erinnerungen half. Was sagst du, Eckbert?"
  Eckbert sah seine leidende Gattin mit einem tiefen Gefühle an;   -25-
er schwieg und dachte bei sich nach, dann sagte er ihr einige
tröstende Worte und verließ sie. In einem abgelegenen Gemache
ging er in unbeschreiblicher Unruhe auf und ab. Walther war seit
vielen Jahren sein einziger Umgang gewesen, und doch war dieser
Mensch jetzt der einzige in der Welt, dessen Dasein ihn drückte   -30-
und peinigte. Es schien ihm, als würde ihm froh und leicht sein,
wenn nur dieses einzige Wesen aus seinem Wege gerückt werden
könnte. Er nahm seine Armbrust*, um sich zu zerstreuen und auf
die Jagd zu gehn.
  Es war ein rauher stürmischer Wintertag, tiefer Schnee lag auf   -35-
den Bergen und bog die Zweige der Bäume nieder. Er streifte umher, der Schweiß stand ihm auf der Stirne, er traf auf kein
Wild, und das vermehrte seinen Unmut. Plötzlich sah er sich
etwas in der Ferne bewegen, es war Walther, der Moos von den
Bäumen sammelte; ohne zu wissen, was er tat, legte er an*,   -40-
Walther sah sich um, und drohte mit einer stummen Gebärde, aber
indem flog der Bolzen* ab, und Walther stürzte nieder.
  Eckbert fühlte sich leicht und beruhigt, und doch trieb ihn
ein Schauder nach seiner Burg zurück; er hatte einen großen Weg
zu machen, denn er war weit hinein in die Wälder verirrt. - Als   -45-
er ankam, war Bertha schon gestorben; sie hatte vor ihrem Tode
noch viel von Walther und der Alten gesprochen.
  Eckbert lebte nun einige Zeit in der größten Einsamkeit; er

-----
33: cross-bow.   40: took aim.   42: bolt, arrow (of a crossbow).

war schon sonst immer schwermütig gewesen, weil ihn die seltsame
Geschichte seiner Gattin beunruhigte, und   er   irgendeinen unglücklichen Vorfall, der sich ereignen könnte, befürchtete: aber
jetzt   war   er   ganz   mit sich zerfallen.   Die   Ermordung seines
Freundes stand ihm unaufhörlich vor Augen, er lebte unter ewigen -5-
innern Vorwürfen.
    Um sich zu zerstreuen, begab sich   zuweilen nach der näch-
sten großen Stadt, wo er Gesellschaften   und   Feste besuchte. Er
wünschte durch irgendeinen Freund die Leere in seiner Seele auszufüllen, und wenn er dann wieder an Walther zurückdachte, so -10-
erschrak   er   vor dem Gedanken,   einen Freund zu finden, denn er
war überzeugt, daß er nur unglücklich mit jedwedem* Freund sein
könne.   Er hatte so lange mit Bertha in einer schönen Ruhe gelebt, die Freundschaft Walthers hatte   ihn so manches Jahr hindurch beglückt, und jetzt waren beide so plötzlich dahin- -15-
gerafft*, daß ihm sein Leben in   manchen Augenblicken mehr wie
ein seltsames Märchen, als wie ein   wirklicher Lebenslauf
erschien.
    Ein junger Ritter, Hugo, schloß sich an den stillen betrübten
Eckbert, und schien eine wahrhafte Zuneigung ihn zu emp- -20-
finden. Eckbert fand sich auf eine wunderbare Art überrascht, er
kam der Freundschaft des Ritters um so schneller entgegen, je
weniger er sie vermutet hatte. Beide waren nun häufig beisammen,
der Fremde erzeigte Eckbert alle möglichen Gefälligkeiten, einer
ritt fast nicht mehr ohne den andern aus; in allen Gesell- -25-
schaften trafen sie sich, kurz, sie schienen unzertrennlich.
    Eckbert war immer nur auf kurze Augenblicke froh, denn er
fühlte es deutlich, daß ihm Hugo nur aus einem Irrtume liebe;
jener kannte ihn nicht, wußte seine Geschichte nicht, und er
fühlte denselben Drang, sich ihm ganz mitzuteilen, damit er ver- -30-
sichert sein könne, ob jener auch wahrhaft sein Freund sei. Dann
hielten ihn wieder Bedenklichkeiten und die Furcht, verabscheut
zu werden, zurück. In manchen Stunden war er so sehr von seiner
Nichtswürdigkeit überzeugt, daß er glaubte, kein Mensch, für den
er nicht ein völliger Fremdling sei, könne ihn seiner Achtung -35-
würdigen. Aber dennoch konnte er sich nicht widerstehen; auf
einem einsamen Spazierritte entdeckte er seinem Freunde seine
ganze Geschichte, und fragte ihn dann, ob er wohl einen Mörder
lieben könne.   Hugo war gerührt, und suchte ihn zu trösten;
Eckbert folgte ihm mit leichterm Herzen zur Stadt. -40-
    Es schien aber seine Verdammnis zu sein, gerade in der Stunde
des Vertrauens Argwohn zu schöpfen, denn kaum waren sie in den
Saal getreten, als ihm beim Schein der vielen Lichter die Mienen
seines Freundes nicht gefielen. Er glaubte ein hämisches Lächeln
zu bemerken, es fiel ihm auf, daß er nur wenig mit ihm spreche, -45-
daß er mit den Anwesenden viel rede, und seiner gar nicht zu
achten* scheine. Ein alter Ritter war in der Gesellschaft, der
sich immer als den Gegener Eckberts gezeigt, und sich oft nach

-----
12 =jedem. 16: taken away (from him). 47: =ihn... beachten.

seinem Reichtum und seiner Frau auf eine eigne Weise erkundigt
hatte; zu diesem gesellte sich Hugo, und beide sprachen eine
Zeitlang heimlich, indem sie nach Eckbert hindeuteten. Dieser
sah jetzt seinen Argwohn bestätigt, er glaubte sich verraten,
und eine schreckliche Wut bemeisterte sich seiner*. Indem er   -5-
noch immer hinstarrte, sah er plötzlich Walthers Gesicht, all
seine Mienen, die ganze, ihm so wohlbekannte Gestalt, er sah
noch immer hin und ward überzeugt, daß niemand als Walther mit
dem Alten spreche. - Sein Entsetzen war unbeschreiblich; außer
sich stürzte er hinaus, verließ noch in der Nacht die Stadt, und -10-
kehrte nach vielen Irrwegen auf seine Burg zurück.
   Wie ein unruhiger Geist eilte er jetzt von Gemach zu Gemach,
kein Gedanke hielt ihm stand, er verfiel von entsetzlichen Vorstellungen auf noch entsetzlichere, und kein Schlaf kam in seine
Augen. Oft dachte er, daß er wahnsinnig sei, und sich nur selber -15-
durch seine Einbildung alles erschaffe; dann erinnerte er sich
wieder der Züge Walthers, und alles ward ihm immer mehr ein Rätsel. Er beschloß eine Reise zu machen, um seine Vorstellungen
wieder zu ordnen; den Gedanken an Freundschaft, den Wunsch nach
Umgang hatte er nun auf ewig aufgegeben.   -20-
   Er zog fort, ohne sich einen bestimmten Weg vorzusetzen, ja er
betrachtete die Gegenden nur wenig, die vor ihm lagen. Als er im
stärksten Trabe seines Pferdes einige Tage so fortgeeilt war,
sah er sich plötzlich in einem Gewinde von Felsen verirrt, in
denen sich nirgend ein Ausweg entdecken ließ. Endlich traf er -25-
auf einen alten Bauer, der ihm einen Pfad, einem Wasserfall vorüber, zeigte: er wollte ihm zur Danksagung einige Münzen geben,
der Bauer aber schlug sie aus*. - "Was gilt's*", sagte Eckbert
zu sich selber, "ich könnte mir wieder einbilden, daß dies niemand anders als Walther sei." - Und indem sah er sich noch ein- -30-
mal um, und es war niemand anders als Walther. -- Eckbert
spornte sein Roß so schnelll es nur laufen konnte, durch Wiesen
und Wälder, bis es erschöpft unter ihm zusammenstürzte. - Unbekümmert darüber setzte er nun seine Reise zu Fuß fort.
   Er stieg träumend einen Hügel hinan; es war, als wenn er ein -35-
nahes munteres Bellen vernahm, Birken säuselten dazwischen, und
er hörte mit wunderlichen Tönen ein Lied singen:

              "Waldeinsamkeit
              Mich wieder freut,
              Mir geschieht kein Leid,
              Hier wohnt kein Neid,   -40-
              Von neuem mich freut
              Waldeinsamkeit."

Jetzt war es um das Bewußtsein, um die Sinne Eckberts

5: =ihn. 28: refused; What do you bet.

geschehn*; er konnte sich nicht aus dem Rätsel herausfinden, ob
er jetzt träume, oder ehemals* von einem Weibe Bertha geträumt
habe; das Wunderbarste vermischte sich mit dem Gewöhnlichsten,
die Welt um ihn her war verzaubert, und er* keines Gedankens,
keiner Erinnerung mächtig.   -5-
    Eine krummgebückte Alte schlich hustend mit einer Krücke den
Hügel heran. "Bringst du mir meinen Vogel? Meine Perlen? Meinen
Hund?" schrie sie ihm entgegen. "Siehe, das Unrecht bestraft
sich selbst: Niemand als ich war dein Freund Walther, dein
Hugo."   -10-
    "Gott im Himmel!" sagte Eckbert stille vor sich hin - "in
welcher entsetzlichen Einsamkeit hab ich dann mein Leben hin-
gebracht!"
    "Und Bertha war deine Schwester."
    Eckbert fiel zu Boden.   -15-
    "Warum verließ sie mich tückisch? Sonst hätte sich alles gut
und schön geendet, ihre Probezeit war ja schon vorüber. Sie war
die Tochter eines Ritters, die er bei einem Hirten erziehen
ließ, die Tochter deines Vaters."
    "Warum hab ich diesen schrecklichen Gedanken immer geahndet*?"   -20-
rief Eckbert aus.
    "Weil du in früher Jugend deinen Vater einst davon erzählen
hörtest; er durfte seiner Frau wegen diese Tochter nicht bei
sich erziehn lassen, denn sie war von einem andern Weibe."
    Eckbert lag wahnsinnig und verscheidend* auf dem Boden; dumpf   -25-
und verworren hörte er die Alte sprechen, den Hund bellen, und
den Vogel sein Lied wiederholen.
                                              (1796) 1797

1: Now he was done for. His... left him. 2: =früher. 4: sc. **war.**
20: =geahnt. 25: =sterbend

Novalis

HYMNEN AN DIE NACHT

1.

  Welcher Lebendige, Sinnbegabte*, liebt nicht vor allen Wunder-
erscheinungen des verbreiteten Raums um ihn, das allerfreuliche
Licht - mit seinen Farben,   seinen Strahlen und Wogen; seiner
milden Allgegenwart, als weckender Tag. Wie des Lebens innerste
Seele atmet es* der* rastlosen   Gestirne Riesenwelt*, und -5-
schwimmt tanzend in seiner blauen Flut - atmet es der funkelnde,
ewigruhende Stein, die sinnige*, saugende Pflanze, und das
wilde, brennende*, vielgestaltete Tier - vor allen aber der
herrliche Fremdling* mit den sinnvollen Augen, dem schwebenden
Gange, und den zartgeschlossenen, tonreichen Lippen. Wie ein -10-
König der irdischen Nacht ruft es jede Kraft zu zahllosen Ver-
wandlungen, knüpft und löst unendliche Bündnisse, hängt sein
himmlisches Bild jedem irdischen Wesen um. - Seine Gegenwart
allein offenbart die Wunderherrlichkeit der Reiche der
Welt.   -15-
  Abwärts wend ich mich zu der heiligen, unaussprechlichen,
geheimnisvollen Nacht. Fernab liegt die Welt - in eine tiefe
Gruft versenkt - wüst und einsam ist ihre Stelle. In den Saiten
der Brust weht tiefe Wehmut. In Tautropfen will ich hinunter-
sinken und mit der Asche mich vermischen. - Fernen* der Erin- -20-
nerung, Wünsche der Jugend, der Kindheit Träume, des ganzen
langen Lebens kurze Freuden und vergebliche Hoffnungen kommen in
grauen Kleidern, wie Abendnebel nach der Sonne Untergang.   In
andern Räumen schlug die lustige Gezelte* das Licht auf. Sollte
es nie zu seinen Kindern wiederkommen, die mit der Unschuld -25-
Glauben seiner harren*?
  Was quillt auf einmal so ahndungsvoll* unterm Herzen, und verschluckt der Wehmut weiche Luft? Hast auch du ein Gefallen an
uns, dunkle Nacht? Was hältst du unter deinem Mantel, das mir
unsichtbar kräftig an die Seele geht? Köstlicher Balsam träuft* -30-
aus deiner Hand, aus dem Bündel Mohn*. Die schweren Flügel des
Gemüts hebst du empor. Dunkel und unaussprechlich fühlen wir uns
bewegt - ein ernstes Antlitz* seh ich froh erschrocken, das
sanft und andachtsvoll sich zu mir neigt, und unter unendlich

-----

1: person endowed with senses. 5: i.e., **das Licht**; gen. pl., and
passim. 6: (subject). 7: sensuous. 8: passionate, arduous. 9:
i.e., man. 20: The remoteness. 24: =**Zelte** canopy (of heaven).
26: wait impatiently for it. 27: =**ahnungsvoll**, and passim. 30:
=**tröpfelt, trieft** drips. 31: the poppy, from which opium is de-
rived; an ancient symbol for sleep. 33: =**Gesicht**.

verschlungenen Locken der Mutter liebe Jugend* zeigt. Wie arm
und kindisch dünkt* mir das Licht nun - wie erfreulich und gesegnet des Tages Abschied - Also nur darum, weil die Nacht dir*
abwendig macht* die Dienenden*, säetest* du in des Raumes Weiten
die leuchtenden Kugeln*, zu verkünden deine Allmacht - deine   -5-
Wiederkehr - in den Zeiten deiner Entfernung. Himmlischer, als
jene blitzenden Sterne, dünken uns die unendlichen Augen, die
die Nacht in uns geöffnet*. Weiter sehn sie, als die blässesten*
jener zahllosen Heere - unbedürftig* des Lichts durchschaun sie
die Tiefen eines liebenden Gemüts - was* einen höhern Raum mit   -10-
unsäglicher Wollust füllt. Preis* der Weltkönigin, der hohen
Verkündigerin heiliger Welten, der Pflegerin seliger Liebe - sie
sendet mir dich - zarte Geliebte - liebliche Sonne der Nacht, -
nun wach ich - denn ich bin Dein und Mein* - du hast die Nacht
mir zum Leben verkündet - mich zum Menschen gemacht - zehre mit   -15-
Geisterglut meinen Leib, daß ich luftig mit dir inniger mich
mische* und* dann ewig die Brautnacht währt.

                                    2.

    Muß immer der Morgen wiederkommen? Endet nie des Irdischen*
Gewalt? unselige Geschäftigkeit verzehrt den himmlischen Anflug
der Nacht. Wird nie der Liebe geheimes Opfer ewig brennen? Zuge-   -20-
messen ward* dem Lichte seine Zeit; aber zeitlos und raumlos ist
der Nacht Herrschaft. - Ewig ist die Dauer des Schlafs. Heiliger
Schlaf - beglücke zu selten nicht der Nacht Geweihte* in diesem
irdischen Tagewerk. Nur die Toren verkennen dich und wissen von
keinem Schlafe, als den Schatten, den du in jener Dämmerung der   -25-
wahrhaften Nacht mitleidig auf uns wirfst. Sie fühlen dich*
nicht in der goldnen Flut der Trauben - in des Mandelbaums Wun-
deröl, und dem braunen Safte* des Mohns. Sie wissen nicht, daß
du es bist der der zarten Mädchens Busen umschwebt und zum Himmel den Schoß macht - ahnden nicht, daß aus alten Geschichten du -30-
himmelöffnend entgegentrittst und den Schlüssel trägst zu den
Wohnungen der Seligen, unendlicher Geheimnisse schweigender
Bote*.

1: i.e., reveals Mother Night in all her youthfulness. 2:
=scheint. 4: i.e., the light; alienates; (direct object);
=sätest sowed. 5: i.e., the stars, which were placed in the dark
heavens by the light so that man would constantly be reminded of
light and wouldn't fall victim to the night. 8: sc. hat, and
passim; =fernsten (Sterne). 9: not requiring. 10: =das. 11: sc.
sei Praise be. 14: i.e., we are one. 17: i.e., of combustion;
sc. daß. 18: sc. Morgens earth-bound dawn. 21: =wurde. 23:
Night's devotees. 26: i.e., den heiligen Schlaf. 28: i.e.,
opium. 33: emissary, i.e., der heilige Schlaf.

3.

Einst da ich bitter Tränen vergoß, da* in Schmerz aufgelöst
meine Hoffnung zerrann, und ich einsam stand am dürren Hügel*,
der in* engen dunklen Raum die Gestalt* meines Lebens barg -
einsam*, wie noch kein Einsamer war, von unsäglicher Angst getrieben - kraftlos, nur ein Gedanken* des Elends noch. - Wie ich   -5-
da nach Hülfe* umherschaute, vorwärts nicht konnte und rückwärts
nicht, und am fliehenden, verlöschten Leben mit unendlicher
Sehnsucht hing: da kam aus blauen Fernen - von den Höhen meiner
alten Seligkeit ein Dämmerungsschauer - und mit einemmale riß
das Band der Geburt - des Lichtes Fessel. Hin floh die irdische   -10-
Herrlichkeit und meine Trauer mit ihr - zusammen floß die Wehmut
in eine neue, unergründliche Welt   - du Nachtbegeisterung,
Schlummer des Himmels kamst über mich - die Gegend hob sich
sacht empor; über der Gegend schwebte mein entbundner, neu-
geborner Geist. Zur Staubwolke wurde der Hügel - durch die Wolke   -15-
sah ich die verklärten Züge der Geliebten. In ihren Augen ruhte
die Ewigkeit - ich faßte ihre Hände, und die Tränen wurden ein
funkelndes, unzerreißliches Band. Jahrtausende zogen abwärts in
die Ferne, wie Ungewitter. An ihrem Halse weint* ich dem neuen
Leben* entzückende Tränen. - Es war der erste, einzige Traum -   -20-
und erst seitdem fühl ich ewigen, unwandelbaren Glauben an den
Himmel der Nacht und sein Licht, die Geliebte.

4.

Nun weiß ich, wenn der letzte Morgen* sein wird - wenn das
Licht nicht mehr die Nacht und die Liebe scheucht - wenn der
Schlummer ewig und nur ein unerschöpflicher Traum sein wird.   -25-
Himmlische Müdigkeit fühl ich in mir. - Weit und ermüdend ward
mir die Wallfahrt zum heiligen Grabe*, drückend das Kreuz*. Die
kristallene Woge, die gemeinen* Sinnen unvernehmlich*, in des
Hügels dunklem Schoß quillt, an dessen Fuß die irdische Flut
bricht, wer sie gekostet, wer oben stand auf dem Grenzgebürge*   -30-
der Welt, und hinübersah in das neue Land, in der Nacht Wohnsitz
- wahrlich der kehrt nicht in das Treiben der Welt zurück, in
das Land, wo das Licht in ewiger Unruh hauset*. Oben baut er
sich Hütten*, Hütten des Friedens, sehnt sich und liebt, schaut
hinüber, bis die willkommenste aller Stunden* hinunter ihn in   -35-

-----

1: sc. **einst** once. 2: i.e., at the side of the recently dug and
thus still bare grave of his beloved. 3: within its; embodiment
of my being (i.e., my beloved). 4: sc. **war ich**. 5: =**der In-
begriff** the embodiment. 6: =**Hilfe**. 19: =**weinte**, and passim. 20:
in delight at the prospect of a new life. 23: i.e., death. 27:
of the beloved; i.e,. as burden of sorrow. 28: =**gewöhnlichen**,
dat. pl. ;unperceived by. 30: =**Grenzgebirge** watershed; 33:
=**haust**, and passim. 34: cf. Matthew 17:4. 35: i.e., death.

den Brunnen der Quelle* zieht - das Irdische schwimmt oben auf,
wird von Stürmen zurückgeführt, aber was heilg durch der Liebe
Berührung ward, rinnt aufgelöst in verborgenen Gängen auf das
jenseitige Gebiet, wo es, wie Düfte, sich mit entschlummerten
Lieben mischt. Noch weckst du, muntres Licht den Müden zur Ar-   -5-
beit - flößest fröhliches Leben mir ein - aber du lockst mich
von der Erinnerung moosigem* Denkmal nicht.   Gern will ich die
fleißigen Hände rühren, überall umschaun, wo du mich brauchst -
*rühmen deines Glanzes volle Pracht - unverdrossen verfolgen   -10-
deines künstlichen Werks schönen Zusammenhang - gern betrachten
deiner gewaltigen, leuchtenden Uhr* sinnvollen Gang - ergründen
der Kräfte Ebenmaß und die Regeln des Wunderspiels unzähliger
Räume und ihrer Zeiten.   Aber getreu der Nacht bleibt mein
geheimes Herz, und* der schaffenden Liebe, ihrer Tochter. Kannst
du* mir zeigen ein ewig treues Herz? hat deine Sonne freundliche   -15-
Augen, die mich erkennen? fassen deine Sterne meine verlangende
Hand? Geben* mir wieder den zärtlichen Druck und das kosende
Wort? Hast du mit Farben und leichtem Umriß Sie* geziert - oder
war Sie es, die deinem Schmuck höhere, liebere Bedeutung gab?
Welche Wollust, welchen Genuß bietet dein Leben, die aufwögen*   -20-
des Todes Entzückungen? Trägt nicht alles, was uns begeistert,
die Farbe der Nacht? Sie trägt dich mütterlich und ihr verdankst
du* all deine Herrlichkeit. Du verflögst in dir selbst - in endlosen Raum zergingst* du, wenn sie dich nicht hielte, dich nicht
bände, daß du warm würdest und flammend die Welt zeugtest*.   -25-
Wahrlich ich war, eh du warst - die Mutter schickte mit meinen
Geschwistern* mich,   zu bewohnen deine Welt, sie zu heiligen mit
Liebe, daß sie ein ewig angeschautes Denkmal werde - zu be-
pflanzen sie mit unverwelklichen Blumen. Noch* reiften sie nicht
diese göttlichen Gedanken - Noch* sind der Spuren unserer Offen-   -30-
barung wenig - Einst zeigt* deine Uhr das Ende der Zeit, wenn du
wirst wie unsereiner, und voll Sehnsucht und Inbrunst aus-
löschest und stirbst. In mir fühl ich deiner Geschäftigkeit Ende
- himmlische Freiheit, selige Rückkehr. In wilden Schmerzen
erkenn ich deine Entfernung von unsrer Heimat, deinen Widerstand   -35-
gegen den Alten, herrlichen Himmel. Deine Wut und dein Toben ist
vergebens. Unverbrennlich steht das Kreuz - eine Siegesfahne
unsers Geschlechts.

                    Hinüber wall* ich,
                    Und jede Pein   -40-
                    Wird einst ein Stachel

1: the spring's source. 7: object of **von.** 9: sc. **gern will ich.**
11: i.e., the sun. 14: sc. **getreu bleibt es auch.** 15: i.e., **das
Licht.** 17: sc. **deine Sterne.** 18: i.e., the beloved. 20: =**auf-
wiegen würden** might counterbalance. 23: i.e., **das Licht.** 24:
=**zergingest.**=**würdest zergehen.** 25: might beget, father. 27:
i.e., fellow men. 29: Previously. 30: Up till now. 31: =**Aber
einst wird... zeigen.** 39: wander, make a pilgrimage.

Der Wollust sein.
Noch wenig Zeiten*,
So bin ich los,
Und liege trunken*
Der Lieb* im Schoß.   -5-
Unendliches Leben
Wogt mächtig in mir,
Ich schaue von oben
Herunter nach dir.
An jenem Hügel   -10-
Verlischt* dein Glanz -
Ein Schatten bringet
Den kühlenden Kranz.
O! sauge, Geliebter,
Gewaltig mich an,   -15-
Daß ich entschlummern
Und lieben kann.
Ich fühle des Todes
Verjüngende Flut,
Zu Balsam und Äther   -20-
Verwandelt mein Blut -
Ich lebe bei Tage
Voll Glauben und Mut
Und sterbe die Nächte
In heiliger Glut.   -25-

5.

Über der Menschen weitverbreitete Stämme herrschte vor Zeiten
ein eisernes Schicksal mit stummer Gewalt. Eine dunkle, schwere
Binde lag um ihre bange Seele - Unendlich war die Erde - der
Götter Aufenthalt, und ihre Heimat. Seit Ewigkeiten stand ihr
geheimnisvoller Bau. Über des Morgens roten Bergen, in des -30-
Meeres heiligem Schoß wohnte die Sonne, das allzündende, lebendige Licht. Ein alter Riese* trug die selige Welt. Fest unter
Bergen lagen die Ursöhne der Mutter Erde*. Ohnmächtig in ihrer
zerstörenden Wut gegen das neue herrliche Göttergeschlecht* und
dessen Verwandten, die fröhlichen Menschen. Des Meers dunkle, -35-
grüne Tiefe war einer Göttin Schoß*. In den kristallenen*
Grotten schwelgte ein üppiges Volk*.

2: ages.   4: =betrunken. 5: =Liebe, Geliebten. 11: is ex-
tinguished. 32: i.e., Atlas. 33: Gaea, the personification of
the earth, sprang from Chaos and gave birth to Uranus (Heaven)
and Pontus (Sea). By Uranus she became the mother of the Titans
(die Ursöhne) whom Uranus hated. She therefore concealed them in
the Earth whence Cronos escaped by castrating his father with an
iron sickle fashioned by Gaea.   34: i.e., the Olympians. 36:
i.e., Aphrodite, who sprang from the foam of the sea. 37:
=hellen, lichten; multifarious tribe of spirits.

Flüsse, Bäume, Blumen und Tiere hatten menschlichen Sinn*. Süßer
schmeckte der Wein von sichtbarer Jugendfülle geschenkt* - *ein
Gott in den Trauben* - eine liebende, mütterliche Göttin*, em-
porwachsend in vollen goldenen Garben* - der Liebe heiliger
Rausch ein süßer Dienst der schönsten Götterfrau* - ein ewig   -5-
buntes Fest der Himmelskinder und der Erdbewohner rauschte das
Leben, wie ein Frühling, durch die Jahrhunderte hin - Alle Geschlechter verehrten kindlich die zarte, tausendfältige Flamme,
als das höchste der Welt. Ein Gedanke nur war es, ein entsetzliches Traumbild*,   -10-

       Das furchtbar zu den frohen Tischen trat
       Und das Gemüt in wilde Schrecken hüllte.
       Hier wußten selbst die Götter keinen Rat*
       Der die beklommene Brust mit Trost erfüllte*.
       Geheimnisvoll war dieses Unholds Pfad   -15-
       Des* Wut kein Flehn* und keine Gabe stillte;
       Es war der Tod, der dieses Lustgelag*
       Mit Angst und Schmerz und Tränen unterbrach.

       Auf ewig nun von allem abgeschieden,
       Was hier das Herz in süßer Wollust regt,   -20-
       Getrennt von den Geliebten, die hienieden*
       Vergebne Sehnsucht, langes Weh bewegt,
       Schien matter Traum* dem Toten nur beschieden*,
       Ohnmächtiges Ringen nur ihm auferlegt*.
       Zerbrochen war die Woge des Genusses   -25-
       Am Felsen des unendlichen Verdrusses.

       Mit kühnem Geist und hoher Sinnenglut
       Verschönte sich der Mensch die grause Larve*,
       Ein sanfter Jüngling* löscht das Licht und ruht -
       Sanft wird das Ende, wie ein Wehn der Harfe   -30-
       Erinnerung schmilzt in kühler Schattenflut,
       So sang das Lied dem traurigen Bedarfe*.
       Doch unenträtselt blieb die ewge Nacht,
       Das ernste Zeichen einer fernen Macht.

1: human attributes. 2: because Bacchus was imagined providing
it; sc. **es war**. 3: i.e., Dionysus or Bacchus; Demeter or Ceres,
goddess of the earth's fruits. 4: sheaves of grain. 5: i.e.,
Aphrodite or Venus. 10: i.e., death. 13: an explanation (for
death). **14**: =erfüllen **würde**. 16: =Dessen; =Flehen entreaty. 17:
feast (of life). 21: here below (on earth). 23: in Hades the
dead live as shadows in a dreamlike state; allotted to. 24: imposed upon. 28: spectre. 29: in antiquity death appears as a boy
who holds a torch upside down in his hand. 32: i.e., art
attempted to soften the image of death and make it more
bearable.

Zu Ende neigte die alte Welt sich. Des jungen Geschlechts
Lustgarten verwelkte - hinauf in den freieren, wüsten Raum*
strebten die unkindlichen, wachsenden Menschen*. Die Götter verschwanden mit ihrem Gefolge - Einsam und leblos stand die Natur.
Mit eiserner Kette band sie* die dürre Zahl und das strenge   -5-
Maß*. Wie in Staub und Lüfte zerfiel in dunkle Worte die uner-
meßliche Blüte des Lebens. Entflohn war der beschwörende Glaube,
und die allverwandelnde, allverschwisternde Himmelsgenossin, die
Phantasie. Unfreundlich blies ein kalter Nordwind* über die er-
starrte Flur, und die erstarrte Wunderheimat verflog in den   -10-
Äther. Des Himmels Fernen füllten mit leuchtenden Welten sich*.
Ins tiefre Heiligtum, in des Gemüts höhern Raum zog mit ihren
Mächten die Seele der Welt - zu walten* dort bis zum Anbruch der
tagenden Weltherrlichkeit. Nicht mehr war das Licht der Götter
Aufenthalt und himmlisches Zeichen - den Schleier der Nacht   -15-
warfen sie über sich. Die Nacht ward der Offenbarungen mächtiger
Schoß - in ihn kehrten sich die Götter zurück - schlummerten
ein, um in neuen herrlichern Gestalten* auszugehn über die ver-
änderte Welt. Im Volk*, das vor allen verachtet zu früh reif und
der seligen Unschuld der Jugend trotzig fremd* geworden war,   -20-
erschien mit niegesehenem Angesicht die neue Welt - In der Armut
dichterischer Hütte* - Ein Sohn* der ersten Jungfrau und Mutter
- Geheimnisvoller Umarmung unendliche Frucht*. Des Morgenlands
ahndende, blütenreiche Weisheit* erkannte zuerst der neuen Zeit
Beginn - Zu des Königs demütiger Wiege wies ihr ein Stern den   -25-
Weg. In der weisen Zukunft Namen huldigten sie ihm mit Glanz und
Duft*, den höchsten Wundern der Natur. Einsam entfaltete das
himmlische Herz sich zu einem Blütenkelch allmächtiger Liebe -
des Vaters hohem Antlitz zugewandt und ruhend an dem ahndungs-
selgen* Busen der lieblich ernsten Mutter. Mit vergötternder   -30-
Inbrunst schaute das weissagende Auge des blühenden Kindes auf
die Tage der Zukunft*, nach seinen Geliebten, den Sprossen
seines Götterstamms*, unbekümmert über seiner Tage irdisches
Schicksal*. Bald sammelten die kindlichsten Gemüter von inniger
Liebe wundersam ergriffen sich um ihn her. Wie Blumen keimte ein -35-
neues fremdes Leben in seiner Nähe. Unerschöpfliche Worte und

-----

2: i.e., man is freer after ridding himself of these myths, but
at the same time his existence is bleaker. 3: i.e., man's con-
cepts became more abstract. 5: =die Natur, direct object. 6:
i.e., as belonging to reasoning. 9: i.e., science. 11: i.e., the
ancient geocentric concept of the universe was replaced by the
heliocentric theory. 13:rule. 18: i.e., Christian figures. 19:
i.e., the ancient Jews. 20: estranged (from). 22: sc. erschien;
i.e., Jesus. 23: i.e., the Immaculate Conception. 24: i.e., the
three wise men (see Matthew 2:1-2). 27: "gold and frankincense
and myrrh" (Matthew 2:11). 30: selgen=seligen. 32: sc. und. 33:
i.e., Jesse's tree (the genealogy of Jesus). 34: i.e., the
crucifixion.

der Botschaften fröhlichste* fielen wie Funken eines göttlichen
Geistes von seinen freundlichen Lippen. Von ferner Küste, unter
Hellas* heiterm Himmel geboren, kam ein Sänger* nach Palästina
und ergab sein ganzes Herz dem Wunderkinde:

<blockquote>

Der Jüngling* bist du, der seit langer Zeit   -5-
Auf unsern Gräbern steht in tiefen Sinnen*;
Ein tröstlich Zeichen in der Dunkelheit -
*Der höhern Menschheit freudiges Beginnen.
Was uns gesenkt in tiefe Traurigkeit
Zieht uns mit süßer Sehnsucht nun von hinnen*.   -10-
Im Tode ward das ewge Leben kund*
Du bist der Tod und machst uns erst gesund.

</blockquote>

Der Sänger zog voll Freudigkeit nach Indostan* - das Herz von
süßer Liebe trunken; und schüttete in feurigen Gesängen es unter
jenem milden Himmel aus, daß tausend Herzen sich zu ihm neigten, -15-
und die fröhliche Botschaft tausendzweigig emporwuchs. Bald nach
des Sängers Abschied ward das köstliche Leben ein Opfer des
menschlichen tiefen Verfalls - Er starb in jungen Jahren, weg-
gerissen von der geliebten Welt, von der weinenden Mutter und
seinen zagenden* Freunden. Der unsäglichen Leiden dunkeln Kelch* -20-
leerte der liebliche Mund - In entsetzlicher Angst nahte die
Stunde der Geburt der neuen Welt. Hart rang er mit des alten
Todes Schrecken* - Schwer lag der Druck der alten Welt auf ihm.
Noch einmal sah er freundlich nach der Mutter - da kam der
ewigen Liebe lösende Hand - und er entschlief. Nur wenige Tage -25-
hing ein tiefer Schleier über das brausende Meer, über das
bebende Land* - unzählige Tränen weinten die Geliebten - Ent-
siegelt ward das Geheimnis - himmlische Geister hoben den uralten Stein vom dunkeln Grabe. Engel saßen bei dem Schlummernden
- aus seinen Träumen zartgebildet - Erwacht in neuer Götterherr- -30-
lichkeit erstieg er die Höhe der neugebornen Welt - begrub mit
eigner Hand der Alten Leichnam in die verlaßne Höhle, und legte
mit allmächtiger Hand den Stein, den keine Macht erhebt, darauf.
Noch weinen deine Lieben Tränen der Freude, Tränen der Rührung
und des unendlichen Danks an deinem Grabe - *sehn dich noch -35-
immer, freudig erschreckt, auferstehn - und sich mit dir; sehn
dich weinen mit süßer Inbrunst an der Mutter seligem Busen,
ernst mit den Freunden wandeln, Worte sagen, wie vom Baum des

-----

1: i.e., the Gospels' message of eternal life. 3: =Greece's;
perhaps an amalgamation of figures, real or mythical, perhaps
Novalis himself. 5: i.e., Jesus transfigured. 6: thoughts. 8:
sc. Du bist. 10: away from here. 11: became known. 13: i.e., the
Orient, a linking of East and West, of Christianity and
Buddhism. 20: timorous; cf. Matthew 26:39. 23: i.e., the
pre-Christian concept of death as an end. 27: cf. Matthew 28:2.
35: sc. deine Lieben, and passim.

Lebens gebrochen; sehen dich eilen mit voller Sehnsucht in des
Vaters Arm, bringend die junge Menschheit*, und der goldnen Zukunft unversieglichen Becher*. Die Mutter eilte bald dir nach -
in himmlischem Triumph - Sie war die Erste* in der neuen Heimat
bei dir. Lange Zeiten flossen seitdem, und in immer höherm   -5-
Glanze regte deine neue Schöpfung sich - und Tausende zogen aus
Schmerzen und Qualen, voll Glauben und Sehnsucht und Treue dir
nach - *wallen mit dir und der himmlischen Jungfrau im Reiche
der Liebe - dienen im Tempel des himmlischen Todes und sind in   -10-
Ewigkeit dein.

> Gehoben ist der Stein -
> Die Menschheit ist erstanden -
> Wir alle bleiben dein
> Und fühlen keine Banden.
> Der herbste Kummer fleucht*   -15-
> Vor deiner goldnen Schale,
> Wenn Erd und Leben weicht,
> Im letzten Abendmahle.

> Zur Hochzeit ruft der Tod* -
> Die Lampen brennen helle -   -20-
> Die Jungfraun sind zur Stelle
> Um Öl ist keine Not -
> Erklänge* doch die Ferne
> Von deinem Zuge* schon,
> Und rufen uns die Sterne   -25-
> Mit Menschenzung und Ton!

> Nach dir, Maria, heben
> Schon tausend Herzen sich.
> In diesem Schattenleben
> Verlangten sie nur dich.   -30-
> Sie hoffen zu genesen
> Mit ahndungsvoller Lust -
> Drückst* du sie, heilges Wesen,
> An deine treue Brust.

> So manche*, die sich glühend   -35-
> In bitter Qual verzehrt*,
> Und dieser Welt entfliehend
> Nach dir sich hingekehrt;
> *Die hülfreich uns erschienen

2: because reborn. 3: i.e., of Holy Communion. 4: Mary as the
first person next to Christ in Heaven. 8: sc. **Tausende**. 15:
=**flieht**. 19: cf. Matthew 25:1-13. 23: subjunctive (also **ruften**,
l. 25) would that the distance resounded. 24: procession. 33: If
only you will press. 35: i.e., church martyrs. 36: sc. **haben**,
and passim. 39: sc. **Und**.

In mancher Not und Pein -
Wir kommen nun zu ihnen
Um ewig da zu sein.

Nun weint an keinem Grabe,   -5-
Für* Schmerz, wer liebend glaubt.
Der Liebe süße Habe
Wird keinem nicht geraubt -
Die Sehnsucht ihm* zu lindern,
Begeistert ihn die Nacht -
Von treuen Himmelskindern   -10-
Wird ihm sein Herz bewacht.

Getrost, das Leben schreitet
Zum ewgen Leben hin;
Von innrer Glut geweitet
Verklärt sich unser Sinn.   -15-
Die Sternwelt wird zerfließen
Zum goldnen Lebenswein,
Wir werden sie* genießen
Und lichte Sterne sein.

Die Lieb ist frei gegeben*,   -20-
Und* keine Trennung mehr.
Es wogt das volle Leben
Wie ein unendlich Meer.
Nur Eine Nacht der Wonne -
Ein ewiges Gedicht -   -25-
Und unser aller Sonne
Ist Gottes Angesicht.

6. Sehnsucht nach dem Tode

Hinunter in der Erde Schoß,
Weg aus des Lichtes Reichen,   -30-
Der Schmerzen Wut und wilder Stoß*
Ist froher Abfahrt Zeichen.
Wir kommen in dem engen Kahn*
Geschwind am Himmelsufer an,

Gelobt sei uns die ewge Nacht,   -35-
Gelobt der ewge Schlummer.
Wohl hat der Tag uns warm gemacht,

5: =Vor. 8: possessive dative. 10: sc. Und; i.e., the departed.
18: i.e., die Sternwelt stardom. 20: freed from bondage. 21: sc.
es ist.   31: pain's rage and wild convulsion (the death agony).
33: in Greek mythology Charon transported in his boat the shades
of the dead across the rivers of the lower world.

Und welk* der lange Kummer.
Die Lust* der Fremde ging uns aus,
Zum Vater wollen wir nach Haus.

Was sollen wir auf dieser Welt
Mit unsrer Lieb und Treue.   -5-
Das Alte wird hintangestellt*,
Was soll uns dann das Neue.
O! einsam steht und tiefbetrübt,
Wer heiß und fromm die Vorzeit liebt.

Die Vorzeit wo die Sinne licht   -10-
In hohen Flammen brannten,
Des Vaters Hand und Angesicht
Die Menschen noch erkannten.
Und* hohen Sinns, einfältiglich*   -15-
Noch mancher seinem Urbild glich.

Die Vorzeit, wo noch blütenreich
Uralte Stämme prangten,
Und Kinder für das Himmelreich
Nach Qual und Tod verlangten*.
Und* wenn auch Lust und Leben sprach   -20-
Doch manches Herz für* Liebe brach.

Die Vorzeit, wo in Jugendglut
Gott selbst sich kundgegeben*
Und frühem Tod in Liebesmut
Geweiht sein süßes Leben.   -25-
Und Angst und Schmerz nicht von sich trieb,
Damit er uns nur teuer blieb.

Mit banger Sehnsucht sehn wir sie*
In dunkle Nacht gehüllet,
In dieser Zeitlichkeit* wird nie   -30-
Der heiße Durst gestillet.
Wir müssen nach der Heimat gehn,
Um diese heilge Zeit zu sehn.

Was hält noch unsre Rückkehr auf,
Die Liebsten ruhn schon lange.   -35-
Ihr Grab schließt unsern Lebenslauf,
Nun wird uns weh und bange.
Zu suchen haben wir nichts mehr -
Das Herz ist satt - die Welt ist leer.

1: sc. **hat uns gemacht.** 2: sc. **an.** 6: neglected. 14: sc. **wo;** in
a simple (more natural) way. 19: perhaps a reference to the
"children's crusade" of 1212. 20: sc. **wo.** 21: =**vor** out of. 23:
i.e., in Christ. 28: i.e., **die Vorzeit.** 30: temporal world.

Unendlich und geheimnisvoll
Durchströmt uns süßer Schauer -
Mir deucht*, aus tiefen Fernen scholl*
Ein Echo unsrer Trauer.
Die Lieben sehnen sich wohl auch   -5-
Und sandten* uns der Sehnsucht Hauch.

Hinunter* zu der süßen Braut,
Zu Jesus, dem Geliebten -
Getrost, die Abenddämmrung graut
Den Liebenden, Betrübten*.   -10-
Ein Traum bricht unsre Banden los
Und senkt uns in des Vaters Schoß.
                    (1799) 1800

3: =**scheint**; may be ringing.   6: may be sending. 7: Let us
descend. 10: the gray of twilight is friendly for those who love
and grieve.

Heinrich von Kleist

DAS BETTELWEIB VON LOCARNO

Am Fuße der Alpen, bei Locarno im oberen Italien, befand sich
ein altes, einem Marchese gehöriges Schloß, das man   jetzt, wenn
man vom St. Gotthard kommt, in Schutt und Trümmern liegen sieht:
ein Schloß mit hohen und weitläufigen Zimmern, in deren einem*
einst, auf Stroh, das man ihr unterschüttete, eine alte kranke   -5-
Frau, die sich bettelnd vor der Tür eingefunden hatte, von der
Hausfrau aus Mitleiden gebettet worden war. Der Marchese, der,
bei der Rückkehr von der Jagd, zufällig in das Zimmer trat, wo
er seine Büchse* abzusetzen pflegte*, befahl der Frau unwillig,
aus dem Winkel, in welchem sie lag, aufzustehen, und sich hinter   -10-
den Ofen zu verfügen. Die Frau, da* sie sich erhob, glitschte
mit der Krücke auf dem glatten Boden aus, und beschädigte sich,
auf eine gefährliche Weise, das Kreuz*; dergestalt*, daß sie
zwar noch mit unsäglicher Mühe aufstand und quer, wie es vor-
geschrieben war, über das Zimmer ging, hinter den Ofen aber,   -15-
unter Stöhnen und Ächzen, niedersank und verschied*.
Mehrere Jahre nachher, da der Marchese, durch Krieg und Mißwachs*, in bedenkliche Vermögensumstände geraten war*, fand sich
ein florentinischer Ritter bei ihm ein, der das Schloß, seiner
schönen Lage wegen, von ihm kaufen wollte. Der Marchese, dem   -20-
viel an dem Handel gelegen war, gab seiner Frau auf, den Fremden
in dem obenerwähnten, leerstehenden Zimmer, das sehr schön und
prächtig eingerichtet war, unterzubringen. Aber wie betreten war
das Ehepaar, als der Ritter mitten in der Nacht, verstört und
bleich, zu ihnen herunter kam, hoch und teuer versichernd, daß   -25-
es in dem Zimmer spuke, indem etwas, das dem Blick unsichtbar
gewesen*, mit einem Geräusch, als ob es auf Stroh gelegen*, im
Zimmerwinkel aufgestanden, mit vernehmlichen Schritten, langsam
und gebrechlich, quer über das Zimmer gegangen, und hinter dem
Ofen, unter Stöhnen und Ächzen, niedergesunken sei.   -30-
Der Marchese, erschrocken, er wußte selbst nicht recht warum,
lachte den Ritter mit erkünstelter Heiterkeit aus, und sagte, er
wolle sogleich aufstehen, und die Nacht zu seiner Beruhigung,
mit ihm in dem Zimmer zubringen. Doch der Ritter bat um die Ge-
fälligkeit, ihm zu erlauben, daß er auf einem Lehnstuhl, in   -35-
einem Schlafzimmer übernachte, und als der Morgen kam, ließ er
anspannen*, empfahl sich* und reiste ab.

4: in one of which.   9: gun, musket; was accustomed. 11: =als.
13: small of the back; in such a way, to such a degree.   16:
=starb. 18: =Mißernte bad harvest; his financial situation had
become serious.   27: sc. ist, and passim; sc. habe, and passim.
37: had the horses (to his carriage) harnessed up; took his
leave, bade farewell.

Dieser   Vorfall,   der   außerordentliches   Aufsehen   machte,
schreckte auf eine dem Marchese höchst unangenehme Weise,
mehrere Käufer ab; dergestalt, daß, da sich unter seinem eignen
Hausgesinde*, befremdend* und unbegreiflich, das Gerücht erhob*,
daß es in dem Zimmer, zur Mitternachtsstunde, umgehe*, er, um es   -5-
mit einem entschiedenen Verfahren niederzuschlagen, beschloß,
die Sache in der nächsten Nacht selbst zu untersuchen.   Demnach*
ließ er, beim Einbruch der Dämmerung,   sein Bett in dem besagten
Zimmer aufschlagen, und erharrte*, ohne zu schlafen, die Mitternacht.   Aber wie erschüttert war er, als er in der Tat, mit dem   -10-
Schlage der Geisterstunde, das unbegreifliche Geräusch wahrnahm;
es war, als ob ein Mensch sich von Stroh, das unter ihm
knisterte, erhob, quer über das Zimmer ging, und hinter dem
Ofen, unter Geseufz* und Geröchel* niedersank.   Die Marquise, am
andern Morgen, da er herunter kam, fragte ihn, wie die Unter-   -15-
suchung abgelaufen; und da er sich, mit scheuen und ungewissen
Blicken, umsah, und, nachdem er die Tür verriegelt, versicherte,
daß es mit dem Spuk seine Richtigkeit habe: so erschrak sie, wie
sie in ihrem Leben nicht getan, und bat ihn, bevor er die Sache
verlauten ließe, sie* noch einmal, in ihrer Gesellschaft, einer   -20-
kaltblütigen Prüfung zu unterwerfen.   Sie hörten aber, samt*
einem treuen Bedienten*, den sie mitgenommen hatten, in der Tat,
in der nächsten Nacht, dasselbe unbegreifliche, gespenterartige
Geräusch; und nur der dringende Wunsch, das Schloß, es koste was
es wolle, los zu werden, vermochte sie, das Entsetzen, das sie   -25-
ergriff, in Gegenwart ihres Dieners zu unterdrücken, und dem
Vorfall irgend eine gleichgültige und zufällige Ursache, die
sich entdecken lassen müsse, unterzuschieben. Am Abend des
dritten Tages, da beide, um der Sache auf den Grund zu kommen,
mit Herzklopfen wieder die Treppe zu dem Fremdenzimmer be-   -30-
stiegen, fand sich zufällig der Haushund, den man von der Kette
losgelassen hatte, vor der Tür desselben* ein; dergestalt, daß
beide, ohne sich bestimmt zu erklären, vielleicht in der unwillkürlichen Absicht, außer sich selbst noch etwas Drittes, Lebendiges, bei sich zu haben, den Hund mit sich in das Zimmer   -35-
nahmen. Das Ehepaar, zwei Lichter auf dem Tisch, die Marquise
unausgezogen, der Marchese* Degen und Pistolen, die er aus dem
Schrank genommen, neben sich, setzen sich, gegen eilf* Uhr,
jeder auf sein Bett; und während sie sich mit Gesprächen, so gut
sie vermögen, zu unterhalten suchen, legt sich der Hund, Kopf   -40-
und Beine zusammen gekauert, in der Mitte des Zimmers nieder und
schläft ein. Drauf, in dem Augenblick der Mitternacht, läßt sich
das entsetzliche Geräusch wieder hören; jemand, den kein Mensch
mit Augen sehen kann, hebt sich auf Krücken, im Zimmerwinkel

4: servants; in a surprising... manner; the rumor was spread. 5:
(the room) was haunted. 7: Therefore. 9: waited impatiently for.
14: =Geseufze continuous moaning; (death) rattle.   20: =die
Sache. 2?: along with, =Diener servant. 32: the very room. 37:
sc. mit. 38: =elf.

empor; man hört das Stroh, das unter ihm rauscht; und mit dem
ersten Schritt: tapp! tapp! erwacht der Hund, hebt sich plötzlich, die Ohren spitzend, vom Boden empor, und knurrend und
bellend, grad* als ob ein Mensch auf ihn eingeschritten käme,
rückwärts gegen den Ofen weicht er aus. Bei diesem Anblick   -5-
stürzt die Marquise, mit sträubenden Haaren, aus dem Zimmer; und
während der Marquis, der den Degen ergriffen: wer da? ruft, und
da ihm niemand antwortet, gleich einem Rasenden, nach allen
Richtungen die Luft durchhaut, läßt sie anspannen, entschlossen,
augenblicklich, nach der Stadt abzufahren. Aber ehe sie noch   -10-
einige Sachen zusammen gepackt und aus dem Tore herausgerasselt,
sieht sie schon das Schloß ringsum in Flammen aufgehen. Der
Marchese, von Entsetzen überreizt, hatte eine Kerze genommen,
und dasselbe*, überall mit Holz getäfelt wie es war, an allen
vier Ecken, müde seines Lebens, angesteckt. Vergebens schickte   -15-
sie Leute hinein, den Unglücklichen zu retten; er war auf die
elendiglichste* Weise bereits umgekommen, und noch jetzt
liegen, von den Landleuten zusammengetragen, seine weißen
Gebeine in dem Winkel des Zimmers, von welchem er das Bettelweib
von Locarno hatte aufstehen heißen*.   -20-

                          1810

4: =gerade. just. 14: the very castle. 17: =elendste. 20:
ordered.

E.T.A. HOFFMANN

DER GOLDENE TOPF
Ein Märchen aus der neuen Zeit

ERSTE VIGILIE
Die Unglücksfälle des Studenten Anselmus-Des Konrektors*
Paulmann Sanitätsknaster* und die goldgrünen Schlangen

    Am Himmelsfahrtstage, nachmittags um drei Uhr, rannte ein
junger Mensch in Dresden durchs Schwarze Tor, und geradezu in
einen Korb mit Äpfeln und Kuchen hinein, die ein altes häßliches
Weib feilbot*, so, daß alles, was der Quetschung glücklich entgangen*, hinausgeschleudert wurde, und die Straßenjungen sich   -5-
lustig in die Beute teilten, die ihnen der hastige Herr zugeworfen. Auf das Zetergeschrei*, das die Alte erhob, verließen
die Gevatterinnen* ihre Kuchen- und Branntweintische, umringten
den jungen Menschen und schimpften mit pöbelhaftem Ungestüm auf
ihn hinein, so daß er, vor Ärger und Scham verstummend, nur   -10-
seinen kleinen nicht eben besonders gefüllten Geldbeutel
hinhielt, den die Alte begierig ergriff und schnell einsteckte.
Nun öffnete sich der festgeschlossene Kreis, aber indem der
junge Mensch hinausschoß, rief ihm die Alte nach: "Ja renne-
renne nur zu, Satanskind-ins Kristall bald dein Fall-ins   -15-
Kristall!"-Die gellende, krächzende Stimme des Weibes hatte
etwas Entsetzliches, so daß die Spaziergänger verwundert still-
standen, und das Lachen, das sich erst verbreitet, mit einem Mal
verstummte.-Der Student Anselmus (niemand anders war der junge
Mensch) fühlte sich, unerachtet* er des Weibes* sonderbare Worte   -20-
durchaus nicht verstand, von einem unwillkürlichen Grausen
ergriffen, und er beflügelte noch mehr seine Schritte, um sich
den auf ihn gerichteten Blicken der neugierigen Menge zu entziehen. Wie er sich nun durch das Gewühl geputzter* Menschen
durcharbeitete, hörte er überall murmeln: "Der arme junge Mann-   -25-
Ei!-über das verdammte Weib!"-Auf ganz sonderbare Weise hatten
die geheimnisvollen Worte der Alten dem lächerlichen Abenteuer
eine gewisse tragische Wendung gegeben, so daß man den vorhin
ganz Unbemerkten jetzt teilnehmend nachsah. Die Frauenzimmer*
verziehen dem wohlgebildeten Gesichte, dessen Ausdruck die Glut   -30-
des innern Grimms noch erhöhte, sowie dem kräftigen Wuchse des
Jünglings alles Ungeschick, sowie den ganz aus dem Gebiete aller
vode liegenen Anzug. Sein hechtgrauer* Frack* war nämlich so
-----

before 1: headmaster; tobacco tin. 4: offered for sale. 5: sc.
war, and passim. 7: outcry. 8: neighbors. 20: despite the
fact that; =**Frau**. 24: dressed-up. 29: =**Frauen**. 33: blue-gray;
coat (with tails).

zugeschnitten, als habe der Schneider, der ihn gearbeitet, die
moderne Form nur von Hörensagen gekannt, und das schwarzatlasne*
wohlgeschonte Unterkleid gab dem Ganzen einen gewissen magister-
mäßigen* Stil, dem sich nun wieder Gang und Stellung durchaus
nicht fügen* wollte.-Als der Student schon beinahe das Ende der -5-
Allee erreicht, die nach dem Linkischen Bade führt, wollte ihm
beinahe der Atem ausgehen. Er war genötigt, langsamer zu
wandeln; aber kaum wagte er den Blick in die Höhe zu richten,
denn noch immer sah er die Äpfel und Kuchen um sich tanzen, und
jeder freundliche Blick dieses oder jenes Mädchens war ihm nur -10-
der Reflex des schadenfrohen Gelächters am Schwarzen Tor. So war
er bis an den Eingang des Linkischen Bades gekommen; eine Reihe
festlich gekleideter Menschen nach der andern zog herein. Musik
von Blasinstrumenten ertönte von ihnen, und immer lauter und
lauter wurde das Gewühl der lustigen Gäste. Die Tränen wären dem -15-
armen Studenten Anselmus beinahe in die Augen getreten, denn
auch er hatte, da der Himmelfahrtstag immer ein besonderes
Familienfest für ihn gewesen, an der Glückseligkeit des
Linkischen Paradieses teilnehmen, ja er hatte es bis zu einer
halben Portion Kaffee mit Rum und einer Bouteille* Doppelbier -20-
treiben wollen, und um so recht schlampampen* zu können, mehr
Geld eingesteckt, als eigentlich erlaubt und tunlich war. Und
nun hatte ihn der fatale* Tritt in den Äpfelkorb um alles
gebracht, was er bei sich getragen. An Kaffee, an Doppelbier, an
Musik, an den Anblick der geputzten Mädchen-kurz!-an alle -25-
geträumten Genüsse war nicht zu denken; er schlich langsam
vorbei und schlug endlich den Weg an der Elbe ein, der gerade
ganz einsam war. Unter einem Holunderbaume, der aus der Mauer
hervorgesprossen, fand er ein freundliches Rasenplätzchen; da
setzte er sich hin und stopfte eine Pfeife von dem Sanitäts- -30-
knaster, den ihm sein Freund, der Konrektor Paulmann
geschenkt.-Dicht vor ihm plätscherten und rauschten die
goldgelben Wellen des schönen Elbstroms, hinter demselben
streckte das herrliche Dresden kühn und stolz seine lichten
Türme empor in den duftigen Himmelsgrund, der sich hinabsenkte -35-
auf die blumigen Wiesen und frisch grünenden Wälder, und aus
tiefer Dämmerung gaben die zackichten* Gebirge Kunde vom fernen
Böhmerlande.* Aber finster vor sich hinblickend, blies der
Student Anselmus die Dampfwolken in die Luft, und sein Unmut
wurde endlich laut, indem er sprach: "Wahr ist es doch, ich bin -40-
zu allem möglichen Kreuz und Elend geboren!-Daß ich niemals
Bohnen-König* geworden, daß ich im Paar oder Unpaar* immer
falsch geraten, daß mein Butterbrot immer auf die fette Seite
gefallen, von allem diesen Jammer will ich gar nicht reden;

2: black satin.   4: **Magister** schoolmaster, tutor.   5: suit.   20:
(Fr.) bottle.   21: guzzle.   23: unfortunate.   37: =**zackig**
jagged.   38: Bohemia.   42: festival on Epiphany (Jan. 6) when a
bean was baked in a cake, and whoever got it in a piece was
declared king; odd or even, i.e., betting game.

aber, ist es nicht ein schreckliches Verhängnis, daß ich, als
ich denn doch nun dem Satan zum Trotz Student geworden war, ein
Kümmeltürke* sein und bleiben mußte? - Ziehe ich wohl je einen
neuen Rock an, ohne gleich das erstemal einen Talgfleck* hinein-
zubringen, oder mir an einem übel eingeschlagnen Nagel ein ver- -5-
wünschtes Loch hineinzureißen? Grüße ich wohl je einen Herrn
Hofrat oder eine Dame, ohne den Hut weit von mir zu schleudern,
oder gar auf dem glatten Boden auszugleiten und schändlich
umzustülpen? Hatte ich nicht schon in Halle jeden Markttag eine
bestimmte Ausgabe von drei bis vier Groschen für zertretene -10-
Töpfe, weil mir der Teufel in den Kopf setzt, meinen Gang
geradeaus zu nehmen, wie die Laminge*? Bin ich denn ein einziges
Mal ins Kollegium*, oder wo man mich sonst hinbeschieden*, zu
rechter Zeit gekommen? Was half es, daß ich eine halbe Stunde
vorher ausging, und mich vor die Tür hinstellte, den Drücker in -15-
der Hand, denn sowie ich mit dem Glockenschlage aufdrücken
wollte, goß mir der Satan ein Waschbecken über den Kopf, oder
ließ mich mit einem Heraustretenden zusammenrennen, daß ich in
tausend Händel verwickelt wurde, und darüber alles versäumte. -
Ach! ach! wo seid ihr hin, ihr seligen Träume künftigen Glücks, -20-
wie ich stolz wähnte*, ich könne es wohl hier noch bis zum
Geheimen Sekretär* bringen! Aber hat mir mein Unstern nicht die
besten Gönner verfeindet? - Ich weiß, daß der Geheime Rat*, an
den ich empfohlen bin, verschnittenes Haar* nicht leiden mag*;
mit Mühe befestigt der Friseur einen kleinen Zopf an meinem -25-
Hinterhaupt, aber bei der ersten Verbeugung springt die unglück-
selige Schnur, und ein munterer Mops*, der mich umschnüffelt,
apportiert* im Jubel das Zöpfchen dem Geheimen Rate. Ich springe
erschrocken nach, und stürze über den Tisch, an dem er
frühstückend gearbeitet hat, so daß Tassen, Teller, Tintenfaß - -30-
Sandbüchse* klirrend herabstürzen, und der Strom von Schokolade
und Tinte sich über die eben geschriebene Relation* ergießt.
'Herr, sind Sie des Teufels*!' brüllt der erzürnte Geheime Rat,
und schiebt mich zur Tür hinaus. - Was hilft es, daß mir der
Konrektor Paulmann Hoffnung zu einem Schreiberdienste gemacht -35-
hat, wird es denn mein Unstern zulassen, der mich überall
verfolgt! - Nur noch heute! - Ich wollte den lieben Himmelfahrtstag recht in der Gemütlichkeit feiern, ich wollte
ordentlich was daraufgehen lassen*. Ich hätte ebensogut wie
jeder andere Gast in Linkes Bade stolz rufen können: 'Markör* - -40-
eine Flasche Doppelbier - aber vom besten bitte ich!' - Ich

3: nickname for a student who lived within two miles of his
place of study. 4: **Talg**=tallow. 12: lemmings. 13: lecture;
ordered. 21: =**dachte**. 22: secretary to a nobleman. 23: privy
councillor, advisor to a nobleman. 24: badly cut hair, i.e., not
wearing the traditional pig-tail (**Zopf**); =**kann**. 27: pug (dog).
28: (Fr.) carries off (to). 31: for sealing letters. 32: (Fr.)
report. 33: you're possessed (by the devil). 39: i.e., have a
good time (for once). 40: waiter.

hätte bis spät abends sitzen können, und noch dazu ganz nahe bei
dieser oder jener Gesellschaft herrlich geputzter schöner
Mädchen. Ich weiß es schon, der Mut wäre mir gekommen, ich wäre
ein ganz anderer Mensch geworden; ja, ich hätte es so weit
gebracht, daß wenn diese oder jene gefragt: 'Wie spät mag es -5-
wohl jetzt sein?' oder: 'Was ist denn das, was sie spielen?' da
wäre ich mit leichtem Anstande aufgesprungen, ohne mein Glas
umzuwerfen oder über die Bank zu stolpern; mich in gebeugter
Stellung anderthalb Schritte vorwärtsbewegend, hätte ich gesagt:
'Erlauben Sie, Mademoiselle, Ihnen zu dienen, es ist die Ouver- -10-
türe aus dem Donauweibchen*', oder: 'Es wird gleich sechs Uhr
schlagen.' - Hätte mir das ein Mensch in der Welt übel deuten
können? - Nein! sage ich, die Mädchen hätten sich so schalkhaft
lächelnd angesehen, wie es wohl zu geschehen pflegt, wenn ich
mich ermutige zu zeigen, daß ich mich auch wohl auf den leichten -15-
Weltton verstehe und mit Damen umzugehen weiß. Aber da führt
mich der Satan in den verwünschten Äpfelkorb, und nun muß ich in
der Einsamkeit meinen Sanitätsknaster - "Hier wurde der Student
Anselmus in seinem Selbstgespräche durch ein sonderbares Rieseln
und Rascheln unterbrochen, das sich dicht neben ihm im Grase -20-
erhob, bald aber in die Zweige und Blätter des Holunderbaums
hinaufglitt, der sich über seinem Haupte* wölbte. Bald war es,
als schüttle der Abendwind die Blätter, bald als kos'ten*
Vögelein in den Zweigen, die kleinen Fittige* im mutwilligen
Hin- und Herflattern rührend. - Da fing es an zu flüstern und -25-
zu lispeln, und es war, als ertönten die Blüten wie aufgehangene
Kristallglöckchen. Anselmus horchte und horchte. Da wurde, er
wußte selbst nicht wie, das Gelispel und Geflüster und Geklingel
zu leisen halbverwehten Worten:
    "Zwischen durch - zwischen ein - zwischen Zweigen, zwischen -30-
schwellenden Blüten, schwingen, schlängeln, schlingen wir uns
- Schwesterlein - Schwesterlein, schwinge dich im Schimmer -
schnell, schnell herauf - herab - Abendsonne schießt Strahlen -
zischelt der Abendwind - raschelt der Tau - Blüten singen -
rühren wir Zünglein, singen wir mit Blüten und Zweigen - -35-
Sterne bald glänzen - müssen herab - zwischen durch, zwischen
ein schlängeln, schlingen, schwingen wir uns Schwesterlein."
So ging es fort in Sinne verwirrender Rede. Der Student
Anselmus dachte: Das ist denn doch nur der Abendwind, der heute
mit ordentlich verständlichen Worten flüstert. - Aber in dem -40-
Augenblick ertönte es über seinem Haupte, wie ein Dreiklang
heller Kristallglocken; er schaute hinauf und erblickte drei in
grünem Gold erglänzende Schlänglein, die sich um die Zweige
gewickelt hatten, und* die Köpfchen der Abendsonne entgegen-
streckten. Da flüsterte und lispelte es von neuem in jenen -45-
Worten, und die Schlänglein schlüpften und kos'ten auf und
nieder durch die Blätter und Zweige, und wie sie sich so schnell

-----

11: opera by Ferdinand Kauer (1751-1831). 22: =Kopf. 23:
=kosteten were caressing. 24: =Fittich=Flügel. 44: sc. die.

rührten, da war es, als streue der Holunderbusch tausend
funkelnde Smaragde durch seine dunklen Blätter. "Das ist die
Abendsonne, die so in dem Holunderbusch spielt", dachte der
Student Anselmus, aber da ertönten die Glocken wieder, und
Anselmus sah, wie eine Schlange ihr Köpfchen nach ihm   -5-
herabstreckte. Durch alle Glieder fuhr es ihm wie ein
elektrischer Schlag, er erbebte im Innersten - er starrte
hinauf, und ein Paar herrliche dunkelblaue Augen blickten ihn an
mit unaussprechlicher Sehnsucht , so daß ein nie gekanntes
Gefühl der höchsten Seligkeit und des tiefsten Schmerzes seine -10-
Brust zersprengen wollte. Und wie er voll heißen Verlangens
immer in die holdseligen Augen schaute, da ertönten stärker in
lieblichen Akkorden die Kristallglocken, und die funkelnden
Smaragde fielen auf ihn herab und umspannen ihn, in tausend
Flämmchen um ihn herflackernd und spielend mit schimmernden -15-
Goldfaden. Der Holunderbusch rührte sich und sprach: "Du lagst
in meinem Schatten, mein Duft umfloß dich, aber du verstandest
mich nicht. Der Duft ist meine Sprache, wenn ihn die Liebe
entzündet." Der Abendwind strich vorüber und sprach: "Ich
umspielte deine Schläfe, aber du verstandest mich nicht, der -20-
Hauch ist meine Sprache, wenn ihn die Liebe entzündet." Die
Sonnenstrahlen brachen durch das Gewölk, und der Schein brannte
wie in Worten: "Ich umgoß dich mit glühendem Gold, aber du
verstandest mich nicht; Glut ist meine Sprache, wenn sie die
Liebe entzündet."   -25-
    Und immer inniger und inniger versunken in den Blick des
herrlichen Augenpaars, wurde heißer die Sehnsucht, glühender das
Verlangen. Da regte und bewegte sich alles, wie zum frohen Leben
erwacht. Blumen und Blüten dufteten um ihn her, und ihr Duft war
wie herrlicher Gesang von tausend Flötenstimmen und was sie   -30-
gesungen, trugen im Widerhall die goldenen vorüberfliehenden
Abendwolken in ferne Lande. Aber als der letzte Strahl der Sonne
schnell hinter den Bergen verschwand, und nun die Dämmerung
ihren Flor* über die Gegend warf, da rief, wie aus weiter Ferne,
eine rauhe tiefe Stimme: -35-
    "Hei, hei, was ist das für ein Gemunkel und Geflüster da
drüben? - Hei, hei, wer sucht mir doch den Strahl hinter den
Bergen! - genug gesonnt, genug gesungen - Hei, hei, durch Busch
und Gras - durch Gras und Strom! - Hei - hei - Her u - u - u
nter - Her u - u - u nter!"   -40-
    So verschwand die Stimme wie im Murmeln eines fernen Donners,
aber die Kristallglocken zerbrachen im schneidenden Mißton.
Alles war verstummt, und Anselmus sah, wie die drei Schlangen
schimmernd und blinkend durch das Gras nach dem Strome
schlüpften; rischelnd und raschelnd stürtzten sie sich in die -45-
Elbe, und über den Wogen, wo sie verschwunden, knisterte ein
grünes Feuer empor, das in schiefer Richtung nach der Stadt zu
leuchtend verdampfte.

34: florescent expanse.

ZWEITE VIGILIE
Wie der Student Anselmus für betrunken und wahnwitzig* gehalten
wurde - Die Fahrt über die Elbe - Die Bravour-Arie des
Kapellmeisters Graun - Conradis Magen-Likör
und das bronzierte Äpfelweib

"Der Herr ist wohl nicht recht bei Troste*!" sagte eine
ehrbare Bürgersfrau, die vom Spaziergang mit der Famile heimkehrend, still stand, und mit übereinandergeschlagenen Armen dem
tollen Treiben des Studenten Anselmus zusah. Der hatte nämlich
den Stamm des Holunderbaumes umfaßt und rief unaufhörlich in die   -5-
Zweige und Blätter hinein: "O nur noch einmal blinket und
leuchtet, ihr lieblichen goldnen Schlänglein, nur noch einmal
laßt eure Glockenstimmchen hören! Nur noch einmal blicket mich
an, ihr holdseligen blauen Augen, nur noch einmal, ich muß ja
sonst vergehen in Schmerz und heißer Sehnsucht!" Und dabei   -10-
seufzte und ächzte er aus der tiefsten Brust recht kläglich, und
schüttelte vor Verlangen und Ungeduld den Holunderbaum, der aber
statt aller Antwort nur ganz dumpf und unvernehmlich mit den
Blättern rauschte und so den Schmerz des Studenten Anselmus
ordentlich zu verhöhnen schien. - "Der Herr ist wohl nicht recht -15-
bei Troste", sagte die Bürgersfrau, und dem Anselmus war es so,
als würde er aus einem tiefen Traum gerüttelt oder gar mit eis-
kaltem Wasser begossen, um ja recht jähling* zu erwachen. Nun
sah er erst wieder deutlich, wo er war, und besann sich, wie ein
sonderbarer Spuk ihn geneckt und gar dazu getrieben habe, ganz   -20-
allein für sich selbst in laute Worte auszubrechen. Bestürzt
blickte er die Bürgersfrau an, und griff endlich nach dem Hute,
der zur Erde gefallen, um davonzueilen. Der Familienvater war
unterdessen auch herangekommen und hatte, nachdem er das Kleine,
das er auf dem Arm getragen, ins Gras gesetzt, auf seinen Stock -25-
sich stützend mit Verwunderung dem Studenten zugehört und zu-
geschaut. Er hob jetzt Pfeife und Tabaksbeutel auf, die der
Student *fallen lassen, und sprach, beides ihm hinreichend:
"Lamentier der Herr nicht so schrecklich in der Finsternis, und
vexier Er* nicht die Leute, wenn Ihm sonst nichts fehlt, als daß -30-
Er zuviel ins Gläschen gekuckt* - geh Er fein ordentlich zu
Hause und leg Er sich aufs Ohr!" Der Student Anselmus schämte
sich sehr, er stieß ein weinerliches Ach! aus. "Nun nun", fuhr
der Bürgersmann fort, "laß es der Herr nur gut ein, so was
geschieht den Besten, und am lieben Himmelfahrtstage kann man   -35-
wohl in der Freude seines Herzens ein Schlückchen über den Durst
tun. Das passiert auch wohl einem Mann Gottes - der Herr ist ja

-----
before 1: =wahnsinnig. 1: off his (your) rocker. 18: =jählings
abrupt. 28: sc. hat. 30: =Sie, archaic form of address used
for those lower in position. 31: =guguckt=geschaut, i.e., has
drunk too much.

doch wohl ein Kandidat*. - Aber wenn es der Herr erlaubt, stopf
ich mir ein Pfeifchen von seinem Tabak, meiner ist mir da droben
ausgegangen." Dies sagte der Bürger, als der Student Anselmus
schon Pfeife und Beutel einstecken wollte, und nun reinigte der
Bürger langsam und bedächtig seine Pfeife, und fing ebenso   -5-
langsam an zu stopfen. Mehrere Bürgermädchen waren dazugetreten,
die sprachen heimlich mit der Frau und kickerten* miteinander,
indem sie den Anselmus ansahen. Dem war es, als stände er auf
lauter spitzigen Dornen und glühenden Nadeln. Sowie er nur
Pfeife und Tabaksbeutel erhalten, rannte er spornstreichs*   -10-
davon. Alles was er Wunderbares gesehen, war ihm rein aus dem
Gedächtnis geschwunden, und er besann sich nur, daß er unter dem
Holunderbaum allerlei tolles Zeug ganz laut geschwatzt, was ihm
denn um so entsetzlicher war, als er von jeher einen innerlichen
Abscheu gegen alle Selbstredner gehegt. "Der Satan schwatzt aus -15-
ihnen", sagte sein Rektor, und daran glaubte er auch in der Tat.
Für einen am Himmelfahrtstage betrunkenen Candidatus theologiae
gehalten zu werden, der Gedanke war ihm unerträglich. Schon
wollte er in die Pappelallee bei dem Koselschen Garten einbiegen, als eine Stimme hinter ihm herrief: "Hr. Anselmus! Hr.   -20-
Anselmus! wo rennen Sie denn um tausend Himmelswillen hin in
solcher Hast!" Der Student blieb wie in den Boden gewurzelt
stehen, denn er war überzeugt, daß nun gleich ein neues Unglück
auf ihn einbrechen werde. Die Stimme ließ sich wieder hören:
"Hr. Anselmus, so kommen Sie doch zurück, wir warten hier am   -25-
Wasser!" - Nun vernahm der Student erst, daß es sein Freund der
Konrektor Paulmann war, der ihn rief; er ging zurück an die
Elbe, und fand den Konrektor mit seinen beiden Töchtern, sowie
den Registrator Heerbrand, wie sie eben im Begriff waren in eine
Gondel zu steigen. Der Konrektor Paulmann lud den Studenten ein, -30-
mit ihm über die Elbe zu fahren, und dann in seiner, auf der
Pirnaer Vorstadt gelegenen Wohnung abends über bei ihm zu
bleiben. Der Student Anselmus nahm das recht gern an, weil er
denn doch so dem bösen Verhängnis, das heute über ihn walte, zu
entrinnen glaubte. Als sie nun über den Strom fuhren, begab es   -35-
sich, daß auf dem jenseitigen Ufer bei dem Antonschen Garten ein
Feuerwerk abgebrannt wurde. Prasselnd und zischend fuhren die
Raketen in die Höhe und die leuchtenden Sterne zersprangen in
den Lüften, tausend knisternde Strahlen und Flammen um sich
sprühend. Der Student Anselmus saß in sich gekehrt bei dem   -40-
rudernden Schiffer, als er nun aber im Wasser den Widerschein
der in der Luft herumsprühenden und knisternden Funken und
Flammen erblickte: da war es ihm, als zögen die goldnen Schlänglein durch die Flut. Alles was er unter dem Holunderbaum Seltsames geschaut, trat wieder lebendig in Sinn und Gedanken, und -45-
aufs neue ergriff ihn die unaussprechliche Sehnsucht, das
glühende Verlangen, welches dort sein Brust in krampfhaft

1: i.e., for a university degree (in theology). 7: =kicherten
giggled. 10: posthaste.

schmerzvollem Entzücken erschüttert. "Ach, seid ihr es denn
wieder, ihr goldenen Schlänglein, singt nur, singt! In eurem
Gesange erscheinen ja wieder die holden lieblichen dunkelblauen
Augen - ach, seid ihr denn unter den Fluten!" - So rief der
Student Anselmus und machte dabei eine heftige Bewegung, als -5-
wolle er sich gleich aus der Gondel in die Flut stürzen. "Ist
der Herr des Teufels?" rief der Schiffer, und erwischte ihn beim
Rockschoß. Die Mädchen, welche bei ihm gesessen, schrieen im
Schreck auf und flüchteten auf die andere Seite der Gondel; der
Registrator Heerbrand sagte dem Konrektor Paulmann etwas ins -10-
Ohr, worauf dieser mehreres antwortete, wovon der Student
Anselmus aber nur die Worte verstand: "Dergleichen Anfälle -
noch nicht bemerkt?" - Gleich nachher stand auch der Konrektor
Paulmann auf und setzte sich mit einer gewissen ernsten gravitä-
tischen* Amtsmiene zu dem Studenten Anselmus, seine Hand nehmend -15-
und sprechend: "Wie ist Ihnen, Herr Anselmus?" Dem Studenten
Anselmus vergingen beinahe die Sinne, denn in seinem Innern
erhob sich ein toller Zwiespalt, den er vergebens beschwichtigen
wollte. Er sah nun wohl deutlich, daß das, was er für das
Leuchten der goldenen Schlänglein gehalten, nur der Widerschein -20-
des Feuerwerks bei Antons Garten war; aber ein nie gekanntes
Gefühl, er wußte selbst nicht, ob Wonne, ob Schmerz, zog krampfhaft seine Brust zusammen, und wenn der Schiffer nun so mit dem
Ruder ins Wasser hineinschlug, daß es wie im Zorn sich empor-
kräuselnd plätscherte und rauschte, da vernahm er in dem Getöse -25-
ein heimliches Lispeln und Flüstern: "Anselmus! Anselmus! Siehst
du nicht, wie wir stets vor dir herziehen? - Schwesterlein
blickt dich wohl wieder an - glaube - glaube - glaube an uns." -
Und es war ihm, als säh er im Widerschein drei grünglühende
Streife. Aber als er dann recht wehmütig ins Wasser hinein- -30-
blickte, ob nun nicht die holdseligen Augen aus der Flut heraus-
schauen würden, da gewahrte er wohl, daß der Schein nur von den
erleuchteten Fenstern der nahen Häuser herrührte. Schweigend saß
er da und im Innern mit sich kämpfend; aber der Konrektor
Paulmann sprach noch heftiger: "Wie ist Ihnen, Hr. Anselmus?" -35-
Ganz kleinmütig antwortete der Student: "Ach, lieber Herr
Konrektor, wenn Sie wüßten, was ich eben unter einem Holunderbaum bei der Linkeschen Gartenmauer ganz wachend mit offnen
Augen für ganz besondere Dinge geträumt habe, ach, Sie würden
mir es gar nicht verdenken, daß ich so gleichsam abwesend" - -40-
"Ei, ei, Herr Anselmus", fiel der Konrektor Paulmann ein, "ich
habe Sie immer für einen soliden jungen Mann gehalten, aber
träumen - mit hellen offenen Augen träumen, und dann mit einem
Mal ins Wasser springen wollen, das - verzeihen Sie mir, können
nur Wahnwitzige oder Narren!" - Der Student Anselmus wurde ganz -45-
betrübt über seines Freundes harte Rede, da sagte Paulmanns
älteste Tochter Veronika, ein recht hübsches blühendes Mädchen
von sechzehn Jahren: "Aber, lieber Vater! es muß dem Hrn.

15: grave, solemn.

Anselmus doch was Besonderes begegnet sein, und er glaubt
vielleicht nur, daß er gewacht habe, unerachtet er unter dem
Holunderbaum wirklich geschlafen und ihm allerlei närrisches
Zeug vorgekommen, was ihm noch in Gedanken liegt." - "Und,
teuerste Mademoiselle, werter Konrektor!" nahm der Registrator   -5-
Heerbrand das Wort, "sollte man denn nicht auch wachend in einen
gewissen träumerischen Zustand versinken können? So ist mir in
der Tat selbst einmal nachmittags beim Kaffee in einem solchen
Hinbrüten, dem eigentlichen Moment körperlicher und geistiger
Verdauung, die Lage eines verlornen Aktenstücks wie durch Inspi-   -10-
ration eingefallen, und nur noch gestern tanzte auf gleiche
Weise eine herrliche große lateinische Frakturschrift vor meinen
hellen offenen Augen umher." - "Ach, geehrtester Registrator",
erwiderte der Konrektor Paulmann, "Sie haben immer solch einen
Hang zu den Poeticis gehabt, und da verfällt man leicht in das   -15-
Fantastische und Romanhafte*." Aber dem Studenten Anselmus tat
es wohl, daß man sich seiner* in der höchst betrübten Lage, für
betrunken oder wahnwitzig gehalten zu werden, annahm, und
unerachtet es ziemlich finster geworden, glaubte er doch zum
ersten Male zu bemerken, wie Veronika recht schöne dunkelblaue   -20-
Augen habe, ohne daß ihm jedoch jenes wunderbare Augenpaar, das
er in dem Holunderbaum geschaut, in Gedanken kam. Überhaupt war
dem Studenten Anselmus mit einem Mal nun wieder das Abenteuer
unter dem Holunderbaum ganz verschwunden, er fühlte sich so
leicht und froh, ja er trieb es wie im lustigen Übermute so   -25-
weit, daß er bei dem Heraussteigen aus der Gondel seiner Schutz-
rednerin die hülfreiche* Hand bot, und ohne weiteres, als sie
ihren Arm in den seinigen hing, sie mit so vieler Geschicklichkeit und so vielem Glück zu Hause führte, daß er nur ein
einziges Mal ausglitt, und da es gerade der einzige schmutzige   -30-
Fleck auf dem ganzen Wege war, Veronikas weißes Kleid nur ganz
wenig bespritzte. Dem Konrektor Paulmann entging die glückliche
Änderung des Studenten Anselmus nicht, er gewann ihn wieder
lieb, und bat ihn der harten Worte wegen, die er vorhin gegen
ihn fallen lassen, um Verzeihung. "Ja!" fügte er hinzu, "man hat   -35-
wohl Beispiele, daß oft gewisse Fantasmata dem Menschen
vorkommen und ihn ordentlich ängstigen und quälen können, das
ist aber körperliche Krankheit, und es helfen Blutigel, die man,
salva venia*, dem Hintern appliziert, wie ein berühmter bereits
verstorbener Gelehrter* bewiesen." Der Student Anselmus wußte   -40-
nun in der Tat selbst nicht, ob er betrunken, wahnwitzig oder
krank gewesen, auf jeden Fall schienen ihm aber die Blutigel
ganz unnütz, da die etwanigen* Fantasmata gänzlich verschwunden
und er sich immer heiterer fühlte, je mehr es ihm gelang, sich
in allerlei Artigkeiten um die hübsche Veronika zu bemühen. Es   -45-

-----
16: i.e., unbelievable, fanciful, like a novel.   17: =ihn.   27:
=hilfreiche.   39: (L.) (to say) with your permission.   40: i.e.,
Friedrich Nicolai (1733-1811), proponent of the Enlightenment
who lived in Berlin.   43: possible.

wurde wie gewöhnlich nach der frugalen Mahlzeit Musik gemacht;
der Student Anselmus mußte sich ans Klavier setzen und Veronika
ließ ihre helle klare Stimme hören. - "Werte Mademoiselle",
sagte der Registrator Heerbrand, "Sie haben eine Stimme, wie
eine Kristallglocke!" - "Das nun wohl nicht!" fuhr es dem   -5-
Studenten Anselmus heraus, er wußte selbst nicht wie, und alle
sahen ihn verwundert und betroffen an. "Kristallglocken tönen in
Holunderbäumen wunderbar! wunderbar!" fuhr der Student Anselmus
halbleise murmelnd fort. Da legte Veronika ihre Hand auf seine
Schulter und sagte: "Was sprechen Sie denn da, Herr Anselmus?" -10-
Gleich wurde der Student wieder ganz munter und fing an zu
spielen. Der Konrektor Paulmann sah ihn finster an, aber der
Registrator Heerbrand legte ein Notenblatt auf den Pult und sang
zum Entzücken eine Bravour-Arie vom Kapellmeister Graun*. Der
Student Anselmus akkompagnierte noch manches, und ein fugiertes* -15-
Duett, das er mit Veronika vortrug, und das der Konrektor Paulmann selbst komponiert, setzte alles in die fröhlichste Stimmung. Es war ziemlich spät worden* und der Registrator Heerbrand
griff nach Hut und Stock, da trat der Konrektor Paulmann geheimnisvoll zu ihm hin und sprach: "Ei, wollten Sie nicht, geehrter -20-
Registrator, dem guten Hrn. Anselmus selbst - nun! wovon wir
vorhin sprachen" - "Mit tausend Freuden", erwiderte der Registrator Heerbrand, und begann, nachdem sie sich im Kreise
gesetzt, ohne weiteres in folgender Art: "Es ist hier an Orte
ein alter wunderlicher merkwürdiger Mann, man sagt, er treibe -25-
allerlei geheime Wissenschaften, da es nun aber dergleichen
eigentlich nicht gibt, so halte ich ihn eher für einen
forschenden Antiquar, auch wohl nebenher für einen experimen-
tierenden Chemiker. Ich meine niemand andern als unsern Geheimen
Archivarius Lindhorst. Er lebt, wie Sie wissen, einsam* in -30-
seinem entlegenen alten Hause, und wenn ihn der Dienst nicht
beschäftigt, findet man ihn in seiner Bibliothek oder in seinem
chemischen Laboratorio, wo er aber niemanden hineinläßt. Er
besitzt außer vielen seltenen Büchern eine Anzahl zum Teil
arabischer, koptischer, und gar in sonderbaren Zeichen, die -35-
keiner bekannten Sprache angehören, geschriebener Manuskripte.
Diese will er auf geschickte Weise kopieren lassen, und es
bedarf dazu eines Mannes, der sich darauf versteht mit der Feder
zu zeichnen, um mit der höchsten Genauigkeit und Treue alle
Zeichen auf Pergament, und zwar mit Tusche, übertragen zu -40-
können. Er läßt in einem besondern Zimmer seines Hauses unter
seiner Aufsicht arbeiten, bezahlt außer dem freien Tisch während
der Arbeit jeden Tag einen Speziestaler, und verspricht noch ein
ansehnliches Geschenk, wenn die Abschriften glücklich beendet.
Die Zeit der Arbeit ist täglich von zwölf bis sechs Uhr. Von -45-
drei bis vier Uhr wird geruht und gegessen. Da er schon mit ein

-----
14: Carl Heinrich Graun (1704-1759), after 1740 **Kapellmeister** in
Berlin, at one time under Frederick the Great.   15: fugue-like.
18: =**geworden**.   30: =**allein**.

paar jungen Leuten vergeblich den Versuch gemacht hat, jene
Manuskripte kopieren zu lassen, so hat er sich endlich an mich
gewendet, ihm einen geschickten Zeichner zuzuweisen; da habe ich
an Sie gedacht, lieber Hr. Anselmus, denn ich weiß, daß Sie
sowohl sehr sauber schreiben, als auch mit der Feder zierlich   -5-
und rein zeichnen. Wollen Sie daher in dieser schlechten Zeit
und bis zu Ihrer etwanigen* Anstellung den Speziestaler täglich
verdienen und das Geschenk obendrein, so bemühen Sie sich morgen
Punkt zwölf Uhr zu dem Hrn. Archivarius, dessen Wohnung Ihnen
bekannt sein wird. - Aber hüten Sie sich ja vor jedem Tinte-   -10-
flecken; fällt er auf die Abschrift, so müssen Sie ohne Gnade
von vorn anfangen, fällt er auf das Original, so ist der Herr
Archivarius imstande, Sie zum Fenster hinauszuwerfen, denn es
ist ein zorniger Mann." - Der Student Anselmus war voll inniger
Freude über den Antrag des Registrators Heerbrand; denn nicht   -15-
allein, daß er sauber schrieb und mit der Feder zeichnete, so
war es auch seine wahre Passion, mit mühsamem kalligraphischen
Aufwande abzuschreiben; er dankte daher seinen Gönnern in den
verbindlichsten Ausdrücken, und versprach die morgende* Mittagsstunde nicht zu versäumen. In der Nacht sah der Student Anselmus -20-
nichts als blanke Speziestäler und hörte ihren lieblichen Klang.
- Wer mag das dem Armen verargen, der um so manche Hoffnung
durch ein launisches Mißgeschick betrogen, jeden Heller zu Rate
halten* und manchem Genuß, den jugendliche Lebenslust foderte,
entsagen mußte. Schon am frühen Morgen suchte er seine Blei-   -25-
stifte, seine Rabenfedern, seine chinesische Tusche zusammen;
denn besser, dachte er, kann der Archivarius keine Materialien
erfinden. Vor allen Dingen musterte und ordnete er seine kalligraphischen Meisterstücke und seine Zeichnungen, um sie dem
Archivarius, zum Beweis seiner Fähigkeit das Verlangte zu   -30-
efüllen, aufzuweisen. Alles ging glücklich von statten*, ein
besonderer Glücksstern schien über ihn zu walten, die Halsbinde
saß gleich beim ersten Umknüpfen wie sie sollte, keine Naht
platzte, keine Masche zeriß in den schwarzseidenen Strümpfen,
der Hut fiel nicht noch einmal in den Staub, als er schon sauber -35-
abgebürstet. - Kurz! - Punkt halb zwölf Uhr stand der Student
Anselmus in seinem hechtgrauen Frack und seinen schwarzatlasnen
Unterkleidern, eine Rolle Schönschriften und Federzeichnungen in
der Tasche, schon auf der Schloßgasse in Conradis Laden* und
trank - eins - zwei Gläschen des besten Magenlikörs, denn hier, -40-
indem er auf die annoch* leere Tasche schlug, werden bald
Speziestaler erklingen. Unerachtet des weiten Weges bis in die
einsame Straße, in der sich das uralte Haus des Archivarius
Lindhorst befand, war der Student Anselmus doch vor zwölf Uhr an
der Haustür. Da stand er und schaute den großen schönen   -45-
bronzenen Türklopfer an; aber als er nun auf* den letzten die
Luft mit mächtigem Klange durchbebenden Schlag der Turm-Uhr an

-----
7: eventual.   19: =morgige. 24: be sparing with. 31: went well.
39: a **Konditorei**. 41: hitherto. 46: upon, after.

der Kreuzkirche den Türklopfer ergreifen wollte, da verzog sich
das metallene Gesicht im ekelhaften Spiel blauglühender Licht-
blicke zum grinsenden Lächeln. Ach! es war ja das Äpfelweib vom
Schwarzen Tor! Die spitzigen Zähne klappten in dem schlaffen
Maule zusammen, und in dem Klappern schnarrte es: "Du Narre* -   -5-
Narre - warte, warte! warum warst hinausgerannt! Narre!" -
Entsetzt taumelte der Student Anselmus zurück, er wollte den
Türpfosten ergreifen, aber seine Hand erfaßte die Klingelschnur
und zog sie an, da läutete es stärker und stärker in gellenden
Mißtönen, und durch das ganze öde Haus rief und spottete der   -10-
Widerhall: "Bald dein Fall ins Kristall!" - Den Studenten
Anelmus ergriff ein Grausen, das im krampfhaften Fieberfrost
durch alle Glieder bebte. Die Klingelschnur senkte sich hinab
und wurde zur weißen durchsichtigen Riesenschlange, die umwand
und drückte ihn, fester und fester ihr Gewinde schnürend,   -15-
zusammen, daß die mürben zermalmten Glieder knackend zer-
bröckelten und sein Blut aus den Adern spritzte, eindringend in
den durchsichtigen Leib der Schlange und ihn rot färbend. -
"Töte mich, töte mich!" wollte er schreien in der entsetzlichen
Angst, aber sein Geschrei war nun ein dumpfes Röcheln. - Die   -20-
Schlange erhob ihr Haupt und legte die lange spitzige Zunge von
glühendem Erz auf die Brust des Anselmus, da zerriß ein
schneidender Schmerz jähling* die Pulsader des Lebens und es
vergingen ihm die Gedanken. - Als er wieder zu sich selbst kam,
lag er auf seinem dürftigen Bettlein, vor ihm stand aber der   -25-
Konrektor Paulmann und sprach: "Was treiben Sie denn um des
Himmelswillen für tolles Zeug, lieber Herr Anselmus!"

DRITTE VIGILIE
Nachrichten von der Familie des Archivarius Lindhorst -
Veronikas
blaue Augen - Der Registrator Heerbrand

"Der Geist schaute auf das Wasser, da bewegte es sich und
brauste in schäumenden Wogen, und stürzte sich donnernd in die
Abgründe, die ihre schwarzen Rachen aufsperrten, es gierig zu   -30-
verschlingen. Wie triumphierende Sieger hoben die Granitfelsen
ihre zackicht gekrönten Häupter empor, das Tal schützend, bis es
die Sonne in ihren mütterlichen Schoß nahm und es umfaßend mit
ihren Strahlen wie mit glühenden Armen pflegte und wärmte. Da
erwachten tausend Keime, die unter dem öden Sande geschlummert,   -35-
aus dem tiefen Schlafe, und streckten ihre grüne Blättlein und
Halme zum Angesicht der Mutter hinauf, und wie lächelnde Kinder
in grüner Wiege, ruhten in den Blüten und Knospen Blümlein, bis
auch sie von der Mutter geweckt erwachten und sich schmückten
mit den Lichtern, die die Mutter ihnen zur Freude auf tausend-   -40-

-----
5: =Narr.

fache Weise bunt gefärbt.   Aber in der Mitte des Tals war ein
schwarzer Hügel, der hob sich auf und nieder wie die Brust des
Menschen, wenn glühende Sehnsucht sie   schwellt. - Aus den Abgründen rollten   die Dünste   empor, und sich zusammenballend in
gewaltige Massen, strebten sie   das Angesicht der Mutter feind-   -5-
lich zu verhüllen; die rief aber den Sturm herbei, der fuhr zer-
stäubend unter sie, und als der reine Strahl wieder den
schwarzen Hügel berührte,   da   brach im Übermaß des Entzückens
eine herrliche Feuerlilie hervor, die schönen Blätter wie holdselige Lippen öffnend, der Mutter süße Küsse zu empfangen. - Nun   -10-
schritt ein glänzendes Leuchten in das Tal; es war der Jüngling
Phosphorus, den sah die Feuerlilie und flehte, von heißer sehnsüchtiger Liebe befangen: 'Sei doch mein ewiglich, du schöner
Jüngling! denn ich liebe dich und muß vergehen, wenn du mich
verlässest.' Da sprach der Jüngling Phosphorus: 'Ich will dein   -15-
sein, du schöne Blume, aber dann wirst du, wie ein entartet*
Kind, Vater und Mutter verlassen, du wirst deine Gespielen nicht
mehr kennen, du wirst größer und mächtiger sein wollen als
alles, was sich jetzt als deinesgleichen mit dir freut.   Die
Sehnsucht, die jetzt dein ganzes Wesen wohltätig erwärmt, wird   -20-
in hundert Strahlen zerspaltet, dich quälen und martern, denn
der Sinn wird die Sinne gebären, und die höchste Wonne, die der
Funke entzündet, den ich in dich hineinwerfe, ist der hoffnungs-
lose Schmerz, in dem du untergehst, um aufs neue fremdartig
emporzukeimen. - Dieser Funke ist der Gedanke!' - 'Ach!' klagte   -25-
die Lilie, 'kann ich denn nicht in der Glut, wie sie jetzt in
mir brennt, dein sein? Kann ich dich denn mehr lieben als jetzt,
und kann ich dich denn schauen wie jetzt, wenn du mich
vernichtest?' Da küßte sie der Jüngling Phosphorus, und wie vom
Lichte durchstrahlt loderte sie auf in Flammen, aus denen ein   -30-
fremdes Wesen hervorbrach, das schnell dem Tale entfliehend im
unendlichen Raume herumschwärmte, sich nicht kümmernd um die
Gespielen der Jugend und um den geliebten Jüngling.   Der klagte
um die verlorne Geliebte, denn auch ihn brachte ja nur die unendliche Liebe zu der schönen Lilie in das einsame Tal, und die   -35-
Granitfelsen neigten ihre Häupter teilnehmend vor dem Jammer des
Jünglings.   Aber einer öffnete seinen Schoß, und es kam ein
schwarzer geflügelter Drache rauschend herausgeflattert und
sprach: 'Meine Brüder, die Metalle, schlafen da drinnen, aber
ich bin stets munter und wach und will dir helfen.' Sich auf-   -40-
und niederschwingend erhaschte* endlich der Drache das Wesen,
das der Lilie entsprossen, trug es auf den Hügel und umschloß es
mit seinem Fittig; da war es wieder die Lilie, aber der
bleibende Gedanke zerriß ihr Innerstes, und die Liebe zu dem
Jüngling Phosphorus war ein schneidender Jammer, vor dem, von   -45-
giftigen Dünsten angehaucht, die Blümlein, die sonst sich ihres
Blicks* gefreut, verwelkten und starben. Der Jüngling Phosphorus
legte eine glänzende Rüstung an, die in tausendfarbigen Strahlen

-----
16: =entartetes degenerate.   41: seized. 47: =über ihren Blick.

spielte, und kämpfte mit dem Drachen, der mit seinem schwarzen
Fittig an den Panzer schlug, daß er hell erklang; und von dem
mächtigen Klange lebten die Blümlein wieder auf und umflatterten
wie bunte Vögel den Drachen, dessen Kräfte schwanden und der
besiegt sich in der Tiefe der Erde verbarg. Die Lilie war be-   -5-
freit, der Jüngling Phosphorus umschlang sie voll glühenden
Verlangens himmlischer Liebe, und im hochjubelnden Hymnus
huldigten ihr die Blumen, die Vögel, ja selbst die hohen Granitfelsen als Königin des Tals." - "Erlauben Sie, das ist orienta-
lischer Schwulst, werter Herr Archivarius!" sagte der Registra-   -10-
tor Heerbrand, "und wir baten denn doch, Sie sollten, wie Sie
sonst wohl zu tun pflegen, uns etwas aus Ihrem höchst merkwürdigen Leben, etwa von Ihren Reise-Abenteuern, und zwar etwas
Wahrhaftiges, erzählen." - "Nun was denn", erwiderte der Archivarius Lindhorst: "das, was ich soeben erzählt, ist das Wahr-   -15-
haftigste, was ich euch auftischen kann, ihr Leute, und gehört
in gewisser Art auch zu meinem Leben. Denn ich stamme eben aus
jenem Tale her, und die Feuerlilie, die zuletzt als Königin
herrschte, ist meine Ur - ur - ur - ur-Großmutter, weshalb ich
denn auch eigentlich ein Prinz bin." - Alle brachen in ein   -20-
schallendes Gelächter aus. - "Ja, lacht nur recht herzlich",
fuhr der Archivarius Lindhorst fort, "euch mag wohl das, was ich
freilich nur in ganz dürftigen Zügen erzählt habe, unsinnig und
toll vorkommen, aber es ist dessen unerachtet nichts weniger als
ungereimt oder auch nur allegorisch gemeint, sondern buchstäb-   -25-
lich wahr. Hätte ich aber gewußt, daß euch die herrliche Liebes-
geschichte, der auch ich meine Entstehung zu verdanken habe, so
wenig gefallen würde, so hätte ich lieber manches Neues mit-
geteilt, das mir mein Bruder beim gestrigen Besuch mitbrachte."
- "Ei, wie das? Haben Sie denn einen Bruder, Hr. Archivarius? -   -30-
wo ist er denn - wo lebt er denn? Auch in königlichen Diensten,
oder vielleicht ein privatisiernder Gelehrter?" so fragte man
von allen Seiten. - "Nein!" erwiderte der Archivarius, ganz kalt
und gelassen eine Prise nehmend, "er hat sich auf die schlechte
Seite gelegt und ist unter die Drachen gegangen." - "Wie   -35-
beliebten* Sie doch zu sagen, wertester Archivarius", nahm der
Registrator Heerbrand das Wort: "unter die Drachen?" - "Unter
die Drachen?" hallte es von allein Seiten wie ein Echo nach. -
"Ja, unter die Drachen", fuhr der Archivarius Lindhorst fort;
"eigentlich war es Desperation. Sie wissen, meine Herren, daß   -40-
mein Vater vor ganz kurzer Zeit starb, es sind nur höchstens
dreihundertfünfundachtzig Jahre her, weshalb ich auch noch Trauer trage, der hatte mir, dem Liebling, einen prächtigen Onyx
vermacht, den durchaus mein Bruder haben wollte. Wir zankten uns
bei der Leiche des Vaters darüber auf eine ungebührliche Weise,   -45-
bis der Selige, der die Geduld verlor, aufsprang und den bösen
Bruder die Treppe hinunterwarf. Das wurmte meinen Bruder und er
ging stehenden Fußes* unter die Drachen. Jetzt hält er sich in

-----

36: What do you mean.   48: immediately.

einem Zypressenwalde dicht bei Tunis auf, dort hat er einen
berühmten mystischen Karfunkel zu bewachen, dem ein Teufelskerl
von Nekromant,* der ein Sommerlogis in Lappland bezogen, nach-
stellt*, weshalb er denn nur auf ein Viertelstündchen, wenn
gerade der Nekromant im Garten seine Salamanderbeete besorgt,   -5-
abkommen kann, um mir in der Geschwindigkeit zu erzählen, was es
gutes Neues an den Quellen des Nils gibt." - Zum zweiten Male
brachen die Anwesenden in ein schallendes Gelächter aus, aber
dem Studenten Anselmus wurde ganz unheimlich zu Mute, und er
konnte dem Archivarius Lindhorst kaum in die starren ernsten   -10-
Augen sehen, ohne innerlich auf eine ihm selbst unbegreifliche
Weise zu erbeben. Zumal hatte die rauhe, aber sonderbar metall-
artig tönende Stimme des Archivarius Lindhorst für ihn etwas
geheimnisvoll Eindringendes, daß er Mark und Bein erzittern
fühlte. Der eigentliche Zweck, weshalb ihn der Registrator Heer-   -15-
brand mit in das Kaffeehaus genommen hatte, schien heute nicht
erreichbar zu sein. Nach jenem Vorfall vor dem Hause des Archivarius Lindhorst war nämlich der Student Anselmus nicht dahin zu
vermögen gewesen*, den Besuch zum zweiten Male zu wagen; denn
nach seiner innigsten Überzeugung hatte nur der Zufall ihn, wo   -20-
nicht vom Tode, doch von der Gefahr wahnwitzig zu werden,
befreit. Der Konrektor Paulmann war eben durch die Straße
gegangen, als er ganz von Sinnen vor der Haustür lag, und ein
altes Weib, die ihren Kuchen- und Äpfelkorb beiseite gesetzt, um
ihn beschäftigt war. Der Konrektor Paulmann hatte sogleich eine   -25-
Portechaise* herbeigerufen und ihn so nach Hause transportiert.
"Man mag von mir denken, was man will", sagte der Student
Anselmus, "Man mag mich für einen Narren halten oder nicht -
genug! - an dem Türklopfer grinzte* mir das vermaledeite Gesicht
der Hexe vom Schwarzen Tore entgegen; was nachher geschah, davon   -30-
will ich lieber nicht reden, aber wäre ich aus meiner Ohnmacht
erwacht und hätte das erwünschte Äpfelweib vor mir gesehen
(denn niemand anders war doch das alte um mich beschäftigte
Weib), mich hätte augenblicklich der Schlag gerührt, oder ich
wäre wahnsinnig geworden." Alles Zureden, alle vernünftige Vor-   -35-
stellungen des Konrektors Paulmann und des Registrators Heerbrand fruchteten gar nichts, und selbst die blauäugige Veronika
vermochte nicht ihn aus einem gewissen tiefsinnigen Zustande zu
reißen, in den er versunken. Man hielt ihn nun in der Tat für
seelenkrank und sann auf Mittel, ihn zu zerstreuen, worauf der   -40-
Registrator Heerbrand meinte, daß nichts dazu dienlicher sein
könne als die Beschäftigung bei dem Archivarius Lindhorst, nämlich das Nachmalen der Manuskripte. Es kam nur darauf an, den
Studenten Anselmus auf gute Art dem Archivarius Lindhorst
bekannt zu machen, und da der Registrator Heerbrand wußte, daß   -45-
dieser beinahe jeden Abend ein gewisses bekanntes Kaffeehaus
besuchte, so lud er den Studenten Anselmus ein, jeden Abend so

-----

3: magician, sorcerer. 4: is after. 19: hadn't been able to be
coaxed. 26: (Fr.) coach. 29: =grinste.

lange auf seine, des Registrators Kosten in jenem Kaffeehause
ein Glas Bier zu trinken und eine Pfeife zu rauchen, bis er auf
diese oder jene Art dem Archivarius bekannt und mit ihm über das
Geschäft des Abschreibens der Manuskripte einig worden, welches
der Student Anselmus dankbarlichst annahm. "Sie verdienen Gottes   -5-
Lohn, werter Registrator! wenn Sie den jungen Menschen zur
Raison bringen", sagte der Konrektor Paulmann. "Gottes Lohn!"
wiederholte Veronika, indem sie die Augen fromm zum Himmel
erhub* und lebhaft daran dachte, wie der Student Anselmus schon
jetzt ein recht artiger junger Mann sei, auch ohne Raison! - Als   -10-
der Archivarius Lindhorst eben mit Hut und Stock zur Tür hinausschreiten wollte, da ergriff der Registrator Heerbrand den
Studenten Anselmus rasch bei der Hand, und mit ihm dem Archivarius den Weg vertretend, sprach er: "Geschätztester Hr.
Geheimer Archivarius, hier ist der Student Anselmus, der   -15-
ungemein geschickt im Schönschreiben und Zeichnen, Ihre seltenen
Manuskripte kopieren will." - "Das ist mir ganz ungemein lieb",
erwiderte der Archivarius Lindhorst rasch, warf den dreieckigen
soldatischen Hut auf den Kopf und eilte, den Registrator Heerbrand und den Studenten Anselmus beiseite schiebend, mit vielem   -20-
Geräusch die Treppe hinab, so daß beide ganz verblüfft dastanden
und die Stubentür anguckten, die er dicht vor ihnen zugeschlagen, daß die Angeln klirrten. "Das ist ja ein ganz
wunderlicher alter Mann", sagte der Registrator Heerbrand. -
"Wunderlicher alter Mann", stotterte der Student Anselmus nach,   -25-
fühlend, wie ein Eisstrom ihm durch alle Adern fröstelte, daß er
beinahe zur starren Bildsäule worden. Aber alle Gäste lachten
und sagten: "Der Archivarius war heute einmal wieder in seiner
besonderen Laune, morgen ist er gewiß sanftmütig und spricht
kein Wort, sondern sieht in die Dampfwirbel seiner Pfeife oder   -30-
liest Zeitungen, man muß sich daran gar nicht kehren*." - "Das
ist auch wahr", dachte der Student Andselmus, "wer wird sich an
so etwas kehren! Hat der Archivarius nicht gesagt, es sei ihm
ganz ungemein lieb, daß ich seine Manuskripte kopieren wolle? -
und warum vertrat ihm auch der Registrator Heerbrand den Weg,   -35-
als er gerade nach Hause gehen wollte? - Nein, nein, es ist ein
lieber Mann im Grunde genommen, der Hr. Geheime Archivarius
Lindhorst, und liberal erstaunlich - nur kurios in absonderlichen Redensarten. - Allein was schadet das mir? - Morgen gehe
ich hin Punkt zwölf Uhr, und* setzten* sich hundert bronzierte   -40-
Äpfelweiber dagegen."

9: =erhob raised.   31: =darum kümmern.   40: sc. selbst wenn;
=würden setzen.

VIERTE VIGILIE
Melancholie des Studenten Anselmus – Der smaragdene Spiegel –
Wie der Archivarius Lindhorst als Stoßgeier* und
der Student Anselmus niemandem begegnete

Wohl darf ich geradezu dich selbst, günstiger Leser! fragen,
ob du in deinem Leben nicht Stunden, ja Tage und Wochen hattest,
in denen dir all dein gewöhnliches Tun und Treiben ein recht
quälerisches Mißbehagen erregte, und in denen dir alles, was dir
sonst recht wichtig und wert in Sinn und Gedanken zu tragen vor- -5-
kam, nun läppisch und nichtswürdig erschien? Du wußtest dann
selbst nicht, was du tun und wohin du dich wenden solltest; ein
dunkles Gefühl,   es   müsse irgendwo und zu irgend einer Zeit ein
hoher, den Kreis alles irdischen Genusses überschreitender
Wunsch erfüllt werden, den der Geist, wie ein strenggehaltenes -10-
furchtsames Kind, gar nicht auszusprechen wage, erhob deine
Brust, und in dieser Sehnsucht nach dem unbekannten Etwas, das
dich überall, wo du gingst und standest, wie ein durftiger Traum
mit durchsichtigen, vor dem schärferen Blick zerfließenden
Gestalten, umschwebte, verstummtest du für alles,* was dich hier -15-
umgab. Du schlichst mit trübem Blick umher wie ein hoffnungslos
Liebender, und alles, was du die Menschen auf allerlei Weise im
bunten Gewühl durcheinander treiben sahst, erregte dir keinen
Schmerz und keine Freude, als gehörtest du nicht mehr dieser
Welt an. Ist dir, günstiger Leser, jemals so zu Mute gewesen, so -20-
kennst du selbst aus eigner Erfahrung den Zustand, in dem sich
der Student Anselmus befand. Überhaupt wünschte ich, es wäre mir
schon jetzt gelungen, dir, geneigter Leser! den Studenten
Anselmus recht lebhaft vor Augen zu bringen. Denn in der Tat,
ich habe in den Nachtwachen, die ich dazu verwende, seine höchst -25-
sonderbare Geschichte aufzuschreiben, noch so viel Wunderliches,
das wie eine spukhafte Erscheinung das alltägliche Leben ganz
gewöhnlicher Menschen ins Blaue hinausrückte*, zu erzählen, daß
mir bange ist, du werdest am Ende weder an den Studenten
Anselmus, noch an den Archivarius Lindhorst glauben, ja wohl gar -30-
einige ungerechte Zweifel gegen den Konrektor Paulmann und den
Registrator Heerbrand hegen, unerachtet wenigstens die letzt-
genannten achtbaren Männer noch jetzt in Dresden umherwandeln.
Versuche es, geneigter Leser! in dem feenhaften Reiche voll
herrlicher Wunder, die die höchste Wonne sowie das tiefste Ent- -35-
setzen in gewaltigen Schlägen hervorrufen, ja, wo die ernste
Göttin ihren Schleier lüftet, daß wir ihr Antlitz zu schauen
wähnen – aber ein Lächeln schimmert oft aus dem ernsten Blick,
und das ist der neckhafte Scherz, der in allerlei verwirrendem
Zauber mit uns spielt, so wie die Mutter oft mit ihren liebsten -40-
Kindern tändelt – ja! in diesem Reiche, das uns der Geist so

-----
before 1: hawk.   15: =vor allem. 28: i.e., make pale in
comparison.

oft, wenigstens im Traume aufschließt, versuche es, geneigter
Leser! die bekannten Gestalten, wie sie täglich, wie man zu
sagen pflegt im gemeinen* Leben, um dich herwandeln, wieder-
zuerkennen. Du wirst dann glauben, daß dir jenes herrliche Reich
viel.näher liege, als du sonst wohl meintest, welches ich nun   -5-
eben recht herzlich wünsche, und dir in der seltsamen Geschichte
des Studenten Anselmus anzudeuten strebe. - Also, wie gesagt,
der Student Anselmus geriet seit jenem Abende, als er den Archivarius Lindhorst gesehen, in ein träumerisches Hinbrüten, das
ihn für jede äußere Berührung des gewöhnlichen Lebens unempfind- -10-
lich machte. Er fühlte, wie ein unbekanntes Etwas in seinem
Innersten sich regte und ihm jenen wonnevollen Schmerz verursachte, der eben die Sehnsucht ist, welche dem Menschen ein
anderes höheres Sein verheißt.* Am liebsten war es ihm, wenn er
allein durch Wiesen und Wälder schweifen und wie losgelöst von -15-
allem, was ihn an sein dürftiges Leben fesselte, nur im Anschauen der mannigfachen Bilder, die aus seinem Innern stiegen,
sich gleichsam selbst wiederfinden konnte. So kam es denn, daß
er einst, von einem weiten Spaziergange heimkehrend, bei jenem
merkwürdigen Holunderbusch vorüberschritt, unter dem er damals, -20-
wie von Feerei befangen, so viel Seltsames sah; er fühlte sich
wunderbarlich von dem grünen heimatlichen Rasenfleck angezogen,
aber kaum hatte er sich daselbst niedergelassen, als alles, was
er damals wie in einer himmlischen Verzückung geschaut, und das
wie von einer fremden Gewalt aus seiner Seele verdrängt worden, -25-
ihm wieder in den lebhaftesten Farben vorschwebte, als sähe er
es zum ersten Mal. Ja, noch deutlicher als damals war es ihm,
daß die holdseligen blauen Augen der goldgrünen Schlange ange-
hörten, die in der Mitte des Holunderbaums sich emporwand, und
daß in den Windungen des schlanken Leibes all die herrlichen   -30-
Kristall-Glockentöne hervorblitzen mußten, die ihn mit Wonne und
Entzücken erfüllten. So wie damals am Himmelfahrtstage, umfaßte
er den Holunderbaum und rief in die Zweige und Blätter hinein:
"Ach, nur noch einmal schlängle und schlinge und winde dich, du
holdes grünes Schlänglein, in den Zweigen, daß ich dich schauen -35-
mag. - Nur noch einmal blicke mich an mit deinen holdseligen
Augen! Ach, ich liebe dich ja und muß in Trauer und Schmerz vergehen, wenn du nicht wiederkehrst!" Alles blieb jedoch stumm und
still, und wie damals rauschte der Holunderbaum nur ganz unvernehmlich mit seinen Zweigen und Blättern. Aber dem Studenten   -40-
Anselmus war es, als wisse er nun, was sich in seinem Innern so
rege und bewege, ja was seine Brust so im Schmerz einer
unendlichen Sehnsucht zerreiße. "Ist es denn etwas anderes",
sprach er, "als daß ich dich so ganz mit voller Seele bis zum
Tode liebe, du herrliches goldenes Schlänglein, ja daß ich ohne -45-
dich nicht zu leben vermag und vergehen muß in hoffnungsloser
Not, wenn ich dich nicht wiedersehe, dich nicht habe wie die
Geliebte meines Herzens - aber ich weiß es, du wirst mein, und

-----

3: =allgemeinen=täglichen. 14: =verspricht.

dann alles, was herrliche Träume aus einer andern höhern Welt
mir verheißen, erfüllt sein." - Nun ging der Student Anmselmus
jeden Abend, wenn die Sonne nur noch in die Spitzen der Bäume
ihr funkelndes Gold streute, unter den Holunderbaum, und rief
aus tiefer Brust mit ganz kläglichen Tönen in die Blätter und   -5-
Zweige hinein nach der holden Geliebten, dem goldgrünen Schlänglein. Als er dieses wieder einmal nach gewöhnlicher Weise trieb,
stand plötzlich ein langer hagerer Mann in einen weiten licht-
grauen Überrock gehüllt, vor ihm und rief, indem er ihn mit
seinen großen feurigen Augen anblitzte: "Hei hei - was klagt und -10-
winselt denn da? - Hei hei, das ist ja Hr. Anselmus, der meine
Manuskripte kopieren will." Der Student Anselmus erschrak nicht
wenig vor der gewaltigen Stimme, denn es war ja dieselbe, die
damals am Himmelfahrtstage gerufen: "Hei hei! was ist das für
ein Gemunkel und Geflüster etc." Er konnte vor Staunen und -15-
Schreck kein Wort herausbringen. - "Nun was ist Ihnen denn, Hr.
Anselmus", fuhr der Archivarius Lindhorst fort (niemand anders
war der Mann im weißgrauen Überrock), "was wollen Sie von dem
Holunderbaum, und warum sind Sie denn nicht zu mir gekommen, um
Ihre Arbeit anzufangen?" - Wirklich hatte der Student Anselmus   -20-
es noch nicht über sich vermocht, den Archivarius Lindhorst
wieder in einem Hause aufzusuchen, unerachtet er sich jenen
Abend ganz dazu ermutigt, in diesem Augenblick aber, als er
seine schönen Träume und noch dazu dieselbe feindselige
Stimme, die schon damals ihm die Geliebte geraubt, zerrissen -25-
sah, erfaßte ihn eine Art Verzweiflung, und er brach ungestüm
los: "Sie mögen mich für wahnsinnig halten oder nicht, Hr.
Archivarius! das gilt* mir ganz gleich, aber hier auf diesem
Baume erblickte ich am Himmelfahrtstage die goldgrüne Schlange -
ach! die ewig Geliebte meiner Seele, und sie sprach zu mir in -30-
herrlichen Kristalltönen, aber Sie - Sie! Herr Archivarius,
schrieen und riefen so erschrecklich übers Wasser her." - "Wie
das, mein Gönner!" unterbrach ihn der Archivarius Lindhorst,
indem er ganz sonderbar lächelnd eine Prise nahm. - Der Student
Anselmus fühlte, wie seine Brust sich erleichterte, als es ihm -35-
nur gelungen, von jenem wunderbaren Abenteuer anzufangen, und es
war ihm, als sei es schon ganz recht, daß er den Archivarius
geradezu beschuldigt: er sei es gewesen, der so aus der Ferne
gedonnert. Er nahm sich zusammen, sprechend: "Nun, so will ich
denn alles erzählen, was mir an dem Himmelfahrtsabende Verhäng- -40-
nisvolles begegnet, und dann mögen Sie reden und tun und überhaupt denken über mich was Sie wollen." - Er erzählte nun wirklich die ganze wunderliche Begebenheit von dem unglücklichen
Tritt in den Äpfelkorb an, bis zum Entfliehen der drei goldgrünen Schlangen übers Wasser, und wie ihn nun die Menschen für -45-
betrunken oder wahnsinnig gehalten: "Das alles", schloß der
Student Anselmus, "habe ich wirklich gesehen, und tief in der
Brust ertönen noch im hellen Nachklang die lieblichen Stimmen,

-----

28: =ist.

die zu mir sprachen; es war keinesweges ein Traum, und soll ich
nicht vor Liebe und Sehnsucht sterben, so muß ich an die goldgrünen Schlangen glauben, unerachtet ich an Ihrem Lächeln,
werter Herr Archivarius, wahrnehme, daß Sie eben diese Schlangen
nur für ein Erzeugnis meiner erhitzten überspannten Einbildungs-   -5-
kraft halten." - "Mit nichten", erwiderte der Archivarius in der
größten Ruhe und Gelassenheit, "die goldgrünen Schlangen, die
Sie, Hr. Anselmus, in dem Holunderbusch gesehen, waren nun eben
meine drei Töchter, und daß Sie sich in die blauen Augen der
jüngsten, Serpentina genannt, gar sehr verliebt, das ist nun   -10-
wohl klar. Ich wußte es übrigens schon am Himmelfahrtstage, und
da mir zu Hause, am Arbeitstisch sitzend, des Gemunkels und
Geklingels zu viel wurde, rief ich den losen* Dirnen* zu, daß es
Zeit sei nach Hause zu eilen, denn die Sonne ging schon unter,
und sie hatten sich genug mit Singen und Strahlentrinken   -15-
erlustigt." - Dem Studenten Anselmus war es, als würde ihm nur
etwas mit deutlichen Worten gesagt, was er langst geahnet*, und
ob er gleich zu bemerken glaubte, daß sich Holunderbusch, Mauer,
und Rasenboden und alle Gegenstände rings umher leise zu drehen
anfingen, so raffte er sich doch zusammen und wollte etwas   -20-
reden, abder der Archivarius ließ ihn nicht zu Worte kommen,
sondern zog schnell den Handschuh von der linken Hand herunter,
und indem er den in wunderbaren Funken und Flammen blitzenden
Stein eines Ringes dem Studenten vor die Augen hielt, sprach er:
"Schauen Sie her, werter Hr. Anselmus, Sie können darüber, was   -25-
Sie erblicken, eine Freude haben." Der Student Anselmus schaute
hin, und, o Wunder! der Stein warf wie aus einem brennenden
Fokus Strahlen ringsherum, und die Strahlen verspannen sich zum
hellen leuchtenden Kristallspiegel, in dem in mancherlei Windungen, bald einander fliehend, bald sich ineinander schlingend, -30-
die drei goldgrünen Schlänglein tanzten und hüpften. Und wenn
die schlanken in tausend Funken blitzenden Leiber sich be-
rührten, da erklangen herrliche Akkorde wie Kristallglocken, und
die mittelste streckte wie voll Sehnsucht und Verlangen das
Köpfchen zum Spiegel heraus, und die dunkelblauen Augen   -35-
sprachen: "Kennst du mich denn - glaubst du denn an mich,
Anselmus? - nur in dem Glauben ist die Liebe - kannst du denn
lieben?" - "O Serpentina, Serpentina!" schrie der Student
Anselmus in wahnsinnigem Entzücken, aber der Archivarius Lindhorst hauchte schnell auf den Spiegel, da fuhren in elektrischem -40-
Geknister die Strahlen in den Fokus zurück, und an der Hand
blitzte nur wieder ein kleiner Smaragd, über den der Archivarius
den Handschuh zog. "Haben Sie die goldnen Schlänglein gesehen,
Hr. Anselmus?" fragte der Archivarius Lindhorst. "Ach Gott, ja!"
erwiderte der Student, "und die holde liebliche Serpentina." -   -45-
"Still", fuhr der Archivarius fort, "genug für heute, übrigens
können Sie ja, wenn Sie sich entschließen wollen bei mir zu
arbeiten, meine Töchter oft genug sehen, oder vielmehr, ich will

-----

13: mischievous; =Mädchen. 17: =geahnt, and passim.

Ihnen dies wahrhaftige Vergnügen verschaffen, wenn Sie sich bei
der Arbeit recht brav halten, das heißt: mit der größten Genauigkeit und Reinheit jedes Zeichen kopieren. Aber Sie kommen ja
gar nicht zu mir, unerachtet der Registrator Heerbrand versicherte, Sie würden sich nächstens einfinden, und ich deshalb   -5-
mehrere Tage vergebens gewartet." - Sowie der Archivarius Lindhorst den Namen Heerbrand nannte, war es dem Studenten Anselmus
erst wieder, als stehe er wirklich mit beiden Füßen auf der Erde
und er wäre wirklich der Student Anselmus, und der vor ihm
stehende Mann der Archivarius Lindhorst. Der gleichgültige Ton,   -10-
in dem dieser sprach, hatte im grellen Kontrast mit den wunderbaren Erscheinungen, die er wie ein wahrhafter Nekromant hervor-
rief, etwas Grauenhaftes, das durch den stechenden Blick der
funkelnden Augen, die aus den knöchernen Höhlen des magern,
runzlichten* Gesichts wie aus einem Gehäuse* hervorstrahlten,   -15-
noch erhöht wurde, und den Studenten ergriff mit Macht dasselbe
unheimliche Gefühl, welches sich seiner schon auf dem Kaffeehause bemeisterte, als der Archivarius so viel Abenteuerliches
erzählte. Nur mit Mühe faßte er sich, und als der Archivarius
nochmals fragte: "Nun, warum sind Sie denn nicht zu mir   -20-
gekommen?" da erhielt er es über sich*, alles zu erzählen, was
ihm an der Haustür begegnet. "Lieber Hr. Anselmus", sagte der
Archivarius, als der Student seine Erzählung geendet, "lieber
Hr. Anselmus, ich kenne wohl das Äpfelweib, von der Sie sprechen
belieben; es ist eine fatale Kreatur, die mir allerhand Possen   -25-
spielt, und daß sie sich hat bronzieren lassen, um als Türklopfer die mir angenehmen Besuche zu verscheuchen, das ist in
der Tat sehr arg und nicht zu leiden. Wollten Sie doch, werter
Hr. Anselmus, wenn Sie morgen um zwölf Uhr zu mir kommen und
wieder etwas von dem Angrinsen und Anschnarren vermerken*, ihr   -30-
gefälligst was weniges von diesem Liquor auf die Nase tröpfeln,
dann wird sich sogleich alles geben. Und nun Adieu! lieber Hr.
Anselmus, ich gehe etwas rasch, deshalb will ich Ihnen nicht
zumuten, mit mir nach der Stadt zurückzukehren. - Adieu! auf
Wiedersehen, morgen um zwölf Uhr." - Der Archivarius hatte dem   -35-
Studenten Anselmus ein kleines Fläschen mit einem goldgelben
Liquor gegeben, und nun schritt er rasch von dannen*, so daß er
in der tiefen Dämmerung, die unterdessen eingebrochen, mehr in
das Tal hinabzuschweben als zu gehen schien. Schon war er in der
Nähe des Koselschen Gartens, da setzte sich der Wind in den   -40-
weiten Überrock und trieb die Schöße* auseinander, daß sie wie
ein Paar große Flügel in den Lüften flatterten, und es dem
Studenten Anselmus, der verwunderungsvoll dem Archivarius nachsah, vorkam, als breite ein großer Vogel die Fittige aus zum
raschen Fluge. - Wie der Student nun so in die Dämmerung hinein- -45-
starrte, da erhob sich mit krächzendem Geschrei ein weißgrauer
Geier hoch in die Lüfte, und er merkte nun wohl, daß das weiße

-----

15: =runz(e)ligen wrinkled; relic, shrine.   21: managed.   30:
=bemerken.   37: =von dort (weg).   41: coat-tails.

Geflatter, was er noch immer für den davonschreitenden Archivarius gehalten, schon eben der Geier gewesen sein müsse, unerachtet er nicht begreifen konnte, wo denn der Archivarius mit
einem Mal hingeschwunden. "Er kann aber auch selbst in Person
davongeflogen sein der Herr Archivarius Lindhorst", sprach der   -5-
Student Anselmus zu sich selbst, "denn ich sehe und fühle nun
wohl, daß alle die fremden Gestalten aus einer fernen wundervollen Welt, die ich sonst nur in ganz besondern merkwürdigen
Träumen schaute, jetzt in mein waches reges Leben geschritten
sind und ihr Spiel mit mir treiben. - Dem sei aber wie ihm   -10-
wolle*! Du lebst und glühst in meiner Brust, holde, liebliche
Serpentina, nur du kannst die unendliche Sehnsucht stillen, die
mein Innerstes zerreißt. - Ach, wann werde ich in dein hold-
seliges Auge blicken - liebe, liebe Serpentina!" - - So rief der
Student Anselmus ganz laut. - "Das ist ein schnöder unchrist-   -15-
licher Name", murmelte eine Baßstimme neben ihm, die einem heim-
kehrenden Spaziergänger gehörte. Der Student Anselmus, zu
rechter Zeit erinnert wo er war, eilte raschen Schrittes von
dannen, indem er bei sich selbst dachte: Wäre es nicht ein
rechtes Unglück, wenn mir jetzt der Konrektor Paulmann oder der -20-
Registrator Heerbrand begegnete? - Aber er begegnete keinem von
beiden.

FÜNFTE VIGILIE
Die Frau Hofrätin Anselmus - Cicero de officiis - Meerkatzen
und anderes Gesindel - Die alte Liese - Das Aequinoctium

"Mit dem Anselmus ist nun einmal in der Welt nichts anzufangen", sagte der Konrektor Paulmann; "alle meine guten Lehren,
alle meine Ermahnungen sind fruchtlos, er will sich ja zu gar   -25-
nichts applizieren, unerachtet er die besten Schulstudia
besitzt, die denn doch die Grundlage von allem sind." Aber der
Registrator Heerbrand erwiderte schlau und geheimnisvoll
lächelnd: "Lassen Sie dem Anselmus doch nur Raum und Zeit,
wertester Konrektor! das ist ein kurioses Subjekt, aber es   -30-
steckt viel in ihm, und wenn ich sage: viel, so heißt das: ein
geheimer Sekretär, oder wohl gar ein Hofrat." - "Hof-" fing der
Konrektor im größten Erstaunen an, das Wort blieb ihm stecken. -
"Still, still", fuhr der Registrator Heerbrand fort, "ich weiß,
was ich weiß! - schon seit zwei Tagen sitzt er bei dem Archi-   -35-
varius Lindhorst und kopiert, und der Archivarius sagte gestern
abend auf dem Kaffeehause zu mir: 'Sie haben mir einen wackern
Mann empfohlen, Verehrter! - aus dem wird was', und nun bedenken
Sie des Archivarii Konnexionen - still - still - sprechen wir
uns übers Jahr*!" - Mit diesen Worten ging der Registrator im   -40-
fortwährenden schlauen Lächeln zur Tür hinaus und ließ den vor

-----

11: Be that as it may!   40: =nach einem Jahr.

Erstaunen und Neugierde verstummten Konrektor im Stuhle fest-
gebannt sitzen. Aber auf Veronika hatte das Gespräch einen ganz
eignen Eindruck gemacht. Habe ich's denn nicht schon immer
gewußt, dachte sie, daß der Herr Anselmus ein recht gescheiter,
liebenswürdiger junger Mann ist, aus dem noch was Großes wird? -5-
Wenn ich nur wüßte, ob er mir wirklich gut ist? - Aber hat er
mir nicht jenen Abend, als wir über die Elbe fuhren, zweimal die
Hand gedrückt? hat er mich nicht im Duett angesehen mit solchen
ganz sonderbaren Blicken, die bis ins Herz drangen? Ja, ja! er
ist mir wirklich gut - und ich - Veronika überließ sich ganz, -10-
wie junge Mädchen wohl pflegen, den süßen Träumen von einer
heitern Zukunft. Sie war Frau Hofrätin, bewohnte ein schönes
Logis in der Schloßgasse, oder auf dem Neumarkt, oder auf der
Moritzstraße - der moderne Hut, der neue türkische Shawl stand
ihr vortrefflich - sie frühstückte im eleganten Negligé* im -15-
Erker, der Köchin die nötigen Befehle für den Tag erteilend.
"Aber daß Sie mir die Schüssel nicht verdirbt*, es ist des Herrn
Hofrats Leibessen*!" - Vorübergehende Elegants* schielen herauf,
sie hört deutlich: "Es ist doch eine göttliche Frau, die
Hofrätin, wie ihr das Spitzenhäubchen* so allerliebst steht!" - -20-
Die geheime Rätin Ypsilon* schickt den Bedienten und läßt
fragen, ob der Frau Hofrätin gefällig wäre, heute ins Linkische
Bad zu fahren? - "Viel Empfehlungen*, es täte mir unendlich
leid, ich sei schon engagiert zum Tee bei der Präsidentin Tz." -
Da kommt der Hofrat Anselmus, der schon früh in Geschäften aus- -25-
gegangen, zurück; er ist nach der letzten Mode gekleidet; "wahrhaftig schon zehn", ruft er, indem er die goldene Uhr repetieren
läßt und der jungen Frau einen Kuß gibt. "Wie geht's liebes
Weibchen, weißt du auch, was ich für dich habe?" fährt er
schäkernd* fort und zieht ein Paar herrliche nach der neuesten -30-
Art gefaßte Ohrringe aus der Westentasche, die er ihr statt der
sonst getragenen gewöhnlichen einhängt. "Ach, die schönen nied-
lichen Ohrringe", ruft Veronika ganz laut, und springt, die
Arbeit wegwerfend, vom Stuhl auf, um in dem Spiegel die Ohrringe
wirklich zu beschauen. "Nun was soll denn das sein", sagte der -35-
Konrektor Paulmann, der eben in Cicero de Officiis* vertieft,
beinahe das Buch fallen lassen, "man hat ja Anfälle wie der
Anselmus." Aber da trat der Student Anselmus, der wider seine
Gewohnheit sich mehrere Tage nicht sehen lassen, ins Zimmer, zu
Veronikas Schreck und Erstaunen, denn in der Tat war er in -40-
seinem ganzen Wesen verändert. Mit einer gewissen Bestimmtheit,
die ihm sonst gar nicht eigen*, sprach er von ganz andern
Tendenzen seines Lebens, die ihm klar worden, von den herrlichen
Aussichten, sie sich ihm geöffnet, die mancher aber gar nicht zu

-----
15: morning gown. 17: See to it that you (the cook) don't... 18:
favorite dish; elegantly dressed people. 20: lace bonnet. 21: So
and So. 23: My compliments. 30: jokingly, teasingly. 36: Marcus
Tullius Cicero (106-43 B.C.), Roman statesman and author of **De
Officis (On One's Duties)**. 42: sc. **war** was customary.

schauen vermöchte. Der Konrektor Paulmann wurde, der geheimnisvollen Rede des Registrators Heerbrand gedenkend, noch mehr
betroffen, und konnte kaum eine Silbe hervorbringen, als der
Student Anselmus, nachdem er einige Worte von dringender Arbeit
bei dem Archivarius Lindhorst fallen lassen und der Veronika mit   -5-
eleganter Gewandtheit die Hand geküßt, schon die Treppe hinunter, auf und von dannen war. "Das war ja schon der Hofrat",
murmelte Veronika in sich hinein, "und er hat mir die Hand
geküßt, ohne dabei auszugleiten oder mir auf den Fuß zu treten,
wie sonst! - er hat mir einen recht zärtlichen Blick zugeworfen   -10-
- er ist mir wohl in der Tat gut." - Veronika überließ sich aufs
neue jener Träumerei, indessen war es, als träte immer eine
feindselige Gestalt unter die lieblichen Erscheinungen, wie sie
aus dem künftigen häuslichen Leben als Frau Hofrätin hervor-
gingen, und die Gestalt lachte recht höhnisch und sprach: "Das   -15-
ist ja alles recht dummes ordinäres Zeug und noch dazu erlogen,
denn der Anselmus wird nimmermehr Hofrat und dein Mann; er liebt
dich ja nicht, unerachtet du blaue Augen hast und einen
schlanken Wuchs und eine feine Hand." - Da goß sich ein Eisstrom
durch Veronikas Innres, und ein tiefes Entsetzen vernichtete die   -20-
Behaglichkeit, mit der sie sich nur noch erst im Spitzenhäubchen
und den eleganten Ohrringen gesehen. - Die Tränen wären ihr beinahe aus den Augen gestürzt, und sie sprach laut: "Ach, es ist
ja wahr, er liebt mich nicht, und ich werde nimmermehr Frau
Hofrätin!" - "Romanenstreiche*, Romanenstreiche", schrie der   -25-
Konrektor Paulmann, nahm Hut und Stock und eilte zornig von
dannen! - "Das fehlte noch", seufzte Veronika, und ärgerte sich
recht über die zwölfjährige Schwester, welche teilnehmungslos an
ihrem Rahmen* sitzend fortgestrickt hatte. Unterdessen war es
beinahe drei Uhr geworden, und nun gerade Zeit das Zimmer auf-   -30-
zuräumen und den Kaffeetisch zu ordnen; denn die Mademoiselles
Osters hatten sich bei der Freundin ansagen lassen. Aber hinter
jedem Schränkchen, das Veronika wegrückte, hinter den Noten-
büchern, die sie vom Klavier, hinter jeder Tasse, hinter der
Kaffeekanne, die sie aus dem Schrank nahm, sprang jene Gestalt   -35-
wie ein Alräunchen* hervor und lachte höhnisch und schlug mit
den kleinen Spinnenfingern Schnippchen* und schrie: "Er wird
doch nicht dein Mann, er wird doch nicht dein Mann!" Und dann,
wenn sie alles stehn und liegen ließ und in die Mitte des
Zimmers flüchtete, sah es mit langer Nase riesengroß hinter dem   -40-
Ofen hervor und knurrte und schnurrte: "Er wird doch nicht dein
Mann!" - "Hörst du denn nichts, siehst du denn nichts,
Schwester?" rief Veronika, die vor Furcht und Zittern gar nichts
mehr anrühren mochte. Fränzchen stand ganz ernsthaft und ruhig
von ihrem Stickrahmen auf und sagte: "Was ist dir denn heute,   -45-
Schwester? Du wirfst ja alles durcheinander, daß es klippert und

-----

25: i.e., idiotic ideas as in sentimental novels. 29: (embroi-
dery) frame. 36: mandrake root, which is supposed to have
magical powers. 37: played tricks.

klappert, ich muß dir nur helfen." Aber da traten schon die
muntern Mädchen in vollem Lachen herein, und in dem Augenblick
wurde nun auch Veronika gewahr, daß sie den Ofenaufsatz* für
eine Gestalt und das Knarren der übel verschlossenen Ofentür für
die feindseligen Worte gehalten hatte. Von einem innern Ent-   -5-
setzen gewaltsam ergriffen, konnte sie sich aber nicht so
schnell erholen, daß die Freundinnen nicht ihre ungewöhnliche
Spannung, die selbst ihre Blässe, ihr verstörtes Gesicht verriet, hätten bemerken sollen. Als sie schnell abbrechend von all
dem Lustigen, das sie eben erzählen wollten, in die Freundin -10-
drangen, was ihr denn um des Himmelswillen widerfahren, mußte
Veronika eingestehen, wie sie sich ganz besondern Gedanken hingegeben, und plötzlich am hellen Tage von einer sonderbaren
Gespensterfurcht, die ihr sonst gar nicht eigen, übermannt
worden. Nun erzählte sie so lebhaft, wie aus allen Winkeln des -15-
Zimmers ein kleines graues Männchen sie geneckt und gehöhnt
habe, daß die Mad. Osters sich schüchtern nach allen Seiten umsahen, und ihnen bald gar unheimlich und grausig zu Mute wurde.
Da trat Fränzchen mit dem dampfenden Kaffee herein, und alle
drei sich schnell besinnend, lachten über ihre eigne Albernheit. -20-
Angelika, so hieß die älteste Oster, war mit einem Offizier versprochen, der bei der Armee stand*, und von dem die Nachrichten
so lange ausgeblieben, daß man an seinem Tode, oder wenigstens
an seiner schweren Verwundung kaum zweifeln konnte. Dies hatte
Angelika in die tiefste Betrübnis gestürzt, aber heute war sie -25-
fröhlich bis zur Ausgelassenheit, worüber Veronika sich nicht
wenig wunderte und es ihr unverhohlen äußerte. "Liebes Mädchen",
sagte Angelika, "glaubst du denn nicht, daß ich meinen Viktor
immerdar* im Herzen, in Sinn und Gedanken trage? aber eben deshalb bin ich so heiter! - ach Gott - so glücklich, so selig in -30-
meinem ganzen Gemüte! denn mein Viktor ist wohl, und ich sehe
ihn in weniger Zeit als Rittmeister*, geschmückt mit den Ehren-
zeichen, die ihm seine unbegrenzte Tapferkeit erwarb, wieder.
Eine starke, aber durchaus nicht gefährliche Verwundung des
rechten Arms, und zwar durch den Säbelhieb eines feindlichen -35-
Husaren*, verhindert ihn zu schreiben, und der schnelle Wechsel
seines Aufenthalts, da er durchaus sein Regiment nicht verlassen
will, macht es auch immer unmöglich, mir Nachricht zu geben,
aber heute abend erhält er die bestimmte Weisung, sich erst ganz
heilen zu lassen. Er reiset morgen ab um herzukommen, und indem -40-
er in den Wagen steigen will, erfährt er seine Ernennung zum
Rittmeister." - "Aber, liebe Angelika", fiel Veronika ein, "das
weißt du jetzt schon alles?" - "Lache mich nicht aus, liebe
Freundin", fuhr Angelika fort, "aber du wirst es nicht, denn
könnte nicht dir zur Strafe gleich das kleine graue Männchen -45-
dort hinter dem Spiegel hervorgucken? - Genug, ich kann mich von
dem Glauben an gewisse geheimnisvolle Dinge nicht losmachen,

3: **Aufsatz** top. 22: (in the Napoleonic wars). 29: =**für immer**.
32: cavalry captain. 36: cavalryman.

weil sie oft genug ganz sichtbarlich und handgreiflich, möcht
ich sagen, in mein Leben getreten. Vorzüglich kommt es mir denn
nun gar nicht einmal so wunderbar und unglaublich vor, als
manchen andern, daß es Leute geben kann, denen eine gewisse
Sehergabe eigen, die sie durch ihnen bekannte untrügliche Mittel -5-
in Bewegung zu setzen wissen. Es ist hier am Orte eine alte
Frau, die diese Gabe ganz besonders besitzt. Nicht so, wie
andere ihres Gelichters*, prophezeit sie aus Karten, gegossenem
Blei oder aus dem Kaffeesatze, sondern nach gewissen Vorbereitungen, an denen die fragende Person teilnimmt, erscheint in   -10-
einem hellpolierten Metallspiegel ein wunderliches Gemisch von
allerlei Figuren und Gestalten, welche die Alte deutet, und aus
ihnen die Antwort auf die Frage schöpft*. Ich war gestern abend
bei ihr und erhielt jene Nachrichten von meinem Viktor, an deren
Wahrheit ich nicht einen Augenblick zweifle." - Angelikas Erzäh- -15-
lung warf einen Funken in Veronikas Gemüt, der schnell den
Gedanken entzündete, die Alte über den Anselmus und über ihre
Hoffnungen zu befragen. Sie erfuhr, daß die alte Frau Rauerin
hieße, in einer entlegenen Straße vor dem Seetor wohnte, durchaus nur dienstags, mittwochs und freitags von sieben Uhr abends, -20-
dann aber die ganze Nacht hindurch bis zum Sonnenaufgang zu
treffen sei, und es gern sähe, wenn man allein komme. - Es war
eben Mittwoch, und Veronika beschloß, unter dem Vorwande, die
Osters nach Hause zu begleiten, die alte Frau aufzusuchen,
welches sie denn auch in der Tat ausführte. Kaum hatte sie näm- -25-
lich von den Freundinnen, die in der Neustadt wohnten, vor der
Elbbrücke Abschied genommen, als sie geflügelten Schrittes vor
das Seetor eilte, und sich bald in der beschriebenen abgelegenen
engen Straße befand, an deren Ende sie das kleine rote Häuschen
erblickte, in welchem die Frau Rauerin wohnen sollte. Sie konnte -30-
sich eines gewissen unheimlichen Gefühls, ja eines innern
Erbebens nicht erwehren, als sie vor der Haustür stand. Endlich
raffte sie sich, des innern Widerstrebens unerachtet, zusammen,
und zog an der Klingel, worauf sich die Tür öffnete und sie
durch den finstern Gang nach der Treppe tappte, die zum obern -35-
Stock führte, wie es Angelika beschrieben. "Wohnt hier nicht die
Frau Rauerin?" rief sie in den öden Hausflur hinein, als sich
niemand zeigte; da erscholl statt der Antwort ein langes klares
Miau, und ein großer schwarzer Kater schritt mit hochgekrümmtem
Rücken, den Schweif in Wellenringeln hin und her drehend, gravi- -40-
tätisch vor ihr her bis an die Stubentür, die auf ein zweites
Miau geöffnet wurde. "Ach, sieh da, Töchterchen, bist schon
hier? komm herein - herein!" So rief die heraustretende Gestalt,
deren Anblick Veronika an den Boden festbannte. Ein langes,
hagres, in schwarze Lumpen gehülltes Weib! - indem sie sprach, -45-
wackelte das hervorragende spitze Kinn, verzog sich das zahnlose
Maul, von der knöchernen Habichtsnase beschattet, zum grinsenden
Lächeln, und leuchtende Katzenaugen flackerten Funken werfend

-----
8: low type, ilk. 13: gathers, draws.

durch die große Brille. Aus dem bunten um den Kopf gewickelten
Tuche starrten schwarze borstige Haare hervor, aber zum Gräßlichen erhoben das ekle Antlitz zwei große Brandflecke, die sich
von der linken Backe über die Nase wegzogen. - Veronikas Atem
stockte, und der Schrei, der der gepreßten Brust Luft machen*   -5-
sollte, wurde zum tiefen Seufzer, als der* Hexe Knochenhand sie
ergriff und in das Zimmer hineinzog. Drinnen regte und bewegte
sich alles, es war ein Sinne verwirrendes Quiecken und Miauen
und Gekrächze und Gepiepe durcheinander. Die Alte schlug mit der
Faust auf den Tisch und schrie: "Still da, ihr Gesindel!" Und   -10-
die Meerkatzen kletterten winselnd auf das hohe Himmelbett, und
die Meerschweinchen liefen unter den Ofen, und der Rabe flatterte auf den runden Spiegel; nur der schwarze Kater, als gingen
ihn die Scheltworte nichts an, blieb ruhig auf dem großen
Polsterstuhle sitzen, auf den er gleich nach dem Eintritt ge-   -15-
sprungen. - Sowie es still wurde, ermutigte sich Veronika; es
war ihr nicht so unheimlich als draußen auf dem Flur, ja selbst
das Weib schien ihr nicht mehr so scheußlich. Jetzt erst blickte
sie im Zimmer umher! - Allerhand häßliche ausgestopfte Tiere
hingen von der Decke herab, unbekanntes seltsames Geräte lag   -20-
durcheinander auf dem Boden und in dem Kamin brannte ein blaues
sparsames Feuer, das nur dann und wann in gelben Funken emporknisterte; aber dann rauschte es von oben herab, und ekelhafte
Fledermäuse wie mit verzerrten lachenden Menschengesichtern
schwangen sich hin und her, und zuweilen leckte die Flamme her- -25-
auf an der rußigen Mauer, und dann erklangen schneidende,
heulende Jammertöne, daß Veronika von Angst und Grause ergriffen
wurde. "Mit Verlaub*, Mamsellchen", sagte die Alte schmunzelnd,
erfaßte einen großen Wedel und besprengte, nachdem sie ihn in
einen kupfernen Kessel getaucht, den Kamin. Da erlosch das   -30-
Feuer, und wie von dickem Rauch erfüllt, wurde es stockfinster
in der Stube; aber bald trat die Alte, die in ein Kämmerchen
gegangen, mit einem angezündeten Lichte wieder herein, und
Veronika erblickte nichts mehr von den Tieren, von den Gerät-
schaften, es war eine gewöhnliche ärmlich ausstaffierte* Stube. -35-
Die Alte trat ihr näher und sagte mit schnarrender Stimme: "Ich
weiß wohl, was du bei mir willst, mein Töchterchen; was gilt
es*, du möchtest erfahren, ob du den Anselmus heiraten wirst,
wenn er Hofrat worden." - Veronika erstarrte vor Staunen und
Schreck, aber die Alte fuhr fort: "Du hast mir ja schon alles   -40-
gesagt zu Hause beim Papa, als die Kaffeekanne vor dir stand,
ich war ja die Kaffeekanne, hast du mich denn nicht gekannt?
Töchterchen, höre! Laß ab, laß ab von dem Anselmus, das ist ein
garstiger Mensch, der hat meinen Söhnlein ins Gesicht getreten,
meinen lieben Söhnlein, den Äpfelchen mit den roten Backen, die, -45-
wenn sie die Leute gekauft haben, ihnen wieder aus den Taschen
in meinen Korb zurückrollen. Er hält's mit dem Alten, er hat mir

-----
5: relieve. 6: gen. 28: with your permission. 35: furnished. 38:
what do you bet.

vorgestern den verdammten Auripigment* ins Gesicht gegossen, daß
ich beinahe darüber erblindet, du kannst noch die Brandflecken
sehen, Töchterchen! Laß ab von ihm, laß ab! - Er liebt dich
nicht, denn er liebt die goldgrüne Schlange, er wird niemals
Hofrat werden, weil er sich bei den Salamandern anstellen -5-
lassen, und er will die grüne Schlange heiraten, laß ab von ihm,
laß ab!" - Veronika, die eigentlich ein festes standhaftes Gemüt
hatte und mädchenhaften Schreck bald zu überwinden wußte, trat
einen Schritt zurück, und sprach mit ernsthaftem gefaßten Ton:
"Alte! ich habe von Eurer Gabe in die Zukunft zu blicken gehört, -10-
und wollte darum, vielleicht zu neugierig und voreilig, von Euch
wissen, ob wohl Anselmus, den ich liebe und hochschätze, jemals
mein werden würde. Wollt Ihr mich daher, statt meinen Wunsch zu
erfüllen, mit Eurem tollen unsinnigen Geschwätze necken, so tut
Ihr unrecht, denn ich habe nur gewollt, was Ihr andern, wie ich -15-
weiß, gewährtet*. Da Ihr, wie es scheint, meine innigsten Gedanken wisset, so wäre es Euch vielleicht ein leichtes* gewesen,
mir manches zu enthüllen, was mich jetzt quält und ängstigt,
aber nach Euern albernen Verleumdungen des guten Anselmus mag*
ich von Euch weiter nichts erfahren. Gute Nacht!" - Veronika -20-
wollte davoneilen, da fiel die Alte weinend und jammernd auf die
Kniee nieder und rief, das Mädchen am Kleide festhaltend:
"Veronikchen, kennst du denn die alte Liese nicht mehr, die dich
so oft auf den Armen getragen und gepflegt und gehätschelt*?"
Veronika traute kaum ihren Augen; denn sie erkannt ihre, frei- -25-
lich nur durch hohes Alter und vorzüglich durch die Brandflecke
entstellte ehemalige Wärterin*, die vor mehreren Jahren aus dem
Konrektor Paulmanns Hause verschwand. Die Alte sah auch nun ganz
anders aus, sie hatte statt des häßlichen buntgefleckten Tuchs
eine ehrbare Haube, und statt der schwarzen Lumpen eine groß- -30-
blumichte Jacke an, wie sie sonst wohl gekleidet gegangen. Sie
stand vom Boden auf und fuhr, Veronika in ihre Arme nehmend,
fort: "Es mag dir alles, was ich dir gesagt, wohl recht toll
vorkommen, aber es ist leider dem so*. Der Anselmus hat mir viel
zu leide getan, doch wider seinen Willen; er ist dem Archivarius -35-
Lindhorst in die Hände gefallen, und der will ihn mit seiner
Tochter verheiraten. Der Archivarius ist mein größter Feind, und
ich könnte dir allerlei Dinge von ihm sagen, die würdest du aber
nicht verstehen, oder dich doch sehr entsetzen. Er ist der weise
Mann, aber ich bin die weise Frau - es mag darum sein*! - Ich -40-
merke nun wohl, daß du den Anselmus recht lieb hast, und ich
will dir mit allen Kräften beistehen, daß du recht glücklich
werden und fein ins Ehebette kommen sollst, wie du es
wünschest." - "Aber sage Sie mir um des Himmels willen, Liese!"
fiel Veronika ein - "Still, Kind - still!" unterbrach sie die -45-
Alte, "ich weiß, was du sagen willst, ich bin das worden, was

-----
1: caustic solution of arsenic and sulfur. 16: granted. 17: easy
(for you). 19: =will. 24: coddled, pampered. 27: nurse. 34:
unfortunately all true. 40: so be it!

ich bin, weil ich es werden mußte, ich konnte nicht anders. Nun
also! - ich kenne das Mittel, das den Anselmus von der törichten
Liebe zur grünen Schlange heilt und ihn als den liebenswürdig-
sten Hofrat in deine Arme führt; aber du mußt helfen." - "Sage
es nur gerade heraus, Liese! ich will ja alles tun, denn ich   -5-
liebe den Anselmus sehr!" lispelte Veronika kaum hörbar. - "Ich
kenne dich", fuhr die Alte fort, "als ein beherztes Kind, vergebens habe ich dich mit dem Wauwau* zum Schlaf treiben wollen,
denn gerade alsdann öffnetest du die Augen, um den Wauwau zu
sehen; du gingst ohne Licht in die hinterste Stube und   -10-
erschrecktest oft in des Vaters Pudermantel* des Nachbars
Kinder. Nun also! - ist's dir Ernst, durch meine Kunst den
Archivarius Lindhorst und die grüne Schlange zu überwinden,
ist's dir Ernst, den Anselmus als Hofrat deinen Mann zu nennen,
so schleiche dich in der künftigen Tag- und Nachtgleiche nachts -15-
um eilf* Uhr aus des Vaters Hause und komme zu mir; ich werde
dann mit dir auf der Kreuzweg gehen, der unfern das Feld durchschneidet, wir bereiten das Nötige, und alles Wunderliche, was
du vielleicht erblicken wirst, soll dich nicht anfechten*. Und
nun Töchterchen, gute Nacht, der Papa wartet schon mit der   -20-
Suppe." - Veronika eilte von dannen, fest stand bei ihr der Entschluß, die Nacht des Äquinoktiums nicht zu versäumen, denn,
dachte sie, die Liese hat recht, der Anselmus ist verstrickt in
wunderliche Bande, aber ich erlöse ihn daraus und nenne ihn mein
immerdar und ewiglich, mein ist und bleibt er, der Hofrat -25-
Anselmus.

                        SECHSTE VIGILIE
Der Garten des Archivarius Lindhorst nebst* einigen Spottvögeln
    - Der goldne Topf - Die englische Kursivschrift - Schnöde
            Hahnenfüße - Der Geisterfürst

"Es kann aber auch sein", sprach der Student Anselmus zu sich
selbst, "daß der superfeine starke Magenlikör, den ich bei dem
Monsieur Conradi etwas begierig genossen, alle die tollen
Fantasmata geschaffen, die mich vor der Haustür des Archivarius -30-
Lindhorst ängsteten*. Deshalb bleibe ich heute ganz nüchtern,
und will nun wohl allem weiterem Ungemach, das mir begegnen
könnte, Trotz bieten*." - So wie damals, als er sich zum ersten
Besuch bei dem Archivarius Lindhorst rüstete, steckte er seine
Federzeichnungen und kalligraphischen Kunstwerke, seine Tusch- -35-
stangen*, seine wohlgespitzten Rabenfedern ein, und schon wollte
er zur Tür hinausschreiten, als ihm das Fläschen mit dem gelben
Liquor in die Augen fiel, das er von dem Archivarius Lindhorst

-----
8: bow wow. 11: bathrobe. 16: =elf. 19: =angehen. before 27:
together with. 31: =ängstigten. 33: resist, disdain. 36: bars of
Indian ink.

erhalten. Da gingen ihm wieder all die seltsamen Abenteuer,
welche er erlebt, mit glühenden Farben durch den Sinn, und ein
namenloses Gefühl von Wonne und Schmerz durchschnitt seine
Brust. Unwillkürlich rief er mit recht kläglicher Stimme aus:
"Ach, gehe ich denn nicht zum Archivarius, nur um dich zu sehen,   -5-
du holde liebliche Serpentina?" - Es war ihm in dem Augenblick
so, als könne Serpentinas Liebe der Preis einer mühevollen
gefährlichen Arbeit sein, die er unternehmen müßte, und diese
Arbeit sei keine andere, als das Kopieren der Lindhorstischen
Manuskripte. - Daß ihm schon bei dem Eintritt ins Haus, oder   -10-
vielmehr noch vor demselben allerlei Wunderliches begegnen
könne, wie neulich, davon war er überzeugt. Er dachte nicht mehr
an Conradis Magenwasser, sondern steckte schnell den Liquor in
die Westentasche, um ganz nach des Archivarius Vorschrift zu
verfahren, wenn das bronzierte Äpfelweib sich unterstehen   -15-
sollte, ihn anzugrinsen. - Erhob sich denn nicht auch wirklich
gleich die spitze Nase, funkelten nicht die Katzenaugen aus dem
Türdrücker, als er ihn auf den Schlag zwölf Uhr ergreifen
wollte?
    Da spritzte er, ohne sich weiter zu bedenken, den Liquor in   -20-
das fatale* Gesicht hinein, und es glättete und plättete sich
augenblicklich aus zum glänzenden kugelrunden Türklopfer. - Die
Tür ging auf, die Glocken läuteten gar lieblich durch das ganze
Haus: klingling - Jüngling - flink - flink - spring - spring -
klingling. - Er stieg getrost die schöne breite Treppe hinauf   -25-
und weidete sich an dem Duft des seltenen Räucherwerks*, der
durch das Haus floß. Ungewiß blieb er auf dem Flur stehen, denn
er wußte nicht, an welche der vielen schönen Türen er wohl
pochen sollte; da trat der Archivarius Lindhorst in einem weiten
damastnen* Schlafrock heraus und rief: "Nun, es freut mich, Hr.   -30-
Anselmus, daß Sie endlich Wort halten, kommen Sie mir nur nach,
denn ich muß Sie ja doch wohl gleich ins Laboratorium führen."
Damit schritt er schnell den langen Flur hinauf und öffnete eine
kleine Seitentür, die in einen Korridor führte. Anselmus schritt
getrost hinter dem Archivarius her; sie kamen aus dem Korridor   -35-
in einen Saal oder vielmehr in ein herrliches Gewächshaus, denn
von beiden Seiten bis an die Decke hinauf standen allerlei
seltene wunderbare Blumen, ja große Bäume mit sonderbar ge-
stalteten Blättern und Blüten. Ein magisches blendendes Licht
verbreitete sich überall, ohne daß man bemerken konnte, wo es   -40-
herkam, da durchaus kein Fenster zu sehen war. Sowie der Student
Anselmus in die Büsche und Bäume hineinblickte, schienen lange
Gänge sich in weiter Ferne auszudehnen. - Im tiefen Dunkel
dicker Zypressenstauden schimmerten Marmorbecken, aus denen sich
wunderliche Figuren erhoben, Kristallstrahlen hervorspritzend,   -45-
die plätschernd niederfielen in leuchtende Lilienkelche; seltsame Stimmen rauschten und säuselten durch den Wald der wunderbaren Gewächse, und herrliche Düfte strömten auf und nieder. Der

-----
21: disagreeable. 26: scent, perfume. 30: damask, a fine fabric.

Archivarius war verschwunden, und Anselmus erblickte   nur einen
riesenhaften Busch glühender Feuerlilien vor sich.   Von dem Anblick, von den süßen Düften des Feengartens berauscht, blieb
Anselmus festgezaubert stehen. Da fing es überall zu kickern und
zu lachen, und feine Stimmchen neckten und höhnten: "Hr.   -5-
Studiosus, Hr. Studiosus! wo kommen Sie denn her? warum haben
Sie sich denn so schön geputzt, Hr. Anselmus? - Wollen Sie eins
mit uns plappern, wie die Großmutter das Ei mit dem Steiß* zer-
drückte,   und   der   Junker einen Klecks   auf   die Sonntagsweste
bekam? Können Sie die neue Arie schon auswendig, die Sie vom   -10-
Papa   Starmatz   gelernt, Herr Anselmus? - Sie sehen recht
possierlich* aus in der gläsernen Perücke und den postpapiernen
Stülpstiefeln*!" - So rief und kickerte und neckte es aus allen
Winkeln hervor - ja dicht neben dem Studenten, der nun erst
wahrnahm, wie allerlei bunte Vögel ihn umflatterten und ihn so -15-
in vollem Gelächter aushöhnten. - In dem Augenblick schritt der
Feuerlilienbusch auf ihn zu, und er sah, daß es der Archivarius
Lindhorst war, dessen blumichter in Gelb und Rot glänzende
Schlafrock ihn nur getäuscht hatte. "Verzeihen Sie, werter Herr
Anselmus", sagte der Archivarius, "daß ich Sie stehen ließ, aber -20-
vorübergehend sah ich nur nach meinem schönen **Cactus**, der diese
Nacht seine Blüten aufschließen wird - aber wie gefällt Ihnen
denn mein kleiner Hausgarten?" - "Ach Gott, über alle Maßen
schön ist es hier, geschätztester Herr Archivarius", erwiderte
der Student, "aber die bunten Vögel mokieren sich über meine -25-
Wenigkeit gar sehr!" - "Was ist denn das für ein Gewäsche*?"
rief der Archivarius zornig in die Büsche hinein. Da flatterte
ein großer grauer Papagei hervor, und sich neben dem Archivarius
auf einen Myrtenast setzend und ihn ungemein* ernsthaft und gra-
vitätisch durch eine Brille, die auf dem krummen Schnabel saß, -30-
anblickend, schnarrte er: "Nehmen Sie es nicht übel, Hr.
Anselmus, meine mutwilligen Buben sind einmal wieder recht ausgelassen, aber der Hr. Studiosus sind* selbst daran schuld,
denn" - "Still da, still da!" unterbrach der Archivarius den
Alten, "ich kenne die Schelme, aber Er sollte sie besser in -35-
Zucht halten*, mein Freund! - gehen wir weiter, Hr. Anselmus!" -
Noch durch manches fremdartig aufgeputzte Gemach* schritt der
Archivarius, so, daß der Student ihm kaum folgen und einen Blick
auf all die glänzenden sonderbar geformten Mobilien* und andere
unbekannte Sachen werfen konnte, womit alles überfüllt war. End-   -40-
lich traten sie in ein großes Gemach, in dem der Archivarius,
den Blick in die Höhe gerichtet, stehen blieb, und Anselmus Zeit
gewann, sich an dem herrlichen Anblick, den der einfache Schmuck
dieses Saals gewährte, zu weiden. Aus den azurblauen Wänden
traten die goldbronzenen Stämme hoher Palmbäume hervor, welche -45-
ihre kolossalen, wie funkelnde Smaragden glänzenden Blätter oben
zur Decke wölbten; in der Mitte des Zimmers ruhte auf drei aus

-----

8: buttocks. 12: funny, quaint. 13: top-boots. 26: nonsense. 29:
unusually. 33: =ist. 36: keep in line. 37: =Zimmer. 39: =Möbel.

dunkler Bronze gegossenen ägyptischen Löwen eine Porphyrplatte*,
auf welcher ein einfacher goldener Topf stand, von dem, als er
ihn erblickte, Anselmus nun gar nicht mehr die Augen wegwenden
konnte. Es war als spielten in tausend schimmernden Reflexen
allerlei Gestalten auf dem strahlend polierten Golde - manchmal   -5-
sah er sich selbst mit sehnsüchtig ausgebreiteten Armen - ach!
neben dem Holunderbusch - Serpentina schlängelte sich auf und
nieder ihn anblickend mit den holdseligen Augen. Anselmus war
außer sich vor wahnsinnigem Entzücken. "Serpentina! - Serpentina!" schrie er laut auf, da wandte sich der Archivarius   -10-
Lindhorst schnell um und sprach: "Was meinen Sie,werter Hr.
Anselmus? - Ich glaube, Sie belieben meine Tochter zu rufen, die
ist aber ganz auf der andern Seite meines Hauses in ihrem Zimmer, und hat soeben Klavierstunde, kommen Sie nur weiter."
Anselmus folgte beinahe besinnungslos dem davonschreitenden   -15-
Archivarius, er sah und hörte nichts mehr, bis ihn der Archivarius heftig bei der Hand ergriff und sprach: "Nun sind wir an
Ort und Stelle!" Anselmus erwachte wie aus einem Traum, und bemerkte nun, daß er sich in einem hohen rings mit Bücherschränken
umstellten Zimmer befand, welches sich in keiner Art von gewöhn-   -20-
lichen Bibliothek- und Studierzimmern unterschied. In der Mitee
stand ein großer Arbeitstisch und ein gepolsterter Lehnstuhl vor
demselben. "Dieses", sagte der Archivarius Lindhorst, "ist vor-
derhand Ihr Arbeitszimmer, ob Sie künftig auch in dem andern
blauen Bibliothekssaal, in dem Sie so plötzlich meiner Tochter   -25-
Namen riefen, arbeiten werden, weiß ich noch nicht; - aber nun
wünschte ich mich erst von Ihrer Fähigkeit, die Ihnen zugedacht
Arbeit wirklich meinem Wunsch und Bedürfnis gemäß auszuführen,
zu überzeugen." Der Student Anselmus ermutigte sich nun ganz und
gar, und zog nicht ohne innere Selbstzufriedenheit und in der   -30-
Überzeugung, den Archivarius durch sein ungewöhnliches Talent
höchlich zu erfreuen, seine Zeichnungen und Schreibereien aus
der Tasche. Der Archivarius hatte kaum das erste Blatt, eine
Handschrift in der elegantesten englischen Schreibmanier,
erblickt, als er recht sonderbar lächelte und mit dem Kopfe   -35-
schüttelte. Das wiederholte er bei jedem folgenden Blatte, so
daß dem Studenten Anselmus das Blut in den Kopf stieg, und er,
als das Lächeln zuletzt recht höhnisch und verächtlich wurde, in
vollem Unmute losbrach: "Der Hr. Archivarius scheinen mit meinen
geringen Talenten nicht ganz zufrieden?" - "Lieber Hr. An-   -40-
selmus", sagte der Archivarius Lindhorst, "Sie haben für die
Kunst des Schönschreibens wirklich treffliche Anlagen, aber vor-
derhand, sehe ich wohl, muß ich mehr auf Ihren Fleiß, auf Ihren
guten Willen rechnen, als auf Ihre Fertigkeit. Es mag auch wohl
an den schlechten Materialien liegen, die Sie verwandt." - Der   -45-
Student Anselmus sprach viel von seiner sonst anerkannten Kunst-
fertigkeit, von chinesischer Tusche und ganz auserlesenen Rabenfedern. Da reichte ihm der Archivarius Lindhorst das englische

------

1: **Porphyr** hard, igneous (Egyptian) rock.

Blatt hin und sprach: "Urteilen Sie selbst!" - Anselmus wurde
wie vom Blitz getroffen, als ihm seine Handschrift so höchst
miserabel vorkam. Da war keine Rûnde in den Zügen, kein Druck
richtig, kein Verhältnis der großen und kleinen Buchstaben, ja!
schülermäßige schnöde Hahnenfüße verdarben oft die sonst ziem-   -5-
lich geratene* Zeile. "Und dann", fuhr der Archivarius Lindhorst
fort, "ist Ihre Tusche auch nicht haltbar." Er tunkte den Finger
in ein mit Wasser gefülltes Glas, und indem er nur leicht auf
die Buchstaben tupfte, war alles spurlos verschwunden. Dem Studenten Anselmus war es, als schnüre ein Ungetüm ihm die Kehle   -10-
zusammen - er konnte kein Wort herausbringen. So stand er da,
das unglückliche Blatt in der Hand, aber der Archivarius Lindhorst lachte laut auf und sagte: "Lassen Sie sich das nicht anfechten, wertester Hr. Anselmus; was sie bisher nicht vollbringen konnten, wird hier bei mir vielleicht besser sich fügen; -15-
ohnedies* finden Sie ein besseres Material, als Ihnen sonst wohl
zu Gebote* stand! - Fangen Sie nur getrost an!" - Der Archivarius Lindhorst holte erst eine flüssige schwarze Masse, die
einen ganz eigentümlichen Geruch verbreitete, sonderbar gefärbte
scharf zugespitzte Federn und ein Blatt von besonderer Weiße und -20-
Glätte, dann aber ein arabisches Manuskript aus einem verschlossenen Schranke herbei, und sowie Anselmus sich zur Arbeit
gesetzt, verließ er das Zimmer. Der Student Anselmus hatte schon
öfters arabische Schrift kopiert, die erste Aufgabe schien ihm
daher nicht so schwer zu lösen. "Wie die Hahnenfüße in meine   -25-
schöne Kursivschrift gekommen, mag Gott und der Archivarius
Lindhorst wissen", sprach er, "aber daß sie nicht von **meiner**
Hand sind, darauf will ich sterben." - Mit jedem Worte, das nun
wohlgelungen auf dem Pergamente stand, wuchs sein Mut und mit
ihm seine Geschicklichkeit. In der Tat schrieb es sich mit den   -30-
Federn auch ganz herrlich, und die geheimnisvolle Tinte floß
rabenschwarz und gefügig* auf das blendend weiße Pergament. Als
er nun so emsig und mit angestrengter Aufmerksamkeit arbeitete,
wurde es ihm immer heimlicher* in dem einsamen Zimmer, und er
hatte sich schon ganz in das Geschäft, welches er glücklich zu   -35-
vollenden hoffte, geschickt, als auf den Schlag drei Uhr ihn der
Archivarius in das Nebenzimmer zu dem wohlbereiteten Mittagsmahl
rief. Bei Tische war der Archivarius Lindhorst bei ganz besonderer heiterer Laune; er erkundigte sich nach des Studenten
Anselmus Freunden, dem Konrektor Paulmann und dem Registrator   -40-
Heerbrand, und wußte vorzüglich von dem letztern recht viel
Ergötzliches zu erzählen. Der gute alte Rheinwein schmeckte dem
Anselmus gar sehr und machte ihn gesprächiger, als er wohl sonst
zu sein pflegte. Auf den Schlag vier Uhr stand er auf, um an
seine Arbeit zu gehen, und diese Pünktlichkeit schien dem Archi- -45-
varius Lindhorst wohl zu gefallen. War ihm schon vor dem Essen
das Kopieren der arabischen Zeichen geglückt, so ging die Arbeit

-----

6: successful. 16: besides. 17: =**zur Verfügung** was at your
disposal. 32: accommodatingly. 34: more comfortable, at home.

jetzt noch viel besser vonstatten, ja er konnte selbst die
Schnelle und Leichtfertigkeit nicht begreifen, womit er die
krausen Züge der fremden Schrift nachzumalen vermochte. - Aber
es war, als flüstre aus dem innersten Gemüte eine Stimme in vernehmlichen Worten: "Ach! könntest du denn das vollbringen, wenn   -5-
du sie nicht in Sinn und Gedanken trügest, wenn du nicht an sie,
an ihre Liebe glaubtest?" - Da wehte es wie in leisen, leisen,
lispelnden Kristallklängen durch das Zimmer: "Ich bin dir nahe -
nahe - nahe! - ich helfe dir - sei mutig - sei standhaft, lieber
Anselmus! - ich mühe mich mit dir, damit du mein werdest!" Und   -10-
sowie er voll innern Entzückens die Töne vernahm, wurden ihm
immer verständlicher die unbekannten Zeichen - er durfte* kaum
mehr hineinblicken in das Original - ja es war, als stünden
schon wie in blasser Schrift die Zeichen auf dem Pergament, und
er dürfe sie nur mit geübter Hand schwarz überziehen. So ar-   -15-
beitete er fort von lieblichen tröstenden Klängen, wie vom süßen
zarten Hauch umflossen, bis die Glocke sechs Uhr schlug und der
Archivarius Lindhorst in das Zimmer trat. Er ging sonderbar
lächelnd an den Tisch, Anselmus stand schweigend auf, der Archivarius sah ihn noch immer so wie in höhnendem Spott lächelnd an, -20-
kaum hatte er aber in die Abschrift geblickt, als das Lächeln in
dem tiefen feierlichen Ernst unterging, zu dem sich alle Muskeln
des Gesichts verzogen. - Bald schien er nicht mehr derselbe. Die
Augen, welche sonst funkelndes Feuer strahlten, blickten jetzt
mit unbeschreiblicher Milde den Anselmus an, eine sanfte Röte   -25-
färbte die bleichen Wangen, und statt der Ironie, die sonst den
Mund zusammenpreßte, schienen die weichgeformten anmutigen Lippen sich zu öffnen zur weisheitvollen innern Gemüt dringenden Rede.
- Die ganze Gestalt war höher, würdevoller; der weite Schlafrock
legte sich wie ein Königsmantel in breiten Falten um Brust und   -30-
Schultern, und durch die weißen Löckchen, welche an der hohen
offenen Stirn lagen, schlang sich ein schmaler goldner Reif*.
"Junger Mensch", fing der Archivarius an im feierlichen Ton,
"junger Mensch, ich habe, noch ehe du es ahnetest, all die
geheimen Beziehungen erkannt, die dich an mein Liebstes,   -35-
Heiligstes fesseln! - Serpentina liebt dich, und ein seltsames
Geschick, dessen verhängnisvollen Faden feindliche Mächte spannen, ist erfüllt, wenn sie dein wird, und wenn du als notwendige
Mitgift den goldnen Topf erhältst, der ihr Eigentum ist. Aber
nur dem Kampfe entsprießt dein Glück im höheren Leben. Feind-   -40-
liche Prinzipe fallen dich an, und nur die innere Kraft, mit der
du den Anfechtungen widerstehst, kann dich retten von Schmach
und Verderben. Indem du hier arbeitest, überstehst du deine
Lehrzeit; Glauben und Erkenntnis führen dich zum nahen Ziele,
wenn du festhältst an dem, was du beginnen mußtest. Trage sie   -45-
recht getreulich im Gemüte, sie, die dich liebt, und du wirst
die herrlichen Wunder des goldnen Topfs schauen und glücklich
sein immerdar. - Gehab dich wohl*! der Archivarius Lindhorst

12: =brauchte (zu), and passim. 32: ring, circle. 48: Farewell!

erwartet dich morgen um zwölf Uhr in deinem Kabinett!* - Gehab
dich wohl!" - Der Archivarius schob den Studenten Anselmus sanft
zur Tür hinaus, die er dann verschloß, und er befand sich in dem
Zimmer, in welchem er gespeiset, dessen einzige Tür auf den Flur
führte. Ganz betrübt von den wunderbaren Erscheinungen blieb er -5-
vor der Haustür stehen, da wurde über ihm ein Fenster geöffnet,
er schaute hinauf, es war der Archivarius Lindhorst; ganz der
Alte im weißgrauen Rocke, wie er ihn sonst gesehen. - Er rief
ihm zu: "Ei, werter Hr. Anselmus, worüber sinnen Sie denn so,
was gilt's, das Arabische geht Ihnen nicht aus dem Kopf? Grüßen -10-
Sie doch den Herrn Konrektor Paulmann, wenn Sie etwa zu ihm
gehen, und kommen Sie morgen Punkt zwölf Uhr wieder. Das Honorar
für heute steckt bereits in Ihrer rechten Westentasche." - Der
Student Anselmus fand wirklich den blanken Speziestaler in der
bezeichneten Tasche, aber er freute sich gar nicht darüber. - -15-
"Was aus dem allen werden wird, weiß ich nicht", sprach er zu
sich selbst - "umfängt mich aber auch nur ein toller Wahn und
Spuk, so lebt und webt doch in meinem Innern die liebliche Serpentina, und ich will, ehe ich von ihr lasse, lieber untergehen
ganz und gar, denn ich weiß doch, daß der Gedanke in mir ewig -20-
ist, und kein feindliches Prinzip kann ihn vernichten; aber ist
der Gedanke denn was anders, als Serpentinas Liebe?"

                    SIEBENTE* VIGILIE
      Wie der Konrektor Paulmann die Pfeife ausklopfte und zu Bett
               ging - Rembrandt und Höllenbreughel -
    Der Zauberspiegel und des Doktors Eckstein Rezept gegen eine
                    unbekannte Krankheit

    Endlich klopfte der Konrektor Paulmann die Pfeife aus,
sprechend: "Nun ist es doch wohl Zeit, sich zur Ruhe zu begeben." - "Jawohl", erwiderte die durch des Vaters längeres Auf- -25-
bleiben beängstete Veronika: denn es schlug längst zehn Uhr.
Kaum war nun der Konrektor in sein Studier- und Schlafzimmer
gegangen, kaum hatten Fränzchens schwerere Atemzüge kund getan*,
daß sie wirklich fest eingeschlafen, als Veronika, die sich zum
Schein auch ins Bett gelegt, leise, leise, wieder aufstand, sich -30-
anzog, den Mantel umwarf und zum Hause hinausschlüpfte. - Seit
dem Augenblick, als Veronika die alte Liese verlassen, stand ihr
unaufhörlich der Anselmus vor Augen, und sie wußte selbst nicht,
welch eine fremde Stimme im Innern ihr immer und ewig wiederholte, daß sein Widerstreben von einer ihr feindlichen Person -35-
herrühre, die ihn in Banden halte, welche Veronika durch geheimnisvolle Mittel der magischen Kunst zerreißen könne. Ihr Vertrauen auf die alte Liese wuchs mit jedem Tage, und selbst der
Eindruck des Unheimlichen, Grausigen stumpfte sich ab, so daß

1: private room. before 23: =SIEBTE. 28: announced.

alles Wunderliche, Seltsame ihres Verhältnisses mit der Alten
ihr nur im Schimmer des Ungewöhnlichen, Romanhaften erschien,
wovon sie eben recht angezogen wurde. Deshalb stand auch der
Vorsatz bei ihr fest, selbst mit Gefahr vermißt zu werden und in
tausend Unannehmlichkeiten zu geraten, das Abenteuer der Tag- -5-
und Nachtgleiche zu bestehen. Endlich war nun die verhängnis-
volle Nacht des Äquinoktiums, in der ihr die alte Liese Hülfe
und Trost verheißen*, eingetreten, und Veronika, mit dem
Gedanken der nächtlichen Wanderung längst vertraut geworden,
fühlte sich ganz ermutigt. Pfeilschnell flog sie durch die ein- -10-
samen Straßen, des Sturms* nicht achtend, der durch die Lüfte
brauste und ihr die dicken Regentropfen ins Gesicht warf. - Mit
dumpfem dröhnenden Klange schlug die Glocke des Kreuzturms eilf
Uhr, als Veronika ganz durchnäßt vor dem Hause der Alten stand.
"Ei Liebchen, Liebchen, schon da! - nun warte, warte!" rief es -15-
von oben herab - und gleich darauf stand auch die Alte, mit
einem Korbe beladen und von ihrem Kater begleitet, vor der Tür.
"So wollen wir denn gehen und tun und treiben, was ziemlich* ist
und gedeiht in der Nacht, die dem Werke günstig*", dies
sprechend, ergriff die Alte mit kalter Hand die zitternde -20-
Veronika, welcher sie den schweren Korb zu tragen gab, während
sie selbst einen Kessel, Dreifuß und Spaten auspackte. Als sie
ins Freie kamen, regnete es nicht mehr, aber der Sturm war
stärker geworden; tausendstimmig heulte es in den Lüften. Ein
entsetzlicher herzzerschneidender Jammer tönte herab aus den -25-
schwarzen Wolken, die sich in schneller Flucht zusammenballten
und alles einhüllten in dicke Finsternis. Aber die Alte schritt
rasch fort, mit gellender Stimme rufend: "Leuchte - leuchte mein
Junge!" Da schlängelten und kreuzten sich blaue Blitze vor ihnen
her, und Veronika wurde inne*, daß der Kater knisternde Funken -30-
sprühend und leuchtend vor ihnen herumsprang, und dessen ängst-
liches grausiges Zetergeschrei sie vernahm, wenn der Sturm nur
einen Augenblick schwieg. - Ihr wollte der Atem vergehen, es war
als griffen eiskalte Krallen in ihr Inneres, aber gewaltsam
raffte sie sich zusammen, und sich fester an die Alte klammernd -35-
sprach sie: "Nun muß alles vollbracht werden, und es mag
geschehen, was da will!" - "Recht so, mein Töchterchen!" erwiderte die Alte, "bleibe fein standhaft, und ich schenke dir was
Schönes und den Anselmus obendrein*!" Endlich stand die Alte
still, und sprach: "Nun sind wir an Ort und Stelle!" Sie grub -40-
ein Loch in die Erde, schüttete Kohlen hinein und stellte den
Dreifuß darüber, auf den sie den Kessel setzte. Alles dieses
begleitete sie mit seltsamen Gebärden, während der Kater sie
umkreiste. Aus seinem Schweif sprühten Funken, die einen Feuerreif bildeten. Bald fingen die Kohlen an zu glühen, und endlich -45-
schlugen blaue Flammen unter dem Dreifuß hervor. Veronika mußte
Mantel und Schleier ablegen und sich bei der Alten niederkauern,

-----

8: =versprochen (hatte). 11: =auf den Sturm. 18: becoming, fit.
19: sc. ist. 30: perceived. 39: to boot.

die ihre Hände ergriff und fest drückte, mit den funkelnden
Augen das Mädchen anstarrend. Nun fingen die sonderbaren Massen
- waren es Blumen - Metalle - Kräuter - Tiere, man konnte es
nicht unterscheiden - die die Alte aus dem Korbe genommen und in
den Kessel geworfen, an zu sieden und zu brausen. Die Alte ließ -5-
Veronika los, sie ergriff einen eisernen Löffel, mit dem sie in
die glühende Masse hineinfuhr und darin rührte, während Veronika
auf ihr Geheiß* festen Blickes in den Kessel hineinschauen und
ihre Gedanken auf den Anselmus richten mußte. Nun warf die Alte
aufs neue blinkende Metalle und auch eine Haarlocke, die sich -10-
Veronika vom Kopfwirbel* geschnitten, sowie einen kleinen Ring,
den sie lange getragen, in den Kessel, indem sie unverständliche, durch die Nacht grausig gellende Töne ausstieß, und der
Kater im unaufhörlichen Rennen winselte und ächzte. -- Ich
wollte, daß du, günstiger Leser! am dreiundzwanzigsten September -15-
auf der Reise nach Dresden begriffen* gewesen wärest; vergebens
suchte* man, als der späte Abend hereinbrach, dich auf der
letzten Station aufzuhalten; der freundliche Wirt stellte dir
vor*, es stürme und regne doch gar zu sehr, und überhaupt sei es
auch nicht geheuer* in der Äquinoktialnacht so ins Dunkle hine- -20-
einzufahren, aber du achtetest dessen nicht, indem du ganz richtig annahmst: ich zahle dem Postillion einen ganzen Taler Trinkgeld und bin spätestens um ein Uhr in Dresden, wo mich im
Goldnen Engel oder im Helm* oder in der Stadt Naumburg ein gut
zugerichtetes Abendessen und ein weiches Bett erwartet. Wie du -25-
nun so in der Finsternis daherfährst, siehst du plötzlich in der
Ferne ein ganz seltsames flackerndes Leuchten. Näher gekommen
erblickst du einen Feuerreif, in dessen Mitte bei einem Kessel,
aus dem dicker Qualm und blitzende rote Strahlen und Funken
emporschießen, zwei Gestalten sitzen. Gerade durch das Feuer -30-
geht der Weg, aber die Pferde prusten und stampfen und bäumen
sich* - der Postillion flucht und betet - und peitscht auf die
Pferde hinein - sie gehen nicht von der Stelle. - Unwillkürlich
springst du aus dem Wagen und rennst einige Schritte vorwärts.
Nun siehst du deutlich das schlanke holde Mädchen, die im weißen -35-
dünnen Nachtgewande bei dem Kessel kniet. Der Sturm hat die
Flechten aufgelöst und das lange kastanienbraune Haar flattert
frei in den Lüften. Ganz im blendenden Feuer der unter dem
Dreifuß emporflackernden Flammen steht das engelschöne Gesicht,
aber in dem Entsetzen, das seinen Eisstrom darüber goß, ist es -40-
erstarrt zur Totenbleiche, und in dem stieren Blick, in den hin-
aufgezogenen Augenbrauen, in dem Munde, der sich vergebens dem
Schrei der Todesangst öffnet, welcher sich nicht entwinden kann
der von namenloser Folter gepreßten Brust, siehst du ihr
Grausen, ihr Entsetzen; die kleinen Händchen hält sie krampfhaft -45-
zusammengefaltet in die Höhe, als riefe sie betend die Schutz-

-----

8: bidding.   11: crown of the head. 16: engaged in. 17: sought.
19: explained, made clear.   20: uncanny. 24: tavern names. 32:
rear up.

engel herbei, sie zu schirmen vor den Ungetümen der Hölle, die
dem mächtigen Zauber gehorchend nun gleich erscheinen werden! -
So kniet sie da unbeweglich wie ein Marmorbild. Ihr gegenüber
sitzt auf dem Boden niedergekauert ein langes, hageres, kupfer-
gelbes Weib mit spitzer Habichtsnase und funkelnden Katzenaugen;   -5-
aus dem schwarzen Mantel, den sie umgeworfen, starren die
nackten knöchernen Arme hervor, und rührend in dem Höllensud*
lacht und ruft sie mit krächzender Stimme durch den brausenden
tosenden Sturm. - Ich glaube wohl, daß dir, günstiger Leser!
kenntest du auch sonst keine Furcht und Scheu, sich doch bei   -10-
dem Anblick dieses Rembrandtschen oder Höllenbreughelschen*
Gemäldes, das nun ins Leben getreten, vor Grausen die Haare auf
dem Kopfe gesträubt hätten. Aber dein Blick konnte nicht los-
kommen von dem im höllischen Treiben befangenen Mädchen, und der
elektrische Schlag, der durch alle deine Fibern und Nerven zit-   -15-
terte, entzündete mit der Schnelligkeit des Blitzes in dir den
mutigen Gedanken Trotz zu bieten den geheimnisvollen Mächten des
Feuerkreises; in ihm ging dein Grausen unter, ja der Gedanke
selbst keimte auf in diesem Grausen und Entsetzen als dessen
Erzeugnis. Es war dir, als seist du selbst der Schutzengel   -20-
einer*, zu denen das zum Tode geängstigte Mädchen flehte, ja als
müßtest du nur gleich dein Taschenpistol hervorziehen, und die
Alte ohne weiteres totschießen! Aber, indem du das lebhaft
dachtest, schriest du laut auf: "Heda!" oder: "Was gibt es
dorten*", oder: "Was treibt ihr da!" - Der Postillion stieß   -25-
schmetternd in sein Horn, die Alte kugelte um in ihren Sud hinein, und alles war mit einem Mal verschwunden in dickem Qualm. -
Ob du das Mädchen, das du nun mit recht innigem Verlangen in der
Finsternis suchtest, gefunden hättest, mag ich nicht behaupten,
aber den Spuk des alten Weibes hattest du zerstört, und den Bann   -30-
des magischen Kreises, in den sich Veronika leichtsinnig
begeben, gelöset. - Weder du, günstiger Leser! noch sonst
jemand, fuhr oder ging aber am dreiundzwanzigsten September in
der stürmischen, den Hexenkünsten günstigen* Nacht des Weges*,
und Veronika mußte ausharren* am Kessel in tödlicher Angst, bis   -35-
das Werk der Vollendung nahe*. - Sie vernahm wohl, wie es um sie
her heulte und brauste, wie allerlei widrige Stimmen durcheinander blökten und schnatterten, aber sie schlug die Augen
nicht auf, denn sie fühlte, wie der Anblick des Gräßlichen, des
Entsetzlichen, von dem sie umgeben, sie in unheilbaren zer-   -40-
störenden Wahnsinn stürzen könne. Die Alte hatte aufgehört im
Kessel zu rühren, immer schwächer und schwächer wurde der Qualm,
und zuletzt brannte nur eine leichte Spiritusflamme im Boden des

-----

7: Sud brew. 10: sc. selbst wenn; =würdest kennen. 11: the
Flemish painter Pieter Breughel the Elder (c. 1520-1569) as a
painter of fantastic scenes (e.g., The Fall of the Rebel
Angels). 21: =einer der Schutzengel. 25: =dort. 34: (stormy
night) favorable for witchcraft; =den Weg, auf dem Wege. 35:
=warten. 36: sc. war.

Kessels. Da rief die Alte: "Veronika, mein Kind! mein Liebchen!
schau hinein in den Grund*! - was siehst du denn - was siehst du
denn?" - Aber Veronika vermochte nicht zu antworten, unerachtet
es ihr schien, als drehten sich allerlei verworrene Figuren im
Kessel durcheinander; immer deutlicher und deutlicher gingen   -5-
Gestalten hervor, und mit einem Mal trat, sie freundlich anblickend und die Hand ihr reichend, der Student Anselmus aus der
Tiefe des Kessels. Da rief sie laut: "Ach, der Anselmus! - der
Anselmus!" - Rasch öffnete die Alte den am Kessel befindlichen
Hahn, und glühendes Metall strömte zischend und prasselnd in   -10-
eine kleine Form, die sie danebengestellt. Nun sprang das Weib
auf und kreischte, mit wilder gräßlicher Gebärde sich herum-
schwingend: "Vollendet ist das Werk - Dank dir, mein Junge! -
hast Wache gehalten - Hui - Hui - er kommt! - beiß ihn tot -
beiß ihn tot!" Aber da brauste es mächtig durch die Lüfte, es   -15-
war, als rausche ein ungeheurer Adler herab, mit den Fittigen um
sich schlagend, und es rief mit entsetzlicher Stimme: "Hei, hei!
- ihr Gesindel! nun ist's aus - nun ist's aus - fort zu Haus!"
Die Alte stürzte heulend nieder, aber der Veronika vergingen
Sinn und Gedanken. - Als sie wieder zu sich selbst kam, war es   -20-
heller Tag geworden, sie lag in ihrem Bette und Fränzchen stand
mit einer Tasse dampfenden Tees vor ihr, sprechend: "Aber sage
mir nur, Schwester, was dir ist, daß stehe ich nun schon eine
Stunde oder länger vor dir, und du liegst wie in der Fieberhitze
besinnungslos da und stöhnst und ächzest, daß uns angst und   -25-
bange wird. Der Vater ist deinetwegen heute nicht in die Klasse
gegangen, und wird gleich mit dem Herrn Doktor hereinkommen." -
Veronika nahm schweigend den Tee; indem sie ihn hinunter-
schlürfte, traten ihr die gräßlichen Bilder der Nacht lebhaft
vor Augen. "So war denn wohl alles nur ein ängstlicher Traum,   -30-
der mich gequält hat? - Aber ich bin doch gestern abend wirklich
zur Alten gegangen, es war ja der dreiundzwangzigste September?
- Doch bin ich wohl schon gestern recht krank geworden und habe
mir das alles nur eingebildet, und nichts hat mich krank
gemacht, als das ewige Denken an den Anselmus und an die wunder- -35-
liche alte Frau, die sich für die Liese ausgab und mich wohl nur
damit geneckt hat." - Fränzchen, die hinausgegangen, trat wieder
herein mit Veronikas ganz durchnäßtem Mantel in der Hand. "Sieh
nur, Schwester!" sagte sie, "wie es deinem Mantel ergangen ist;
da hat der Sturm in der Nacht das Fenster aufgerissen und den   -40-
Stuhl, auf dem der Mantel lag, umgeworfen; da hat es nun wohl
hineingeregnet, denn der Mantel ist ganz naß." - Das fiel der
Veronika schwer aufs Herz, denn sie merkte nun wohl, daß nicht
ein Traum sie gequält, sondern daß sie wirklich bei der Alten
gewesen. Da ergriff sie Angst und Grausen, und ein Fieberfrost   -45-
zitterte durch alle Glieder. Im krampfhaften Erbeben zog sie die
Bettdecke fest über sich; aber da fühlte sie, daß etwas Hartes
ihre Brust drückte, und als sie mit der Hand danach faßte,

2: bottom, dregs (of the kettle).

schien es ein Medaillon zu sein; sie zog es hervor, als
Fränzchen mit dem Mantel fortgegangen, und es war ein kleiner
runder hell polierter Metallspiegel. "Das ist ein Geschenk der
Alten", rief sie lebhaft, und es war, als schössen feurige
Strahlen aus dem Spiegel, die in ihr Innerstes drangen und es -5-
wohltuend erwärmten. Der Fieberfrost war vorüber und es durchströmte sie ein unbeschreibliches Gefühl von Behaglichkeit und
Wohlsein. - An den Anselmus mußte sie denken, und als sie immer
fester und fester den Gedanken auf ihn richtete, da lächelte er
ihr freundlich aus dem Spiegel entgegen wie ein lebhaftes -10-
Miniatur-Porträt. Aber bald war es ihr, als sähe sie nicht mehr
das Bild - nein! - sondern den Studenten Anselmus selbst
leibhaftig*. Er saß in einem hohen seltsam ausstafierten Zimmer
und schrieb emsig. Veronika wollte zu ihm hintreten, ihn auf die
Schultern klopfen und sprechen: "Herr Anselmus, schauen Sie doch -15-
um sich, ich bin ja da!" Aber das ging durchaus nicht an, denn
es war, als umgäbe ihn ein leuchtender Feuerstrom, und wenn
Veronika recht genau hinsah, waren es doch nur große Bücher mit
vergoldetem Schnitt. Aber endlich gelang es der Veronika, den
Anselmus ins Auge zu fassen; da war es, als müsse er im -20-
Anschauen sich erst auf sie besinnen, doch endlich lächelte er
und sprach: "Ach! - sind Sie es, liebe Mademoiselle Paulmann?
Aber warum belieben Sie sich denn zuweilen als ein Schlänglein
zu gebärden?" Veronika mußte über diese seltsamen Worte laut
auflachen; darüber erwachte sie wie aus einem tiefen Traume, und -25-
sie verbarg schnell den kleinen Spiegel, als die Tür aufging und
der Konrektor Paulmann mit dem Doktor Eckstein ins Zimmer kam.
Der Doktor Eckstein ging sogleich ans Bett, faßte, lange in
tiefem Nachdenken versunken, Veronikas Puls und sagte dann: "Ei!
- Ei!" Hierauf schrieb er ein Rezept, faßte noch einmal den -30-
Puls, sagte wiederum: "Ei! Ei!" und verließ die Patientin. Aus
diesen Äußerungen des Doktors Eckstein konnte aber der Konrektor
Paulmann nicht recht deutlich entnehmen, was der Veronika denn
wohl eigentlich fehlen möge*.

13: in person. 34: might be wrong with.

ACHTE VIGILIE
Die Bibliothek der Palmbäume - Schicksale eines unglücklichen
Salamanders - Wie die schwarze Feder eine Runkelrübe liebkosete
und der Registrator Heerbrand sich sehr betrank

Der Student Anselmus hatte nun   schon mehrere Tage bei dem
Archivarius Lindhorst gearbeitet; diese Arbeitsstunden waren für
ihn die glücklichsten seines Lebens, denn immer von lieblichen
Klängen, von Serpentinas tröstenden Worten umflossen, ja oft von
einem vorübergleitenden Hauche leise berührt, durchströmte ihn   -5-
eine nie gefühlte Behaglichkeit, die oft bis zur höchsten Wonne
stieg. Jede Not, jede kleinliche Sorge seiner dürftigen Existenz
war ihm aus Sinn und Gedanken entschwunden, und in dem neuen
Leben, das ihm wie im hellen Sonnenglanze aufgegangen, begriff
er alle Wunder einer höheren Welt, die ihn sonst mit Staunen, ja   -10-
mit Grausen erfüllt hatten. Mit dem Abschreiben ging es sehr
schnell, indem es ihn immer mehr dünkte, er schreibe nur längst
gekannte Züge auf das Pergament hin und dürfe kaum nach dem
Original sehen, um alles mit der größten Genauigkeit nachzumalen. - Außer der Tischzeit ließ sich der Archivarius Lind-   -15-
horst nur dann und wann sehen, aber jedesmal erschien er genau
in dem Augenblick, wenn Anselmus eben die letzten Zeichen einer
Handschrift vollendet hatte, und gab ihm dann eine andere,
verließ ihn aber gleich wieder schweigend, nachdem er nur mit
einem schwarzen Stäbchen die Tinte umgerührt und die gebrauchten   -20-
Federn mit neuen schärfer gespitzten vertauscht hatte. Eines
Tages, als Anselmus mit dem Glockenschlag Zwölf bereits die
Treppe hinaufgestiegen, fand er die Tür, durch die er gewöhnlich
hineingegangen, verschlossen, und der Archivarius Lindhorst erschien in seinem wunderlichen wie mit glänzenden Blumen be-   -25-
streuten Schlafrock von der andern Seite. Er rief laut: "Heute
kommen Sie nur hier herein, werter Anselmus, denn wir müssen in
das Zimmer, wo Bhogovotgitas* Meister unsrer* warten."   Er
schritt durch den Korridor und führte Anselmus durch dieselben
Gemächer und Säle, wie das erste Mal. - Der Student Anselmus   -30-
erstaunte aufs neue   über die wunderbare Herrlichkeit des
Gartens, aber er sah nun deutlich, daß manche seltsame Blüten,
die an den dunkeln Büschen hingen, eigentlich in glänzenden
Farben prunkende Insekten waren, die mit den Flüglein auf und
nieder schlugen und durcheinander tanzend und wirbelnd sich mit   -35-
ihren Saugrüsseln* zu liebkosen schienen. Dagegen waren wieder
die rosenfarbnen und himmelblauen Vögel duftende Blumen, und der
Geruch, den sie verbreiteten, stieg aus ihren Kelchen empor in
leisen lieblichen Tönen, die sich mit dem Geplätscher der fernen
Brunnen, mit dem Säuseln der hohen Stauden und Bäume zu geheim-   -40-

-----
28: **Bhagadvad-Gita**, a sacred Hindu text within the **Mahabharata,**
an ancient Sanskrit epic; =**auf uns.**   36: proboscis, a tubular
sucking organ in some insects.

nisvollen Akkorden einer tiefklagenden Sehnsucht vermischten.
Die Spottvögel, die ihn das erste Mal so geneckt und gehöhnt,
flatterten ihm jeder um den Kopf und schrieen mit ihren feinen
Stimmchen unaufhörlich: "Herr Studiosus, Herr Studiosus, eilen
Sie nicht so - kucken Sie nicht so in die Wolken - Sie könnten -5-
auf die Nase fallen. - He, he! Herr Studiosus - nehmen Sie den
Pudermantel um - Gevatter Schuhu* soll Ihnen den Toupet fri-
sieren." - So ging es fort in allerlei dummem Geschwätz, bis
Anselmus den Garten verlassen. Der Archivarius Lindhorst trat
endlich in das azurblaue Zimmer; der Porphyr mit dem goldnen -10-
Topf was verschwunden, statt dessen stand ein mit violettem Samt
behangener Tisch, auf dem die dem Anselmus bekannten Schreibmaterialien befindlich*, in der Mitte des Zimmers, und ein ebenso beschlagener Lehnstuhl stand vor demselben. "Lieber Hr.
Anselmus", sagte der Archivarius Lindhorst, "Sie haben nun schon -15-
manches Manuskript schnell und richtig zu meiner großen Zufriedenheit kopiert; Sie haben sich mein Zutrauen erworben; das
Wichtigste bleibt aber noch zu tun übrig, und das ist das Abschreiben oder vielmehr Nachmalen gewisser in besondern Zeichen
geschriebener Werke, die ich hier in diesem Zimmer aufbewahre -20-
und die nur an Ort und Stelle kopiert werden können. - Sie
werden daher künftig hier arbeiten, aber ich muß Ihnen die
größte Vorsicht und Aufmerksamkeit empfehlen; ein falscher
Strich, oder was der Himmel verhüten möge*, ein Tintenfleck auf
das Original gespritzt, stürzt Sie ins Unglück." - Anselmus -25-
bemerkte, daß aus den goldnen Stämmen der Palmbäume kleine
smaragdgrüne Blätter herausragten; eins dieser Blätter erfaßte
der Archivarius, und Anselmus wurde gewahr*, daß das Blatt
eigentlich in einer Pergamentrolle bestand, die der Archivarius
aufwickelte und vor ihm auf den Tisch bereitete. Anselmus -30-
wunderte sich nicht wenig über die seltsam verschlungenen
Zeichen, und bei dem Anblick der vielen Pünktchen, Striche und
Züge und Schnörkel, die bald Pflanzen, bald Moose, bald Tier-
gestalten darzustellen schienen, wollte ihm beinahe der Mut
sinken, alles so genau nachmalen zu können. Er geriet darüber in -35-
tiefe Gedanken. "Mut gefaßt, junger Mensch!" rief der Archivarius, "hast du bewährten Glauben und wahre Liebe, so hilft dir
Serpentina!" Seine Stimme tönte wie klingendes Metall, und als
Anselmus in jähem Schreck aufblickte, stand der Archivarius
Lindhorst in der königlichen Gestalt vor ihm, wie er ihm bei dem -40-
ersten Besuch im Bibliothek-Zimmer erchienen. Es war dem
Anselmus, als müsse er von Ehrfurcht durchdrungen auf die Kniee
sinken, aber da stieg der Archivarius Lindhorst an dem Stamm
eines Palmbaums in die Höhe und verschwand in den smaragdenen
Blättern. - Der Student Anselmus begriff, daß der Geisterfürst -45-
mit ihm gesprochen und nun in sein Studierzimmer hinaufgestiegen, um vielleicht mit den Strahlen, die einige Planeten

-----
7: cousin owl.   13: s.c. **waren**.   24: may heaven forbid, preserve.
28: noticed.

als Gesandte zu ihm geschickt, Rücksprache zu halten, was nun
mit ihm und der holden Serpentina geschehen solle. - Auch kann
es sein, dachte er ferner, daß ihn Neues von den Quellen des
Nils erwartet, oder daß ein Magus* aus Lappland ihn besucht -
mir geziemt es nun, emsig an die Arbeit zu gehen. - Und damit   -5-
fing er an die fremden Zeichen der Pergamentrolle zu studieren.
- Die wunderbare Musik des Gartens tönte zu ihm herüber und
umgab ihn mit süßen lieblichen Düften, auch hörte er wohl die
Spottvögel kickern, doch verstand er ihre Worte nicht, was ihm
auch recht lieb war. Zuweilen war es auch, als rauschten die   -10-
smaragdenen Blätter der Palmbäume, und als strahlten dann die
holden Kristallklänge, welche Anselmus an jenem verhängnisvollen
Himmelfahrtstage unter dem Holunderbusch hörte, durch das
Zimmer. Der Student Anselmus, wunderbar gestärkt durch dies
Tönen und Leuchten, richtete immer fester und fester Sinn und   -15-
Gedanken auf die Überschrift der Pergamentrolle, und bald fühlte
er wie aus dem Innersten heraus, daß die Zeichen nichts anders
bedeuten könnten, als die Worte: Von der Vermählung des Salamanders mit der grünen Schlange. - Da ertönte ein starker Dreiklang
heller Kristallglocken. - "Anselmus, lieber Anselmus", wehte es   -20-
ihm zu aus den Blättern, und o Wunder! an dem Stamm des Palmbaums schlängelte sich die grüne Schlange herab. - "Serpentina!
holde Serpentina!" rief Anselmus wie im Wahnsinn des höchsten
Entzückens, denn sowie er schärfer hinblickte, da war es ja ein
liebliches herrliches Mädchen, die mit den dunkelblauen Augen,   -25-
wie sie in seinem Innern lebten, voll unaussprechlicher Sehnsucht ihn anschauend, ihm entgegenschwebte. Die Blätter schienen
sich herabzulassen und auszudehnen, überall sproßten Stacheln
aus den Stämmen, aber Serpentina wand und schlängelte sich
geschickt durch, indem sie ihr flatterndes, wie in schillernden   -30-
Farben glänzendes Gewand nach sich zog, so daß es sich dem
schlanken Körper anschmiegend nirgends hängen blieb an den her-
vorragenden Spitzen und Stacheln der Palmbäume. Sie setzte sich
neben dem Anselmus auf denselben Stuhl, ihn mit dem Arm um-
schlingend und an sich drückend, so daß er den Hauch, der von   -35-
ihren Lippen strömte, die elektrische Wärme ihres Körpers
fühlte. "Lieber Anselmus!" fing Serpentina an, "nun bist du bald
ganz mein, durch deinen Glauben, durch deine Liebe erringst du
mich, und ich bringe dir den goldnen Topf, der uns beide
beglückt immerdar." - "O du holde liebe Serpentina", sagte   -40-
Anselmus, "wenn ich nur dich habe, was kümmert mich sonst alles
übrige; wenn du nur mein bist, so will ich gern untergehen in
all dem Wunderbaren und Seltsamen, was mich befängt* seit dem
Augenblick, als ich dich sah." - "Ich weiß wohl", fuhr Serpentina fort, "daß das Unbekannte und Wunderbare, womit mein Vater   -45-
oft nur zum Spiel seiner Laune dich umfangen, Grausen und Entsetzen in dir erregt hat, aber jetzt soll es, wie ich hoffe,
nicht wieder geschehen, denn ich bin in diesem Augenblick nur

-----
4: magician. 43: engrosses.

da, um dir, mein lieber Anselmus, alles und jedes aus tiefem
Gemüte, aus tiefer Seele haarklein zu erzählen, was dir zu
wissen nötig, um meinen Vater ganz zu kennen, und überhaupt
recht deutlich einzusehen, was es mit ihm und mit mir für eine
Bewandtnis hat*." - Dem Anselmus war es, als sei er von der -5-
holden lieblichen Gestalt so ganz und gar umschlungen und um-
wunden, daß er sich nur mit ihr regen und bewegen könne, und als
sei es nur der Schlag ihres Pulses, der durch seine Fibern und
Nerven zittere; er horchte auf jedes ihrer Worte, das bis in
sein Innerstes hinein erklang, und wie ein leuchtender Strahl -10-
die Wonne des Himmels in ihm entzündete. Er hatte den Arm um
ihren schlanker als schlanken Leib gelegt, aber der schillernde
glänzende Stoff ihres Gewandes war so glatt, so schlüpfrig, daß
es ihm schien, als könne sie, sich ihm entwindend, unaufhaltsam
entschlüpfen, und er erbebte bei dem Gedanken. "Ach, verlaß mich -15-
nicht, holde Serpentina", rief er unwillkürlich aus, "nur du
bist mein Leben!" - "Nicht eher heute", sagte Serpentina, "als
bis ich alles erzählt habe, was du in deiner Liebe zu mir begreifen kannst. - Wisse also, Geliebter! daß mein Vater aus dem
wunderlichen Geschlecht der Salamander abstammt, und daß ich -20-
mein Dasein seiner Liebe zur grünen Schlange verdanke. In ur-
alter Zeit herrschte in dem Wunderlande Atlantis der mächtige
Geisterfürst Phosphorus, dem die Elementar-Geister dienten.
Einst ging der Salamander, den er vor allen liebte (es war mein
Vater), in dem prächtigen Garten, den des Phosphorus Mutter mit -25-
ihren schönsten Gaben auf das herrlichste geschmückt hatte,
umher, und hörte, wie eine hohe Lilie in leisen Tönen sang:
'Drücke fest die Äuglein zu, bis mein Geliebter, der Morgenwind,
dich weckt.' Er trat hinzu; von seinem glühenden Hauch berührt,
erschloß die Lilie ihre Blätter, und er erblickte der Lilie -30-
Tochter, die grüne Schlange, welche in dem Kelch schlummerte. Da
wurde der Salamander von heißer Liebe zu der schönen Schlange
ergriffen, und er raubte sie der Lilie, deren Düfte in namenloser Klage vergebens im ganzen Garten nach der geliebten
Tochter riefen. Denn der Salamander hatte sie in das Schloß des -35-
Phosphorus getragen, und bat ihn: 'Vermähle mich mit der Geliebten, denn sie soll mein eigen sein immerdar.' - 'Törichter, was
verlangst du!' sprach der Geisterfürst, 'wisse, daß einst die
Lilie meine Geliebte war und mit mir herrschte, aber der Funke,
den ich in sie warf, drohte sie zu vernichten, und nur der Sieg -40-
über den schwarzen Drachen, den jetzt die Erdgeister in Ketten
gebunden halten, erhielt* die Lilie, daß ihre Blätter stark
genug blieben, den Funken in sich zu schließen und zu bewahren.
Aber, wenn du die grüne Schlange umarmst, wird deine Glut den
Körper verzehren und ein neues Wesen schnell emporkeimend sich -45-
dir entschwingen.' Der Salamander achtete der Warnung des Geisterfürsten nicht; voll glühenden Verlangens schloß er die grüne
Schlange in seine Arme, sie zerfiel in Asche und ein geflügeltes

-----
5: what the case is with... 42: maintained, supported.

Wesen aus der Asche geboren rauschte fort durch die Lüfte. Da
ergriff den Salamander der Wahnsinn der Verzweiflung, und er
rannte Feuer und Flammen sprühend durch den Garten, und ver-
heerte ihn in wilder Wut, daß die schönsten Blumen und Blüten
verbrannt niedersanken und ihr Jammer die Luft erfüllte. Der   -5-
hocherzürnte Geisterfürst erfaßte im Grimm den Salamander und
sprach: 'Ausgeraset hat dein Feuer - erloschen sind deine Flammen, erblindet deine Strahlen - sinke herab zu den Erdgeistern,
die mögen dich necken und höhnen und gefangen halten, bis der
Feuerstoff sich wieder entzündet und mit dir als einem neuen   -10-
Wesen aus der Erde emporstrahlt.' Der arme Salamander sank erloschen hinab, da aber trat der alte mürrische Erdgeist, der des
Phosphorus Gärtner war, hinzu und sprach: 'Herr! wer sollte mehr
über den Salamander klagen, als ich! - Habe ich nicht all die
schönen Blumen, die er verbrannt, mit meinen schönsten Metallen -15-
geputzt, habe ich nicht ihre Keime wacker gehegt und gepflegt
und an ihnen manche schöne Farbe verschwendet*? - und doch nehme
ich des* armen Salamanders an, den nur die Liebe, von der du
selbst schon oft, o Herr! befangen, zur Verzweiflung getrieben,
in der er den Garten verwüstet. - Erlasse ihm die zu harte   -20-
Strafe!' - 'Sein Feuer ist für jetzt erloschen', sprach der
Geisterfürst, 'in der unglücklichen Zeit, wenn die Sprache der
Natur dem entarteten Geschlecht der Menschen nicht mehr verständlich sein*, wenn die Elementargeister in ihre Regionen
gebannt nur aus weiter Ferne in dumpfen Anklängen zu dem   -25-
Menschen sprechen werden, wenn dem harmonischen Kreise entrückt,
nur ein unendliches Sehnen ihm die dunkle Kunde* von dem wundervollen Reiche geben wird, das er sonst bewohnen durfte, als noch
Glaube und Liebe in seinem Gemüte wohnten - in dieser unglücklichen Zeit entzündet sich der Feuerstoff des Salamanders aufs   -30-
neue, doch nur zum Menschen keimt er empor und muß, ganz einge-
hend in das dürftige Leben, dessen Bedrängnisse ertragen. Aber
nicht allein die Erinnerung an seinen Urzustand soll ihm
bleiben, sondern er lebt auch wieder auf in der heiligen Harmonie mit der ganzen Natur, er versteht ihre Wunder und die Macht   -35-
der verbrüderten Geister steht ihm zu Gebote. In einem Lilien-
busch findet er dann die grüne Schlange wieder, und die Frucht
seiner Vermählung wird ihr sind drei Töchter, die den Menschen in
der Gestalt der Mutter erscheinen. Zur Frühlingszeit sollen sie
sich in den dunklen Holunderbusch hängen und ihre lieblichen   -40-
Kristallstimmen ertönen lassen. Findet sich dann in der
dürftigen armseligen Zeit der innern Verstocktheit ein Jüngling,
der ihren Gesang vernimmt, ja, blickt ihn eine der Schlänglein
mit ihren holdseligen Augen an, entzündet der Blick in ihm die
Ahnung des fernen wundervollen Landes, zu dem er sich mutig   -45-
emporschwingen kann, wenn er die Bürde des Gemeinen abgeworfen,
keimt mit der Liebe zur Schlange in ihm der Glaube an die Wunder
der Natur, ja an seine eigne Existenz in diesen Wundern glutvoll

-----

17: lavished. 18: =den. 24: sc. wird. 27: news, tidings.

und lebendig auf, so wird die Schlange sein. Aber nicht eher,
bis drei Jünglinge dieser Art erfunden und mit den drei Töchtern
vermählt werden, darf der Salamander seine lästige Bürde abwerfen und zu seinen Brüdern gehen.' - 'Erlaube, Herr', sagte
der Erdgeist, 'daß ich diesen drei Töchtern ein Geschenk mache,   -5-
das ihr Leben mit dem gefundenen Gemahl verherrlicht. Jede erhält von mir einen Topf vom schönsten Metall, das ich besitze,
den poliere ich mit Strahlen, die ich dem Diamant entnommen; in
seinem Glanze soll sich unser wundervolles Reich, wie es jetzt
im Einklang mit der ganzen Natur besteht, in blendendem herr-   -10-
lichen Widerschein abspiegeln, aus seinem Innern* aber in dem
Augenblick der Vermählung eine Feuerlilie entsprießen, deren
ewige Blüte den bewährt befundenen Jüngling süß duftend umfängt.
Bald wird er dann ihre Sprache, die Wunder unseres Reichs verstehen und selbst mit der Geliebten in Atlantis wohnen.' - Du   -15-
weißt nun wohl, lieber Anselmus! daß mein Vater eben der Salamander ist, von dem ich dir erzählt. Er mußte seiner höheren
Natur unerachtet sich den kleinlichsten Bedrängnissen des
gemeinen Lebens unterwerfen, und daher kommt wohl oft die scha-
denfrohe Laune, mit der er manche neckt. Er hat mir oft gesagt,   -20-
daß für die innere Geistesbeschaffenheit, wie sie der Geisterfürst Phosphorus damals als Bedingnis* der Vermählung mit mir
und meinen Schwestern aufgestellt, man jetzt einen Ausdruck
habe, der aber nur zu oft unschicklicherweise gemißbraucht
werde; man nenne das nämlich ein kindliches poetisches Gemüt. -   -25-
Oft finde man dieses Gemüt bei Jünglingen, die der hohen Ein-
fachheit ihrer Sitten wegen, und weil es ihnen ganz an der soge-
nanten Weltbildung fehle, von dem Pöbel verspottet würden. Ach,
lieber Anselmus! - Du verstandest ja unter dem Holunderbusch
meinen Gesang - meinen Blick - du liebst die grüne Schlange, du   -30-
glaubst an mich und willst mein sein immerdar! - Die schöne
Lilie wird emporblühen aus dem goldnen Topf, und wir werden
vereint glücklich und selig in Atlantis wohnen! - Aber nicht
verhehlen kann ich dir, daß im gräßlichen Kampf mit den Salamandern und Erdgeistern sich der schwarze Drache loswand und durch   -35-
die Lüfte davonbrauste. Phosphorus hält ihn zwar wieder in
Banden, aber aus den schwarzen Federn, die im Kampfe auf die
Erde stäubten, keimten feindliche Geister empor, die überall den
Salamandern und Erdgeistern widerstreben. Jenes Weib, das dir so
feindlich ist, lieber Anselmus! und die, wie mein Vater recht   -40-
gut weiß, nach dem Besitz des goldnen Topfes strebt, hat ihr
Dasein der Liebe einer solchen aus dem Fittig des Drachen herab-
gestäubten Feder zu einer Runkelrübe zu verdanken. Sie erkennt
ihren Ursprung und ihre Gewalt, denn in dem Stöhnen, in den
Zuckungen des gefangenen Drachen werden ihr die Geheimnisse   -45-
mancher wundervollen Konstellation offenbar, und sie bietet alle
Mittel auf, von außen hinein ins Innere zu wirken, wogegen sie
mein Vater mit den Blitzen, die aus dem Innern des Salamanders

-----
11: sc. soll. 22: =Bedingung stipulation.

hervorschießen, bekämpft. Alle die feindlichen Prinzipe, die in
schädlichen Kräutern und giftigen Tieren wohnen, sammelt sie und
erregt, sie mischend in günstiger Konstellation, manchen bösen
Spuk, der des Menschen Sinne mit grauen und Entsetzen befängt
und ihn der Macht jener Dämonen, die der Drache im Kampfe unter-   -5-
liegend erzeugte, unterwirft. Nimm dich vor der Alten in acht,
lieber Anselmus, sie ist dir feind, weil dein kindlich frommes
Gemüt schon manchen ihrer bösen Zauber* vernichtet. - Halte treu
- treu - an mir, bald bist du am Ziel!" - "O meine - meine Serpentina!" rief der Student Anselmus , "wie sollte ich denn nur   -10-
von dir lassen können, wie sollte ich dich nicht lieben ewiglich!" - Ein Kuß brannte auf seinem Munde, er erwachte wie aus
einem tiefen Traume, Serpentina war verschwunden, es schlug
sechs Uhr, da fiel es ihm schwer aufs Herz, daß er nicht das
mindeste kopiert habe; er blickte voll Besorgnis, was der Archi-   -15-
varius wohl sagen werde, auf das Blatt, und o Wunder! die Kopie
des geheimnisvollen Manuskripts war glücklich beendigt, und er
glaubte, schärfer die Züge betrachtend, Serpentinas Erzählung
von ihrem Vater, dem Liebling des Geisterfürsten Phosphorus im
Wunderlande Atlantis, abgeschrieben zu haben. Jetzt trat der   -20-
Archivarius Lindhorst in seinem weißgrauen Überrock, den Hut auf
dem Kopfe, den Stock in der Hand, herein; er sah in das von dem
Anselmus beschriebene Pergament, nahm eine große Prise und sagte
lächelnd: "Das dacht ich wohl!" - Nun! hier ist der Speziestaler, Hr. Anselmus, jetzt wollen wir noch nach dem Linkeschen   -25-
Bade gehen - nur mir nach!" - Der Archivarius schritt rasch
durch den Garten, in dem ein solcher Lärm von Singen, Pfeifen,
Sprechen durcheinander war, daß der Student Anselmus ganz
betäubt wurde und dem Himmel dankte, als er sich auf der Straße
befand. Kaum waren sie einige Schritte gegangen, als sie dem   -30-
Registrator Heerbrand begegneten, der freundlich sich anschloß.
Vor dem Tore stopften sie die mitgenommenen Pfeifen; der Registrator Heerbrand beklagte kein Feuerzeug bei sich zu tragen, da
rief der Archivarius Lindhorst ganz unwillig*: "Was Feuerzeug! -
hier ist Feuer, so viel Sie wollen!" Und damit schnappte er mit   -35-
den Fingern, aus denen große Funken strömten, die die Pfeifen
schnell anzündeten. "Sehen Sie das chemische Kunststückchen",
sagte der Registrator Heerbrand, aber der Student Anselmus
dachte nicht ohne inneres Erbeben an den Salamander. - Im
Linkeschen Bade trank der Registrator Heerbrand so viel starkes   -40-
Doppelbier, daß er, sonst ein gutmütiger stiller Mann, anfing in
einem quäckenden Tenor Burschenlieder* zu singen, jeden hitzig
fragte: ob er sein Freund sei oder nicht, und endlich von dem
Studenten Anselmus zu Hause gebracht werden mußte, als der
Archivarius Lindhorst schon längst auf und davon war.   -45-

8: magical powers.   34: indignantly.   42: student (drinking)
songs.

NEUNTE VIGILIE
Wie der Student Anselmus zu einiger Vernunft gelangte - Die
Punschgesellschaft - Wie der Student Anselmus den Konrektor
Paulmann für einen Schuhu hielt, und dieser sich darob*
erzürnte - Der Tintenklecks und seine Folgen

Alles das Seltsame und Wundervolle, welches dem Studenten
Anselmus täglich begegnet war, hatte ihn ganz dem gewöhnlichen
Leben entrückt. Er sah keinen seiner Freunde mehr und harrte
jeden Morgen mit Ungeduld auf die zwölfte Stunde, die ihm sein
Paradies aufschloß. Und doch, indem sein ganzes Gemüt der holden -5-
Serpentina und den Wundern des Feenreiches bei dem Archivarius
Lindhorst zugewandt war, mußte er zuweilen unwillkürlich an
Veronika denken, ja manchmal schien es ihm, als träte sie zu ihm
hin und gestehe errötend, wie herzlich sie ihn liebe und wie sie
danach trachte, ihn den Phantomen, von denen er nur geneckt und -10-
verhöhnt werde, zu entreißen. Zuweilen war es, als risse eine
fremde plötzlich auf ihn einbrechende Macht ihn unwiderstehlich
hin zur vergessenen Veronika, und er müsse ihr folgen, wohin sie
nur wolle, als sei er festgekettet an das Mädchen. Gerade in der
Nacht darauf, als er Serpentina zum ersten Mal in der Gestalt -15-
einer wunderbar holdseligen Jungfrau geschaut, als ihm das wunderbare Geheimnis der Vermählung des Salamanders mit der grünen
Schlange offenbar worden, trat ihm Veronika lebhafter vor Augen,
als jemals. - Ja! - erst als er erwachte, wurde er deutlich
gewahr, daß er nur geträumt habe, da er überzeugt gewesen, -20-
Veronika sei wirklich bei ihm und klage mit dem Ausdruck eines
tiefen Schmerzes, der sein Innerstes durchdrang, daß er ihre
innige Liebe den fantastischen Erscheinungen, die nur seine
innere Zerrüttung hervorrufe, aufopfern werde. Veronika war
liebenswürdiger, als er sie je gesehen; er konnte sie kaum aus -25-
den Gedanken bringen, und dieser Zustand verursachte ihm eine
Qual, der er bei einem Morgenspaziergang zu entrinnen hoffte.
Eine geheime magische Gewalt zog ihn vor das Pirnaer Tor, und
eben wollte er in eine Nebenstraße einbiegen, als der Konrektor
Paulmann hinter ihm herkommend laut rief: "Ei, ei! - wertester -30-
Hr. Anselmus! - Amice*! - Amice! wo um des Himmels willen
stecken Sie denn, Sie lassen sich ja gar nicht mehr sehen - wissen Sie wohl, daß sich Veronika recht sehnt wieder einmal eins
mit Ihnen zu singen? - Nun kommen Sie nur, Sie wollten ja doch
zu mir!" Der Student Anselmus ging notgedrungen* mit dem Konrek- -35-
tor. Als sie in das Haus traten, kam ihnen Veronika sehr sauber
und sorgfältig gekleidet entgegen, so daß der Konrektor Paulmann
voll Erstaunen fragte: "Nun, warum so geputzt, hat man denn
Besuch erwartet? - aber hier bringe ich den Hrn. Anselmus!" -
Als der Student Anselmus sittig und artig der Veronika die Hand -40-
küßte, fühlte er einen leisen Druck, der wie ein Glutstrom durch

-----
before 1: on that account. 31: (L.) friend. 35: perforce.

alle Fibern und Nerven zuckte. Veronika war die Heiterkeit, die
Anmut selbst, und als Paulmann nach seinem Studierzimmer gegangen, wußte sie durch allerhand Neckerei und Schalkheit den
Anselmus so hinaufzuschrauben, daß er alle Blödigkeit* vergaß
und sich zuletzt mit dem ausgelassenen Mädchen im Zimmer herum-   -5-
jagte. Da kam ihm aber wieder einmal der Dämon des Ungeschicks
über den Hals, er stieß an den Tisch und Veronikas niedliches
Nähkästchen fiel herab. Anselmus hob es auf, der Deckel war aufgesprungen und es blinkte ihm ein kleiner runder Metallspiegel
entgegen, in den er mit ganz eigner Lust hineinschaute. Veronika   -10-
schlich sich leise hinter ihn, legte die Hand auf seinen Arm und
schaute sich fest an ihn schmiegend ihm über die Schulter auch
in den Spiegel. Da war es dem Anselmus, als beginne ein Kampf in
seinem Innern - Gedanken - Bilder - blitzten hervor und vergingen wieder - der Archivarius Lindhorst - Serpentina - die   -15-
grüne Schlange - endlich wurde es ruhiger und alles Verworrene
fügte und gestaltete sich zum deutlichen Bewußtsein. Ihm wurde
es nun klar, daß er nur beständig an Veronika gedacht, ja daß
die Gestalt, welche ihm gestern in dem blauen Zimmer erschienen,
auch eben Veronika gewesen, und daß die fantastische Sage von   -20-
der Vermählung des Salamanders mit der grünen Schlange ja nur
von ihm geschrieben, keineswegs aber erzählt worden sei. Er wunderte sich selbst über seine Träumereien und schrieb sie lediglich seinem durch die Liebe zu Veronika exaltierten Seelen-
zustande, sowie der Arbeit bei dem Archivarius Lindhorst zu, in   -25-
dessen Zimmern es noch überdem so sonderbar betäubend dufte. Er
mußte herzlich über die tolle Einbildung lachen, in eine kleine
Schlange verliebt zu sein und einen wohlbestallten* Geheimen
Archivarius für einen Salamander zu halten. "Ja, ja! - es ist
Veronika!" rief er laut, aber indem er den Kopf umwandte,   -30-
schaute er gerade in Veronikas blaue Augen hinein, in denen
Liebe und Sehnsucht strahlten. Ein dumpfes Ach! entfloh ihren
Lippen, die in dem Augenblick auf den seinigen brannten. "O ich
Glücklicher", seufzte der entzückte Student, "was ich gestern
nur träumte, wird mir heute wirklich und in der Tat zuteil." -   -35-
"Und willst du mich denn wirklich heiraten, wenn du Hofrat
worden?" fragte Veronika. "Allerdings!" antwortete der Student
Anselmus; indem knarte die Tür, und der Konrektor Paulmann trat
mit den Worten herein: "Nun, wertester Hr. Anselmus, lasse ich
Sie heute nicht fort, Sie nehmen vorlieb bei mir mit einer   -40-
Suppe, und nachher bereitet uns Veronika einen köstlichen Kaffee, den wir mit dem Registrator Heerbrand, welcher herzukommen
versprochen, genießen." - "Ach, bester Hr. Konrektor", erwiderte
der Student Anselmus, "wissen Sie denn nicht, daß ich zum Archivarius Lindhorst muß, des Abschreibens wegen?" - "Schauen Sie,   -45-
Amice!" sagte der Konrektor Paulmann, indem er ihm die Taschen-
uhr hinhielt, welche auf halb eins wies. Der Student Anselmus
sah nun wohl ein, daß es viel zu spät sei zu dem Archivarius

4: shyness, awkwardness.   28: duly appointed.

Lindhorst zu wandern, und fügte sich den Wünschen des Konrektors
um so lieber, als er nun die Veronika den ganzen Tag über
schauen und wohl manchen verstohlnen Blick, manchen zärtlichen
Händedruck zu erhalten, ja wohl gar einen Kuß zu erobern hoffte.
So hoch verstiegen sich jetzt die Wünsche des Studenten   -5-
Anselmus, und es wurde ihm immer behaglicher zu Mute, je mehr er
sich überzeugte, daß er bald von all den fantastischen Einbil-
dungen befreit sein werde, die ihn wirklich ganz und gar zum
wahnwitzigen Narren hätten machen können. Der Registrator Heerbrand fand sich wirklich nach Tische ein, und als der Kaffee   -10-
genossen und die Dämmerung bereits eingebrochen, gab er
schmunzelnd und fröhlich die Hände reibend zu verstehen*: er
trage etwas mit sich, was durch Veronikas schöne Hände gemischt
und in gehöriger Form gebracht, gleichsam foliiert und
rubriziert*, ihnen allen an dem kühlen Oktober-Abende erfreulich -15-
sein werde. "So rücken Sie denn nur heraus mit dem geheimnisvollen Wesen, das Sie bei sich tragen, geschätztester Registrator", rief der Konrektor Paulmann; aber der Registrator Heerbrand griff in die tiefe Tasche seines Matins* und brachte in
drei Reprisen* eine Flasche Arrak*, Zitronen und Zucker zum Vor- -20-
schein. Kaum war eine halbe Stunde vergangen, so dampfte ein
köstlicher Punsch auf Paulmanns Tische. Veronika kredenzte* das
Getränk, und es gab allerlei gemütliche muntre Gespräche unter
den Freunden. Aber sowie dem Studenten Anselmus der Geist des
Getränks zu Kopfe stieg, kamen auch alle Bilder des Wunderbaren, -25-
Seltsamen, was er in kurzer Zeit erlebt, wieder zurück. – Er sah
den Archivarius Lindhorst in seinem damastnen Schlafrock, der
wie Phosphor erglänzte – er sah das azurblaue Zimmer, die
goldnen Palmbäume, ja es wurde ihm wieder so zu Mute, als müsse
er doch an die Serpentina glauben – es brauste, es gärte in ihm – -30-
seinem Innern. Veronika reichte ihm ein Glas Punsch, und indem
er es faßte, berührte er leise ihre Hand. – "Serpentina!
Veronika!" seufzte er in sich hinein. Er versank in tiefe
Träume, aber der Registrator Heerbrand rief ganz laut: "Ein wunderlicher alter Mann, aus dem niemand klug wird*, bleibt er   -35-
doch, der Archivarius Lindhorst. – Nun er soll leben! stoßen Sie
an, Hr. Anselmus!" – Da fuhr der Student Anselmus auf aus seinen
Träumen und sagte, indem er mit dem Registrator Heerbrand
anstieß: "Das kommt daher, verehrungswürdiger Hr. Registrator,
weil der Hr. Archivarius Lindhorst eigentlich ein Salamander   -40-
ist, der den Garten des Geisterfürsten Phosphorus im Zorn ver-
wüstete, weil ihm die grüne Schlange davongeflogen." – "Wie –
was?" fragte der Konrektor Paulmann. "Ja", fuhr der Student
Anselmus fort, "deshalb muß er nun königlicher Archivarius sein
und hier in Dresden mit seinen drei Töchtern wirtschaften, die   -45-
aber weiter nichts sind, als kleine goldgrüne Schlänglein, die

-----
12: intimated. 15: paginated and arranged in order. 19: morning
coat. 20: (Fr.) turns; kind of brandy. 22: served. 35: whom
nobody understands.

sich in Holunderbüschen sonnen, verführerisch singen und die
jungen Leute verlocken wie die Sirenen." - "Herr Anselmus - Herr
Anselmus", rief der Konrektor Paulmann, "rappelt's Ihnen im
Kopfe? - was um des Himmels willen schwatzen Sie für unge-
waschenes Zeug*?" - "Er hat recht", fiel der Registrator Heer-   -5-
brand ein, "der Kerl, der Archivarius, ist ein verfluchter Salamander, der mit den Fingern feurige Schnippchen schlägt, die
einem Löcher in den Überrock brennen wie gluhender Schwamm. -
Ja, ja, du hast recht, Brüderchen Anselmus, und wer es nicht
glaubt, ist mein Feind!" Und damit schlug der Registrator Heer- -10-
brand mit der Faust auf den Tisch, daß die Gläser klirrten.
"Registrator! - sind Sie rasend?" schrie der erboste* Konrektor.
- "Hr. Studiosus - Hr. Studiosus, was richten Sie denn nun
wieder an?" - "Ach!" sagte der Student, "Sie sind auch weiter
nichts als ein Vogel - ein Schuhu, der die Toupets frisiert,   -15-
Herr Konrektor!" - "Was? - ich ein Vogel - ein Schuhu - ein
Friseur?" schrie der Konrektor voller Zorn - "Herr, Sie sind
toll - toll!" - "Aber die Alte kommt ihm über den Hals", rief
der Registrator Heerbrand. "Ja, die Alte ist mächtig", fiel der
Student Anselmus ein, "unerachtet sie nur von niederer Herkunft, -20-
denn ihr Papa ist nichts als ein lumpichter* Flederwisch* und
ihre Mama eine schnöde Runkelrübe, aber ihre meiste Kraft ver-
dankt sie allerlei feindlichen Kreaturen - giftigen Kanaillen*,
von denen sie umgeben*". - "Das ist eine abscheuliche
Verleumdung", rief Veronika mit zornglühenden Augen, "die alte   -25-
Liese ist eine weise Frau und der schwarze Kater keine feindliche Kreatur, sondern ein gebildeter junger Mann von feinen
Sitten und ihr Cousin germain*." - "Kann der Salamander fressen,
ohne sich den Bart zu versengen und elendiglich* daraufzugehn*?"
sagte der Registrator Heerbrand. "Nein, nein!" schrie der   -30-
Student Anselmus, "nun und nimmermehr wird er das können; und
die grüne Schlange liebt mich, denn ich bin ein kindliches Gemüt
und habe Serpentinas Augen geschaut." - "Die wird der Kater aus-
kratzen", rief Veronika. "Salamander - Salamander bezwingt sie
alle - alle", brüllte der Konrektor Paulmann in höchster Wut; - -35-
"aber bin ich in einem Tollhause? bin ich selbst toll? - was
schwatze ich denn für wahnwitziges Zeug? - ja ich bin auch toll
- auch toll!" - Damit sprang der Konrektor Paulmann auf, riß
sich die Perücke vom Kopfe und schleuderte sie gegen die Stubendecke, daß die gequetschten Locken ächzten und im gänzlichen   -40-
Verderben aufgelöst den Puder weit umherstäubten. Da ergriffen
der Student Anselmus und der Registrator Heerbrand die Punsch-
terrine, die Gläser, und warfen sie jubelnd und jauchzend an die
Stubendecke, daß die Scherben klirrend und klingend umher-
sprangen. "Vivat* Salamander - pereat* - pereat die Alte - zer- -45-
brecht den Metallspiegel, hackt dem Kater die Augen aus! -

5: nonsense. 12: =böse. 21: =lumpiger shabby; feather-duster.
23: creatures. 24: sc. ist. 28: (Fr.) first cousin. 29: =elend;
=zu sterben. 45: (L.) Long live; (L.) down with.

Vöglein - Vöglein aus den Lüften - Eheu - Eheu - Evoe - Salamander!" - So schrieen und brüllten die drei wie Besessene durcheinander. Laut weinend sprang Fränzchen davon, aber Veronika lag
winselnd vor Jammer und Schmerz auf dem Sofa. Da ging die Tür
auf, alles war plötzlich still und es trat ein kleiner Mann in   -5-
einem grauen Mäntelchen herein. Sein Gesicht hatte etwas seltsam
Gravitätisches, und vorzüglich zeichnete sich die krummgebogene
Nase, auf der eine große Brille saß, vor allen jemals gesehenen
aus. Auch trug er solch eine besondere Perücke, daß sie eher
eine Federmütze zu sein schien. "Ei, schönen guten Abend",   -10-
schnarrte das possierliche* Männlein, "hier finde ich ja wohl
den Studiosum Hrn. Anselmus? Gehorsamste Empfehlung* vom Hrn.
Archivarius Lindhorst, und er habe heute vergebens auf den Hrn.
Anselmus gewartet, aber morgen lasse er schönstens bitten, ja
nicht die gewohnte Stunde zu versäumen." Damit schritt er wieder -15-
zur Tür hinaus, und alle sahen nun wohl, daß das gravitätische
Männlein eigentlich ein grauer Papagei war. Der Konrektor Paulmann und der Registrator Heerbrand schlugen eine Lache auf, die
durch das Zimmer dröhnte, und dazwischen winselte und ächzte
Veronika wie von namenlosem Jammer zerrissen, aber den Studenten -20-
Anselmus durchzuckte der Wahnsinn des innern Entsetzens und er
rannte bewußtlos* zur Tür hinaus durch die Straßen. Mechanisch
fand er seine Wohnung, sein Stübchen. Bald darauf trat Veronika
friedlich und freundlich zu ihm und fragte: warum er sie denn im
Rausch so geängstigt habe, und er möge sich nur vor neuen Ein-   -25-
bildungen hüten, wenn er bei dem Archivarius Lindhorst arbeite.
"Gute Nacht, gute Nacht, mein lieber freund", lispelte leise
Veronika und hauchte einen Kuß auf seine Lippen. Er wollte sie
mit seinen Armen umfangen, aber die Traumgestalt war verschwunden und er erwachte heiter und gestärkt. Nun mußte er   -30-
selbst recht herzlich über die Wirkungen des Punsches lachen,
aber indem er an Veronika dachte, fühlte er sich recht von einem
behaglichen Gefühl durchdrungen. "Ihr allein", sprach er zu sich
selbst, "habe ich es zu verdanken, daß ich von meinen albernen
Grillen* zurückgekommen bin. - Wahrhaftig, mir ging es nicht   -35-
besser als jenem, welcher glaubte, er sei von Glas, oder dem,
der die Stube nicht verließ, aus Furcht von den Hühnern
gefressen zu werden, weil er sich einbildete ein Gerstenkorn zu
sein. Aber, sowie ich Hofrat worden, heirate ich ohne weiteres
die Mademoiselle Paulmann und bin glücklich." - Als er nun mit- -40-
tags durch den Garten des Archivarius Lindhorst ging, konnte er
sich nicht genug wundern, wie ihm das alles so seltsam und wundervoll habe vorkommen können. Er sah nichts als gewöhnliche
Scherbenpflanzen*, allerlei Geranien, Myrtenstöcke u. dergl.*
Statt der glänzenden bunten Vögel, die ihn sonst geneckt,   -45-
flatterten nur einige Sperlinge hin und her, die ein unverständ-

-----
11: quant, droll. 12: I bring a humble recommendation... 22:
unconsciously. 35: whims. 44: potted plants; =und dergleichen
and similar things.

liches unangenehmes Geschrei erhoben, als sie den Anselmus
gewahr wurden. Das blaue Zimmer kam ihm auch ganz anders vor,
und er begriff nicht, wie ihm das grelle Blau und die unnatür-
lichen goldnen Stämme der Palmbäume mit den unförmlichen
blinkenden Blättern nur einen Augenblick hatten gefallen können. -5-
- Der Archivarius sah ihn mit einem ganz eignen ironischen
Lächeln an und fragte: "Nun, wie hat Ihnen gestern der Punsch
geschmeckt, werter Anselmus?" - "Ach, gewiß hat Ihnen der
Papagei"*, erwiderte der Student Anselmus ganz beschämt, aber er
stockte, denn er dachte nun wieder daran, daß auch die Er- -10-
scheinung des Papageis wohl nur Blendwerk der befangenen Sinne
gewesen. "Ei, ich war ja selbst in der Gesellschaft", fiel der
Archivarius Lindhorst ein, "haben Sie mich denn nicht gesehen!
Aber bei dem tollen Unwesen*, das ihr treibt, wäre ich beinahe
hart beschädigt worden; denn ich saß eben in dem Augenblick noch -15-
in der Terrine, als der Registrator Heerbrand danach griff, um
sie gegen die Decke zu schleudern, und mußte mich schnell in des
Konrektors Pfeifenkopf retirieren*. Nun adieu, Hr. Anselmus! -
sein* Sie fleißig, auch für den gestrigen versäumten Tag zahle
ich den Speziestaler, da Sie bisher so wacker gearbeitet." - -20-
"Wie kann der Archivarius nur solch tolles Zeug faseln*", sagte
der Student Anselmus zu sich selbst und setzte sich an den
Tisch, um die Kopie des Manuskripts zu beginnen, das der Archivarius wie gewöhnlich vor ihm ausgebreitet. Aber er sah auf der
Pergamentrolle so viele sonderbare krause Züge und Schnörkel -25-
durcheinander, die, ohne dem Auge einen einzigen Ruhepunkt zu
geben, den Blick verwirrten, daß es ihm beinahe unmöglich
schien, das alles genau nachzumalen. Ja, bei dem Überblick des
Ganzen schien das Pergament nur ein bunt geaderter Marmor oder
ein mit Moosen durchsprenkelter Stein. - Er wollte dessen uner- -30-
achtet das Mögliche versuchen und tunkte getrost die Feder ein,
aber die Tinte wollte durchaus nicht fließen, er spritzte die
Feder ungeduldig aus, und - o Himmel! ein großer Klecks fiel auf
das ausgebreitete Original. Zischend und brausend fuhr ein
blauer Blitz aus dem Fleck und schlängelte sich krachend durch -35-
das Zimmer bis zur Decke hinauf. Da quoll ein dicker Dampf aus
den Wänden, die Blätter fingen an zu rauschen wie vom Sturme
geschüttelt, und aus ihnen schossen blinkende Basilisken* im
flackernden Feuer herab, den Dampf entzündend, daß die Flammen-
massen prasselnd sich um den Anselmus wälzten. Die goldnen -40-
Stämme der Palmbäume wurden zu Riesenschlangen, die ihre gräßlichen Häupter in schneidendem Metallklange zusammenstießen und
mit den geschuppten* Leibern den Anselmus umwanden. "Wahnsin-
niger! erleide nun die Strafe dafür, was du im frechen Frevel
tatest!" - So rief die fürchterliche Stimme des gekrönten Sala- -45-
manders, der über den Schlangen wie ein blendender Strahl in den

-----
9: s.c. [erzählt, daß...]. 14: mischief, confusion. 18: (Fr.)
retreat. 19: =seien. 21: spout such crazy stuff. 38: a fabulous
serpent having the power to kill with its gaze. 43: scaly.

Flammen erschien, und nun sprühten ihre aufgesperrten Rachen
Feuer-Katarakte auf den Anselmus, und es war als verdichteten
sich die Feuerströme um seinen Körper und würden zur festen eis-
kalten Masse. Aber indem des Anselmus Glieder enger und enger
sich zusammenziehend erstarrten, vergingen ihm die Gedanken. Als   -5-
er wieder zu sich selbst kam, konnte er sich nicht regen und
bewegen, er war wie von einem glänzenden Schein umgeben, an dem
er sich, wollte er nur die Hand erheben oder sonst sich rühren,
stieß. - Ach! er saß in einer wohlverstopften Kristallflasche
auf einem Repositorium* im Bibliothekzimmer des Archivarius   -10-
Lindhorst.

ZEHNTE VIGILIE
Die Leiden des Studenten Anselmus in der gläsernen Flasche -
Glückliches Leben der Kreuzschüler und Praktikanten -
Die Schlacht im Bibliothek-Zimmer des Archivarius Lindhorst -
Sieg des Salamanders und Befreiung des Studenten Anselmus

Mit Recht darf ich zweifeln, daß du, günstiger Leser! jemals
in einer gläsernen Flasche verschlossen gewesen sein solltest,
es sei denn, daß ein lebendiger neckhafter* Traum dich einmal
mit solchem feeischen Unwesen befangen hätte. War das der Fall,   -15-
so wirst du das Elend des armen Studenten Anselmus recht lebhaft
fühlen; hast du aber auch dergleichen nie geträumt, so schließt
dich deine rege Fantasie mir und dem Anselmus zu Gefallen wohl
auf einige Augenblicke in das Kristall ein. - Du bist von blendendem Glanze dicht umflossen, alle Gegenstände rings umher er-   -20-
scheinen dir von strahlenden Regenbogenfarben erleuchtet und
umgeben - alles zittert und wankt und dröhnt im Schimmer - du
schwimmst regungs- und bewegungslos wie in einem festgefrornen
Äther, der dich einpreßt, so daß der Geist vergebens dem toten
Körper gebietet*. Immer gewichtiger und gewichtiger drückt die   -25-
zentnerschwere* Last deine Brust - immer mehr und mehr zehrt
jeder Atemzug die Lüftchen weg, die im engen Raum noch auf und
niederwallten - deine Pulsadern schwellen auf, und von gräßlicher Angst durchschnitten zuckt jeder Nerv im Todeskampfe
blutend. - Habe Mitleid, günstiger Leser! mit dem Studenten   -30-
Anselmus, den diese namenlose Marter in seinem gläsernen Gefäng-
nisse ergriff; aber er fühlte wohl, daß der Tod ihn nicht
erlösen könne, denn erwachte er nicht aus der tiefen Ohnmacht,
in die er im Übermaß seiner Qual versunken, als die Morgensonne
in das Zimmer hell und freundlich hineinschien, und fing seine   -35-
Marter nicht von neuem an? - Er konnte kein Glied regen, aber
seine Gedanken schlugen an das Glas, ihn im mißtönenden Klange
betäubend, und er vernahm statt der Worte, die der Geist sonst

-----
10: bookshelf.   14: strange.   25: governs, rules.   26: **Zentner**
hundredweight.

aus dem Innern gesprochen, nur das dumpfe Brausen des Wahnsinns.
- Da schrie er auf in Verzweiflung: "O Serpentina - Serpentina,
rette mich von dieser Höllenqual!" Und es war als umwehten ihn
leise Seufzer, die legten sich um die Flasche, wie grüne durch-
sichtige Holunderblätter, das Tönen hörte auf, der blendende -5-
verwirrende Schein war verschwunden und er atmete freier. "Bin
ich denn nicht an meinem Elende lediglich selbst schuld, ach!
habe ich nicht gegen dich selbst, holde, geliebte Serpentina!
gefrevelt? - habe ich nicht schnöde Zweifel gegen dich gehegt?
habe ich nicht den Glauben verloren und mit ihm alles, alles was -10-
mich hoch beglücken sollte? - Ach, du wirst nun wohl nimmer
meine werden, für mich ist der goldne Topf verloren, ich darf
seine Wunder nimmermehr schauen. Ach, nur ein einziges Mal
möchte ich dich sehen, deine holde süße Stimme hören, liebliche
Serpentina!" - So klagte der Student Anselmus von tiefem -15-
schneidendem Schmerz ergriffen, da sagte jemand dicht neben ihm:
"Ich weiß gar nicht was Sie wollen, Hr. Studiosus, warum
lamentieren Sie so über alle Maßen?" - Der Student Anselmus
wurde gewahr, daß neben ihm auf demselben Repositorium noch fünf
Flaschen standen, in welchen er drei Kreuzschüler* und zwei -20-
Praktikanten* erblickte. - "Ach, meine Herren und Gefährten im
Unglück", rief er aus, "wie ist es Ihnen möglich, so gelassen,
ja so vergnügt zu sein, wie ich es an Ihren heitern Mienen bemerke? - Sie sitzen ja doch ebenso gut eingesperrt in gläsernen
Flaschen als ich, und können sich nicht regen und bewegen, ja -25-
nicht einmal was Vernünftiges denken, ohne daß ein Mordlärm entsteht mit Klingen und Schallen, und ohne daß es Ihnen im Kopfe
ganz schrecklich saust und braust. Aber Sie glauben gewiß nicht
an den Salamander und an die grüne Schlange." - "Sie faseln
wohl, mein Hr. Studiosus", erwiderte ein Kreuzschüler, "nie -30-
haben wir uns besser befunden, als jetzt, denn die Speziestaler,
welche wir von dem tollen Archivarius erhalten für allerlei kon-
fuse Abschriften, tun uns wohl; wir dürfen* jetzt keine italie-
nische Chöre mehr auswendig lernen, wir gehen jetzt alle Tage zu
Josephs oder sonst in andere Kneipen, lassen uns das Doppelbier -35-
wohl schmecken, sehen auch wohl einem hübschen Mädchen in die
Augen, singen wie wirkliche Studenten: gaudeamus igitur* und
sind seelenvergnügt." - "Die Herren haben ganz recht", fiel ein
Praktikant ein, "auch ich bin mit Speziestalern reichlich versehen, wie hier mein teurer Kollege nebenan, und spaziere -40-
fleißig auf den Weinberg, statt bei der leidigen Akten-
schreiberei zwischen vier Wänden zu sitzen." - "Aber meine
besten wertesten Herren!" sagte der Student Anselmus, "spüren
Sie es denn nicht, daß Sie alle samt und sonders* in gläsernen
Flaschen sitzen und sich nicht regen und bewegen, viel weniger -45-
umherspazieren können?" - Da schlugen die Kreuzschüler und die

-----
20: divinity students. 21: lab assistants. 33: =brauchen...zu.
37: (L.) Therefore let's be happy (old student song). 44: one
and all.

Praktikanten eine helle Lache auf und schrieen: "Der Studiosus
ist toll, er bildet sich ein in einer gläsernen Flasche zu
sitzen, und steht auf der Elbbrücke und sieht gerade hinein ins
Wasser. Gehen wir nur weiter!" - "Ach", seufzte der Student,
"die schauten niemals die holde Serpentina, sie wissen nicht was -5-
Freiheit und Leben in Glauben und Liebe ist, deshalb spüren sie
nicht den Druck des Gefängnisses, in das sie der Salamander
bannte, ihrer Torheit, ihres gemeinen Sinnes wegen, aber ich
Unglücklicher werde vergehen in Schmach und Elend, wenn sie, die
ich so unaussprechlich liebe, mich nicht rettet." - Da wehte und -10-
säuselte Serpentinas Stimme durch das Zimmer: "Anselmus! -
glaube, liebe, hoffe!" - Und jeder Laut strahlte in das Gefängnis des Anselmus hinein, und das Kristall mußte seiner Gewalt
weichen und sich ausdehnen, daß die Brust des Gefangenen sich
regen und erheben konnte! - Immer mehr verringerte sich die Qual -15-
seines Zustandes, und er merkte wohl, daß ihn Serpentina noch
liebe, und daß nur sie es sei, die ihm den Aufenthalt in dem
Kristall erträglich mache.   Er   bekümmerte sich   nicht   mehr um
seine leichtsinnigen Unglücksgefährten, sondern richtete Sinn
und Gedanken nur auf die holde Serpentina. - Aber plötzlich ent- -20-
stand von der andern Seite her ein dumpfes widriges Gemurmel. Er
konnte bald deutlich bemerken, daß dies Gemurmel von einer alten
Kaffeekanne mit halbzerbrochenem Deckel herrührte, die ihm
gegenüber auf einem kleinen Schrank hingestellt war. Sowie er
schärfer hinschaute, entwickelten sich immer mehr die garstigen -25-
Züge eines alten verschrumpften Weibergesichts, und bald stand
das Äpfelweib vom Schwarzen Tor vor dem Repositorium. Die
grinsete und lachte ihn an und rief mit gellender Stimme: "Ei,
ei, Kindchen! - mußt du nun ausharren? - Ins Kristall nun dein
Fall! - hab ich dir's nicht längst vorausgesagt?" - "Höhne und -30-
spotte nur, du verdammtes Hexenweib", sagte der Student
Anselmus, "du bist schuld an allem, aber der Salamander wird
dich treffen, du schnöde Runkelrübe!" - "Ho, ho!" erwiderte die
Alte, "nur nicht so stolz! Du hast meinen Söhnlein ins Gesicht
getreten, du hast mir die Nase verbrannt, aber doch bin ich dir -35-
gut, du Schelm, weil du sonst ein artiger Mensch warst, und mein
Töchterchen ist dir auch gut.   Aus dem Kristall kommst du aber
nun einmal nicht, wenn ich dir nicht helfe; hinauflangen* zu dir
kann ich nicht, aber meine Frau Gevatterin*, die Ratte, welche
gleich über dir auf dem Boden wohnt, die soll das Brett ent- -40-
zweinagen, auf dem du stehst, dann purzelst du hinunter und ich
fange dich auf in der Schürze, damit du dir die Nase nicht zer-
schlägst, sondern fein ein glattes Gesichtlein erhältst, und
ich trage dich flugs zur Mamsell Veronika, die mußt du heiraten,
wenn du Hofrat worden." - "Laß ab von mir, Satans-Geburt", -45-
schrie der Student Anselmus voller Grimm, "nur deine höllischen
Künste haben mich zu dem Frevel gereizt, den ich nun abbüßen
muß. - Aber geduldig ertrage ich alles, denn nur hier kann ich

-----
38: reach, get up to. 39: friend, relative.

sein, wo die holde Serpentina mich mit Liebe und Trost umfängt!
- Hör es Alte und verzeifle! Trotz biete ich deiner Macht, ich
liebe ewiglich nur Serpentina - ich will nie Hofrat werden - nie
die Veronika schauen, die mich durch dich zum Bösen verlockt! -
Kann die grüne Schlange nicht mein werden, so will ich unter- -5-
gehen in Sehnsucht und Schmerz! - Hebe dich weg - hebe dich weg
- du schnöder Wechselbalg*!" - Da lachte die Alte auf, daß es im
Zimmer gellte, und rief: "So sitze denn und verderbe, aber nun
ist's Zeit ans Werk zu gehen, denn mein Geschäft hier ist noch
von anderer Art." - Sie warf den schwarzen Mantel ab und stand -10-
da in ekelhafter Nacktheit, dann fuhr sie in Kreisen umher, und
große Folianten* stürzten herab, aus denen riß sie Pergamentblätter, und diese im künstlichen Gefüge* schnell zusammen-
heftend und auf den Leib ziehend, war sie bald wie in einen
seltsamen bunten Schupperharnisch* gekleidet. Feuersprühend -15-
sprang der schwarze Kater aus dem Tintenfasse, das auf dem
Schreibtische stand, und heulte der Alten entgegen, die laut
aufjubelte und mit ihm durch die Tür verschwand. Anselmus
merkte, daß sie nach dem blauen Zimmer gegangen, und bald hörte
er es in der Ferne zischen und brausen, die Vögel im Garten -20-
schrieen, der Papagei schnarrte: "Rette - rette - Raub - Raub!"
- In dem Augenblick kam die Alte ins Zimmer zurückgesprungen,
den goldnen Topf auf dem Arm tragend und mit gräßlicher Gebärde
wild durch die Lüfte schreiend: "Glück auf! - Glück auf!" -
Söhnlein - töte die grüne Schlange! auf, Söhnlein, auf!" - Es -25-
war dem Anselmus, als höre er ein tiefes Stöhnen, als höre er
Serpentinas Stimme. Da ergriff ihn Entsetzen und Verzweiflung. -
Er raffte alle seine Kraft zusammen, er stieß mit Gewalt, als
sollten Nerven und Adern zerspringen, gegen das Kristall - ein
schneidender Klang fuhr durch das Zimmer und der Archivarius -30-
stand in der Tür in seinem glänzenden damastnen Schlafrock:
"Hei, hei! Gesindel, toller Spuk - Hexenwerk - hieher - heisa!"
So schrie er. Da richteten sich die schwarzen Haare der Alten
wie Borsten empor, ihre glutroten Augen erglänzten von höl-
lischem Feuer, und die spitzigen Zähne des weiten Rachens -35-
zusammenbeißend zischte sie: "Frisch - frisch raus - zisch aus,
zisch aus", und lachte und meckerte höhnend und spottend, und
drückte den goldnen Topf fest an sich und warf daraus Fäuste
voll glänzender Erde auf den Archivarius, aber sowie die Erde
den Schlafrock berührte, wurden Blumen daraus, die herabfielen. -40-
Da flackerten und flammten die Lilien des Schlafrocks empor, und
der Archivarius schleuderte die in knisterndem Feuer brennenden
Lilien auf die Hexe, die vor Schmerz heulte: aber indem sie in
die Höhe sprang und den pergamentnen Harnisch schüttelte, verlöschten die Lilien und zerfielen in Asche. "Frisch darauf, mein -45-
Junge!" kreischte die Alte, da fuhr der Kater auf in die Luft
und brauste fort nach der Tür über den Archivarius, aber der

7: changeling. 12: volumes. 13: artful combination. 15: suit of
scale-like armor.

graue Papagei flatterte ihm entgegen und faßte ihn mit dem krummen Schnabel im Genick, daß rotes feuriges Blut ihm aus dem Halse stürzte, und Serpentinas Stimme rief: "Gerettet! - gerettet!" - Die Alte sprang voller Wut und Verzweiflung auf den Archivarius los, sie warf den Topf hinter sich und wollte die -5- langen Finger der dürren Fäuste emporspreizend* den Archivarius umkrallen, aber dieser riß schnell den Schlafrock herunter und schleuderte ihn der Alten entgegen. Da zischten und sprühten und brausten blaue knisternde Flammen aus den Pergamentblättern, und die Alte wälzte sich im heulenden Jammer und trachtete* immer -10- mehr Erde aus dem Topfe zu greifen, immer mehr Pergamentblätter aus den Büchern zu erhaschen*, um die lodernden Flammen zu ersticken, und wenn ihr es gelang, Erde oder Pergamentblätter auf sich zu stürzen, verlöschte das Feuer. Aber nun fuhren wie aus dem Innern des Archivarius flackernde zischende Strahlen auf die -15- Alte. "Hei, hei! drauf und dran - Sieg dem Salamander!" dröhnte die Stimme des Archivarius durch das Zimmer, und hundert Blitze schlängelten sich in feurigen Kreisen um die kreischende Alte. Sausend und brausend fuhren in wütendem Kampfe Kater und Papagei umher, aber endlich schlug der Papagei mit den starken Fittigen -20- den Kater zu Boden, und mit den Krallen ihn durchspießend und festhaltend, daß er in der Todesnot gräßlich heulte und ächzte, hackte er ihm mit dem scharfen Schnabel die glühenden Augen aus, daß der brennende Gischt* herausspritzte. - Dicker Qualm strömte da empor, wo die Alte zur Erde niedergestürzt unter dem Schlaf- -25- rock gelegen, ihr Geheul, ihr entsetzliches schneidendes Jammergeschrei verhallte in weiter Ferne. Der Rauch, der sich mit durchdringendem Gestank verbreitet, verdampfte, der Archivarius hob den Schlafrock auf und unter demselben lag eine garstige Runkelrübe. "Verehrter Hr. Archivarius, hier bringe ich den -30- überwundenen Feind", sprach der Papagei, indem er dem Archivarius Lindhorst ein schwarzes Haar im Schnabel darreichte. "Sehr gut, mein Lieber", antwortete der Archivarius, "hier liegt auch meine überwundene Feindin, besorgen Sie gütigst nunmehr das übrige; noch heute erhalten Sie als ein kleines Douceur* sechs -35- Kokusnüsse und eine neue Brille, da, wie ich sehe, der Kater Ihnen die Gläser schändlich zerbrochen." - "Lebenslang der Ihrige, verehrungswürdiger Freund und Gönner!" versetzte der Papagei sehr vergnügt, nahm die Runkelrübe in den Schnabel und flatterte damit zum Fenster hinaus, das ihm der Archivarius -40- Lindhorst geöffnet. Dieser ergriff den goldnen Topf und rief stark: "Serpentina, Serpentina!" - Aber wie nun der Student Anselmus hocherfreut über den Untergang des schnöden Weibes, das ihn ins Verderben gestürzt, den Archivarius anblickte, da war es wieder die hohe majestätische Gestalt des Geisterfürsten, die -45- mit unbeschreiblicher Anmut und Würde zu ihm hinaufschaute. - "Anselmus", sprach der Geisterfürst, "nicht du, sondern nur ein

-----

6: spreading upward. 10: =versuchte. 12: grasp. 24: foam, froth.
35: (Fr.) sweet, little gift.

feindliches Prinzip, das zerstörend in dein Inneres zu dringen
und dich mit dir selbst zu entzweien trachtete, war schuld an
deinem Unglauben. - Du hast deine Treue bewährt, sei frei und
glücklich." Ein Blitz zuckte durch das Innere des Anselmus, der
herrliche Dreiklang der Kristallglocken ertönte stärker und -5-
mächtiger, als er ihn je vernommen - seine Fibern und Nerven
erbebten - aber immer mehr anschwellend dröhnte der Akkord durch
das Zimmer, das Glas, welches den Anselmus umschlossen, zer-
sprang und er stürzte in die Arme der holden lieblichen
Serpentina.   -10-

                     EILFTE VIGILIE
        Des Konrektors Paulmann Unwille über die in seiner Familie
     ausgebrochenen Tollheit - Wie der Registrator Heerbrand Hofrat
           worden, und im stärksten Froste in Schuhen und
        seidenen Strümpfen einherging* - Veronikas Geständnisse -
           Verlobung bei der dampfenden Suppenschüssel

"Aber sagen Sie mir nur, wertester Registrator! wie uns
gestern der vermaledeite Punsch so in den Kopf steigen und zu
allerlei Allotriis* treiben konnte?" - Dies sprach der Konrektor
Paulmann, indem er am andern Morgen in das Zimmer trat, das noch
voll zerbrochener Scherben lag, und in dessen Mitte die unglück- -15-
liche Perücke in ihre ursprüngliche Bestandteile aufgelöst im
Punsche umherschwamm. Als der Student Anselmus zur Tür hinausgerannt war, kreuzten und wackelten der Konrektor Paulmann und
der Registrator Heerbrand durch das Zimmer, schreiend wie
Besessene und mit den Köpfen aneinander rennend, bis Fränzchen -20-
den schwindlichten Papa mit vieler Mühe ins Bett brachte und der
Registrator in höchster Ermattung aufs Sofa sank, welches
Veronika, ins Schlafzimmer flüchtend, verlassen. Der Registrator
Heerbrand hatte sein blaues Schnupftuch um den Kopf gewickelt,
sah ganz blaß und melancholisch aus und stöhnte: "Ach, werter -25-
Konrektor, nicht der Punsch, den Mamsell Veronika köstlich
bereitet, nein! - sondern lediglich der verdammte Student ist an
all dem Unwesen schuld. Merken Sie denn nicht, daß er schon
längst mente captus* ist? Aber wissen Sie denn nicht auch, daß
der Wahnsinn ansteckt? - Ein Narr macht viele; verzeihen Sie, -30-
das ist ein altes Sprichwort; vorzüglich, wenn man ein Gläschen
getrunken, da gerät man leicht in die Tollheit und manövriert
unwillkürlich nach und bricht aus in die Exerzitia, die der verrückte Flügelmann vormacht*. Glauben Sie denn, Konrektor! daß
mir noch ganz schwindlich ist, wenn ich an den grauen Papagei -35-
denke?" - "Ach was", fiel der Konrektor ein, "Possen! - es war

-----
before 11: paced about. 13: foolish things. 29: (L.) insane. 34:
does the movements which the man on the flank does.

ja der alte kleine Famulus* des Archivarii, der einen grauen
Mantel umgenommen und den Studenten Anselmus suchte." - "Es kann
sein", versetzte der Registrator Heerbrand, "aber ich muß
gestehen, daß mir ganz miserabel zu Mute ist; die ganze Nacht
über hat es so wunderlich georgelt und gepfiffen." - "Das war -5-
ich", erwiderte der Konrektor; "denn ich schnarche stark." -
"Nun, mag das sein", fuhr der Registrator fort - "aber Konrektor, Konrektor! - nicht ohne Ursache hatte ich gestern dafür
gesorgt uns einige Fröhlichkeit zu bereiten - aber der Anselmus
hat mir alles verdorben. - Sie wissen nicht - o Konrektor, Kon- -10-
rektor!" - Der Registrator Heerbrand sprang auf, riß das Tuch
vom Kopfe, umarmte den Konrektor, drückte ihm feurig die Hand,
rief noch einmal ganz herzbrechend: "O Konrektor, Konrektor!"
und rannte Hut und Stock ergreifend schnell von dannen. "Der
Anselmus soll mir nicht mehr über die Schwelle*", sprach der -15-
Konrektor Paulmann zu sich selbst, "denn ich sehe nun wohl, daß
er mit seinem verstockten innern Wahnsinn die besten Leute um
ihr bißchen Vernunft bringt; der Registrator ist nun auch gelie-
fert* - ich habe mich bisher noch gehalten, aber der Teufel, der
gestern im Rausch stark anklopfte, könnte doch wohl am Ende ein- -20-
brechen und sein Spiel treiben. - Also apage Satanas*! - fort
mit dem Anselmus!" - Veronika war ganz tiefsinnig geworden, sie
sprach kein Wort, lächelte nur zuweilen ganz seltsam und war am
liebsten allein. "Die hat der Anselmus auch auf der Seele*",
sagte der Konrektor voller Bosheit, "aber es ist gut, daß er -25-
sich gar nicht sehen läßt, ich weiß, daß er sich vor mir
fürchtet - der Anselmus, deshalb kommt er gar nicht her." Das
letzte sprach der Konrektor Paulmann ganz laut, da stürzten der
Veronika, die eben gegenwärtig, die Tränen aus den Augen und sie
seufzte: "Ach, *kann denn der Anselmus herkommen? der ist ja -30-
schon längst in der gläsernen Flasche eingesperrt." - "Wie -
was?" rief der Konrektor Paulmann. "Ach Gott - ach Gott, auch
sie faselt schon wie der Registrator, es wird bald zum Ausbruch
kommen. - Ach du verdammter, abscheulicher Anselmus!" - Er
rannte gleich fort zum Doktor Eckstein, der lächelte und sagte -35-
wieder: "Ei, ei!" - Er verschrieb aber nichts, sondern setzte
dem wenigen, was er geäußert, noch weggehend hinzu: "Nerven-
zufälle! - wird sich geben von selbst - in die Luft* führen -
spazieren fahren - sich zerstreuen - Theater - Sonntagskind -
Schwestern von Prag* - wird sich geben!" - "So beredt war der -40-
Doktor selten", dachte der Konrektor Paulmann, "ordentlich ge-
schwätzig." - Mehrere Tage und Wochen und Monate waren vergangen, der Anselmus war verschwunden, aber auch der Registrator
Heerbrand ließ sich nicht sehen, bis am vierten Februar, da trat
er in einem neuen modernen Kleide vom besten Tuch, in Schuhen -45-

-----

1: assistant (of a Medieval scholar). 15: sc. treten. 19: has
succumbed. 21: (L.) Away with thee, Satan! 24: She's got
Anselmus in her head, too. 30: sc. wie. 38: i.e., fresh air. 40:
two operettas by Wenzel Müller (1767-1835).

und seidenen Strümpfen, des starken Frostes unerachtet, einen
großen Strauß lebendiger Blumen in der Hand, mittags Punkt zwölf
Uhr in das Zimmer des Konrektors Paulmann, der nicht wenig über
seinen geputzten Freund erstaunte. Feierlich schritt der Registrator Heerbrand auf den Konrektor Paulmann los, umarmte ihn   -5-
mit feinem Anstande und sprach: "Heute, an dem Namenstage Ihrer
lieben verehrten Mamsell Tochter Veronika, will ich denn nun
alles gerade herausagen, was mir längst auf dem Herzen gelegen!
Damals, an dem unglücklichen Abend, als ich die Ingredienzen zu
dem verderblichen Punsch in der Tasche meines Matins herbeitrug,   -10-
hatte ich es im Sinn, eine freudige Nachricht Ihnen mitzuteilen
und den glückseligen Tag in Fröhlichkeit zu feiern, schon damals
hatte ich es erfahren, daß ich Hofrat worden, über welche Standeserhöhung ich jetzt das Patent cum nomine et sigillo prin-
cipis* erhalten und in der Tasche trage." - "Ach, ach! Herr   -15-
Registr - Herr Hofrat Heerbrand, wollte ich sagen", stammelte
der Konrektor. - "Aber Sie, verehrter Konrektor", fuhr der nun-
mehrige* Hofrat Heerbrand fort, "Sie können erst mein Glück
vollenden. Schon längst habe ich die Mamsell Veronika im stillen
geliebt und kann mich manches freundlichen Blickes rühmen*, den   -20-
sie mir zugeworfen, und der mir deutlich gezeigt, daß sie mir
wohl nicht abhold sein dürfte*. Kurz, verehrter Konrektor! -
ich, der Hofrat Heerbrand, bitte um die Hand Ihrer liebens-
würdigen Demoiselle Tochter Veronika, die ich, haben Sie nichts
dagegen, in kurzer Zeit heimzuführen gedenke." - Der Konrektor   -25-
Paulmann schlug voller Verwunderung die Hände zusammen und rief:
"Ei - Ei - Ei - Herr Registr - Herr Hofrat, wollte ich sagen,
wer hätte das gedacht! - Nun, wenn Veronika Sie in der Tat
liebt, ich meinesteils habe nichts dagegen; vielleicht ist auch
ihre jetzige Schwermut nur eine versteckte Verliebtheit in Sie,   -30-
verehrter Hofrat! man kennt ja die Possen." - In dem Augenblick
trat Veronika herein, blaß und verstört, wie sie jetzt gewöhnlich war. Da schritt der Hofrat Heerbrand auf sie zu, erwähnte
in wohlgesetzter Rede ihres Namenstages und überreichte ihr den
duftenden Blumenstrauß nebst einem kleinen Päckchen, aus dem   -35-
ihr, als sie es öffnete, ein Paar glänzende Ohrgehänge* ent-
gegenstrahlten. Eine schnelle fliegende Röte färbte ihre Wangen,
die Augen blitzten lebhafter und sie rief: "Ei, mein Gott! das
sind ja dieselben Ohrgehänge, die ich schon vor mehreren Wochen
trug und mich daran ergötzte!" - "Wie ist denn das möglich",   -40-
fiel der Hofrat Heerbrand etwas bestürzt und empfindlich ein,
"da ich dieses Geschmeide erst seit einer Stunde in der Schloßgasse für schmähliches Geld* erkauft?" - Aber die Veronika hörte
nicht darauf, sondern stand schon vor dem Spiegel, um die
Wirkung des Geschmeides, das sie bereits in die kleinen Öhrchen   -45-
gehängt, zu erforschen. Der Konrektor Paulmann eröffnete ihr mit

-----
15: (L.) with the name and the seal of the prince. 18: present.
20: boast of many a. 22: might not be adverse to me. 36:
=Ohrringe. 43: a disgraceful amount of money.

gravitätischer Miene und mit ernstem Ton die Standeserhöhung
Freund Heerbrands und seinen Antrag. Veronika schaute den Hofrat
mit durchdringendem Blick an und sprach: "Das wußte ich längst,
daß Sie mich heiraten wollen. - Nun es sei! - ich verspreche
Ihnen Herz und Hand, aber ich muß Ihnen nur gleich - Ihnen   -5-
beiden nämlich, dem Vater und dem Bräutigam, manches entdecken*,
was mir recht schwer in Sinn und Gedanken liegt - jetzt gleich,
und sollte darüber die Suppe kalt werden, die, wie ich sehe,
Fränzchen soeben auf den Tisch setzt." Ohne des Konrektors und
des Hofrats Antwort abzuwarten, unerachtet ihnen sichtlich die -10-
Worte auf den Lippen schwebten, fuhr Veronika fort: "Sie können
es mir glauben, bester Vater! daß ich den Anselmus recht von
Herzen liebte, und als der Registrator Heerbrand, der nunmehr
selbst Hofrat worden, versicherte, der Anselmus könne es wohl zu
so etwas bringen, beschloß ich, er und kein anderer solle mein -15-
Mann werden. Da schien es aber, als wenn fremde feindliche Wesen
ihn mir entreißen wollten, und ich nahm meine Zuflucht zu der
alten Liese, die ehemals meine Wärterin war, und jetzt eine
weise Frau, eine große Zauberin ist. Die versprach mir, zu
helfen, und den Anselmus mir ganz in die Hände zu liefern. Wir -20-
gingen mitternachts in der Tag- und Nachtgleiche auf den Kreuzweg, sie beschwor die höllischen Geister, und mit Hülfe des
schwarzen Katers brachten wir einen kleinen Metallspiegel zustande, in den ich, meine Gedanken auf den Anselmus richtend,
nur blicken durfte, um ihn ganz in Sinn und Gedanken zu beherr- -25-
schen. - Aber ich bereue jetzt herzlich das alles getan zu
haben, ich schwöre allen Satanskünsten ab. Der Salamander hat
über die Alte gesiegt, ich hörte ihr Jammergeschrei, aber es war
keine Hülfe möglich; sowie sie als Runkelrübe vom Papagei verzehrt worden, zerbrach mit schneidendem Klange mein Metall- -30-
spiegel." Veronika holte die beiden Stücke des zerbrochenen
Spiegels und eine Locke aus dem Nähkästchen, und beides dem Hofrat Heerbrand hinreichend, fuhr sie fort: "Hier nehmen Sie,
geliebter Hofrat, die Stücke des Spiegels, werfen Sie sie heute
nacht um zwölf Uhr von der Elbbrücke, und zwar von da, wo das -35-
Kreuz steht, hinab in den Strom, der dort nicht zugefroren, die
Locke aber bewahren Sie auf treuer Brust. Ich schwöre nochmals
allen Satanskünsten ab und gönne dem Anselmus herzlich sein
Glück, da er nunmehr* mit der grünen Schlange verbunden, die
viel schöner und reicher ist, als ich. Ich will Sie, geliebter -40-
Hofrat, als eine rechtschaffene Frau lieben und verehren!" -
"Ach Gott! - ach Gott!, rief der Konrektor Paulmann voller
Schmerz, "sie ist wahnsinnig, sie ist wahnsinnig - sie kann
nimmermehr Frau Hofrätin werden - sie ist wahnsinnig!" - "Mit
nichten", fiel der Hofrat Heerbrand ein, "ich weiß wohl, daß -45-
Mamsell Veronika einige Neigung für den vertrackten* Anselmus
gehegt, und es mag sein, daß sie vielleicht in einer gewissen
Überspannung sich an die weise Frau gewendet, die, wie ich

6: disclose, reveal.   39: =jetzt.   46: warped.

merke, wohl niemand anders sein kann als die Kartenlegerin* und
Kaffeegießerin* vor dem Seetor - kurz, die alte Rauerin. Nun ist
auch nicht zu leugnen, daß es wirklich wohl geheime Künste gibt,
die auf den Menschen nur ganz zu sehr ihren feindlichen Einfluß
äußern, man lieset schon davon in den Alten, was aber Mamsell -5-
Veronika von dem Sieg des Salamanders und von der Verbindung des
Anselmus mit der grünen Schlange gesprochen, ist wohl nur eine
poetische Allegorie - gleichsam ein Gedicht, worin sie den gänzlichen Abschied von dem Studenten besungen." - "Halten Sie das
wofür Sie wollen, bester Hofrat!" fiel Veronika ein, "vielleicht -10-
für einen recht albernen Traum." - "Keinesweges tue ich das",
versetzte der Hofrat Heerbrand, "denn ich weiß ja wohl, daß der
Anselmus auch von geheimen Mächten befangen, die ihn zu allen
möglichen tollen Streichen necken und treiben." Länger konnte
der Konrektor Paulmann nicht an sich halten*, er brach los: -15-
"Halt, um Gottes willen, halt! haben wir uns denn etwa wieder
übernommen im verdammten Punsch, oder wirkt des Anselmi Wahnsinn
auf uns? Herr Hofrat, was sprechen Sie denn ach wieder für Zeug?
- Ich will indessen glauben, daß es die Liebe ist, die Euch in
dem Gehirn spukt, das gibt sich* aber bald in der Ehe, sonst -20-
wäre mir bange, daß auch Sie in einigen Wahnsinn verfallen, verehrungswürdiger Hofrat, und *würde dann Sorge tragen wegen der
Deszendenz*, die das Malum* der Eltern vererben könnte. - Nun,
ich gebe meinen väterlichen Segen zu der fröhlichen Verbindinung
und erlaube, daß ihr euch als Braut und Bräutigam küsset." Dies -25-
geschah sofort, und es war, noch ehe die aufgetragene Suppe kalt
worden, die förmliche Verlobung geschlossen. Wenige Wochen nachher saß die Frau Hofrätin Heerbrand wirklich, wie sie sich schon
früher im Geiste* erblickt, in dem Erker eines schönen Hauses
auf dem Neumarkt und schaute lächelnd auf die Elegants hinab, -30-
die vorübergehend und hinauflorgnettierend* sprachen: "Es ist
doch eine göttliche Frau die Hofrätin Heerbrand!"

1: fortune-teller. 2: i.e., to interpret the dregs. 15: restrain
himself. 20: will abate. 22: s.c. **ich**. 23: (Fr.) posterity,
descendants; (L.) evil.   29: in her mind, imagination. 31:
looking up (at her) through their lorgnettes (glasses).

ZWÖLFTE VIGILIE
Nachricht von dem Rittergut, das der Anselmus als des
Archivarius Lindhorst Schwiegersohn bezogen, und wie
er dort mit der Serpentina lebt - Beschluß

Wie fühlte ich recht in der Tiefe des Gemüts die hohe Seligkeit des Studenten Anselmus, der mit der holden Serpentina
innigst verbunden, nun nach dem geheimnisvollen wunderbaren
Reiche gezogen war, das er für die Heimat erkannte, nach der
sich seine von seltsamen Ahnungen erfüllte Brust schon so lange   -5-
gesehnt. Aber vergebens blieb alles Streben, dir günstiger
Leser, all die Herrlichkeiten, von denen der Anselmus umgeben,
auch nur einigermaßen in Worten anzudeuten. Mit Widerwilligkeit
gewahrte* ich die Mattigkeit jedes Ausdrucks. Ich fühlte mich
befangen in den Armseligkeiten des kleinlichen Alltagslebens,   -10-
ich erkrankte in quälendem Mißbehagen, ich schlich umher wie ein
Träumender, kurz, ich geriet in jenen Zustand des Studenten
Anselmus, den ich dir, günstiger Leser! in der vierten Vigilie
beschrieben. Ich härmte mich recht ab*, wenn ich die eilf
Vigilien, die ich glücklich zustande gebracht, durchlief, und   -15-
nun dachte, daß es mir wohl niemals vergönnt sein werde, die
zwölfte als Schlußstein hinzuzufügen, denn so oft ich mich zur
Nachtzeit hinsetzte, um das Werk zu vollenden, war es, als
hielten mir recht tückische Geister (es mochten wohl Verwandte -
vielleicht Cousins germains der getöteten Hexe sein) ein   -20-
glänzend poliertes Metall vor, in dem ich mein Ich erblickte,
blaß, übernächtig und melancholisch, wie der Registrator Heerbrand nach dem Punsch-Rausch. - Da warf ich denn die Feder hin
und eilte ins Bett, um wenigstens von dem glücklichen Anselmus
und der holden Serpentina zu träumen. So hatte das schon mehrere   -25-
Tage und Nächte gedauert, als ich endlich ganz unerwartet von
dem Archivarius Lindhorst ein Billet* erhielt, worin er mir
folgendes schrieb:

Ew. Wohlgeboren* haben, wie mir bekannt worden, die seltsamen
Schicksale meines guten Schwiegersohnes, des vormaligen* Stu-   -30-
denten, jetzigen Dichters Anselmus, in eilf Vigilie beschrieben,
und quälen sich jetzt sehr ab, in der zwölften und letzten
Vigilie einiges von seinem glücklichen Leben in Atlantis zu
sagen, wohin er mit meiner Tochter auf das hübsche Rittergut,
welches ich dort besitze, gezogen. Unerachtet ich nun nicht eben   -35-
gern sehe, daß Sie mein eigentliches Wesen der Lesewelt kund
getan, da es mich vielleicht in meinem Dienst als Geh. Archivarius tausend Unannehmlichkeiten aussetzen, ja wohl gar im
Collegio* die zu ventilierende* Frage veranlassen wird: inwie-

-----
9: became aware of. 14: pined away. 27: (Fr.) note, letter. 29:
You, Sir... 30: =ehemaligen. 39: collegium, i.e., court
administration; to be aired.

fern wohl ein Salamander sich rechtlich und mit verbindenden
Folgen als Staatsdiener eidlich verpflichten könne, und inwie-
fern ihm überhaupt solide Geschäfte anzuvertrauen, da nach
Gabalis und Swedenborg* den Elementargeistern durchaus nicht zu
trauen - unerachtet nun meine besten Freunde meine Umarmung   -5-
scheuen werden, aus Furcht, ich könnte in plötzlichem Übermut
was weniges blitzen und ihnen Frisur und Sonntagsfrack verderben
- unerachtet alles dessen, sage ich, will ich Ew. Wohlgeboren
doch in der Vollendung des Werks behülflich sein, da darin viel
Gutes von mir und von meiner lieben verheirateten Tochter (ich   -10-
wollte, ich wäre die beiden übrigen auch schon los) enthalten.
Wollen Sie daher die zwölfte Vigilie schreiben, so steigen Sie
Ihre verdammten fünf Treppen* hinunter, verlassen Sie Ihr Stübchen, und kommen Sie zu mir. Im blauen Palmbaumzimmer, das Ihnen
schon bekannt, finden Sie die gehörigen Schreibmaterialien, und   -15-
Sie können dann mit wenigen Worten den Lesern kund tun, was Sie
geschaut, das wird Ihnen besser sein, als eine weitläufige Be-
schreibung eines Lebens, das Sie ja doch nur von Hörensagen
kennen. Mit Achtung

>   Ew. Wohlgeboren ergebenster*   -20-
>   der Salamander Lindhorst
>   p.t.* Königl. Geh. Archivarius

   Dies freilich etwas rauhe, aber doch freundschaftliche Billet
des Archivarius Lindhorst war mir höchst angenehm. Zwar schien
es gewiß, daß der wunderliche Alte von der seltsamen Art, wie   -25-
mir die Schicksale seines Schwiegersohns bekannt worden, die
ich, zum Geheimnis verpflichtet, dir selbst, günstiger Leser!
verschweigen mußte, wohl unterrichtet sei, aber er hatte das
nicht so übel vermerkt, als ich wohl befürchten konnte. Er bot
ja selbst hülfreiche Hand, mein Werk zu vollenden, und daraus   -30-
konnte ich mit Recht schließen, wie er im Grunde genommen damit
einverstanden sei, daß seine wunderliche Existenz in der
Geisterwelt durch den Druck bekannt werde. Es kann sein, dachte
ich, daß er selbst die Hoffnung daraus schöpft, desto eher seine
beiden noch übrigen Töchter an den Mann zu bringen*, denn viel-   -35-
leicht fällt doch ein Funke in dieses oder jenes Jünglings
Brust, der die Sehnsucht nach der grünen Schlange entzündet,
welche er dann in dem Holunderbusch am Himmelfahrtstage sucht
und findet. Aus dem Unglück, das den Anselmus betroffen, als er
in die gläserne Flasche gebannt wurde, wird er die Warnung ent-   -40-

-----
4: in 1670 Abbé Villars de Montfaucon published **Le Comte de Gabalis ou entretiens des sciences secrètes (The Count de Gabalis
or Conversations on the Secret Sciences)**, which dealt with
nature spirits and their relationship to man; Emanuel Swedenborg
(1688-1772), Swedish scientist, theologian, and mystic, whose
writings were very popular (but criticized by Kant) in the
eighteenth century. 13: five flights of stairs. 20: devoted. 22:
(L.) =pro tempore: for the present. 35: to marry (off).

nehmen, sich vor jedem Zweifel, vor jedem Unglauben recht ernstlich zu hüten. Punkt eilf Uhr löschte ich meine Studierlampe aus
und schlich zum Archivarius Lindhorst, der mich schon auf dem
Flur erwartete. "Sind Sie da - Hochverehrter! - nun das ist mir
lieb, daß Sie meine guten Absichten nicht verkennen - kommen Sie   -5-
nur!" - Und damit führte er mich durch den von blendendem Glanze
erfüllten Garten in das azurblaue Zimmer, in welchem ich den
violetten Schreibtisch erblickte, an welchem der Anselmus gearbeitet. - Der Archivarius Lindhorst verschwand, erschien aber
gleich wieder mit einem schönen goldnen Pokal in der Hand, aus   -10-
dem eine blaue Flamme hoch emporknisterte. "Hier", sprach er,
"bringe ich Ihnen das Lieblingsgetränk Ihres Freundes des
Kapellmeisters Johannes Kreisler*. - Es ist angezündeter Arrak,
in den ich einigen Zucker geworfen. Nippen Sie was weniges
davon, ich will gleich meinen Schlafrock abwerfen und zu meiner   -15-
Lust, und um, während Sie sitzen und schauen und schreiben,
Ihrer werten Gesellschaft zu genießen, in dem Pokale auf- und
niedersteigen." - "Wie es Ihnen gefällig ist, verehrter Herr
Archivarius", versetzte ich, "aber wenn ich nun von dem Getränk
genießen will, werden Sie nicht" - "Tragen Sie keine Sorge, mein   -20-
Bester", rief der Archivarius, warf den Schlafrock schnell ab,
stieg zu meinem nicht geringen Erstaunen in den Pokal und verschwand in den Flammen. - Ohne Scheu kostete ich, die Flamme
leise weghauchend, von dem Getränk, es war köstlich!

Rühren sich nicht in sanftem Säuseln und Rauschen die smarag-   -25-
denen Blätter der Palmbäume, wie vom Hauch des Morgenwindes
geliebkost? - Erwacht aus dem Schlafe heben und regen sie sich
und flüstern geheimnisvoll von den Wundern, die wie aus weiter
Ferne holdselige Harfentöne verkünden! - Das Azur löst sich von
den Wänden und wallt wie duftiger Nebel auf und nieder, aber   -30-
blendende Strahlen schießen durch den Duft, der sich wie in
jauchzender kindischer Lust wirbelt und dreht und aufsteigt bis
zur unermeßlichen Höhe, die sich über den Palmbäumen wölbt. -
Aber immer blendender häuft sich Strahl auf Strahl, bis in
hellem Sonnenglanze sich der unabsehbare Hain aufschließt, in   -35-
dem ich den Anselmus erblicke. - Glühende Hyazinthen und
Tulipanen und Rosen erheben ihre schönen Häupter und ihre Düfte
rufen in gar lieblichen Lauten dem Glücklichen zu: Wandle,
wandle unter uns, Geliebter, der du uns verstehst - unser Duft
is die Sehnsucht der Liebe - wir lieben dich und sind dein   -40-
immerdar! - Die goldnen Strahlen brennen in glühenden Tönen: wir
sind Feuer von der Liebe entzündet. - Der Duft ist die Sehnsucht, aber Feuer das Verlangen, und wohnen wir nicht in deiner
Brust? wir sind ja dein eigen! Es rischeln und rauschen die
dunklen Büsche - die hohen Bäume: Komme zu uns! - Glücklicher -   -45-
Geliebter! - Feuer ist das Verlangen, aber Hoffnung unser kühler
Schatten! wir umsäuseln liebend dein Haupt, denn du verstehst

-----
13: a character in other works by Hoffmann.

uns, weil die Liebe in deiner Brust wohnet. Die Quellen und
Bäche plätschern und sprudeln: Geliebter, wandle nicht so
schnell vorüber, schaue in unser Kristall - dein Bild wohnt in
uns, das wir liebend bewahren, denn du hast uns verstanden! - Im
Jubelchor zwitschern und singen bunte Vögelein: Höre uns, höre -5-
uns, wir sind die Freude, die Wonne, das Entzücken der Liebe! -
Aber sehnsuchtsvoll schaut Anselmus nach dem herrlichen Tempel,
der sich in weiter Ferne erhebt. Die künstlichen Säulen
scheinen* Bäume und die Kapitäler* und Gesimse* Akanthus-
blätter*, die in wundervollen Gewinden und Figuren herrliche -10-
Verzierungen bilden. Anselmus schreitet dem Tempel zu, er betrachtet mit innerer Wonne den bunten Marmor, die wunderbar
bemoosten Stufen. "Ach nein", ruft er wie im Übermaß des Entzückens, "sie ist nicht mehr fern!" Da tritt in hoher Schönheit
und Anmut Serpentina aus dem Innern des Tempels, sie trägt den -15-
goldnen Topf, aus dem eine herrliche Lilie entsprossen. Die
namenlose Wonne der unendlichen Sehnsucht glüht in den holdseligen Augen, so blickt sie den Anselmus an, sprechend: "Ach,
Geliebter! die Lilie hat ihren Kelch erschlossen - das Höchste
ist erfüllt, gibt es denn eine Seligkeit, die der unsrigen -20-
gleicht?" Anselmus umschlingt sie mit der Inbrunst des glü-
hendsten Verlangens - die Lilie brennt in flammenden Strahlen
über seinem Haupte. Und lauter regen sich die Bäume und die
Büsche, und heller und freudiger jauchzen die Quellen - die
Vögel - allerlei bunte Insekten tanzen in den Luftwirbeln - ein -25-
frohes, freudiges, jubelndes Getümmel in der Luft - in den Wässern - auf der Erde feiert das Fest der Liebe! - Da zucken
Blitze überall leuchtend durch die Büsche - Diamanten blicken
wie funkelnde Augen aus der Erde! - hohe Springbäche strahlen
aus den Quellen - seltsame Düfte wehen mit rauschendem Flügel- -30-
schlag daher - es sind die Elementargeister, die der Lilie
huldigen und des Anselmus Glück verkünden. - Da erhebt Anselmus
das Haupt wie vom Strahlenglanz der Verklärung umflossen. - Sind
es Blicke? - sind es Worte? - ist es Gesang? - Vernehmlich
klingt es: "Serpentina! - der Glaube an dich, die Liebe hat mir -35-
das Innerste der Natur erschlossen! - Du brachtest mir die
Lilie, die aus dem Golde, aus der Urkraft der Erde, noch ehe
Phosphorus den Gedanken entzündete, entsproß - sie ist die Erkenntnis des heiligen Einklangs aller Wesen, und in dieser
Erkenntnis lebe ich in höchster Seligkeit immerdar. - Ja, ich -40-
Hochbeglückter habe das Höchste erkannt - ich muß dich lieben
ewiglich, o Serpentina! - nimmer verbleichen die goldnen
Strahlen der Lilie, denn wie Glaube und Liebe ist ewig die
Erkenntnis."

9: appear as; upper parts of a column; cornice. 10: acanthus: a
plant with prickles and large leaves found in the Mediterranean.

Die Vision, in der ich nun den Anselmus leibhaftig auf seinem
Rittergute in Atlantis gesehen, verdankte ich wohl den Künsten
des Salamanders, und herrlich war es, daß ich sie, als alles wie
im Nebel verloschen, auf dem Papier, das auf dem violetten
Tische lag, recht sauber und augenscheinlich von mir selbst auf-   -5-
geschrieben fand. - Aber nun fühlte ich mich von jähem Schmerz
durchbohrt und zerrissen. "Ach, glücklicher Anselmus, der du die
Bürde des alltäglichen Lebens abgeworfen, der du in der Liebe zu
der holden Serpentina die Schwingen rüstig rührtest* und nun
lebst in Wonne und Freude auf deinem Rittergut in Atlantis! -   -10-
Aber ich Armer! - bald - ja in wenigen Minuten bin ich selbst
aus diesem schönen Saal, der noch lange kein Rittergut in
Atlantis ist, versetzt in mein Dachstübchen, und die Armseligkeiten des bedürftigen Lebens befangen meinen Sinn und mein
Blick ist von tausend Unheil wie von dickem Nebel umhüllt, daß   -15-
ich wohl niemals die Lilie schauen werde." - Da klopfte mir der
Archivarius Lindhorst leise auf die Achsel und sprach: "Still,
still, Verehrter! klagen Sie nicht so! - Waren Sie nicht soeben
selbst in Atlantis, und haben Sie denn nicht auch dort wenigstens einen artigen Meierhof* als poetisches Besitztum Ihres   -20-
innern Sinns? - Ist denn überhaupt des Anselmus Seligkeit etwas
anderes als das Leben in der Poesie, der sich der heilige Einklang aller Wesen als tiefstes Geheimnis der Natur offenbaret?"

          Ende des Märchens
              (1813) 1814

9: moved your wings vigorously. 20: (dairy) farm (house)

CLEMENS BRENTANO

[Auf dem Rhein]

Ein Fischer saß im Kahne,
Ihm war das Herz so schwer,
Sein Liebchen war gestorben,
Das glaubt' er nimmermehr*.

Und bis die Sternlein blinken,   -5-
Und bis zum Mondenschein
Harrt* er, sein Lieb* zu fahren
Wohl auf dem tiefen Rhein.

Da kömmt* sie hergegangen
Und steiget* in den Kahn,   -10-
Sie schwanket in den Knieen,
Hat nur ein Hemdlein an.

Sie schwimmen auf den Wellen
Hinab in tiefer Ruh,
Da zittert sie und wanket;   -15-
O Liebchen, frierest du?

Dein Hemdlein spielt im Winde,
Das Schifflein treibt so schnell;
Hüll dich in meinen Mantel,
Die Nacht ist kühl und hell.   -20-

Sie strecket nach den Bergen
Die weißen Arme aus,
Und freut sich, wie der Vollmond
Aus Wolken sieht heraus.

Und grüßt die alten Türme,   -25-
Und will den hellen Schein
Mit ihren zarten Armen
Erfassen in dem Rhein.

O setze dich doch nieder,
Herzallerliebste mein!   -30-
Das Wasser treibt so schnelle,
O fall nicht in den Rhein.

4: not at all. 7: impatiently waits; =seine Liebe, Geliebte. 9:
=kommt. 10: =steigt, and passim.

Und große Städte fliegen
An ihrem Kahn vorbei,
Und in den Städten klingen   -35-
Der* Glocken mancherlei.

Da kniet das Mädchen nieder
Und faltet seine* Händ
Und seine hollen Augen
Es zu dem Himmel wendt*.   -40-

Lieb Mädchen, bete stille,
Schwank' nicht so hin und her,
Der Kahn, er möchte sinken,
Das Wasser treibt so sehr.

In einem Nonnen-Kloster   -45-
Da singen Stimmen fein
Und in dem Kirchenfenster
Sieht man den Kerzenschein.

Da singt das Mädchen helle
Die Metten* in dem Kahn,   -50-
Und sieht dabei mit Tränen
Den Fischerknaben an.

Der Knabe singt mit Tränen
Die Metten in dem Kahn,
Und sieht dabei sein Mädchen   -55-
Mit stummen Blicken an.

So rot und immer röter
Wird nun die tiefe Flut,
Und weiß und immer weißer
Das Mädchen werden tut*.   -60-

Der Mond ist schon zerronnen*,
Kein Sternlein mehr zu sehn,
Und auch dem lieben Mädchen
Die Augen schon vergehn*.

Lieb Mädchen, guten Morgen!   -65-
Lieb Mädchen, gute Nacht!
Warum willst du nun schlafen?
Da schon die Sonn erwacht.

Die Türme blinken helle,
Und froh der grüne Wald   -70-

36: gen. pl. 38: =ihre. 40: =wendet. 50: matins, early morning
hymns. 60: =wird. 61: disappeared. 64: grow dim.

Von tausend bunten Stimmen
In lautem Sang erschallt.

Da will er sie erwecken,
Daß sie die Freude hör,
Er sieht zu ihr hinüber   -75-
Und findet sie nicht mehr.

Und legt sich in den Nachen*.
Und schlummert weinend ein,
Und treibet weiter weiter
Bis in die See hinein.   -80-

Die Meereswellen brausen
Und schleudern ab und auf
Den kleinen Fischernachen,
Der Knabe wacht nicht auf.

Doch* fahren große Schiffe   -85-
In stiller Nacht einher*,
So sehen sie die beiden
Im Kahne auf dem Meer.
                    1801*

[Lore Lay]

Zu Bacharach am Rheine
Wohnt eine Zauberin,
Sie war so schön und feine
Und riß viel Herzen hin.

Und brachte viel zu schanden*   -5-
Der* Männer rings umher,
Aus ihren Liebesbanden
War keine Rettung mehr.

Der Bischof ließ sie laden*
Vor geistliche Gewalt* -   -10-
Und mußte sie begnaden,
So schön war ihr Gestalt.

Er sprach zu ihr gerühret*:
"Du arme Lore Lay!

77: boat. 85: But when. 86: =vorbei. after 88: in the novel
**Godwi, oder das steinerne Bild der Mutter. Ein verwildeter Roman
von Maria. (ch. 24).**/ 5: ruined. 6: gen. pl. many (**viel**) of
the, and passim. 9: summoned. 10: ecclesiastical court. 13:
=**gerührt**, and passim.

Wer hat dich denn verführet   -15-
Zu böser Zauberei?"

"Herr Bischof, laßt* mich sterben,
Ich bin des Lebens müd,
Weil jeder muß verderben,
Der meine Augen sieht.   -20-

Die Augen sind zwei Flammen,
Mein Arm ein Zauberstab -
O legt mich in die Flammen!
O brechet mir den Stab*!"

"Ich kann dich nicht verdammen,   -25-
Bis du mir erst bekennt*,
Warum in diesen Flammen
Mein eigen Herz schon brennt.

Den Stab kann ich nicht brechen,
Du schöne Lore Lay!   -30-
Ich müßte dann zerbrechen
Mein eigen Herz entzwei."

"Herr Bischof, mit mir Armen
Treibt nicht so bösen Spott,
Und bittet um Erbarmen,   -35-
Für mich den lieben Gott.

Ich darf nicht länger leben,
Ich liebe keinen mehr -
Den Tod sollt Ihr mir geben,
Drum kam ich zu Euch her. -   -40-

Mein Schatz hat mich betrogen,
Hat sich von mir gewandt,
Ist fort von hier gezogen,
Fort in ein fremdes Land.

Die Augen sanft und wilde,   -45-
Die Wangen rot und weiß,
Die Worte still und milde,
Das ist mein Zauberkreis.

Ich selbst muß drin verderben,
Das Herz tut mir so weh,   -50-
Vor Schmerzen möcht ich sterben,
Wenn ich mein Bildnis seh.

17: =lassen Sie.   24: Condemn me to death.   26: =bekennst.

Drum laßt mein Recht mich finden,
Mich sterben wie ein Christ,
Denn alles muß verschwinden,   -55-
Weil er nicht bei mir ist."

Drei Ritter läßt er holen:
"Bringt sie ins Kloster hin;
Geh, Lore! - Gott befohlen
Sei dein berückter Sinn*.   -60-

Du sollst ein Nönnchen werden,
Ein Nönnchen schwarz und weiß,
Bereite dich auf Erden
Zu deines Todes Reis'."

Zum Kloster sie nun ritten,   -65-
Die Ritter alle drei,
Und traurig in der Mitten
Die schöne Lore Lay.

"O Ritter, laßt mich gehen
Auf diesen Felsen groß,   -70-
Ich will noch einmal sehen
Nach meines Lieben Schloß.

Ich will noch einmal sehen
Wohl in den tiefen Rhein,
Und dann ins Kloster gehen   -75-
Und Gottes Jungfrau sein."

Der Felsen ist so jähe*,
So steil ist seine Wand,
Doch klimmt sie in die Höhe,
Bis daß sie oben stand.   -80-

Es binden die drei Ritter
Die Rosse unten an,
Und klettern immer weiter
Zum Felsen auch hinan.

Die Jungfrau sprach: "Da gehet   -85-
Ein Schifflein auf dem Rhein,
Der in dem Schifflein stehet,
Der soll mein Liebster sein.

Mein Herz wird mir so munter,
Er muß mein Liebster sein!" -   -90-

60: To God be commended your beguiling soul.   77: precipitous.

Da lehnt sie sich hinunter
Und stürzet in den Rhein.

Die Ritter mußten sterben,
Sie konnten nicht hinab,
Sie mußten all verderben,   -95-
Ohn Priester und ohn Grab.

Wer hat dies Lied gesungen?
Ein Schiffer auf dem Rhein,
Und immer hats geklungen [1]
Von dem drei Ritterstein: -100-

   Lore Lay,
   Lore Lay,
   Lore Lay,
Als wären es meiner drei.

[1]Bei Bacharach steht dieser Felsen, Lore Lay
genannt; alle vorbeifahrende Schiffer rufen
ihn an, und freuen sich des* vielfachen
Echos.
                  c. 1800*

[Einsam will ich untergehn]

Einsam will ich untergehn
Keiner soll mein Leiden wissen,
Wird der Stern, den ich gesehn*
Von dem Himmel mir gerissen
Will ich einsam untergehn   -5-
Wie ein Pilger in der Wüste.

Einsam will ich untergehn
Wie ein Pilger in der Wüste,
Wenn der Stern, den ich gesehn
Mich zum letzten Male grüßte   -10-
Will ich einsam untergehn
Wie ein Bettler auf der Heide.

Einsam will ich untergehn
Wie ein Bettler auf der Heide,
Giebt* der Stern, den ich gesehn,   -15-
Mir nicht weiter das Geleite*

-----

after 104: =über das; in the novel **Godwi, oder das steinerne
Bild der Mutter. Ein verwilderter Roman von Maria.** (ch. 36)./
3: sc. habe, and passim.   15: =Gibt.   16: escort.

Will ich einsam untergehn
Wie der Tag im Abendgrauen.
Einsam will ich untergehn
Wie der Tag im Abendgrauen,   -20-
Will der Stern, den ich gesehn
Nicht mehr auf mich niederschauen,
Will ich einsam untergehn
Wie ein Sklave an der Kette.

Einsam will ich untergehn   -25-
Wie der Sklave an der Kette,
Scheint der Stern, den ich gesehn
Nicht mehr auf mein Dornenbette
Will ich einsam untergehn
Wie ein Schwanenlied im Tode.   -30-

Einsam will ich untergehn
Wie ein Schwanenlied im Tode,
Ist der Stern, den ich gesehn
Mir nicht mehr ein Friedensbote
Will ich einsam untergehn   -35-
Wie ein Schiff in wüsten Meeren.

Einsam will ich untergehn
Wie ein Schiff in wüsten Meeren,
Wird der Stern, den ich gesehn
Jemals weg von mir sich kehren,   -40-
Will ich einsam untergehn
Wie der Trost in stummen Schmerzen.

Einsam will ich untergehn
Wie der Trost in stummen Schmerzen,
Soll der Stern, den ich gesehn   -45-
Jemals meine Schuld verscherzen,
Will ich einsam untergehn
Wie mein Herz in deinem Herzen.
                    1817

ACHIM VON ARNIM

[Mir ist zu licht zum Schlafen]

Mir ist zu licht zum Schlafen,
Der Tag bricht in die Nacht.
Die Seele ruht im Hafen,
Ich bin so froh verwacht*.

Ich hauchte meine Seele   -5-
Im ersten Kusse aus,
Was ist's, daß ich mich quäle,
Ob sie auch fand ein Haus.

Sie hat es wohl gefunden,
Auf ihren Lippen schön,   -10-
O welche sel'ge Stunden,
Wie ist mir so geschehn.

Was soll ich nun noch sehen,
Ach alles ist in ihr,
Was fühlen, was erflehen*,   -15-
Es ward* ja alles mir.

Ich habe was zu sinnen,
Ich hab, was mich beglückt,
In allen meinen Sinnen
Bin ich von ihr entzückt.   -20-
                c. 1810*

[Hatte nicht der frische Morgen]

Hatte nicht der frische Morgen
Dich in seinem Arm gewiegt,
Haben dich die müden Sorgen
Vor dem Abend schon besiegt.

Hatte nicht die Sonnenhelle   -5-
Dich mit ihrem Strahl umspielt,
Müde liegst du an der Schwelle
Einer Nacht, die alle kühlt.

4: (neologism). 15: beseech, implore. 16: =wurde. after 20: in
the novel **Armut, Reichtum, Schuld und Buße der Gräfin Dolores.
Eine wahre Geschichte zur lehrreichen Unterhaltung armer
Fräulein** (Erste Abteilung, siebentes Kapitel).

Hatten nicht des Muts Gedanken
Dich zum heitern Tanz geführt,   -10-
Mußten* deine Tritte wanken,
Als dein Herz da tief gerührt*.

Hatten nicht die frohen Töne
Deine Stirne kühl umkränzt,
Ach wo ist nun alles Schöne,   -15-
Wo dein Blick, der uns umglänzt.

Hatte nicht die erste Liebe
Dich mit süßem Wort geweckt;
Ach bald ist's die letzte Liebe,
Die mit Erde dich bedeckt.   -20-
                    c. 1810*

11: sc. nicht. 12: sc. wurde. after 20: in the novel Armut,
Reichtum, Schuld und Buße der Gräfin Dolores. Eine wahre
Geschichte zur lehrreichen Unterhaltung armer Fräulein (Vierte
Abteilung, sechstes Kapitel.

ADELBERT VON CHAMISSO

Winter

In den jungen Tagen
   Hatt ich frischen Mut,
In der* Sonne Strahlen
   War ich stark und gut.

Liebe, Lebenswogen,   -5-
   Sterne, Blumenlust!
Wie so stark die Sehnen!
   Wie so voll die Brust!

Und es ist zerronen,
   Was ein Traum nur war;   -10-
Winter ist gekommen,
   Bleichend mir das Haar.

Bin so alt geworden,
   Alt und schwach und blind,
Ach! verweht das Leben,   -15-
   Wie ein Nebelwind!
                1811

Das Schloß Boncourt

Ich träum als Kind mich zurücke*,
   Und schüttle mein greises Haupt;
Wie sucht ihr mich heim, ihr Bilder,
   Die lang ich vergessen geglaubt*?

Hoch ragt aus schatt'gen Gehegen*   -5-
   Ein schimmerndes Schloß hervor,
Ich kenne die Türme, die Zinnen*,
   Die steinerne Brücke, das Tor.

Es schauen vom Wappenschilde
   Die Löwen so traulich mich an,   -10-
Ich grüße die alten Bekannten,
   Und eile den Burghof hinan.

Dort liegt die Sphinx am Brunnen,
   Dort grünt der Feigenbaum,

3: genitive./ 1: =zurück.   4: sc. habe.   5: enclosure.   7:
battlements.

Dort, hinter diesen Fenstern,   -15-
   Verträumt ich den ersten Traum.

Ich tret in die Burgkapelle
   Und suche des Ahnherrn Grab,
Dort ist's, dort hängt vom Pfeiler
   Das alte Gewaffen* herab.   -20-

Noch lesen umflort* die Augen
   Die Züge der Inschrift nicht,
Wie hell durch die bunten Scheiben
   Das Licht darüber auch bricht.

So stehst du, o Schloß meiner Väter,   -25-
   Mir treu und fest in dem Sinn,
Und bist von der Erde verschwunden,
   Der Pflug geht über dich hin.

Sei fruchtbar, o teurer Boden,
   Ich segne dich mild und gerührt,   -30-
Und segn' ihn zwiefach*, wer immer
   Den Pflug nun über dich führt.

Ich aber will auf mich raffen*,
   Mein Saitenspiel in der Hand,
Die Weiten der Erde durchschweifen,   -35-
   Und singen von Land zu Land.
                1827

20: =**Wappen** coat of arms. 21: veiled (in tears). 31:
=**zweifach**. 33: =**mich aufraffen** pull myself together.

JOSEPH VON EICHENDORFF

Anklänge

1

Vöglein in den sonn'gen Tagen!
Lüfte blau, die mich verführen!
Könnt ich bunte Flügel rühren,
Über Berg und Wald sie schlagen!

Ach! es spricht des Frühlings Schöne,   -5-
Und die Vögel alle singen:
Sind die Farben denn nicht Töne,
Und die Töne bunte Schwingen?

Vöglein, ja, ich laß das Zagen*!
Winde sanft die Segel rühren,   -10-
Und ich lasse mich entführen,
Ach! wohin? mag ich nicht fragen.

2

Ach! wie ist es doch gekommen,
Daß die ferne Waldespracht
So mein ganzes Herz genommen,   -15-
Mich um alle Ruh gebracht*!

Wenn von drüben Lieder wehen,
Waldhorn gar nicht enden will,
Weiß ich nicht, wie mir geschehen,
Und im Herzen bet ich still.   -20-

Könnt ich zu den Wäldern flüchten,
Mit dem Grün in frischer Lust
Mich zum Himmelsglanz aufrichten –
Stark und frei wär da die Brust!

Hörnerklang und Lieder kamen   -25-
Nicht so schmerzlich an mein Herz,
Fröhlich wollt ich Abschied nehmen,
Zög auf ewig wälderwärts.
                            (1808) 1837*

9: faintheartedness.   16: sc. **hat.** after 28: from the cycle
Sängerleben (1837).

Waldgespräch
[Lorelei]

"Es ist schon spät, es wird schon kalt,
Was* reitst du einsam durch den Wald?
Der Wald ist lang, du bist allein,
Du schöne Braut! Ich führ dich heim!"

"Groß ist der* Männer Trug und List,   -5-
Vor Schmerz mein Herz gebrochen ist,
Wohl irrt das Waldhorn her und hin,
O flieh! Du weißt nicht, wer ich bin."

So reich geschmückt ist Roß und Weib*,
So wunderschön der junge Leib,   -10-
"Jetzt kenn ich dich - Gott steh mir bei!
Du bist die Hexe Lorelei."

"Du kennst mich wohl - von hohem Stein
Schaut still mein Schloß tief in den Rhein.
Es ist schon spät, es wird schon kalt,   -15-
Kommst nimmermehr aus diesem Wald!"
                              (c. 1812) 1815*

Mittagsruh

Über Bergen, Fluß und Talen*,
Stiller Lust und tiefen Qualen
Webet* heimlich, schillert, Strahlen!
Sinnend ruht des Tags Gewühle
In der dunkelblauen Schwüle,   -5-
Und die ewigen Gefühle,
Was dir selber unbewußt*,
Treten heimlich, groß und leise
Aus der* Wirrung fester* Gleise,
Aus der unbewachten Brust,   -10-
In die stillen, weiten Kreise.
                              (1812/1814) 1837

Heimweh

Wer in die Fremde will wandern,
Der muß mit der Liebsten gehn,

5: gen. pl. 9: =Frau. after 16: in the novel **Ahnung und
Gegenwart** (1815)./1: =Tälern. 3: =Webt. 7: sc. **ist.** 9:
genitive; (object of **Aus**).

Es jubeln und lassen die andern
Den Fremden alleine stehn.

Was wisset* ihr, dunkle Wipfel,   -5-
Von der alten, schönen Zeit?
Ach, die Heimat hinter den Gipfeln,
Wie liegt sie von hier so weit!

Am liebsten betracht ich die Sterne,
Die schienen, wie* ich ging zu ihr,   -10-
Die Nachtigall hör ich so gerne,
Sie sang vor der* Liebsten Tür.

Der Morgen, das ist meine Freude!
Da steig ich in stiller Stund
Auf den höchsten Berg in die Weite,   -15-
Grüß dich, Deutschland, aus Herzensgrund!
                                  1826*

Sehnsucht

Es schienen so golden die Sterne,
Am Fenster ich einsam stand
Und hörte aus weiter Ferne
Ein Posthorn im stillen Land.
Das Herz mir im Leib entbrennte,   -5-
Da hab ich mir heimlich gedacht:
Ach, wer da mitreisen könnte
In der prächtigen Sommernacht!

Zwei junge Gesellen gingen
Vorüber am Bergeshang,   -10-
Ich hörte im Wandern sie singen
Die stille Gegend entlang:
Von schwindelnden Felsenschlüften*,
Wo die Wälder rauschen so sacht*,
Von Quellen, die von den Klüften   -15-
Sich stürzen in die Waldesnacht.

Sie sangen von Marmorbildern
Von Gärten, die überm Gestein
In dämmernden Lauben verwildern,
*Palästen im Mondenschein,   -20-
Wo die Mädchen am Fenster lauschen,

5: =wißt. 10: =als. 12: genitive. after 16: in the novel **Aus
dem Leben eines Taugenichts** (1826)./13: Schlüften=Schluchten
ravines, gorges. 14: gently. 20: sc. **Von**.

Wann* der* Lauten* Klang erwacht
Und die Brunnen verschlafen rauschen
In der prächtigen Sommernacht.-
                    1834*

Die Nacht

Wie schön, hier zu verträumen
Die Nacht im stillen Wald,
Wenn in den dunklen Bäumen
Das alte Märchen hallt.

Die Berg im Mondesschimmer   -5-
Wie in Gedanken stehn,
Und durch verworrne Trümmer
Die Quellen klagend gehn.

Denn müd ging auf den Matten*
Die Schönheit nun zur Ruh,   -10-
Es deckt mit kühlen Schatten
Die Nacht das Liebchen zu.

Das ist das irre Klagen
In stiller Waldespracht,
Die Nachtigallen schlagen   -15-
Von ihr die ganze Nacht.

Die Stern* hehn auf und nieder –
Wann kommst du, Morgenwind,
Und hebst die Schatten wieder
Von dem verträumten Kind?   -20-

Schon rührt sich's in den Bäumen,
Die Lerche weckt sie bald –
So will ich treu verträumen
Die Nacht im stillen Wald.
                    c. 1834*

Meeresstille

Ich seh von des Schiffes Rande
Tief in die Flut hinein:
Gebirge und grüne Lande*

22: =Wenn; gen. pl.; lutes. after 24: in the novella **Dichter
und ihre Gesellen** (1834). 9: alpine meadows. 17: =Sterne.
after 24: in the novella **Dichter und ihre Gesellen.**/ 3:
=**Länder**.

Und Trümmer im falben Schein
Und zackige Türme im Grunde*,   -5-
Wie ich's oft im Traum mir gedacht*,
Das dämmert alles da unten
Als wie eine prächtige Nacht.

Seekönig auf seiner Warte
Sitzt in der Dämmrung tief,   -10-
Als ob er mit langem Barte
Über seiner Harfe schlief';
Da kommen und gehen die Schiffe
Darüber, er merkt es kaum,
Von seinem Korallenriffe   -15-
Grüßt er sie wie im Traum.
                    (c. 1835) 1837

Mondnacht

Es war, als hätt der Himmel
Die Erde still geküßt,
Daß sie im Blütenschimmer
Von ihm nun träumen müßt.

Die Luft ging durch die Felder,   -5-
Die Ähren wogten sacht,
Es rauschten leis die Wälder,
So sternklar war die Nacht.

Und meine Seele spannte
Weit ihre Flügel aus,   -10-
Flog durch die stillen Lande*,
Als flöge sie nach Haus.
                    (c. 1835) 1837

Der Einsiedler

Komm, Trost der st der Welt, du stille Nacht!
Wie steigst du von den Bergen sacht,
Die Lüfte alle schlafen,
Ein Schiffer nur noch, wandermüd,
Singt übers Meer sein Abendlied   -5-
Zu Gottes Lob im Hafen.

Die Jahre wie die Wolken gehn
Und lassen mich hier einsam stehn,
Die Welt hat mich vergessen,

5: =Hintergrund(e) background. 6: sc. habe./ 11: =Länder.

Da tratst du wunderbar zu mir,   -10-
Wenn ich beim Waldesrauschen hier
Gedankenvoll gesessen*.

O Trost der Welt, du stille Nacht!
Der Tag hat mich so müd gemacht,
Das weite Meer schon dunkelt,   -15-
Laß ausruhn mich von Lust und Not,
Bis daß das ew'ge Morgenrot
Den stillen Wald durchfunkelt.
                              c. 1837

Der verspätete Wanderer

Wo aber werd' ich sein im künft'gen Lenze*?
So frug* ich sonst wohl, wenn beim Hüteschwingen
Ins Tal wir ließen unser Lied erklingen,
Denn jeder Wipfel bot mir frische Kränze.
Ich wußte nur, daß rings* der Frühling glänze,   -5-
Daß nach dem Meer die Ströme leuchtend gingen;
Von fernem Wunderland die Vögel singen,
Da hatt' das Morgenrot noch keine Grenze.
Jetzt aber wird's schon Abend, alle Lieben
Sind wandermüde längst zurückgeblieben,   -10-
Die Nachtluft rauscht durch meine welken Kränze,
Und heimwärts rufen mich die Abendglocken,
Und in der Einsamkeit frag' ich erschrocken,
Wo werde ich wohl sein im künft'gen Lenze?
                              (1854) 1859

12: sc. **habe.**/ 1: =**Frühling.**   2: =**fragte.** 5: =**ringsherum,**
ringsum all around.

HEINRICH HEINE

[Und wüßten's die Blumen, die kleinen]

Und wüßten's die Blumen, die kleinen,
Wie tief verwundet mein Herz*,
Sie würden mit mir weinen,
Zu heilen meinen Schmerz.

Und wüßten's die Nachtigallen,   -5-
Wie ich so traurig und krank*,
Sie ließen fröhlich erschallen
Erquickenden Gesang.

Und wüßten sie mein Wehe,
Die goldnen Sternelein,   -10-
Sie kämen aus ihrer Höhe,
Und sprächen Trost mir ein.

Die alle können's nicht wissen,
Nur eine kennt meinen Schmerz:
Sie hat ja selbst zerrissen,   -15-
Zerrissen mir das Herz.
                    1822*

[Aus alten Märchen winkt es]

Aus alten Märchen winkt es
Hervor mit weißer Hand,
Da singt es und da klingt es
Von einem Zauberland:

Wo große Blumen schmachten   -5-
Im goldnen Abendlicht,
Und zärtlich sich betrachten
Mit bräutlichem Gesicht; -

Wo alle Bäume sprechen
Und singen, wie im Chor,   -10-
Und laute Quellen brechen
Wie Tanzmusik hervor; -

Und Liebesweisen tönen,
Wie du sie nie gehört*,

2: sc. ist. 6: sc. bin. after 16: number 22 in **Lyrisches
Intermezzo** within **Buch der Lieder** (1827)./ 14: sc. hast.

Bis wundersüßes Sehnen   -15-
Dich wundersüß betört!

Ach, könnt ich dorthin kommen,
Und dort mein Herz erfreun,
Und aller Qual entnommen*,
Und frei und selig sein!   -20-

Ach! jenes Land der Wonne,
Das seh ich oft im Traum,
Doch kommt die Morgensonne,
Zerfließt's wie eitel Schaum.
                                        1823*

                  [Die Lorelei]

Ich weiß nicht, was soll es bedeuten,
Daß ich so traurig bin;
Ein Märchen aus alten Zeiten,
Das kommt mir nicht aus dem Sinn.

Die Luft ist kühl und es dunkelt,   -5-
Und ruhig fließt der Rhein;
Der Gipfel des Berges funkelt
Im Abendsonnenschein.

Die schönste Jungfrau sitzet*
Dort oben wunderbar,   -10-
Ihr goldnes Geschmeide blitzet,
Sie kämmt ihr goldenes Haar.

Sie kämmt es mit goldenem Kamme,
Und singt ein Lied dabei;
Das hat eine wundersame,   -15-
Gewaltige Melodei.

Den Schiffer im kleinen Schiffe
Ergreift es mit wildem Weh;
Er schaut nicht die Felsenriffe,
Er schaut nur hinauf in die Höh'.   -20-

Ich glaube, die Wellen verschlingen
Am Ende Schiffer und Kahn;

19: free of. after 24: number 43 in **Lyrisches Intermezzo** within
Buch der Lieder (1827). 9: =sitzt.

Und das hat mit ihrem Singen
Die Lorelei getan.
                    1824*

Abenddämmerung

Am blassen Meeresstrande
Saß ich gedankenbekümmert und einsam.
Die Sonne neigte sich tiefer, und warf
Glührote Streifen auf das Wasser,
Und die weißen, weiten Wellen,   -5-
Von der Flut gedrängt,
Schäumten und rauschten näher und näher -
Ein seltsam Geräusch, ein Flüstern und Pfeifen,
Ein Lachen und Murmeln, Seufzen und Sausen,
Dazwischen ein wiegenliedheimliches* Singen -   -10-
Mir war als hört' ich verschollne Sagen,
Uralte, liebliche Märchen,
Die ich einst, als Knabe,
Von Nachbarskindern vernahm,
Wenn wir am Sommerabend,   -15-
Auf den Treppensteinen der Haustür,
Zum stillen Erzählen niederkauerten,
Mit kleinen, horchenden Herzen
Und neugierigklugen Augen;
Während die großen Mädchen,   -20-
Neben duftenden Blumentöpfen,
Gegenüber am Fenster saßen,
Rosengesichter,
Lächelnd und mondbeglänzt.
                    1825*

[Das Herz ist mir bedrückt, und sehnlich]

Das Herz ist mir bedrückt, und sehnlich
Gedenke* ich der alten Zeit;
Die Welt war damals noch so wöhnlich*,
Und ruhig lebten hin* die Leut'.

Doch jetzt ist alles wie verschoben,   -5-
Das ist ein Drängen! eine Not!
Gestorben ist der Herrgott oben,
Und unten ist der Teufel tot.

-----
after 24: number 2 in **Die Heimkehr** within **Buch der Lieder**
(1827)./ 10: **heimlich** from **Heim** home.   after 24: number 2 in **Die**
Nordsee (1825)./ 2: =denke ... an (die). 3: =wohnlich pleasant,
snug.   4: passed their lives.

Und alles schaut so grämlich trübe,
So krausverwirrt* und morsch und kalt,   -10-
Und wäre nicht das bißchen Liebe,
So gäb es nirgends einen Halt*.
                         1826*

[Nun ist es Zeit, daß ich mit Verstand]

Nun ist es Zeit, daß ich mit Verstand
Mich aller Torheit entled'ge;
Ich hab so lang als ein Komödiant
Mit dir gespielt die Komödie.

Die prächt'gen Kulissen, sie waren bemalt   -5-
Im hochromantischen Stile,
Mein Rittermantel hat goldig gestrahlt,
Ich fühlte die feinsten Gefühle.

Und nun ich mich gar säuberlich
Des tollen Tands* entled'ge,   -10-
Noch immer elend fühl ich mich,
Als spielt ich noch immer Komödie.

Ach Gott! im Scherz und unbewußt
Sprach ich was ich gefühlet*;
Ich hab mit dem Tod in der eignen Brust   -15-
Den sterbenden Fechter gespielet.
                         1826*

10: (neologism): very confused, mixed-up. 12: hold, stability.
after 12: number 39 in **Die Heimkehr** within **Buch der Lieder**
(1827)./ 10: trifle, trinket. 14: =gefühlt (habe), and passim.
after 16: number 44 in **Die Heimkehr** within **Buch der Lieder**
(1827).

YOUNG GERMANY

GEORG BÜCHNER

DER HESSISCHE LANDBOTE
Erste Botschaft

Darmstadt, im Juli 1834.

Vorbericht

Dieses Blatt soll dem hessischen Lande die Wahrheit melden, aber   -5-
wer die Wahrheit sagt, wird gehenkt; ja sogar der, welcher die
Wahrheit liest, wird durch meineidige Richter vielleicht gestraft. Darum haben die, welchen dies Blatt zukommt, folgendes
zu beobachten:
1. Sie müssen das Blatt   sorgfältig außerhalb ihres Hauses vor   -10-
der Polizei verwahren;
2. sie dürfen es nur an treue Freunde mitteilen;
3. denen, welchen sie nicht trauen wie sich selbst, dürfen sie
es nur heimlich hinlegen;
4: würde das Blatt dennoch bei einem gefunden*, der es gelesen   -15-
hat, so muß er gestehen, daß er es eben dem Kreisrat* habe
bringen wollen*;
5. wer das Blatt nicht gelesen hat, wenn man es bei ihm findet,
der ist natürlich ohne Schuld.

FRIEDE DEN HÜTTEN! KRIEG DEN PALÄSTEN!   -20-

Im Jahre 1834 siehet* es aus, als würde die Bibel Lügen gestraft*. Es sieht aus, als hätte Gott die Bauern und Handwerker
am fünften Tage und die Fürsten und Vornehmen am sechsten gemacht, und als hätte der Herr zu diesen gesagt: "Herrschet über
alles Getier, das auf Erden kriecht"*, und hätte die Bauern und   -25-
Bürger zum Gewürm gezählt. Das Leben der **Vornehmen** ist ein langer Sonntag: sie wohnen in schönen Häusern, sie tragen zierliche
Kleider, sie haben feiste Gesichter und reden eine eigne
Sprache; das Volk aber liegt vor ihnen wie Dünger auf dem Acker.
Der Bauer geht hinter dem Pflug, der **Vornehme** aber geht hinter   -30-
ihm und dem Pflug und treibt ihn mit den Ochsen am Pflug, er
nimmt das Korn und läßt ihm die Stoppeln. Das Leben des Bauern
ist ein langer Werktag; Fremde verzehren seine Äcker vor seinen
Augen, sein Leib* ist eine Schwiele, sein Schweiß ist das Salz
auf dem Tische des **Vornehmen**.   -35-
Im Großherzogtum Hessen sind 718 373 Einwohner, die geben an den
Staat jährlich an* 6 363 436 Gulden*, als

15: if... should be found. 16: district counselor. 17: was about
to take. 21: =**sieht**. 22: as though the Bible were false. 25:
Genesis 1:26. 34: =**Körper**. 37: approximately; 1 **Gulden**=app. $5.

```
1. Direkte Steuern.......... 2 128 131 Fl.*
2. Indirekte Steuern........ 2 478 264 "
3. Domänen*............... 1 547 394 "
4. Regalien*............... 46 938 "
5. Geldstrafen.............. 98 511 "          -5-
6. Verschiedene Quellen...... 64 198 "
```

$$\overline{6\ 363\ 436}\ Fl.$$

Dies Geld ist der Blutzehnte*, der vom Leibe des Volkes genommen
wird. An 700 000 Menschen schwitzen, stöhnen und hungern dafür.
Im Namen des Staates wird es erpreßt, die Presser berufen sich   -10-
auf die Regierung, und die Regierung sagt, das sei nötig, die
Ordnung im Staat zu erhalten. Was ist denn nun das für gewaltiges Ding; der Staat? Wohnt eine Anzahl Menschen in einem Land
und es sind Verordnungen oder Gesetze vorhanden, nach denen
jeder sich richten muß, so sagt man, sie bilden einen Staat. Der   -15-
Staat also sind alle; die Ordner im Staate sind die Gesetze,
durch welche das Wohl aller gesichert wird und die aus dem Wohl
aller hervorgehen sollen. - Seht nun, was man in dem Großherzogtum aus dem Staat gemacht hat; seht, was es heißt: die Ordnung im Staate erhalten! 700 000 Menschen bezahlen dafür 6 Mil-   -20-
lionen, d.h. sie werden zu Ackergäulen* und Pflugstieren gemacht, damit sie in Ordnung leben. In Ordnung leben heißt hungern und geschunden* werden.
Wer sind denn die, welche diese Ordnung gemacht haben und die
wachen, diese Ordnung zu erhalten? Das ist die Großherzogliche   -25-
Regierung. Die Regierung wird gebildet von dem Großherzog und
seinen obersten Beamten. Die andern Beamten sind Männer, die von
der Regierung berufen werden, um jene Ordnung in Kraft zu erhalten. Ihre Anzahl ist Legion: Staatsräte* und Regierungsräte*,
Landräte* und Kreisräte, geistliche Räte* und Schulräte*,   -30-
Finanzräte* und Forsträte usw. mit allem ihrem Heer von Sekre-
tären usw. Das Volk ist ihre Herde, sie sind seine Hirten,
Melker und Schinder; sie haben die Häute der Bauern an, der Raub
der Armen ist in ihrem Hause; die Tränen der Witwen und Waisen
sind das Schmalz auf ihren Gesichtern; sie herrschen frei und   -35-
ermahnen das Volk zur Knechtschaft. Ihnen gebt ihr 6 000 000 Fl.
Abgaben*; sie haben dafür die Mühe, euch zu regieren; d.h. sich
von euch füttern zu lassen und euch eure Menschen- und
Bürgerrechte zu rauben. Sehet, was die Ernte eures Schweißes   -40-
ist!
                                                      1834

1: Florin=(here) Gulden. 3: income from ducal lands. 4: income
from ducal prerogatives. 8: blood-tithe. 21: farm-horses. 23:
skinned, exploited. 29: privy counselors; government counselors.
30:       district   presidents;   ecclesiastical   counselors;
school-district superintendents. 31: treasury officials. 37: in
taxes.

[DER BESCHLUSS DES BUNDESTAGES]

Nachdem sich in Deutschland in neuerer Zeit, und zuletzt unter
der Benennung "das junge Deutschland" oder "junge Literatur",
eine literarische Schule gebildet hat, deren Bemühungen unverhohlen dahin gehen, in belletristischen, für alle Klassen von
Lesern zugänglichen* Schriften die christliche Religion auf die   -5-
frechste Weise anzugreifen, die bestehenden sozialen Verhältnisse herabzuwürdigen und alle Zucht* und Sittlichkeit zu zer-
stören: so hat die deutsche Bundesversammlung - in Erwägung, daß
es dringend notwendig sei, diesen verderblichen*, die Grund-
pfeiler aller gesetzlichen Ordnung untergrabenden Bestrebungen   -10-
durch Zusammenwirken aller Bundesregierungen sofort Einhalt zu
tun*, und unbeschadet* weiterer*, vom Bunde oder von den einzelnen Regierungen zur Erreichung des Zweckes nach Umständen zu
ergreifenden Maßregeln - sich zu nachstehenden Bestimmungen ver-
einiget*:   -15-
  1. Sämtliche deutschen Regierungen übernehmen die
      Verpflichtung, gegen die Verfasser, Verleger, Drucker und
      Verbreiter der Schriften aus der unter der Bezeichnung "das
      junge Deutschland" oder "die junge Literatur" bekannten
      literarischen Schule, zu welcher namentlich* Heinr. Heine, -20-
      Karl Gutzkow, Heinr. Laube, Ludolf Wienbarg und Theodor
      Mundt gehören, die Straf- und Polizei-Gesetze ihres Landes,
      sowie die gegen den Mißbrauch der Presse bestehenden
      Vorschriften, nach ihrer vollen Strenge in Anwendung zu
      bringen, auch die Verbreitung dieser Schriften, sei es   -25-
      durch den Buchhandel, durch Leihbibliotheken oder auf
      sonstige Weise, mit allen ihnen* gesetzlich zu Gebot
      stehenden Mitteln zu verhindern.
  2. Die Buchhändler werden hinsichtlich des Verlags und
      Vertriebs der oben erwähnten Schriften durch die   -30-
      Regierungen in angemessener Weise verwarnt, und es wird
      ihnen gegenwärtig gehalten werden*, wie sehr es in ihrem
      wohlverstandenen eigenen Interesse liege, die Maßregeln der
      Regierungen gegen die zerstörende Tendenz jener
      literarischen Erzeugnisse auch ihrerseits*, mit Rücksicht   -35-
      auf den von ihnen in Anspruch genommenen Schutz des Bundes,
      wirksam zu unterstützen.
  3. Die Regierung der freien Stadt Hamburg wird aufgefordert,
      in dieser Beziehung insbesondere der Hoffmann und
      Campeschen Buchhandlung* zu* Hamburg, welche vorzugsweise* -40-

-----

5: preceded by its modifiers. 7: culture, propriety. 9: modifies (as does **untergrabenden**) **Bestrebungen**. 12: to put a stop
to; without prejudice to (+ gen.); modifies, along with
ergreifenden, Maßregeln. 15: =vereinigt, and passim (goes with
hat in 1. 8). 20: by name. 27: =den Regierungen. 32: i.e., we
currently impress upon them. 35: for their part. 40: as
publishers of Heine and other "Young Germans"; in; particularly.

Schriften obiger* Art in Verlag und Vertrieb hat, die
geeignete Verwarnung zugehen zu lassen*.

1835

1: ao montioned above.   2: to forward, pass on (to).

GEORG BÜCHNER

WOYZECK

PERSONEN

Franz Woyzeck
Marie
Hauptmann
Doktor   -5-
Tambourmajor
Unterofficier
Andres
Margreth
Budenbesitzer   -10-
Marktschreier* im Innern der Bude
Alter Mann, der zum Leierkasten* singt
Kind, das tanzt
Der Jude
Wirth   -15-
Erster Handwerksbursch*
Zweiter Handwerksbursch
Karl, ein Idiot
Käthe
Großmutter   -20-
Erstes Kind
Zweites Kind
Drittes Kind
Erste Person
Zweite Person   -25-
Gerichtsdiener
Arzt
Richter
Soldaten, Studenten, Burschen, Mädchen und Kinder

11: charlatan. 12: to the accompaniment of (his) barrel-organ.
16: apprentice.

BEIM HAUPTMANN

Hauptmann auf einem Stuhl; Woyzeck rasiert ihn.

HAUPTMANN. Langsam, Woyzeck, langsam; eins nach dem andern! Er*
macht mir ganz schwindlig. Was soll ich dann mit den zehn
Minuten anfangen, die Er heut zu früh fertig wird? Woyzeck,   -5-
bedenk Er: Er hat noch seine schöne dreißig Jahr zu leben,
dreißig Jahr! Macht dreihundertsechzig Monate! und Tage!
Stunden! Minuten! Was will Er denn mit der ungeheuren Zeit all
anfangen? Teil Er sich ein*, Woyzeck!

WOYZECK. Jawohl, Herr Hauptmann.   -10-

HAUPTMANN. Es wird mir ganz angst um die Welt, wenn ich an die
Ewigkeit denke. Beschäftigung, Woyzeck, Beschäftigung! Ewig:
das ist ewig, das ist ewig, das siehst du ein; nun ist es aber
nicht ewig und das . ist ein Augenblick, ja ein Augenblick –
Woyzeck, es schaudert mich, wenn ich denke, daß sich die Welt -15-
in einem Tag herumdreht! Was 'n* Zeitverschwendung! Wo soll
das hinaus*? Woyzeck, ich kann kein Mühlrad mehr sehn, oder
ich werd melancholisch.

WOYZECK. Jawohl, Herr Hauptmann.

HAUPTMANN. Woyzeck, Er sieht immer so verhetzt* aus! Ein guter -20-
Mensch tut das nicht, ein guter Mensch, der sein gutes
Gewissen hat. – Red Er doch was, Woyzeck! Was ist heut für
Wetter?

WOYZECK. Schlimm, Herr Hauptmann, schlimm: Wind!

HAUPTMANN. Ich spür's schon, 's ist so was Geschwindes draußen; -25-
so ein Wind macht mir den Effekt wie eine Maus. Pfiffig*: Ich
glaub, wir haben so was aus Süd-Nord?

WOYZECK. Jawohl, Herr Hauptmann.

HAUPTMANN. Ha! ha! ha! Süd-Nord! Ha! ha! ha! Oh, Er ist dumm
ganz abscheulich dumm! Gerührt. Woyzeck, Er ist ein guter -30-
Mensch, – aber mit Würde: Woyzeck, Er hat keine Moral! Moral,
das ist, wenn man moralisch ist, versteht Er. Es ist ein gutes
Wort. Er hat ein Kind ohne den Segen der Kirche, wie unser
hochehrwürdiger Herr Garnisonsprediger sagt, – ohne den Segen
der Kirche, es ist nicht von mir*.   -35-

3: pronoun formerly used to servants and military subordinates
(also **sein, ihn,** etc.). 9: Apportion it. 16: =**Was für eine.** 17:
Where will it all end. 20: harassed. 26: slyly, sarcastically.
35: those aren't my words.

WOYZECK. Herr Hauptmann, der liebe Gott wird den armen Wurm*
nicht drum ansehen, ob das Amen drüber gesagt ist, eh er
gemacht wurde. Der Herr* sprach: Lasset die Kleinen zu mir
kommen*.

HAUPTMANN. Was sagt Er da? Was ist das für eine kuriose Antwort?   -5-
Er macht mich ganz konfus mit seiner Antwort. Wenn ich sag:
Er, so mein' ich Ihn, Ihn -

WOYZECK. Wir arme Leut' - Sehn Sie, Herr Hauptmann: Geld, Geld!
Wer kein Geld hat - Da setz einmal eines seinesgleichen auf
die Moral in die Welt*! Man hat auch sein Fleisch und Blut.   -10-
Unsereins* ist doch einmal unselig in der* und der andern
Welt. Ich glaub, wenn wir in Himmel kämen, so müßten wir
donnern helfen.

HAUPTMANN. Woyzeck, Er hat keine Tugend! Er ist kein tugendhafter Mensch! Fleisch und Blut? Wenn ich am Fenster lieg,   -15-
wenn's geregnet hat, und den weißen Strümpfen so nachseh, wie
sie über die Gassen springen - verdammt, Woyzeck, da kommt mir
die Liebe! Ich hab auch Fleisch und Blut. Aber, Woyzeck, die
Tugend! die Tugend! Wie sollte ich dann die Zeit herumbringen?
Ich sag mir immer: du bist* ein tugendhafter Mensch, **gerührt**   -20-
ein guter Mensch, ein guter Mensch.

WOYZECK. Ja, Herr Hauptmann, die Tugend, - ich hab's noch nit so
aus*. Sehn Sie: wir gemeine* Leut, das hat keine Tugend, es
kommt einem nur so die Natur; aber wenn ich ein Herr wär und
hätt ein' Hut und eine Uhr und eine Anglaise* und könnt   -25-
vornehm reden, ich wollt schon tugendhaft sein. Es muß was
Schönes sein um die Tugend, Herr Hauptmann. Aber ich bin ein
armer Kerl!

HAUPTMANN. Gut, Woyzeck. Du bist ein guter Mensch, ein guter
Mensch. Aber du denkst zuviel, das zehrt*; du siehst immer so   -30-
verhetzt aus. - Der Diskurs hat mich ganz angegriffen. Geh
jetzt, und renn nicht so; langsam, hübsch* langsam die Straße
hinunter!

1: i.e., his child. 3: The Lord. 4: Matthew 19:13: Let the
children come to me... 10: Just let someone of my class try to
bring his kind into the world while having a regard for
morality. 11: People like us; =dieser. 20: the Captain is
addressing himelf. 23: that's not the way it is with me; common.
25: frock-coat. 30: eats on you. 32: nice and.

FREIES FELD, DIE STADT IN DER FERNE

Woyzeck und Andres schneiden Stecken* im Gebüsch.

ANDRES pfeift.

WOYZECK. Ja, Andres, der Platz ist verflucht. Siehst du den
lichten Streif da über das Gras hin, wo die Schwämme* so nach-   -5-
wachsen*? Da rollt abends der Kopf. Es hob ihn einmal einer
auf, er meint', es wär ein Igel: drei Tag und drei Nächt, und
er lag auf den Hobelspänen*. Leise. Andres, das waren die
Freimaurer*! ich hab's, die Freimaurer!

ANDRES singt.   Saßen dort zwei Hasen,   -10-
                 Fraßen ab das grüne, grüne Gras...

WOYZECK. Still! Hörst du's, Andres? hörst du's? Es geht was!

ANDRES.   Fraßen ab das grüne, grüne Gras
                 Bis auf den Rasen.

WOYZECK. Es geht hinter mir, unter mir. Stampft auf den Boden: -15-
Hohl, hörst du? alles hohl da unten! Die Freimaurer!

ANDRES. Ich fürcht mich.

WOYZECK. 's ist so kurios still. Man möcht den Atem halten. –
Andres!

ANDRES. Was?   -20-

WOYZECK. Red was! Starrt in die Gegend. Andres! wie hell! Über
der Stadt is alles Glut! Ein Feuer fährt um den Himmel und ein
Getös* herunter wie Posaunen. Wie's heraufzieht! – Fort! Sieh
nicht hinter dich! Reißt ihn ins Gebüsch.

ANDRES nach einer Pause. Woyzeck, hörst du's noch?   -25-

WOYZECK. Still, alles still, als wär die Welt tot.

ANDRES. Hörst du? Sie trommeln drin*. Wir müssen fort!

2: twigs. 5: toadstools. 6: are growing up (again). 8: on the
shavings from a (carpenter's) plane, i.e., in a coffin. 9: Free-
masons. 23: din. 27: i.e., in the city.

DIE STADT

Marie mit ihrem Kind am Fenster. Margreth.
Der Zapfenstreich* geht vorbei, der Tambourmajor voran.

MARIE **das Kind wippend auf dem Arm.** He, Bub! Sa ra ra ra! Hörst?
Da kommen sie!   -5-

MARGRETH. Was ein Mann, wie ein Baum!

MARIE. Er steht auf seinen Füßen wie ein Löw. **Tambourmajor**
grüßt.

MARGRETH. Ei, was freundliche Auge, Frau Nachbarin! So was is
man an ihr* nit gewöhnt.   -10-

MARIE **singt.** Soldaten, das sind schöne Bursch...

MARGRETH. Ihre Auge glänze* ja noch –

MARIE. Und wenn! Trag Sie Ihre Auge zum Jud, und laß Sie sie
putze; vielleicht glänze sie noch, daß man sie für zwei Knöpf
verkaufe könnt.   -15-

MARGRETH. Was, Sie? Sie? Frau Jungfer*! Ich bin eine honette*
Person, aber Sie, es weiß jeder, Sie guckt sieben Paar lederne
Hose durch!

MARIE. Luder! **Schlägt das Fenster durch*.** Komm, mei Bub! Was die
Leut wolle. Bist doch nur ein arm Hurenkind und machst deiner -20-
Mutter Freud mit deim* unehrliche Gesicht! Sa! sa!
Singt: Mädel, was fangst* du jetzt an*?
              Hast ein klein Kind und kein' Mann!
              Ei, was frag ich danach?
              Sing ich die ganze Nacht   -25-
              Heio, popeio*, mei Bu*, juchhe*!
              Gibt mir kein Mensch nix dazu.

Es klopft am Fenster.

MARIE. Wer da? Bist du's, Franz? Komm herein!

WOYZECK. Kann nit. Muß zum Verles'*.   -30-

MARIE. Hast du Stecken geschnitten für den Hauptmann?

3: return of the troops to camp. 10: =dir. 12: (dialect)
=glänzen, and passim. 16: Mrs. Virgin; (Fr.) honest. 19: =zu.
21: =deinem. 22: =fängst; What are you doing? 26: refrain words;
=mein Bub; hurrah. 30: rollcall.

WOYZECK. Ja, Marie.

MARIE. Was hast du*, Franz? Du siehst so verstört.

WOYZECK **geheimnisvoll**. Marie, es war wieder was, viel – steht
    nicht geschrieben: und sieh, da ging ein Rauch vom Land, wie
    der Rauch vom Ofen*?   -5-

MARIE. Mann!

WOYZECK.   Es ist hinter mir hergangen bis vor die Stadt. Etwas,
    was wir nicht fassen, begreifen, was uns von Sinnen bringt.
    Was soll das werden?

MARIE. Franz!   -10-

WOYZECK. Ich muß fort. – *Heut   abend auf die Meß*! Ich hab
    wieder was gespart. **Er geht.**

MARIE. Der Mann! So vergeistert*. Er hat sein Kind nicht an-
    gesehn! Er schnappt noch über mit den Gedanken! – Was* bist du
    still, Bub? Furchtst* dich? Es wird so dunkel; man meint, man   -15-
    wär blind. Sonst* scheint als die Latern herein. Ich halt's
    nit aus; es schauert mich! **Geht ab.**

                    BUDEN. LICHTER. VOLK

            Alter Mann singt und Kind tanzt zum Leierkasten:

                Auf der Welt ist kein Bestand,   -20-
                Wir müssen alle sterben,
                Das ist uns wohlbekannt.

WOYZECK. Hei, Hopsa's! – Armer Mann, alter Mann! Armes Kind,
    junges Kind! Sorgen und Feste!

MARIE. Mensch, sind noch die Narrn von Verstande, dann ist man   -25-
    selbst Narr. – Komische Welt! schöne Welt! **Beide gehn weiter
    zum Marktschreier.**

MARKTSCHREIER **vor einer Bude mit seiner Frau in Hosen und einem
    kostümierten Affen.** Meine Herren, meine Herren! Sehn Sie die
    Kreatur, wie sie Gott gemacht*: nix, gar nix. Sehn Sie jetzt   -30-
    die Kunst: geht aufrecht, hat Rock und Hosen, hat ein' Säbel!
    Der Aff ist Soldat; 's ist noch nit viel, unterste Stuf von

-----

2: What's wrong with you? 5: See Genesis 19:28. 11: sc. **Bis;**
=**Messe** fair. 13: crazy. 14: =**Warum.** 15: =**Fürchtest** (du). 16:
=**Nichts.** 30: sc. **hat,** and passim.

menschliche Geschlecht. Ho! Mach Kompliment*! So - bist Baron.
Gib Kuß! **Er trompetet**: Wicht* ist musikalisch. - Meine Herren,
hier ist zu sehen das astronomische Pferd und die kleine
Kanaillevögele*.   Sind Favorit von alle gekrönte Häupter
Europas, verkündigen den Leuten alles: wie alt, wieviel -5-
Kinder, was für Krankheit. Die Rapräsentationen* anfangen! Es
wird sogleich sein das Commencement von Commencement.

WOYZECK. Willst du?

MARIE. Meinetwegen. Das muß schön Dings sein. Was der Mensch
Quasten* hat! Und die Frau hat Hosen! **Beide gehn in die Bude.** -10-

TAMBOURMAJOR. Halt, jetzt! Siehst du sie? Was ein Weibsbild!

UNTEROFFICIER.   Teufel! Zum   Fortpflanzen   von   Kürassier-
regimentern*!

TAMBOURMAJOR. Und zur Zucht von Tambourmajors!

UNTEROFFICIER. Wie sie den Kopf trägt! Man meint, das schwarze -15-
Haar müßt sie abwärts ziehn wie ein Gewicht. Und Augen -

TAMBOURMAJOR. Als ob man in ein' Ziehbrunnen oder zu einem
Schornstein hinunter guckt. Fort, hinterdrein*! -

DAS INNERE DER HELLERLEUCHTETEN BUDE

MARIE. Was Licht!   -20-

WOYZECK. Ja, Marie, schwarze Katzen mit feurige Augen. Hei, was
ein Abend!

DER BUDENBESITZER **ein Pferd vorführend.** Zeig dein Talent! zeig
deine viehische Vernünftigkeit! Beschäme die menschliche
Sozietät! Meine Herren, dies Tier, was Sie da sehn, Schwanz am -25-
Leib, auf seine vier Hufe, ist Mitglied von alle gelehrte
Sozietät, ist Professor an unsre Universität, wo die Studente
bei ihm reiten und schlagen lernen. - Das war einfacher
Verstand. Denk jetzt mit der doppelten Raison*! Was machst du,
Was machst du, wann du mit der doppelten Raison denkst? Ist -30-
unter der gelehrten Société da ein Esel? **Der Gaul schüttelt
den Kopf.** Sehn Sie jetzt die doppelte Raison? Das ist

1: Take a bow!   2: (The) fellow. 4: =**Kanarienvöglein**. (the
Charlatan's German suggests he is French). 6: show. 10: tassels.
13: **Kürassier** cavalry. 18: =hinterher. 29: twice as hard.

Viehsionomik*. Ja, das ist kein viehdummes Individuum, das ist
eine Person, ein Mensch, ein tierischer Mensch -, und doch ein
Vieh, ein Bête*. Das Pferd führt sich ungebührlich auf*. So,
beschäme die Société. Sehn Sie, das Vieh ist noch Natur,
uniideale Natur! Lernen Sie bei ihm! Fragen Sie den Arzt, es -5-
ist sonst höchst schädlich! Das hat geheißen: Mensch, sei
natürlich! Du bist geschaffen aus Staub, Sand, Dreck. Willst
du mehr sein als Staub, Sand, Dreck? - Sehn Sie, was Vernunft:
es kann rechnen und kann doch nit an den Fingern herzählen.
Warum? Kann sich nur nit ausdrücken, nur nit explizieren, ist -10-
ein verwandelter Mensch. Sag den Herren, wieviel Uhr es ist!
Wer von den Herren und Damen hat ein Uhr? ein Uhr?

UNTEROFFICIER. Eine Uhr? Zieht großartig und gemessen eine Uhr
aus der Tasche: Da, mein Herr!

MARIE. Das muß ich sehn. Sie klettert auf den ersten* Platz; -15-
Unterofficier hilft ihr.

TAMBOURMAJOR. Das ist ein Weibsbild*!

                          MARIENS KAMMER*

MARIE sitzt, ihr Kind auf dem Schoß, ein Stückchen Spiegel in
der Hand. Der andre hat ihm befohlen, und er hat gehen müssen! -20-
-Bespiegelt sich: Was die Steine glänzen! was sind's für*? was
hat er gesagt? -- Schlaf, Bub! Drück die Augen zu, fest! Das
Kind versteckt die Augen hinter den Händen. Noch fester! Bleib
so - still, oder er holt dich! Singt;
                    Mädel, mach's Ladel* zu,   -25-
                    's kommt e Zigeunerbu*,
                    Führt dich an deiner Hand
                    Fort ins Zigeunerland.
Spiegelt sich wieder. 's ist gewiß Gold! Wie wird mir's beim
Tanz stehen*? Unsereins hat nur ein Eckchen in der Welt und ein -30-
Stückchen Spiegel, und doch hab ich ein' so roten Mund als die
großen Madamen mit ihren Spiegeln von oben bis unten und ihren
schönen Herrn, die ihnen die Händ küssen. Ich bin nur ein arm
Weibsbild! - Das Kind richtet sich auf: Still, Bub, die Augen
zu! Das Schlafengelchen*! wie's an der Wand läuft, sie blinkt* -35-
mit dem Glas: Die Auge zu, oder es sieht dir hinein, daß du
blind wirst! Woyzeck tritt herein, hinter sie. Sie fährt auf,
-----
1: the proprietor of the booth is unsure of German too. Striving
for Physiognomik, he has incorporated Vieh, beast. 3: (Fr.)
beast, animal; behaves indecently. 15: i.e., besten. 17: =Frau
(also pejorative). 18: =Zimmer. 21: (I wonder) what kind (of
stones) they are. 25: =Laden shutter. 26: gypsy boy. 30: look;
35: sandman; i.e., she's making the reflected light of the
mirror run along the wall.

mit den Händen nach den Ohren.

WOYZECK. Was hast du?

MARIE. Nix.

WOYZECK. Unter deinen Fingern glänzt's ja.

MARIE. Ein Ohrringlein; hab's gefunden.   -5-

WOYZECK. Ich hab so nix gefunden, zwei auf einmal!

MARIE. Bin ich ein Mensch*?

WOYZECK. 's is gut, Marie. - Was* der Bub schläft! Greif ihm
  unters Ärmchen, der Stuhl drückt ihn. Die hellen Tropfen stehn
  ihm auf der Stirn; alles Arbeit unter der Sonn, sogar Schweiß   -10-
  im Schlaf. Wir arme Leut! - Da is wieder Geld, Marie; die
  Löhnung und was von meim Hauptmann.

MARIE. Gott vergelt's*, Franz.

WOYZECK. Ich muß fort. Heut abend, Marie! Adies!*

MARIE **allein, nach einer Pause.** Ich bin doch ein schlecht -15-
  Mensch! Ich könnt mich erstechen. - Ach! was* Welt! Geht doch
  alles zum Teufel, Mann und Weib!

                         BEIM DOKTOR

                     Woyzeck. Der Doktor

DOKTOR. Was erleb ich, Woyzeck? Ein Mann von Wort!   -20-

WOYZECK. Was denn, Herr Doktor?

DOKTOR. Ich hab's gesehn, Woyzeck; Er hat auf die Straß gepißt,
  an die Wand gepißt, wie ein Hund! - Und doch* drei Groschen*
  täglich und Kost*! Woyzeck, das ist schlecht; die Welt wird
  schlecht, sehr schlecht!   -25-

WOYZECK. Aber Herr Doktor, wenn einem die Natur kommt.

DOKTOR. Die Natur kommt, die Natur kommt! Die Natur! Hab ich

7: **das** (sometimes **der** in WOYZECK) **Mensch** harlot. 8: =**Wie.** 13:
God bless you. 14: (Fr.)=Adieu. 16: sc. **für eine.** 23: sc.
bekommst du; (very little money). 24: board.

nicht nachgewiesen, daß der Musculus constrictor vesicae* dem
Willen unterworfen ist? Die Natur! Woyzeck, der Mensch ist
frei, in dem Menschen verklärt sich* die Individualität zur
Freiheit. Den Harn nicht halten können! **Schüttelt den Kopf,
legt die Hände auf den Rücken und geht auf und ab.** Hat Er   -5-
schon seine Erbsen gegessen, Woyzeck? Nichts als Erbsen,
cruciferae*, merk' Er sich's! Es gibt eine Revolution in der
Wissenschaft, ich sprenge sie in die Luft. Harnstoff 0,10,
salzsaures Ammonium*, Hyperoxydul* - Woyzeck, muß er nicht
wieder pissen? Geh Er einmal hinein und probier Er's!   -10-

WOYZECK.   Ich kann nit, Herr Doktor.

DOKTOR **mit Affekt***. Aber an die Wand pissen! Ich hab's schriftlich, den Akkord* in der Hand! - Ich hab's gesehen, mit diesen
Augen gesehn; ich steckt grade die Nase zum Fenster hinaus und
ließ die Sonnenstrahlen hinein fallen, um das Niesen zu be-   -15-
obachten. **Tritt auf ihn los***: Nein, Woyzeck, ich ärge mich
nicht; Ärger ist ungesund, ist unwissenschaftlich; Ich bin
ruhig, ganz ruhig; mein Puls hat seine gewöhnlichen 60, und
ich sag's Ihm mit der größten Kaltblütigkeit. Behüte, wer wird
sich über einen Menschen ärgern, ein' Menschen! Wenn es noch   -20-
ein Proteus* wäre, der einem krepiert*! Aber, Woyzeck, Er
hätte doch nicht an die Wand pissen sollen -

WOYZECK.   Sehn Sie, Herr Doktor, manchmal hat einer so 'en
Charakter, so 'ne Struktur. - Aber mit der Natur ist's was
anders, sehn Sie; mit der Natur er kracht mit den Fingern, das -25-
is so was, wie soll ich doch sagen, zum Beispiel...

DOKTOR.   Woyzeck, Er philosophiert wieder.

WOYZECK **vertraulich**. Herr Doktor, haben Sie schon was von der
doppelten Natur gesehn? Wenn die Sonn in Mittag* steht und es
ist, als ging' die Welt in Feuer auf, hat schon eine fürchter- -30-
liche Stimme* zu mir geredt!

DOKTOR.   Woyzeck, Er hat eine Aberratio.

WOYZECK **legt den Finger an die Nase.** Die Schwämme, Herr Doktor,
da, da steckt's. Haben Sie schon gesehn, in was für Figuren
die Schwämme auf dem Boden wachsen? Wer das lesen könnt!   -35-

-----

1: the bladder's constrictor muscle. 3: is transfigured. 7:
family of plants with cruciferous (e.g., of the mustard family)
flowers--certainly not peas. The doctor is talking nonsense. 9:
ammonium hydrochlorate; a meaningless scientific-sounding word.
12: upset. 13: =**Vertrag**. 16: =**zu**. 21: a genus of bacteria; who
had crapped out on one. 29: overhead. 31: see Revelation 8:13.

DOKTOR. Woyzeck, Er hat die schönste Aberratio mentalis parti-
    alis, die zweite Spezies*, sehr schön ausgeprägt. Woyzeck, Er
    kriegt Zulage*! Zweite Spezies: fixe Idee* mit allgemein ver-
    nünftigem Zustand. - Er tut noch alles wie sonst? rasiert
    seinen Hauptmann?   -5-

WOYZECK. Jawohl.

DOKTOR. Ißt seine Erbsen?

WOYZECK. Immer ordentlich, Herr Doktor. Das Geld für die Menage*
    kriegt meine Frau.

DOKTOR. Tut seinen Dienst?   -10-

WOYZECK. Jawohl.

DOKTOR. Er ist ein interessanter Kasus. Subjekt* Woyzeck, Er
    kriegt Zulage, halt Er sich brav! Zeig Er seinen Puls. Ja.

                        MARIENS KAMMER

                    Marie. Tambourmajor.   -15-

TAMBOURMAJOR. Marie!

MARIE ihn ansehend, mit Ausdruck.   Geh einmal vor dich hin*! -
    Über die Brust* wie ein Rind und ein Bart wie ein Löw. So ist
    keiner! - Ich bin stolz vor allen Weibern!

TAMBOURMAJOR.   Wenn ich am Sonntag erst den großen Federbusch* -20-
    hab und die weiße Handschuh, Donnerwetter! Der Prinz sagt
    immer: Mensch, Er ist ein Kerl*!

MARIE spöttisch. Ach was! - Tritt vor ihn hin: Mann!

TAMBOURMAJOR. Und du bist auch ein Weibsbild! Sapperment*, wir
    wollen eine Zucht von Tambourmajors anlegen*. He? Er umfaßt -25-
    sie.

MARIE verstimmt. Laß mich!

TAMBOURMAJOR. Wild Tier!

2: of the second order. 3: pay raise; (Fr.)=idée fixe. 8: (Fr.)
household. 12: patient (but also double meaning of scientific
subject). 17: Just show me how you march! 18: i.e., broad chest.
20: plumed helmet. 22: real man. 24: Hell! 25: plot a (whole)
brood...

MARIE heftig. Rühr mich an*!

TAMBOURMAJOR. Sieht dir der Teufel aus den Augen?

MARIE. Meinetwegen! Es is alles eins!

STRASSE

Hauptmann. Doktor. Hauptmann keucht die Straße herunter,   -5-
hält an; keucht, sieht sich um.

HAUPTMANN. Herr Doktor, rennen Sie nicht so! Rudern Sie mit
Ihrem Stock nicht so in der Luft! Sie hetzen sich ja hinter
dem Tod drein*. Ein guter Mensch, der sein gutes Gewissen hat,
geht nicht so schnell. Ein guter Mensch - er erwischt den   -10-
Doktor am Rock: Herr Doktor, erlauben Sie, daß ich ein
Menschenleben rette!

DOKTOR. Pressiert*, Herr Hauptmann, pressiert!

HAUPTMANN. Herr Doktor, ich bin so schwermütig, ich habe so was
Schwärmerisches; ich muß immer weinen, wenn ich meinen Rock an   -15-
der Wand hängen sehe -.

DOKTOR. Hm! Aufgedunsen*, fett, dicker Hals: apoplektische Konstitution. Ja, Herr Hauptmann, Sie können eine Apoplexia
cerebri* kriegen; Sie können sie aber vielleicht auch nur auf
der einen Seite bekommen und dann auf der einen gelähmt sein,   -20-
oder aber Sie können im besten Fall geistig gelähmt werden und
nur fort vegetieren: das sind so ohngefähr* Ihre Aussichten
auf die nächsten vier Wochen! Übrigens kann ich Sie versichern, daß Sie einen von den interessanten Fällen abgeben*,
und wenn Gott will, daß Ihre Zunge zum Teil gelähmt wird, so   -25-
machen wir die unsterblichsten Experimente.

HAUPTMANN. Herr Doktor, erschrecken Sie mich nicht! Es sind
schon Leute am Schreck gestorben, am bloßen hellen Schreck. -
Ich sehe schon die Leute mit den Zitronen* in den Händen; aber
sie werden sagen, er war ein guter Mensch, ein guter Mensch -   -30-
Teufel Sargnagel!

DOKTOR hält ihm den Hut hin. Was ist das, Herr Hauptmann? - Das
ist Hohlkopf, geehrtester Herr Exerzierzagel*!

1: You just touch me! 9: You're running yourself right to death.
13: I'm in a hurry. 17: Bloated. 19: cerebral apoplexy. 22:
=ungefähr. 24: will prove to be. 29: probably as the result of
the medicinal use of lemons during the plague, mourners held
lemons during a funeral. 33: (military) drill-freak.

HAUPTMANN **macht eine Falte***. Was ist das, Herr Doktor? - Das ist
  Einfalt, bester Herr Sargnagel! Hähähä! Aber nichts für
  ungut*! Ich bin ein guter Mensch, aber ich kann auch, wenn ich
  will, Herr Doktor, hähähä, wenn ich will... **Woyzeck kommt und
  will vorbeieilen.** He, Woyzeck, was hetzt Er sich* so an uns   -5-
  vorbei. Bleib Er doch, Woyzeck! Er läuft ja wie ein offnes
  Rasiermesser durch die Welt, man schneidt sich an Ihm; Er
  läuft, als hätt Er ein Regiment Kastrierte zu rasieren und
  würde gehenkt über dem längsten Haar noch vorm Verschwinden*.
  Aber, über die langen Bärte - was wollt ich doch sagen?   -10-
  Woyzeck: die langen Bärte...

DOKTOR. Ein langer Bart unter dem Kinn, schon Plinius* spricht
  davon, man müßt es den Soldaten abgewöhnen...

HAUPTMANN **fährt fort.** Ha! über die langen Bärte! Wie is,
  Woyzeck, hat Er noch nicht ein Haar aus einem Bart in seiner   -15-
  Schüssel gefunden? He, Er versteht mich doch? Ein Haar von
  einem Menschen, vom Bart eines Sapeurs*, eines Unterofficiers,
  eines - eines Tambourmajors! He, Woyzeck? Aber Er hat eine
  brave Frau. *Geht Ihm nicht wie andern.

WOYZECK. Jawohl! Was wollen Sie sagen, Herr Hauptmann?   -20-

HAUPTMANN. Was der Kerl ein Gesicht macht!... Vielleicht nun
  auch nicht in der Suppe, aber wenn Er sich eilt und um die Eck
  geht, so kann er vielleicht noch auf ein Paar Lippen eins*
  finden. Ein Paar Lippen, Woyzeck - ich habe auch das Lieben
  gefühlt, Woyzeck. Kerl, Er ist ja kreideweiß!   -25-

WOYZECK. Herr Hauptmann, ich bin ein armer Teufel - und hab
  sonst nichts auf der Welt. Herr Hauptmann, wenn Sie Spaß
  machen -

HAUPTMANN. Spaß, ich? Daß dich Spaß*, Kerl!

DOKTOR. Den Puls, Woyzeck, den Puls! - Klein, hart hüpfend, un-   -30-
  regelmäßig.

WOYZECK. Herr Hauptmann, die Erd is höllenheiß - mir eiskalt,

-----

1: evidently in the sleeve of his uniform. 3: no offense. 5: why
are you running. 9: before disappearing: whether the reference
is to the hair or the barber is uncertain in the Captain's
ponderous joke. 12: Pliny the Elder (23-79 A.D.), Roman natur-
alist or the Younger (62-113 A.D.), Roman statesman. The
ignorant, show-off doctor could, however, mean Plutarch
(46?-120? A.D.), Greek biographer and moralist. 17: (Fr.)
military engineer. 19: sc. **Es.** 23: =ein **Haar.** 29: That I'm
joking about you.

eiskalt - Die Hölle ist kalt, wollen wir wetten. -- Unmöglich!
Mensch! Mensch! unmöglich!

HAUPTMANN. Kerl, will Er - will Er ein paar Kugeln vor den Kopf
haben*? Er ersticht mich mit seinen Augen, und ich mein' es
gut mit Ihm, weil Er ein guter Mensch ist, Woyzeck, ein guter -5-
Mensch.

DOKTOR. Gesichtsmuskeln starr, gespannt, zuweilen hüpfend.
Haltung aufgeregt, gespannt.

WOYZECK. Ich geh. Es ist viel möglich. Der Mensch*! Es ist viel
möglich. - Wir haben schön Wetter, Herr Hauptmann. Sehn Sie, -10-
so ein schöner, fester, grauer Himmel; man könnte Lust bekommen, ein' Kloben hineinzuschlagen und sich daran zu hängen,
nur wegen des Gedankenstrichels* zwischen Ja und wieder Ja -
und Nein. Herr Hauptmann, Ja und Nein? Ist das Nein am Ja oder
das Ja am Nein schuld? Ich will drüber nachdenken. Geht mit -15-
breiten Schritten ab, erst langsam, dann immer schneller.

DOKTOR schießt ihm nach. Phänomen! Woyzeck, Zulage!

HAUPTMANN. Mir wird ganz schwindlig vor den Menschen. Wie
schnell! Der lange Schlingel greift aus, als läuft der
Schatten von einem Spinnbein, und der Kurze, das zuckelt*. Der -20-
Lange ist der Blitz und der Kleine der Donner. Haha...
Grotesk! grotesk!

MARIENS KAMMER

Marie. Woyzeck.

WOYZECK sieht sie starr an und schüttelt den Kopf. Hm! Ich seh -25-
nichts, ich seh nichts*. O, man müßt's sehen, man müßt's
greifen könne mit Fäusten!

MARIE verschüchtert*. Was hast du Franz? - Du bist hirnwütig*,
Franz.

WOYZECK. Eine Sünde, so dick und so breit - es stinkt, daß man -30-
die Engelchen zum Himmel hinausräuchern* könnt! Du hast ein'

4: i.e., be shot (for speaking so familiarly to an officer). 9:
The bitch!, i.e., Marie. 13: little dash (punctuation). 20: The
long-legged rascal moves like a shadow running away from (its
own) spider, but short-legged ones only dawdle along. 26: And
I'm not supposed to see anything? (i.e., Marie's flirtation).
28: intimidated, scared; raving. 31: smoke... out of heaven.

roten Mund, Marie. Keine Blase drauf? Wie, Marie, du bist
schön wie die Sünde - kann die Todsünde so schön sein?

MARIE. Franz, du redst im Fieber!

WOYZECK. Teufel! - Hat er da gestanden? so? so?

MARIE. Dieweil* der Tag lang und die Welt alt is, können viel   -5-
Menschen an einem Platz stehn, einer nach dem andern.

WOYZECK. Ich hab ihn gesehn!

MARIE. Man kann viel sehn, wenn man zwei Auge hat und nicht
blind is und die Sonn scheint.

WOYZECK. Mensch! **Geht auf sie los.**   -10-

MARIE. Rühr mich an*, Franz! Ich hätt lieber ein Messer in den
Leib als deine Hand auf meiner. Mein Vater hat mich nit anzugreifen gewagt, wie ich zehn Jahr alt war, wenn ich ihn ansah.

WOYZECK. Weib! - Nein, es müßte was an dir sein! Jeder Mensch is
ein Abgrund; es schwindelt einem, wenn man hinabsieht. - Es   -15-
wäre*! Sie geht wie die Unschuld. Nun, Unschuld, du hast ein
Zeichen an dir. Weiß ich's? weiß ich's? Wer weiß es? **Er geht.**

DIE WACHTSTUBE

Woyzeck. Andres.

ANDRES **singt.** Frau Wirtin hat ne* brave Magd,   -20-
          Sie sitzt im Garten Tag und Nacht,
          Sie sitzt in ihrem Garten...

WOYZECK. Andres!

ANDRES. Nu?

WOYZECK. Schön Wetter.   -25-

ANDRES. Sonntagswetter - Musik vor der Stadt. Vorhin* sind die
Weibsbilder hinaus; die Mensche dampfe*, das geht!

WOYZECK **unruhig.** Tanz, Andres, sie tanze!

5: As long as. 11: i.e., Just you dare touch me. 16: There'd be
some sign of it. 20: =eine. 26: =Früher. 27: i.e., stinking and
sweating.

ANDRES. Im Rössel und in Sternen*.

WOYZECK. Tanz, Tanz!

ANDRES. Meinetwege.
          Sie sitzt in ihrem Garten,
          Bis daß das Glöcklein zwölfe schlägt,   -5-
          Und paßt auf die Solda-ten.

WOYZECK. Andres, ich hab kei Ruh.

ANDRES. Narr!

WOYZECK. Ich muß hinaus. Es dreht sich mir vor den Augen. Tanz,
    Tanz! Wird sie heiße Hände habe! Verdammt, Andres!   -10-

ANDRES. Was willst du?

WOYZECK. Ich muß fort, muß sehen.

ANDRES. Du Unfried*! Wegen dem Mensch?

WOYZECK. Ich muß hinaus, 's is so heiß dahie*.

                    WIRTSHAUS   -15-

        Die Fenster offen, Tanz. Bänke vor dem Haus. Bursche.

ERSTER HANDWERKSBURSCH.
          Ich hab ein Hemdlein an, das ist nicht mein;
          Meine Seele stinkt nach Branndewein -

ZWEITER HANDWERKSBURSCH. Bruder, soll ich dir aus Freundschaft -20-
    ein Loch in die Natur* machen? Vorwärts! Ich will ein Loch in
    die Natur machen! Ich bin auch ein Kerl, du weißt - ich will
    ihm alle Flöh am Leib totschlagen.

ERSTER HANDWERKSBURSCH. Meine Seele, meine Seele stinkt nach
    Branndewein! - Selbst das Geld geht in Verwesung über! Vergiß- -25-
    meinnicht, wie ist diese Welt so schön! Bruder, ich muß ein
    Regenfaß voll greinen* vor Wehmut. Ich wollt, unsre Nasen
    wären zwei Bouteillen*, und wir könnten sie uns einander in
    den Hals gießen.

1: knight (in chess) or little horse (perhaps names of taverns).
13: trouble-maker. 14: =hier. 21: i.e., in you. 27: fill with
tears. 28: (Fr.) bottles.

ANDRE IM CHOR.   Ein Jäger aus der Pfalz
                        Ritt einst durch einen grünen Wald.
                        Halli, hallo*, ha lustig ist die Jägerei
                        Allhier* auf grüner Heid.
                        Das Jagen is mei Freud.   -5-
WOYZECK stellt sich ans Fenster. Marie und der Tambourmajor
tanzen vorbei, ohne ihn zu bemerken.
WOYZECK. Er! Sie! Teufel!

MARIE im Vorbeitanzen. Immer zu*, immer zu-

WOYZECK erstickt. Immer zu - immer zu! Fährt heftig auf und -10-
sinkt zurück auf die Bank: Immer zu, immer zu! Schlägt die
Hände ineinander: Dreht euch, wälzt euch! Warum bläst Gott
nicht die Sonn aus, daß alles in Unzucht* sich übereinander
wälzt, Mann und Weib, Mensch und Vieh?! *Tut's am hellen Tag,
tut's einem auf den Händen wie die Mücken! - Weib! Das Weib is -15-
heiß, heiß! - Immer zu, immer zu! Fährt auf: Der Kerl, wie er
an ihr herumgreift, an ihrem Leib! Er, er hat sie - wie ich
zu* Anfang. Er sinkt betäubt zusammen.

ERSTER HANDWERKSBURSCH predigt auf dem Tisch. Jedoch, wenn ein
Wandrer, der gelehnt steht an dem Strom der Zeit oder aber -20-
sich die göttliche Weisheit beantwortet und sich anredet:
Warum ist der Mensch? Warum ist der Mensch? - Aber wahrlich,
ich sage euch: Von was hätte der Landmann, der Weißbinder*,
der Schuster*, der Arzt leben sollen, wenn Gott den Menschen
nicht geschaffen hätte? Von was hätte der Schneider leben -25-
sollen, wenn er* dem Menschen nicht die Empfindung der Scham
eingepflanzt hätte, von was der Soldat, wenn er ihn nicht mit
dem Bedürfnis sich totzuschlagen ausgerüstet hätte? Darum
zweifelt nicht - ja, ja, es ist lieblich und fein, aber alles
Irdische ist übel, selbst das Geld geht in Verwesung über. Zum -30-
Beschluß, meine geliebten Zuhörer, laßt uns noch übers Kreuz
pissen, damit ein Jud stirbt! Unter allgemeinem Gejohle* erwacht Woyzeck und rast davon.

                        FREIES FELD

WOYZECK. Immer zu! immer zu! - Hisch, hasch! so gehn die Geigen -35-
und die Pfeifen. - Immer zu! immer zu! - Still, Musik! Was
spricht da unten? Reckt sich gegen* den Boden: Ha! was, was
sagt ihr? Lauter! lauter! Stich, stich die Zickwölfin* tot? -

-----
3: Tally-ho. 4: =Hier. 9: Keep going. 13: lasciviousness. 14:
sc. Jeder. 18: =am. 23: cooper. 24: =Schuhmacher. 26: i.e.,
Gott. 32: =Geschrei. 37: Stretches out on. 38: Zick=Ziege goat,
therefore app. "goat-bitch."

Soll ich? muß ich? Hör ich's da auch? - Sagt's der Wind auch?
- Hör ich's immer, immer zu: stich tot, tot!

EIN ZIMMER IN DER KASERNE

Nacht. Andres und Woyzeck in einem Bett.

WOYZECK leise. Andres!   -5-

ANDRES murmelt im Schlaf.

WOYZECK schüttelt Andres. He, Andres! Andres!

ANDRES. Na, was is?

WOYZECK. Ich kann nit schlafen! Wenn ich die Aug zumach, dreht
sich's immer, und ich hör die Geigen, immer zu, immer zu. Und -10-
dann spricht's aus der Wand. Hörst du nix?

ANDRES. Ja - laß sie tanze! Einer is müd, und dann Gott behüt
uns, Amen.

WOYZECK. Es redt immer: stich! stich! und zieht mir zwischen den
Augen wie ein Messer-   -15-

ANDRES. Schlaf, Narr! Er schläft wieder ein.

WOYZECK. Immer zu! immer zu!

DER HOF DES DOKTORS

Studenten und Woyzeck unten, der Doktor am Dachfenster*.

DOKTOR. Meine Herren, ich bin auf dem Dach wie David, als er die -20-
Bathseba sah*; aber ich sehe nichts als die culs de Paris* der
Mädchenpension* im Garten trocknen. Meine Herren, wir sind an
der wichtigen Frage über das Verhältnis des Subjekts zum
Objekt. Wenn wir nur eins von den Dingen nehmen, worin sich
die organische Selbsaffirmation des Göttlichen, auf einem so -25-
hohen Standpunkte, manifestiert, und ihre Verhältnisse zum
Raum, zur Erde, zum Planetarischen untersuchen, meine Herren,
wenn ich diese Katze zum Fenster hinauswerfe: wie wird diese
Wesenheit* sich zum centrum gravitationis gemäß ihrem eignen
Instinkt verhalten? - He, Woyzeck, brüllt Woyzeck!   -30-

19: attic window. 21: See 1 Kings1:15; (Fr.) panties, or maybe
bustles. 22: girls' boarding school. 29: =**Wesen** creature.

WOYZECK **fängt die Katze auf.** Herr Doktor, sie beißt!

DOKTOR. Kerl, Er greift die Bestie so zärtlich an, als wär's
seine Großmutter. **Er kommt herunter.**

WOYZECK. Herr Doktor, ich hab's Zittern.

DOKTOR **ganz erfreut.** Ei, ei! schön, Woyzeck! **Reibt sich die** -5-
Hände. Er nimmt die Katze: Was seh ich, meine Herren, die neue
Spezies Hasenlaus, eine schöne Spezies... **Er zieht eine Lupe**
heraus, die Katze läuft fort. Meine Herren, das Tier hat
keinen wissenschaftlichen Instinkt... Sie können dafür was
anders sehen. Sehen Sie: der Mensch, seit einem Vierteljahr -10-
ißt er nichts als Erbsen; bemerken Sie die Wirkung, fühlen Sie
einmal was ein ungleicher Puls, da und die Augen!

WOYZECK. Herr Doktor, es wird mir dunkel! **Er setzt sich.**

DOKTOR. Courage, Woyzeck! Noch ein paar Tage, und dann ist's
fertig. Fühlen Sie, meine Herren, fühlen Sie! **Sie betasten ihm** -15-
Schläfe, Puls und Busen. Apropos, Woyzeck, beweg den Herren*
doch einmal die Ohren! Ich hab es Ihnen schon zeigen wollen,
zwei Muskeln sind bei ihm tätig. Allons*, frisch!

WOYZECK. Ach, Herr Doktor!

DOKTOR. Bestie, soll ich dir die Ohren bewegen? Willst du's -20-
machen wie die Katze? So, meine Herren! Das sind so Übergänge
zum Esel, häufig auch die Folge weiblicher Erziehung und die
Muttersprache*. Wieviel Haare hat dir die Mutter zum Andenken
schon ausgerissen aus Zärtlichkeit? Sie sind dir ja ganz dünn
geworden seit ein paar Tagen. Ja, die Erbsen, meine Herren!   -25-

                              KASERNENHOF

WOYZECK. Hast nix gehört?

ANDRES. Er is da, noch mit einem Kameraden.

WOYZECK. Er hat was gesagt.

ANDRES. Woher wießt du's? Was* soll ich's sagen? Nu, er lachte, -30-
und dann sagt' er: Ein köstlich Weibsbild! die hat Schenkel,
und alles so heiß!

WOYZECK **ganz kalt.** So, hat er das gesagt? Von was hat mir doch

-----
16: for the gentlemen. 18: (Fr.) Let's go. 23: i.e., from usage
of. 30: =Wie.

heut nacht geträumt? War's nicht von einem Messer? Was man
doch närrische Träume hat!

ANDRES. Wohin, Kamerad?

WOYZECK. Meim Officier Wein holen. - Aber, Andres, sie war doch
ein einzig Mädel.   -5-

ANDRES. Wer war?

WOYZECK. Nix. Adies! Ab.

WIRTSHAUS

Tambourmajor. Woyzeck. Leute.

TAMBOURMAJOR. Ich bin ein Mann! schlägt sich auf die Brust: ein   -10-
Mann, sag ich. Wer will was? Wer kein besoffner Herrgott ist,
der laß sich von mir*. Ich will ihm die Nas ins Arschloch
prügeln! Ich will - zu Woyzeck: Du Kerl, sauf! Ich wollt, die
Welt wär Schnaps, Schnaps - der Mann muß saufen! Woyzeck
pfeift. Kerl, soll ich dir die Zung aus dem Hals ziehn und sie -15-
um den Leib herumwickeln? Sie ringen, Woyzeck verliert. Soll
ich dir noch so viel Atem lassen als 'en Altweiberfurz, soll
ich? Woyzeck setzt sich erschöpft zitternd auf eine Bank. Der
Kerl soll dunkelblau pfeifen*.
                 Branndewein, das ist mein Leben,   -20-
                 Branndwein gibt Courage!

EINE. Der hat sein Fett*.

ANDRE. Er blut'.

WOYZECK. Eins nach dem andern.

KRAMLADEN*   -25-

Woyzeck. Der Jude.

WOYZECK. Das Pistolchen ist zu teuer.

JUDE. Nu, kauft's oder kauft's nit, was is?

WOYZECK. Was kost' das Messer?

12: keep away from me. 19: whistle till he's blue in the face.
22: He got what he's asking for. 25: Pawn Shop.

JUDE. 's ist ganz grad. Wollt Ihr Euch den Hals mit* ab-
schneiden? Nu, was is es? Ich geb's Euch so wohlfeil* wie ein
andrer.   Ihr sollt Euern Tod wohlfeil haben, aber doch nit umsonst*. Was is es? Er soll einen ökonomischen Tod haben.

WOYZECK. Das kann mehr als Brot schneiden-   -5-

JUDE. Zwee Grosche.

WOYZECK. Da! **Geht ab.**

JUDE. Da! Als ob's nichts wär! Und es is doch Geld. - Du Hund!

                        MARIENS KAMMER

NARR liegt und erzählt sich Märchen an den Fingern. Der hat die   -10-
goldne Kron, der Herr König... Morgen hol ich der Frau Königin
ihr Kind... Blutwurst sagt: komm, Leberwurst...

MARIE blättert in der Bibel: "Und ist kein Betrug in seinem
Munde erfunden"*... Herrgott, Herrgott! Sieh mich nicht an!
Blättert weiter: "Aber die Pharisäer brachten ein Weib zu ihm,   -15-
im Ehebruch begriffen*, und stelleten sie ins Mittel dar...
Jesus aber sprach: So verdamme ich dich auch nicht. Geh hin
und sündige hinfort nicht mehr*!" **Schlägt die Hände zusammen:**
Herrgott! Herrgott! Ich kann nicht! - Herrgott, gib mir nur so
viel, daß ich beten kann. **Das Kind drängt sich an sie. Das**   -20-
Kind gibt mir einen Stich ins Herz. - Zum Narrn: Karl! Das
brüst' sich in der Sonne*! **Narr nimmt das Kind und wird still.**
Der Franz ist nit gekommen, gestern nit, heut nit. Es wird
heiß hier! **Sie macht das Fenster auf und liest wieder:** "Und
trat hinten zu seinen Füßen und weinete, und fing an, seine   -25-
Füße zu netzen mit Tränen und mit den Haaren ihres Hauptes zu
trocknen, und küssete seine Füße und salbete sie mit
Salbe..."* **Schlägt sich auf die Brust:** Alles tot! Heiland!
Heiland! ich möchte dir die Füße salben! -

                        KASERNE   -30-

        Andres. Woyzeck kramt in seinen Sachen.

WOYZECK. Das Kamisolchen*, Andres, ist nit zur Montur*: du
kannst's brauchen, Andres.

1: =damit.   2: =billig. 4: free. 14: Isaiah 53:9. 16: "taken in
adultery." 18: John 8:3-11. 22: I've strutted it in the (brightness of the) sun.   28: Luke 7:38-46. 32: jacket; part of the
uniform.

ANDRES **ganz starr, sagt zu allem:** Jawohl.

WOYZECK. Das Kreuz ist* meiner Schwester und das Ringlein.

ANDRES. Jawohl.

WOYZECK. Ich hab auch noch ein Heiligen*, zwei Herze und schön
Gold – es lag in meiner* Mutter Bibel, und da steht: -5-
        Herr! wie dein Leib war rot und wund,
        So laß mein Herz sein aller Stund*.
Mein Mutter fühlt nur noch, wenn ihr die Sonn auf die Händ
scheint – das tut nix.

ANDRES. Jawohl.   -10-

WOYZECK **zieht ein Papier hervor.** Friedrich Johann Franz Woyzeck,
Wehrmann*, Füsilier* im 2. Regiment, 2. Bataillon, 4. Kom-
pagnie, geboren Mariä Verkündigung*, *den 20. Juli – Ich bin
heut alt 30 Jahr, 7 Monat und 12 Tage.

ANDRES.   Franz, du kommst ins Lazarett*. Armer, du mußt Schnaps -15-
trinken und* Pulver drin, das töt' das Fieber.

WOYZECK. Ja, Andres, wenn der Schreiner die Hobelspäne sammelt,
es weiß niemand, wer seinen Kopf drauflegen wird.

                              STRASSE

     Marie mit Mädchen vor der Haustür, Großmutter; spater Woyzeck. -20-

MÄDCHEN.   Wie scheint die Sonn am Lichtmeßtag*
                Und steht das Korn im Blühn.
                Sie gingen wohl die Wiese hin,
                Sie gingen zu zwei und zwein.
                Die Pfeifer gingen voran,   -25-
                Die Geiger hinterdrein,
                Sie hatten rote Socken an...

ERSTES KIND. Das ist nit schön.

ZWEITES KIND. Was willst du auch immer!

ERSTES KIND. Marie, sing du uns!   -30-

MARIE. Ich kann nit.

2: =**gehört.** 4: holy picture. 5: genitive. 7: evermore. 12: soldier; rifleman. 13: Annunciation Day (March 25); sc. **heute haben
wir.** 15: sick bay. 16: sc. **mit.** 21: Candlemas Day (Feb. 2).

ERSTES KIND. Warum?

MARIE. Darum.

ZWEITES KIND. Aber warum darum?

DRITTES KIND. Großmutter, erzähl!

GROßMUTTER. Kommt, ihr kleinen Krabben*! - Es war einmal ein arm -5-
  Kind und hatt kein Vater und keine Mutter, war alles tot, und
  war niemand mehr auf der Welt. Alles tot, und es is hingangen*
  und hat gesucht Tag und Nacht. Und weil auf der Erde niemand
  mehr war, wollt's in Himmel gehn, und der Mond guckt es so
  freundlich an; und wie* es endlich zum Mond kam, war's ein -10-
  Stück faul Holz. Und da is es zur Sonn gangen, und wie es zur
  Sonn kam, war's ein verwelkt Sonneblum. Und wie's zu den
  Sternen kam, waren's kleine goldne Mücken, die waren angesteckt*, wie der Neuntöter* sie auf Schlehen* steckt.   Und
  wie's wieder auf die Erde wollt, war die Erde ein umgestürzter -15-
  Hafen*. Und es war ganz allein. Und da hat sich's hingesetzt
  und geweint, und da sitzt es noch und is ganz allein.

WOYZECK erscheint. Marie!

MARIE erschreckt. Was is?

WOYZECK. Marie, wir wollen gehn. 's is Zeit.   -20-

MARIE. Wohin?

WOYZECK. Weiß ich's?

                    WALDSAUM* AM TEICH

                    Marie und Woyzeck.

MARIE. Also dort hinaus is die Stadt. 's is finster.   -25-

WOYZECK. Du sollst noch bleiben. Komm, setz dich!

MARIE. Aber ich muß fort.

WOYZECK. Du wirst dir die Füß nit wund laufe.

5: i.e., kids. 7: =**hingegangen**, and passim. 10: =**als**. 14: stuck
up there; shrike (bird). The ninekiller variety is said to
impale nine insects on thorns to eat them all together;
blackthorns. 16: pot. 23: edge of the woods.

MARIE. Wie bist du nur auch!

WOYZECK. Weißt du auch, wie lang es jetzt is, Marie?

MARIE. Am Pfingsten zwei Jahr.

WOYZECK. Weißt du auch, wie lang es noch sein wird?

MARIE. Ich muß fort, das Nachtessen richten.   -5-

WOYZECK. Friert's dich, Marie? Und doch bist du warm. Was du
  heiße Lippen hast! heiß, heißen Hurenatem! Und doch möcht ich
  den Himmel geben, sie noch einmal zu küssen. - Friert's dich?
  Wenn man kalt is, so friert man nicht mehr. Du wirst vom
  Morgentau nicht frieren.   -10-

MARIE. Was sagst du?

WOYZECK. Nix. Schweigen.

MARIE. Was der Mond rot aufgeht!

WOYZECK. Wie ein blutig Eisen.

MARIE. Was hast du vor? Franz, du bist so blaß. - **Er holt mit** -15-
  dem Messer aus*. Franz, halt ein! Um des Himmels willen,
  Hilfe, Hilfe!

WOYZECK **sticht drauflos***. Nimm das und das! Kannst du nicht
  sterben? So! so! - Ha, sie zuckt noch; noch nicht? noch nicht?
  Immer noch **Stößt nochmals zu.** - Bist du tot? Tot! tot!   -20-
  Er läßt das Messer fallen und läuft weg.

                        Es kommen Leute.

ERSTE PERSON. Halt!

ZWEITE PERSON. Hörst du? Still! Dort!

ERSTE PERSON. Uu! Da! Was ein Ton!   -25-

ZWEITE. Es ist das Wasser, es ruft: schon lang ist niemand er-
  trunken. Fort! es ist nicht gut, es zu hören!

ERSTE. Uu! jetzt wieder! - wie ein Mensch, der stirbt!

ZWEITE. Es ist unheimlich! So dunstig, allenthalben* Nebelgrau -

-----
16: rears back to strike. 18: stabbing madly. 29: =überall.

und das Summen der Käfer wie gesprungene Glocken*. Fort!

ERSTE. Nein, zu deutlich, zu laut! Da hinauf! Komm mit!

DAS WIRTSHAUS

WOYZECK. Tanzt alle, immer zu! schwitzt und stinkt! Er holt euch
   doch einmal alle! **Singt.**   -5-
   Ach, Tochter, liebe Tochter,
   Was hast du gedenkt*,
   Daß* du dich an die Landkutscher*
   Und die Fuhrleut* hast gehenkt*.
Er tanzt. So, Käthe! setz dich! Ich hab heiß, heiß! **Er zieht den** -10-
Rock aus. Es ist einmal so, der Teufel holt die eine und laßt
die andre laufen. Käthe, du bist heiß! Warum denn? Käthe, du
wirst auch noch kalt werden. Sei vernünftig. - Kannst du nicht
singen?

KÄTHE **singt.**   Ins Schwabenland*, das mag ich nicht,   -15-
   Und lange Kleider trag ich nicht,
   Denn lange Kleider, spitze Schuh,
   Die kommen keiner Dienstmagd zu.

WOYZECK. Nein, keine Schuh, man kann auch ohne Schuh in die Höll
   gehn.   -20-

KÄTHE **singt.**   O pfui, mein Schatz, das war nicht fein,
   Behalt dein Taler und schlaf allein.

WOYZECK. Ja, wahrhaftig, ich möchte mich nicht blutig machen.

KÄTHE. Aber was hast du an deiner Hand?

WOYZECK. Ich? ich?   -25-

KÄTHE. Rot! Blut! **Es stellen sich Leute um sie.**

WOYZECK. Blut? Blut?

WIRT. Uu - Blut!

WOYZECK. Ich glaub, ich hab mich geschnitten, da an der rechten
   Hand.   -30-

WIRT. Wie kommt's aber an den Ellenbogen?

1: broken bells. 7: =**gedacht.** 8: When; coachmen. 9: teamsters,
drivers; =**gehängt** ran after. 15: =**Schwaben** Swabia.

WOYZECK. Ich hab's abgewischt.

WIRT. Was, mit der rechten Hand an den rechten Ellenbogen? Ihr
seid geschickt!

NARR. Und da hat der Ries* gesagt: Ich riech, ich riech
Menschenfleisch. Puh, das stinkt schon!   -5-

WOYZECK. Teufel, was wollt ihr? Was geht's euch an? Platz, oder
der erste - Teufel! Meint ihr, ich hätt jemand umgebracht? Bin
ich ein Mörder? Was gafft ihr? Guckt euch selbst an! Platz da!
Er läuft hinaus.

                        AM TEICH   -10-

                    Woyzeck allein.

Das Messer? Wo ist das Messer? Ich hab es da gelassen. Es
verrät mich! Näher, noch näher! Was is das für ein Platz? Was
hör ich? Es rührt sich was. Still. - Da in der Nähe. Marie?
Ha, Marie! Still. Alles still! Was* bist du so bleich, Marie? -15-
Was hast du eine rote Schnur um den Hals? Bei wem hast du das
Halsband verdient mit deinen Sünden? Du warst schwarz davon,
schwarz! Hab ich dich gebleicht? Was hängen deine Haare so
wild? Hast du dein Zöpfe heute nicht geflochten*?... - Das
Messer, das Messer! Hab ich's? So! **Er läuft zum Wasser.** So, da -20-
hinunter! **Er wirft das Messer hinein.** Es taucht in das dunkle
Wasser wie ein Stein. - Nein, es liegt zu weit vorn*, wenn sie
sich baden.   **Er geht in den Teich und wirft weit.** So, jetzt -
aber im Sommer, wenn sie tauchen nach Muscheln? - Bah, es wird
rostig, wer kann's erkennen. - Hätt ich* es zerbrochen! -- Bin -25-
ich noch blutig? Ich muß mich waschen. Da ein Fleck, und da
noch einer...

                        STRASSE

ERSTES KIND. Fort! Mariechen!

ZWEITES KIND. Was is?   -30-

ERSTES KIND. Weißt du's nit? Sie sind schon alle hinaus. Drauß*
liegt eine!

ZWEITES KIND. Wo?

4: =**Riese**. 15: =**Warum**, and passim. 19: braided. 22: too close in
(toward the shore). 25: If only I had. 31: =**Draußen**.

ERSTES KIND. Links über die Lochschanz in dem Wäldchen, am roten
Kreuz.

ZWEITES KIND. Fort, daß wir noch was sehen. Sie tragen's sonst
hinein.

Gerichtsdiener.*   -5-

GERICHTSDIENER. Ein guter Mord, ein ächter* Mord, ein schöner
Mord, so schön als man ihn nur verlangen tun kann*, wir haben
schon lange so kein gehabt.

Der Idiot. Das Kind. Woyzeck.

KARL hält das Kind vor sich auf dem Schooß*. Der is in's Wasser -10-
gefallen, der is in's Wasser gefalln, wie, der is in's Wasser
gefalln.

WOYZECK. Bub, Christian.

KARL sieht ihn starr an. Der is in's Wasser gefalln.

WOYZECK will das Kind liebkosen, es wendet sich weg und schreit. -15-
Herrgott!

KARL. Der is in's Wasser gefalln.

WOYZECK. Christianche, du bekommst en Reuter*, sa, sa. Das Kind
wehrt sich. Zu Karl. Da kauf dem Bub en Reuter.

KARL sieht ihn starr an.   -20-

WOYZECK. Hop! hop! Roß.

KARL jauchzend. Hop! hop! Roß! Roß! Läuft mit dem Kind weg.

(1836/1837) 1877

5: (a variant places this scene in a morgue). 6: =echter. 7: tun
kann=kann. 10: =Schoß lap. 18: horsey.

HEINRICH HEINE

DEUTSCHLAND. EIN WINTERMÄRCHEN

CAPUT* I

Im traurigen Monat November war's,
Die Tage wurden trüber,
Der Wind riß von den Bäumen das Laub,
Da reist* ich nach Deutschland hinüber.

Und als ich an die Grenze kam,   -5-
Da fühlt ich ein stärkeres Klopfen
In meiner Brust, ich glaube sogar
Die Augen begunnen* zu tropfen.

Und als ich die deutsche Sprache vernahm,
Da ward* mir seltsam zumute;   -10-
Ich meinte nicht anders, als ob das Herz
Recht angenehm verblute.

Ein kleines Harfenmädchen sang.
Sie sang mit wahrem Gefühle
Und falscher Stimme, doch ward ich sehr   -15-
Gerühret* von ihrem Spiele.

Sie sang von Liebe und Liebesgram*,
Aufopfrung und Wiederfinden
Dort oben, in jener besseren Welt,
Wo alle Leiden schwinden.   -20-

Sie sang vom irdischen Jammertal,
Von Freuden, die bald zerronen*,
Vom Jenseits, wo die Seele schwelgt
Verklärt in ew'gen Wonnen.

Sie sang das alte Entsagungslied,   -25-
Das Eiapopeia* vom Himmel,
Womit man einlullt, wenn es greint*,
Das Volk, den großen Lümmel.

Ich kenne die Weise, ich kenne den Text,
Ich kenn auch die Herren Verfasser;

-----
before 1: (L.) section. 4: =reiste, and passim. 8: =begannen.
10: =wurde. 16: =gerührt, and passim. 17: love's sorrow. 22: sc.
sind, and passim. 26: lullaby. 27: whines.

Ich weiß, sie tranken heimlich Wein
Und predigten öffentlich Wasser

Ein neues Lied, ein besseres Lied,
O Freunde, will ich euch dichten!
Wir wollen hier auf Erden schon   -5-
Das Himmelreich errichten.

Wir wollen auf Erden glücklich sein,
Und wollen nicht mehr darben*;
Verschlemmen* soll nicht der faule Bauch,
Was fleißige Hände erwarben.   -10-

Es wächst hienieden* Brot genug
Für alle Menschenkinder,
Auch Rosen und Myrten, Schönheit und Lust,
Und Zuckererbsen nicht minder.

Ja, Zuckererbsen für jedermann,   -15-
Sobald die Schoten platzen!
Den Himmel überlassen wir
Den Engeln und den Spatzen.

Und wachsen uns Flügel nach dem Tod,
So wollen wir euch besuchen   -20-
Dort oben, und wir, wir essen mit euch
Die seligsten Torten und Kuchen.

Ein neues Lied, ein besseres Lied!
Es klingt wie Flöten und Geigen!
Das Miserere* ist vorbei,   -25-
Die Sterbeglocken schweigen.

Die Jungfer* Europa ist verlobt
Mit dem schönen Geniusse
Der Freiheit, sie liegen einander im Arm,
Sie schwelgen im ersten Kusse.   -30-

Und fehlt der Pfaffensegen dabei,
Die Ehe wird gültig nicht minder -
Es lebe Bräutigam und Braut,
Und ihre zukünftigen Kinder!

Ein Hochzeitkarmen* ist mein Lied,   -35-
Das bessere, das neue!
In meiner Seele gehen auf
Die Sterne der höchsten Weihe -

8: starve, be in want. 9: waste (on food or drink). 11: down
here (on earth). 25: (L.) penitential psalm. 27: =Jungfrau,
Mädchen, also archaic for Fräulein. 35: wedding song.

Begeisterte Sterne, sie lodern wild,
Zerfließen in Flammenbächen –
Ich fühle mich wunderbar erstarkt,
Ich könnte Eichen zerbrechen!

Seit ich auf deutsche Erde trat,   -5-
Durchströmen mich Zaubersäfte –
Der Riese* hat wieder die Mutter berührt
Und es wuchsen ihm neu die Kräfte.

                    CAPUT II

Während die Kleine von Himmelslust
Getrillert und musizieret,   -10-
Ward von den preußischen Douaniers*
Mein Koffer visitieret.

Beschnüffelten alles, kramten herum
In Hemden, Hosen, Schnupftüchern;
Sie suchten nach Spitzen*, nach Bijouterien*,   -15-
Auch nach verbotenen Büchern.

Ihr Toren, die ihr* im Koffer sucht!
Hier werdet ihr nichts entdecken!
Die Konterbande, die mit mir reist,
Die hab ich im Kopfe stecken.   -20-

Hier hab ich Spitzen, die feiner sind
Als die von Brüssel und Mecheln*.
Und pack ich einst meine Spitzen aus,
Sie werden euch sticheln* und hecheln*.

Im Kopfe trage ich Bijouterien,   -25-
Der* Zukunft Krondiamanten,
Die Tempelkleinodien des neuen Gotts,
Des großen Unbekannten.

Und viele Bücher trag ich im Kopf!
Ich darf es euch versichern,   -30-
Mein Kopf ist ein zwitscherndes Vogelnest
Von konfiszierlichen* Büchern.

7: in Gr. myth the giant, Antaios, who obtained ever-renewed
strength by touching his mother, the earth. 11: =Zollbeamten.
15: lace; jewelry. 17: you who. 22: cities in Belgium. 24:
taunt; censure. 26: gen., and passim. 32: a pun on **konfiszieren**
(confiscate) and **zierlich** (dainty).

Glaubt mir, in Satans Bibliothek
Kann es nicht schlimmere geben;
Sie sind gefährlicher noch als die
Von Hoffmann von Fallersleben*!-

Ein Passagier, der neben mir stand,   -5-
Bemerkte mir, ich hätte
Jetzt vor mir den preußischen Zollverein*,
Die große Douanenkette.

"Der Zollverein" - bemerkte er -
"Wird unser Volkstum begründen,   -10-
Er wird das zersplitterte Vaterland
Zu einem Ganzen verbinden.

Er gibt die äußere Einheit uns,
Die sogenannt materielle;
Die geistige Einheit gibt uns die Zensur,   -15-
Die wahrhaft ideelle -

Sie gibt die innere Einheit uns,
Die Einheit im Denken und Sinnen;
Ein einiges Deutschland tut uns not,
Einig nach außen und innen."   -20-

CAPUT III

Zu Aachen, im alten Dome, liegt
Carolus Magnus* begraben.
(Man muß ihn nicht verwechseln mit Karl
Mayer*, der lebt in Schwaben.)

Ich möchte nicht tot und begraben sein   -25-
Als Kaiser zu Aachen im Dome;
Weit lieber lebt'* ich als kleinster Poet
Zu Stukkert* am Neckarstrome.

Zu Aachen langweilen sich auf der Straß'
Die Hunde, sie flehn* untertänig: -30-
"Gib uns einen Fußtritt, o Fremdling, das wird
Vielleicht uns zerstreuen ein wenig."

4: (1798-1874), especially his **Unpolitische Lieder** (1840-1841),
because of which he lost his professorship.   7: customs union
established in 1834 by Prussia, Hesse, Bavaria, Württemberg, and
Saxony.   22: =**Karl der Große**, Charlemagne. 24: (1786-1870),
Swabian jurist and poet.   27: =**würde leben**. 28: =**Stuttgart** (thus
pronounced in Swabian dialect).   30: =**flehen** (beseech), and
passim.

Ich bin in diesem langweil'gen Nest
Ein Stündchen herumgeschlendert.
Sah wieder preußisches Militär,
Hat sich nicht sehr verändert.

Es sind die grauen Mäntel noch   -5-
Mit dem hohen, roten Kragen -
(Das Rot bedeutet Franzosenblut*,
Sang Körner* in früheren Tagen.)

Noch immer das hölzern pedantische Volk,
Noch immer ein rechter Winkel   -10-
In jeder Bewegung, und im Gesicht
Der eingefrorene Dünkel.

Sie stelzen noch immer so steif herum,
So kerzengrade geschniegelt*,
Als hätten sie verschluckt den Stock   -15-
Womit man sie einst geprügelt.

Ja, ganz verschwand die Fuchtel* nie,
Sie tragen sie jetzt im Innern;
Das trauliche Du wird immer noch
An das alte Er* erinnern.   -20-

Der lange Schnurrbart ist eigentlich nur
Des Zopftums* neuere Phase:
Der Zopf, der eh'mals hinten hing,
Der hängt jetzt unter der Nase.

Nicht übel gefiel mir das neue Kostüm   -25-
Der Reuter*, das muß ich loben,
Besonders die Pickelhaube*, den Helm
Mit der stählernen Spitze nach oben.

Das ist so rittertümlich und mahnt*
An der Vorzeit holde Romantik,   -30-
An die Burgfrau Johanna von Montfaucon*,
An den Freiherrn Fouqué, Uhland, Tieck*.

Das mahnt an das Mittelalter so schön,
An Edelknechte und Knappen*,

7: i.e., in the Napoleonic wars. 8: Theodor Körner (1791-1813),
in, for example, his **Lied der schwarzen Jäger**. 14: decked out.
17: flat of a sword, used for whippings. 20: archaic form of address for those subservient. 22: **Zopf** pigtail, introduced in
the Prussian army in 1713, retained till 19th century.   26:
=**Reiter**. 27: spiked helmet. 29: =**erinnert**. 31: play (1800) by
August von Kotzebue (1761-1819). 32: Romantic writers. 34: pages.

Die in dem Herzen getragen die Treu'
Und auf dem Hintern ein Wappen.

Das mahnt an Kreuzzug und Turnei*,
An Minne* und frommes Dienen,
An die ungedruckte Glaubenszeit,   -5-
Wo noch keine Zeitung erschienen.

Ja, ja, der Helm gefällt mir, er zeugt
Vom* allerhöchsten Witze!
Ein königlicher Einfall war's!
Es fehlt nicht die Pointe, die Spitze!   -10-

Nur fürcht ich, wenn ein Gewitter entsteht,
Zieht leicht so eine Spitze
Herab auf euer romantisches Haupt
Des Himmels modernste Blitze! --

Zu Aachen, auf dem Posthausschild   -15-
Sah ich den Vogel* wieder,
Der mir so tief verhaßt! Voll Gift
Schaute er auf mich nieder.

Du häßlicher Vogel, wirst du einst
Mir in die Hände fallen,   -20-
So rupfe ich dir die Federn aus
Und hacke dir ab die Krallen.

Du sollst mir dann, in luft'ger Höh',
Auf einer Stange sitzen,
Und ich rufe zum lustigen Schießen herbei   -25-
Die rheinischen* Vogelschützen.

Wer mir den Vogel herunterschießt,
Mit Zepter und Krone belehn* ich
Den wackern Mann! Wir blasen Tusch*
Und rufen: "Es lebe der König!"   -30-

                CAPUT IV

Zu Köllen* kam ich spätabends an,
Da hörte ich rauschen den Rheinfluß,
Da fächelte mich schon deutsche Luft,
Da fühlt ich ihren Einfluß -

3: =**Turnier**. 4: Medieval courtly love. 8: shows. 16: i.e., eagle
on Prussian coat of arms. 26: the Rhineland was the center of
liberal opposition; **Schütze** marksman. 28: invest with. 29:
fanfare. 31: =**Köln**.

Auf meinen Appetit. Ich aß
Dort Eierkuchen mit Schinken,
Und da er sehr gesalzen war,
Mußt ich auch Rheinwein trinken.

Der Rheinwein glänzt noch immer wie Gold   -5-
Im grünen Römerglase*,
Und trinkst du etwelche* Schoppen zuviel,
So steigt er dir in die Nase.

In die Nase steigt ein Prickeln so süß,
Man kann sich vor Wonne nicht lassen!   -10-
Es trieb mich hinaus in die dämmernde Nacht,
In die widerhallenden Gassen.

Die steinernen Häuser schauten mich an,
Als wollten sie mir berichten
Legenden aus altverschollener Zeit,   -15-
Der heil'gen Stadt Köllen Geschichten.

Ja, hier hat einst die Klerisei*
Ihr frommes Wesen getrieben,
Hier haben die Dunkelmänner* geherrscht,
Die Ulrich von Hutten* beschrieben.   -20-

Der Cancan des Mittelalters ward hier
Getanzt von Nonnen und Mönchen;
Hier schrieb Hochstraaten*, der Menzel* von Köln,
Die gift'gen Denunziatiönchen.

Die Flamme des Scheiterhaufens hat hier   -25-
Bücher und Menschen verschlungen;
Die Glocken wurden geläutet dabei
Und Kyrie eleison* gesungen.

Dummheit und Bosheit buhlten* hier
Gleich Hunden auf freier Gasse;   -30-
Die Enkelbrut* erkennt man noch heut
An ihrem Glaubenshasse. -

6: typical, (large) wine glass. 7: =einige. 17: clergy. 19:
humanistic authors of **Epistolae obscurorum virorum** (1515-1517),
a satire on religion. 20: Ulrich von Hutten (1488-1523), one of
the authors of the **Dunkelmännerbriefe**. 23: Jakob van
Hoogstraeten, Cologne theologist, opponent of the humanists;
Wolfgang Menzel, contemporary of Heine, a renegade liberal. 28:
(Gr.) Lord, have mercy on us. 29: wooed, courted. 30: **Brut**
brood.

Doch siehe! dort im Mondenschein
Den kolossalen Gesellen!
Er ragt verteufelt schwarz empor,
Das ist der Dom von Köllen.

Er sollte des Geistes Bastille* sein,   -5-
Und die listigen Römlinge* dachten:
In diesem Riesenkerker wird
Die deutsche Vernunft verschmachten!

Da kam der Luther, und er hat
Sein großes "Halt!" gesprochen –   -10-
Seit jenem Tage blieb der Bau
Des Domes unterbrochen.

Er ward nicht vollendet – und das ist gut.
Denn eben die Nichtvollendung
Macht ihn zum Denkmal von Deutschlands Kraft   -15-
Und protestantischer Sendung*.

Ihr armen Schelme vom Domverein*,
Ihr wollt mit schwachen Händen
Fortsetzen das unterbrochene Werk,
Und die alte Zwingburg* vollenden!   -20-

O törichter Wahn! Vergebens wird
Geschüttelt der Klingelbeutel*,
Gebettelt bei Ketzern und Juden sogar;
Ist alles fruchtlos und eitel.

Vergebens wird der große Franz Liszt   -25-
Zum Besten des Doms musizieren,
Und ein talentvoller König* wird
Vergebens deklamieren!

Er wird nicht vollendet, der Kölner Dom,
Obgleich die Narren in Schwaben*   -30-
Zu seinem Fortbau ein ganzes Schiff
Voll Steine gesendet haben.

Er wird nicht vollendet, trotz allem Geschrei
Der Raben und der Eulen,

5: a fortress, turned prison, until stormed and destroyed in
1789 in the French Revolution, now commemorated on Bastille Day
(July 14).   6: i.e., Catholics. 16: mission. 17: association
formed in 1842 to complete the Cologne Cathedral.   20: fortress.
22: offertory bag. 27: i.e., Friedrich Wilhelm IV of Prussia.
30: i.e., the Stuttgart branch of the cathedral association.

Die, altertümlich gesinnt, so gern
In hohen Kirchtürmen weilen.

Ja, kommen wird die Zeit sogar,
Wo man, statt ihn zu vollenden,
Die inneren Räume zu einem Stall   -5-
Für Pferde wird verwenden.

"Und wird der Dom ein Pferdestall,
Was sollen wir dann beginnen
Mit den Heil'gen Drei Kön'gen, die da ruhen
Im Tabernakel* da drinnen?"   -10-

So höre ich fragen. Doch brauchen wir uns
In unserer Zeit zu genieren*?
Die Heil'gen Drei Kön'ge aus Morgenland,
Sie können woanders logieren.

Folgt meinem Rat und steckt sie hinein   -15-
In jene drei Körbe von Eisen*,
Die hoch zu Münster hängen am Turm,
Der Sankt Lamberti geheißen.

Der Schneiderkönig saß darin
Mit seinen beiden Räten,   -20-
Wir aber benutzen die Körbe jetzt
Für andre Majestäten*.

Zur Rechten soll Her Balthasar,
Zur Linken Herr Melchior schweben,
In der Mitte Herr Gaspar - Gott weiß, wie einst   -25-
Die drei gehaust* im Leben!

Die Heil'ge Allianz* des Morgenlands,
Die jetzt kanonisiert,
Sie hat vielleicht nicht immer schön
Und fromm sich aufgeführet.   -30-

Der Balthasar und der Melchior,
Das waren vielleicht zwei Gäuche*,
Die in der Not eine Konstitution*
Versprochen ihrem Reiche,

10: altar shrine. 12: =**schämen**. 16: the cages in which in 1534
the bodies of three executed Anabaptist leaders were hung up for
display. 22: i.e., the Three Wise Men: Balthasar, Melchior, and
Casper. 26: a pun: **hausen** to lodge, also to wreak havoc. 27:
among Prussia, Russia, and Austria in 1815. 32: fools. 33:
Friedrich Wilhelm III of Prussia had promised a constitution.

Und später nicht Wort gehalten - Es hat
Herr Gaspar, der König der Mohren,
Vielleicht mit schwarzem Undank sogar
Belohnt sein Volk, die Toren!

CAPUT V

Und als ich an die Rheinbrück' kam,   -5-
Wohl an die Hafenschanze*,
Da sah ich fließen den Vater Rhein
Im stillen Mondenglanze.

"Sei mir gegrüßt, mein Vater Rhein,
Wie ist es dir ergangen*?   -10-
Ich habe oft an dich gedacht
Mit Sehnsucht und Verlangen."

So sprach ich, da hört ich im Wasser tief
Gar seltsam grämliche Töne,
Wie Hüsteln eines alten Manns,   -15-
Ein Brümmeln und weiches Gestöhne:

"Willkommen, mein Junge, das ist mir lieb,
Daß du mich nicht vergessen;
Seit dreizehn Jahren sah ich dich nicht,
Mir ging es schlecht unterdessen.   -20-

Zu Biberich* hab ich Steine verschluckt,
Wahrhaftig, sie schmeckten nicht lecker!
Doch schwerer liegen im Magen mir
Die Verse von Niklas Becker*.

Er hat mich besungen, als ob ich noch   -25-
Die reinste Jungfer wäre,
Die sich von niemand rauben läßt
Das Kränzlein ihrer Ehre.

Wenn ich es höre, das dumme Lied,
Dann möcht ich mir zerraufen   -30-
Den weißen Bart, ich möchte fürwahr*
Mich in mir selbst ersaufen!

6: **Schanze** bulwark, entrenchment. 10: =**gegangen**. 21: where
several shiploads of rocks were dumped in 1841 by the Hessians
to block access to the harbor. 24: Nikolaus Becker (1809-1845),
who in his song **Rheinland** inveighed poetically against French
ambitions for the Rhine as boundary. 31: truly.

Daß ich keine reine Jungfer bin,
Die Franzosen wissen es besser,
Sie haben mit meinem Wasser so oft
Vermischt ihr Siegergewässer.

Das dumme Lied und der dumme Kerl!   -5-
Er hat mich schmählich blamiert*,
Gewissermaßen hat er mich auch
Politisch kompromittiert.

Denn kehren jetzt die Franzosen zurück,
So muß ich vor ihnen erröten,   -10-
Ich, der um ihre Rückkehr so oft
Mit Tränen zum Himmel gebeten.

Ich habe sie immer so liebgehabt,
Die lieben kleinen Französchen -
Singen und springen sie noch wie sonst?   -15-
Tragen noch weiße Höschen?

Ich möchte sie gerne wiedersehn,
Doch fürcht ich die Persiflage*,
Von wegen* des verwünschten Lieds,
Von wegen der Blamage.   -20-

Der Alfred de Musset*, der Gassenbub',
Der kommt an ihrer Spitze
Vielleicht als Tambour*, und trommelt mir vor
All seine schlechten Witze."

So klagte der arme Vater Rhein,   -25-
Konnt sich nicht zufriedengeben.
Ich sprach zu ihm manch tröstendes Wort,
Um ihm das Herz zu heben:

"O fürchte nicht, mein Vater Rhein,
Den spöttelnden Scherz der Franzosen;   -30-
Sie sind die alten Franzosen nicht mehr,
Auch tragen sie andere Hosen.

Die Hosen sind rot und nicht mehr weiß,
Sie haben auch andere Knöpfe,
Sie singen nicht mehr, sie springen nicht mehr,
Sie senken nachdenklich die Köpfe.

6: ridiculed. 18: (Fr.) ridicule. 19: **Von wegen=Wegen.** 21:
French Romantic (1810-1857), rebutted in verse Nikolaus Becker.
23: (Fr.) drummer.

Sie philosophieren und sprechen jetzt
Von Kant, von Fichte und Hegel,
Sie rauchen Tabak, sie trinken Bier,
Und manche schieben auch Kegel.

Sie werden Philister ganz wie wir,   -5-
Und treiben es endlich noch ärger;
Sie sind keine Voltairianer mehr,
Sie werden Hengstenberger*.

Der Alfred de Musset, das ist wahr,
Ist noch ein Gassenjunge;   -10-
Doch fürchte nichts, wir fesseln ihm
Die schändliche Spötterzunge.

Und trommelt er dir einen schlechten Witz,
So pfeifen wir ihm einen schlimmern,
Wir pfeifen ihm vor, was ihm passiert   -15-
Bei schönen Frauenzimmern*.

Gib dich zufrieden, Vater Rhein,
Denk nicht an schlechte Lieder,
Ein besseres Lied vernimmst du bald -
Leb wohl, wir sehen uns wieder."   -20-

CAPUT VI

Den Paganini begleitete stets
Ein Spiritus familiaris,
Manchmal als Hund, manchmal in Gestalt
Des seligen Georg Harrys*.

Napoleon sah einen roten Mann   -25-
Vor jedem wicht'gen Ereignis.
Sokrates hatte seinen Dämon,
Das war kein Hirnerzeugnis*.

Ich selbst, wenn ich am Schreibtisch saß
Des Nachts, hab ich gesehen   -30-
Zuweilen einen vermummten Gast
Unheimlich hinter mir stehen.

Unter dem Mantel hielt er etwas
Verborgen, das seltsam blinkte*,

8: i.e., Germans. Ernst Wilhelm Hengstenberger was a fanatical
Berlin theology professor. **Hengst** has a secondary meaning of
jackass.   16: =**Frauen**, e.g., his infamous relationship with
Romantic novelist George Sand.   24: or Harris (1780-1838), an
author who as a business manager accompanied the violin virtuoso
Paganini on his travels. 28: figment of the imagination. 34: was
glittering.

Wenn es zum Vorschein kam, und ein Beil,
Ein Richtbeil*, zu sein mir dünkte*.

Er schien von untersetzter Statur,
Die Augen wie zwei Sterne;
Er störte mich im Schreiben nie,   -5-
Blieb ruhig stehn in der Ferne.

Seit Jahren hatte ich nicht gesehn
Den sonderbaren Gesellen,
Da fand ich ihn plötzlich wieder hier
In der stillen Mondnacht zu Köllen.   -10-

Ich schlenderte sinnend die Straßen entlang,
Da sah ich ihn hinter mir gehen,
Als ob er mein Schatten wäre, und stand
Ich still, so blieb er stehen.

Blieb stehen, als wartete er auf was,   -15-
Und förderte* ich die Schritte,
Dann folgte er wieder. So kamen wir
Bis auf des Domplatz' Mitte.

Es ward mir unleidlich, ich drehte mich um
Und sprach: "Jetzt steh mir Rede,   -20-
Was* folgst du mir auf Weg und Steg*
Hier in der nächtlichen Öde?

Ich treffe dich immer in der Stund',
Wo Weltgefühle sprießen
In meiner Brust und durch das Hirn*   -25-
Die Geistesblitze schießen.

Du siehst mich an so stier und fest -
Steh Rede: Was verhüllst du
Hier unter dem Mantel, das heimlich blinkt?
Wer bist du und was willst du?"   -30-

Doch jener erwiderte trockenen Tons,
Sogar ein bißchen phlegmatisch:
"Ich bitte dich, exorziere mich nicht,
Und werde nur nicht emphatisch!

Ich bin kein Gespenst der Vergangenheit,   -35-
Kein grabentstiegener Strohwisch*,

2: executioner's axe; =schien.16: hastened. 21: =Warum;
everywhere. 25: =Gehirn. 36: bundle of straw (for sweeping).

Und von Rhetorik bin ich kein Freund,
Bin auch nicht sehr philosophisch.

Ich bin von praktischer Natur,
Und immer schweigsam und ruhig.
Doch wisse: was du ersonnen im Geist,   -5-
Das führ ich aus, das tu ich.

Und gehn auch Jahre drüber hin,
Ich raste nicht, bis ich verwandle
In Wirklichkeit, was du gedacht;
Du denkst, und ich, ich handle.   -10-

Du bist der Richter, der Büttel* bin ich
Und mit dem Gehorsam des Knechtes
Vollstreck ich das Urteil, das du gefällt,
Und sei es ein ungerechtes.

Dem Konsul trug man ein Beil voran   -15-
Zu Rom, in alten Tagen.
Auch du hast deinen Liktor*, doch wird
Das Beil dir nachgetragen.

Ich bin dein Liktor, und ich geh
Beständig mit dem blanken   -20-
Richtbeile hinter dir - ich bin
Die Tat von deinem Gedanken."

               CAPUT VII

Ich ging nach Haus und schlief, als ob
Die Engel gewiegt mich hätten.
Man ruht in deutschen Betten so weich,   -25-
Denn das sind Federbetten.

Wie sehnt ich mich oft nach der Süßigkeit
Des vaterländischen Pfühles*,
Wenn ich auf harten Matratzen lag,
In der schlaflosen Nacht des Exiles!   -30-

Man schläft sehr gut und träumt auch gut
In unseren Federbetten.
Hier fühlt die deutsche Seele sich frei
Von allen Erdenketten.

11: bailiff. 17: Roman civil servant, whose job was to carry the
symbol of authority, the fasces (a bundle of rods from which an
axe blade protruded). 28: pillow.

Sie fühlt sich frei und schwingt sich empor
Zu den höchsten Himmelsräumen.
O deutsche Seele, wie stolz ist dein Flug
In deinen nächtlichen Träumen!

Die Götter erbleichen, wenn du nahst!   -5-
Du hast auf deinen Wegen
Gar manches Sternlein ausgeputzt*
Mit deinen Flügelschlägen!

Franzosen und Russen gehört das Land,
Das Meer gehört den Briten,   -10-
Wir aber besitzen im Luftreich des Traums
Die Herrschaft unbestritten.

Hier üben wir die Hegemonie,
Hier sind wir unzerstückelt;
Die andern Völker haben sich   -15-
Auf platter Erde entwickelt. --

Und als ich einschlief, da träumte mir,
Ich schlenderte wieder im hellen
Mondschein die hallenden Straßen entlang,
In dem altertümlichen Köllen.   -20-

Und hinter mir ging wieder einher*
Mein schwarzer, vermummter Begleiter.
Ich war so müde, mir brachen die Knie,
Doch immer gingen wir weiter.

Wir gingen weiter. Mein Herz in der Brust   -25-
War klaffend aufgeschnitten,
Und aus der Herzenswunde hervor
Die roten Tropfen glitten.

Ich tauchte manchmal die Finger hinein,
Und manchmal ist es geschehen,   -30-
Daß ich die Haustürpfosten bestrich
Mit dem Blut im Vorübergehen.

Und jedesmal, wenn ich ein Haus
Bezeichnet in solcher Weise,
Ein Sterbeglöckchen erscholl fernher,   -35-
Wehmütig wimmernd und leise.

Am Himmel aber erblich der Mond,
Er wurde immer trüber;

7: snuffed out. 21: along.

Gleich schwarzen Rossen jagten an ihm
Die wilden Wolken vorüber.

Und immer ging hinter mir einher
Mit seinem verborgenen Beile
Die dunkle Gestalt - so wanderten wir   -5-
Wohl eine gute Weile.

Wir gehen und gehen, bis wir zuletzt
Wieder zum Domplatz gelangen*;
Weit offen standen die Pforten dort,
Wir sind hineingegangen.   -10-

Es herrschte im ungeheuren Raum
Nur Tod und Nacht und Schweigen;
Es brannten Ampeln hie* und da,
Um die Dunkelheit recht zu zeigen.

Ich wandelte lange den Pfeilern entlang   -15-
Und hörte nur die Tritte
Von meinem Begleiter, er folgte mir
Auch hier bei jedem Schritte.

Wir kamen endlich zu einem Ort,
Wo funkelnde Kerzenhelle   -20-
Und blitzendes Gold und Edelstein;
Das war die Drei-Königs-Kapelle.

Die Heil'gen Drei Könige jedoch,
Die sonst so still dort lagen,
O Wunder! sie saßen aufrecht jetzt   -25-
Auf ihren Sarkophagen.

Drei Totengerippe, phantastisch geputzt*,
Mit Kronen auf den elenden
Vergilbten Schädeln, sie trugen auch
Das Zepter in knöchernen Händen.   -30-

Wie Hampelmänner* bewegten sie
Die längstverstorbenen Knochen;
Die haben nach Moder und zugleich
Nach Weihrauchduft gerochen.

Der eine bewegte sogar den Mund   -35-
Und hielt eine Rede, sehr lange;
Er setzte mir auseinander, warum
Er meinen Respekt verlange.

8: arrived at. 13 =hier. 27: decorated. 31: puppets.

Zuerst weil er ein Toter sei,
Und zweitens weil er ein König,
Und drittens weil er ein Heil'ger sei -
Das alles rührte mich wenig.

Ich gab ihm zur Antwort lachenden Muts: -5-
"Vergebens ist deine Bemühung!
Ich sehe, daß du der Vergangenheit
Gehörst in jeder Beziehung.

Fort! fort von hier! im tiefen Grab
Ist eure natürliche Stelle.   -10-
Das Leben nimmt jetzt in Beschlag
Die Schätze dieser Kapelle.

Der Zukunft fröhliche Kavallerie
Soll hier im Dome hausen,
Und weicht ihr nicht willig, so brauch ich Gewalt -15-
Und laß euch mit Kolben lausen*!"

So sprach ich, und ich drehte mich um,
Da sah ich furchtbar blinken
Des stummen Begleiters furchtbares Beil -
Und er verstand mein Winken.   -20-

Er nahte sich, und mit dem Beil
Zerschmetterte er die armen
Skelette des Aberglaubens, er schlug
Sie nieder ohn' Erbarmen.

Es dröhnte der Hiebe Widerhall   -25-
Aus allen Gewölben, entsetzlich! -
Blutströme schossen aus meiner Brust,
Und ich erwachte plötzlich.

CAPUT VIII

Von Köllen bis Hagen kostet die Post
Fünf Taler sechs Groschen preußisch*.   -30-
Die Diligence* war leider besetzt,
Und ich kam in die offene Beichais'*.

Ein Spätherbstmorgen, feucht und grau,
Im Schlamme keuchte der Wagen;

16: delouse with clubs. 30: in Prussian currency. 31: (F.)
express coach. 32: (F.: Beichaise) open personnel carrier that
accompanied the closed express coach.

Doch trotz des schlechten Wetters und Wegs
Durchströmte mich süßes Behagen.

Das ist ja meine Heimatluft!
Die glühende Wange empfand es!
Und dieser Landstraßenkot, er ist   -5-
Der Dreck meines Vaterlandes!

Die Pferde wedelten mit dem Schwanz
So traulich wie alte Bekannte,
Und ihre Mistküchlein dünkten mir schön
Wie die Äpfel der Atalante*!   -10-

Wir fuhren durch Mühlheim. Die Stadt ist nett,
Die Menschen still und fleißig.
War dort zuletzt im Monat Mai
Des Jahres einunddreißig.

Damals stand alles im Blütenschmuck   -15-
Und die Sonnenlichter lachten,
Die Vögel sangen sehnsuchtsvoll,
Und die Menschen hofften und dachten -

Sie dachten: 'Die magere Ritterschaft*
Wird bald von hinnen* reisen,   -20-
Und der Abschiedstrunk wird ihnen kredenzt*
Als langen Flaschen von Eisen!

Und die Freiheit kommt mit Spiel und Tanz,
Mit der Fahne, der weißblauroten*;
Vielleicht holt sie sogar aus dem Grab   -25-
Den Bonaparte, den Toten!'

Ach Gott! die Ritter sind immer noch hier,
Und manche dieser Gäuche,
Die spindeldürre gekommen ins Land,
Die haben jetzt dicke Bäuche.   -30-

Die blassen Kanaillen*, die ausgesehn
Wie Liebe, Glauben und Hoffen,
Sie haben seitdem in unserm Wein
Sich rote Nasen gesoffen ---

10: in Gr. mythology: during a race with Atalante (she was the
swiftest of mortals) to determine her husband, Milanion dropped
one by one three golden apples given to him by Aphrodite. Their
beauty charmed Atalante so much that she stopped to gather them,
thus enabling Milanion to win the race and marry her. 19: the
Prussians. 20: away from here. 21: served. 24: flag of the
French Republic. 31: scoundrels.

Und die Freiheit hat sich den Fuß verrenkt,
Kann nicht mehr springen und stürmen;
Die Trikolore* in Paris
Schaut traurig herab von den Türmen.

Der Kaiser* ist auferstanden seitdem,   -5-
Doch die englischen Würmer haben
Aus ihm einen stillen Mann gemacht,
Und er ließ sich wieder begraben.

Hab selber sein Leichenbegängnis* gesehn,
Ich sah den goldenen Wagen   -10-
Und die goldenen Siegesgöttinen drauf,
Die den goldenen Sarg getragen.

Den Elysäischen Feldern* entlang,
Durch des Triumphes Bogen*,
Wohl durch den Nebel, wohl über den Schnee   -15-
Kam langsam der Zug gezogen.

Mißtönend schauerlich war die Musik.
Die Musikanten starrten
Vor Kälte. Wehmütig grüßten mich
Die Adler der Standarten.   -20-

Die Menschen schauten so geisterhaft
In alter Erinnrung verloren –
Der imperiale Märchentraum
War wieder heraufbeschworen.

Ich weinte an jenem Tag. Mir sind   -25-
Die Tränen ins Auge gekommen,
Als ich den verschollenen Liebesruf,
Das "Vive l'Empereur!"*, vernommen.

CAPUT IX

Von Köllen war ich drei Viertel auf acht
Des Morgens fortgereiset;   -30-
Wir kamen nach Hagen schon gegen drei,
Da wird zu Mittag gespeiset.

Der Tisch war gedeckt. Hier fand ich ganz
Die altgermanische Küche.

3: the French flag. 5: i.e., Napoleon. 9: funeral (in 1821). 13:
=Champs-Elysées: main boulevard in Paris. 14: =Arc de Triomphe:
in Paris. 28: (Fr.) long live the Emperor.

Sei mir gegrüßt, mein Sauerkraut,
Holdselig sind deine Gerüche!

Gestovte* Kastanien im grünen Kohl!
So aß ich sie einst bei der Mutter!
Ihr heimischen Stockfische*, seid mir gegrüßt!   -5-
Wie schwimmt ihr klug in der Butter!

Jedwedem* fühlenden Herzen bleibt
Das Vaterland ewig teuer -
Ich liebe auch braun geschmort
Die Bücklinge* und Eier.   -10-

Wie jauchzten die Würste im spritzelnden Fett!
Die Krammetsvögel*, die frommen
Gebratenen Englein mit Apfelmus,
Sie zwitscherten mir: "Willkommen!"

"Willkommen, Landsmann" - zwitscherten sie -,   -15-
"Bist lange ausgeblieben,
Hast dich mit fremden Gevögel so lang
In der Fremde herumgetrieben!"

Es stand auf dem Tische eine Gans,
Ein stilles, gemütliches Wesen.
Sie hat vielleicht mich einst geliebt,   -20-
Als wir beide noch jung gewesen.

Sie blickte mich an so bedeutungsvoll,
So innig, so treu, so wehe!
Besaß eine schöne Seele gewiß,   -25-
Doch war das Fleisch sehr zähe.

Auch einen Schweinskopf trug man auf
In einer zinnernen Schüssel;
Noch immer schmückt man den Schweinen bei uns
Mit Lorbeerblättern den Rüssel.   -30-

CAPUT X

Dicht hinter Hagen ward es Nacht,
Und ich fühlte in den Gedärmen
Ein seltsames Frösteln. Ich konnte mich erst
Zu Unna, im Wirtshaus, erwärmen.

3: roasted. 5: dried cod. 7: =Jedem. 10: kippers. 12: fieldfare,
thrush.

Ein hübsches Mädchen fand ich dort,
Die schenkte mir freundlich den Punsch ein;
Wie gelbe Seide das Lockenhaar,
Die Augen sanft wie Mondschein.

Den lispelnd westfälischen Akzent   -5-
Vernahm ich mit Wollust wieder.
Viel süße Erinnerung dampfte der Punsch,
Ich dachte der* lieben Brüder,

Der lieben Westfalen*, womit ich so oft
In Göttingen getrunken,   -10-
Bis wir gerührt einander ans Herz
Und unter die Tische gesunken!

Ich habe sie immer so liebgehabt,
Die lieben, guten Westfalen,
Ein Volk, so fest, so sicher, so treu   -15-
Ganz ohne Gleißen* und Prahlen.

Wie standen sie prächtig auf der Mensur*
Mit ihren Löwenherzen!
Es fielen so grade, so ehrlich gemeint,
Die Quarten und die Terzen*.   -20-

Sie fechten gut, sie trinken gut,
Und wenn sie die Hand dir reichen
Zum Freundschaftsbündnis, dann weinen sie;
Sind sentimentale Eichen.

Der Himmel erhalte dich, wackres Volk   -25-
Er segne deine Saaten,
Bewahre dich vor Krieg und Ruhm,
Vor Helden und Heldentaten.

Er schenke deinen Söhnen stets
Ein sehr gelindes Examen,   -30-
Und deine Töchter bringe er hübsch
Unter die Haube* - Amen!

CAPUT XI

Das ist der Teutoburger Wald,
Den Tacitus* beschrieben,

8: =an die. 9: members of a regional social organization,
Westfalia. 16: =Glanz. 17: dueling place. 20: musical quarters,
thirds. 32: get a husband for. 34: Publius Cornelius Tacitus
(55?-117? A.D.), Roman historian.

Das ist der klassische Morast,
Wo Varus* steckengeblieben.

Hier schlug ihn der Cheruskerfürst,
Der Hermann, der edle Recke*;
Die deutsche Nationalität   -5-
Die siegte in diesem Drecke.

Wenn Hermann nicht die Schlacht gewann*,
Mit seinen blonden Horden,
So gäb es deutsche Freiheit nicht mehr,
Wir wären römisch geworden!   -10-

In unserem Vaterland herrschten jetzt
Nur römische Sprache und Sitten,
Vestalen* gäb es in München sogar,
Die Schwaben hießen* Quiriten*!

Der Hengstenberg wär ein Haruspex*   -15-
Und grübelte in den Gedärmen
Von Ochsen. Neander* wär ein Augur*
Und schaute nach Vögelschwärmen.

Birch-Pfeiffer* söffe* Terpentin,
Wie einst die römischen Damen.   -20-
(Man sagt, daß sie dadurch den Urin
Besonders wohlriechend bekamen.)

Der Raumer* wäre kein deutscher Lump,
Er wäre ein röm'scher Lumpacius.
Der Freiligrath* dichtete ohne Reim*,   -25-
Wie weiland* Flaccus Horatius*.

Der grobe Bettler, Vater Jahn*,
Der hieße jetzt Grobianus.

2: Roman leader defeated by Arminius (Hermann), leader of the
Cheruscı (a Germanic tribe) in a battle in Teutoburger Forest (9
A.D.). 4: valiant warrior, hero. 7: =gewonnen **hätte**. 13: virgin
priestesses of the Roman goddess Vesta. 14: =**würden heißen**;
honorary title of fully qualified Roman citizens. 15: Roman
priest who foretold the future from the entrails of sacrificed
animals. 17: theology professor in Berlin; Roman priest who
foretold the future from the flight of birds. 19: Charlotte
(1800-1868), popular actress and playwright; =**würde saufen**. 23:
Friedrich von (1781-1873), Berlin historian and writer of
historical plays. 25: Ferdinand (1810-1876), German poet, member
of "Young Germany"; rhymed verse was unknown to Latin poetry.
26: =**damals**; =Horace (65 B.C.-8 A.D.), Roman poet. 27: Friedrich
Ludwig (1778-1852), father of the patriotic gymnastic movement.

Me hercule*! Maßmann* spräche Latein,
Der Marcus Tullius* Maßmanus!

Die Wahrheitsfreunde würden jetzt
Mit Löwen, Hyänen, Schakalen
Sich raufen in der Arena, anstatt   -5-
Mit Hunden in kleinen Journalen.

Wir hätten **einen** Nero jetzt,
Statt Landesväter drei Dutzend.
Wir schnitten* uns die Adern auf,
Den Schergen* der Knechtschaft trutzend*.   -10-

Der Schelling* wär ganz ein Seneca*,
Und käme in solchem Konflikt um.
Zu unsrem Cornelius* sagten* wir:
"Cacatum non est pictum*."

Gottlob! Der Hermann gewann die Schlacht,   -15-
Die Römer wurden vertrieben,
Varus mit seinen Legionen erlag,
Und wir sind Deutsche geblieben!

Wir blieben deutsch, wir sprechen deutsch,
Wie wir es gesprochen haben;   -20-
Der Esel heißt Esel, nicht asinus,
Die Schwaben blieben Schwaben.

Der Raumer blieb ein deutscher Lump
In unserm deutschen Norden.
In Reimen dichtet Freiligrath   -25-
Ist kein Horaz geworden.

Gottlob, der Maßman spricht kein Latein,
Birch-Pfeiffer schreibt nur Dramen,
Und säuft nicht schnöden Terpentin
Wie Roms galante Damen.   -30-

O Hermann, dir verdanken wir das!
Drum wird dir, wie sich gebühret*,

1: (L.) By Hercules!; Hans Ferdinand (1797-1874), philologist
and gymnastic enthusiast. 2: a play on the names of the Roman
orator Cicero (106-43 B.C.). 9: =**würden schneiden**. 10:
constables; in defiance of. 11: Friedrich Wilhelm (1775-1854),
Romantic German philosopher; Lucius Annaeus (4 B.C.-65 A.D.),
Roman philosopher forced by Nero to commit suicide (by having
his veins cut). 13: Peter von (1783-1867), German painter;
=**würden sagen**. 14: (L.) "Shitted is not painted." 32: as is
fitting.

Zu Detmold ein Monument gesetzt;
Hab selber subskribieret.

CAPUT XII

Im nächtlichen Walde humpelt dahin
Die Chaise. Da kracht es plötzlich –
Ein Rad ging los. Wir halten still.   -5-
Das ist nicht sehr egötzlich.

Der Postillion* steigt ab und eilt
Ins Dorf, und ich verweile
Um Mitternacht allein im Wald.
Ringsum ertönt ein Geheule.   -10-

Das sind die Wölfe, die heulen so wild,
Mit ausgehungerten Stimmen.
Wie Lichter in der Dunkelheit
Die feurigen Augen glimmen.

Sie hörten von meiner Ankunft gewiß,   -15-
Die Bestien, und mir zur Ehre
Illuminierten sie den Wald
Und singen sie ihre Chöre.

Das ist ein Ständchen, ich merke es jetzt,
Ich soll gefeiert werden!   -20-
Ich warf mich gleich in Positur*
Und sprach mit gerührten Gebärden:

"Mitwölfe! Ich bin glücklich, heut
In eurer Mitte zu weilen*,
Wo soviel edle Gemüter mir   -25-
Mit Liebe entgegenheulen.

Was ich in diesem Augenblick
Empfinde, ist unermeßlich;
Ach, diese schöne Stunde bleibt
Mir ewig unvergeßlich.   -30-

Ich danke euch für das Vetraun,
Womit ihr mich beehret
Und das ihr in jeder Prüfungszeit
Durch treue Beweise bewähret.

Mitwölfe! Ihr zweifeltet nie an mir,   -35-
Ihr ließet euch nicht fangen

7: coachman.   21: struck a pose.   24: tarry.

Von Schelmen, die euch gesagt, ich sei
Zu den Hunden übergegangen,

Ich sei abtrünnig* und werde bald
Hofrat in der Lämmerhürde -
Dergleichen zu widersprechen war   -5-
Ganz unter meiner Würde.

Der Schafpelz, den ich umgehängt
Zuweilen, um mich zu wärmen,
Glaubt mir's, er brachte mich nie dahin,
Für das Glück der Schafe zu schwärmen.   -10-

Ich bin kein Schaf, ich bin kein Hund,
Kein Hofrat und kein Schellfisch -
Ich bin ein Wolf geblieben, mein Herz
Und meine Zähne sind wölfisch.

Ich bin ein Wolf und werde stets   -15-
Auch heulen mit den Wölfen -
Ja, zählt auf mich und helft euch selbst,
Dann wird auch Gott euch helfen!"

Das war die Rede, die ich hielt,
Ganz ohne Vorbereitung;   -20-
Verstümmelt hat Kolb* sie abgedruckt
In der "Allgemeinen Zeitung".

                    CAPUT XIII

Die Sonne ging auf bei Paderborn,
Mit sehr verdroßner Gebärde.
Sie treibt in der Tat ein verdrießlich Geschäft -   -25-
Beleuchten die dumme Erde!

Hat sie die eine Seite erhellt,
Und bringt sie mit strahlender Eile
Der andern ihr Licht, so verdunkelt schon
Sich jene mittlerweile.   -30-

Der Stein entrollt dem Sisyphus,
Der Danaiden* Tonne

3: disloyal. 21: Gustav (1798-1865), editor of the Augsburg
Allgemeine Zeitung, for which Heine wrote reports from Paris.
32: in Greek myth: for murdering their husbands these sisters
were punished in hell by having to ladle water into a barrel
(**Tonne**) that had holes.

Wird nie gefüllt, und den Erdenball
Beleuchtet vergeblich die Sonne! -

Und als der Morgennebel zerrann,
Da sah ich am Wege ragen,
Im Frührotschein, das Bild des Manns,   -5-
Der an das Kreuz geschlagen*.

Mit Wehmut erfüllt mich jedesmal
Dein Anblick, mein armer Vetter,
Der du die Welt erlösen gewollt,
Du Narr, du Menschheitsretter!   -10-

Sie haben dir übel mitgespielt*,
Die Herren vom hohen Rate.
Wer hieß dich auch reden so rücksichtslos
Von der Kirche und vom Staate!

Zu deinem Malheur war die Buchdruckerei   -15-
Noch nicht in jenen Tagen
Erfunden; du hättest geschrieben ein Buch
Über die Himmelsfragen.

Der Zensor hätte gestrichen darin,
Was etwa anzüglich* auf Erden,   -20-
Und liebend bewahrte* dich die Zensur
Vor dem Gekreuzigtwerden.

Ach! hättest du nur einen andern Text
Zu deiner Bergpredigt* genommen,
Besaßest ja Geist und Talent genug,   -25-
Und konntest schonen die Frommen!

Geldwechsler, Bankiers, hast du sogar
Mit der Peitsche gejagt aus dem Tempel* -
Unglücklicher Schwärmer, jetzt hängst du am Kreuz
Als warnendes Exempel!   -30-

                    CAPUT XIV

Ein feuchter Wind, ein kahles Land,
Die Chaise wackelt im Schlamme;
Doch singt es und klingt es in meinem Gemüt:
"Sonne, du klagende Flamme!"

6: sc. **wurde.** 11: They played a dirty trick on you. 20: sc. **wäre**
would be offensive. 21: =**würde bewahren** would keep, protect
(from). 24: Matthew 24:3 ff. 28: See Matthew 21:12.

Das ist der Schlußreim des alten Lieds,
Das oft meine Amme* gesungen -
"Sonne, du klagende Flamme!" Das hat
Wie Waldhornruf geklungen.

Es kommt im Lied ein Mörder vor,   -5-
Der lebt' in Lust und Freude;
Man findet ihn endlich im Walde gehenkt
An einer grauen Weide.

Des Mörders Todesurteil war
Genagelt am Weidenstamme;   -10-
Das haben die Rächer der Feme* getan -
"Sonne, du klagende Flamme!"

Die Sonne war Kläger, sie hatte bewirkt,
Daß man den Mörder verdamme.
Ottilie hatte sterbend geschrien: -15-
"Sonne, du klagende Flamme!"

Und denk ich des Liedes, so denk ich auch
Der Amme, der lieben Alten;
Ich sehe wieder ihr braunes Gesicht,
Mit allen Runzeln und Falten.   -20-

Sie war geboren in Münsterland,
Und wußte, in großer Menge,
Gespenstergeschichten, grausenhaft,
Und Märchen und Volksgesänge.

Wie pochte mein Herz, wenn die alte Frau   -25-
Von der Königstochter erzählte,
Die einsam auf der Heide saß
Und die goldnen Haare strählte*.

Die Gänse mußte sie hüten dort
Als Gänsemagd, und trieb sie   -30-
Am Abend die Gänse wieder durchs Tor,
Gar traurig stehen blieb sie.

Denn angenagelt über dem Tor
Sah sie ein Roßhaupt ragen,
Das war der Kopf des armen Pferds,   -35-
Das sie in die Fremde getragen.

Die Königstochter seufzte tief:
"O Falada, daß du hangest*!"

2: wet-nurse.   11: imperial court of justice.   28: =kämmte.   38:
=hängst.

Der Pferdekopf herunterrief:
"O wehe! daß du gangest*!"

Die Königstochter seufzte tief:
"Wenn das meine Mutter wüßte!"
Der Pferdekopf herunterrief: -5-
"Ihr Herze* brechen müßte!"

Mit stockendem Atem horchte ich hin,
Wenn die Alte ernster und leiser
Zu sprechen begann und vom Rotbart* sprach,
Von unserem heimlichen Kaiser.   -10-

Sie hat mir versichert, er sei nicht tot,
Wie da glauben die Gelehrten,
Er hause versteckt in einem Berg
Mit seinen Waffengefährten.

Kyffhäuser ist der Berg genannt,   -15-
Und drinnen ist eine Höhle;
Die Ampeln erhellen so geisterhaft
Die hochgewölbten Säle.

Ein Marstall* ist der erste Saal,
Und dorten* kann man sehen   -20-
Viel tausend Pferde, blankgeschirrt*,
Die an den Krippen* stehen.

Sie sind gesattelt und gezäumt*,
Jedoch von diesen Rossen
Kein einziges wiehert, kein einziges stampft,   -25-
Sind still, wie aus Eisen gegossen.

Im zweiten Saale, auf der Streu,
Sieht man Soldaten liegen,
Viel tausend Soldaten, bärtiges Volk,
Mit kriegerisch trotzigen Zügen.   -30-

Sie sind gerüstet von Kopf bis Fuß,
Doch alle diese Braven,
Sie rühren sich nicht, bewegen sich nicht,
Sie liegen fest und schlafen.

Hochaufgestapelt im dritten Saal   -35-
Sind Schwerte, Streitäxte, Speere,

2: =gingst. 6: =Herz. 9: i.e., the Holy Roman Emperor Friedrich
Barbarossa (1123?-1190). 19: stables. 20: =dort. 21: brightly
harnessed. 22: troughs. 23: bridled.

Harnische, Helme, von Silber und Stahl,
Altfränkische Feuergewehre.

Sehr wenig Kanonen, jedoch genug,
Um eine Trophäe zu bilden.
Hoch ragt daraus eine Fahne hervor,   -5-
Die Farbe ist schwarzrotgülden*.

Der Kaiser bewohnt den vierten Saal.
Schon seit Jahrhunderten sitzt er
Auf steinernem Stuhl, am steinernen Tisch,
Das Haupt auf den Armen stützt er.   -10-

Sein Bart, der bis zur Erde wuchs,
Ist rot wie Feuerflammen,
Zuweilen zwinkert er mit dem Aug',
Zieht manchmal die Brauen zusammen.

Schläft er oder denkt er nach?   -15-
Man kann's nicht genau ermitteln;
Doch wenn die rechte Stunde kommt,
Wird er gewaltig sich rütteln.

Die gute Fahne ergreift er dann
Und ruft: "Zu Pferd! zu Pferde!"   -20-
Sein reisiges Volk* erwacht und springt
Lautrasselnd empor von der Erde.

Ein jeder schwingt sich auf sein Roß,
Das wiehert und stampft mit den Hufen!
Sie reiten hinaus in die klirrende Welt,   -25-
Und die Trompeten rufen.

Sie reiten gut, sie schlagen gut,
Sie haben ausgeschlafen.
Der Kaiser hält ein strenges Gericht,
Er will die Mörder bestrafen -   -30-

Die Mörder, die gemeuchelt* einst
Die teure, wundersame,
Goldlockichte* Jungfrau Germania -
"Sonne, du klagende Flamme!"

Wohl mancher, der sich geborgen* geglaubt,   -35-
Und lachend auf seinem Schloß saß,
Er wird nicht entgehen dem rächenden Strang*,
Dem Zorne Barbarossas!---

6: gülden=golden. 21: knights. 31: assassinated. 33: =Gold-
lockige, and passim. 35: safe. 37: rope (for execution).

Wie klingen sie lieblich, wie klingen sie süß,
Die Märchen der alten Amme!
Mein abergläubisches Herze jauchzt:
"Sonne, du klagende Flamme!"

CAPUT XV

Ein feiner Regen prickelt herab,   -5-
Eiskalt, wie Nähnadelspitzen.
Die Pferde bewegen traurig den Schwanz,
Sie waten im Kot und schwitzen.

Der Postillion stößt in* sein Horn,
Ich kenne das alte Getute -   -10-
"Es reiten drei Reiter zum Tore hinaus!"
Es wird mir so dämmrig zumute.

Mich schläferte und ich entschlief*,
Und siehe! mir träumte am Ende,
Daß ich mich in dem Wunderberg   -15-
Beim Kaiser Rotbart befände.

Er saß nicht mehr auf steinernem Stuhl,
Am steinernen Tisch, wie ein Steinbild;
Auch sah er nicht so ehrwürdig aus,
Wie man sich gewöhnlich einbild't.   -20-

Er watschelte* durch die Säle herum
Mit mir im trauten* Geschwätze.
Er zeigte wie ein Antiquar
Mir seine Kuriosa und Schätze.

Im Saale der Waffen erklärte er mir,   -25-
Wie man sich der Kolben bediene*,
Von einigen Schwertern rieb er den Rost
Mit seinem Hermeline*.

Er nahm ein Pfauenwedel* zur Hand,
Und reinigte vom Staube   -30-
Gar manchen Harnisch*, gar manchen Helm,
Auch manche Pickelhaube.

Die Fahne stäubte er gleichfalls ab,
Und er sprach: "Mein größter Stolz ist,

9: blows, blasts. 13: =schlief ein. 21: waddled. 22: =ver-
trauten. 26: uses clubs. 28: ermine (fur) coat. 29: peacock's
fan. 31: (suit of) armor.

Daß noch keine Motte die Seide zerfraß,
Und auch kein Wurm im Holz ist."

Und als wir kamen in den Saal,
Wo schlafend am Boden liegen
Viel tausend Krieger, kampfbereit,   -5-
Der Alte sprach mit Vergnügen:

"Hier müssen wir leiser reden und gehn,
Damit wir nicht wecken die Leute;
Wieder verflossen sind hundert Jahr',
Und Löhnungstag ist heute."   -10-

Und siehe! der Kaiser nahte sich sacht
Den schlafenden Soldaten,
Und steckte heimlich in die Tasch'
Jedwedem einen Dukaten.

Er sprach mit schmunzelndem Gesicht,   -15-
Als ich ihn ansah verwundert:
"Ich zahle einen Dukaten per Mann,
Als Sold*, nach jedem Jahrhundert."

Im Saale, wo die Pferde stehn
In langen, schweigenden Reihen,   -20-
Da rieb der Kaiser sich die Händ',
Schien sonderbar sich zu freuen.

Er zählte die Gäule, Stück vor* Stück,
Und klätschelte* ihnen die Rippen;
Er zählte und zählte, mit ängstlicher Hast   -25-
Bewegten sich seine Lippen.

"Das ist noch nicht die rechte Zahl" -
Sprach er zuletzt verdrossen -,
"Soldaten und Waffen hab ich genung*,
Doch fehlt es noch an Rossen.   -30-

Roßkämme* hab ich ausgeschickt
In alle Welt, die kaufen
Für mich die besten Pferde ein,
Hab schon einen guten Haufen.

Ich warte, bis die Zahl komplett,   -35-
Dann schlag ich los und befreie
Mein Vaterland, mein deutsches Volk,
Das meiner harret* mit Treue."

18: (soldier's) pay. 23: =für. 24: patted. 29: =genug. 31:
horse-dealers. 38: awaits me.

So sprach der Kaiser, ich aber rief:
"Schlag los, du alter Geselle,
Schlag los, und hast du nicht Pferde genug,
Nimm Esel an ihrer Stelle."

Der Rotbart erwiderte lächelnd: "Es hat   -5-
Mit dem Schlagen gar keine Eile,
Man baute nicht Rom in einem Tag,
Gut Ding will haben Weile.*

Wer heute nicht kommt, kommt morgen gewiß,
Nur langsam wächst die Eiche,   -10-
Und chi va piano, va sano*, so heißt
Das Sprüchwort* im römischen Reiche."

                    CAPUT XVI

Das Stoßen des Wagens weckte mich auf,
Doch sanken die Augenlider
Bald wieder zu, und ich entschlief   -15-
Und träumte vom Rotbart wieder.

Ging wieder schwatzend mit ihm herum
Durch alle die hallenden Säle;
Er frug* mich dies, er frug mich das,
Verlangte, daß ich erzähle.   -20-

Er hatte aus der Oberwelt
Seit vielen, vielen Jahren,
Wohl seit dem Siebenjährigen Krieg*,
Kein Sterbenswort* erfahren.

Er frug nach Moses Mendelssohn*,   -25-
Nach der Karschin*, mit Intresse
Frug er nach der Gräfin Dubarry,
Des fünfzehnten Ludwigs Mätresse.

"O Kaiser", rief ich, "wie bist du zurück!
Der Moses ist längst gestorben   -30-
Nebst* seiner Rebekka, auch Abraham,
Der Sohn, ist gestorben, verdorben*.

8: Haste makes waste. 11: (It.) who goes slowly goes well. 12:
=**Sprichwort.** 19: =**fragte.** 23: 1756-1763. 24: not a word. 25:
(1729-1786), Jewish Berlin philosopher of the Enlightenment. 26:
Anna Luise Karsch (1722-1791), poetess of the Enlightenment. 31:
Together with. 32: rotted (i.e., in his grave).

Der Abraham hatte mit Lea erzeugt
Ein Bübchen, Felix* heißt er,
Der brachte es weit im Christentum,*
Ist schon Kapellenmeister.

Die alte Karschin ist gleichfalls tot,   -5-
Auch die Tochter ist tot, die Klenke;
Helmine Chézy, die Enkelin,
Ist noch am Leben, ich denke.

Die Dubarry lebte lustig und flott,
Solange Ludwig regierte,   -10-
Der Fünfzehnte nämlich, sie war schon alt,
Als man sie guillotinierte.

Der König Ludwig der Fünfzehnte starb
Ganz ruhig in seinem Bette,
Der Sechzehnte aber ward guillotiniert   -15-
Mit der Königin Antoinette*.

Die Königin zeigte großen Mut,
Ganz wie es sich gebührte,
Die Dubarry aber weinte und schrie,
Als man sie guillotinierte." --   -20-

Der Kaiser blieb plötzlich stillestehn,
Und sah mich an mit den stieren
Augen und sprach: "Um Gottes will'n,
Was ist das, guillotinieren?"

"Das Guillotinieren" - erklärte ich ihm -   -25-
"Ist eine neue Methode,
Womit man die Leute jeglichen* Stands
Vom Leben bringt zu Tode.

Bei dieser Methode bedient man sich
Auch einer neuen Maschine,   -30-
Die hat erfunden* Herr Guillotin,
Drum nennt man sie Guillotine.

Du wirst hier an ein Brett geschnallt;-
Das senkt sich; - du wirst geschoben
Geschwinde zwischen zwei Pfosten; - es hängt   -35-
Ein dreieckig Beil ganz oben; -

2: Mendelssohn-Bartholdy (1809-1847), the composer. 3: he
converted to Christianity. 16: Marie Antoinette, in 1793. 27:
=jeden (from every class). 31: did not invent it, but advocated
its use as being more humane.

Man zieht eine Schnur, dann schießt herab
Das Beil, ganz lustig und munter; -
Bei dieser Gelegenheit fällt dein Kopf
In einen Sack hinunter."

Der Kaiser fiel mir in die Red':   -5-
"Schweig still, von deiner Maschine
Will ich nichts wissen, Gott bewahr',
Daß ich mich ihrer bediene!

Der König und die Königin!
Geschnallt! an einem Brette!   -10-
Das ist ja gegen allen Respekt
Und alle Etikette!

Und du, wer bist du, daß du es wagst,
Mich so vertraulich zu duzen?
Warte, du Bürschchen, ich werde dir schon   -15-
Die kecken Flügel stutzen!*

Es regt mir die innerste Galle auf,
Wenn ich dich höre sprechen,
Dein Odem* schon ist Hochverrat
Und Majestätsverbrechen!"   -20-

Als solchermaßen in Eifer geriet
Der alte und sonder* Schranken
Und Schonung mich anschnob*, da platzten heraus
Auch mir die geheimsten Gedanken.

"Herr Rotbart" - rief ich laut -, "du bist   -25-
Ein altes Fabelwesen,
Geh, leg dich schlafen, wir werden uns
Auch ohne dich erlösen.

Die Republikaner lachen uns aus,
Sehn sie an unserer Spitze   -30-
So ein Gespenst mit Zepter und Kron';
Sie rissen* schlechte Witze.

Auch deine Fahne gefällt mir nicht mehr,
Die altdeutschen Narren verdarben
Mir schon in der Burschenschaft* die Lust   -35-
An den schwarzrotgoldnen Farben.

Das beste wäre, du bliebest zu Haus,
Hier in dem alten Kyffhäuser -

16: clip. 19: =Atem. 22: =ohne. 23: snorted at. 32: =würden
reißen. 35: students' association.

Bedenk ich die Sache ganz genau,
So brauchen wir gar keinen Kaiser."

CAPUT XVII

Ich habe mich mit dem Kaiser gezankt
Im Traum, im Traum versteht sich -
Im wachenden Zustand sprechen wir nicht   -5-
Mit Fürsten so widersetzig*.

Nur träumend, im idealen Traum,
Wagt ihnen der Deutsche zu sagen
Die deutsche Meinung, die er so tief
Im treuen Herzen getragen.   -10-

Als ich erwacht', fuhr ich einem Wald
Vorbei, der Anblick der Bäume,
Der nackten hölzernen Wirklichkeit,
Verscheuchte meine Träume.

Die Eichen schüttelten ernsthaft das Haupt,   -15-
Die Birken und Birkenreiser*,
Sie nickten so warnend - und ich rief:
"Vergib mir, mein teurer Kaiser!

Vergib mir, o Rotbart, das rasche Wort!
Ich weiß, du bist viel weiser   -20-
Als ich, ich habe sowenig Geduld -
Doch komme du bald, mein Kaiser!

Behagt* dir das Guillotinieren nicht,
So bleib bei den alten Mitteln:
Das Schwert für Edelleute, der Strick   -25-
Für Bürger und Bauern in Kitteln.

Nur manchmal wechsle ab, und laß
Den Adel hängen, und köpfe
Ein bißchen die Bürger und Bauern, wir sind
Ja alle Gottesgeschöpfe.   -30-

Stell wieder her das Halsgericht*,
Das peinliche Karls des Fünften,
Und teile wieder ein das Volk
Nach Ständen, Gilden und Zünften.

6: =widersetzlich disobediently. 16: Reiser twigs. 23: =gefällt.
31: penal code of Charles V of the Holy Roman Empire (1532).

Das alte Heilige Römische Reich,
Stell's wieder her, das ganze,
Gib uns den modrigsten Plunder zurück
Mit allem Firlifanze*.

Das Mittelalter, immerhin,   -5-
Das wahre, wie es gewesen,
Ich will es ertragen - erlöse uns nur
Von jenem Zwitterwesen*,

Von jenem Kamaschenrittertum*,
Das ekelhaft ein Gemisch ist   -10-
Von gotischem Wahn und modernem Lug*,
Das weder Fleisch noch Fisch ist.

Jag fort das Komödiantenpack,
Und schließe die Schauspielhäuser,
Wo man die Vorzeit parodiert -   -15-
Komme du bald, o Kaiser!"

                    CAPUT XVIII

Minden ist eine feste Burg*,
Hat gute Wehr und Waffen!
Mit preußischen Festungen hab ich jedoch
Nicht gerne was zu schaffen.   -20-

Wir kamen dort an zur Abendzeit.
Die Planken der Zugbrück'* stöhnten
So schaurig, als wir hinübergerollt;
Die dunklen Gräben gähnten.

Die hohen Bastionen schauten mich an,   -25-
So drohend und verdrossen;
Das große Tor ging rasselnd auf,
Ward rasselnd wieder geschlossen.

Ach! meine Seele ward betrübt,
Wie des Odysseus Seele,   -30-
Als er gehört, daß Polyphem*
Den Felsblock schob vor die Höhle.

4: nonsense. 8: hybrid nature. 9: i.e., Prussianism:
Kamaschen=Gamaschen leggings (for the military). 11: =**Lüge**. 17:
parody of Luther's hymn which begins **Ein' feste Burg ist unser
Gott.** 22: drawbridge. 31: Polyphemus, a Cyclops who trapped
Odysseus in a cave. The latter, calling himself Nobody, escaped
by getting the giant drunk and then sticking a sharp, red-hot
rod in his eyes.

Es trat an den Wagen ein Korporal
Und frug uns: wie wir heißen?
"Ich heiße Niemand, bin Augenarzt
Und steche den Star* den Riesen*."

Im Wirtshaus ward mir noch schlimmer zumut',   -5-
Das Essen wollt mir nicht schmecken.
Ging schlafen sogleich, doch schlief ich nicht,
Mich drückten so schwer die Decken.

Es war ein breites Federbett,
Gardinen von rotem Damaste,   -10-
Der Himmel* von verblichenem Gold,
Mit einem schmutzigen Quaste*.

Verfluchter Quast! der die ganze Nacht
Die liebe Ruhe mir raubte!
Er hing mir, wie des Damokles Schwert,   -15-
So drohend über dem Haupte!

Schien manchmal ein Schlangenkopf zu sein,
Und ich hörte ihn heimlich zischen:
"Du bist und bleibst in der Festung jetzt,
Du kannst nicht mehr entwischen!"   -20-

"Oh, daß ich wäre" - seufzte ich -
"Daß ich zu Hause wäre,
Bei meiner lieben Frau in Paris,
Im Faubourg Poissonnière*!"

Ich fühlte, wie über die Stirne mir   -25-
Auch manchmal etwas gestrichen,
Gleich einer kalten Zensorhand,
Und meine Gedanken wichen -

Gendarmen* in Leichenlaken* gehüllt,
Ein weißes Spukgewirre,   -30-
Umringte mein Bett, ich hörte auch
Unheimliches Kettengeklirre.

Ach! Die Gespenster schleppten mich fort,
Und ich hab mich endlich befunden
An einer steilen Felsenwand*;   -35-
Dort war ich festgebunden.

4: cataract; dat. pl. 11: canopy. 12: tassel. 24: from 1841 to
1846 Heine lived at rue de Poissonnière 46. 29: (Fr.) police;
Lake sheet, shroud. 35: allusion to the fate of Prometheus.

Der böse schmutzige Betthimmelquast!
Ich fand ihn gleichfalls wieder,
Doch sah er jetzt wie ein Geier aus,
Mit Krallen und schwarzem Gefieder.

Er glich dem preußischen Adler jetzt,   -5-
Und hielt meinen Leib umklammert;
Er fraß mir die Leber aus der Brust,
Ich habe gestöhnt und gejammert.

Ich jammerte lange - da krähte der Hahn,
Und der Fiebertraum erblaßte.   -10-
Ich lag zu Minden im schwitzenden Bett,
Der Adler ward wieder zum* Quaste.

Ich reiste fort mit Extrapost,
Und schöpfte freien Odem
Erst draußen in der freien Natur,   -15-
Auf bückeburgschem Boden.

          CAPUT XIX

Oh, Danton*, du hast dich sehr geirrt
Und mußtest den Irrtum büßen!
Mitnehmen kann man das Vaterland
An den Sohlen, an den Füßen.   -20-

Das halbe Fürstentum Bückeburg
Blieb mir an den Stiefeln kleben;
So lehmichte Wege habe ich wohl
Noch nie gesehen im Leben.

Zu Bückeburg stieg ich ab in der Stadt,   -25-
Um dort zu betrachten die Stammburg,
Wo mein Großvater geboren ward;
Die Großmutter war aus Hamburg.

Ich kam nach Hannover um Mittagzeit,
Und ließ mir die Stiefel putzen.   -30-
Ich ging sogleich, die Stadt zu besehn,
Ich reise gern mit Nutzen.

Mein Gott! da sieht es sauber aus!
Der Kot liegt nicht auf den Gassen.

12: turned back into. 17: when warned to flee Robespierre during
the French Revolution, Danton supposedly replied that one
couldn't take one's country along on one's shoe-soles.

Viel Prachtgebäude sah ich dort,
Sehr imponierende Massen.

Besonders gefiel mir ein großer Platz,
Umgeben von staatlichen Häusern;
Dort wohnt der König, dort steht sein Palast,   -5-
Er ist von schönem Äußern

(Nämlich der Palast). Vor dem Portal
Zu jeder Seite ein Schildhaus.
Rotröcke mit Flinten* halten dort Wacht,
Sie sehen drohend und wild aus.   -10-

Mein Cicerone* sprach: "Hier wohnt
Der Ernst Augustus*, ein alter,
Hochtoryscher Lord, ein Edelmann,
Sehr rüstig für sein Alter.

Idyllisch sicher haust er hier,   -15-
Denn besser als alle Trabanten*
Beschützet ihn der mangelnde Mut
Von unseren lieben Bekannten.

Ich seh ihn zuweilen, er klagt alsdann,
Wie gar langweilig das Amt sei,   -20-
Das Königsamt, wozu er jetzt
Hier in Hannover verdammt sei.

An großbritannisches Leben gewöhnt,
Sei es ihm hier zu enge,
Ihn plage der Spleen, er fürchte schier*,   -25-
Daß er sich mal erhänge.

Vorgestern fand ich ihn traurig gebückt
Am Kamin in der Morgenstunde;
Er kochte höchstselbst ein Lavement*
Für seine kranken Hunde."   -30-

                    CAPUT XX

Von Harburg fuhr ich in einer Stund'
Nach Hamburg. Es war schon Abend.
Die Sterne am Himmel grüßten mich,
Die Luft war lind und labend.

9: flintlocks (muskets). 11: guide. 12: Duke of Cumberland,
former Tory leader in British House of Lords, became King of
Hannover in 1837. He promptly violated the constitution. 16:
bodyguards. 25: almost. 29: (Fr.) enema.

Und als ich zu meiner Frau Mutter kam,
Erschrak sie fast vor Freude;
Sie rief: "Mein liebes Kind!" und schlug
Zusammen die Hände beide.

"Mein liebes Kind, wohl dreizehn Jahr'   -5-
Verflossen unterdessen!
Du wirst gewiß sehr hungrig sein -
Sag an, was willst du essen?

Ich habe Fisch und Gänsefleisch
Und schöne Apfelsinen."   -10-
"So gib mir Fisch und Gänsefleisch
Und schöne Apfelsinen."

Und als ich aß mit großem App'tit,
Die Mutter ward glücklich und munter,
Sie frug wohl dies, sie frug wohl das,   -15-
Verfängliche* Fragen mitunter.

"Mein liebes Kind! und wirst du auch
Recht sorgsam gepflegt in der Fremde?
Versteht deine Frau die Haushaltung,
Und flickt sie dir Strümpfe und Hemde?"   -20-

"Der Fisch ist gut, lieb Mütterlein,
Doch muß man ihn schweigend verzehren;
Man kriegt so leicht eine Grät' in den Hals,
Du darfst mich jetzt nicht stören."

Und als ich den braven Fisch verzehrt,   -25-
Die Gans ward aufgetragen.
Die Mutter frug wieder wohl dies, wohl das,
Mitunter verfängliche Fragen.

"Mein liebes Kind! in welchem Land
Läßt sich am besten leben?   -30-
Hier oder in Frankreich? und welchem Volk
Wirst du den Vorzug geben?"

"Die deutsche Gans, lieb Mütterlein,
Ist gut, jedoch die Franzosen,
Sie stopfen die Gänse besser als wir,   -35-
Auch haben sie bessere Saucen." -

Und als die Gans sich wieder empfahl*,
Da machten ihre Aufwartung*

16: suspicious, embarrassing.   37: bade farewell.   38: paid their
respects.

Die Apfelsinen, sie schmeckten so süß,
Ganz über alle Erwartung.

Die Mutter aber fing wieder an
Zu fragen sehr vergnüglich,
Nach tausend Dingen, mitunter sogar   -5-
Nach Dingen, die sehr anzüglich.

"Mein liebes Kind! Wie denkst du jetzt?
Treibst du noch immer aus Neigung
Die Politik? Zu welcher Partei
Gehörst du mit Überzeugung?"   -10-

"Die Apfelsinen, lieb Mütterlein,
Sind gut, und mit wahrem Vergnügen
Verschlucke ich den süßen Saft,
Und ich lasse die Schalen liegen."

                    CAPUT XXI

Die Stadt, zur Hälfte abgebrannt*,   -15-
Wird aufgebaut allmählich;
Wie 'n Pudel, der halb geschoren ist,
Sieht Hamburg aus, trübselig.

Gar manche Gassen fehlen mir,
Die ich nur ungern vermisse –   -20-
Wo ist das Haus, wo ich geküßt
Der Liebe erste Küsse?

Wo ist die Druckerei*, wo ich
Die "Reisebilder" druckte?
Wo ist der Austerkeller, wo ich   -25-
Die ersten Austern schluckte?

Und der Dreckwall*, wo ist der Dreckwall hin?
Ich kann ihn vergeblich suchen!
Wo ist der Pavillon*, wo ich
Gegessen so manchen Kuchen?   -30-

Wo ist das Rathaus, worin der Senat
Und die Bürgerschaft gethronet?
Ein Raub der Flammen! Die Flamme hat
Das Heiligste nicht verschonet.

15: in the fire of 1842.   23: the Langhoff Press. 27:
predominantly Jewish area destroyed in the fire. 29: Swiss
Pavilion on the Jungfernstieg.

Die Leute seufzten noch vor Angst,
Und mit wehmüt'gem Gesichte
Erzählten sie mir vom großen Brand
Die schreckliche Geschichte:

"Es brannte an allen Ecken zugleich,   -5-
Man sah nur Rauch und Flammen!
Die Kirchentürmer loderten auf
Und stürzten krachend zusammen.

Die alte Börse ist verbrannt,
Wo unsere Väter gewandelt,   -10-
Und miteinander jahrhundertlang
So redlich als möglich gehandelt.

Die Bank, die silberne Seele der Stadt,
Und die Bücher, wo eingeschrieben
Jedweden Mannes Banko-Wert   -15-
Gottlob! sie sind uns geblieben!

Gottlob! man kollektierte für uns
Selbst bei den fernsten Nationen -
Ein gutes Geschäft - die Kollekte betrug
Wohl an die acht Millionen.   -20-

Aus allen Ländern floß das Geld
In unsre offnen Hände,
Auch Viktualien nahmen wir an,
Verschmähten keine Spende.

Man schickte uns Kleider und Betten genug,   -25-
Auch Brot und Fleisch und Suppen!
Der König von Preußen wollte sogar
Uns schicken seine Truppen.

Der materielle Schaden ward
Vergütet, das ließ sich schätzen -   -30-
Jedoch den Schrecken, unseren Schreck,
Den kann uns niemand ersetzen!"

Aufmunternd sprach ich: "Ihr lieben Leut',
Ihr müßt nicht jammern und flennen*;
Troja war eine bessere Stadt,   -35-
Und mußte doch verbrennen.

Baut eure Häuser wieder auf
Und trocknet eure Pfützen,

34: whine.

Und schafft euch beßre Gesetze an
Und beßre Feuerspritzen.

Gießt nicht zuviel Cayenne-Piment*
In eure Mockturtlesuppen,
Auch eure Karpfen sind euch nicht gesund,   -5-
Ihr kocht sie so fett mit den Schuppen*.

Kalkuten* schaden euch nicht viel,
Doch hütet euch vor der Tücke
Des Vogels*, der sein Ei gelegt
In des Bürgermeisters Perücke.--   -10-

Wer dieser fatale Vogel ist,
Ich brauch es euch nicht zu sagen -
Denk ich an ihn, so dreht sich herum
Das Essen in meinem Magen."

        CAPUT XXII

Noch mehr verändert als die Stadt   -15-
Sind mir die Menschen erschienen,
Sie gehn so betrübt und gebrochen herum,
Wie wandelnde Ruinen.

Die Mageren sind noch dünner jetzt,
Noch fetter sind die Feisten*,   -20-
Die Kinder sind alt, die Alten sind
Kindisch geworden, die meisten.

Gar manche, die ich als Kälber verließ,
Fand ich als Ochsen wieder;
Gar manches kleine Gänschen ward   -25-
Zur Gans mit stolzem Gefieder.

Die alte Gudel* fand ich geschminkt
Und geputzt wie eine Sirene;
Hat schwarze Locken sich angeschafft
Und blendend weiße Zähne.   -30-

Am besten hat sich konserviert
Mein Freund*, der Papierverkäufer;
Sein Haar ward gelb und umwallt sein Haupt,
Sieht aus wie Johannes der Täufer.

3: **Piment** pepper. 6: scales. 7: turkeys. 9: i.e., eagle on the
Prussian coat of arms. 20: =**Dicken**. 27: well-known Hamburg
prostitute. 32: Eduard Michaelis.

Den***,* den sah ich nur von fern,
Er huschte mir rasch vorüber;
Ich höre, sein Geist ist abgebrannt
Und war versichert bei Bieber*.

Auch meinen alten Zensor* sah   -5-
Ich wieder. Im Nebel, gebücket,
Begegnet' er mir auf dem Gänsemarkt,
Schien sehr darniedergedrücket.

Wir schüttelten uns die Hände, es schwamm
Im Auge des Manns eine Träne.   -10-
Wie freute er sich, mich wiederzusehn!
Es war eine rührende Szene.-

Nicht alle fand ich. Mancher hat
Das Zeitliche gesegnet*.
Ach! meinem Gumpelino* sogar   -15-
Bin ich nicht mehr begegnet.

Der Edle hatte ausgehaucht
Die große Seele soeben,
Und wird als verklärter Seraph jetzt
Am Throne Jehovas schweben.   -20-

Vergebens suchte ich überall
Den krummen Adonis*, der Tassen
Und Nachtgeschirr* von Porzellan
Feilbot* in Hamburgs Gassen.

Sarras, der treue Pudel, ist tot.   -25-
Ein großer Verlust! Ich wette,
Daß Campe* lieber ein ganzes Schock*
Schriftsteller verloren hätte.--

Die Population des Hamburger Staats
Besteht, seit Menschengedenken,   -30-
Aus Juden und Christen; es pflegen auch
Die letztren nicht viel zu verschenken.

1: Adolf Halle, who later became mentally ill, son-in-law of
Heine's Uncle Salomon. 4: a Hamburg fire-insurance company that
went bankrupt after the fire. 5: Friedrich Ludwig Hoffmann,
censor in Hamburg from 1822-1848. 14: departed this life. 15:
the banker Lazarus Gumpel, d. 1843. 22: apparently a well-known
and ugly peddler, whom Heine ironically gives the name of the
handsome youth of Greek myth. 23: chamber-pots. 24: Offered for
sale. 27: Heine's publisher; heap.

Die Christen sind alle ziemlich gut,
Auch essen sie gut zu Mittag,
Und ihre Wechsel* bezahlen sie prompt,
Nach vor dem letzten Respittag*.

Die Juden teilen sich wieder ein   -5-
In zwei verschiedne Parteien*;
Die Alten gehn in die Synagog',
Und in den Tempel die Neuen.

Die Neuen essen Schweinefleisch,
Zeigen sich widersetzig,   -10-
Sind Demokraten; die Alten sind
Vielmehr aristokrätzig*.

Ich liebe die Alten, ich liebe die Neu'n -
Doch schwör ich, beim ewigen Gotte,
Ich liebe gewisse Fischchen noch mehr,   -15-
Man heißt sie geräucherte Sprotte*.

        CAPUT XXIII

Als Republik war Hamburg nie
So groß wie Venedig und Florenz,
Doch Hamburg hat bessere Austern; man speist
Die besten im Keller von Lorenz*.   -20-

Es war ein schöner Abend, als ich
Mich hinbegab* mit Campen;
Wir wollten miteinander dort
In Rheinwein und Austern schlampampen*.

Auch gute Gesellschaft fand ich dort,   -25-
Mit Freude sah ich wieder
Manch alten Genossen, zum Beispiel Chaufepié*,
Auch manche neue Brüder.

Da war der Wille*, dessen Gesicht
Ein Stammbuch, worin mit Hieben   -30-
Die akademischen Feinde sich
Recht leserlich eingeschrieben.

3: bills of exchange. 4: last day of grace. 6: the split had
occurred in 1816. 12: word-play on **aristokratisch** and **krätzig**
(scabby). 16: sprat (similar to herring). 20: a famed gourmet
restaurant. 22: betook myself, went. 24: gorge. 27: Herman de
(1801-1856), a well-known physician. 29: François (1811-1896), a
journalist.

Da war der Fucks*, ein blinder Heid'
Und persönlicher Feind des Jehova,
Glaubt nur an Hegel und etwa noch
An die Venus des Canova*.

Mein Campe war Amphitryo*   -5-
Und lächelte vor Wonne;
Sein Auge strahlte Seligkeit,
Wie eine verklärte Madonne.

Ich aß und trank, mit gutem App'tit,
Und dachte in meinem Gemüte: -10-
'Der Campe ist wirklich ein großer Mann,
Ist aller Verleger Blüte.

Ein andrer Verleger hätte mich
Vielleicht verhungern lassen,
Der aber gibt mir zu trinken sogar;   -15-
Werde ihn niemals verlassen.

Ich danke dem Schöpfer in der Höh',
Der diesen Saft der Reben
Erschuf, und zum Verleger mir
Den Julius Campe gegeben!   -20-

Ich danke dem Schöpfer in der Höh',
Der, durch sein großes Werde*,
Die Austern erschaffen in der See
Und den Rheinwein auf der Erde!

Der auch Zitronen wachsen ließ,   -25-
Die Austern zu betauen -
Nun laß mich, Vater, diese Nacht
Das Essen gut verdauen!'

Der Rheinwein stimmt mich immer weich
Und löst jedwedes Zerwürfnis   -30-
In meiner Brust, entzündet darin
Der Menschenliebe Bedürfnis.

Es treibt mich aus dem Zimmer hinaus,
Ich muß in den Straßen schlendern;
Die Seele sucht eine Seele und späht   -35-
Nach zärtlich weißen Gewändern.

1: Friedrich August (1812-1856), philosopher and private
scholar. 4: Antonio (1757-1822), Italian sculptor. 5: affable
host, as in Molière's comedy **Amphitryon**. 22: fiat, decree.

In solchen Momenten zerfließe ich fast
Vor Wehmut und vor Sehnen;
Die Katzen scheinen mir alle grau,
Die Weiber alle Helenen*.---

Und als ich auf die Drehbahn* kam,   -5-
Da sah ich im Mondenschimmer
Ein hehres* Weib, ein wunderbar
Hochbusiges Frauenzimmer.

Ihr Antlitz war rund und kerngesund,
Die Augen wie blaue Turkoasen,   -10-
Die Wangen wie Rosen, wie Kirschen der Mund,
Auch etwas rötlich die Nase.

Ihr Haupt bedeckte eine Mütz'
Von weißem gesteiftem* Linnen,
Gefältet wie eine Mauerkron'*,   -15-
Mit Türmchen* und zackigen Zinnen.

Sie trug eine weiße Tunika,
Bis an die Waden reichend.
Und welche Waden! Das Fußgestell*
Zwei dorischen* Säulen gleichend.   -20-

Die weltlichste Natürlichkeit
Konnt man in den Zügen lesen;
Doch das übermenschliche Hinterteil
Verriet ein höheres Wesen.

Sie trat zu mir heran und sprach: -25-
"Willkommen an der Elbe
Nach dreizehnjähr'ger Abwesenheit -
Ich sehe, du bist noch derselbe!

Du suchst die schönen Seelen vielleicht,
Die dir so oft begegent*   -30-
Und mit dir geschwärmt die Nacht hindurch,
In dieser schönen Gegend.

Das Leben verchlang sie, das Ungetüm,
Die hundertköpfige Hyder*;
Du findest nicht die alte Zeit   -35-
Und die Zeitgenössinnen wieder!

4: i.e., of Troy. 5: notorious street in Hamburg. 7: majestic.
14: starched. 15: mural crown, upper closing of a wall. 16:
reference to the Hamburg coat of arms. 19: pedestal. 20: Doric:
ancient Greek architectural style. 30: =**begegnet**. 34: Hydra:
nine-headed sea monster in Greek myth.

Du findest die holden Blumen nicht mehr,
Die das junge Herz vergöttert;
Hier blühten sie - jetzt sind sie verwelkt,
Und der Sturm hat sie entblättert.

Verwelkt, entblättert, zertreten sogar   -5-
Von rohen Schicksalsfüßen -
Mein Freund, das ist auf Erden das Los
Von allem Schönen und Süßen!"

"Wer bist du?" - rief ich - "Du schaust mich an
Wie 'n Traum aus alten Zeiten -   -10-
Wo wohnst du, großes Frauenbild?
Und darf ich dich begleiten?"

Da lächelte das Weib und sprach:
"Du irrst dich, ich bin eine feine,
Anständ'ge, moralische Person;   -15-
Du irrst dich, ich bin nicht so eine.

Ich bin nicht so eine kleine Mamsell,
So eine welsche Lorettin* -
Denn wisse: ich bin Hammonia*,
Hamburgs beschützende Göttin!   -20-

Du stutzest und erschreckst sogar,
Du sonst so mutiger Sänger!
Willst du mich noch begleiten jetzt?
Wohlan*, so zögre nicht länger."

Ich aber lachte laut und rief: -25-
"Ich folge auf der Stelle -
Schreit du voran, ich folge dir,
Und ging' es in die Hölle!"

CAPUT XXIV

Wie ich die enge Sahltrepp'* hinauf-
Gekommen, ich kann es nicht sagen;   -30-
Es haben unsichtbare Geister mich
Vielleicht hinaufgetragen.

Hier, in Hammonias Kämmerlein,
Verflossen mir schnell die Stunden.

18: French prostitute, named after the church of Notre Dame de
Lorette, near the red-light district. 19: i.e., Hamburg, the
tutelary goddess of the city. 24: Come on! 29: (Low German):
stairway to separate entrance to the upper story.

Die Göttin gestand die Sympathie,
Die sie immer für mich empfunden.

"Siehst du" - sprach sie - "in früherer Zeit
War mir am meisten teuer
Der Sänger, der den Messias* besang   -5-
Auf seiner frommen Leier.

Dort auf der Kommode steht noch jetzt
Die Büste von meinem Klopstock,
Jedoch seit Jahren dient sie mir
Nur noch als Haubenkopfstock*.   -10-

Du bist mein Liebling jetzt, es hängt
Dein Bildnis zu Häupten des Bettes;
Und, siehst du, ein frischer Lorbeer umkränzt
Den Rahmen des holden Porträtes.

Nur daß du meine Söhne so oft   -15-
Genergelt*, ich muß es gestehen,
Hat mich zuweilen tief verletzt;
Das darf nicht mehr geschehen.

Es hat die Zeit dich hoffentlich
Von solcher Unart geheilet,   -20-
Und dir eine größere Toleranz
Sogar für Narren erteilet.

Doch sprich, wie kam der Gedanke dir,
Zu reisen nach dem Norden
In solcher Jahrzeit? Das Wetter ist   -25-
Schon winterlich geworden!"

"Oh, meine Göttin!" - erwiderte ich -
"Es schlafen tief im Grunde
Des Menschenherzens Gedanken, die oft
Erwachen zur unrechten Stunde.   -30-

Es ging mir äußerlich ziemlich gut,
Doch innerlich war ich beklommen,
Und die Beklemmnis täglich wuchs -
Ich hatte das Heimweh bekommen.

Die sonst so leicht französische Luft,   -35-
Sie fing mich an zu drücken;

5: major work by Friedrich Klopstock (1724-1803). 10: i.e., a
hat-rack for her bonnet. 16: =genörgelt nagged, carped at.

Ich mußte Atem schöpfen hier
In Deutschland, um nicht zu ersticken.

Ich sehnte mich nach Torfgeruch*,
Nach deutschem Tabaksdampfe;
Es bebte mein Fuß vor Ungeduld,   -5-
Daß er deutschen Boden stampfe.

Ich seufzte des Nachts, und sehnte mich,
Daß ich sie wiedersähe,
Die alte Frau*, die am Dammtor wohnt;
Das Lottchen* wohnt in der Nähe.   -10-

Auch jenem edlen alten Herrn*,
Der immer mich ausgescholten
Und immer großmütig beschützt, auch ihm
Hat mancher Seufzer gegolten.

Ich wollte wieder aus seinem Mund   -15-
Vernehmen den 'dummen Jungen',
Das hat mir immer wie Musik
Im Herzen nachgeklungen.

Ich sehnte mich nach dem blauen Rauch,
Der aufsteigt aus deutschen Schornsteinen,   -20-
Nach niedersächsischen Nachtigall'n,
Nach stillen Buchenhainen.

Ich sehnte mich nach den Plätzen sogar,
Nach jenen Leidensstationen,
Wo ich geschleppt das Jugendkreuz   -25-
Und meine Dornenkronen.

Ich wollte weinen, wo ich einst
Geweint die bittersten Tränen -
Ich glaube, Vaterlandsliebe nennt
Man dieses törichte Sehnen.   -30-

Ich spreche nicht gern davon; es ist
Nur eine Krankheit im Grunde.
Verschämten Gemütes, verberge ich stets
Dem Publiko meine Wunde.

Fatal* ist mir das Lumpenpack,   -35-
Das, um die Herzen zu rühren,
Den Patriotismus trägt zur Schau
Mit allen seinen Geschwüren.

3: **Torf** peat. 9: i.e., Heine's mother. 10: Heine's sister,
Charlotte Embden. 11: Heine's Uncle Salomon. 35: Disagreeable.

Schamlose schäbige Bettler sind's,
Almosen wollen sie haben -
Ein'n Pfennig Popularität
Für Menzel und seine Schwaben!

Oh, meine Göttin, du hast mich heut   -5-
In weicher Stimmung gefunden;
Bin etwas krank, doch pfleg ich mich,
Und ich werde bald gesunden.

Ja, ich bin krank, und du könntest mir
Die Seele sehr erfrischen   -10-
Durch eine gute Tasse Tee;
Du mußt ihn mit Rum vermischen."

                    CAPUT XXV

Die Göttin hat mir Tee gekocht
Und Rum hineingegossen;
Sie selber aber hat den Rum   -15-
Ganz ohne Tee genossen.

An meine Schulter lehnte sie
Ihr Haupt (die Mauerkrone,
Die Mütze, ward etwas zerknittert davon),
Und sie sprach mit sanftem Tone: -20-

"Ich dachte manchmal mit Schrecken dran,
Daß du in dem sittenlosen
Paris so ganz ohne Aufsicht lebst,
Bei jenen frivolen Franzosen.

Du schlenderst dort herum und hast   -25-
Nicht mal an deiner Seite
Einen treuen deutschen Verleger, der dich
Als Mentor warne und leite.

Und die Verführung ist dort so groß,
Dort gibt es so viele Sylphiden*,   -30-
Die ungesund, und gar zu leicht
Verliert man den Seelenfrieden.

Geh nicht zurück und bleib bei uns;
Hier herrschen noch Zucht und Sitte,
Und manches stille Vergnügen blüht   -35-
Auch hier, in unserer Mitte.

30: sylphs: female spirits.

Bleib bei uns in Deutschland, es wird dir hier
Jetzt besser als eh'mals munden*;
Wir schreiten fort, du hast gewiß
Den Fortschritt selbst gefunden.

Auch die Zensur ist nicht mehr streng,   -5-
Hoffmann* wird älter und milder
Und streicht nicht mehr mit Jugendzorn
Dir deine "Reisebilder".

Du selbst bist älter und milder jetzt,
Wirst dich in manches schicken*,   -10-
Und wirst sogar die Vergangenheit
In besserem Lichte erblicken.

Ja, daß es uns früher so schrecklich ging,
In Deutschland, ist Übertreibung;
Man konnte entrinnen der Knechtschaft, wie einst -15-
In Rom, durch Selbstentleibung*.

Gedankenfreiheit genoß das Volk,
Sie war für die großen Massen,
Beschränkung traf nur die g'ringe Zahl
Derjen'gen, die drucken lassen.   -20-

Gesetzlose Willkür* herrschte nie,
Dem schlimmsten Demagogen
Ward niemals ohne Urteilspruch
Die Staatskokarde* entzogen.

So übel war es in Deutschland nie,   -25-
Trotz aller Zeitbedrängnis -
Glaub mir, verhungert ist nie ein Mensch
In einem deutschen Gefängnis.

Es blühte in der Vergangenheit
So manche schöne Erscheinung   -30-
Des Glaubens und der Gemütlichkeit;
Jetzt herrscht nur Zweifel, Verneinung.

Die praktische äußere Freiheit wird einst
Das Ideal vertilgen,
Das wir im Busen getragen - es war   -35-
So rein wie der Traum der Liljen!

2: =schmecken. 6: the Hamburg censor. 10: adapt. 16: =Selbst-
mord. 21: i.e., deprivation of civil rights. 24: cocade:
national insignia on military cap.

Auch unsre schöne Poesie
Erlischt, sie ist schon ein wenig
Erloschen; mit andern Königen stirbt
Auch Freiligraths Mohrenkönig*.

Der Enkel wird essen und trinken genug,   -5-
Doch nicht in beschaulicher Stille;
Es poltert heran ein Spektakelstück,
Zu Ende geht die Idylle.

Oh, könntest du schweigen, ich würde dir
Das Buch des Schicksals entsiegeln,   -10-
Ich ließe dir spätere Zeiten sehn
In meinen Zauberspiegeln.

Was ich den sterblichen Menschen nie
Gezeigt, ich möcht es dir zeigen:
Die Zukunft deines Vaterlands -   -15-
Doch ach! du kannst nicht schweigen!"

"Mein Gott, o Göttin!" - rief ich entzückt -
"Das wäre mein größtes Vergnügen,
Laß mich das künftige Deutschland sehn -
Ich bin ein Mann und verschwiegen.   -20-

Ich will dir schwören jeden Eid,
Den du nur magst begehren,
Mein Schweigen zu verbürgen* dir -
Sag an, wie soll ich schwören?"

Doch jene erwiderte: "Schwöre mir   -25-
In Vater Abrahams Weise,
Wie er Eliesern schwören ließ,
Als dieser sich gab auf die Reise*.

Heb auf das Gewand und lege die Hand
Hier unten an meine Hüften,   -30-
Und schwöre mir Verschwiegenheit
In Reden und in Schriften!"

Ein feierlicher Moment! Ich war
Wie angeweht vom Hauche
Der Vorzeit, als ich schwur den Eid,   -35-
Nach uraltem Erzväterbrauche.

Ich hob das Gewand der Göttin auf,
Und legte an ihre Hüften

4: title character in a ballad by Freiligrath.   23: vouch.   28:
see Leviticus 10:6.

Die Hand, gelobend Verschwiegenheit
In Reden und in Schriften.

CAPUT XXVI

Die Wangen der Göttin glühten so rot
(Ich glaube, in die Krone
Stieg ihr der Rum), und sie sprach zu mir   -5-
In sehr wehmütigem Tone:

"Ich werde alt. Geboren bin ich
Am Tage von Hamburgs Begründung.
Die Mutter war Schellfischkönigin
Hier an der Elbe Mündung.   -10-

Mein Vater war ein großer Monarch,
Carolus Magnus* geheißen,
Er war noch mächt'ger und klüger sogar
Als Friedrich der Große von Preußen.

Der Stuhl ist zu Aachen, auf welchem er   -15-
Am Tage der Krönung ruhte;
Den Stuhl, worauf er saß in der Nacht,
Den erbte die Mutter, die gute.

Die Mutter hinterließ ihn mir,
Ein Möbel von scheinlosem Äußern,   -20-
Doch böte mir Rothschild* all sein Geld,
Ich würde ihn nicht veräußern*.

Siehst du, dort in dem Winkel steht
Ein alter Sessel, zerrissen
Das Leder der Lehne, von Mottenfraß   -25-
Zernagt das Polsterkissen.

Doch gehe hin und hebe auf
Das Kissen von dem Sessel,
Du schaust eine runde Öffnung dann,
Darunter einen Kessel -   -30-

Das ist ein Zauberkessel, worin
Die magischen Kräfte brauen,
Und steckst du in die Ründung den Kopf,
So wirst du die Zukunft schauen -

12: Charlemagne supposedly built a castle between the Elbe and
the Alster as a defense against the heathens. 21: a rich Jewish
family. 22: =verkaufen.

Die Zukunft Deutschlands erblickst du hier,
Gleich wogenden Phantasmen,
Doch schaudre nicht, wenn aus dem Wust
Aufsteigen die Miasmen*!"

Sie sprach's und lachte sonderbar,   -5-
Ich aber ließ mich nicht schrecken,
Neugierig eilte ich, den Kopf
In die furchtbare Rundung zu stecken.

Was ich gesehn, verrate ich nicht,
Ich habe zu schweigen versprochen,   -10-
Erlaubt ist mir zu sagen kaum,
O Gott! was ich gerochen!---

Ich denke mit Widerwillen noch
An jene schnöden, verfluchten
Vorspielgerüche, das schien ein Gemisch   -15-
Von altem Kohl und Juchten*.

Entsetzlich waren die Düfte, o Gott!
Die sich nachher erhuben;
Es war, als fegte man den Mist
Aus sechsunddreißig Gruben.---   -20-

Ich weiß wohl, was Saint-Just* gesagt
Weiland* im Wohlfahrtsausschuß*:
Man heile die große Krankheit nicht
Mit Rosenöl und Moschus -

Doch dieser deutsche Zukunftsduft   -25-
Mocht* alles überragen,
Was meine Nase je geahnt -
Ich konnte es nicht länger ertragen---

Mir schwanden die Sinne, und als ich aufschlug
Die Augen, saß ich an der Seite   -30-
Der Göttin noch immer, es lehnte mein Haupt
An ihre Brust, die breite.

Es blitzte ihr Blick, es glühte ihr Mund,
Es zuckten die Nüstern* der Nase,
Bacchantisch umschlang sie den Dichter und sang   -35-
Mit schauerlich wilder Ekstase:

4: pestilential stench. 16: Russian leather. 21: Louis Antoine
Léon de (1767-1794), French Revolutionary: "One cannot cure the
great social malady with musk and rosewater." 22: =Damals;
Committee of Public Safety (during Fr. Rev.). 26: might. 34:
nostrils (usually of horses).

"Bleib bei mir in Hamburg, ich liebe dich,
Wir wollen trinken und essen
Den Wein und die Austern der Gegenwart,
Und die dunkle Zukunft vergessen.

Den Deckel darauf! damit uns nicht   -5-
Der Mißduft die Freude vertrübet -
Ich liebe dich, wie je ein Weib
Einen deutschen Poeten geliebet!

Ich küsse dich, und ich fühle, wie mich
Dein Genius begeistert;   -10-
Es hat ein wunderbarer Rausch
Sich meiner Seele bemeistert.

Mir ist, als ob ich auf der Straß'
Die Nachtwächter singen hörte -
Es sind Hymenäen, Hochzeitmusik,   -15-
Mein süßer Lustgefährte!*

Jetzt kommen die reitenden Diener auch
Mit üppig lodernden Fackeln,
Sie tanzen ehrbar den Fackeltanz,
Sie springen und hüpfen und wackeln.   -20-

Es kommt der hoch- und wohlweise Senat,
Es kommen die Oberalten;
Der Bürgermeister räuspert sich
Und will eine Rede halten.

In glänzender Uniform erscheint   -25-
Das Korps der Diplomaten;
Sie gratulieren mit Vorbehalt
Im Namen der Nachbarstaaten.

Es kommt die geistliche Deputation,
Rabbiner und Pastöre -   -30-
Doch ach! da kommt der Hoffmann auch
Mit seiner Zensorschere!

Die Schere klirrt in seiner Hand,
Es rückt der wilde Geselle
Dir auf den Leib - er schneidet ins Fleisch -   -35-
Es war die beste Stelle."

16: **Gefährte** companion.

CAPUT XXVII

Was sich in jener Wundernacht
Des weitern zugetragen*,
Erzähl ich euch ein andermal,
In warmen Sommertagen.

Das alte Geschlecht der Heuchelei   -5-
Verschwindet, Gott sei Dank, heut,
Es sinkt allmählich ins Grab, es stirbt
An seiner Lügenkrankheit.

Es wächst heran ein neues Geschlecht,
Ganz ohne Schminke und Sünden,   -10-
Mit freien Gedanken, mit freier Lust -
Dem werde ich alles verkünden.

Schon knospet die Jugend, welche versteht
Des Dichters Stolz und Güte,
Und sich an seinem Herzen wärmt,   -15-
An seinem Sonnengemüte.

Mein Herz ist liebend wie das Licht,
Und rein und keusch wie das Feuer;
Die edelsten Grazien* haben gestimmt
Die Saiten meiner Leier.   -20-

Es ist dieselbe Leier, die einst
Mein Vater ließ ertönen,
Der selige Herr Aristophanes*,
Der Liebling der Kamönen*.

Es ist die Leier, worauf er einst   -25-
Den Paisteteros* besungen,
Der um die Basileia* gefreit*
Mit ihr sich emporgeschwungen.

Im letzten Kapitel hab ich versucht,
Ein bißchen nachzuahmen   -30-
Den Schluß der "Vögel", die sind gewiß
Das beste von Vaters Dramen.

2: happened further. 19: the three Graces: in Roman mythology
the goddesses of charm.   23: (448?-380? B.C.), ancient Greek
writer of satirical comedies.   24: the Muses. 26: character in
Aristophanes' comedy **The Birds**, the conclusion of which Heine's
romance with Hammonia is parodying.   27: daughter of Zeus, bride
of Paisteteros; wooed, courted.

Die "Frösche"* sind auch vortrefflich.   Man gibt
In deutscher Übersetzung
Sie jetzt auf der Bühne von Berlin,
Zu königlicher Ergetzung*.

Der König liebt das Stück. Das zeugt   -5-
Von gutem antiken Geschmacke;
Den Alten amüsierte* weit mehr
Modernes Froschgequacke.

Der König liebt das Stück. Jedoch
Wär noch der Autor am Leben,   -10-
Ich riete ihm nicht, sich in Person
Nach Preußen zu begeben.

Dem wirklichen Aristophanes,
Dem ginge es schlecht, dem Armen;
Wir würden ihn bald begleitet sehn   -15-
Mit Chören* von Gendarmen*.

Der Pöbel bekäm die Erlaubnis bald,
Zu schimpfen statt zu wedeln;
Die Polizei erhielte Befehl,
Zu fahnden auf den Edeln*.   -20-

O König! Ich meine es gut mit dir,
Und will einen Rat dir geben:
Die toten Dichter, verehre sie nur,
Doch schone*, die da leben.

Beleid'ge lebendige Dichter nicht,   -25-
Sie haben Flammen und Waffen,
Die furchtbarer sind als Jovis* Blitz,
Den ja der Poet erschaffen.

Beleid'ge die Götter, die alten und neu'n,
Des ganzen Olymps Gelichter,   -30-
Und den höchsten Jehova obendrein* -
Beleid'ge nur nicht den Dichter!

Die Götter bestrafen freilich sehr hart
Des Menschen Missetaten,

1: comedy by Aristophanes. 4: =**Ergötzung** pleasure, amusement. 7:
=**würde amüsieren.** 16: allusion to the choruses of Greek drama;
Heine was ordered arrested by Prussian authorities on April 16,
1844 and again on December 21 of the same year. 20: i.e.,
Aristophanes. 24: sc. **die.** 27: =Jupiters. 31: over and above, in
addition.

Das Höllenfeuer ist ziemlich heiß,
Dort muß man schmoren und braten -

Doch Heilige gibt es, die aus der Glut
Losbeten den Sünder; durch Spenden
An Kirchen und Seelenmessen wird   -5-
Erworben ein hohes Verwenden.

Und am Ende der Tage kommt Christus herab
Und bricht die Pforten der Hölle;
Und hält er auch ein strenges Gericht,
Entschlüpfen wird mancher Geselle.   -10-

Doch gibt es Höllen, aus deren Haft
Unmöglich jede Befreiung;
Hier hilft kein Beten, ohnmächtig ist hier
Des Welterlösers Verzeihung.

Kennst du die Hölle des Dante* nicht,   -15-
Die schrecklichen Terzetten*?
Wen da der Dichter hineingesperrt,
Den kann kein Gott mehr retten -

Kein Gott, kein Heiland erlöst ihn je
Aus diesen singenden Flammen!   -20-
Nimm dich in acht, daß wir dich nicht
Zu solcher Hölle verdammen.

                        1834

15: in the **Divine Comedy**. 16: =**Terzinen** terza rima: rhyme scheme
in the **Divine Comedy**.

GEORG HERWEGH

Wiegenlied
"Schlafe, was willst du mehr?"
Göthe

Deutschland - auf weichem Pfühle*
Mach' dir den Kopf nicht schwer!
Im irdischen Gewühle
Schlafe, was willst du mehr?

Laß jede Freiheit dir rauben,   -5-
Setze dich nicht zur Wehr,
Du behältst ja den christlichen Glauben:
Schlafe, was willst du mehr?

Und ob* man dir Alles verböte,
Doch gräme dich nicht so sehr,   -10-
Du hast ja Schiller und Göthe:
Schlafe, was willst du mehr?

Dein König beschützt die Kameele*
Und macht sie pensionär,
Dreihundert Thaler die Seele: -15-
Schlafe, was willst du mehr?

Es fechten dreihundert **Blätter***
Im Schatten, ein Sparterheer;
Und täglich erfährst du das Wetter:
Schlafe, was willst du mehr?   -20-

Kein Kind läuft ohne Höschen
Am Rhein, dem freien, umher:
Mein Deutschland, mein Dornröschen*
Schlafe, was willst du mehr?
1843

Ordonnanzen!

Ordonnanzen*! Ordonnanzen!
Meine Völker müssen tanzen,
  Wie ich ihnen aufgespielt*!
Eins - zwei - drei - und Runde! Runde!

1: pillow.   9: =(**selbst**) wenn. 13: also figurative for "dummies."
17: i.e., newspapers, journals.   23: Sleeping Beauty./1: military
commands.   3: sc. **habe**, and passim: struck up the tune (for them,
i.e., to the beat of my drum).

Tanzet*, ihr getreuen Hunde,   -5-
  Wenn der König es befielt*.

Lernt des Lebens Lust begreifen,
Euer König wird euch pfeifen -
  Und Ihr werdet ihn verstehn.
Nur im Kreise, nur im Kreise,   -10-
Nach den Takt der Russenweise*,
  Nur um Mich sollt Ihr Euch drehn.

Ich bin Euer Kopf und Magen,
Antwort* Ich auf alle Fragen,
  Aller* Rede letzter Sinn;   -15-
Ihr* der Abglanz nur des Fürsten -
Und wer wagte* noch zu dürsten,
  Wenn ich selber trunken* bin?

Volksvertreten*? Volksvertreten?
Beten sollt Ihr, ruf' ich, beten!   -20-
  Ich bin Solon* und Lykurg*!
Brecht mir nicht des Schweigens Siegel,
Denn ich habe Schloß und Riegel*;
  Gott ist eine feste Burg*!

Ordonnanzen! Ordonnanzen!   -25-
Meine Völker müssen tanzen,
  Wie Ich Ihnen aufgespielt!
Tanzt, o Polen - tanzt, o Deutsche,
Alle nach derselben Peitsche,
  Wenn der König es befielt!   -30-

Ich bin König, meine Gründe
Donnern durch Kanonenschlünde*
  In des Pöbels taubes Ohr;
*Rasselt irgendwo die Kette,
Hunderttausend Bajonette   -35-
  Schaffen Ruhe wie zuvor.

Wer sich rühret*, wird geschlossen*
Und wo möglich, schon erschossen,
  Eh' man ihm das Urteil fällt.

1: =Tanzt, and passim. 6: =befiehlt. 11: Russian tune. 14: sc.
bin. 15: genitive, and passim. 16: sc. seid. 17: =würde wagen.
18: =betrunken. 19: Popular representation. 21: (639?-559 BC.),
Athenian lawgiver; Lycurgus (9th c. B.C.?), Spartan lawgiver.
23: bolt, i.e., lock and key. 24: allusion to Luther's hymn. 32:
cannon mouths i.e., barrels. 34: sc. Wenn. 37: =rührt, and
passim: moves; locked up.

Die Justiz - geheim und schnelle,   -40-
Fördert noch vor Tageshelle
   Jeden Meutrer* aus der Welt*.

Freiheit - welch ein toll Begehren!
Ja, der Henker soll sie lehren
   Euch zum Schrecken und zum Graus;   -45-
Wird der Vorrat hier zu mager,
Hilft ja gern mein lieber Schwager
   Mir mit seinen Galgen aus.

Ordonnanzen! Ordonnanzen!
Meine Völker müssen tanzen,   -50-
   Wie Ich ihnen aufgespielt!
Tanzt, ihr Deutschen - tanzt, ihr Polen,
Wie der Czar es mir befolen,
   Wie's der König Euch befielt!

Jeder Flügel sei* beschnitten,   -55-
Auch dem Amor - der die Sitten
   Unsres Reichs compromittirt.
Und von nun an sei bewußtes
Bett von weiland* Herrn Prokrustes*
   Als Reichsehebett eingeführt.   -60-

Nur ein Vorurteil ist Liebe;
Unsre ungestümen Triebe
   Zügl'* ich durch ein christlich Joch.
Ich bin Herr von allen Sachen,
Und allein das - Kindermachen   -65-
   Lass' ich euch in Gnaden noch.

Ich verbiete, Ich erlaube,
Ich nur denke, Ich nur glaube,
   Und Ihr Alle seid bekehrt.
Jeden Zweifel löst die Knute*:   -70-
Hat man denn das Absolute
   In Berlin umsonst gelehrt?

Seid Ihr denn nicht meine Knechte?
Und Ihr fragt nach einem Rechte,
   Wenn der König 'was befielt?   -75-

42: =**Meuterer** mutineer; **aus der Welt fördern**=töten. 55: Let...
be. 59: =**damals**; legendary robber in Greek antiquity who put his
victims on an iron bed and either stretched or amputated their
legs to make them fit the bed. 63: Rein in. 70: knout: a leather
whip (used in Russia) to flog criminals.

Ordonnanzen! Ordonnanzen!
Meine Völker müssen tanzen,
  Wie Ich ihnen aufgespielt!
                          1846

GEORG WEERTH

Das Hungerlied

Veehrter Herr und König,
Weißt du die schlimme Geschicht*?
Am Montag aßen wir wenig,
Und am Dienstag aßen wir nicht.

Und am Mittwoch mußten wir darben*,   -5-
Und am Donnerstag litten wir Not;
Und ach, am Freitag starben
Wir fast den Hungertod!

Drum* laß am Samstag backen
Das Brot, fein säuberlich* -   -10-
Sonst werden wir sonntags packen
Und fressen, o König, dich!

2: =Geschichte.   5: go without.   9: =Darum.   10: (intensifier).

FERDINAND FREILIGRATH

Von Unten Auf!

Ein Dampfer kam von Biberich*: - stolz war die Furche,
                              die er zog!
Er qualmt' und räderte* zu Tal*, daß rechts und links die
                              Brandung* flog!
Von Wimpeln und von Flaggen voll, schoß er hinab keck und   -5-
                              erfreut:
den König, der in Preußen herrscht, nach seiner Rheinburg
                              trug er heut!

Die Sonne schien wie lauter Gold! Auftauchte schimmernd
                              Stadt um Stadt!   -10-
Der Rhein war wie ein Spiegel schier*, und das Verdeck war
                              blank und glatt!
Die Dielen* blitzten frisch gebohnt*, und auf den schmalen her
                              Und hin
vergnügten Auges* wandelten der König und die Königin!   -15-

Nach allen Seiten schaut' umher und winkte* das erhabne
                              Paar;
des Rheingau* Reben grüßten sie und auch dein Nußlaub*.
                              Sankt Goar!
Sie sahn zu* Rhein, sie sahn zu Berg: - wie war das Schifflein   -20-
                              doch so nett.
Es ging sich* auf den Dielen fast, als wie auf Sanssoucis*
                              Parkett!

Doch unter all der Nettigkeit und unter all der schwimmenden
                              Pracht,   -25-
da frißt und flammt das Element, das sie von dannen*
                              schießen macht;
da schafft in Ruß und Feuerglut, der dieses Glanzes Seele
                              ist;
da steht und schürt* und ordnet er - der Proletarier-   -30-
                              Maschinist!

Da draußen lacht und grünt die Welt, da draußen blitzt und
                              rauscht der Rhein -

1: on the Rhine. 3: i.e., the wheel of the steamboat was
moving; downstream. 4: wash (of the waves). 11: very nearly.
13: planks; polished. 15: with a pleased expression. 16:
nodded. 18: Rhine region's; foliage of the walnut trees. 20:
at. 22: was (almost) like walking; (Fr.): the name of the
Prussian royal palace at Potsdam. 26: =von dort (weg). 30:
stirs, pokes (the fire).

Er stiert* den lieben langen Tag in seine Flammen nur hinein!
Im woll'nen Hemde, halbernackt*, vor seiner Esse* muß er
                                                    stehn,
derweil* ein König über ihm einschlürft der* Berge freies
                                             Wehn*!   -5-

Jetzt ist der Ofen zugekeilt*, und alles geht und alles paßt;
so gönnt er auf Minuten denn sich eine kurze Sklavenrast.
Mit halbem Leibe* taucht er auf aus seinem lodernden Versteck;
in seiner Falltür* steht er da, und überschaut sich das
                                             Verdeck.   -10-

Das glüh'nde Eisen in der Hand, Antlitz* und Arme rot erhitzt
mit der gewölbten haar'gen Brust auf das Geländer breit
                                             gestüzt -
so läßt er schweifen seinen Blick, so murrt er leis dem
                                             Fürsten zu   -15-
"Wie mahnt* dies Boot mich an den Staat! Licht auf den Höhen
                                    wandelst du!

Tief unten aber, in der Nacht und in der Arbeit dunklem
                                             Schoß,
tief unten, von der Not gespornt*, da schnür und schmied ich   -20-
                                    mir mein Los!
Nicht meines nur, auch deines, Herr! Wer hält die Räder dir
                                    im Takt,
wenn nicht mit schwielenharter* Faust der Heizer seine Eisen
                                             packt?   -25-

Du bist viel weniger ein Zeus, als ich, o König, ein Titan!
Beherrsch ich nicht, auf dem du gehst, den allzeit kochenden
                                             Vulkan?
Es liegt an mir: - Ein Ruck von mir, ein Schlag von mir zu
                                    dieser Frist,   -30-
und siehe, das Gebäude stürzt, von welchem du die Spitze bist!

Der Boden birst, aufschlägt die Glut und sprengt dich krachend
                                    in die Luft!
Wir aber steigen feuerfest aufwärts ans Licht aus unsrer Gruft!
Wir sind die Kraft! Wir hämmern jung das alte morsche Ding,   -35-
                                    den Staat,
die wir* von Gottes Zorne sind* bis jetzt das Proletariat!

Dann schrei ich jauchzend durch die Welt! Auf meinen
                                    Schultern, stark und breit,

-----

1: =starrt. 2: =halbnackt; chimney, flue. 4: while; gen. pl.,
and passim. 5: =Wehen, and passim. 6: closed with wedges. 8:
=Körper. 9: trapdoor, hatch. 11: =Gesicht. 16: =erinnert. 20:
spurred (on). 24: calloused. 37: we who; sc. , sind.

ein neuer Sankt Christophorus*, trag ich den Christ der neuen
                              Zeit!
Ich bin der Riese, der nicht wankt! Ich bin's, durch den zum
                              Siegesfest
über den tosenden Strom der Zeit der Heiland Geist* sich   -5-
                              tragen läßt!"

So hat in seinen krausen Bart der grollende Zyklop* gemurrt;
dann geht er wieder an sein Werk, nimmt das Geschirr, und
                              stocht und purrt*.
Die Hebel knirschen auf und ab, die Flamme strahlt ihm ins   -10-
                              Gesicht,
der Dampf rumort; - er aber sagt: "Heut, zornig Element,
                              noch nicht!"

Der bunte Dampfer unterdes* legt vor Kapellen zischend an*;
sechsspännig* fährt die Majestät den jungen Stolzenfels hinan.   -15-
Der Heizer auch blickt auf zur Burg; von seine Flammen
                              nur behorcht,
lacht er: "Ei, wie man immer doch für künftige Ruinen sorgt!"

                                                           1846*

                        Wie man's macht

So wird kommen, eh ihr denkt: - Das Volk hat nichts zu
                              beißen mehr!
Durch seine Lumpen* pfeift der Wind! Wo nimmt es Brot
                              und Kleider her? -
Da tritt ein kecker Bursche vor; der spricht: "Die Kleider   -5-
                              wüßt ich schon*.
Mir nach, wer Rock und Hosen will! Zeug für ein ganzes
                              Bataillon!"

Und wie man eine Hand umdreht*, stellt er in Rotten* sie
                              und Reihn,   -10-
schreit: "Linksum kehrt*!" und "Vorwärts, marsch!" und führt
                              zur Kreisstadt* sie hinein.

1: St. Christopher is said to have carried Christ across a
river. 5: The Saviour Spirit--cf. der Heilige Geist. 7:
Cyclops, a race of giants in Greek myth. 9: stokes. 14:
meanwhile; puts up, lays alongside. 15: (in a carriage) drawn
by six horses. after 18: in the collection Ca ira! (1846)./ 3:
rags. 6: I would know something about. 9: In no time flat;
gangs. 11: Left turn, march! 12: district capital.

Vor einem steinernen Gebäu* Halt machen läßt er trutziglich*:
"Seht da, mein Kleidermagazin* - das Landwehrzeughaus*
                                    nennt es sich!

Darinnen liegt, was ihr bedürft: Leinwand zu* Hemden, derb*
                                    und schwer!   -5-
Wattierte* Jacken, frisch genäht - dazu von zweierlei Couleur!
Tuchmäntel für die Regennacht! Feldmützen auch und
                                    Handschuh viel,
und alles, was sich sonst gehört zu Heerschau* und
                                    Paradespiel!   -10-

Ihr kennt den ganzen Rummel* ja! Ob auch mit Hadern* jetzt
                                    bedeckt,
haben die meisten doch von euch in der Montierung* schon
                                    gesteckt*!
Wehrmänner* seid ihr allzumal*! So lange* jeder denn vom   -15-
                                    Pflock*
sich seinen eignen Hosensack und seinen eignen blauen Rock!

Ja, seinen Rock! Wer faselt* noch vom Rock des Königs? -
                                    Liebe Zeit!
Gabt ihr die Wolle doch dazu: geschorne Schafe, die ihr   -20-
                                    seid!
Du da - ist nicht die Leinwand hier der Flachs, den deine
                                    Mutter spann,
indes* vom kummervollen Aug die Trän ihr auf den* Faden
                                    rann?   -25-

Nehmt denn! So recht! Da prunkt ihr ja, als ging's zu Felde
                                    morgen früh
oder doch allerwenigstens nach Grimlinghausen zur Revue!

Nur die Muskete fehlt euch noch! Doch sieh, da steht von
                                    ungefähr*   -30-
der ganze Saal voll! Zum Versuch: - Gewehr in Arm!
                                    Schultert's Gewehr!

Ganz, wie sich's hört*! Das nenn ich Schick*! Am Ende...
                                    Jungens, wißt ihr was?
Auch die Gewehre wandern mit! - Gewehr bei Fuß*! - Das   -35-
                                    wird ein Spaß!

1: =Gebäude; defiantly. 2: clothing warehouse; military depot.
4: for; coarse. 6: Quilted. 9: military review. 11: charade;
rags. 13: =Uniform. 14: been, been put. 15: Militia; =alle
(miteinander); grab. 16: peg. 18: talks nonsense. 24: while;
onto her. 30: by chance. 33: as is fitting; propriety. 35:
Order arms.

Und würd* es Ernst... Nun möglich ist's! Sie machen immer
                              groß Geschrei
und nennen diesen Kleiderwitz vielleicht noch gar Rebellerei!

Nennen ihn Einbruch noch und Raub! - In wenig Stunden,
                              sollt ihr sehn,   -5-
wird uns ein Linienregiment schlagfertig gegenüberstehn!
Da heißt es denn für seinen Rock die Zähne weisen*! Dran
                              und drauf*!
Patronen her*! Geladen*, Kerls! Und pflanzt die Bajonette
                              auf!   -10-

Stülpt* auch den Tschako* auf den Kopf, und hängt den Degen
                              vor den Steiß*:
daß ihr ihn 'Käsemesser' nennt, ein glückverkündend* Omen
                              sei's!
Kein Hirn*, will's Gott, besudelt ihn! Kein Herzblut, hoff   -15-
                              ich, färbt ihn rot -
Für Weib* und Kinder 'Käse' nur soll er zerhaun und
                              nahrhaft Brot!

Und nun hinaus! Tambour* voran, Querpfeifer* und
                              Hornistenpaar*!   -20-
Soll auch die Adlerfahne* noch vorflattern, Brüder, eurer
                              Schar?
Den Teufel auch! Was kümmert uns vergangner Zeit
                              Raubvögelpack!
Wollt ihr ein Banner: eines nur schickt sich für euch - der   -25-
                              Bettelsack*!

Den pflanzt auf irgendein Gerüst*: - da, hier ist ein
                              Ulanenspeer*! -
Und tragt ihn, wie die Geusen einst, mit zorn'gem Stolze
                              vor euch her!
Ihr könnt es füglicher* als sie! Ihr tragt den Sack nicht bloß   -30-
                              zum Staat*,
ihr seid nicht bloß dem Namen nach - nein, ihr seid Bettler
                              in der Tat!

Marsch denn, ihr Geusen dieser Zeit! Marsch, Proletarier-   -35-
                              Bataillon!"

1: if it became, turned. 7: =zeigen. 8: Let's go. 9: Get your
bullets ready; Load. 11: Put (on); shako, stiff military cap.
12: butt. 13: auspicious. 15: =Gehirn. 17: =Frau. 19: drummer;
fifer. 20: **Hornist** bugler. 21: flag with the Prussian eagle.
26: the beggar's sack was the coat of arms of the **Geusen** (Fr.
gueux: beggar), the Dutch rebels against Spain. 27: frame. 28:
the uhlans were lancers in the Prussian army. 31: more
properly. 32: for show.

Da naht zu Fuß und naht zu Roß* die königliche Linie schon!
"Feuer!" befiehlt der General; "Choc"*! heißt es bei der
                              Reiterei*. -
Doch, ha! Kein Renner* hebt den Fuß, und keine Flinte
                              schickt ihr Blei!   -5-

Ein Murren aber rollt durchs Heer: "Auch wir sind ein
                              Volk! Was königlich!"
Und plötzlich vor dem Bettelsack senkt tief die Adlerfahne
                              sich!
Dann Jubelschrei: "Wir sind mit euch! Denn wir sind ihr,   -10-
                              und ihr seid wir!"
"Kanaille!"* ruft der Kommandeur - da reißt ein Leutnant ihn
                              vom Tier!

Und wie ein Sturm zur Hauptstadt geht's! Anschwillt ihr
                              Zug* lawinengleich*!   -15-
Umstürzt der Thron, die Krone fällt, in seinen Angeln* ächzt
                              das Reich!
Aus Brand und Glut erhebt das Volk sieghaft sein lang
                              zertreten Haupt*: -
Wehen* hat jegliche* Geburt! - So wird es kommen, eh ihr   -20-
                              glaubt!

                         1846

1: on horseback. 2: a cavalry command to prepare for
confrontation with the enemy. 3: cavalry. 4: (race-)horse. 12:
Scum. 15: procession; like an avalanche. 16: pivots, hinges.
19: =**Kopf**. 20: labor-pains; =**jede**.

HEINRICH HEINE

Die Tendenz

Deutscher Sänger! sing und preise
Deutsche Freiheit, daß dein Lied
Unsrer Seelen sich bemeistre
Und zu Taten uns begeistre,
In Marseillerhymnenweise*.   -5-

Girre* nicht mehr wie ein Werther*,
Welcher nur für Lotten* glüht -
Was die Glocke hat geschlagen,
Sollst du deinem Volke sagen,
Rede Dolche, rede Schwerter!   -10-

Sei nicht mehr die weiche Flöte,
Das idyllische Gemüt -
Sei des Vaterlands Posaune,
Sei Kanone, sei Kartaune*,
Blase, schmettre*, donnre, töte!   -15-

Blase, schmettre, donnre täglich,
Bis der letzte Dränger flieht -
Singe nur in dieser Richtung,
Aber halte deine Dichtung
Nur so allgemein als möglich.   -20-
                        1842

Die Schlesischen Weber

Im düstern Auge keine Träne,
Sie sitzen am Webstuhl* und fletschen die Zähne:
"Deutschland, wir weben dein Leichentuch,
Wir weben hinein den dreifachen Fluch -
    Wir weben, wir weben!   -5-

Ein Fluch dem Gotte, zu dem wir gebeten*
In Winterskälte und Hungersnöten;
Wir haben vergebens gehofft und geharrt*,
Er hat uns geäfft und gefoppt* und genarrt -
    Wir weben, wir weben!   -10-

5: the "Marseillaise," national anthem of republican France. 6:
coo (like a pigeon); the sentimental hero of Goethe's Die Leiden
des jungen Werther (1774). 7: Werther's adored. 14: a
muzzle-loading cannon. 15: blare./ 2: loom. 6: sc. haben. 8:
=gewartet. 9: hoaxed, fooled.

Ein Fluch dem König, dem König der Reichen,
Den unser Elend nicht konnte erweichen,
Der den letzten Groschen von uns erpreßt,
Und uns wie Hunde erschießen läßt -
    Wir weben, wir weben!   -15-

Ein Fluch dem falschen Vaterlande,
Wo nur gedeihen Schmach und Schande,
Wo jede Blume früh geknickt*,
Wo Fäulnis und Moder den Wurm erquickt -
    Wir weben, wir weben!   -20-

Das Schiffchen* fliegt, der Webstuhl kracht,
Wir weben emsig Tag und Nacht -
Altdeutschland, wir weben dein Leichentuch.
Wir weben hinein den dreifachen Fluch,
    Wir weben, wir weben!"   -25-
              1844

18: has snapped off.   21: shuttle (in weaving).

BIEDERMEIER

FRANZ GRILLPARZER

DER GASTFREUND*

TRAUERSPIEL IN EINEM AUFZUGE

PERSONEN

AIETES, König von Kolchis
MEDEA, seine Tochter*
GORA, Medeens Amme*
PERITTA, eine ihrer Jungfrauen*
PHRYXUS   -5-
JUNGFRAUEN MEDEENS
GRIECHEN IN PHRYXUS' GEFOLGE*
KOLCHER*

-----

before 1: Welcome Guest. 2: celebrated for her skill in magic. 3:
nanny. 4: ladies-in-waiting. 7: entourage, retinue. 8: residents
of Colchis, an ancient country in Transcaucasia, on the eastern
shore of the Black Sea: the legendary Golden Fleece was in
Colchis.

Kolchis. Wilde Gegend mit Felsen und Bäumen, im Hintergrunde das
Meer. Am Gestade* desselben ein Altar, von unbehauenen Steinen
zusammengefügt, auf dem die kolossale Bildsäule eines nackten,
bärtigen Mannes steht, der in seiner Rechten eine Keule*, um die
Schultern ein Widderfell* trägt. Links an den Szenen* des
Mittelgrundes der Eingang eines Hauses mit Stufen und rohen
                           Säulen. Tagesanbruch
           Medea, Gora, Peritta, Gefolge von Jungfrauen.
Beim Aufziehen des Vorhanges steht Medea im Vorgrunde mit dem
Bogen in der Hand in der Stellung einer, die eben den Pfeil
abgeschossen*. An den Stufen des Altars liegt ein* von einem
                       Pfeile durchbohrtes Reh

JUNGFRAUEN die entfernt gestanden, zum Altare hineilend.
    Das Opfer blutet!

MEDEA in ihrer vorigen Stellung.
                   Trafs*?

EINE DER JUNGFRAUEN.
                   Gerad ins Herz!

MEDEA indem sie den Bogen abgibt.
    Das deutet* Gutes. Laß uns eilen denn!
    Geh eine hin und spreche das Gebet.

GORA zum Altare tretend.
    Darimba*, mächtige Göttin,
    Menschenerhalterin, Menschentöterin,   -5-
    Die den Wein du* gibst und des Halmes* Frucht,
    Gibst des Weidwerks* herzerfreuende Spende
    Und des Todfeinds Blut:
    Darimba, reine, magdliche*
    Tochter des Himmels,   -10-
    Höre mich!

CHOR. Darimba!, mächtige Göttin,
    Darimba! Darimba!

GORA. Sieh, ein Reh hab ich dir getötet,
    Den Pfeil schnellend vom starken Bogen,   -15-
    Dein ists! Laß dir gefallen sein Blut!
    Segne das Feld und den beutereichen Wald,
    Gib, daß wir recht tun und siegen in der Schlacht,
    Gib, daß wir lieben den Wohlwollenden

-----

before 1: =Ufer; club; ram-skin; stage; sc. hat, and passim; goes
with durchbohrtes Reh. 1: Did it hit (it). 2: augurs, bodes. 4:
fictional. 6: =Die du den Wein gibst You who...; stalk, blade,
i.e., grain. 7: bounty of the hunt. 9: virginal.

Und hassen den, der uns haßt.   -20-
Mach uns stark und reich, Darimba,
Mächtige Göttin!

CHOR.   Darimba, Darimba!

GORA.   Das Opfer am Altar zuckt und endet,
   So mögen deine Feinde enden, Darimba!   -25-
   Deine Feinde und die unsern!
   Es ist Medea, Aietes' Tochter,
   Des Herrschers von Lochis fürstliches Kind,
   Die empor in deine Wohnungen ruft,
   Höre mich, höre mich,   -30-
   Und erfülle, was ich bat!

CHOR mit Zimbeln und Handpauken* zusammenschlagend.
   Darimba, Darimba!
   Mächtige Göttin!
   Eriho! Jehu!

MEDEA. Und somit genug! Das Opfer ist gebracht,   -35-
   Vollendet das zögernde Geschäft.
   Nun Pfeil und Bogen her, die Hunde vor,
   Daß von des Jagdlärms hallendem Getos
   Der grüne Wald ertöne nah und fern!
   Die Sonne steigt. Hinaus! hinaus!   -40-
   Und die* am schnellsten rennt und die am leichtesten springt,
   Sei Königin des Tages. –
   Du hier, Peritta? Sagte ich dir nicht,
   Daß du mich meiden sollst und gehn*? So geh!

PERITTA knieend.
   Medea!

MEDEA. Kniee nicht! Du sollst nicht knien!   -45-
   Hörst du? In* deine Seele schäm ich mich.
   So feig, so zahm! Mich schmerzt nicht dein Verlust,
   Mich schmerzt, daß ich dich jetzt verachten muß
   Und hab dich einst geliebt!

PERITTA.   O wüßtest du! –

MEDEA. Was denn? – Stahlst du dich neulich von der Jagd   -50-
   Und gingst zum Hirten ins Tergener* Tal?
   Tatst dus? Sprich nein! Du Falsche, Undankbare!
   Versprachst du nicht, du wolltest mein sein, mein
   Und keines Manns? Sag an, versprachst dus?

-----
before 32: hand-held drums. 41: she who. 44: sc. sollst. 46:
=Über, Wegen. 51: place name.

PERITTA. Als ichs gelobte*, wußt ich damals -   -55-

MEDEA.   Schweig!
  Was brauchts zu wissen*, als daß du's versprachst.
  Ich bin Aietes' königliches Kind
  Und was ich tu ist recht, weil ichs getan.
  Und doch, du Falsche, hätt ich dir versprochen
  Die Hand hier abzuhaun von meinem Arm,   -60-
  Ich täts; fürwahr* ich täts, weil ichs versprach.

PERITTA. Es riß mich hin, ich war besinnungslos,
  Und nicht mit meinem Willen, nein -

MEDEA.   Ei hört!
  Sie wollte nicht und tats! Geh*, du sprichst Unsinn.
  Wie konnt es denn geschehn,   -65-
  Wenn du nicht **wolltest**. Was ich tu, das will ich,
  Und was ich will - je nu, das tu ich manchmal **nicht**.
  Geh hin in deines Hirten dümpfe Hütte,
  Dort kaure dich in Rauch und schmutzgen Qualm
  Und baue* Kohl auf einer Spanne* Grund.   -70-
  Mein Garten ist die ungemeßne Erde,
  Des Himmels blaue Säulen sind mein Haus,
  Da will ich stehn, des Berges freien Lüften
  Entgegen* tragend eine freie Brust
  Und auf dich niedersehn und dich verachten.   -75-
  Hallo! in Wald! Ihr Mädchen in den Wald!
     **indem sie abgehen will, kömmt* von der andern
         Seite ein Kolcher**
KOLCHER. Du Königstochter, höre!

MEDEA.   Was? Wer ruft?

KOLCHER. Ein Schiff mit Fremden *angelangt zur Stund!

MEDEA. Dem Vater sag es an. Was kümmerts mich!

KOLCHER. Wo weilt er?   -80-

MEDEA.   Drin im Haus!

KOLCHER.   Ich eile!

MEDEA.   Tus!
        der Bote ab ins Haus
MEDEA. Daß diese Fremden uns die Jagdlust stören!

55: pledged.   56: What is there any need of knowing. 61: truly.
64: an interjection: Go on!.   70: cultivate; on a small plot. 74:
preceded by its object **freien Lüften**. before 77: =kommt. 78: sc.
ist, and passim.

Ihr Schiff, es ankert wohl in jener Bucht*,
Die sonst zum Sammelplatz uns dient der Jagd.
Allein, was tuts! Bringt lange Speere her,
Und naht ein Kühner, zahl er es mit Blut!   -85-
Nur Speere her, doch leise, leise, hört!
Denn sähs der Vater, wehren möcht er es.
Kommt! - Dort das Mal*, von Steinen aufgehäuft,
Seht ihrs dort oben! Wer erreichts zuerst?
Stellt euch*! - Nichts da! Nicht vorgetreten*! Weg!   -90-
Wer siegt, hat auf der Jagd den ersten Schuß:
So, stellt euch und wenn ich das Zeichen gebe,
Dann wie der Pfeil vom Bogen fort! Gebt acht!
Acht! - Jetzt! -
    **Aietes ist unterdessen aus dem Hause getreten, mit ihm der Bote,
                    der gleich abgeht**

AIETES.   Medea!

MEDEA **sich umwendend, aber ohne ihren Platz zu verändern.**
                    Vater!

AIETES.   Du, wohin?

MEDEA. In Wald!   -95-

AIETES.   Bleib jetzt!

MEDEA.   Warum?

AIETES.   Ich wills, du sollst!

MEDEA. So fürchtest du, daß jene Fremden -

AIETES.   Weißt du also? -
            näher tretend, mit gedämpfter Stimme
    Angekommen Männer
    Aus fernem Land,
    Bringen Gold, bringen Schätze,
    Reiche Beute.   -100-

MEDEA. Wem?

AIETES.   Uns, wenn wir wollen.

MEDEA. Uns?

AIETES.   's sind Fremde, sind Feinde,
    Kommen zu verwüsten unser Land.

82: bay, inlet. 88: marker. 90: =Stellt euch **an** To your
positions; =Tretet nicht vor.

MEDEA. So geh hin und töte sie!

AIETES. Zahlreich sind sie und stark bewehrt*,   -105-
  Reich an List die fremden Männer,
  Leich töten sie uns.

MEDEA. So laß sie ziehn*!

AIETES.   Nimmermehr*.
  Sie sollen mir -

MEDEA.   Tu was du willst,
  Mich aber laß zur Jagd!   -110-

AIETES.   Bleib, sag ich, bleib!

MEDEA. Was soll ich?

AIETES.   Helfen! Raten!

MEDEA.   Ich?

AIETES. Du bist klug, du bist stark.
  Dich hat die Mutter gelehrt
  Aus Kräutern, aus Steinen
  Tränke bereiten,   -115-
  Die den Willen binden
  Und fesseln die Kraft.
  Du rufst Geister
  Und besprichst* den Mond,
  Hilf mir, mein gutes Kind!   -120-

MEDEA. Bin ich dein gutes Kind!
  Sonst achtest du meiner* wenig.
  Wenn ich will, willst du nicht
  Und schiltst mich und schlägst nach mir;
  Aber wenn du mein bedarfst*,   -125-
  Lockst du mich mit Schmeichelworten
  Und nennst mich Medea, dein liebes Kind.

AIETES. Vergiß, Medea, was sonst geschehn.
  Bist doch auch nicht immer wie du solltest.
  Jetzt steh mir bei und hilf mir.   -130-

MEDEA. Wozu?

AIETES.   So höre denn, mein gutes Mädchen!

105: =bewaffnet. 108: =geh(e)n; =Nimmer=Nie. 119: conjure. 122:
=achtest du auf mich. 125: =wenn du mich brauchst.

Das Gold der Fremden all* und ihre Schätze –
Gelt lächelst*?

MEDEA.   Ich?

AIETES.   Ei ja, das viele Gold,
  Die bunten Steine und die reichen Kleider,
  Wie sollen die mein Mädchen zieren!   -135-

MEDEA. Ei, immerhin*!

AIETES.   Du schlaue Bübin*, sieh,
  Ich weiß, dir lacht das Herz nach all der Zier!

MEDEA. Kommt nur zur Sache, Vater!

AIETES.   Ich –
  Heiß* dort die Mädchen gehn!

MEDEA.   Warum?

AIETES.   Ich wills!

MEDEA. Sie sollen ja mit mir zur Jagd.   -140-

AIETES.   Heut keine Jagd!

MEDEA. Nicht?

AIETES.   Nein sag ich und nein! und nein!

MEDEA. Erst lobst du mich und –

AIETES.   Nun, sei gut, mein Kind!
  Komm hierher! Weiter! hierher, so!
  Du bist ein kluges Mädchen, dir kann ich trauen.
  Ich --   -145-

MEDEA. Nun!

AIETES.   Was* siehst du mir so starr ins Antlitz*?

MEDEA. Ich höre, Vater!

AIETES.   O, ich kenne dich!
  Willst du den Vater meistern, Ungeratne*?

132: goes with **Das Gold.** 133: You're smiling, aren't you. 136: I
don't care, That doesn't concern me; scamp. 139: =Befiehl. 145:
=Warum; =Gesicht. 147: spoiled girl.

Ich entscheide was gut, was nicht.
Du **gehorchst.** Aus meinen Augen, Verhaßte!
Medea geht
AIETES. Bleib! - Wenn du wolltest, begreifen wolltest -   -150-
  Ich weiß, du kannst, allein du willst es nicht.
So seis denn, bleib aus deines Vaters Rat
Und diene, weil du dienen willst.
Man hört in der Ferne kriegerische Musik
AIETES. Was ist das? Weh, sie kommen uns zuvor!
  Siehst du, Törin?   -155-
Die du schonen wolltest, sie töten uns!
In vollem Zug hierher die fremden Männer!
Weh uns! Waffen! Waffen!
Der Bote kommt wieder

BOTE. Der Führer, Herr, der fremden Männer!-!

AIETES. Was will er? Meine Krone, mein Leben?   -160-
  Noch hab ich Mut, noch hab ich Kraft,
Noch wallt Blut in meinen Adern,
Zu tauschen Tod um Tod!

BOTE. Er bittet um Gehör*.

AITES.   Bittet?

BOTE. Freundlich sich mit dir zu besprechen,   -165-
  Zu stiften friedlichen Vergleich*.

AIETES. Bittet? und hat die Macht in Händen,
  Findet uns unbewehrt, er in Waffen,
Und bittet, der Tor!

BOTE. In dein Haus will er treten,   -170-
  Sitzen an deinem Tische,
Essen von deinem Brot
Und dir vertrauen*,
Was ihn hierher geführt.

AIETES. Er komme*, er komme*.   -175-
  Hält er Friede nur zwei Stunden,
Später fürcht ich ihn nicht mehr.
Sag ihm, daß er nahe*,
Aber ohne Schild, ohne Speer,
Nur das Schwert an der Seite,   -180-
Er und seine Gesellen.

164: an audience.   166: to establish... a rapprochement.   173:
disclose.   175: Let him come. 178: may approach.

Dann aber geh und biet auf* die Getreuen
Rings herum im ganzen Lande,
Heiß sie sich stellen, gewappnet*, bewehrt
Mit Schild und Panzer, mit Lanz' und Schwert   -185-
Und sich verbergen im nahen Gehölz*,
Bis ich winke*, bis ich rufe. - Geh!
                         Bote ab
Ich will dein* lachen, du schwacher Tor!
Du aber, Medea, sei mir gewärtig*!
Einen Trank, ich weiß es, bereitest du,   -190-
Der mit sanfter, schmeichelnder Betäubung
Die Sinn entbindet ihres Dieneramtes*
Und ihren Herrn zum Sklaven macht des Schlafs.
Geh hin und hole mir von jenem Trank!

MEDEA. Wozu?   -195-

AIETES.   Geh, sag ich, hin und hol ihn mir!
    Dann komm zurück. Ich will sie zähmen, diese Stolzen!
                       Medea ab
AIETES gegen den Altar im Hintergrunde gewendet.
    Peronto, meiner Väter Gott!
    Laß gelingen, was ich sinne,
    Und teilen will ich, treu und redlich,
    Was wir gewinnen von unsern Feinden.   -200-
Kriegerische Musik. Bewaffnete Griechen ziehen auf, mit grünen
Zweigen in der Hand. Der letzte* geht Phryxus, in der linken Hand
gleichfalls einen grünen Zweig, in der Rechten ein goldenes
Widderfell, in Gestalt eines Panieres* auf der Lanze tragend.
Bewaffnete Kolcher treten von der andern Seite ein. Die Musik
                       schweigt
Indem PHRYXUS an dem im Hintergrunde befindlichen Altar und der
darauf   stehenden Bildsäule vorbeigeht, bleibt er, wie von
Erstaunen gefesselt, stehn, dann spricht er.
    Kann ich den Augen traun? - Er ists, er ists!
    Sei mir gegrüßt, du freundliche Gestalt,
    Die mich durch Wogensturm und Unglücksnacht
    Hierher geführt an diese ferne Küste,
    Wo Sicherheit und einfach stille Ruh   -205-
    Mit Kindesblicken mir entgegenlächeln.
    Dies Zeichen, das du mir als Pfand der Rettung
    In jener unheilvollen Stunde* gabst

182: =biet die Getreuen auf summon my subjects.   184: =gewaffnet.
186: =Wald.   187: signal.   188: =Ich will über dich lachen.   189:
ready.   192: relieves the senses of their serving function.   197:
gen. pl., and passim.   201: =Als letzter; of a banner.   208:
because of the intrigues of his stepmother, Ino, he was to be
sacrificed to Zeus, but his mother, Nephele, rescued him and they
rode away on the ram with the golden fleece.

Und das, wie der Polarstern vor mir leuchtend,
Mich in den Hafen eingeführt des Glücks,   -210-
Ich pflanz es dankbar auf vor deinem Altar
Und beug betend dir ein frommes Knie,
Der du ein Gott mir warest in der Tat,
Wenn gleich dem Namen nach, mir Fremden, nicht*!
                    er kniet

AIETES im Vorgrunde.
    Was ist das?   -215-
    Er beugt sein Knie dem Gott meiner Väter!
    Denk der* Opfer, die ich dir gebracht,
    Hör ihn nicht, Peronto,
    Höre den Fremden nicht!

PHRYXUS aufstehend.
    Erfüllet* ist des Dankens süße Pflicht.   -220-
    Nun führt zu eurem König mich! Wo weilt er?
Die Kolcher weichen schweigend und scheu zu beiden Seiten aus
                    dem Wege
PHRYXUS erblickt den König, auf ihn zugehend.
    In dir grüß ich den Herrn wohl dieses Landes?

AIETES.   Ich bin der Kolcher Fürst!

PHRYXUS.   Sei mir gegrüßt!
    Es führte Göttermächte mich in dein Reich,
    So ehr in mir den Gott, der mich beschützt.   -225-
    Der Mann, der dort auf jenem Altar thront,
    Ist er das Bildnis eines, der da lebte?
    Wie, oder ehrt ihr ihn als einen Himmlischen*?

AIETES.   Er ist Peronto, der Kolcher Gott.

PHRYXUS. Peronto! Rauher Laut dem Ohr des Fremden,   -230-
    Wohltönend aber dem Geretteten.
    Verehrst du jenen dort als deinen Schützer,
    So liegt ein Bruder jetzt in deinem Arm,
    Denn Brüder sind ja eines Vaters Söhne.

AIETES der Umarmung ausweichend.
    Schützer er dir*?   -235-

PHRYXUS.   Ja, du sollst noch hören.
    Doch laß mich bringen erst mein Weihgeschenk*.

214: If not in name, to a stranger like me.   217: =Denk an die.
220: =Erfüllt, and passim. 228: =einen Gott. 235: (He) is your
protector? 236: offering.

er geht zum Altar und stößt vor demselben sein Panier in den
Boden
Medea kommt mit einem Becher
MEDEA laut. Hier, Vater ist der Trank!

AIETES sie gewaltsam auf die Seite ziehend, leise.
                              Schweig, Törichte!
   Siehst du denn nicht?

MEDEA.   Was?

AIETES.   Den Becher gib der Sklavin
   Und schweig!

MEDEA.   Wer ist der Mann?

AIETES.   Der Fremden Führer, schweig!

PHRYXUS vom Altare zurückkommend.
   Jetzt tret ich leicht erst in dein gastlich Haus!   -240-
   Doch wer ist dieses blühend holde Wesen,
   Das wie der goldne Saum der Wetterwolke
   Sich schmiegt an deine kriegrische Gestalt?
   Die roten Lippen und der Wange Licht,
   Sie scheinen Huld und Liebe zu verheißen*,   -245-
   Streng widersprochen von dem finstern Aug,
   Das blitzend wie ein drohender Komet
   Hervorstrahlt aus der Locken schwarzem Dunkel.
   Halb Charis* steht sie da und halb Mänade*,
   Entflammt von ihres Gottes heilger Glut.   -250-
   Wer bist du, holdes Mädchen?

AIETES.   Sprich, Medea!

MEDEA trocken. Medea bin ich, dieses Königs Kind!

PHRYXUS. Fürwahr ein Kind und eine Königin!
   Ich nehm dich an als gute Vorbedeutung
   Für eine Zukunft, die uns noch verhüllt.   -255-
   O lächle, Mädchenbild, auf meinen Eintritt!
   Vielleicht, wer weiß, ob nicht dein Vater,
   Von dem ich Zuflucht nur und Schutz verlangt,
   Mir einst noch mehr gibt, mehr noch, o Medea!

AIETES. Was also, Fremdling, ist dein Begehr?   -260-

245: =versprechen. 249: in Gr. myth one of the three Graces--the
personification of grace and beauty; in Gr. myth a nymph
attendant on Dionysus, a bacchante.

PHRYXUS. So höre denn, was mich hierher geführt,
Was ich verloren, Herr, und was ich suche.
Geboren bin ich in dem schönen Hellas*,
Von Griechen, ich ein Grieche, reinen Bluts.
Es lebet niemand, der sich höhrer Abkunft,   -265-
Sich edlern Stammes rühmen kann als ich,
Denn Hellas' Götter nenn ich meine Väter,
Und meines Hauses Ahn* regiert die Welt.

MEDEA sich abwendend.
Ich gehe, Vater, um –

AIETES.   Bleib hier und schweig!

PHRYXUS. Von Göttern also zieh ich mein Geschlecht*!   -270-
Allein mein Vater, alten Ruhms* vergessend
Und jung-erzeugter Kinder* Recht und Glück,
Erkor* zur zweiten Eh* ein niedrig Weib*,
Das, neidisch auf des ersten Bettes Sprossen*
Und überall Vorwurf sehend, weil sie selbst   -275-
Sich Vorwurf zu **verdienen** war bewußt,
Den Zorn des Vaters reizte gegen mich.
Die Zwietracht wuchs und Häscher* sandt er aus,
Den Sohn zu fahn*, vielleicht zu töten ihn.
Da ging ich aus der Väter Haus und floh,   -280-
In fremdem Land zu suchen heimisch Glück.
Umirrend kam ich in die Delpherstadt*
Und trat, beim Gotte Rat und Hilfe suchend,
In Phöbos'* reiches, weitberühmtes Haus.
Da stand ich in des Tempels weiten Hallen,   -285-
Mit Bildern rings umstellt und Opfergaben,
Erglühend in der Abendsonne Strahl.
Vom Schauen matt und von des Weges Last
Schloß sich mein Aug und meine Glieder sanken;
Dem Zug* erliegend schlummerte ich ein.   -290-
Da fand ich mich im Traum im selben Tempel,
In dem ich schlief, doch wachend und allein
Und betend zu dem Gott um Rat. Urplötzlich*
Umflammt mich heller Glanz, und einen Mann*
In nackter Kraft, die Keule in der Rechten,   -295
Mit langem Bart und Haar, ein Widderfell

263: Greece. 268: ancestor, grandfather. 270: family. 271: =alten
Ruhm. 272: genitive plural: of children sired when he was young.
273: Chose; =**Ehe;** =**Frau.** 274: offspring. 278: bailiffs. 279:
=**fangen.** 282: site of the famous oracle of Greek myth. 284: i.e.,
Apollo's: in Gr. myth Phoebus-Apollo was in charge of the Delphic
oracle. 290: pull, attraction. 293: with extreme suddenness. 294:
an anacoluthon, functioning as both the accusative object of
umflammt and the nominative subject of **stand** (1. 298).

Um seine mächtigen Schultern, stand vor mir
Und lächelte mit milder Huld mich an.
"Nimm Sieg und Rache hin"!* sprach er und löste
Das reiche Vließ von seinen Schultern ab   -300-
Und reichte mirs; da, schütternd*, wacht ich auf.
Und siehe! von dem Morgenstrahl beleuchtet
Stand eine Blende* schimmernd vor mir da
Und drin, aus Marmor künstlich ausgehaun,
Derselbe Mann, der eben mir erschienen,   -305-
Mit Haar und Bart und Fell, wie ichs gesehn.

AIETES **auf die Bildsäule im Hintergrunde zeigend.**
   Der dort?

PHRYXUS.   Ihm glich er wie ich mir.
   So stand er da in Götterkraft und Würde,
   Vergleichbar dem Herakles*, doch nicht er.
   Und an dem Fußgestell des Bildes war   -310-
   Der Name **Kolchis** golden eingegraben.
   Ich aber deutete* des Gottes Rat;
   Und nehmend, was er rätselhaft mir bot,
   Löst ich, ich war allein, den goldnen Schmuck
   Vom Hals des Bildes, und in Eile fort*.   -315-
   Des Vaters Häscher fand ich vor den Toren,
   Sie wichen scheu des Gottes Goldpanier,
   Die Priester neigten sich, das Volk lag auf den Knieen
   Und vor mir her es auf der Lanze tragend,
   Kam ich durch tausend Feinde bis ans Meer.   -320-
   Ein schifft ich mich*, und hoch als goldne Wimpel
   Flog mir das Vließ am sturmumtobten Mast,
   Und wie die Wogen schäumten, Donner brüllten
   Und Meer und Wind und Hölle sich verschworen,
   Mich zu versenken in das nasse Grab,   -325-
   Versehrt ward* mir kein Haar, und unverletzt
   Kam ich hierher an diese Rettungsküste,
   Die vor mir noch kein griechischer Fuß betrat.
   Und jetzo* geht an dich mein bittend Flehn,
   Nimm auf mich* und die Meinen in dein Land.   -330-
   Wo* nicht, so faß ich selber Sitz und Stätte,
   Vertrauend auf der Götter Beistand, die
   Mir **Sieg und Rache** durch dies Pfand verliehn!
   -Du schweigst?

299: an oracular pronouncement, both vague and ambiguous. 301:
trembling.   303: a bright, lustrous ore. 309: Hercules. 312:
interpreted. 315: sc. ging ich. 321: =Ich schiffte mich ein I
embarked. 326: =wurde. 329: =jetzt. 330: =Nimm mich... auf. 331:
=Wenn.

AIETES.   Was willst du, daß ich sage?

PHRYXUS. Gewährst du mir ein Dach, ein gastlich Haus?   -335-

AIETES.   Tritt ein, wenn dirs gutdünkt*, Vorrat ist
  Von Speis und Trank genug.   Dort nimm und iß!

PHRYXUS.   So rauh übst du des Wirtes gastlich Amt?

AIETES.   Wie du dich gibst, so nehm ich dich.
  Wer in des Krieges Kleidung Gabe heischt*,   -340-
  Erwarte nicht sie aus des Friedens Hand.

PHRYXUS.   Den Schild hab ich, die Lanze abgelegt.

AIETES.   Das Schwert ist, denkst du, gegen uns genug?
  Doch halt es, wie du willst.
                    leise zu Medea
                Begehr* sein Schwert!

PHRYXUS. Noch eins! An reichem Schmuck und köstlichen Gefäßen   -345-
  Bring ich so manches, was ich sichern* möchte.
  Du nimmst es doch in deines Hauses Hut?

AIETES.   Tu, wie du willst!
                    zu Medea
              Sein Schwert, sag ich, begehr!

PHRYXUS.   Nun denn, Gefährten, was wir hergebracht,
  Gerettet aus des Glückes grausem Schiffbruch,   -350-
  Bringt es hierher in dieser Mauern Umfang
  Als Grundstein eines neuen, festern Glücks.

AIETES zu Medea.
  Des Fremden Schwert!

MEDEA.   Wozu?

AIETES.   Sein Schwert, sag ich!

MEDEA zu Phryxus.
  Gib mir dein Schwert!

PHRYXUS.   Was sagst du, holdes Kind?

AIETES. Fremd ist dem Mädchen eurer Waffen Anblick,   -355-
  Bei uns geht nicht der Friedliche bewehrt.

336: seems good.   340: =fordert.   344: =Verlang(e).   346: =in
Sicherheit bringen.

Auch ists euch lästig.

PHRYXUS **zu Medeen.**   Sorgest du* um mich?
                        Medea wendet sich ab
Sei mir nicht bös*! Ich weigr* es dir ja nicht!
                    er gibt ihr das Schwert
Den Himmlischen vertrau ich mich und dir!
Wo du bist, da ist Frieden. Hier mein Schwert!   -360-
Und jetzo in dein Haus, mein edler Wirt!

AIETES. Geht nur, ich folg euch bald!

PHRYXUS.   Und du, Medea?
  Laß mich auch dich am frohen Tische sehn!
  Kommt, Freunde, teil die Lust, wie ehmals die Gefahr!
                ab mit seinen Gefährten
Medea setzt sich auf eine Felsenbank im Vorgrunde und beschäftigt
sich mit ihrem Bogen, den sie von der Erde aufgehoben hat. Aietes
steht auf der andern Seite des Vorgrundes und verfolgt mit den
Augen die Diener des Phyrxus, die Gold und reiche Gefäße ins Haus
                tragen. - Lange Pause
AIETES. Medea!   365-

MEDEA.   Vater!

AIETES.   Was denkst du?

MEDEA.   Ich? nichts!

AIETES. Vom Fremden mein ich.

MEDEA.   Er spricht und spricht;
  Mir widerts*!

AIETES **rasch auf sie zugehend.**
                Nicht wahr? Spricht und gleißt*
  Und ist ein Bösewicht,
  Ein Gottverächter,ein Tempelräuber!
  Ich töt ihn!   -370-

MEDEA.   Vater!

AIETES.   Ich tus!
  Soll er davontragen all den Reichtum,
  Den er geraubt, dem Himmel geraubt?
  Erzählt' er nicht selbst, wie er im Tempel
  Das Vließ gelöst von der Schulter des Gottes,

357: =Machst du dir Sorgen. 358: =nicht bös(e) auf mich;
=verweig(e)re. 367: I loathe it; glistens, i.e., deceives.

Des Donnerers, Perontos,   -375-
Der Kolchis beschützt.
Ich will dir ihn schlachten, Peronto*!
Rache sei dir, Rache!

MEDEA. Töten willst du, den Fremden, den Gast?

AIETES. Gast?   -380-
IIab ich ihn geladen in mein Haus?
Ihm beim Eintritt Brot und Salz gereicht
Und geheißen sitzen auf meinem Stuhl?
Ich hab ihm nicht Gastrecht geboten,
Er **nahm** sichs, büß ers, der Tor!   -385-

MEDEA. Vater! Peronto rächet den Mord!

AIETES. Peronto **gebeut*** ihn*.
Hat der Freche nicht an ihm gefrevelt?
Sein Bild beraubt in der Delpherstadt?
Führt der Erzürnte* ihn nicht selbst her,   -390-
Daß ich ihn strafe, daß ich räche
Des Gottes Schmach und meine?
Das Vließ dort am glänzenden Speer,
Des Gottes Kleid, der Kocher Heiligtum,
Solls ein Fremder, ein Frevler entweihn?   -395-
Mein ists, mein! Mir sendets der Gott
Und **Sieg und Rache**, geknüpft an dies Pfand,
Den Unsern werd es zuteil*!
Tragt nur zu des kostbaren Guts*!
Ihr führet die Ernte mir ein!   -400-
Sprich nicht und komm! daß er uns nicht vermißt,
Gefahrlos sei die Rach und ganz!
Komm, sag ich, komm!
                    beide ab ins Haus
        Ein kolchischer Hauptmann mit Bewaffneten tritt auf
HAUPTMANN. Hierher beschied* man uns. Was sollen wir?

EIN KOLCHER **aus dem Hause.**
  Heda!   -405-
HAUPTMANN.
        Hier sind wir!
KOLCHER.   Leise!

HAUPTMANN.   Sprich! Was solls*?

377: dative: in apposition with **dir**. 387: =gebietet=befiehlt;
i.e., **den Mord**. 390: i.e., **Peronto**. 398: May it fall to our
share. 399: partitive genitive: =das kostbare Gut. 404: =befahl.
405: =Was soll das bedeuten.

KOLCHER. Verteilt euch rechts und links und wenn ein Fremder -
   Doch still jetzt! Einer naht! - Kommt! hört das Weitre!
                    Alle ab
PHRYXUS **mit ängstlichen Schritten aus dem Hause.**
   Ihr Götter! Was ist das? Ich ahne Schreckliches.
   Es murmeln die Barbaren unter sich
   Und schaun mit höhnschem Lächeln hin auf uns.   -410-
   Man geht, man kommt, man winkt, man lauert.
   Und die Gefährten, einer nach dem andern
   Sinkt hin in dumpfen Schlaf; ob Müdigkeit,
   Ob irgend ein verruchter Schlummertrank
   Sie einlullt, weiß ich nicht. Gerechte Götter!   -415-
   Habt ihr mich hergeführt, mich zu verderben?
   Nur eines bleibt mir noch: Flucht auf mein Schiff.
   Dort samml ich die Zurückgebliebenen,
   Und dann zur Rettung her, zur Hilfe - Horch!
                    Schwertgeklirr* und dumpfe Stimmen im Hause
   Man ficht! - Man tötet! - Weh mir, weh! - Zu spät!   -420-
   Nun bleibt nur Flucht. Schnell, eh die Mörder nahn!
           **er will gehn. Krieger mit gefällten Spießen* treten ihm
                    entgegen**
KOLCHER. Zurück!

PHRYXUS.   Ich bin verraten! - Hier!
      **von allen Seiten treten Bewaffnete mit gesenkten Speeren* ihm
                    entgegen**
GEWAFFNETE.   Zurück!

PHRYXUS. Umsonst! Es ist vorbei! - Ich folg euch, Freunde!
                    an den Altar hineilend
   Nun denn, du Hoher, der mich hergeführt,
   Bist du ein Gott, so schirme deinen Schützling!   -425-

   Aietes mit bloßem Schwert aus dem Hause. Medea hinter ihm. Gefolge
AIETES. Wo ist er?

MEDEA.   Vater, höre!

AIETES.   Wo, der Fremdling?
   Dort am Altar. Was suchst du dort?

PHRYXUS. Schutz such ich!

AIETES.   Gegen wen? Komm mit ins Haus!

PHRYXUS. Hier steh ich und unklammre diesen Altar;
   Den Göttern trau ich; o, daß ich es dir*!   -430-

-----
before 420: (Sound of) clashing swords.   before 422: with lowered
spears.   430: =o daß ich dir trauen dürfte.

MEDEA. O Vater, höre mich!

PHRYXUS.   Du auch hier, Schlange?
  Warst du so schön und locktest du so lieblich,
  Mich zu verderben hier im Todesnetz?
  Mein Herz schlug dir vertrauensvoll entgegen,
  Mein Schwert, den letzten Schutz, gab ich in deine Hand   -435-
  Und du verrätst mich?

MEDEA.   Nicht verriet ich dich!
  Gabst du dein Schwert mir, nimm ein andres hier
  Und wehre dich des Lebens.
      sie hat einem der Umstehenden das Schwert entrissen und reicht
                              es ihm
AIETES ihr das Schwert entreißend.   Törichte!
  Vom Altar fort!

PHRYXUS.   Ich bleibe!

AIETES.   Reißt ihn weg!

PHRYXUS da einige auf ihn losgehen.
  Nun denn, so muß ich sterben? - Ha, es sei!   -440-
  Doch ungerochen*, klaglos fall ich nicht.
  er reißt das Panier mit dem goldenen Vließ aus der Erde und tritt
                      damit in den Vorgrund
  Du unbekannte Macht, die her mich führend,
  Dies Pfand der Rettung huldvoll einst mir gab
  Und Sieg und Rache mir dabei verhieß;
  Zu dir ruf ich empor nun! Höre mich!   -445-
  Hab ich den Sieg durch eigne Schuld verwirkt,
  Das Haupt* darbietend* dem Verräternetz
  Und blind dem Schicksal trauend statt mir selber,
  So laß doch Rache wenigstens ergehn
  Und halte deines Wortes zweite Hälfte!   -450-

AIETES. Was* zauderst du?

PHRYXUS.   Aietes!

AIETES.   Nun, was noch?

PHRYXUS. Ich bin dein Gast, und du verrätst mich?

AIETES. Mein Gast? Mein Feind.
  Was suchtest du, Fremder, in meinem Land? Tempelräuber!
  Hab ich dir Gastrecht gelobt*? dich geladen in mein Haus?   -455-

-----
441: =ungerächt unrevenged.   447: =Den Kopf; offering (up). 451:
=Warum.   455: =versprochen.

Nichts versprach ich, Törichter!
Verderbt durch eigne Schuld!

PHRYXUS. Damit beschönst* du deine Freveltat?
  O triumphiere nicht! Tritt her zu mir!

AIETES.   Was solls?

PHRYXUS. Sieh dieses Banner hier, mein letztes Gut,   -460-
  Die Schätze alle hast du mir geraubt,
  Dies eine fehlt noch.

AIETES **darnach greifend.** Fehlt? Wie lange noch?

PHRYXUS. Zurück! Betrachts, es ist mein letztes Gut
  Und von ihm scheidend, scheid ich von dem Leben.   -465-
  Begehrst dus?

AIETES.   Ja!

PHRYXUS.   Begehrst dus?

AIETES **die Hand ausstreckend.** Gib mir es!

PHRYXUS. Nimms hin, des Gastes Gut, du edler Wirt,
  Sieh, ich vertrau dirs an, bewahre* mirs
                        mit erhöhter Stimme
  Und gibst dus nicht zurücke, unbeschädigt
  Nicht mir, dem Unbeschädigten*, zurück,
  So treffe dich der Götter Donnerfluch,   -470-
  Der über dem rollt, der die Treue bricht.
  Nun ist mir leicht! Nun Rache, Rache, Rache!
  Er hat mein Gut. Verwahre mirs getreu!

AIETES. Nimm es zurück!

PHRYXUS.   Nein! Nicht um deine Krone!
  Du hast mein Gut, dir hab ichs anvertraut,   -475-
  Bewahre* treu das anvertraute Gut!

AIETES **ihm das Vließ aufdringend.**
  Nimm es zurück!

PHRYXUS **ihm ausweichend.**
                Du hast mein Gut, verwahr es treu!
  Sonst Rache, Rache, Rache!

458: =beschönigst.   467: =verwahre. 469: i.e., **Phyryxus.** 476:
=Verwahre.

AIETES ihn über die Bühne verfolgend und ihm das Banner
aufdringend.
Nimm es, sag ich!

PHRYXUS ausweichend.
  Ich nehm es nicht. Verwahre mirs getreu!
zur Bildsäule des Gottes empor
Siehst du? Er hats, ihm hab ichs anvertraut,
Und gibt ers nicht zurück, treff* ihn dein Zorn!   -480-

AIETES. Nimm es zurück!

PHRYXUS am Altar.   Nein, nein!

AIETES.   Nimms!

PHRYXUS.   Du verwahrsts!

AIETES. Nimms!

PHRYXUS.   Nein!

AIETES.   Nun, so nimm dies!
er stößt ihm das Schwert in die Brust

MEDEA.   Halt, Vater, halt!

PHRYXUS niedersinkend.
  Es ist zu spät!

MEDEA.   Was tatst du?

PHRYXUS zur Bildsäule empor. Siehst dus, siehst dus!
  Den Gasttfreund tötet er und hat sein Gut!   -485-
  Der du des Gastfreunds heilg Haupt beschützest,
  O räche mich! Fluch dem treulosen Mann!
  Ihm muß kein Freund sein und kein Kind, kein Bruder,
  Kein frohes Mahl - kein Labetrunk* -
  Was er am liebsten liebt - verderb ihn! -   -490-
  Und dieses Vließ, das jetzt in seiner Hand,
  Soll niederschaun auf seiner Kinder Tod! -
  Er hat den Mann erschlagen, der sein Gast*-
  Und vorenthält* - das anvertraute Gut -
  Rache! - Rache! -   -495-
stirbt. Lange Pause
MEDEA.   Vater!

480: may... strike. 489: refreshing drink. 490: predicate of **Was**:
ruin (it for him). 493: sc. **war**. 494: witholds.

AIETES **zusammenschreckend.** Was?

MEDEA.   Was hast du getan?

AIETES **dem Toten das Vließ aufdringen wollend.**
  Nimm es zurück!

MEDEA.   Er nimmts nicht mehr. Er ist tot!

AIETES.   Tot! -

MEDEA. Vater! Was hast du getan!
  Den Gastfreund erschlagen,
  Weh dir! Weh uns allen! - Ha! -
  Aufsteigts* aus den Nebeln der Unterwelt,   -500-
  Drei Häupter, blutge Häupter,
  Schlangen die Haare,
  Flammen die Blicke!
  Die hohnlachenden Blicke!
  Höher! höher! - Empor steigen sie!   -505-
  Entfleischte Arme, Fackeln in Händen,
  Fackeln! - Dolche!
  Horch! Sie öffnen die welken Lippen,
  Sie murren, sie singen
  Heischern* Gesangs*:   -510-
  Wir hüten den Eid,
  Wir vollstrecken den Fluch!
  Fluch dem, der den Gastfreud schlug*!
  Fluch ihm, tausendfachen Fluch!
  Sie kommen, sie nahen,   -515-
  Sie umschlingen mich,
  Mich, dich, uns alle!
  Weh über dich!

AIETES.   Medea!

MEDEA. Über dich, über uns!
  Weh, weh!   -520-
                   sie entflieht

AIETES **ihr die Arme nachstreckend.**
          Medea! Medea!
                   Ende

                 (1818) 1821*

500: **es** anticipates the delayed subject **Drei Häupter.** 510:
=**Heisern** hoarse; partitive genitive:=**(einen) heis(e)ren Gesang.**
513: =**erschlug.** after 520: the first part of **Das Goldene Vließ**
(1821), the other two parts being: **Die Argonauten** and **Medea.**

JEREMIAS GOTTHELF
(ALBERT BITZIUS)

ELSI, DIE SELTSAME MAGD

Reich an schönen Tälern ist die Schweiz, wer zählte* sie wohl
auf? In keinem Lehrbuch stehn sie alle verzeichnet. Wenn auch
nicht eins der schönsten, so doch eines der reichsten ist das
Tal, in welchem Heimiswyl liegt, und das oberhalb Burgdorf* ans
rechte Ufer der Berner Emme* sich mündet. Großartig sind die   -5-
Berge nicht, welche es einfassen, in absonderlichen* Gestalten
bieten sie dem Auge sich nicht dar*, es sind mächtige Emmentaler*
Hügel, die unten heitergrün und oben schwarzgrün sind, unten mit
Wiesen und Äckern eingefaßt, oben mit hohen Tannen bewachsen.
Weit ist im Tale die Fernsicht nicht, da es ein Quertal* ist,   -10-
welches in nordwestlicher Richtung ans Haupttal stößt; die Alpen
sieht man daher nur auf beiden Eggen*, welche das Tal umfassen,
da aber auch in heller Pracht und gewaltigem Bogen am südlichen
Himmel. Herrlich ist das Wasser, das allenthalben* aus Felsen
bricht, einzig sind die reichbewässerten Wiesen und trefflich der   -15-
Boden zu jeglichem* Anbau*, reich ist das Tal und schön und zierlich die Häuser, welche das Tal schmücken. Wer an den berühmten
Emmentaler Häusern sich erbauen* will, der findet sie zahlreich
und ausgezeichnet in genanntem Tale.
Auf einem der schönen Höfe lebte im Jahr 1796 als Magd* Elsi   -20-
Schindler (dies soll aber nicht der rechte Name gewesen sein);
sie war ein seltsam* Mädchen, und niemand wußte, wer sie war und
woher sie kam. Im Frühjahr hatte es einmal noch spät an die Türe
geklopft, und als der Bauer zum Läufterli* hinausguckte, sah er
ein großes Mädchen draußen stehen mit einem Bündel unter dem   -25-
Arme, das über Nacht* fragte nach altherkömmlicher* Sitte, nach
welcher jeder geldlose Wanderer, oder wer sonst gerne das Wirtshaus meidet, um Herberge frägt* in den Bauernhäusern und nicht
nur umsonst* ein Nachtlager erhält, bald im warmen Stall, bald*
im warmen Bette, sondern auch abends und morgens sein Essen und   -30-
manchmal noch einen Zehrpfennig auf den Weg*. Es gibt deren*
Häuser im Bernbiet*, welche die Gastfreundschaft täglich üben den

-----

1: =würde... aufzählen. 4: a town 11 miles northeast of Bern. 5:
=Groß Emme, a river in the canton of Bern. 6: =sonderbaren. 7:
present themselves; in the valley of the Groß Emme. 10: trans-
versal valley. 12: extended, somewhat flat ranges. 14: =überall.
16: =jedem; cultivation. 18: Whoever wants to be edified by...
20: (dairy) maid. 22: =seltsames, and passim. 24: small sash-
window. 26: overnight lodging; ancient, traditional. 28: =fragt.
29: =kostenlos; sometimes... sometimes. 31: travel money for
their journey; such. 32: =Berngebiet in the Bernese region.

Morgenländern* zum Trotz, und deren Haus selten eine Nacht ohne
Übernächtler ist. Der Bauer hieß* das Mädchen hereinkommen, und
da sie eben am Essen waren, hieß er es gleich zuchehocke (zu
Tisch sitzen)*. Auf der* Bäurin Geheiß* mußte das Weibervolk* auf
dem Vorstuhl* sich zusammenziehen, und zu unterst auf selbigen*   -5-
setzte sie die Übernächtlerin.
    Man aß fort, aber einige Augenblicke hörte man des Redens nicht
viel, alle mußten auf das Mädchen sehen. Dasselbe war nämlich
nicht nur groß, sondern auch stark gebaut und schön von Angesicht*. Gebräunt war dasselbe wohl, aber wohl geformt, läng- -10-
licht* war das Gesicht, klein der Mund, weiß die Zähne darin,
ernst und groß waren die Augen, und ein seltsam Wesen*, das an
einer Übernächtlerin besonders auffiel, machte, daß die Essenden
nicht fertig wurde* mit Ansehen. Es war eine gewisse adeliche*
Art an dem Mädchen, die sich weder verleugnen noch annehmen läßt,   -15-
und es kam allen vor, als säße sie da unten als des Meisters
Tochter oder als eine, die an einem Tische zu befehlen oder zu
regieren gewohnt sei. Es verwunderten sich daher alle, als das
Mädchen auf die endlich erfolgte Frage des Bauern: "Wo chunnst,
und wo wotsch (wo kommst du her, und wo willst du hin)?" ant-   -20-
wortete: es sei ein arm Meitli (Mädchen), die Eltern seien ihm
gestorben, und es wolle Platz suchen als Jungfere (Magd) da in
den Dörfern unten. Das Mädchen mußte noch manche Frage ausstehen,
so ungläubig waren alle am Tisch. Und als endlich der Bauer mehr
zur Probe als im Ernste sagte: "Wenn es dir ernst ist, so kannst -25-
hier bleiben, ich mangelte* eben eine Jungfere", und das Mädchen
antwortete, das wäre ihm gerade das Rechte, so brauchte es nicht
länger herumzulaufen, so verwunderten sich alle noch mehr und
konnten es fast nicht glauben, daß das eine Jungfere werde sein
wollen.   -30-
    Und doch war es so und dem Mädchen bitterer Ernst, aber frei-
lich dazu war es nicht geboren. Es war eine reiche Müllerstochter
aus vornehmem Hause, aus einem der Häuser, von denen ehedem*, als
man das Geld nicht zu nutzen* pflegte, die Sage ging*, bei Erb-
schaften und Teilungen sei das Geld nicht gezählt, sondern mit -35-
dem Mäß* gemessen worden. Aber in der letzten Hälfte des ver-
gangenen Jahrhunderts war ein grenzenloser Übermut eingebrochen,
und viele Taten so übermütig wie der verlorne Sohn, ehe er zu den
Trebern* kam. Damals war es, daß reiche Bauernsöhne mit Neu-
talern* in die Wette* über die Emme warfen und machten: "Welcher -40-
weiter?" Damals war es, als ein reicher Bauer, der zwölf Fülli-

-----
1: in spite of the Easterners, i.e., non-Swiss. 2: ordered, bade.
4: note by Gotthelf, and passim; genitive; At the behest of; =die
Frauen. 5: =auf der freistehenden Bank; farthest down on the
same, i.e., on the bench. 10: =Gesicht. 11: =länglich, and
passim. 12: nature. 14: could not get enough of; =adlige, and
passim. 26: I'm short... 33: =früher. 34: i.e., save and draw
interest on it; the saying was. 36: measuring device. 39: here:
pods (see Luke 15:11-32 [prodigal son]). 40: those from **Neutal;**
as a bet.

mähren* auf der Weide hatte, an einem starkbesuchten Jahrmarkt austrommeln* ließ: wer mit dem Rifershäuserbauer* zu Mittag essen und sein Gast sein wolle, der solle um zwölf Uhr im Gasthause "Zum Hirschen" sein. So einer war auch des Mädchens Vater gewesen. Bald hielt er eine ganze Stube voll Leute zu Gast, bald -5- prügelte er alle, die in einem Wirtshause waren, und leerte es; am folgenden Morgen konnte er dann ausmachen* um schwer Geld dutzendweise. Er war imstande, als Dragoner* an einer einzigen Musterung hundert bis zweihundert Taler zu brauchen und ebensoviel an einem Markt zu verkegeln*. Wenn er zuweilen recht ein- -10- saß* in einem Wirtshause, so saß er dort acht Tage lang, und wer ins Haus kam, mußte mit dem reichen Müller trinken, oder er kriegte Schläge von ihm. Auf diese Weise erschöpft man eine Goldgrube, und der Müller ward nach und nach* arm, wie sehr auch seine arme Frau dagegen sich wehrte und nach Vermögen zur Sache -15- sah*.

Sie sah das Ende lange voraus, aber aus falscher Scham deckte sie ihre Lage vor den Leuten zu. Ihre Verwandten hatten es ungern gesehen, daß sie den Müller geheiratet*, denn sie war von braven Leuten her, welchen das freventliche Betragen des Müllers zuwider -20- war; sie hatte es erzwungen und auf Besserung gehofft, aber diese Hoffnung hatte sie betrogen - wie noch manche arme Braut - und statt besser war es immer schlimmer gekommen. Sie durfte dann nicht klagen gehen, und darum merkten auch die Leute, gäb wie* sie sich wunderten, wie lange der Müller es machen könnte, den -25- eigentlichen Zustand der Dinge nicht, bis die arme Frau, das Herz vom Geier des Grams* zerfressen, ihr Haupt* neigte und starb. Da war nun niemand mehr, der sorgte und zudeckte*; Geldmangel riß ein*, und wo der sichtbar wird, da kommen wie Raben, wenn ein Aas gefallen, die Gläubiger gezogen* und immer mehrere, denn einer -30- zieht den andern nach, und keiner will der letzte sein. Eine ungeheure Schuldenlast kam an Tag*, der Geltstag (Konkurs)* brach aus, verzehrte alles, und der reiche Müller ward ein alter, armer Hudel*, der in der Kehr gehen* mußte von Haus zu Haus gar manches Jahr, denn Gott gab ihm ein langes Leben. So aus einem reichen -35- Mann ein armer Hudel zu werden und als solcher so manches Jahr umgehen zu müssen von Haus zu Haus, ist eine gerechte Strafe für den, der in Schimpf und Schande seine Familie stürzt und sie so oft noch um mehr bringt* als um das leibliche Gut*. So einer ist aber auch eine lebendige Predigt für die übermütige Jugend, ob -40- welcher* sie lernen mag das Ende, welches zumeist dem Übermute gesetzt ist.

1: =**Fohlen** foals. 2: announced; peasant from **Rifershaus**. 7: good-naturedly settle up. 8: dragoon. 10: lose (by betting) at bowling. 11: settled down. 14: =**allmählich**. 16: administered. 19: sc. **hatte**, and passim. 24: however much. 27: by the vulture of grief; =**Kopf**. 28: covered up. 29: gained ground. 30: came in troops. 32: came to light; =**Bankrott**. 34: pauper; to be supported by public welfare in the houses of others. 39: deprives of more; worldly goods. 41: by which.

Zwei Söhne hatte der Müller, diese waren schon früher der
väterlichen Roheit entronnen, hatten vor ihr im fremden Kriegs-
dienst Schutz gesucht. Eine Tochter war geblieben im Hause, die
schönste, aber auch die stolzeste Müllerstochter das Land auf und
ab. Sie hatte wenig teilgenommen an den Freuden der Jugend; sie   -5-
gefielen ihr nicht, man hielt sie zu stolz dazu. Freier* hatten
sie umlagert haufenweise, aber einer gefiel ihr so schlecht als
der andere, ein jeder erhielt so wenig ein freundlich Wort als
der andere. Ein jeder derselben ward ihr Feind und verschrie*
ihren Übermut. Zu einem* aber ward sie nie zu stolz erfunden, zur   -10-
Arbeit nämlich und zu jeglicher Dienstleistung, wo Menschen oder
Vieh derselben bedurften*. Von Jugend an war sie früh auf, griff
alles an, und alles stund* ihr wohl, und gar oft waren es die
Eltern, die ihren Willen hemmten, ihr dies und jenes verboten,
weil sie meinten, einer reichen Müllerstochter zieme* solche   -15-
Arbeit nicht. Dann schaffte sie gar manches heimlich, und oft,
wenn ihre kranke Mutter des Nachts erwachte, sah sie ihre Tochter
am Bette sitzen, während sie doch einer Magd zu wachen befohlen,
ihre Tochter aber mit allem Ernst zu Bette geheißen hatte.
    Als nun die Mutter gestorben war und das Unglück ausbrach, da   -20-
wars, als wenn ein Blitz sie getroffen. Sie jammerte nicht, aber
sie schien stumm geworden, und die Leute hatten fast ein Grausen
ob* ihr, denn man sah sie oft stehen auf hohem Vorsprung* oder an
tiefem Wasser und ob* den Mühlrädern am Bache, und alle sagten,
es gebe sicher ein Unglück, aber niemand reichte die Hand,   -25-
selbigem* auf irgendeine Weise vorzubeugen. Alle dachten, und
viele sagten es, es geschehe Elsi recht, Hochmut komme vor dem
Falle, und so sollte es allen gehen, die so stolz wie Elsi täten;
und als dasselbe* am Morgen, als alles aufgeschrieben* werden
sollte, verschwunden war, sagten alle, da hätte mans*, und sie   -30-
hätten es längst gesagt, daß es diesen Ausweg nehmen würde. Man
suchte es* in allen Bächen, an jungen Tannen, und als man es
nirgends fand, da deuteten einige darauf hin, daß einer* sei, der
schon viele geholt und absonderlich* Stolze und Übermütige, und
noch nach manchem Jahr ward stolzen Mädchen darauf hingedeutet*,   -35-
wie einer sei, der gerade stolze am liebsten nehme, sie sollen
nur denken an die reiche Müllerstochter, die so ungesinnet* verschwunden sei, daß man weder Haut noch Haar je wieder von ihr
gesehen.
    So übel war es indes* Elsi nicht ergangen*, aber Böses hatte es -40-
allerdings in den ersten Tagen im Sinne gehabt. Es war ihm*
gewesen, als klemme* jemand ihm das Herz entzwei, als türmten

-----

6: suitors.   9: decried.   10: For one thing.   12: =**dieselbe
brauchten**.   13: =**stand**.   15: =**passe**.   23: =**vor**; high ledge.   24:
=**über**.   26: =**diesen Unglück**.   29: i.e., Elsi; recorded (by the
law).   30: there you had it.   32: i.e., Elsi.   33: someone (i.e.,
the devil).   34: =**vor allem**.   35: it was pointed out to proud
girls.   37: rashly.   40: =**indessen** meanwhile; =**gegangen**.   41: i.e.,
Elsi.   42: were squeezing, pressing.

sich Mühlsteine an seiner Seele auf; es war ein Zorn, eine Scham
in ihm, und die brannten ihns*, als ob es mitten in der Hölle
wäre. Allen Leuten sah es an, wie sie sein Unglück ihm gönnten*,
und wenn man ihm alle Schätze der Welt geboten hätte, es wäre
nicht imstande gewesen, einem einzigen Menschen ein freundlich   -5-
Wort zu geben.

     Indessen wachte über dem armen Kinde eine höhere Hand und ließ
aus dessen Stolze eine Kraft emporwachsen, welche demselben zu
einem höheren Entschlusse half; denn so tut es Gott oft, eben aus
dem Kerne, den die Menschen verworfen, läßt er emporwachsen die   -10-
edelste Frucht. Der Stolz des Mädchens war ein angeborner Ekel
gegen alles Niedere, geistig Hemmende, und wer es einmal beten
gesehen hätte, hätte auch gesehen, wie es sich demütigen konnte
vor dem, in dem nichts Niederes, nichts Gemeines* ist. Aber sein
Inneres verstund* es nicht, sein Äußeres beherrschte es nicht,   -15-
und darum gebärdete es sich wie eine reiche Müllerstochter,
welcher die ganze Welt nicht vornehm genug ist. Da weg wollte es,
aber vor der Untat schauderte es; die Schande wollte es seiner
Familie nicht antun, wollte nicht die Seele mit dem Leibe verderben, aber wie sich helfen, wußte es lange nicht. Da, in   -20-
stiller Nacht, als eben seine Angst um einen Ausweg am größten
war, öffnete ihm Gott denselben. Weit weg wollte es ziehen,
Dienst suchen als niedere Magd an einsamem Orte, dort in Stille
und Treue unbekannt sein Leben verbringen, solange es Gott ge-
falle. Wie in starken Gemütern kein langes Werweisen* ist, wenn   -25-
einmal ein Weg offen steht, so hatte es noch in selber Nacht sich
aufgemacht, alle Hoffart dahintengelassen, nur mitgenommen, was
für eine Magd schicklich* war, keinem Menschen ein Wort gesagt
und war durch einsame Steige fortgegangen aus dem heimischen
Tale. Manchen Tag war es gegangen in die Kreuz und Quere*, bald   -30-
gefiel es ihm nicht, bald gedachte* es an bekannte Namen, die
hier oder dort wohnten, und so war es gekommen bis ins Heimis-
wyltal. Dort hinten im heimeligen* Tale gefiel es ihm, es suchte
Dienst und fand ihn.

     Die rasche Aufnahme desselben war anfangs der Bäurin nicht   -35-
recht, sie kapitelte den Mann ab*, daß er ihr da eine auf-
gebunden* habe, die so zimpfer* aussehe und zu hochmütig, um sich
etwas befehlen zu lassen. Des* tröstete sie der Bauer, indem das
Mädchen ja nicht für eine bestimmte Zeit gedungen* sei, *man also
dasselbe schicken könne, sobald es sich nicht als anständig er-   -40-
weise. Auch dem übrigen Gesinde* war die Aufnahme des Mädchens
nicht recht, und lang ging dasselbe um ihns herum wie Hühner um
einen fremden Vogel, der in ihrem Hof absitzt*.

2: accusative of es when latter refers to a woman (here: her). 3:
as if they were responsible for her misfortune. 14: common. 15:
=verstand.   25: =Zögern.   28: becoming, fitting. 30: in all
directions. 31: =dachte. 33: hidden. 36: scolded. 37: imposed
upon, burdened with; affected. 38: =Dessen Regarding that. 39:
hired; sc. und. 41: servants. 43: settles down.

Aber bald erkannte die Bäurin, daß sie in Elsi ein Kleinod*
besitze, wie sie keines noch gehabt, wie es mit Geld nicht zu
bezahlen ist. Elsi verrichtete, was es zu tun hatte, nicht nur
meisterhaft, sondern es sinnete* auch selbst, sah, was zu tun
war, und tat es ungeheißen* rasch und still, und wenn die Bäurin   -5-
sich umsah, so war alles schon abgetan als wie* von unsichtbaren
Händen, als ob die Bergmännlein* da gewesen wären. Das nun ist
einer Meisterfrau unbeschreiblich anständig, wenn sie nicht an
alles sinnen, allenthalben nachsehen muß, wenn sie nicht nur das
Schaffen, sondern auch das Sinnen übertragen* kann, aber sie   -10-
findet selten einen Dienst*, bei welchem sie dieses kann.   Viele
Menschen scheinen nicht zum Sinnen geboren, und viele wiederum
haben ihre Gedanken nie da, wo es nötig wäre, und wenige sind,
die wache Sinne haben, geleitet und gehütet von klarem Verstande,
und aus diesen wenigen sind wiederum wenige, die zum Dienen   -15-
kommen, oder dienen selten lange, denn das sind geborene Meisterleute. Daneben hatte Elsi nichts auf Reden*, mit niemand Umgang,
und was es sah im Hause oder hörte, das blieb bei ihm, keine
Nachbarsfrau vernahm davon das mindeste, sie mochte es anstellen*, wie sie wollte. Mit dem Gesinde machte es sich nicht   -20-
gemein*. Die rohen Späße der Knechte wies es auf eine Weise zurück, daß sie dieselben nicht wiederholten, denn Elsi besaß eine
Kraft, wie sie selten ist beim weiblichen Geschlechte, und dennoch ward es von demselben nicht gehaßt. Niemanden verklagte es,
und wenn es Knecht oder Magd einen Dienst tun konnte, so sparte   -25-
Elsi es nicht, und manches tat es ab in der Stille, was die
andern vergaßen und deshalb hart gescholten worden wären, wenn
die Meisterleute es gesehen hätten.
So ward Elsi bald der rechte Arm der Meisterfrau, und wenn sie
etwas auf dem Herzen hatte, so war es Elsi, bei dem sie es er-   -30-
leichterte. Aber eben deswegen ärgerte es sie an Elsi, daß es
nicht Vertrauen mit Vertrauen vergalt*.   Natürlich nahm es sie
wunder, wer Elsi war und woher es kam, denn daß es nicht sein
Lebtag* gedient hatte, sondern eher befohlen, das merkte sie an
gar vielem, besonders eben daran, daß es selbst dachte und alles   -35-
ungeheißen tat. Sie schlug daher oft auf die Stauden* und frug*
endlich geradeaus. Elsi seufzte wohl, aber sagte nichts und blieb
fest dabei, wie auch* die Meisterfrau ansetzte* auf Weiberweise,
bald mit Zärtlichkeit und bald mit Giftigkeit. Heutzutage hätte
man es kürzer gemacht und nach den Schriften* gefragt, absonder-   -40-
lich nach dem Heimatschein*, den man hinterlegen* müsse, wenn man
nicht in der Buße sein* wollte; damals dachte man an solche

1: jewel. 4: =sann thought (things over). 5: unbidden. 6: =als
ob. 7: gnomes. 10: transfer. 11: =Dienstboten domestic servant.
17: avoided conversation, small talk. 20: contrive. 21: did not
join in with. 32: requited, repaid. 34: never before (in her entire life). 36: sounded (her) out; =fragte. 38: however much;
insisted.   40: papers. 41: certificate of domicile; deposit as
security. 42: to suffer, pay for it.

Dinge nicht, und im Bernbiet konnte man sein Lebtag inkognito
verweilen, wenn man nicht auf irgendeine Weise der Polizei sich
bemerkbar machte.
Wie sehr dies auch die Frau verdroß, so lähmte es doch ihr Vertrauen nicht, und wenn sie Donnstags* nicht nach Burgdorf auf den   -5-
Markt konnte, wohin schon damals die Heimiswyler Weiber alle
Donnstage gingen, so sandte sie Elsi mit dem, was Verkäufliches
bei der Hand war, und* Aufträgen, wie des Hauses Bedarf sie forderte. Und Elsi richtete aufs treulichste alles aus und war heim,
ehe man daran dachte, denn nie ging es in ein Wirtshaus, weder an   -10-
Markttagen noch an Sonntagen, wie ihm auch zugeredet ward von alt
und jung. Anfangs meinte man, sein Weigern sei nichts als die
übliche Ziererei, und fing an, nach Landessitte zu schreißen* und
zu zerren*, aber es half nichts, Elsi blieb standhaft. Man sah es
mit Erstaunen; denn ein solch Mädchen, das sich nicht zum Weine   -15-
schreißen ließ, war noch keinem vorgekommen. Am Ende setzte man
ab mit Versuchen und kriegte Respekt vor ihm.
Wenn aber einmal die jungen Leute vor einem schönen Mädchen
Respekt kriegen, da mag es wohl nach und nach sicher werden vor
denen, welche Mädchen wie Blumen betrachten, mit denen man um-   -20-
gehen kann nach Gelüsten*. Aber nun erst kommen die herbei,
welche Ernst machen wollen, welche eine schöne Frau möchten und
eine gute. Deren waren nun damals im Heimiswylergraben* viele,
und sie waren einstimmig der Meinung, daß nicht für jeden eine im
Graben selbst* zu finden sei. Freilich wollten die meisten zu   -25-
guten und schönen noch* reiche Weiber. Aber man weiß, wie das
beim jungen Volke geht, welches alle Tage eine andere Rechnung
macht und immer das am höchsten in Rechnung stellt, was ihm gerade am besten gefällt. Darum war Elsi vor diesen alle Tage
weniger sicher, sie sprachen es an auf dem Kirchweg und auf dem   -30-
Märitweg*, und des Nachts hoscheten* sie an sein Fenster, sagten
ihm Sprüche her, und wenn sie hintenaus* waren, fingen sie sie*
wieder von vornen an, aber alles umsonst. Elsi gab auf dem Wege
wohl freundlichen Bescheid*, aber aus dem Gaden* denen vor den
Fenstern nie Gehör. Und wenn, wie es im Bernbiet oft geschieht,   -35-
die Fenster eingeschlagen, die Gadentüre zertrümmert wurde, so
half das seinen Liebhabern durchaus nichts. Entweder schaffte es
sich selbsten* Schutz und räumte das Gaden wieder, oder es stieg
durchs Ofenloch in die untere Stube hinab; dorthin folgt kein
Kiltbub* einem Mädchen.   -40-
Unter denen, welche gerne eine schöne und gute Frau gehabt
hätten, war ein Bauer, nicht mehr ganz jung. Aber noch nie war

-----
5: =donnerstags. 8: sc. mit. 14: =zum Wein, zum Tanz einladen;
tease. 21: as (much as) one desires, wishes. 23: place name. 25:
in the village itself. 26: in addition to... also. 31: =Marktweg;
=klopften. 32: outside (along the way); i.e., die Sprüche. 34:
answer, acknowledgment; =Kammer: an upstairs bedroom in the typical Bernese house. 38: =selbst. 40: a young fellow (who knocks
on the window).

eine ihm schön und gut genug gewesen, und wenn er auch eine gefunden zu haben glaubte, so brauchte die nur mit einem andern
Burschen ein freundlich Wort zu wechseln, so war er fertig mit
ihr und sah sie nie mehr an. Christen hieß der Bursche, der von
seiner Mutter her einen schönen Hof besaß, während sein Vater mit   -5-
einer zweiten Frau und vielen Kindern einen andern Hof bewirt-
schaftete. Christen war hübsch und stolz, keinen schönern
Kanonier* sah man an den Musterungen, keinen tüchtigern Bauer in
der Arbeit und keinen kuraschierteren* Menschen im Streit. Aber
allgemach* hatte er sich aus den Welthändeln zurückgezogen. Die   -10-
Mädchen, welche am Weltstreit vordem* die Hauptursache waren -
jetzt ist es das Geld - waren ihm erleidet*, er hielt keines für
treu, und um ihn konnte der Streit toben, konnten Gläser split-
tern neben ihm und Stuhlbeine krachen, er bewegte sich nicht von
seinem Schoppen*. Nur zuweilen an einem Burgdorfmarkt, wenn die   -15-
Heimiswyler mit ihren Erbfeinden, den Krauchthalern*, nicht
fahren* mochten und Bott* und Bott kam, ihn zu entbieten* und
zuletzt stund er auf und half mit wackeren Streichen seinen be-
drängten Kameraden wieder auf die Beine.
    Mit Mägden hatte er sich, wie es einem jungen Bauer ziemt,   -20-
natürlich nie abgegeben, aber Elsi hatte so etwas Apartes* in
seinem Wesen, daß man es nicht zu den Mägden zählte, und daß alle
darüber einig waren, von der Gasse sei es nicht. Um so begieriger
forschte man, woher denn eigentlich, aber man erforschte es
nicht. Dies war zum Teil Zufall, zum Teil war der Verkehr damals   -25-
noch gar sparsam, und was den Stunden auseinanderlag, das war
sich fremder, als was jetzt fünfmal weiter auseinander ist. Wie
allenthalben, wo ein Geheimnis ist, Dichtungen* entstehen, und
wie, wo Weiber sind, Gerüchte umgehen, so ward gar mancherlei
erzählt von Elsis Herkommen und Schicksalen. Die einen machten   -30-
eine entronnene Verbrecherin aus ihm, andere eine entlaufene Ehe-
frau, andere eine Bauerntochter, welche einer widerwärtigen Heirat entflohen, noch andere eine uneheliche* Schwester der Bäurin
oder eine uneheliche Tochter des Bauerns, welche auf diese Weise
ins Haus geschmuggelt worden. Aber weil Elsi unwandelbar seinen   -35-
stillen Weg ging, fast wie ein Sternlein am Himmel, so verloren
all diese Gerüchte ihre Kraft, und eben das Geheimnisvolle, Besondere in seiner Erscheinung zog die junge Mannschaft an und
absonderlich Christen. Sein Hof war nicht entfernt von Elsis
Dienstort, das Land stieß fast einander, und wenn Christen ins   -40-
Tal hinunterwollte, so mußte er an ihrem Haus vorbei. Anfangs tat
er sehr kaltblütig. Wenn er Elsi zufällig antraf, so sprach er
mit ihm, stellte sich wohl auch bei ihm, wenn es am Brunnen

8: gunner. 9: more courageous. 10: =allmählich. 11: =früher. 12:
insufferable. 15: (mug of) beer (or glass of wine). 16: inhab-
itants of **Krauchtal**. 17: i.e., put up with; =**Bote** messenger; to
summon him.   21: odd, singular. 28: rumors. 33: =**uneheliche**
illegitimate.

unterm breiten Dache Erdäpfel* wusch oder was anderes. Elsi gab
ihm freundlichen Bescheid, und ein Wort zog das andere Wort nach
sich, daß sie oft gar nicht fertig werden konnten mit Reden, was
andern Leuten aber eher auffiel als ihnen selbst. Auch Christen
wollte Elsi Wein zahlen*, wenn er es in Burgdorf traf oder mit   -5-
ihm heimging am Heimiswyler Wirtshause vorbei. Aber ihm so wenig
als andern wollte Elsi in ein Wirtshaus folgen, ein Glas Wein ihm
abtrinken*. Das machte Christen erst bitter und bös, er war der
Meinung, daß, wenn ein junger Bauer einer Magd eine Halbe* zahlen
wolle, so sei das eine Ehre für sie, und übel an stünde es ihr*, -10-
diese auszuschlagen. Da er aber sah, daß sie es allen so machte,
hörte, daß sie nie noch ein Wirtshaus betreten, seit sie hier
sei, so gefiel ihm das und zwar immer mehr. Das wäre eine Treue,
dachte er, die nicht liebäugelte* mit jedem Türlistock*, nicht
mit jedem hinginge, wo er hinwollte; wer so eine hätte, könnte   -15-
sie zur Kirche und auf den Markt schicken oder allein daheim lassen, ohne zu fürchten, daß jemand anders ihm ins Gehege käme*.
Und doch konnte er die Versuche nicht lassen, sooft er Elsi auf
einem Wege traf, dasselbe zum Weine zu laden oder ihm zu sagen,
am nächsten Sonntag gehe er dorthin, es solle auch kommen, und   -20-
allemal ward er böse, daß er einen Abschlag erhielt.
    Es ist kurios mit dem Weibervolke und dem Männervolk. Solange
sie ledig sind, bloß werben* oder Brautleute* sind, da ist das
Weibervolk liebenswürdig aus dem ff* und das Männervolk frei-
gebig, daß einem fast übel wird, und zwar gleich zu* Stadt und   -25-
Land. So ein Bursche zum Beispiel läßt Braten aufstellen oder
wenigstens einen Kuchen, und sollte er ihn unter den Nägeln her-
vorpressen*, versteigt sich zu rotem Weine, gegenwärtig sogar zu
Champagner aus dem Welschland*, und nicht oft genug kann er sein
Mädchen zum Wein bestellen; er tut, als ob er ein Krösus* wäre   -30-
und sein Vater daheim nicht mehr Platz hätte zum Absitzen* vor
lauter Zäpfen und Päcklein*. Ist derselbe aber einmal ver-
heiratet, dann hat die Herrlichkeit ein Ende, und je freigebiger
er gewesen, desto karger wird er, und allemal wenn sein Weib mit
ihm ins Wirtshaus will, so setzt es Streit ab, und wenn das Weib -35-
es einmal im Jahr erzwängt*, so hält der Mann es ihr sieben Jahre
lang vor. Ähnlich haben es die Mädchen mit der Liebenswürdigkeit,
wenn sie Weiber werden. Eins zahlt immer das andere, heißt es,
aber schwer ists, zu entscheiden, ob der Mann zuerst von der

1: =Kartoffeln. 5: wanted to treat Elsi to wine. 8: i.e., that he
bought. 9: app. a half-liter. 10: it would be bad for her. 14:
ogle, flirt; =Türpfosten door-post, i.e., every Tom, Dick, and
Harry. 17: would invade his preserves, encroach on his rights.
23: court; engaged. 24: =vV: in viel Vergnügen for a good time.
25: =in der. 28: even if it squeezes him under the nails, i.e.,
even if it costs too much. 29: here: =Frankreich. 30: Croesus,
extremely wealthy king of Lydia in the 6th century B.C. 31: to
alight. 32: because of all the rolls of coins and wads of bills.
36: =erzwingt.

Freigebigkeit läßt oder das Weib von der Liebenswürdigkeit. Es
wird halt auch so sein mit dem Speck, mit welchem man die Mäuse
fängt; ist die Maus gefangen und der Speck gefressen, so wächst
auch nicht neuer Speck nach, und der alte ist und bleibt gefressen.   -5-
    Aus diesem Grunde wahrscheinlich kömmt* es, daß die meisten
städtischen Väter ihren Töchtern ein Sackgeld* vorbehalten,
welches aber sehr oft nicht ausgerichtet* wird; auf dem Lande ist
man noch nicht so weit und namentlich im Heimiswylgraben nicht.
    Trotz dem Bösewerden ward Elsi dem Christen doch immer lieber, -10-
immer mehr drang sich ihm die Überzeugung auf: "Die oder keine!"
Ihm zu Lieb und Ehr* tat er manchen Gang, war oft zu Abendsitz in
des Bauern Haus und immer öfters vor des Mädchens Fenster, doch
immer vergeblich, und allemal* nahm er sich vor, nie mehr zu
gehen, und nie konnte er seinen Vorsatz halten. Elsi kam, wenn es -15-
seine Stimme hörte, wohl unters Fenster und redete mit ihm, aber
weiter brachte Christen es nicht. Je zärtlicher er redete, desto
mehr verstummte das Mädchen; wenn er von Heiraten redete, so
brach es ab, und wenn er traulich* wurde, die eigenen Verhältnisse auseinandersetzte und nach denen von Elsi forschte, so -20-
machte dasselbe das Fenster zu. Dann ward Christen sehr böse, er
ahnete nicht, welchen Kampf Elsi im Herzen bestand.
    Anfänglich* war es Elsi wohl in der Fremde so alleine und ohne
alles Kreuz vom Vater her*, aber allgemach war eben dieses
Alleinstehen ihm zur Pein, denn ohne Bürde auf der Welt soll der -25-
Mensch nicht sein. So niemand zu haben auf der Welt, zu dem man
sich flüchten, auf den man in jeder Not bauen kann, das ist ein
Weh, an dem manches Herz verblutet. Als Christen der stattlichen
Maid sich nahte, tat es Elsi unendlich wohl; Christen war ja eine
Brücke in seine alten Verhältnisse, von der Magd zur Meisterfrau. -30-
Aber um zu heiraten, mußte es sagen, wer es war, mußte seine Ver-
hältnisse offenbaren, mußte in der Heimat sagen, wohin es gekommen; das wars, was es nicht konnte. Es war überzeugt, daß
Christen, sobald er wußte, wer es war, ihns sitzen ließe, und das
wollte es nicht ertragen. Es wußte zu gut, wie übel berüchtigt -35-
sein Vater war landauf, landab*, und daß man in diesem Tale hundertmal lieber ein arm Söhniswyb* wollte als eines von übel be-
rüchtigter Familie her. Wie manches arme Kind sich eines* reichen
Mannes freut seiner Eltern wegen, weil es hofft, Sonnenschein
bringen zu können in ihre trüben alten Tage, so kann ein Kind -40-
schlechter Eltern sich nicht freuen. Es bringt nichts als die
Schande mit in die neue Familie, den schlechten Eltern kann es
nicht helfen, nicht helfen von ihrer Schande, nicht helfen von
ihren Lastern. So wußte auch Elsi, daß seinem Vater nicht zu
helfen war, auf keine Weise. Geld war nur Öl ins Feuer, und ihn -45-

-----

6: =kommt. 7: =Taschengeld. 8: adjusted. 12: For her sake. 14:
=immer. 19: intimate. 23: =Anfangs. 24: without any burden
relating to her father. 36: up and down the countryside. 37:
daughter-in-law. 38: =auf einen.

bei sich ertragen, das hätte es nicht vermocht und hätte es viel
weniger einem Manne zugemutet, was die leibliche Tochter* nicht
ertrug. Das ist eben der Fluch, der auf schlechten Eltern liegt,
daß sie das Gift werden in ihrer* Kinder Leben; ihr schlechter
Name ist das Gespenst, das umgeht, wenn sie selbst schon lange in   -5-
ihren Gräbern modern, das sich an die Fersen der Kinder hängt und
unheilbringend ihnen erscheinet, wenn Glück sich ihnen nahen,
bessere Tage ihnen aufgehen wollen.
     Es kämpfte hart in dem armen Mädchen, aber sein Geheimnis
konnte es nicht offenbaren. Wenn Christen je gesehen hätte, wie   -10-
der Kampf Elsi Tränen auspreßte, wie es seufzte und betete, er
wäre nicht so böse geworden, er hätte vielleicht in verdoppelter
Liebe das Geheimnis entdeckt; aber was da innen in uns sich regt,
das hat Gott nicht umsonst dem Auge anderer* verborgen. Es kam
Elsi oft an, wegzuziehen in dunkler Nacht, wieder zu ver-   -15-
schwinden, wie es in seiner Heimat verschwunden war, und doch
vermochte es dasselbe nicht. Es redete sich ein, die Leute würden
ihm Böses nachreden, es sei mit dem Schelmen (einem Diebe gleich)
davongegangen, oder noch Schlimmeres, aber es war etwas anderes,
welches ihns hielt, was es sich aber selbst nicht gestand. So   -20-
litt das arme Mädchen sehr, *das höchste Glück ihm so nahe und
doch ein Gespenst zwischen ihm und seinem Glück*, das ihns ewig
von selbigem schied. Und dieses Gespenst sahen andere Augen
nicht, es durfte nicht schreien, es mußte die bittersten Vorwürfe
ertragen, als ob es schnöde und übermütig das Glück von sich   -25-
stieße.
     Diese Vorwürfe machten ihm nicht nur Christen, sondern auch die
Bäurin, welche Christens Liebe sah und* ihrer Magd, welche ihr
lieb wie eine Schwester war,* dieses Glück wohl gönnte, was nicht
alle Meisterfrauen getan hätten, aufsätzig*. Bei diesen Anlässen   -30-
konnte sie recht bitter werden in den Klagen über Mangel an Zutrauen, ja, manchmal sich des Deutens nicht enthalten, daß Elsi
wohl etwas Böses zu bewahren hätte, weil es dasselbe nicht einmal
ihr, welche es doch so gut mein, anvertrauen wolle.
     Das fühlte Elsi mit Bitterkeit, es sah recht elend aus, und   -35-
doch konnte es nicht fort, konnte noch viel weniger das Gespenst
bannen, das zwischen ihm und seinem Glücke stand. Da geschah es
am alten Neujahr, das heißt an dem Tage, auf welchen nach dem
alten Dato*, nach russischem Kalender das Neujahr gefallen wäre,
und welches, sowie die alte Weihnacht, ehedem noch allgemein ge-   -40-
feiert wurde, auf dem Lande, jetzt nur noch in einigen Berg-
gegenden, daß Elsi mit der Bäurin nach Burgdorf mußte. Der Tag
war auf einen Markttag gefallen, es war viel Volk da, und lustig
ging es her unterm jungen Volk, während unter den Alten viel
verkehrt* wurde von den Franzosen, von welchen die Rede war,   -45-

-----
2: his very own daughter. 4: genitive plural. 14: genitive
plural. 21: sc. weil, indem. 22: sc. war. 28: sc. die Liebe. 29:
sc. und ihr. 30: made the peasant's wife hostile to her maid. 39:
=Datum. 45: =besprochen.

wie sie Lust hätten an das Land hin*, wie man sie aber bürsten*
wollte, bis sie genug hätten. Nur vorsichtig ließen hier und da
einige verblümte* Worte fallen von Freiheit und Gleichheit und
den gestrengen Herren zu Bern, und sie taten wohl mit der Vorsicht, denn Teufel und Franzos war denen aus den Bergen ungefähr   -5-
gleichbedeutend.

Als die Bäurin ihre Geschäfte verrichtet hatte, steuerte sie
ihrem üblichen Stübli* zu, denn z'leerem* ging sie von Burgdorf
nicht heim und namentlich am alten Neujahr nicht. Sie wollte Elsi
mitnehmen, welches aber nicht wollte, sondern sich entschuldigte, -10-
es hätte nichts nötig, und wenn sie beide hineingingen, so müßten
sie pressieren*, weil niemand daheim die Sache mache; gehe es
aber voran, so könne die Bäurin bleiben, solange es ihr anständig
sei, bis sie Kameradschaft fände für heim oder gar eine Gelegenheit zum Reiten*.   -15-

Wie sie da so märterten* miteinander, kam Christen dazu, stund
auf Seite der Meisterfrau und sagte Elsi, jetzt müsse es hinein;
das wäre ihm doch seltsam, wenn ein Meitschi* wie es in kein
Wirtshaus wollte, es wäre das erste. Elsi blieb fest und lehnte
manierlich ab: es möge den Wein nicht erleiden*, sagte es, und   -20-
daheim mache niemand die Haushaltung. Es müßte kommen, sagte
Christen, trinken könne es, so wenig es wolle, und gehen, wenn es
wolle, aber einmal wolle er wissen, ob es sich seiner verschäme
oder nicht.

Das sei einfältig von ihm, sagte Elsi, er solle doch denken,   -25-
wie eine arme Magd eines Bauern sich verschämen sollte, und
zürnen* solle er nicht, aber es sei sein Lebtag sein Brauch
gewesen, sich nicht eigelich (keine Komplimente) zu machen*,
sondern erst zu sinnen, dann zu reden, dann bei dem zu bleiben,
was geredet worden. Die gute Bäurin, welche wenig von andern -30-
Gründen wußte, als von Mögen und nicht Mögen, half drängen und
sagte, das sei doch wunderlich getan, und wenn zu ihrer Zeit sie
ein ehrlicher, braver Bursche zum Weine habe führen wollen, so
hätte sie sich geschämt, es ihm abzusagen und ihm diese Schande
anzutun.   -35-

Es ist nun nichts, welches den Zorn des Menschen eher entzündet, sein Begehren stählt als ein solcher Beistand, darum ward
Christen immer ungestümer* und wollte mit Gewalt Elsi zwingen.
Aber Elsi widerstand. Da sagte Christen im Zorn: "He nun so denn,
du wirst am besten wissen, warum du in kein Wirtshaus darfst,   -40-
aber wenn du nicht willst, so gibt es andere." Somit ließ er Elsi
fahren und griff rasch nach einem andern Heimiswyler Mädchen,
welches eben vorüberging und willig ihm folgte. Die Bäurin warf
Elsi einen bösen Blick zu und sagte "Gell, jetzt hasts*!" und
ging nach. Da stund nun Elsi, und fast das Herz wollte es ihm   -45-
-----
1: sc. zukommen; brush them (back). 3: veiled. 8: =Weinstube;
without a drink. 12: to be creating an urgent situation. 15:
=Mitfahren. 16: =schwätzten. 18: =Magd. 20: =vertragen. 27: =sich
ärgern. 28: put on airs. 38: more furious. 44: That's it, now
you've done it.

zerreißen, und der Zorn über Christens verdächtige Worte und die
Eifersucht gegen das willige Mädchen hätten fast vollbracht, was
die Liebe nicht vermochte, und* es Christen nachgetrieben. Indessen hielt es sich, denn vor den Wirtshäusern, in welchen ihre
Familienehre, ihr Familienglück zugrunde gegangen, hatte es einen   -5-
Abscheu, und zugleich floh es sie*, weil es in denselben am
meisten Gefahr lief, erkannt zu werden oder etwas von seinem
Vater vernehmen zu müssen. In den Wirtshäusern ists, wo die
Menschen zusammenströmen und sich Zeit nehmen, zu betrachten und
heimzuweisen*, was beim flüchtigen Begegnen auf der Straße unbe-   -10-
achtet vorübergeht. Es ging heim; aber so finster war es in
seinem Herzen nie gewesen seit den Tagen, an welchen das Unglück
über sie eingebrochen war. Anfangs konnte es sich des Weinens
fast nicht enthalten, aber es unterdrückte dasselbe mit aller
Gewalt der Leute wegen. Da nahm ein bitterer, finsterer Groll   -15-
immer mehr Platz in demselben. So ging es ihm also; so sollte es
nicht nur nie glücklich sein, sondern noch eigens* geplagt und
verdächtigt werden, mußte das sich gefallen lassen, konnte sich
nicht rechtfertigen; so gingen die Leute mit ihm um, um welche es
das am wenigsten verdient hatte, welche es am besten kennen   -20-
sollten! Wie ehedem in gewaltigen Revolutionen die Berge aus der
Erde gewachsen sein sollen, so wuchs aus den Wehen seines Herzens
der Entschluß empor, von allen Menschen mehr und mehr sich abzu-
schließen, mit niemand mehr etwas zu haben, nicht mehr zu reden
als es mußte, und so bald möglich da wegzugehen, wo man so gegen   -25-
ihns sein könnte.
   Als die Meisterfrau heim kam, stärkte sie diesen Entschluß; sie
beabsichtigte freilich das Gegenteil, aber es ist nicht allen
Menschen gegeben, richtig zu rechnen, nicht einmal in Beziehung
auf die Zahlen, geschweige* denn inbezug auf die Worte. Sie er-   -30-
zählte, wie Christen sich lustig mache in Burgdorf, und sicher
gehe er mit dem Mädchen heim, und was es dann gebe, könne niemand
wissen, das Mädchen sei hübsch und reich und pfiffig* genug,
einen Vogel im Lätsch* zu fangen. Das würde Elsi recht geschehen,
und sie möchte es ihm gönnen, denn das sei keine Manier für eine   -35-
Magd, mit einem Bauer so umzugehen. Aber sie fange auch an zu
glauben, da müsse was dahinter sein, das nicht gut sei, anders
könne sie es sich nicht erklären, oder sei es anders, so solle es
es sagen. Diesem setzte Elsi nichts als trotziges Schweigen entgegen.   -40-
   In trotzigem Schweigen ging es zu Bette und wachte in ihm auf,
als es an sein Fenster klopfte und Christens Stimme laut ward vor
demselben. Derselbe hatte es doch nicht übers Herz bringen
können, einen neuen Tag aufgehen zu lassen über* seinem Zwist mit
Elsi. Er trank, wie man sagt, guten Wein, und je mehr er trank,   -45-

-----
3: sc. hätten. 6: i.e., die Wirtshäuser. 10: to show. 17: particularly. 30: not to mention. 33: artful. 34: noose, lasso. 44:
on.

desto besser ward er. Je mehr der Wein auf dem Heimweg über ihn
kam, desto mehr zog es ihn zu Elsi, mit ihm Frieden zu machen. Im
Wirtshaus zu Heimiswyl kehrte er mit seinem Meitschli ein, aber
nur, um desselben loszuwerden mit Manier, ließ eine Halbe
bringen, bestellte Essen, ging unter einem Vorwand hinaus, be-   -5-
zahlte und erschien nicht wieder. Das Mädchen war, wie gesagt,
nicht von den dummen eins*, es merkte bald, woran es war*,
jammerte und schimpfte nicht, hielt nur mit dem, was Christen
bezahlt hatte, einen andern zu Gast, und so fehlte es ihm an
einem Begleiter nach Hause nicht.   Dem armen Christen ging es   -10-
nicht so gut.   Elsi, durch die Bäurin neu aufgeregt, hielt an
seinem Entschluß fest und antwortete nichts, gäb wie* Christen
bat und sich unterzog*; es mußte den Kopf ins Kissen bergen, damit er sein Wesen nicht höre, aber es blieb fest und antwortete
nicht einen Laut. Christen tat endlich wild, aber Elsi bewegte   -15-
sich nicht, zuletzt entfernte sich derselbe halb zornig und halb
im Glauben, Elsi habe zu hart* geschlafen und ihn nicht gehört.
Er ward aber bald inne*, wie Elsi es meine. Die frühere Freundlichkeit war dahin; Elsi tat durchaus fremd gegen ihn, antwortete
ihm nur das Notwendigste, dankte, wenn er ihm die Zeit wünschte*,   -20-
in allem übrigen aber war es unbeweglich. Christen ward fuchswild
darob* und konnte Elsi doch nicht lassen. Hundertmal nahm er sich
vor, an dasselbe nicht mehr zu sinnen, sich ganz von ihm los-
zumachen, und doch stund es beständig vor seinen Augen; seine
weißen Hemdeärmel am Brunnen sah er durch sieben Zäune schimmern,   -25-
und an allen Haaren zog es ihn, bis er unter dessen Fenster
stand. Hundertmal nahm er sich vor, rasch eine andere zu freien
und so dem Ding ein Ende zu machen, aber er konnte mit keinem
Mädchen freundlich sein, und wenn eines gegen ihn freundlich war,
so ward er böse, es war ihm, als trügen alle andern Mädchen die   -30-
Schuld, daß Elsi sich so gegen ihn verhärte.
    Während Christen sein Weh im Herzen wuchs als wie ein bös Ge-
wächs*, wuchs auch der Lärm mit den Franzosen von Tag zu Tag.
Schon lange waren Soldaten auf den Beinen*, viele Bataillone
standen gesammelt den Franzosen bereits gegenüber, welche an den   -35-
Grenzen lagen und im Waadtlande*. Immer mehr bildete sich beim
Volk der Glaube aus, der Franzose fürchte sich, dürfe nicht angreifen, und unterdessen schlichen viele herum, die das Gerücht
zu verbreiten suchten, die Herren wollten das Volk verraten; wäre
dieses nicht, der Franzos wäre längstens abgezogen, aber er passe   -40-
auf die Gelegenheit und bis er mit den Herren einig sei. Das
echte Landvolk haßte den Franzos wie den Antichrist, ärger als
einen menschenfressenden Kannibalen, daher ärgerte es sich schwer
an dem Werweisen* der Herren auf dem Rathause; das Schwanken und
Zögern dort war eben nicht geeignet, jene Verleumdungen Lügen zu   -45-

-----
7: =**eins von den dummen**; what her situation was. 12: however
much.   13: was bent to the task. 17: soundly. 18: noticed. 20:
wished her a good day. 22: furious about it. 33: tumor.   34: out
and about.   36: in the canton of **Vaud**. 44: =**Zögern**.

strafen*. Eine schauerliche Nachricht jagte die andere. Da kam
plötzlich die Botschaft, losgebrochen sei der Krieg, und die
Postboten flogen durch die Täler, alle noch übrige eingeteilte
Mannschaft auf die Sammelplätze zu entbieten. Es war den ersten
März spät abends, als Christen den Befehl erhielt. Alsobald rüs-   -5-
tete er sich und bestellte sein Haus, und Nachbar um Nachbar kam,
bot seine Dienste an, und keiner vergaß die Mahnung: "Schont sie
nicht, die Ketzere*, laßt keinen entrinnen, schießt ihnen Köpfe
und Beine ab, verbrennt sie dann noch lebendig! Sie wissen es
dann in Zukunft, daß sie uns ruhig lassen sollen, die Mordio-   -10-
tüfle*!"
    Christen mochte nicht warten, bis der letzte fort war und er
die abgeschüsselt* hatte, welche ihn begleiten wollten, denn ohne
Abschied von Elsi wollte er nicht fort. Als er an dessen Fenster
kam, ging es ihm wie früher; er erhielt auf Reden und Klopfen   -15-
keine Antwort. Da sprach er: "Hör, Elsi, ich bin da eben in der
Montur* und auf dem Weg in den Krieg, und wer weiß, ob du mich
lebendig wieder siehst, einmal wenn* du so tust, gewiß nicht.
Komm herbei, sonst könntest du dich reuig werden*, solange du
lebst!" Die Worte drangen Elsi ins Herz, es mußte aufstehen und -20-
zum Fenster gehen. Da sagte Christen: "So kommst du doch noch,
aber jetzt gib mir die Hand und sag mir, du zürnest mir nicht
mehr, und wenn mich Gott gesund spart, so wolltest* du mein Weib
werden, versprich mirs!" Elsi gab seine Hand, aber schwieg. "Versprichst mirs?" fragte Christen. Es wollte Elsi das Herz ab-   -25-
drücken, und lange fand es keinen Laut, und erst als Christen
noch einmal sagte: "So red doch! Sag mir, du wollest mich, daß
ich auch weiß, woran ich bin", antwortete es: "Ich kann nicht."
"Aber Elsi, besinn dich!" sagte Christen, "mach nichts Lätzes*,
denk, du könntest reuig werden, sage ja!" "Ich kann nicht", wie- -30-
derholte Elsi. "Elsi, besinn dich!" bat Christen drungelich*,
"sag mir das nicht zum drittenmal; wer weiß, ob du mir dein Lebtag noch etwas sagen kannst! Sag ja, bitt ich dich." Ein Krampf
faßte Elsis Brust, endlich hauchte es: "Ich kann nicht." "So
sieh, was machst!" antwortete Christen, "und verantworte es* dann -35-
vor Gott!" Mit diesen Worten stürzte er fort; Elsi sank bewußtlos
zusammen.
    Still ging der zweite Tag März über dem Tale auf. Die meisten
Bewohner waren am Abend vorher lange aufgewesen, hatten Ab-
ziehenden das Geleit gegeben, und so begann erst spät des Tages -40-
Geräusch. Elsi war betäubt und ging herum wie ein Schatten an der
Wand. Die Meisterfrau hatte wohl gemerkt, daß Christen oben am
Fenster Abschied genommen, aber* nichts verstanden. Sie hoffte,
daß sie* sich verständigt, und fühlte Mitleid mit Elsis Aussehen,

-----
1: give the lie to, prove false. 8: =Ketzer heretics. 11: mur-
derous devils. 13: got free of, shook off. 17: uniform. 18: =wenn
du noch einmal. 19: =es bereuen. 23: =würdest... wollen. 29:
=Falsches. 31: =dringend. 35: answer for it. 43: sc. hatte. 44:
i.e., die zwei.

welches sie der Angst um Christens Leben zuschrieb. Sie tröstete,
so gut sie konnte, und sagte, es sei noch nicht gewiß, daß es
Krieg gäbe, vielleicht sei es wieder nur blinder Lärm. Und wenn
schon*, so hätte sie gehört, unter hundert Kugeln treffe nicht
eine einzige, und Christen sei alt genug, um aufzupassen, daß ihm -5-
keine treffe, und nicht so wie ein Sturm dreinzurennen, ohne sich
zu achten, wohin. Elsi sollte nur nicht Kummer haben, es werde
noch alles gut gehen, und ehe Pfingsten da sei, könne es ein
schön* Hochzeit geben.
    Dieser Trost wirkte aber wiederum umgekehrt, und Elsi begann, -10-
ganz gegen seine bisherige Gewohnheit, laut aufzujammern.   "Er
kommt nicht wieder, ich weiß es, und ich bin schuld daran", rief
es verzweiflungsvoll. "Aber, mein Gott", sagte die Frau, "Hast du
es denn nicht mit ihm ausgemacht und ihm das Wort gegeben? Er
wird doch expreß* deswegen gekommen sein und vielleicht dir den -15-
Hof noch lassen verschreiben*, ehe er von Burgdorf ausrückt."
"Nein habe ich gesagt", versetzte Elsi, "und er hat gesagt, lebendig werde ich ihn nicht wiedersehen." Da schlug die Bäurin die
Hände über dem Kopfe zusammen und sagte: "Aber mein Gott, mein
Gott, bist du verrückt oder eine Kindsmörderin oder eine Schin- -20-
derstochter*? Eins von diesen dreien muß* sein, sonst hättest du
es nicht übers Herz gebracht, einen solchen Burschen von der Hand
zu weisen*, der dir noch so anständig ist, wie ich es wohl gesehen. Bist eine Schinderstochter oder eine Kindesmörderin? Seh*,
red, ich will es jetzt wissen!" "Keins von beiden bin ich", sagte -25-
Elsi, tief verletzt über solchen Verdacht; "von vornehmen Leuten
bin ich her, wie hier in der ganzen Kirchhöre* keine wohnen; und
was mein Vater getan hat, dessen vermag ich mich nichts*." "So,
was hat der gemacht?" fragte die Frau, "er wird jemand gemordet
haben oder falsches Geld gemacht und ins Schellenwerk gekommen* -30-
oder gar gerichtet* worden sein." "Nein, Frau", sagte Elsi, "ich
weiß nicht, warum Ihr* mir das Wüsteste alles ansinnet*." "Aber
etwas muß es doch sein, das dir im Weg ist wegen einer Heirat; so
wegen nichts schlägt man einen solchen Mann nicht aus. Vielleicht
hat er falsche Schriften gemacht, oder er wird sich selber ge- -35-
mordet haben und nicht im Kirchhof begraben worden sein." "Nein,
Frau", sagte Elsi, "selb* ist nicht wahr; aber geltstaget hat er*
und muß jetzt in der Kehre gehen*.   Ich will es gleich heraus-
sagen, sonst meint man, wie schlecht ich sei, und es wird ohnehin
bald alles aus sein, und da möchte ich nicht, daß man mir -40-
Schlechtes ins Grab redete." "Was, geltstaget hat er, und deswegen willst du nicht heiraten, du Tropf* du? Und das darfst du

-----
4: And even if it were so. 9: =eine schöne. 15: expressly. 16:
will still propose. 21: daughter of a knacker (a person who buys
and slaughters worn-old horses for dog-meat), slave-driver; sc.
es. 23: reject. 24: an injuction. 27: parish. 28: I am not to
blame. 30: has probably been put in jail.   31: executed. 32:
archaic: =du; =zuschreibt. 37: =das; he has gone bankrupt. 38: go
on welfare. 42: dummy.

nicht sagen? Je weniger du hast, desto einen reichern Mann bedarfst du. Wenn ja keins heiraten wollte, wenn jemand in der
Familie geltstaget hat, denk nur, wieviel doch ledig bleiben
müßten, denen das Heiraten so wohl ansteht!" "O Frau", sagte
Elsi, "Ihr wißt darum nicht, wer wir gewesen sind, und was unser -5-
Unglück für mich war!"
    "O Herr, o Herr, o Mutter, o Mutter, sie kommen, sie kommen!"
schrie draußen ein Kind. "Wer?" schrie die Frau. "Die Franzosen,
sie sind schon im Lochbach oder doch in Burgdorf; hör, wie sie
schießen!" "O Christen, o Christen!" schrie Elsi; alle liefen -10-
hinaus. Draußen stand alles vor den Häusern, so weit man sehen
konnte, und "Pung*, Pung!" tönte es Schuß um Schuß dumpf über den
Berg her. Ernst horchten die Männer, bebend standen die Weiber,
und womöglich stund jedes neben oder hinter dem Mann, rührte ihn
an oder legte die Hand in seine, und gar manches Weib, das lange -15-
dem Mann kein gut Wort gegeben, ward zärtlich und bat: "Verlaß
mich nicht, verlaß mich nicht, mein Lebtag will ich dir kein
böses Wort mehr geben!" Endlich sagte ein alter Mann am Stecken*:
"Gefährlich ist das nicht, es ist weit noch, jenseits der Aare*,
wahrscheinlich am Berg. Wenn sie in Grenchen* mustern, hört man -20-
das Schießen akkurat gleich. In Lengnau* stehen die Berner, und
oben auf dem Berg sollen auch deren* sein; da werden die Franzosen probieren wollen, aber warten die nur, die sind gerade am
rechten Ort, in Solothurn wird man es ihnen schön machen, das
sind die rechten, die Solothurner, an den Schießeten* immer die -25-
lustigsten." Das macht den Weibern wieder Mut, aber manchem
Knaben, der Gabel* oder Hellbarde* in der Hand schon auf dem
Sprunge zum Ablauf stand, war der Ausspruch nicht recht. "Wir
gehen gleich!", sagte einer, "und sollte es bis Solothurn gehen.
Wenn wir gleich ablaufen, so kommen wir vielleicht noch zur -30-
rechten Gauzeten (Hauptstreit)." "Ihr wartet!" befahl der Alte.
"Wenn einer hier läuft, der andere dort, so richtet man nichts
aus, mit einzelnen Tropfen treibt man kein Mühlrad. Wenn in Solothurn die Franzosen durchbrechen, dann ergeht der Sturm, die
Glocken gehen, auf den Hochwachten wird geschossen, und die Feuer -35-
brennen auf, dann läuft alles miteinander in Gottes Namen drauf,
was Hand und Füße hat, dann gehts los, und der Franzos wird erfahren, was es heißt, ins Bernbiet kommen. Bis dahin aber
wartet!" Das war manchem wilden Buben nicht recht, er drückte
sich auf die Seite, verschwand, und mehr als einer kam nie -40-
wieder. "Du glaubst also nicht, daß unsere Leute schon im Krieg

-----
12: the noise of shots. 18: =**Stock**. 19: the Aare flows through
Bern. 20: a city in the canton of Solothurn, 12 miles north of
Bern. 21: a small town a mile or so southwest of Grenchen, across
the cantonal boundary in the canton of Bern. 22: some of them,
i.e., of the Bernese. 25: shooting-matches. 27: pitchfork;
halberd (combination spear and battle-ax).

seien?" frug bebend Elsi an des Alten Seite. "O nein", sagte der
Alte, "die werden wohl erst jetzt von Burgdorf ausrücken gegen
Fraubrunnen oder Bätterkinden* zu; was für Befehl sie bekommen,
weiß ich nicht. Aber schaden würde es nicht, wenn jemand auf
Burgdorf ginge, um da zu hören, was geht."   -5-
    Aber in Burgdorf war es nicht viel besser als hinten im Heimis-
wylgraben; ein Gerücht jagte das andere, eines war abenteuer-
licher als das andere. Die Franzosenfeinde wußten zu erzählen,
wie die geschlagen worden, und die, wo* nicht tot seien, seien
doch schon mehr als halbtot; die Franzosenfreunde wußten das Um- -10-
gekehrte: das ganze Bernerheer geschlagen, gefangen oder verraten, und predigten laut, man solle sich doch nicht wehren, man
gewinne nichts damit als eine zerschossene oder zerstochene Haut.
So wogten die Gerüchte hin und her, wie vor einem Gewitter die
Wolken durcheinandergehen.   -15-
    Gegen Abend hatte das Schießen aufgehört, es war ruhig geworden
auf der Landschaft, man hoffte, die Franzosen seien in Solothurn
gefangen genommen worden gleich wie in einer Falle von denen vom
Berge her und von Büren*. Elsi war auch ruhiger geworden auf
diese Hoffnung hin. Es hatte der Bäurin sagen müssen, wer es -20-
eigentlich sei, und da hatte diese wiederum die Hände ob* dem
Kopf zusammengeschlagen. Von dem Müller hatte sie gehört, von
seinem Tun und Reichtum, und da ihr nur dieser recht in die Augen
schien, so betrachtete sie Elsi mit rechtem Respekt. Keinem
Menschen hätte sie geglaubt, sagte sie, daß so eine reiche Mül- -25-
lerstochter sich so stellen könne, aber daß es nicht seiner Lebtag Magd gewesen, das hätte sie ihm doch gleich anfangs angesehen. "Und das, du Tröpflein, hast du ihm nicht sagen dürfen?
Du vermagst dich ja der ganzen Sache nichts*, und wenn dein Vater
schon ein Hudel* ist, so ist deine Familie doch reich und vornehm -30-
und sonst* nichts Unsauberes darin, und da muß einer* eins gegen
das andere rechnen. Oh, wenn ich Christen doch das nur gleich
sagen könnte; du würdest sehen, das machte* Christen nicht nur
nichts, er nähme noch den Vater zu sich, nur daß er ab* der Gemeinde käme." "Das begehr ich nicht", sagte Elsi, "ich begehre -35-
nicht mehr, mit dem Vater zusammenzukommen, und Christen kann ich
doch nicht heiraten, ich will gar nicht heiraten, nie und nimmermehr. Ich müßte mir doch meinen Vater vorhalten lassen*, oder daß
ich arm sei. Ich weiß wohl, wie das Mannevolk* ist, und das
möchte ich nicht ertragen, ich hintersinnete* mich; wie nahe ich -40-
dem schon war, weiß niemand besser als ich. Aber wenn Christen
nur nicht im Zorne tut, was unrecht ist, und den Tod sucht, ich

-----
3: **Fraubrunnen** is in the canton of Bern, 4 or 5 miles from the
Solothurn border. **Bätterkinden** is in the canton of Bern, on the
cantonal border with Solothurn. 9: =die. 19: =**Büren am Albis**: in
the canton of Bern, 4 miles south of Grenchen. 21: =**über**. 29: You
bear no blame in the whole affair. 30: pauper. 31: sc. **ist**; =**man**.
33: =**würde... machen**. 34: out of. 38: held up as an example. 39:
=**Männer**. 40: =**überlegen**.

überlebte* es nicht." "Du bist ein Tröpflein", sagte die Bäurin,
"so etwas ihm nicht zu sagen; das war nur der Hochmut, der dich
plagte. Aber wart, wir wollen ihm morgen Bescheid machen*, es
wird wohl der eine oder der andere Alte seinen Söhnen, die bei
den Soldaten sind, etwas schicken wollen, Käs oder Hamme* oder   -5-
Kirschenwasser; ich will mich eine Hamme für Christen nicht reuen
lassen, und da kann man ihm ja Bescheid machen dazu, es sei daheim ander Wetter, und er solle machen, daß er so bald als möglich heimkäme, aber gesund und gerecht. Er wird schon merken, was
gemeint ist." Elsi wollte davon lange nichts hören, klagte, wie   -10-
reuig es sei, daß es ein Wort gesagt, drohte, es laufe fort, jammerte, daß es nicht schon lange gestorben, und wenn Christen nur
lebendig heimkomme, so wolle es gerne auf der Stelle sterben,
aber heiraten wolle und könne es nicht. Die Bäurin ließ sich aber
nicht irre machen*; sie hatte die Heirat im Kopf, und wenn eine   -15-
Frau eine Heirat auf dem Korn hat*, so ists schwer, sie davon
abzubringen. Ein Hammli mußte herunter, und sie ruhte nicht, bis
sie einen aufgefunden, der mit Proviant den Soldaten nach-
geschickt wurde von einer sorgsamen Mutter, und scharf schärfte
sie dem es ein*, wem er das Hammli zu geben, und was er dazu zu   -20-
sagen hätte. Was die Bäurin getan, goß Balsam* in Elsis Herz,
aber es gestund es nicht ein*. Es zankte mit der Bäurin, daß sie
ihns verraten hätte, es zankte mit sich, daß es sein Geheimnis
vor dem Mund gelassen*, es wußte nicht, sollte es bleiben oder
gehen; es mochte ihm fast sein wie einem Festungskommandanten,   -25-
der erst von Verteidigung bis in den Tod, von in die Luft
Sprengen gesprochen*, und dem allgemach die Überzeugung kömmt,
das trüge nichts ab*, und leben bleiben sei doch besser.
     Der dritte März lief ab ohne Kanonendonner, aber Gerüchte
kamen, Freiburg* sei über* und Solothurn*, die Stadt Büren sei   -30-
verbrannt; die Herren wollten das Land übergeben ohne Krieg.
Dieses Gerücht entzündete furchtbaren Zorn, so weit es kam. Da
wollten sie doch auch noch dabeisein, sagten die Bauern, aber
erst müßten die Schelme an den Tanz*, die Dinge verkauften,
welche ihnen nicht gehörten. Gegen Abend wollte man Soldaten ge-   -35-
sehen haben, die, von Wynigen* kommend, quer durchs Tal gegangen
seien. Die sollten gesagt haben, sie kämen vom Weißenstein*, und
alles sei aus; die einen hätten kapituliert, die andern seien
sonst auseinandergegangen, und die Franzosen würden da sein, ehe

-----
1: =würde... überleben. 3: =sagen. 5: =Schinken. 15: could not be
deterred. 16: has an eye on marriage. 20: made it quite clear to
him. 21: balm. 22: =gestand... ein admitted. 24: that she had
allowed her secret to get out. 27: had spoken of blowing (the
fort) up. 28: that would not pay. 30: =Fribourg, some 15 miles
southwest of Bern, capital of the canton of Fribourg; capitu-
lated, fallen; the capital of the canton of Solothurn. 34: i.e.,
would have to get what was coming to them. 36: a town near Burgdorf. 37: a range of mountains in the canton of Solothurn.

man daran denke.

Dieser Bericht ging mit Blitzesschnelle durchs ganze Tal, regte alles auf, aber wie ein Blitz verschwand er auch; am Ende wußte man nicht, wer die Soldaten gesehen hatte, man wußte nicht mehr, waren es eigentliche Soldaten gewesen oder Spione, welche das Land auskundschaften sollten, denn es seien viele Deutsche bei   -5- den Franzosen, hieß es, die akkurat gleich redeten, wie man hier rede, und überhaupt beschaffen seien wie andere Menschen. Diese Nachricht hinterließ nichts als vermehrte Unschlüssigkeit; man wußte nicht, sollte man die ausgerückten Leute zurückerwarten, oder sollte man nachrücken. Man stund umher, packte auf, packte   -10- ab, es war akkurat, als ob es eigens dazu angelegt wäre, den Volksmut wirkungslos verpuffen und verrauchen* zu lassen.

Der Bursche, der ausgesandt worden war, kam erst am zweiten Tag, am vierten März, zurück, ohne Hammli, aber mit bösem Be- scheid. Christen hätte er nicht finden können, sagte er aus. Es   -15- hätte geheißen, er sei gegen Bätterkinden zugerückt mit seiner Batterie, dahin habe er ihm nicht nachwollen; es heiße, unge- sinnet trappe* man in die Franzosen hinein wie in ein Hornissen- nest, und ihre Dragoner kämen daher wie in den Lüften; wenn man meine, sie seien noch eine Stunde weit, so hätte man sie schon   -20- auf dem Hals. Er habe daher das Hammli in Fraubrunnen abgegeben mit dem Befehle, es dem Christen zuzustellen, wenn man ihn sehe. Zurück kämen die Leute aber nicht; sie wollten den* Franzosen warten, heiße es, und andere meinten, man warte nur auf Zuzug* und wolle dann auf die Franzosen zDorf*, welche sich nicht aus   -25- Solothurn hervorlassen dürften. Bald werde es losgehen, darauf könne man zählen.

Dieser Bescheid regte Elsi fürchterlich auf. Also Krieg gabs, und z'vordreist* war Christen und sicher expreß, von Elsis Nein gejagt, und niemand besänftigte ihn, und die gute Botschaft hatte   -30- er nicht vernommen, lebendig säh es ihn also nicht wieder! Es drängte ihns, ihm die Botschaft sebst zu bringen, aber es wußte keinen Weg und fürchtete, so alleine in die Franzosen zu laufen, und die Bäurin tröstete es, der Landsturm werde allweg ergehen*, da gehe alles*, da könne es mit, sie wolle für ihns daheim   -35- bleiben, denn von wegen* dem Vieh könne doch nicht alles fort. So werde es früh genug kommen, denn man werde dSach* doch nicht las- sen angehen, bis alles beieinander sei.

Alles rüstete sich, jeder suchte seine Waffe sich aus; eine tüchtige zweizinkichte* Schoßgabel* an langem Stiele, mit welcher   -40- man in der Ernte die Garben ladet, stellte Elsi sich zur Hand und wartete mit brennender Ungeduld des* Aufbruchs.

12: go up in a puff of smoke. 18: people were tramping. 23: =auf die. 24: reinforcements; =im Dorf. 29: =zuvorderst in the front rank. 34: the reserves would soon be summoned. 35: =alle 36: =von wegen=wegen. 37: =die Sache. 40: =zweizackige two-pronged; type of pick (with a long handle). 42: =auf den.

Am fünften März wars, als der Franzos ins Land drang, im Lande
der Sturm erging, die Glocken hallten, die Feuer brannten auf den
Hochwachten, die Böller* krachten, und der Landsturm aus allen
Tälern brach, der Landsturm, der nicht wußte, was er* sollte,
während niemand daran dachte, was er mit ihm machen sollte. Aus   -5-
den nächsten Tälern strömte er Burgdorf zu; dort hieß es, man
solle auf Fraubrunnen, die Nachricht sei gekommen, daß die Franzosen von Solothurn aufgebrochen; auf dem Fraubrunner Felde
sollte geschlagen werden, dort warteten die Berner und namentlich
Füsiliere und Kanoniere aus dieser Gegend. Der Strom wälzte sich   -10-
das Land ab, Kinder, Greise, Weiber bunt durcheinander, an eine
Ordnung ward auch nicht von ferne* gedacht, dachte doch selten
jemand daran, was er eigentlich machen sollte vor dem Feinde. Von
einem wunderbaren, fast unerklärlichen Gefühle getrieben, lief
jeder dem Feinde zu, so stark er mochte, als ob es gälte, eine   -15-
Herde Schafe aus einem Acker zu treiben. Das beginnende Schießen
minderte die Eile nicht, es schien jedem angst zu sein, er käme
zu spät.
    Unter den vordersten war immer Elsi, und jeder Schuß traf sein
Herz, und es mußte denken: "Hat* der Christen getroffen?" So wie   -20-
sie aus dem Walde bei Kernenried kamen, erblickten sie den beginnenden Kampf am äußersten Ende des Fraubrunner Feldes gegen Solothurn zu*. Kanonen donnerten, Bataillonsfeuer krachten, jagende
Reiter wurden sichtbar, Rauchmassen wälzten sich über das Moos*
hin. Erstaunt standen die Landstürmer, sie hatten nie ein Gefecht   -25-
gesehen, wenigstens unter Hunderten nicht einer. Wie das so
fürchterlich zuging hin und her, und von weitem wußte man nicht
einmal, wer Feind, wer Freund war! Je länger sie zusahen, desto
mehr erstaunten sie, es begann ihnen zu grusen (grauen) vor dem
wilden Feuer mit Flinten und Kanonen und alles scharf geladen,   -30-
sie fanden, man müsse warten und zusehen, welchen Weg es gehe;
wenn man da so aufs Geratewohl* zumarschierte, so könne man unter
die Lätzen (Unrechten) kommen. Kein Mensch war da, sie zu ordnen,
zu begeistern, rasch in den Feind sie zu führen. Es waren in
jenen Tagen die Berner mit heilloser Blindheit geschlagen. Das   -35-
Feuer der Soldaten ließ man auf die gräßlichste Weise erkalten,
und wenns erkaltet war ob dem langen, nutzlosen Stehen, manchmal
lange Zeit ohne Führer, liefen sie halt* auseinander. Das einzige
Mal, wo die Soldaten vorwärts geführt wurden statt zurück, erfuhren die Franzosen, was Schweizerkraft und -mut noch dato*   -40-
kann, bei Neuenegg* erfuhren sie es.
    Elsi ward es himmelangst, als man so müßig und werweisend* da-
stand, als gar hier und da eine Stimme laut wurde: "Ihr guten
Leute, am besten wärs, wir gingen heim, wir richten da doch
nichts aus." Und wenn niemand da zu Hülfe* wolle, so gehe es,   -45-

-----
3: small cannons. 4: sc. tun. 12: not in the least. 20: =Wurde.
23: gegen... zu toward, in the direction of. 24: peat bog. 32:
haphazardly. 38: =ganz. 40: as of now. 41: a town between Bern
and Fribourg. 42: =zögernd. 45: =Hilfe (kommen).

wofür man dann bis hierher gekommen, sagte es. Wenn es nur den
kürzesten Weg übers Moor wüßte. Sie kämen mit, riefen einige
junge Bursche, und die Masse verlassend, eilten sie auf dem
nächsten Weg Fraubrunnen zu. Als sie dort auf die Landstraße
kamen, war ein hart Gedränge, eine Verwirrung ohnegleichen. Mit   -5-
Gewalt fast mußte es sich drängen durch Berner Soldaten, die auf
der Straße standen und müßig zusahen, wie vorwärts ein ander
Bataillon mit dem Feinde sich schlug. Auf die wunderlichste Weise
stund man da vereinzelt, schlug sich vereinzelt mit dem Feind
oder wartete geduldig, bis es ihm gefiel, anzugreifen. Keiner   -10-
unterstützte den andern, höchstens, wenn ein Bataillon vernichtet
war, gab ein anderes zu verstehen, es sei auch noch da und harre*
des gleichen Schicksals.
     Das alles sah Elsi im Flug, und wenn die Soldaten, die es mit
Püffen* nicht schonte, schimpften und ihm zuriefen, es solle   -15-
heimgehen und Kuder* spinnen, so sagte es, wenn sie dastünden wie
die Tröpfe, so müßte das Weibervolk voran, um das Vaterland zu
retten, und wenn sie was nutz wären, so gingen sie vorwärts und
hülfen den andern. Elsi hatte vom Moos weg eine große Linde auf
dem Felde gesehen, und bei derselben sah es den Rauch von Ka-   -20-
nonen, dort mußte sein Christen sein, dorthin eilte es mit aller
Hast. Als es auf die Höhe kam, hinter welcher von Fraubrunnen her
die berühmte Linde liegt, donnerten die Kanonen noch, aber Elsi
sah, wie rechts zwischen Straße und Moos, vom Rande des Raines*
bedeckt, Reiter dahergesprengt kamen wie der Byswind*, fremd-   -25-
ländisch anzusehen. "Franzosen! Franzosen!" rief es, so laut es
konnte, aber seine Stimme verhallte im Kanonendonner. Die Reiter
wußten, was sie wollten, sie wollten die Batterie, welche ihnen
lästig geworden war. Ebenfalls die Linde im Auge, lenkten sie,
sobald sie unter ihr waren, auf die Straße herauf und stürzten   -30-
sich auf die Kanoniere. Diese, ohne nähere Bedeckung, suchten
zwischen ihren Kanonen sich zu verteidigen, aber einer nach dem
andern fiel. Einen einzigen sah Elsi noch, der mit seinem kurzen
Säbel ritterlich sich wehrte; es war sein Christen. "Christen!
Christen! Wehre dich, ich komme!" schrie Elsi mit lauter Stimme.   -35-
Den Schrei hörte Christen, sah sein Elsi, sank aber im gleichen
Augenblicke zum Tode getroffen zwischen den Kanonen nieder. Elsi
stürzte mit der Wut einer gereizten Löwin auf die Franzosen ein,
diese riefen ihm Pardon zu, aber Elsi hörte nichts, rannte mit
seiner Gabel den ersten vom Pferde, rannte an, was zwischen ihm   -40-
und Christen war, verwundete Pferde und Menschen; da fuhren
zischende Klingen auf das Mädchen nieder, aber es rang sich
durch, und erst zwischen den Kanonen fiel es zusammen. Vor ihm
lag Christen. "O Christen, lebst du noch?" rief es mit dem Tode
auf den Lippen. Christen wollte sich erheben, aber er vermochte   -45-
es nicht, die blutige Hand reichte er ihm, und Hand in Hand

12: =warte auf (das). 15: with pokes in the ribs. 16: =Flachs.
24: of the ridge. 25: cold north wind.

gingen sie hinüber in das Land, wo nichts mehr zwischen den
Seelen steht, die sich hier gefunden.
  Die Franzosen ahen gerührt diesen Tod, die wilden Husaren waren
nicht unempfänglich für die Treue der Liebe. Sie erzählten der*
Liebenden Schicksal, und sooft sie dasselbe erzählten, wurden sie -5-
wehmütig und sagten, wenn sie gewußt hätten, was beide einander
wären, beide lebten* noch, aber im wilden Gefecht habe man nicht
Zeit zu langen Fragen.*

                                                       1843

4: gen. pl. 7: =würden... leben. 8: the story has been edited
very slightly to remove a few phrases peculiar to the Swiss
dialect.

ADALBERT STIFTER

GRANIT

Vor meinem väterlichen Geburtshause, dicht* neben der Eingangs-
tür in dasselbe, liegt ein großer achteckiger Stein von der Gestalt eines sehr in die Länge gezogenen Würfels. Seine Seiten-
flächen sind roh ausgehauen, seine obere Fläche aber ist von dem
vielen Sitzen so fein und glatt geworden, als wäre sie mit der -5-
kunstreichsten Glasur* überzogen. Der Stein ist sehr alt, und niemand erinnert sich, von einer Zeit gehört zu haben, wann er gelegt
worden sei. Die urältesten* Greise unsers Hauses waren* auf dem
Steine gesessen sowie jene, welche in zarter Jugend hinweg-
gestorben waren und nebst* all den andern in dem Kirchhofe -10-
schlummern. Das Alter beweist auch der Umstand, daß die Sandstein-
platten, welche dem Steine zur Unterlage dienen, schon ganz aus-
getreten und dort, wo sie unter die Dachtraufe* hinausragen, mit
tiefen Löchern von den herabfallenden Tropfen versehen sind.
Eines der jüngsten Mitglieder unseres Hauses, welche auf dem -15-
Steine gesessen waren, war in meiner Knabenzeit ich. Ich saß gerne
auf dem Steine, weil man wenigstens dazumal* eine große Umsicht
von demselben hatte. Jetzt ist sie etwas verbaut worden. Ich saß
gerne im ersten* Frühlinge dort, wenn die milder werdenden Sonnenstrahlen die erste Wärme an der Wand des Hauses erzeugten. Ich sah -20-
auf die geackerten, aber noch nicht bebauten Felder* hinaus, ich
sah dort manchmal ein Glas wie einen weißen feurigen Funken
schimmern und glänzen, oder ich sah einen Geier vorüberfliegen,
oder ich sah auf den fernen bläulichen Wald, der mit seinen Zacken
an dem Himmel dahinging, an dem die Gewitter und Wolkenbrüche hin- -25-
abziehen und der so hoch ist, daß ich meinte, wenn man auf den
höchsten Baum desselben hinaufstiege, müßte man den Himmel angreifen können. Zu andern Zeiten sah ich auf der Straße, die nahe
an dem Hause vorübergeht, bald einen Erntewagen, bald eine Herde,
bald* einen Hausierer* vorüberziehen.   -30-
Im Sommer saß gerne am Abende auch der Großvater auf dem Steine
und rauchte sein Pfeifchen, und manchmal, wenn ich schon lange
schlief oder in den beginnenden Schlummer nur noch gebrochen die
Töne hineinhörte, saßen auch teils auf dem Steine, teils auf dem
daneben befindlichen Holzbänkchen oder auf der Lage von Bau- -35-
brettern junge Burschen und Mädchen und sangen anmutige Lieder in
die finstere Nacht.
Unter den Dingen, die ich von dem Steine aus sah, war öfter auch

-----

1: right. 6: glaze. 8: very oldest; Austrian: =hatten. 10: =neben.
13: eaves. 17: =damals. 19: =am Anfang. 21: the plowed but not yet
cultivated fields. 30: sometimes... sometimes... sometimes; salesman.

ein Mann von seltsamer Art. Er kam zuweilen auf der Hossenreuther
Straße mit einem glänzenden schwarzen Schubkarren heraufgefahren.
Auf dem Schubkarren hatte er ein glänzendes schwarzes Fäßchen.
Seine Kleider waren zwar vom Anfange an nicht schwarz gewesen,
allein sie waren mit der Zeit sehr dunkel geworden und glänzten -5-
ebenfalls. Wenn die Sonne auf ihn schien, so sah er aus, als wäre
er mit Öl eingeschmiert worden. Er hatte einen breiten Hut auf dem
Haupte*, unter dem die langen Haare auf den Nacken hinabwallten.
Er hatte ein braunes Angesicht*, freundliche Augen, und seine
Haare hatten bereits die gelblich weiße Farbe, die sie bei Leuten -10-
unterer Stände, die hart arbeiten müssen, gerne bekommen. In der
Nähe der Häuser schrie er gewöhnlich etwas, was ich nicht verstand. Infolge dieses Schreiens kamen unsere Nachbarn aus ihren
Häusern heraus, hatten Gefäße in der Hand, die meistens schwarze
hölzerne Kannen waren, und begaben sich auf unsere Gasse. Während -15-
dies geschah, war der Mann vollends* näher gekommen und schob
seinen Schubkarren auf unsere Gasse herzu. Da hielt er stille,
drehte den Hahn in dem Zapfen seines Fasses und ließ einem jeden,
der unterhielt*, eine braune zähe* Flüssigkeit in sein Gefäß rinnen, die ich recht gut als Wagenschmiere erkannte und wofür sie -20-
ihm eine Anzahl Kreuzer oder Groschen* gaben. Wenn alles vorüber
war und die Nachbarn sich mit ihrem Kaufe entfernt hatten, richtete er sein Faß wieder zusammen, strich alles gut hinein, was
hervorgequollen war, und fuhr weiter. Ich war bei dem Vorfalle
schier* alle Male zugegen*; denn wenn ich auch eben nicht auf der -25-
Gasse war, da* der Mann kam, so hörte ich doch so gut wie die
Nachbarn sein Schreien und war gewiß eher auf dem Platze als alle
andern.
    Eines Tages, da die Lenzsonne* sehr freundlich schien und alle
Menschen heiter und schelmisch machte, sah ich ihn wieder die -30-
Hossenreuther Straße herauffahren. Er schrie in der Nähe der Häuser
seine gewöhnlichen Gesang, die Nachbarn kamen herbei, er gab ihnen
ihren Bedarf, und sie entfernten sich. Als dieses geschehen war,
brachte er sein Faß wie zu sonstigen Zeiten in Ordnung. Zum Hin-
einstreichen dessen, was sich etwa an dem Hahne oder durch das -35-
Lockern des Zapfens an den untern Faßdauben* angesammelt hatte,
hatte er einen langen, schmalen, flachen Löffel mit kurzem Stiele.
Er nahm mit dem Löffel geschickt jedes Restchen Flüssigkeit, das
sich in einer Fuge* oder in einem Winkel versteckt hatte, heraus
und strich es bei den scharfen Rändern des Spundloches* hinein. -40-
Ich saß, da er dieses tat, auf dem Steine und sah ihm zu. Aus Zufall hatte ich bloße Füße, wie es öfter geschah, und hatte Höschen
an, die mit der Zeit zu kurz geworden waren. Plötzlich sah er von
seiner Arbeit zu mir herzu und sagte: "Willst du die Füße eingeschmiert haben?"   -45-

-----
8: =Kopf(e). 9: =Gesicht. 16: =völlig, ganz. 19: =darunter hielt;
viscous. 21: coins. 25: =fast; =anwesend present. 26: =wenn, als.
29: =Frühlingssonne. 36: staves. 39: slit. 40: of the bung-hole.

Ich hatte den Mann stets für eine große Merkwürdigkeit gehalten,
fühlte mich durch seine Vertraulichkeit geehrt und hielt beide
Füße hin. Er fuhr mit seinem Löffel in das Spundloch, langte* damit herzu und tat einen langsamen Strich auf jeden der beiden
Füße. Die Flüssigkeit breitete sich schön auf der Haut aus, hatte -5-
eine außerordentliche klare, goldbraune Farbe und sandte die angenehmen Harzdüfte zu mir empor. Sie zog sich ihrer Natur nach
allmählich um die Rundung meiner Füße herum und an ihnen hinab.
Der Mann fuhr indessen in seinem Geschäfte fort, er hatte ein paar
Male lächelnd auf mich herzugeblickt, dann steckte er seinen Löf- -10-
fel in eine Scheide* neben das Faß, schlug oben das Spundloch zu,
nahm die Tragbänder des Schubkarrens auf sich, hob letzteren empor
und fuhr damit davon. Da ich nun allein war und ein zwar halb angenehmes, aber desungeachtet* auch nicht ganz beruhigtes Gefühl
hatte, wollte ich mich doch auch der Mutter zeigen. Mit vorsichtig -15-
in die Höhe gehaltenen Höschen ging ich in die Stube hinein. Es
war eben Samstag, und an jedem Samstage mußte die Stube sehr schön
gewaschen und gescheuert werden, was auch heute am Morgen geschehen war, so wie der Wagenschmiermann gerne an Samstagen kam,
um am Sonntage dazubleiben und in die Kirche zu gehen. Die gut -20-
ausgelaugte* und wieder getrocknete Holzfaser* des Fußbodens nahm
die Wagenschmiere meiner Füße sehr begierig auf, so daß hinter
jedem meiner Tritte eine starke Tappe* auf dem Boden blieb. Die
Mutter saß eben, da ich hereinkam, an dem Fenstertische vorne und
nähte. Da sie mich so kommen und vorwärtsschreiten sah, sprang sie -25-
auf. Sie blieb einen Augenblick in der Schwebe*, entweder weil sie
mich so bewunderte oder weil sie sich nach einem Werkzeuge umsah,
mich zu empfangen. Endlich aber rief sie: "Was hat denn dieser
heillose, eingefleischte* Sohn heute für Dinge an sich*?"
Und damit ich nicht noch weiter vorwärtsginge, eilte sie mir -30-
entgegen, hob mich empor und trug mich, meines Schreckes und ihrer
Schürze nicht achtend*, in das Vorhaus hinaus. Dort ließ sie mich
nieder, nahm unter der Bodenstiege*, wohin wir, weil es an einem
andern Orte nicht erlaubt war, alle nach Hause gebrachten Ruten
und Zweige legen mußten und wo ich selber in den letzten Tagen -35-
eine große Menge dieser Dinge angesammelt hatte, heraus, was sie
nur immer erwischen konnte, und schlug damit so lange und so heftig gegen meine Füße, bis das ganze Laubwerk der Ruten, meine
Höschen, ihre Schürze, die Steine des Fußbodens und die Umgebung
voll Pech waren. Dann ließ sie mich los und ging wieder in die -40-
Stube hinein.
Ich war, obwohl es mir schon von Anfang bei der Sache immer
nicht so ganz vollkommen geheuer* gewesen war, doch über diese
fürchterliche Wendung der Dinge, und weil ich mit meiner teuersten
Verwandten dieser Erde in dieses Zerwürfnis geraten war, gleichsam -45-

-----

3: =reichte. 11: sheath. 14: nevertheless. 21: leached; grain of
the wood.   23: =**Tapfe** footprint. 26: hesitant. 29: inveterate;
i.e., What's... been up to.   32: =**achtend auf** heedless of. 33:
staircase.   43: **nicht geheuer=unheimlich** uncanny.

vernichtet*. In dem Vorhause befindet sich in einer Ecke ein
großer Steinwürfel*, der den Zweck hat, daß auf ihm das Garn zu
dem Hausweben mit einem hölzernen Schlegel geklopft wird. Auf
diesen Stein wankte ich zu und ließ mich auf ihn nieder. Ich
konnte nicht einmal weinen, das Herz war mir gepreßt und die Kehle -5-
wie mit Schnüren zugeschnürt. Drinnen hörte ich die Mutter und die
Magd* beratschlagen, was zu tun sei, und fürchtete, daß, wenn die
Pechspuren nicht weggingen, sie wieder herauskommen und mich
weiter züchtigen würden.
   In diesem Augenblicke ging der Großvater bei der hintern Tür, -10-
die zu dem Brunnen und auf die Gartenwiese führt, herein und ging
gegen mich hervor. Er war immer der Gütige gewesen und hatte, wenn
was immer für ein Unglück* gegen uns Kinder hereingebrochen war,
nie nach dem Schuldigen gefragt, sondern nur stets geholfen. Da er
nun zu dem Platze, auf dem ich saß, hervorgekommen war, blieb er -15-
stehen und sah mich an. Als er den Zustand, in welchem ich mich
befand, begriffen hatte, fragte er, was es denn gegeben habe und
wie es mit mir so geworden sei*. Ich wollte mich nun erleichtern,
allein ich konnte auch jetzt wieder nichts erzählen, denn nun
brachen bei dem Anblicke seiner gütigen und wohlmeinenden Augen -20-
alle Tränen, die früher nicht hervorzukommen vermocht hatten, mit
Gewalt heraus und rannen in Strömen herab, so daß ich vor Weinen
und Schluchzen nur gebrochene und verstümmelte Laute hervorbringen
und nichts tun konnte, als die Füßchen emporheben, auf denen jetzt
auch aus dem Peche noch das häßliche Rot der Züchtigung hervorsah. -25-
   Er aber lächelte und sagte: "So komme nur her zu mir, komme mit
mir."
   Bei diesen Worten nahm er mich bei der Hand, zog mich sanft von
dem Steine herab und führte mich, der ich* ihm vor Ergriffenheit*
kaum folgen konnte, durch die Länge des Vorhauses zurück und in -30-
den Hof hinaus. In dem Hofe ist ein breiter, mit Steinen gepfla-
sterter Gang, der rings an den Bauwerken herumläuft. Auf diesem
Gange stehen unter dem Überdache* des Hauses gewöhnlich einige
Schemel oder derlei Dinge, die dazu dienen, daß sich die Mägde
beim Hecheln* des Flachses oder andern ähnlichen Arbeiten darauf -35-
niedersetzen können, um vor dem Unwetter geschützt zu sein. Zu
einem solchen Schemel führte er mich hinzu und sagte: "Setze dich
da nieder und warte ein wenig, ich werde gleich wieder kommen."
   Mit diesen Worten ging er in das Haus, und nachdem ich ein Weilchen gewartet hatte, kam er wieder heraus, indem er eine große, -40-
grünglasierte* Schüssel, einen Topf mit Wasser und Seife und
Tücher in den Händen trug. Diese Dinge stellte er neben mir auf
das Steinpflaster nieder, zog mir, der ich auf dem Schemel saß,
meine Höschen aus, warf sie seitwärts, goß warmes Wasser in die

-----
1: I was... so to speak, annihilated. 2: cube-shaped boulder. 7:
servant (girl). 13: any kind of misfortune. 18: how this had
happened to me. 29: (I) who; emotion. 33: overhang (of the roof).
35: while combing. 41: green-glazed.

Schüssel, stellte meine Füße hinein und wusch sie so lange mit
Seife und Wasser, bis ein großer weiß und braungefleckter Schaum-
berg auf der Schüssel stand, die Wagenschmiere, weil sie noch
frisch war, ganz weggegangen und keine Spur mehr von Pech auf der
Haut zu erblicken war. Dann trocknete er mit den Tüchern die Füße -5-
ab und fragte: "Ist es nun gut?"
   Ich lachte fast unter den Tränen, ein Stein nach dem andern war
mir während des Waschens von dem Herzen gefallen, und waren die
Tränen schon linder geflossen, so drangen sie jetzt nur mehr ein-
zeln aus den Augen hervor. Er holte mir nun auch andere Höschen -10-
und zog sie mir an. Dann nahm er das trocken gebliebene Ende der
Tücher, wischte mir damit das verweinte Angesicht ab und sagte:
"Nun gehe da über den Hof bei dem großen Einfahrtstore auf die
Gasse hinaus, daß dich niemand sehe und daß du niemanden in die
Hände fallest. Auf der Gasse warte auf mich, ich werde dir andere -15-
Kleider bringen und mich auch ein wenig umkleiden. Ich gehe heute
in das Dorf Melm, da darfst du mitgehen, und da wirst du mir er-
zählen, wie sich dein Unglück ereignet hat und wie du in diese
Wagenschmiere geraten bist. Die Sachen lassen wir da liegen, es
wird sie schon jemand hinwegräumen." -20-
   Mit diesen Worten schob er mich gegen den Hof und ging in das
Haus zurück. Ich schritt leise über den Hof und eilte bei dem Einfahrtstore hinaus. Auf der Gasse ging ich sehr weit von dem großen
Steine und von der Haustür weg, damit ich sicher wäre, und stellte
mich auf die Stelle, von welcher ich von ferne in die Haustür hin- -25-
einsehen konnte. Ich sah, daß auf dem Platze, auf welchem ich gezüchtigt* worden war, zwei Mägde beschäftigt waren, welche auf dem
Boden knieten und mit den Händen auf ihm hin- und herfuhren. Wahrscheinlich waren sie bemüht, die Pechspuren, die von meiner Züchtigung entstanden waren, wegzubringen. Die Hausschwalbe flog -30-
kreischend bei der Tür aus und ein, weil heute unter ihrem Neste
immer Störung war, erst durch meine Züchtigung und nun durch die
arbeitenden Mägde. An der äußersten Grenze unserer Gasse, sehr
weit von der Haustür entfernt, wo der kleine Hügel, auf dem unser
Haus steht, schon gegen die vorbeigehende Straße abzufallen be- -35-
ginnt, lagen einige ausgehauene Stämme, die zu einem Baue oder zu
einem anderen ähnlichen Werke bestimmt waren. Auf diese setzte ich
mich nieder und wartete.
   Endlich kam der Großvater heraus. Er hatte seinen breiten Hut
auf dem Haupte, hatte seinen langen Rock* an, den er gerne an -40-
Sonntagen nahm, und trug seinen Stock in der Hand. In der andern
hatte er aber auch meine blaugestreiftes Jäckchen, weiße Strümpfe,
schwarze Schnürstiefelchen* und mein graues Filzhütchen. Das alles
half er mir anziehen und sagte: "So, jetzt gehen wir."
   Wir gingen auf dem schmalen Fußwege durch das Grün unsers Hügels -45-
auf die Straße hinab, und gingen auf der Straße fort, erst durch*
die Häuser der Nachbarn, auf denen die Frühlingssonne lag, und von

-----
27: punished. 40: coat. 43: laced boots. 46: past.

denen die Leute uns grüßten, und dann in das Freie hinaus*. Dort
streckte sich ein weites Feld und schöner grüner Rasen vor uns
hin, und heller, freundlicher Sonnenschein breitete sich über alle
Dinge der Welt. Wir gingen auf einem weißen Wege zwischen dem
grünen Rasen dahin. Mein Schmerz und mein Kummer war schon beinahe -5-
verschwunden, ich wußte, daß ein guter Ausgang nicht fehlen
konnte, da der Großvater sich der Sache annahm und mich be-
schützte; die freie Luft und die scheinende Sonne übten einen be-
ruhigenden Einfluß, und ich empfand das Jäckchen sehr angenehm auf
meinen Schultern und die Stiefelchen an den Füßen, und die Luft -10-
floß sanft durch meine Haare.
    Als wir eine Weile auf der Wiese gegangen waren, wie wir gewöhn-
lich gingen, wenn er mich mitnahm, nämlich daß er seine großen
Schritte milderte, aber noch immer große Schritte machte und ich
teilweise neben ihm trippeln mußte, sagte der Großvater: "Nun, -15-
sage mir doch auch einmal, wie es denn geschehen ist, daß du mit
so vieler Wagenschmiere zusammengeraten bist*, daß nicht nur deine
ganzen Höschen voll Pech sind, daß deine Füße voll waren, daß ein
Pechfleck in dem Vorhause ist,* mit Pech besudelte Ruten herum-
liegen, sondern daß auch im ganzen Hause, wo man nur immer hin- -20-
kömmt*, Flecken von Wagenschmiere anzutreffen sind. Ich habe
deiner Mutter schon gesagt, daß du mit mir gehst, du darfst nicht
mehr besorgt sein, es wird dich keine Strafe mehr treffen."
    Ich erzählte ihm nun, wie ich auf dem Steine gesessen sei, wie
der Wagenschmiermann gekommen sei, wie er mich gefragt habe, ob -25-
ich meine Füße eingeschmiert haben wolle, wie ich sie ihm hin-
gehalten und wie er auf jeden einen Strich getan habe, wie ich in
die Stube gegangen sei, um mich der Mutter zu zeigen, wie sie aufgesprungen sei, wie sie mich genommen, in das Vorhaus getragen,
mich mit meinen eigenen Ruten gezüchtigt habe und wie ich darnach -30-
auf dem Steine sitzen geblieben sei.
    "Du bist ein kleines Närrlein", sagte der Großvater, "und der
alte Andreas ist ein arger Schalk, er hat immer solche Streiche
ausgeführt und wird jetzt heimlich und wiederholt bei sich lachen,
daß er den Einfall gehabt hat. Dieser Hergang bessert deine Sache* -35-
sehr. Aber siehst du, auch der alte Andreas, so übel wir seine
Sache ansehen mögen, ist nicht so schuldig, als wir andern uns
denken; denn woher soll denn der alte Andreas wissen, daß die
Wagenschmiere für die Leute eine so schreckende Sache ist und daß
sie in einem Hause eine solche Unordnung anrichten kann; denn für -40-
ihn ist sie eine Ware, mit der er immer umgeht, die ihm seine
Nahrung gibt, die er liebt und die er sich immer frisch holt, wenn
sie ihm ausgeht. Und wie soll er von gewaschenen Fußböden etwas
wissen, da er jahraus, jahrein bei Regen und Sonnenschein mit
seinem Fasse auf der Straße ist, bei der Nacht oder an Feiertagen -45-
in einer Scheune schläft und an seinen Kleidern Heu oder Halme

-----
1: out into the open.   17: got into so much wagon-grease.   19: sc.
daß.   21: =hinkommt.   35: These circumstances improve your case.

kleben* hat. Aber auch deine Mutter hat recht; sie mußte glauben,
daß du dir leichtsinnigerweise die Füße selber mit so vieler
Wagenschmiere beschmiert habest und daß du in die Stube gegangen
seiest, den schönen Boden zu besudeln. Aber lasse nur Zeit, sie
wird schon zur Einsicht kommen, sie wird alles verstehen, und -5-
alles wird gut werden. Wenn wir dort auf jene Höhe hinauf-
gelangen*, von der wir weiterum sehen, werde ich dir eine Geschichte von solchen Pechmännern erzählen, wie der alte Andreas
ist, die sich lange vorher zugetragen hat*, ehe du geboren wurdest
und ehe ich geboren wurde, und aus der du ersehen wirst, welch -10-
wunderbare Schicksale die Menschen auf der Welt des lieben Gottes
haben können. Und wenn du stark genug bist und gehen kannst, so
lasse ich dich in der nächsten Woche nach Spitzenberg und in die
Hirschberge* mitgehen, und da wirst du am Wege im Fichtengrunde*
eine solche Brennerei* sehen, wo sie die Wagenschmiere machen, wo -15-
sich der alte Andreas seinen Vorrat immer holt und wo also das
Pech her ist, womit dir heute die Füße eingeschmiert worden sind."
"Ja, Großvater", sagte ich, "Ich werde recht stark sein."
"Nun, das wird gut sein", antwortete er, "und du darfst mitgehen."   -20-
Bei diesen Worten waren wir zu einer Mauer aus losen Steinen
gelangt, jenseits welcher eine grüne Wiese mit dem weißen Fußpfade
war. Der Großvater stieg über den Steigstein, indem er seinen
Stock und seinen Rock nach sich zog und mir, der ich zu klein war,
hinüberhalf; und wir gingen dann auf dem reinen Pfade weiter. Un- -25-
gefähr in der Mitte der Wiese blieb er stehen und zeigte auf der
Erde, wo unter einem flachen Steine ein klares Wässerlein hervor-
quoll und durch die Wiese fortrann.
"Das ist das Behringer Brünnlein*", sagte er, "welches das beste
Wasser in der Gegend hat, ausgenommen das wundertätige Wasser, -30-
welches auf dem Brunnberge in dem überbauten* Brünnlein ist, in
dessen Nähe die Gnadenkapelle 'zum guten Wasser'* steht. Manche
Menschen holen sich aus diesem Brünnlein da ihr Trinkwasser,
mancher Feldarbeiter geht weit herzu, um da zu trinken, und
mancher Kranke hat schon aus entfernten Gegenden mit einem Kruge -35-
hieher geschickt, damit man ihm Wasser bringe. Merke dir den
Brunnen recht gut."
"Ja, Großvater", sagte ich.
Nach diesen Worten gingen wir wieder weiter. Wir gingen auf dem
Fußpfade durch die Wiese, wir gingen auf einem Wege zwischen -40-
Feldern empor und kamen zu einem Grunde*, der mit dichtem, kurzem,
fast grauem Rasen bedeckt war und auf dem nach allen Richtungen
hin in gewissen Entfernungen voneinander Föhren* standen.
"Das, worauf wir jetzt gehen", sagte der Großvater, "sind die

-----
1: =geklebt. 7: =hinaufkommen. 9: which (i.e., a story) happened
long ago. 14: names of a mountain and mountain range; in the
depths of the pine forest. 15: refinery. 29: Springs. 31: with a
building over it. 32: "Grace Sweetwater Chapel". 41: depression.
43: pines.

Dürrschnäbel*, es ist ein seltsamer Name, entweder kömmt er von
dem trockenen, dürren Boden oder von dem mageren Kräutlein, das
tausendfältig auf dem Boden sitzt und dessen Blüte ein weißes
Schnäblein hat mit einem gelben Zünglein darin. Siehe, die mächtigen Föhren gehören den Bürgern zu* Oberplan je nach der Steuer- -5-
barkeit*, sie haben die Nadeln nicht in zwei Zeilen, sondern in
Scheiden wie grüne Borstbüschel*, sie haben das geschmeidige,
fette Holz, sie haben das gelbe Pech, sie streuen sparsamen Schatten, und wenn ein schwaches Lüftchen* geht, so hört man die Nadeln
ruhig und langsam sausen."   -10-
    Ich hatte Gelegenheit, als wir weitergingen, die Wahrheit dessen
zu beobachten, was der Großvater gesagt hatte. Ich sah eine Menge
der weißgelben Blümlein auf dem Boden, ich sah den grauen Rasen,
ich sah auf manchem Stamme das Pech wie goldene Tropfen stehen,
ich sah die unzähligen Nadelbüschel auf den unzähligen Zweigen   -15-
gleichsam aus winzigen dunkeln Stiefelchen herausragen, und ich
hörte, obgleich kaum ein Lüftchen zu verspüren war, das ruhige
Sausen in den Nadeln.
    Wir gingen immer weiter, und der Weg wurde ziemlich steil.
    Auf einer etwas höheren und freieren Stelle blieb der Großvater -20-
stehen und sagte: "So, da warten wir ein wenig."
    Er wendete sich um, und nachdem wir uns von der Bewegung des
Aufwärtsgehens ein wenig ausgeatmet hatten, hob er seinen Stock
empor und zeigte auf einen entfernten, mächtigen Waldrücken in der
Richtung, aus der wir gekommen waren, und fragte: "Kannst du mir -25-
sagen, was das dort ist?"
    "Ja, Großvater", antwortete ich, "das ist die Alpe*, auf welcher
sich im Sommer eine Viehherde befindet, die im Herbste wieder her-
abgetrieben wird."
    "Und was ist das, das sich weiter vorwärts von der Alpe be-   -30-
findet?" fragte er wieder.
    "Das ist der Hüttenwald", antwortete ich.
    "Und rechts von der Alpe und dem Hüttenwalde?"
    "Das ist der Philippgeorgsberg."
    "Und rechts von dem Philippgeorgsberge?"   -35-
    "Das ist der Seewald, in welchem sich das dunkle und tiefe See-
wasser befindet."
    "Und wieder rechts von dem Seewalde?"
    "Das ist der Blockenstein und der Sesselwald."
    "Und wieder rechts?"   -40-
    "Das ist der Tussetwald."
    "Und weiter kannst du sie nicht kennen; aber da ist noch mancher
Waldrücken mit manchem Namen, sie gehen viele Meilen weit in die
Länder fort. Einst waren die Wälder noch viel größer als jetzt.
Da* ich ein Knabe war, reichten sie bis Spitzenberg und die   -45-
-----
1: "dry beaks": a variety of flowering ground-cover. 5: =in. 6:
according to how much they pay or are worth. 7: clumps of
bristles. 9: breeze. 27: a building varying in size and construction with living quarters for the attendant (and family) and
stalls for livestock. 45: =Als.

vordern Stiftshäuser*, es gab noch Wölfe darin, und die Hirsche
konnten wir in der Nacht, wenn eben die Zeit war,* bis in unser
Bette* hinein brüllen hören. Siehst du die Rauchsäule* dort, die
aus dem Hüttenwalde aufsteigt?"
    "Ja, Großvater, ich sehe sie."   -5-
    "Und weiter zurück wieder eine aus dem Walde der Alpe?"
    "Ja, Großvater."
    "Und aus den Niederungen* des Philippgeorgberges wieder eine?"
    "Ich sehe sie, Großvater."
    "Und weit hinten im Kessel* des Seewaldes, den man kaum er-   -10-
blicken kann, noch eine, die so schwach ist, als wäre sie nur ein
blaues Wölklein?"
    "Ich sehe sie auch, Großvater."
    "Siehst du, diese Rauchsäulen kommen alle von den Menschen, die
in dem Walde ihre Geschäfte treiben. Da sind zuerst die Holz-   -15-
knechte, die an Stellen die Bäume des Waldes umsägen, daß nichts
übrig ist als Strünke und Strauchwerk*. Sie zünden ein Feuer an,
um ihre Speisen daran zu kochen und um auch das unnötige Reisig
und die Äste zu verbrennen. Dann sind die Kohlenbrenner, die einen
großen Meiler* türmen, ihn mit Erde und Reisern* bedecken und in   -20-
ihm aus Scheitern* die Kohlen brennen, die du oft in großen Säcken
an unserem Hause vorbei in die ferneren Gegenden hinausführen
siehst, die nichts zu brennen haben. Dann sind die Heusucher, die
in den kleinen Wiesen und in den von Wald entblößten Stellen das
Heu machen oder es auch mit Sicheln zwischen dem Gesteine   -25-
schneiden. Sie machen ein Feuer, um ebenfalls daran zu kochen,
oder daß sich ihr Zugvieh* in den. Rauch lege und dort weniger von
den Fliegen geplagt werde. Dann sind die Sammler, welche Holz-
schwämme*, Arzneidinge*, Beeren und andere Sachen suchen und auch
gerne ein Feuer machen, sich daran zu laben*. Endlich sind die   -30-
Pechbrenner, die sich aus Walderde Öfen bauen oder Löcher mit Lehm
überwölben und daneben sich Hütten aus Waldbäumen aufrichten, um
in den Hütten zu wohnen und in den Öfen und Löchern die Wagenschmiere zu brennen, aber auch den Teer, den Terpentin und andere
Geister*. Wo ein ganz dünnes Rauchfädlein aufsteigt, mag es auch   -35-
ein Jäger sein, der sich sein Stücklein Fleisch bratet oder der
Ruhe pflegt*. Alle diese Leute haben keine bleibende Stätte in dem
Walde; denn sie gehen bald hierhin, bald* dorthin, je nachdem sie
ihre Arbeit getan haben oder ihre Gegenstände nicht mehr finden.
Darum haben auch die Rauchsäulen keine bleibende Stelle, und heute -40-
siehest* du sie hier und ein anderes Mal an einem anderen Platze."

1: monasteries. 2: i.e., during the mating season. 3: =Bett;
column of smoke. 8: lowlands. 10: arroyo, hollow. 17: stumps and
brush. 20: pile of charcoal; =Reisig twigs. 21: from blocks of
wood. 27: draft animals. 29: wood-fungus; medicinal things. 30:
revive, comfort. 35: spirituous substances. 37: takes a rest. 38:
now... now. 41: =siehst, and passim.

"Ja, Großvater."
"Das ist das Leben der Wälder. Aber laß uns nun auch das außer-
halb betrachten. Kannst du mir sagen, was das für weiße Gebäude
sind, die wir da durch die Doppelföhre* hin sehen?"
"Ja, Großvater, das sind die Pranghöfe*."   -5-
"Und weiter von den Pranghöfen links?"
"Das sind die Häuser von Vorder- und Hinterstift*."
"Und wieder weiter links?"
"Das ist Glöckelberg."
"Und weiter gegen uns her am Wasser?"   -10-
"Das ist die Hammermühle* und der Bauer David."
    "Und die vielen Häuser ganz in unserer Nähe, aus denen die
Kirche emporragt und hinter denen ein Berg ist, auf welchem wieder
ein Kirchlein steht?"
    "Aber, Großvater, das ist ja unser Marktflecken Oberplan, und -15-
das Kirchlein auf dem Berge ist das Kirchlein 'zum guten Wasser'."
    "Und wenn die Berge nicht wären und die Anhöhen*, die uns um-
geben, so würdest du noch viel mehr Häuser und Ortschaften* sehen:
Die Karlshöfe, Stuben, Schwarzbach, Langenbruck, Melm, Honnet-
schlag und auf der entgegengesetzten Seite Pichlern, Pernek, Sal- -20-
nau und mehrere andere. Das wirst du einsehen, daß in diesen Ortschaften viel Leben ist, daß dort viele Menschen Tag und Nacht um
ihren Lebensunterhalt sich abmühen und die Freude genießen, die
uns hienieden* gegeben ist. Ich habe dir darum die Wälder gezeigt
und die Ortschaften, weil sich in ihnen die Geschichte zugetragen -25-
hat, welche ich dir im Heraufgehen zu erzählen versprochen habe.
Aber laß uns weitergehen, daß wir bald unser Ziel erreichen, ich
werde dir die Geschichte im Gehen erzählen."
    Der Großvater wendete sich um, ich auch, er setzte die Spitze
seines Stockes in die magere Rasenerde, wir gingen weiter, und er -30-
erzählte: "In allen diesen Wäldern und in allen diesen Ortschaften
hat sich einst eine merkwürdige Tatsache ereignet, und es ist ein
großes Ungemach* über sie gekommen. Mein Großvater, dein Urur-
großvater, der zu damaliger Zeit gelebt hat, hat es uns oft erzählt. Es war einmal in einem Frühlinge, da die Bäume kaum aus- -35-
geschlagen* hatten, da die Blütenblätter kaum abgefallen waren,
daß eine schwere Krankheit über diese Gegend kam und in allen Ortschaften, die du gesehen hast, und auch in jenen, die du wegen
vorstehender Berge nicht hast sehen können, ja sogar in den
Wäldern, die du mir gezeigt hast, ausgebrochen ist. Sie ist lange -40-
vorher in entfernten Ländern gewesen und hat dort unglaublich
viele Menschen dahingerafft*. Plötzlich ist sie zu uns hereingekommen. Man weiß nicht, wie sie gekommen ist: haben es die
Menschen gebracht, ist sie in der milden Frühlingsluft gekommen,
oder haben sie Winde und Regenwolken dahergetragen: genug, sie ist -45-
gekommen und hat sich über alle Orte ausgebreitet, die um uns

-----
4: twin pine. 5: name of a farm. 7: religious buildings. 11: name
of a mill. 17: hill(ock)s. 18: villages. 24: down here on earth.
33: hardship, trouble. 36: come into leaf. 42: snatched away.

herum liegen. Über die weißen Blütenblätter, die noch auf dem Wege
lagen, trug man die Toten dahin, und in dem Kämmerlein, in das die
Frühlingsblätter hieinschauten, lag ein Kranker, und es pflegt ihn
einer, der selbst schon krankte.   Die Seuche* wurde die Pest geheißen, und in fünf bis sechs Stunden war der Mensch gesund und -5-
tot, und selbst die, welche von dem Übel genasen*, waren nicht
mehr recht gesund und recht krank und konnten ihren Geschäften
nicht nachgehen.   Man hatte vorher in* Winterabenden erzählt, wie
in andern Ländern eine Krankheit sei und die Leute an ihr wie an
einem Strafgerichte* dahinsterben; aber niemand hatte geglaubt, -10-
daß sie in unsere Wälder hereinkommen werde, weil nie etwas
Fremdes zu uns hereinkömmt, bis sie kam. In den Ratschläger-
häusern* ist sie zuerst ausgebrochen, und es starben gleich alle,
die an ihr erkrankten. Die Nachricht verbreitete sich in der
Gegend, die Menschen erschraken und rannten gegeneinander. Einige -15-
warteten, ob es weitergreifen würde, andere flohen und trafen die
Krankheit in den Gegenden, in welche sie sich gewendet hatten.
Nach einigen Tagen brachte man schon die Toten auf den Oberplaner
Kirchhof, um sie zu begraben, gleich darauf* von nahen und fernen
Dörfern und von dem Marktflecken* selbst. Man hörte fast den -20-
ganzen Tag die Zügenglocke* läuten, und das Totengeläute konnte
man nicht mehr jedem einzelnen Toten verschaffen, sondern man
läutete es allgemein für alle. Bald konnte man sie auch nicht mehr
in dem Kirchhofe begraben, sondern man machte große Gruben auf dem
freien Felde, tat die Toten hinein und scharrte sie mit Erde zu. -25-
Von manchem Hause ging kein Rauch empor, in manchem hörte man das
Vieh brüllen, weil man es zu füttern vergessen hatte, und manches
Rind ging verwildert herum, weil niemand war, es von der Weide in
den Stall zu bringen. Die Kinder liebten ihre Eltern nicht mehr
und die Eltern die Kinder nicht, man warf nur die Toten in die -30-
Grube und ging davon. Es reiften die roten Kirschen, aber niemand
dachte an sie, und niemand nahm sie von den Bäumen, es reiften die
Getreide, aber sie wurden nicht in der Ordnung und Reinlichkeit
nach Hause gebracht wie sonst, ja manche wären gar nicht nach
Hause gekommen, wenn nicht doch noch ein mitleidiger Mann sie -35-
einem Büblein oder Mütterlein, die allein in einem Hause gesund
geblieben waren, einbringen geholfen hätte. Eines Sonntages, da
der Pfarrer von Oberplan die Kanzel bestieg, um die Predigt zu
halten, waren mit ihm sieben Personen in der Kirche; die andern
waren gestorben oder waren krank oder bei der Krankenpflege oder -40-
aus Wirrnis und Starrsinn* nicht gekommen. Als sie dieses sahen,
brachen sie in ein lautes Weinen aus, der Pfarrer konnte keine
Predigt halten, sondern las eine stille Messe, und man ging auseinander. Als die Krankheit ihren Gipfel erreicht hatte, als die
Menschen nicht mehr wußten, sollten sie in dem Himmel oder auf der -45-
Erde Hilfe suchen, geschah es, daß ein Bauer aus dem Amisch-

4: disease. 6: recovered. 8: =an. 10: judgment (of death). 13:
council houses. 19: immediately thereafter. 20: small markettown.
21: bells in the funeral processions. 41: confusion and obstinacy.

hause* von Melm nach Oberplan ging. Auf der Drillingsföhre* saß
ein Vöglein und sang:
       Eßt Enzian und Pimpinell*,
       Steht auf, sterbt nicht so schnell.
       Eßt Enzian und Pimpinell,   -5-
       Steht auf, sterbt nicht so schnell.
Der Bauer entfloh, er lief zu dem Pfarrer nach Oberplan und sagte
ihm die Worte, und der Pfarrer sagte sie den Leuten. Diese taten,
wie das Vöglein gesungen hatte, und die Krankheit minderte sich
immer mehr und mehr, und noch ehe der Haber* in die Stoppeln ge-   -10-
gangen war* und ehe die braunen Haselnüsse an den Büschen der
Zäune reiften, war sie nicht mehr vorhanden. Die Menschen ge-
trauten sich wieder hervor*, in den Dörfern ging der Rauch empor,
wie man die Betten und die andern Dinge der Kranken verbrannte,
weil die Krankheit sehr ansteckend gewesen war; viele Häuser   -15-
wurden neu getüncht* und gescheuert, und die Kirchenglocken tönten
wieder friedfertige Töne, wenn sie entweder zu dem Gebete riefen
oder zu den heiligen Festen der Kirche."
   In dem Augenblicke, gleichsam wie durch die Worte hervorgerufen,
tönte hell, klar und rein mit ihren deutlichen, tiefen Tönen die   -20-
große Glocke von dem Turme zu Oberplan, und die Klänge kamen zu
uns unter die Föhren herauf.
   "Siehe", sagte der Großvater, "ist es schon vier Uhr und schon
Feierabendläuten; siehst du, Kind, diese Zunge sagt uns beinahe
mit vernehmlichen Worten, wie gut und wie glücklich und wie be-   -25-
friedigt wieder alles in dieser Gegend ist."
   Wir hatten uns bei diesen Worten umgekehrt und schauten nach der
Kirche zurück. Sie ragte mit ihrem dunkeln Ziegeldache und mit
ihrem dunkeln Turme, von dem die Töne kamen, empor, und die Häuser
drängten sich wie eine graue Taubenschar* um sie.   -30-
   "Weil es Feierabend ist", sagte der Großvater, "müssen wir ein
kurzes Gebet tun."
   Er nahm seinen Hut von dem Haupte, machte ein Kreuz und betete.
Ich nahm auch mein Hütchen ab und betete ebenfalls. Als wir geendet, die Kreuze gemacht und unsere Kopfbedeckungen wieder auf-   -35-
gesetzt hatten, sagte der Großvater: "Es ist ein schöner Gebrauch,
daß am Samstage nachmittags mit der Glocke dieses Zeichen gegeben
wird, daß nun der Vorabend des Festes des Herrn beginne und daß
alles strenge Irdische ruhen müsse, wie ich ja auch an Samstagen
nachmittags keine ernste Arbeit vornehme, sondern höchstens einen   -40-
Gang in benachbarte Dörfer mache. Der Gebrauch stammt von den
Heiden her, die früher in den Gegenden waren, denen jeder Tag
gleich war und denen man, als sie zum Christentume bekehrt waren,
ein Zeichen geben mußte, daß der Gottestag im Anbrechen sei.
Einstens* wurde dieses Zeichen sehr beachtet; denn wenn die Glocke -45-

-----

1: Amish house; triple pine. 3: gentian and pimpernel. 10: =Hafer
oats. 11: i.e., after mowing. 13: again ventured forth. 16: white-
washed. 30: flock of pigeons. 45: Formerly.

klang, beteten die Menschen und setzten ihre harte Arbeit zu Hause
oder auf em Felde aus. Deine Großmutter, als sie noch ein junges
Mädchen war, kniete jederzeit bei dem Feierabendläuten nieder und
tat ein kurzes Gebet. Wenn ich damals an Samstagabenden, so wie
ich jetzt in andere Gegenden gehe, nach Glöckelberg ging, denn -5-
deine Großmutter ist von dem vordern Glöckelberg zu Hause, so
kniete sie oft bei dem Klange des Dorfglöckleins mit ihrem roten
Leibchen* und schneeweißen Röckchen neben dem Gehege* nieder, und
die Blüten des Geheges waren ebenso weiß und rot wie ihre
Kleider."   -10-
   "Großvater, sie betet jetzt auch noch immer, wenn Feierabend
geläutet wird, in der Kammer neben dem blauen Schreine, der die
roten Blumen hat", sagte ich.
   "Ja, das tut sie", erwiderte er, "aber die andern Leute beachten
das Zeichen nicht, sie arbeiten fort auf dem Felde und arbeiten -15-
fort in der Stube, wie ja auch die Schlage* unsers Nachbars, des
Webers, selbst an Samstagabenden forttönt, bis es Nacht wird und
die Sterne am Himmel stehen."
   "Ja, Großvater."
   "Das wirst du aber nicht wissen, daß Oberplan das schönste Ge- -20-
läute in der ganzen Gegend hat. Die Glocken sind gestimmt*, wie
man die Saiten einer Geige stimmt, daß sie gut zusammentönen.
Darum kann man auch keine mehr dazu machen, wenn eine bräche oder
einen Sprung* bekäme, und mit der Schönheit des Geläutes wäre es
vorüber. Als dein Oheim* Simon einmal vor dem Feinde im Felde lag -25-
und krank war, sagte er, da ich ihn besuchte: 'Vater, wenn ich nur
noch einmal das Oberplaner Glöcklein hören könnte!'; aber er
konnte es nicht mehr hören und mußte sterben."
   In diesem Augenblicke hörte die Glocke zu tönen auf, und es war
wieder nichts mehr auf den Feldern als das freundliche Licht der -30-
Sonne.
   "Komme, lasse uns weitergehen", sagte der Großvater.
   Wir gingen auf dem grauen Rasen zwischen den Stämmen weiter,
immer von einem Stamme zum andern. Es wäre wohl ein ausgetretener
Weg* gewesen, aber auf dem Rasen war es weicher und schöner zu -35-
gehen. Allein die Sohlen meiner Stiefel waren von dem kurzen Grase
schon so glatt geworden, daß ich kaum einen Schritt mehr zu tun
vermochte und beim Gehen nach allen Richtungen ausglitt. Da der
Großvater diesen Zustand bemerkt hatte, sagte er: "Du mußt mit den
Füßen nicht so schleifen; auf diesem Grase muß man den Tritt -40-
gleich hinstellen, daß er gilt*, sonst bohnt* man die Sohlen
glatt, und es ist kein sicherer Halt möglich. Siehst du, alles muß
man lernen, selbst das Gehen. Aber komme, reiche mir die Hand, ich
werde dich führen, daß du ohne Mühsal fortkömmst."
   Er reichte mir die Hand, ich faßte sie und ging nun gestützt und -45-
gesicherter weiter.

8: bodice; enclosure.   16: =Schläge.   21: tuned.   24: crack.   25:
=Onkel.   35: path.   41: i.e., takes; polishes.

Der Großvater zeigte nach einer Weile auf einen Baum und sagte:
"Das ist die Drillingsföhre."
Ein großer Stamm ging in die Höhe und trug drei schlanke Bäume,
welche in den Lüften ihre Äste und Zweige vermischten. Zu seinen
Füßen lag eine Menge herabgefallener Nadeln.   -5-
"Ich weiß es nicht", sagte der Großvater, "hatte das Vöglein die
Worte gesungen, oder hat sie Gott dem Manne in das Herz gegeben:
aber die Drillingsföhre darf nicht umgehauen werden, und ihrem
Stamme und ihren Ästen darf kein Schaden geschehen."
Ich sah mir den Baum recht an, dann gingen wir weiter und kamen -10-
nach einiger Zeit allmählich aus den Dürrschnäbeln hinaus. Die
Stämme wurden dünner, sie wurden seltener, hörten endlich ganz
auf, und wir gingen auf einem sehr steinigen Wege zwischen
Feldern, die jetzt wieder erschienen, hinauf. Hier zeigte mir der
Großvater wieder einen Baum und sagte: "Siehe, das ist die Macht- -15-
buche*, das ist der bedeutendste Baum in der Gegend, er wächst aus
dem steinigsten Grunde empor, den es gibt. Siehe, darum ist sein
Holz auch so fest wie Stein, darum ist sein Stamm so kurz, die
Zweige stehen so dicht und halten die Blätter fest, daß die Krone
gleichsam eine Kugel bildet, durch die nicht ein einziges Äuglein -20-
des Himmels hindurchschauen kann. Wenn es Winter werden will,
sehen die Leute auf diesen Baum und sagen: Wenn einmal die Herbst-
winde durch das dürre Laub der Machtbuche sausen und ihre Blätter
auf dem Boden dahintreiben, dann kömmt bald der Winter. Und wirklich hüllen sich in kurzer Zeit die Hügel und Felder in die weiße -25-
Decke des Schnees. Merke dir den Baum und denke in späten Jahren,
wenn ich längst im Grabe liege, daß es dein Großvater gewesen ist,
der ihn dir zuerst gezeigt hat."
Von dieser Buche gingen wir noch eine kleine Zeit aufwärts und
kamen dann auf die Schneidelinie* der Anhöhe, von der wir auf die -30-
jenseitigen Gegenden hinübersahen und das Dorf Melm in einer Menge
von Bäumen zu unsern Füßen erblickten.
Der Großvater blieb hier stehen, zeigte mit seinem Stocke auf
einen entfernten Wald und sagte: "Siehst du, dort rechts hinüber
der dunkle Wald ist der Rindlesberg, hinter dem das Dorf Rindles -35-
liegt, das wir nicht sehen können. Weiter links, wenn der Nadel-
wald nicht wäre, würdest du den großen Alschhof* erblicken. Zur
Zeit der Pest ist in dem Alschhofe alles* ausgestorben bis auf
eine einzige Magd, welche das Vieh, das in dem Alschhofe ist,
pflegen mußte, zwei Reihen Kühe, von denen die Milch zu dem Käse -40
kömmt, den man in dem Hofe bereitet, dann die Stiere und das Jung-
vieh. Diese mußte sie viele Wochen lang nähren und warten*, weil
die Seuche den Tieren nichts anhaben* konnte und sie fröhlich und
munter blieben, bis ihre Herrschaft* Kenntnis von dem Ereignisse
erhielt und von den übriggebliebenen Menschen ihr einige zu Hilfe -45-
sendete. In der großen Hammermühle, die du mir im Heraufgehen
gezeigt hast, sind ebenfalls alle Personen gestorben bis auf einen

-----
16: variety of beech. 30: crestline. 37: name of a farm. 38:
=alle. 42: tend. 43: could not affect. 44: their owners.

einzigen krummen Mann, der alle Geschäfte zu tun hatte und die
Leute befriedigen mußte, die nach der Pest das Getreide zur Mühle
brachten und ihr Mehl haben wollten; daher noch heute das Sprichwort kömmt: "Ich habe mehr Arbeit als der Krumme im Hammer." Von
den Priestern in Oberplan ist nur der alte Pfarrer übriggeblieben, -5-
um der Seelsorge zu pflegen, die zwei Kapläne sind gestorben, auch
der Küster* ist gestorben und sein Sohn, der schon die Priester-
weihe hatte*. Von den Badhäusern, die neben der kurzen Zeile* des
Marktes die gebogene Gasse machen, sind drei gänzlich ausgestorben."   -10-
    Nach diesen Worten gingen wir in dem Hohlwege* und unter aller-
lei lieblichen Spielen von Licht und Farben, welche die Sonne in
den grünen Blättern der Gesträuche verursachte, in das Dorf Melm
hinunter.
    Der Großvater hatte in dem ersten Hause desselben, im Macht- -15-
hofe*, zu tun. Wir gingen deshalb durch den großen Schwibbogen*
desselben hinein. Der Machtbauer stand in dem Hofe, hatte bloße
Hemdärmel* an den Armen und viele hochgipflige* Metallknöpfe auf
der Weste. Er grüßte den Großvater, als er ihn sah, und führte ihn
in die Stube: mich aber ließen sie auf einem kleinen hölzernen -20-
Bänklein neben der Tür im Hofe sitzen und schickten mir ein
Butterbrot, das ich verzehrte. Ich rastete, betrachtete die Dinge,
die da waren, als: die Wägen*, welche abgeladen unter dem
Schoppendache* ineinandergeschoben standen, die Pflüge und Eggen*,
welche, um Platz zu machen, in einen Winkel zusammengedrängt -25-
waren, die Knechte und Mägde, die hin- und hergingen, ihre Sam-
tagsarbeit taten und sich zur Feier des Sonntages rüsteten; und
die Dinge gesellten sich zu denen, mit denen ohnehin mein Haupt
angefüllt war, zu Drillingsföhren, Toten und Sterbenden und
singenden Vöglein.   -30-
    Nach einer Zeit kam der Großvater wieder heraus und sagte: "So,
jetzt bin ich fertig, und wir treten unsern Rückweg wieder an."
    Ich stand von meinem Bänklein auf, wir gingen dem Schwibbogen
zu, der Bauer und die Bäurin begleiteten uns bis dahin, nahmen bei
dem Schwibbogen Abschied und wünschten uns glückliche Heimkehr. -35-
    Da wir wieder allein waren und auf unserem Rückwege dem Hohlweg
hinanschritten, fuhr der Großvater fort: "Als es tief in den
Herbst ging, wo die Preißelbeeren* reifen und die Nebel sich schon
auf den Mooswiesen zeigen, wandten sich die Menschen wieder derjenigen Erde zu, in welcher man die Toten ohne Einweihung und Ge- -40-
pränge* begraben hatte. Viele Menschen gingen hinaus und betrachteten den frischen Aufwurf*, andere wollten die Namen derer
wissen, die da begraben lagen, und als die Seelsorge* in Oberplan
wieder vollkommen hergestellt war, wurde die Stelle wie ein

7: sexton. 8: was ordained; lane. 11: narrow pass, path. 16: name
of a farm; pier-arch, buttress. 18: sleeveless; raised. 21:
dialect: =**Wagen**. 24: **Schoppen=Schuppen** shed; harrows. 38: red
whortleberries. 41: consecration and pomp. 42: mound. 43: pastoral
duties.

ordentlicher Kirchhof eingeweiht, es wurde feierlicher Gottes-
dienst unter freiem Himmel gehalten und alle Gebete und Segnungen
nachgetragen*, die man früher versäumt hatte. Dann wurde um den
Ort eine Planke* gemacht und ungelöschter Kalk* auf denselben ge-
streut. Von da an bewahrte man das Gedächtnis an die Vergangenheit -5-
in allerlei Dingen. Du wirst wissen, daß manche Stellen unserer
Gegend noch den Beinamen Pest tragen, zum Beispiele Pestwiese,
Peststeig, Pesthang; und wenn du nicht so jung wärest, so würdest
du auch die Säule noch gesehen haben, die jetzt nicht mehr vorhanden ist, die auf dem Marktplatze von Oberplan gestanden war und -10-
auf welcher man lesen konnte, wann die Pest gekommen ist und wann
sie aufgehört hat, und auf welcher ein Dankgebet zu dem Ge-
kreuzigten* stand, der auf dem Gipfel der Säule prangte*."
    "Die Großmutter hat uns von der Pestsäule erzählt", sagte ich.
    "Seitdem aber sind andere Geschlechter gekommen", fuhr er fort, -15-
"die von der Sache nichts wissen und die die Vergangenheit verachten, die Einhegungen* sind verlorengegangen, die Stellen haben
sich mit gewöhnlichem Grase überzogen. Die Menschen vergessen
gerne die alte Not und halten die Gesundheit für ein Gut, das
ihnen Gott schuldig sei und das sie in blühenden Tagen ver- -20-
schleudern. Sie achten nicht der Plätze, wo die Toten ruhen, und
sagen den Beinamen Pest mit leichtfertiger Zunge, als ob sie einen
andern Namen sagten, wie etwa Hagedorn oder Eiben*."
    Wir waren unterdessen wieder durch den Hohlweg auf den Kamm* der
Anhöhe gekommen und hatten die Wälder, zu denen wir uns im Her- -25-
aufgehen umwenden mußten, um sie zu sehen, jetzt in unserem Angesichte, und die Sonne neigte sich in großem Gepränge* über ihnen
dem Untergange zu.
    "Wenn nicht so die Abendsonne gegen uns schiene", sagte der
Großvater, "und alles in einem feurigen Rauche schwebte, würde ich -30-
dir die Stelle zeigen können, von der ich jetzt reden werde und
die in unsere Erzählung gehört. Sie ist viele Wegestunden von
hier, sie ist uns gerade gegenüber, wo die Sonne untersinkt, und
dort sind erst die rechten Wälder. Dort stehen die Tannen und
Fichten, es stehen die Erlen und Ahorne*, die Buchen und andere -35-
Bäume wie die Könige, und das Volk der Gebüsche und das dichte
Gedränge der Gräser und Kräuter, der Blumen, der Beeren und Moose
steht unter ihnen. Die Quellen gehen von allen Höhen herab und
rauschen und murmeln und erzählen, was sie immer erzählt haben,
sie gehen über Kiesel wie leichtes Glas und vereinigen sich zu -40-
Bächen, um hinaus in die Länder zu kommen, oben singen die Vögel,
es leuchten die weißen Wolken, die Regen stürzen nieder, und wenn
es Nacht wird, scheint der Mond auf alles, daß es wie ein ge-
netztes* Tuch aus silbernen Fäden ist. In diesem Walde ist ein
sehr dunkler See, hinter ihm ist eine graue Felsenwand, die sich -45-

-----

3: added. 4: planking; unslaked lime. 13: to Him who was cruci-
fied; shone forth. 17: fencing. 23: hawthorn or yew. 24: crest.
27: splendor. 35: alders and maples. 44: moist(ened).

in ihm spiegelt, an seinen Seiten stehen dunkle Bäume, die in das
Wasser schauen, und vorne sind Himbeer- und Brombeergehege*, die
einen Verhau* machen. An der Felsenwand liegt ein weißes Gewirre
herabgestürzter Bäume, aus den Brombeeren steht mancher weiße
Stamm empor, der von dem Blitze zerstört ist, und schaut auf den -5-
See, große graue Steine liegen hundert Jahre herum, und die Vögel
und das Gewild* kommen zu dem See, um zu trinken."
    "Das ist der See, Großvater, den ich im Heraufgehen genannt
habe", sagte ich, "die Großmutter hat uns von seinem Wasser erzählt und den seltsamen Fischen, die darin sind, und wenn ein -10-
weißes Wölklein über ihm steht, so kömmt ein Gewitter."
    "Und wenn ein weißes Wölklein über ihm steht", fuhr der Groß-
vater fort, "und sonst heiterer Himmel ist, so gesellen sich immer
mehrere dazu, es wird ein Wolkenheer, und das löst sich von dem
Walde los und zieht zu uns mit dem Gewitter heraus, das uns den -15-
schweren Regen bringt und auch öfter den Hagel. Am Rande dieses
Waldes, wo heutzutage schon Felder sind, wo aber dazumal* noch
dichtes Gehölze war, befand sich zur Zeit der Pest eine Pechbrennerhütte. In derselben wohnte der Mann, von dem ich dir erzählen will. Mein Großvater hat sie noch gekannt, und er hat ge- -20-
sagt, daß man zeitweilig von dem Walde den Rauch habe aufsteigen
sehen, wie du heute die Rauchfäden hast aufsteigen gesehen, da wir
heraufgegangen sind."
    "Ja, Großvater", sagte ich.
    "Dieser Pechbrenner", fuhr* er fort, "wollte sich in* der Pest -25-
der allgemeinen Heimsuchung* entziehen, die Gott über die Menschen
verhängt hatte. Er wollte in den höchsten Wald hinaufgehen, wo nie
ein Besuch von Menschen hinkömmt, wo alles anders ist als unten
und wo er gesund zu bleiben gedachte*. Wenn aber doch einer zu ihm
gelangte, so wollte er ihn eher mit einem Schürbaume* erschlagen, -30-
als daß er ihm näherkommen und die Seuche bringen ließe. Wenn aber
die Krankheit lange vorüber wäre, dann wollte er wieder zurückkehren und weiterleben. Als daher die schwarzen Schubkarrenführer,
die von ihm die Wagenschmiere holten, die Kunde* brachten, daß in
den angrenzenden Ländern schon die Pest entstanden sei, machte er -35-
sich auf und ging in den hohen Wald hinauf. Er ging aber noch
weiter, als wo der See ist, er ging dahin, wo der Wald noch ist,
wie er bei der Schöpfung gewesen war, wo noch keine Menschen gearbeitet haben, wo kein Baum umbricht, als wenn er vom Blitze getroffen ist oder von dem Winde umgestürzt wird; dann bleibt er -40-
liegen, und aus seinem Leibe wachsen neue Bäumchen und Kräuter
empor; die Stämme stehen in die Höhe, und zwischen ihnen sind die
unangesehenen und unangetasteten Blumen und Gräser und Kräuter."
    Während der Großvater dieses sagte, war die Sonne untergegangen.
Der feurige Rauch war plötzlich verschwunden, der Himmel, an -45-

-----
2: enclosures out of... 3: barricade. 7: =Wild wildlife, game. 17:
=damals. 25: during. 26: visitation, affliction. 29: =dachte. 30:
(fire) poker. 34: =Nachricht.

welchem keine einzige Wolke stand, war ein goldener Grund geworden, wie man in alten Gemälden sieht, und der Wald ging nun
deutlich und dunkelblau in diesem Grunde dahin.
    "Siehe, Kind, jetzt können wir die Stelle sehen, von der ich
rede", sagte der Großvater, "blicke da gerade gegen den Wald, und -5-
da wirst du eine tiefere blaue Färbung sehen, das ist das Becken,
in welchem der See ist. Ich weiß nicht, ob du es siehst."
    "Ich sehe es", antwortete ich, "ich sehe auch die schwachen
grauen Streifen, welche die Seewand* bedeuten."
    "Da hast du schärfere Augen als ich", erwiderte der Großvater; -10-
"gehe jetzt mit den Augen von der Seewand rechts und gegen den
Rand empor, dann hast du jene höheren großen Waldungen. Es soll
ein Fels dort sein, der wie ein Hut überhängende Krempen* hat und
wie ein kleiner Auswuchs an dem Waldrande zu sehen ist."
    "Großvater, ich sehe den kleinen Auswuchs."   -15-
    "Er heißt der Hutfels und ist noch weit oberhalb des Sees im
Hochwalde, wo kaum ein Mensch gewesen ist. An dem See soll aber
schon eine hölzerne Wohnung gestanden sein. Der Ritter von Wit-
tinghausen hat sie als Zufluchtsort für seine zwei Töchter im
Schwedenkriege* erbaut. Seine Burg ist damals verbrannt worden, -20-
die Ruinen stehen noch wie ein blauer Würfel aus dem Thomaswalde
empor."
    "Ich kenne die Ruine, Großvater."
    "Das Haus war hinter dem See, wo die Wand es beschützte, und ein
alter Jäger hat die Mädchen bewacht. Heutzutage ist von alledem -25-
keine Spur mehr vorhanden. Von diesem See ging der Pechbrenner bis
zum Hutfels hinan und suchte sich einen geeigneten Platz aus. Er
war aber nicht allein, sondern es waren sein Weib* und seine
Kinder mit ihm, es waren seine Brüder, Vettern, Muhmen* und
Knechte mit, er hatte sein Vieh und seine Geräte* mitgenommen. Er -30-
hatte auch allerlei Sämereien* und Getreide mitgeführt, um in der
aufgelockerten Erde anbauen zu können, daß er sich Vorrat für die
künftigen Zeiten sammle. Nun baute man die Hütten für Menschen und
Tiere, man baute die Öfen zum Brennen der Ware, und man säte die
Samen in die aufgegrabenen Felder. Unter den Leuten im Walde war -35-
auch ein Bruder des Pechbrenners, der nicht in dem Walde bleiben,
sondern wieder zu der Hütte zurückkehren wollte. Da sagte der
Pechbrenner, daß er ihnen ein Zeichen geben solle, wenn die Pest
ausgebrochen sei. Er solle auf dem Hausberge* in der Mittagsstunde
eine Rauchsäule aufsteigen lassen, solle dieselbe eine Stunde -40-
gleichartig dauern lassen und solle dann das Feuer dämpfen, daß
sie aufhöre. Dies solle er zur Gewißheit drei Tage hintereinander
tun, daß die Waldbewohner daran ein Zeichen erkennen, das ihnen
gegeben worden sei. Wenn aber die Seuche aufgehört habe, solle er
ihnen auch eine Nachricht geben, daß sie hinabgehen könnten und -45-
die Krankheit nicht bekämen. Er solle eine Rauchsäule um die

9: cliffs around the lake. 13: rims. 20: i.e., Thirty Years' War
(1618-1648). 28: =Frau. 29: cousins (both male and female). 30:
tools, equipment. 31: seeds. 39: name of a mountain.

Mittagsstunde von dem Hausberge aufsteigen lassen, solle sie eine
Stunde gleichartig erhalten und dann das Feuer löschen. Dies solle
er vier Tage hintereinander tun, aber an jedem Tage eine Stunde
später; an diesem besonderen Vorgange würden sie erkennen, daß nun
alle Gefahr vorüber sei. Wenn er aber erkranke, so solle er den -5-
Auftrag einem Freunde oder Bekannten als Testament hinterlassen
und dieser ihn wieder einem Freunde oder Bekannten, so daß einmal
einer eine Rauchsäule errege* und von dem Pechbrenner eine Belohnung zu erwarten habe. Kennst du den Hausberg?"
    "Ja, Großvater", antwortete ich, "es ist der schwarze spitzige -10-
Wald, der hinter Pernek emporsteigt und auf dessen Gipfel ein
Felsklumpen ist."
    "Ja", sagte der Großvater, "der ist es. Es sollen einmal drei
Brüder gelebt haben, einer auf der Alpe, einer auf dem Hausberge
und einer auf dem Thomaswalde. Sie sollen sich Zeichen gegeben -15-
haben, wenn einem eine Gefahr drohte, bei Tage einen Rauch, bei
Nacht ein Feuer, daß es gesehen würde und daß die andern zu Hilfe
kämen. Ich weiß nicht, ob die Brüder gelebt haben. In dem hohen
Walde wohnten nun die Ausgewanderten fort, und als die Pest in
unsern Gegenden ausgebrochen war, stieg um die Mittagsstunde eine -20-
Rauchsäule von dem Hausberge empor, dauerte eine Stunde gleichartig fort und hörte dann auf. Dies geschah drei Tage hintereinander, und die Leute in dem Walde wußten, was sich begeben
hatte. - Aber siehe, wie es schon kühl geworden ist und wie
bereits der Tau auf die Gräser fällt, komme, ich werde dir dein -25-
Jäckchen zumachen, daß du nicht frierst, und werde dir dann die
Geschichte weiter erzählen."
    Wir waren während der Erzählung des Großvaters in die Dürr-
schnäbel gekommen, wir waren an der Drillingsföhre vorübergegangen
und unter den dunkeln Stämmen auf dem fast farblosen Grase bis zu -30-
den Feldern von Oberplan gekommen. Der Großvater legte seinen
Stock auf den Boden, beugte sich zu mir herab, nestelte mir das
Halstuch fester, richtete mir das Westchen zurecht und knöpfte mir
das Jäckchen zu. Hierauf knöpfte er sich auch seinen Rock zu, nahm
seinen Stab, und wir gingen wieder weiter.   -35-
    "Siehst du, mein liebes Kind", fuhr er fort, "es hat aber alles
nichts geholfen, und es war nur eine Versuchung Gottes*. Da die
Büsche des Waldes ihre Blüten bekommen hatten, weiße und rote, wie
die Natur will, da aus den Blüten Beeren geworden waren, da die
Dinge, welche der Pechbrenner in die Walderde gebaut* hatte, auf- -40-
gegangen* und gewachsen waren, da die Gerste* die goldenen Bart-
haare bekommen hatte, da das Korn schon weißlich wurde, da die
Haberflocken* an den kleinen Fädlein hingen und das Kartoffelkraut
seine grünen Kugeln und blaulichen Blüten trug: waren alle Leute
des Pechbrenners, er selber und seine Frau bis auf einen einzigen -45-
kleinen Knaben, den Sohn des Pechbrenners, gestorben. Der Pech-

-----
8: cause (to rise).   37: a temptation by God. 40: planted. 41:
sprouted; barley.   43: =Hafer(flocken) oats.

brenner und sein Weib waren die letzten gewesen, und da die
Überlebenden immer die Toten begraben hatten, der Pechbrenner und
sein Weib aber niemand hinter sich hatten und der Knabe zu schwach
war, sie zu begraben, blieben sie als Tote in ihrer Hütte liegen.
Der Knabe war nun allein in dem fürchterlichen großen Walde. Er -5-
ließ die Tiere aus, welche in den Ställen waren, weil er sie nicht
füttern konnte, er dachte, daß sie an den Gräsern des Waldes eine
Nahrung finden würden, und dann lief er selber von der Hütte weg,
weil er den toten Mann und das tote Weib entsetzlich fürchtete. Er
ging auf eine freie Stelle des Waldes, und da war jetzt überall -10-
niemand, niemand als der Tod. Wenn er in der Mitte von Blumen und
Gesträuchen niederkniete und betete oder wenn er um Vater und
Mutter und um die andern Leute weinte und jammerte und wenn er
dann wieder aufstand, so war nichts um ihn als die Blumen und
Gesträuche und das Vieh, welches unter die Bäume des Waldes hinein -15-
weidete und mit den Glocken läutete. Siehst du, so war es mit dem
Knaben, der vielleicht gerade so groß war wie du. Aber siehe, die
Pechbrennerknaben sind nicht wie die in den Marktflecken* oder in
den Städten, sie sind schon unterrichteter in den Dingen der
Natur, sie wachsen in dem Walde auf, sie können mit dem Feuer -20-
umgehen, sie fürchten die Gewitter nicht und haben wenig Kleider,
im Sommer keine Schuhe und auf dem Haupte statt eines Hutes die
berußten* Haare. Am Abende nahm der Knabe Stahl, Stein und
Schwamm* aus seiner Tasche und machte sich ein Feuer; das in den
Öfen der Pechbrenner war längst ausgegangen und erloschen. Als ihn -25-
hungerte, grub er mit der Hand Kartoffeln aus, die unter den
emporwachsenden Reben waren, und briet* sie in der Glut des
Feuers. Zu trinken gaben ihm Quellen und Bäche. Am anderen Tage
suchte er einen Ausweg aus dem Walde. Er wußte nicht mehr, wie sie
in den Wald hinaufgekommen waren. Er ging auf die höchste Stelle -30-
des Berges, er kletterte auf einen Baum und spähte, aber sah
nichts als Wald und lauter Wald. Er gedachte nun zu immer höhern
und höhern Stellen des Waldes zu gehen, bis er einmal hinaussähe
und das Ende des Waldes erblickte. Zur Nahrung nahm er jetzt auch
noch die Körner der Gerste und des Kornes, welche er samt* den -35-
Ähren* auf einem Steine über dem Feuer röstete, wodurch sich die
Haare und Hülsen* verbrannten, oder er löste die rohen, zarten
Kornkörner aus den Hülsen, oder er schälte Rüben, die in den
Kohlbeeten wuchsen. In den Nächten hüllte er sich in Blätter und
Zweige und deckte sich mit Reisig. Die Tiere, welche er aus- -40-
gelassen hatte, waren fortgegangen, entweder weil sie sich in dem
Walde verirrt hatten oder weil sie auch die Totenhütte scheuten
und von ihr flohen; er hörte das Läuten nicht mehr, und sie kamen
nicht zum Vorscheine. Eines Tages, da er die Tiere suchte, fand er
auf einem Hügel, auf welchem Brombeeren und Steine waren, mitten -45-
in einem Brombeerengesträuppe* ein kleines Mädchen liegen. Dem

-----
18: small market-towns. 23: begrimed. 24: dry-rot, tinder. 27:
roasted. 35: =mit. 36: cobs. 37: husks. 46: blackberry patch.

Knaben klopfte das Herz außerordentlich, er ging näher, das Mädchen lebte, aber es hatte die Krankheit und lag ohne Bewußtsein
da.   Er ging noch näher, das Mädchen hatte weiße Kleider und ein
schwarzes Mäntelchen an, es* hatte wirre Haare und lag so ungefüg*
in dem Gestrippe*, als wäre es hineingeworfen worden.   Er rief,   -5-
aber er bekam keine Antwort, er   nahm das Mädchen bei der Hand,
aber die Hand konnte nichts fassen und war ohne Leben.   Er lief in
das Tal, schöpfte mit seinem alten Hute, den er aus der Hütte mitgenommen hatte, Wasser, brachte es zu dem Mädchen zurück und be-
feuchtete ihm die Lippen.   Dies tat er nun öfter.   Er wußte nicht, -10-
womit dem Kinde zu helfen wäre, und wenn er es auch gewußt hätte,
so hätte er nichts gehabt, um es ihm zu geben. Weil er durch das
verworrene Gestrippe nicht leicht zu dem Platze gelangen konnte,
auf welchem das Mädchen lag, so nahm er nun   einen großen Stein,
legte ihn auf die kriechenden Ranken* der Brombeeren und wieder- -15-
holte das so lange, bis er die Brombeeren bedeckt hatte, bis sie
niedergehalten wurden und die Steine ein Pflaster bildeten.   Auf
dieses Pflaster kniete er nieder, rückte das Kind, sah es an,
strich ihm die Haare zurecht, und weil er keinen Kamm hatte, so
wischte er die nassen Locken mit seinen Händen ab, daß sie wieder -20-
schönen, feinen menschlichen Haaren glichen. Weil er aber das Mädchen nicht heben konnte, um es auf einen besseren Platz zu tragen,
so lief er auf den Hügel, riß dort das dürre Gras ab, riß die
Halme ab, die hoch an dem Gesteine wachsen, sammelte das trockene
Laub, das von dem vorigen Herbste übrig war und das entweder unter -25-
Gestrippen hing oder von dem Winde in Steinklüfte zusammengeweht
worden war, und tat alles auf einen Haufen. Da es genug war, trug
er es zu dem Mädchen und machte ihm ein weicheres Lager. Er tat
die Dinge an jene Stellen unter ihrem Körper, wo sie am meisten
not taten. Dann schnitt er mit seinem Messer Zweige von den Ge- -30-
sträuchen, steckte sie um das Kind in die Erde, band sie an den
Spitzen mit Gras und Halmen zusammen und legte noch leichte Äste
darauf, daß sie ein Dach bildeten. Auf den Körper des Mädchens
legte er Zweige und bedeckte sie mit breitblättrigen Kräutern, zum
Beispiel mit Huflattig*, daß sie eine Decke bildeten.   Für sich -35-
holte er dann Nahrung aus den Feldern des toten Vaters.   Bei der
Nacht machte er ein Feuer aus zusammengetragenem Holze und Moder*.
So saß er bei Tage bei dem bewußtlosen Kinde, hütete es und
schützte es vor Tieren und Fliegen, bei Nacht unterhielt* er ein
glänzendes Feuer. Siehe, das Kind starb aber nicht, sondern die -40-
Krankheit besserte sich immer mehr und mehr, die Wänglein wurden
wieder lieblicher und schöner, die Lippen bekamen die Rosenfarbe
und waren nicht mehr so bleich und gelblich, und die Äuglein öff-
neten sich und schauten herum. Es fing auch an zu essen, es aß die
Erdbeeren, die noch zu finden waren, es aß Himbeeren, die schon -45-
reiften, es aß die Kerne der Haselnüsse, die zwar nicht reif,

-----
4: i.e., **sie**; contorted. 5: =**Gestrüpp** underbrush. 15: runners. 35:
coltsfoot: a plant with small, yellow flowers and large, heart-
shaped leaves, used medicinally. 37: dry rot. 39: maintained.

aber süß und weich waren, es aß endlich sogar das weiße Mehl der
gebratenen Kartoffeln und die zarten Körner des Kornes, was ihm
alles der Knabe brachte und reichte; und wenn es schlief, so lief
er auf den Hügel und erkletterte einen Felsen, um überall herum-
zuspähen, auch suchte er wieder die Tiere, weil die Milch jetzt -5-
recht gut gewesen wäre. Aber er konnte nichts erspähen und konnte
die Tiere nicht finden. Da das Mädchen schon stärker war und mit-
helfen konnte, brachte er es an einen Platz, wo überhängende Äste
es schützten, aber da er dachte, daß ein Gewitter kommen und der
Regen durch die Äste schlagen könnte, so suchte er eine Höhle, die -10-
trocken war, dort machte er ein Lager und brachte das Mädchen hin.
Eine Steinplatte stand oben über die Stätte, und sie konnten schön
auf den Wald hinaussehen. Ich habe dir gesagt, daß jene Krankheit
sehr heftig war, daß die Menschen in fünf bis sechs Stunden gesund
und tot waren; aber ich sage dir auch: wer die Krankheit über- -15-
stand, der war sehr bald gesund, nur daß er lange Zeit schwach
blieb und lange Zeit sich pflegen mußte. In dieser Höhle blieben
nun die Kinder, und der Knabe ernährte das Mädchen und tat ihm
alles und jedes Gute, was es notwendig hatte. Nun erzählte ihm
auch das Mädchen, wie es in den Wald gekommen sei. Vater und -20-
Mutter und mehrere Leute hätten ihre ferne Heimat verlassen, als
sich die Krankheit genähert habe, um höhere Orte zu suchen, wo sie
von dem Übel nicht erreicht werden würden. In dem großen Walde
seien sie irre gegangen, der Vater und die Mutter seien gestorben
und das Mädchen sei allein übriggeblieben. Wo Vater und Mutter -25-
gestorben seien, wo die andern Leute hingekommen, wie es selber in
die Brombeeren geraten sei, wußte es nicht. Auch konnte es nicht
sagen, wo die Heimat sei. Der Knabe erzählte dem Mädchen auch, wie
sie ihre Hütte verlassen hätten, wie alle in den Wald gegangen
wären und wie sie gestorben seien und er allein nur am Leben ge- -30-
blieben wäre. Siehst du, so saßen die Kinder in der Höhle, wenn
der Tag über den Wald hinüberzog und das Grüne beleuchtete, die
Vöglein sangen, die Bäume glänzten und die Bergspitzen leuchteten;
oder sie schlummerten, wenn es Nacht war, wenn es finster und
still war oder der Schrei eines wilden Tieres tönte oder der Mond -35-
am Himmel stand und seine Strahlen über die Wipfel goß. Du kannst
dir denken, wie es war, wenn du betrachtest, wie schon hier die
Nacht ist, wie der Mond so schauerlich in den Wolken steht, wo wir
doch so nahe an den Häusern sind, und wie er auf die schwarzen
Vogelbeerbäume* unsers Nachbars herniederscheint."   -40-
Wir waren, während der Großvater erzählte, durch die Felder von
Oberplan herabgegangen, wir waren über die Wiese gegangen, in
welcher das Behringer Brünnlein ist, wir waren über die Steinwand
gestiegen, wir waren über den weichen Rasen gegangen und näherten
uns bereits den Häusern von Oberplan. Es war indessen völlig Nacht -45-
geworden, der halbe Mond stand am Himmel, viele Wolken hatten sich
aufgetürmt, die er beglänzte, und seine Strahlen fielen gerade auf

-----
40: mountain-ash.

die Vogelbeerbäume, die in dem Garten unsers Nachbars standen.
"Nachdem das Mädchen sehr stark geworden war", fuhr der Großvater fort, "dachten die Kinder daran, aus dem Walde zu gehen. Sie
beratschlagten unter sich, wie sie das anstellen sollten. Das
Mädchen wußte gar nichts; der Knabe aber sagte, daß alle Wässer -5-
abwärtsrinnen, daß sie fort und fort rinnen, ohne stillezustehen,
daß der Wald sehr hoch sei und daß die Wohnungen der Menschen sehr
tief liegen, daß bei ihrer Hütte selber ein breites rinnendes
Wasser vorbeigegangen wäre, daß sie von dieser Hütte in den Wald
gestiegen seien, daß sie immer aufwärts und aufwärts gegangen und -10-
mehreren herabfließenden Wassern begegnet seien; wenn man daher an
einem rinnenden Wasser immer abwärts gehe, so müsse man aus dem
Walde hinaus und zu Menschen gelangen. Das Mädchen sah das ein,
und mit Freuden beschlossen sie, so zu tun. Sie rüsteten sich zur
Abreise. Von den Feldern nahmen sie Kartoffeln, soviel sie tragen -15-
konnten, und viele zusammengebundene Büschel von Ähren. Der Knabe
hatte aus seiner Jacke einen Sack gemacht, und für Erdbeeren und
Himbeeren machte er schöne Täschchen aus Birkenrinde. Dann brachen
sie auf. Sie suchten zuerst den Bach in dem Tale, aus dem sie bisher getrunken hatten, und gingen dann an seinem Wasser fort. -20-
Siehst du, der Knabe leitete das Mädchen, weil es schwach war und
weil er in dem Walde erfahrener war; er zeigte ihm die Steine, auf
die es treten, er zeigte ihm die Dornen und spitzigen Hölzer*, die
es vermeiden sollte, er führte es an schmalen Stellen, und wenn
große Felsen oder Dickichte und Sümpfe kamen, so wichen sie seit- -25-
wärts aus und lenkten dann klug immer wieder der Richtung des
Baches zu. So gingen sie immer fort. Wenn sie müde waren, setzten
sie sich nieder und rasteten; wenn sie ausgerastet hatten, gingen
sie weiter. Am Mittage machte er ein Feuer, und sie brieten Kartoffeln und rösteten sich ihre Getreideähren. Das Wasser suchte er -30-
in einer Quelle oder in einem kalten Bächlein, die winzig über
weißen Sand aus der schwarzen Walderde oder aus Gebüsch und
Steinen hervorrannen. Wenn sie Stellen trafen, wo Beeren und Nüsse
sind, so sammelten sie diese. Bei der Nacht machte er ein Feuer,
machte dem Mädchen ein Lager und bettete sich selber, wie er sich -35-
in den ersten Tagen im Walde gebettet hatte. So wanderten sie
weiter. Sie gingen an vielen Bäumen vorüber, an der Tanne mit dem
herabhängenden Bartmoose, an der zerrissenen Fichte, an dem lang-
armigen Ahorne, an dem weißgefleckten Buchenstamme mit den licht-
grünen Blättern, sie gingen an Blumen, Gewächsen und Steinen vor- -40-
über, sie gingen unter dem Singen der Vögel dahin, sie gingen an
hüpfenden Eichhörnchen vorüber oder an einem weidenden Reh. Der
Bach ging um Hügel herum, oder er ging in gerader Richtung, oder
er wand sich um die Stämme der Bäume. Er wurde immer größer, unzählige Seitenbächlein kamen aus den Tälern heraus und zogen mit -45-
ihm, von dem Laube der Bäume und von den Gräsern tropften ihm
Tropfen zu und zogen mit ihm. Er rauschte über die Kiesel und
erzählte gleichsam den Kindern. Nach und nach kamen andere Bäume,

-----
23: sharp thickets.

an denen der Knabe recht gut erkannte, daß sie nach auswärts ge-
langten; die Zackentanne*, die Fichte mit dem rauhen Stamme, die
Ahorne mit den großen Ästen und die knollige* Buche hörten auf,
die Bäume waren kleiner, frischer, reiner und zierlicher. An dem
Wasser standen Erlengebüsche, mehrere Weiden standen da, der wilde -5-
Apfelbaum zeigte seine Früchte, und der Waldkirschenbaum gab ihnen
seine kleinen, schwarzen, süßen Kirschen.   Nach und nach kamen
Wiesen, es kamen Hutweiden*, die Bäume lichteten sich, es standen
nur mehr Gruppen, und mit einem Male, da der Bach schon als ein
breites, ruhiges Wasser ging, sahen sie die Felder und Wohnungen -10-
der Menschen.   Die Kinder jubelten und gingen zu einem Hause. Sie
waren nicht in die Heimat des Knaben hinausgekommen, sie wußten
nicht, wo sie hingekommen waren, aber sie wurden recht freundlich
aufgenommen und von den Leuten in die Pflege genommen. Inzwischen
stieg wieder eine Rauchsäule von dem Hausberge empor, sie stieg in -15-
der Mittagsstunde auf, blieb eine Stunde gleichartig und hörte
dann auf. Dies geschah vier Tage hintereinander, an jedem Tage um
eine Stunde später: aber es war niemand da, das Zeichen verstehen
zu können."
   Als der Großvater bis hieher* erzählt hatte, waren wir an -20-
unserem Hause angekommen.
   Er sagte: "Da wir müde sind und da es so warm ist, so setzen wir
uns ein wenig auf den Stein, ich werde dir die Geschichte zu Ende
erzählen."
   Wir setzten uns auf den Stein, und der Großvater fuhr fort: "Als -25-
man in Erfahrung gebracht hatte*, wer der Knabe sei und wohin er
gehöre, wurde er samt dem Mädchen in die Pechbrennerhütte zu dem
Oheime gebracht. Der Oheim ging in den Wald hinauf und verbrannte
vor Entsetzen die Waldhütte, in welcher der tote Pechbrenner mit
seinem Weibe lag. Auch das Mädchen wurde von seinen Verwandten -30-
ausgekundschaftet* und in der Pechbrennerhütte abgeholt. Siehst
du, es ist in jenen Zeiten auch in andern Teilen der Wälder die
Pest ausgebrochen und es sind viele Menschen an ihr gestorben;
aber es kamen wieder andere Tage, und die Gesundheit war wieder in
unsern Gegenden. Der Knabe blieb nun bei dem Oheime in der Hütte, -35-
wurde dort größer und größer, und sie betrieben das Geschäft des
Brennens von Wagenschmiere, Terpentin und andern Dingen. Als schon
viele Jahre vergangen waren, als der Knabe schon beinahe ein Mann
geworden war, kam einmal ein Wägelchen vor die Pechbrennerhütte
gefahren. In dem Wägelchen saß eine schöne Jungfrau*, die ein -40-
weißes Kleid und ein schwarzes Mäntelchen anhatte und an der Brust
ein Brombeersträußlein trug. Sie hatte die Wangen, die Augen und
die feinen Haare des Waldmädchens. Sie war gekommen, den Knaben zu
sehen, der sie gerettet und aus dem Walde geführt hatte. Sie und
der alte Vetter, der sie begleitete, baten den Jüngling, *er -45-
möchte mit ihnen in das Schloß des Mädchens gehen und dort leben.
Der Jüngling, der das Mädchen auch recht liebte, ging mit. Er
-----
2: a variety of fir. 3: knotty. 8: a variety of willow. 20: =hier-
her. 26: had found out. 31: searched out. 40: =Fräulein. 45: sc.
ob.

lernte dort allerlei Dinge, wurde immer geschickter und wurde endlich der Gemahl* des Mädchens, das er zur Zeit der Pest in dem
Walde gefunden hatte. Siehst du, da bekam er ein Schloß, er bekam
Felder, Wiesen, Wälder, Wirtschaften* und Gesinde*, und wie er
schon in der Jugend verständig und aufmerksam gewesen war, so ver- -5-
mehrte und verbesserte er alles und wurde von seinen Untergebenen,
von seinen Nachbarn und Freunden und von seinem Weibe geachtet und
geliebt.   Er starb als ein angesehener Mann, der im ganzen Lande
geehrt war.   Wie verschieden die Schicksale der Menschen sind!
Seinen Oheim hat er oft eingeladen zu kommen, bei ihm zu wohnen -10-
und zu leben, dieser aber blieb in der Pechbrennerhütte und betrieb das Brenngeschäft fort und fort, und als der Wald immer
kleiner wurde, als die Felder und Wiesen bis zu seiner Hütte vor-
gerückt waren, ging er tiefer in das Gehölze und trieb dort das
Brennen der Wagenschmiere weiter. Seine Nachkommen*, die er er- -15-
hielt, als er in den Ehestand getreten war, blieben bei der nämlichen Beschäftigung, und von ihm stammt der alte Andreas ab, der
auch nur ein Wagenschmierfuhrmann ist und nichts kann, als im
Lande mit seinem schwarzen Fasse herumziehen und törichten Knaben,
die es nicht besser verstehen, die Füße mit Wagenschmiere an- -20-
streichen."
    Mit diesen Worten hörte der Großvater zu erzählen auf.   Wir
blieben aber noch immer auf dem Steine sitzen.   Der Mond hatte
immer heller und heller geschienen, die Wolken hatten sich immer
länger und länger gestreckt, und ich schaute stets auf den -25-
schwarzen Vogelbeerbaum des Nachbars.
    Da streckte sich das Antlitz der Großmutter aus der Tür heraus,
und sie fragte, ob wir denn nicht zum Essen gehen wollten.   Wir
gingen nun in die Stube der Großeltern, die Großmutter tat ein
schönes, aus braun- und weißgestreiftem Pflaumenholze verfertigtes -30-
Hängetischchen* von der Wand herab*, überdeckte es mit weißen
Linnen, gab uns Teller und Eßgeräte und stellte ein Huhn mit Reis
auf.   Da wir aßen, sagte sie mit böser Miene, daß der Großvater
noch törichter und unbesonnener sei als der Enkel, weil er zum
Waschen von Wagenschmierfüßen eine grünglasierte Schüssel genommen -35-
habe, so daß man sie jetzt aus Ekel zu nichts mehr verwenden
könne.
    Der Großvater lächelte und sagte: "So zerbrechen wir die
Schüssel, daß sie nicht einmal aus Unachtsamkeit doch genommen
wird, und kaufen eine neue; es ist doch besser, als wenn der -40-
Schelm* länger in der Angst geblieben wäre. Du nimmst dich ja auch
um ihn an*."
    Bei diesen Worten zeigte er gegen den Ofen, wo in einem kleinen
Wännchen* mein Pechhöschen eingeweicht waren.
    Als wir gegessen hatten, sagte der Großvater, daß ich nun -45-

-----
2: =**Ehemann**. 4: households; servants. 15: progeny. 31: table hung
on the wall when not in use; let down. 41: rascal, i.e., the nar-
rator. 42: **You** take care of him, too. 44: small tub.

schlafen gehen solle, und er geleitete* mich selber in meine
Schlafkammer. Als wir durch das Vorhaus gingen, wo ich in solche
Strafe gekommen war, zwitscherten die jungen Schwalben leise in
ihrem Neste wie schlaftrunken, in der großen Stube brannte ein
Lämpchen auf dem Tische, das alle Samstagsnächte die ganze Nacht -5-
zu Ehren der heiligen Jungfrau brannte, in dem Schlafgemache* der
Eltern lag der Vater in dem Bette, hatte ein Licht neben sich und
las, wie er gewöhnlich zu tun pflegte; die Mutter war nicht zu
Hause, weil sie bei einer kranken Muhme war. Da wir den Vater gegrüßt hatten und er freundlich geantwortet hatte, gingen wir in -10-
das Schlafzimmer der Kinder. Die Schwester und die kleinen Brüderchen schlummerten schon. Der Großvater half mir mich entkleiden*,
und er blieb bei mir, bis ich gebetet und das Deckchen über mich
gezogen hatte. Dann ging er fort. Aber ich konnte nicht schlafen,
sondern dachte immer an die Geschichte, die mir der Großvater er- -15-
zählt hatte, ich dachte an diesen Umstand und an jenen, und es
fiel mir mehreres ein, um was ich fragen müsse. Endlich machte
doch die Müdigkeit ihr Recht gelten*, und der Schlaf senkte sich
auf die Augen. Als ich noch im halben Entschlummern war, sah ich
bei dem Scheine des Lichtes, das aus dem Schlafzimmer der Eltern -20-
hereinfiel, daß die Mutter hereinging, ohne daß ich mich zu vollem
Bewußtsein emporrichten konnte. Sie ging zu dem Gefäße des Weih-
brunnens*, netzte* sich die Finger, ging zu mir, bespritzte mich
und machte mir das Kreuzzeichen auf Stirn, Mund und Brust, ich
erkannte, daß alles verziehen sei, und schlief nun plötzlich mit -25-
Versöhnungsfreuden, ich kann sagen, beseligt* ein.
    Aber der erste Schlaf ist doch kein ruhiger gewesen. Ich hatte
viele Sachen bei mir, Tote, Sterbende, Pestkranke, Drillingsföhren, das Waldmädchen, den Machtbauer, des Nachbars Vogelbeerbaum, und der alte Andreas strich mir schon wieder die Füße an. -30-
Aber der Verlauf des Schlafes muß gut gewesen sein; denn als man
mich erweckte, schien die Sonne durch die Fenster herein, es war
ein lieblicher Sonntag, alles war festlich, wir bekamen nach dem
Gebete das Festtagsfrühstück, bekamen die Festtagskleider, und als
ich auf die Gasse ging, war alles rein, frisch und klar, die Dinge -35-
der Nacht waren dahin*, und der Vogelbeerbaum des Nachbars war
nicht halb so groß als gestern. Wir erhielten unsere Gebetbücher
und gingen in die Kirche, wo wir den Vater und Großvater auf ihren
Plätzen in dem Bürgerstuhle* sahen.
    Seitdem sind viele Jahre vergangen, der Stein liegt noch vor dem -40-
Vaterhause, aber jetzt spielen die Kinder der Schwester darauf,
und oft mag das alte Mütterlein auf ihm sitzen und nach den Welt-
gegenden ausschauen, in welche ihre Söhne zerstreut sind.
    Wie es aber seltsame Dinge in der Welt gibt, die ganze
Geschichte des Großvaters weiß ich, ja durch lange Jahre, wenn man -45-

-----
1: =begleitete. 6: =Schlafzimmer. 12: =ausziehen. 18: invoked its
prerogative. 23: to the vessel of holy water; wet. 26: blessed.
36: =vorbei. 39: burghers' pew.

von schönen Mädchen redete, fielen mir immer die feinen Haare des
Waldmädchens ein; aber von den Pechspuren, die alles einleiteten,
weiß ich nichts mehr, ob sie durch Waschen oder durch Abhobeln*
weggegangen sind, und oft, wenn ich eine Heimreise beabsichtigte,
nahm ich mir vor*, die Mutter zu fragen, aber auch das vergaß ich -5-
jedesmal wieder.

1853*

3: planing. 5: I resolved. after 6: in the collection **Bunte Steine**
(1853). An earlier version, **Der Pechbrenner**, had appeared in 1849.

ANNETTE VON DROSTE-HÜLSHOFF

Der Weiher*

Er liegt so still im Morgenlicht,
So friedlich, wie ein fromm Gewissen;
Wenn Weste* seinen Spiegel küssen.
Des Ufers Blume fühlt es nicht;
Libellen* zittern über ihn,   -5-
Blaugoldne Stäbchen und Karmin*.
Und auf des Sonnenbildes Glanz
Die Wasserspinne führt den Tanz;
Schwertlilienkranz* am Ufer steht
Und horcht des Schilfes* Schlummerliede;   -10-
Ein lindes Säuseln kommt und geht,
Als flüstre's: Friede! Friede! Friede! —
                                    1841/1842

Der Knabe im Moor

O schaurig ist's übers Moor zu gehn.
Wenn es wimmelt von Heiderauche*,
Sich wie Phantome die Dünste drehn
Und die Ranke* häkelt* am Strauche,
Unter jedem Tritte ein Quellchen springt.   -5-
Wenn aus der Spalte es zischt und singt,
O schaurig ist's übers Moor zu gehn,
Wenn das Röhricht* knistert im Hauche*!

Fest hält die Fibel* das zitternde Kind
Und rennt, als ob man es jage;   -10-
Hohl über die Fläche sauset* der Wind —
Was raschelt drüben am Hage*?
Das ist der gespentische Gräberknecht,
Der dem Meister die besten Torfe verzecht*;
Hu, hu, es* bricht wie ein irres Rind!   -15-
Hinducket* das Knäblein zage*.

-----

before 1: pond. 2: =**frommes**. 3: =**Westwinde**. 5: dragonflies. 6:
carmine: red, purplish-red. 9: garland of iris. 10: reed(s)./2:
smoke from burning off the moor, or fog. 4: tendrils, runners;
teases about (like the motion of a crochet needle). 8: canebrake;
in the breeze. 9: primer, spelling-book. 11: =**saust**, and passim.
12: hedge. 14: Who boozes away the master's best peat, i.e., by
stealing and selling it. 15: i.e., **das Moor**. 16: ducks away;
=**zaghaft** timorously.

Vom Ufer starret Gestumpf* hervor,
Unheimlich nicket die Föhre*,
Der Knabe rennt, gespannt das Ohr,
Durch Riesenhalme wie Speere;   -20-
Und wie es rieselt und knittert darin!
Das ist die unselige Spinnerin,
Das ist die gebannte* Spinnlenor'*,
Die den Haspel* dreht im Geröhre*!

Voran, voran! Nur immer im Lauf,   -25-
Voran, als woll es* ihn holen!
Vor seinem Fuße brodelt es auf*,
Es pfeift ihm unter den Sohlen
Wie eine gespenstige Melodei*;
Das ist der Geigemann* ungetreu,   -30-
Das ist der diebische Fiedler Knauf*,
Der den Hochzeittheller* gestohlen*!

Da birst* das Moor, ein Seufzer geht
Hervor aus der klaffenden Höhle;
Weh, weh, da ruft die verdammte Margret*:   -35-
"Ho, ho, meine arme Seele!"
Der Knabe springt wie ein wundes Reh;
Wär nicht Schutzengel in seiner Näh,
Seine bleichenden* Knöchelchen fände spät
Ein Gräber im Moorgeschwele*.   -40-

Da mählich* gründet der Boden sich*,
Und drüben, neben der Weide,
Die Lampe flimmert so heimatlich,
Der Knabe steht an der Scheide*.
Tief atmet er auf, zum Moor zurück   -45-
Noch immer wirft er den scheuen Blick:
Ja, im Geröhre war's fürchterlich,
O schaurig war's in der Heide!
                              1841/1842

17: stumps. 18: (Scots) pine. 23: enchanted; the spinner Lenore.
24: reel; reeds. 26: something. 27: it bubbles up. 29: =Melodie.
30: =Geigenspieler. 31: the fiddler's name. 32: **Heller** coin; sc.
hat. 33: bursts, explodes (from **bersten**). 35: i.e., as the
heroine in Goethe's **Faust**: a girl with an illegitimate child. 39:
bleaching. 40: vapors hanging over the moor. 41: =allmählich;
becomes firmer. 44: divide, boundary.

Im Grase

Süße Ruh, süßer Taumel im Gras,
Von des Krautes Arome umhaucht,
Tiefe Flut, tief tief trunkne* Flut,
Wenn die Wolk* am Azure verraucht,
Wenn aufs müde, schwimmende Haupt*   -5-
Süßes Lachen gaukelt herab*,
Liebe Stimme säuselt und träuft*
Wie die Lindenblüt auf ein Grab.

Wenn im Busen die Toten dann*,
Jede Leiche sich streckt und regt,   -10-
Leise, leise den Odem* zieht,
Die geschloßne Wimper bewegt,
Tote Lieb, tote Lust, tote Zeit,
All die Schätze, im Schutt verwühlt*,
Sich berühren mit schüchternem Klang   -15-
Gleich den Glöckchen, vom Winde umspielt.

Stunden, flücht'ger ihr* als der Kuß
Eines Strahls auf den trauernden See,
Als des ziehenden Vogels Lied,
Das mir nieder perlt* aus der Höh,   -20-
Als des schillernden Käfers Blitz,
Wenn den Sonnenpfad er durcheilt,
Als der heiße Druck einer Hand,
Die zum letzten Male verweilt.

Dennoch, Himmel, immer mir* nur   -25-
Dieses **eine*** mir: für das Lied
Jedes freien Vogels im Blau
Eine Seele, die mit ihm zieht,
Nur für jeden kärglichen Strahl
Meinen farbig schillernden Saum*,   -30-
Jeder warmen Hand* meinen Druck
Und für jedes Glück meinen Traum.
                              1844/1845

3: =**betrunk(e)ne** intoxicated.   4: =**Wolke**. 5: =**Kopf**. 6: flutters
down (like a phantom). 7: drips. 9: sc. **sind**, i.e., when the dead
are in one's heart. 11: =**Atem**. 14: disarrayed in ruins. 17: i.e.,
to dead time (and by extension: to dead love and dead desire).
20: ripples (down). 25: from me. 26: this one thing. 30: (skirt)
hem.   31: for every warm hand.

Am letzten Tage des Jahres

Das Jahr geht um,
Der Faden rollt sich sausend ab.
Ein Stündchen noch, das letzte heut,
Und stäubend* rieselt in sein Grab,
Was einstens war lebend'ge Zeit.   -5-
Ich harre* stumm.

's ist tiefe Nacht!
Ob wohl ein Auge offen noch*?
In diesen Mauern rüttelt dein
Verrinnen, Zeit! Mir schaudert; doch   -10-
Es will die letzte Stunde sein
Einsam durchwacht,

Gesehen all,
Was ich begangen und gedacht,
Was mir aus Haupt* und Herzen stieg,   -15-
Das steht nun eine ernste Wacht*
Am Himmelstor. O halber Sieg!
O schwerer Fall!

Wie reißt der Wind
Am Fensterkreuze! Ja, es will   -20-
Auf Sturmesfittichen* das Jahr
Zerstäuben, nicht ein Schatten still
Verhauchen unterm Sternenklar.
Du Sündenkind,

War nicht ein hohl*   -25-
Und heimlich Sausen jeden Tag
In deiner* wüsten Brust Verlies*,
Wo langsam Stein an Stein zerbrach,
Wenn es den kalten Odem* stieß
Vom starren Pol?   -30-

Mein Lämpchen will
Verlöschen, und begierig saugt
Der Docht* den letzten Tropfen Öl.
Ist so mein Leben auch verraucht?
Eröffnet sich des Grabes Höhl'   -35-
Mir schwarz und still?

4: raising dust. 6: =warte. 8: sc. ist. 15: =Kopf. 16: watch,
guard.   21: **Fittiche=Flügel.** 25: =hohles, and   passim. 27:
genitive; dungeon. 29: =Atem. 33: wick.

Wohl in dem Kreis,
Den dieses Jahres Lauf umzieht,
Mein Leben bricht. Ich wußt es lang!
Und dennoch hat dies Herz geglüht   -40-
In eitler* Leidenschaften Drang!
Mir brüht* der Schweiß

Der tiefsten Angst
Auf Stirn und Hand. - Wie? dämmert feucht
Ein Stern dort durch die Wolken nicht?   -45-
Wär es der* Liebe Stern vielleicht,
Dir zürnend* mit dem trüben Licht,
Daß du so bangst*?

Horch, welch Gesumm*?
Und wieder? Sterbemelodie!   -50-
Die Glocke regt den eh'rnen* Mund.
O Herr, ich falle auf das Knie:
Sei gnädig meiner* letzten Stund!
Das Jahr ist um!
                    (1839) 1851*

41: gen. pl.   42: soaks, scalds. 46:   genitive.47: annoying you.
48: =dich fürchtest. 49: buzzing, humming. 51: brass, bronze. 53:
Have mercy on. after 54: in the cycle **Das geistliche Jahr** (1851).

NIKOLAUS LENAU
(NIKOLAUS NIEMBSCH, EDLER VON STREHLENAU)

Schilflieder*

1

Drüben geht die Sonne scheiden,
Und der müde Tag entschlief*.
Niederhangen* hier die Weiden
In den Teich, so still, so tief.

Und ich muß mein Liebstes meiden*:   -5-
Quill, o Träne, quill hervor!
Traurig säuseln hier die Weiden,
Und im Walde bebt das Rohr*.

In mein stilles, tiefes Leiden
Strahlst du, Ferne*! hell und mild,   -10-
Wie durch Binsen* hier und Weiden
Strahlt des Abendsternes Bild.

2

Trübe wirds, die Wolken jagen*,
Und der Regen niederbricht,
Und die lauten Winde klagen:
"Teich, wo ist dein Sternenlicht?"

Suchen* den erloschnen Schimmer   -5-
Tief im aufgewühlten See.
Deine Liebe lächelt nimmer
Nieder in mein tiefes Weh!

3

Auf geheimem Waldespfade
Schleich ich gern im Abendschein
An das öde Schilfgestade*,
Mädchen, und gedenke dein*!

-----

before 1: **Schilf** reeds, rushes. 2: falls asleep (also: dies). 3:
=**Niederhängen**. 5: shun. 8: reed(s). 10: you who are far off. 11:
rushes./1: race. 5: the subject is the clouds, the rain and the
winds from the previous stanza./3: Gestade=Ufer. 4: =denke an
dich.

Wenn sich dann der Busch verdüstert*,   -5-
Rauscht das Rohr geheimnisvoll,
Und es klaget* und es flüstert,
Daß ich weinen, weinen soll.

Und ich mein', ich höre wehen
Leise deiner* Stimme Klang,   -10-
Und im Weiher* untergehen
Deinen lieblichen Gesang.

                        4

Sonnenuntergang;
Schwarze Wolken ziehn,
O wie schwül und bang
Alle Winde fliehn!

Durch den Himmel wild   -5-
Jagen* Blitze, bleich;
Ihr vergänglich Bild
Wandelt durch den Teich.

Wie gewitterklar*
Mein' ich dich zu sehn,   -10-
Und dein langes Haar
Frei im Sturme wehn!

                        5

Auf dem Teich, dem regungslosen,
Weilt des Mondes holder Glanz,
Flechtend* seine bleichen Rosen
In des Schiffes grünen Kranz.

Hirsche wandeln dort am Hügel,   -5-
Blicken in die Nacht empor;
Manchmal regt sich das Geflügel
Träumerisch im tiefen Rohr.

Weinend muß mein Blick sich senken;
Durch die tiefste Seele geht   -10-
Mir ein süßes Deingedenken,
Wie ein stilles Nachtgebet!
                        1832

5: darkens at twilight.   7: =klagt, and passim.   10: genitive.   11:
pond./6: race.   9: as clearly outlined as a thunderstorm./3: weaving.
11: thinking of you.

Einsamkeit

1

Hast du schon je dich ganz allein gefunden,
Lieblos und ohne Gott auf einer Heide,
Die Wunden schnöden Mißgeschicks* verbunden
Mit stolzer Stille, zornig dumpfem Leide?

War jede frohe Hoffnung dir entschwunden,   -5-
Wie einem Jäger an der Bergesscheide*
Stirbt das Gebell von den verlornen Hunden,
Wie's Vöglein zieht, daß es den Winter meide*?

Warst du auf einer Heide so allein,
So weißt du auch, wie's einen dann bezwingt,   -10-
Daß er umarmend stürzt an einen Stein;

Daß er, von seiner Einsamkeit erschreckt,
Entsetzt empor vom starren Felsen springt
Und bang dem Winde nach* die Arme streckt.

2

Der Wind ist fremd, du kannst ihn nicht umfassen,
Der Stein ist tot, du wirst beim kalten, derben*
Umsonst um eine Trosteskunde werben*,
So fühlst du auch bei Rosen dich verlassen;

Bald siehst du sie, dein ungewahr*, erblassen,   -5-
Beschäftigt nur mit ihrem eignen Sterben.
Geh weiter: überall grüßt dich Verderben
In* der Geschöpfe* langen, dunklen Gassen;

Siehst hier und dort sie aus den Hütten schauen,
Dann schlagen sie vor dir die Fenster zu,   -10-
Die Hütten stürzen, und du fühlst ein Grauen.

Lieblos und ohne Gott! der Weg ist schaurig,
Der Zugwind* in den Gassen kalt; und du? –
Die ganze Welt ist zum Verzweifeln* traurig.
                                          1840

3: of disdainful adversity. 6: divide. 8: avoids. 14: preceded by
its object./2: solid (sc. **Stein**). 3: seek a word of comfort,
consolation. 5: unaware of you. 8: goes with **dunklen Gassen**; of
all creatures. 13: draft. 14: desperately.

Blick in den Strom

Sahst* du ein Glück vorübergehn,
Das nie sich wiederfindet,
Ists gut in einen Strom zu sehn,
Wo alles wogt und schwindet.

O! starre nur hinein, hinein,   -5-
Du wirst es leichter missen,
Was dir, und solls dein Liebstes sein*,
Vom Herzen ward* gerissen.

Blick unverwandt hinab zum Fluß,
Bis deine Tränen fallen,   -10-
Und sieht durch ihren warmen Guß*
Die Flut hinunterwallen*.

Hinträumend wird Vergessenheit
Des Herzens Wunde schließen;
Die Seele sieht mit ihrem Leid
Sich selbst vorüberfließen.
                       (1844) 1850

1: =Wenn... sahst. 7: and even if it should be... 8: =wurde. 11:
torrent. 12: flow by beneath.

EDUARD MÖRIKE

Der Feuerreiter

Sehet* ihr am Fensterlein
Dort die rote Mütze wieder?
Nicht geheuer* muß es sein,
Denn er geht schon auf und nieder.
Und auf einmal welch Gewühle   -5-
Bei der Brücke, nach dem Feld!
Horch! das Feuerglöcklein gellt:
  Hinterm Berg,
  Hinterm Berg
Brennt es in der Mühle!   -10-

Schaut! da sprengt er wütend schier*
Durch das Tor, der Feuerreiter,
Auf dem rippendürren* Tier,
Als auf einer Feuerleiter!
Querfeldein*! Durch Qualm und Schwüle   -15-
Rennt er schon, und ist am Ort!
Drüben schallt es fort und fort:
  Hinterm Berg,
  Hinterm Berg
Brennt es in der Mühle!   -20-

Der* so oft den roten Hahn*
Meilenweit von fern gerochen*,
Mit des heil'gen Kreuzes Span
Freventlich* die Glut besprochen* -
Weh! dir grinst vom Dachgestühle*   -25-
Dort der Feind im Höllenschein.
Gnade Gott der Seele dein*!
  Hinterm Berg,
  Hinterm Berg
Rast er in der Mühle!   -30-

Keine Stunde hielt es an,
Bis bie Mühle borst* in Trümmer;
Doch den kecken Reitersmann
Sah man von der Stunde nimmer.
Volk und Wagen im Gewühle   -35-

1: =**Seht**, and passim. 3: **Nicht geheuer** Sinister. 11: =**fast**. 13:
scrawny. 15: Cross country. 21: =**Der(jenige)**, **der**; =**das Feuer**.
22: sc. **hat**, and passim. 23: sc. **Und der**; chip, splinter. 24:
sacrilegiously; conjured (up). 25: roof-framing. 27: God have
mercy on your soul. 32: =**barst** (from **bersten**): exploded, burst.

Kehren heim von all dem Graus*;
Auch das Glöcklein klinget aus:
  Hinterm Berg,
  Hinterm Berg
Brennt's! -   -40-

Nach der Zeit ein Müller fand
Ein Gerippe* samt* der Mützen*
Aufrecht an der Kellerwand
Auf der beinern Mähre* sitzen:
Feuerreiter, wie so kühle*   -45-
Reitest du in deinem Grab!
Husch! da fällt's in Asche ab.
  Ruhe wohl,
  Ruhe wohl
Drunten in der Mühle!
            (1824) 1832

    Um Mitternacht

Gelassen stieg die Nacht ans Land,
Lehnt träumend an der* Berge Wand,
Ihr* Auge sieht die goldne Waage nun
Der Zeit in gleichen Schalen* stille ruhn;
  Und kecker rauschen die Quellen hervor,   -5-
  Sie singen der* Mutter, der Nacht, ins Ohr
    Vom Tage,
  Vom heute gewesenen Tage.

Das uralt alte Schlummerlied,
Sie* achtets nicht, sie ist es müd;
Ihr klingt des Himmels Bläue süßer noch,   -10-
Der flüchtgen Stunden gleichgeschwungenes Joch*.
  Doch immer behalten die Quellen das Wort,
  Es singen die Wasser im Schlafe noch fort
    Vom Tage,
  Vom heute gewesenen Tage.
                    (1827) 1828

36: horror. 42: skeleton; =mit; singular. 44: bony hack. 45:
=kühl./2: gen. pl. 3: Its, i.e., Night's. 4: pans of a scale. 6:
dative (in the ear of the). 9: i.e., die Nacht. 11: equally swung
cross-beam (of a scale) of the fleeting hours.

Verborgenheit

Laß, o Welt, o laß mich sein!
Locket* nicht mit Liebesgaben,
Laßt dies Herz alleine haben
Seine Wonne, seine Pein!

Was* ich traure, weiß ich nicht   -5-
Es ist unbekanntes Wehe*;
Immerdar* durch Tränen sehe
Ich der* Sonne liebes Licht.

Oft bin ich mir kaum bewußt*,
Und die helle Freude zücket   -10-
Durch die Schwere, so* mich drücket
Wonniglich* in meiner Brust.

Laß, o Welt, o laß mich sein!
Locket nicht mit Liebesgaben,
Laßt dies Herz alleine haben   -15-
Seine Wonne, sein Pein!
                         (1832) 1838

Auf eine Lampe

Noch* unverrückt*, o schöne Lampe, schmückest* du,
An leichten Ketten zierlich aufgehangen hier,
Die Decke des nun fast vergeßnen Lustgemachs*.
Auf deiner weißen Marmorschale*, deren Rand
Der Efeukranz von goldengrünem Erz* umflicht*   -5-
Schlingt fröhlich eine Kinderschar* den Ringelreihn*.
Wie reizend alles! lachend, und ein sanfter Geist
Des Ernstes doch ergossen um die ganze Form –
Ein Kunstgebild* der echten Art. Wer achtet sein*?
Was aber schön ist, selig scheint es in ihm selbst. -10-
                         1846

2: =Lockt, and passim. 5: =Warum. 6: =Weh. 7: for ever (and
ever). 8: genitive. 9: I am hardly conscious. 11: =die. 12:
=wonnig blissfully. /1: sc. immer; unmoved; =schmückst. 3: salon.
4: marble surface. 5: brass; weaves around. 6: Schar group,
flock; round dance. 9: artistic creation; =beachtet es.

Denk es, o Seele!

Ein Tännlein grünet* wo*,
Wer weiß, im Walde,
Ein Rosenstrauch, wer sagt,
In welchem Garten?
Sie sind erlesen* schon,   -5-
Denk es, o Seele,
Auf deinem Grab zu wurzeln
Und zu wachsen.

Zwei schwarze Rößlein weiden
Auf der Wiese,   -10-
Sie kehren heim zur Stadt
In muntern Sprüngen.
Sie werden schrittweis gehn
Mit deiner Leiche;
Vielleicht, vielleicht noch eh   -15-
An ihren Hufen
Das Eisen* los wird,
Das ich blitzen sehe!
   (1851) 1852*

1: =grünt; =irgendwo. 5: picked, chosen. 17: horseshoe. 18: the
conclusion to Mörike's novella **Mozart auf der Reise nach Prag**
(1855).

REALISM

FRIEDRICH HEBBEL

MARIA MAGDALENE

EIN BÜRGERLICHES TRAUERSPIEL IN DREI AKTEN

Personen

Meister Anton, ein Tischler
Seine Frau
Klara, seine Tochter
Karl, sein Sohn
Leonhard   -5-
Ein Sekretär
Wolfram, ein Kaufmann
Adam, ein Gerichtsdiener
Ein zweiter Gerichtsdiener
Ein Knabe   -10-
Eine Magd

Ort: eine mittlere* Stadt

12: medium-sized.

ERSTER AKT

Zimmer im Hause des Tischlermeisters

ERSTE SZENE

Klara. Die Mutter.

KLARA. Dein Hochzeitskleid? Ei, wie es dir steht! Es ist, als   -5-
obs* zu heut* gemacht wäre!

MUTTER. Ja, Kind, die Mode läuft so lange vorwärts, bis sie
nicht weiter kann und umkehren muß. Dies Kleid war schon zehnmal aus der Mode, und kam immer wieder hinein.

KLARA. Diesmal doch nicht ganz, liebe Mutter! Die Ärmel sind zu   -10-
weit. Es muß dich nicht verdrießen!

MUTTER lächelnd. Dann müßt* ich du sein!

KLARA. So hast du also ausgesehen! Aber einen Kranz* trugst du
doch auch, nicht wahr?

MUTTER. Wills hoffen*! Wozu hätt ich sonst den Myrtenbaum jahre-   -15-
lang im Scherben* gepflegt!

KLARA. Ich hab dich so oft gebeten, und du hast es nie angezogen, du sagtest immer: "Mein Brautkleid ists nicht mehr, es
ist nun mein Leichenkleid, und damit soll man nicht spielen."
Ich mocht* es zuletzt gar nicht mehr sehen, weil es mich, wenn   -20-
es so weiß dahing, immer an deinen Tod und an den Tag erinnerte, wo die alten Weiber* es dir über den Kopf ziehen
würden. - Warum denn heut?

MUTTER. Wenn man so schwer krank liegt wie ich und nicht weiß,
ob man wieder gesund wird, da geht einem gar manches im Kopf   -25-
herum. Der Tod ist schrecklicher, als man glaubt, oh, er ist
bitter! Er verdüstert die Welt, er bläst all die Lichter, eins
nach dem andern, aus, die so bunt und lustig um uns her schimmern, die freundlichen Augen des Mannes und der Kinder hören
zu leuchten auf, und es wird finster allenthalben*, aber im   -30-
Herzen zündet er ein Licht an, da wirds hell, und man sieht
viel, sehr viel, was man nicht sehen mag. Ich bin mir eben
nichts Böses bewußt, ich bin auf Gottes Wegen gegangen, ich
habe im Hause geschafft*, was ich konnte, ich habe dich und

6: =ob es, and passim; =heute. 12: =müßte, and passim. 13:
=Brautkranz. 15: I should hope so. 16: flower-pots. 20: =didn't
like. 22: =Frauen. 30: =überall. 34: =getan.

deinen Bruder in der Furcht des Herrn aufgezogen und den
sauren Schweiß eures Vaters zusammengehalten*, ich habe aber
immer auch einen Pfennig für die Armen zu erübrigen gewußt,
und wenn ich zuweilen einen abwies, weil ich gerade verdrießlich war oder weil zu viele kamen, so war es kein Unglück für   -5-
ihn, denn ich rief ihn gewiß wieder um und gab ihm doppelt.
Ach, was ist das alles! Man zittert doch vor der letzten
Stunde, wenn sie hereindroht, man krümmt sich wie ein Wurm,
man fleht zu Gott ums Leben, wie ein Diener den Herrn anfleht,
die schlecht gemachte Arbeit noch einmal verrichten zu dürfen,   -10-
um am Lohntag nicht zu kurz zu kommen.

KLARA.   Hör davon auf, liebe Mutter, dich greifts an*!

MUTTER.   Nein, Kind, mir tuts wohl! Steh ich denn nicht gesund
und kräftig wieder da? Hat der Herr mich nicht bloß gerufen,
damit ich erkennen möchte*, daß mein Feierkleid noch nicht   -15-
fleckenlos und rein ist, und hat er mich nicht an der Pforte
des Grabes wieder umkehren lassen und mir Frist gegeben, mich
zu schmücken für die himmlische Hochzeit? So gnadenvoll war er
gegen jene sieben Jungfrauen im Evangelium*, das du mir
gestern abend vorlesen mußtest, nicht! Darum habe ich heute,   -20-
da ich zum heilgen Abendmahle gehe, dies Gewand angelegt. Ich
trug es den Tag, wo ich die frömmsten und besten Vorsätze
meines Lebens faßte. Es soll mich an die mahnen*, die ich noch
nicht gehalten habe!

KLARA.   Du sprichst noch immer wie in deiner Krankheit!   -25-

                        ZWEITE SZENE

KARL (tritt auf). Guten Morgen, Mutter! Nun, Klara, möchtest du
mich leiden*, wenn ich nicht dein Bruder wäre?

KLARA.   Eine goldene Kette? Woher hast du die?

KARL.   Wofür schwitz ich? Warum arbeit ich abends zwei Stunden   -30-
länger als die anderen? Du bist impertinent!

MUTTER.   Zank am Sonntagmorgen? Schäme dich, Karl!

KARL.   Mutter, hast du nicht einen Gulden für mich?

MUTTER: Ich habe kein Geld, als was zur Haushaltung gehört.

2: i.e., what was earned by his sweat. 12: it's exhausting you,
getting to you. 15: might. 19: probably the five foolish maidens
in Matthew 25:1-13. 23: =erinnern. 28: put up with.

KARL. Gib nur immer davon her! Ich will nicht murren, wenn du
die Eierkuchen vierzehn Tage lang etwas magerer bäckst. So
hast dus schon oft gemacht! Ich weiß das wohl! Als für Klaras
weißes Kleid gespart wurde, da kam monatelang nichts Leckeres
auf den Tisch. Ich drückte die Augen zu, aber ich wußte recht   -5-
gut, daß ein neuer Kopfputz* oder ein anderes Fahnenstück* auf
dem Wege war. Laß mich denn auch einmal davon profitieren!

MUTTER. Du bist unverschämt!

KARL. Ich hab nur keine Zeit, sonst - (Er will gehen.)

MUTTER. Wohin gehst du?   -10-

KARL. Ich wills dir nicht sagen, dann kannst du, wenn der alte
Brummbär* nach mir fragt, ohne rot zu werden, antworten, daß
dus nicht weißt. Übrigens brauch ich deinen Gulden gar nicht,
es ist das beste, daß nicht alles Wasser aus **einem** Brunnen
geschöpft werden soll. (**Für sich**) Hier im Hause glauben sie   -15-
von mir ja doch immer das Schlimmste; wie sollt es mich nicht
freuen, sie in der Angst zu erhalten? Warum sollt ichs sagen,
daß ich, da ich den Gulden nicht bekomme, nun schon in die
Kirche gehen muß, wenn mir nicht ein Bekannter aus der Verlegenheit hilft? (**Ab**)   -20-

DRITTE SZENE

KLARA. Was soll das heißen?

MUTTER. Ach, er macht mir Herzeleid! Ja, ja, der Vater hat
recht, das sind die Folgen! So allerliebst wie er als kleiner
Lockenkopf um das Stück Zucker bat, so trotzig fordert er   -25-
jetzt den Gulden! Ob er den Gulden wirklich nicht fordern
würde, wenn ich ihm das Stück Zucker abgeschlagen hätte? Das
peinigt mich oft! Und ich glaube, er liebt mich nicht einmal.
Hast du ihn ein einziges Mal weinen sehen während meiner
Krankheit?   -30-

KLARA. Ich sah ihn ja nur selten, fast nicht anders als bei
Tisch. Mehr Appetit hatte er als ich!

MUTTER (**schnell**). Das war natürlich, er mußte die schwere Arbeit
verrichten!

KLARA. Freilich! Und wie die Männer sind! Die schämen sich   -35-

-----
6: coiffure, head-dress; show-piece. 12: grumbler, martinet,
i.e., the father.

ihrer Tränen mehr als ihrer Sünden! Eine geballte Faust, warum
die nicht zeigen, aber ein weinendes Auge? Auch der Vater!
Schluchzte er nicht den Nachmittag, wo dir zur Ader gelassen
wurde* und kein Blut kommen wollte, an seiner Hobelbank*, daß
mirs durch die Seele ging! Aber als ich nun zu ihm trat und   -5-
ihm über die Backen strich, was sagte er? "Versuch doch, ob du
mir den verfluchten Span* nicht aus dem Auge herausbringen
kannst, man hat so viel zu tun und kommt nicht von Fleck!"

MUTTER (lächelnd). Ja, ja! Ich sehe den Leonhard gar nicht mehr.
Wie kommt das?   -10-

KLARA. Mag* er wegbleiben!

MUTTER. Ich will nicht hoffen, daß du ihn anderswo siehst als
hier im Hause!

KLARA. Bleib ich etwa zu lange weg, wenn ich abends zum Brunnen
gehe, daß du Grund zum Verdacht hast?   -15-

MUTTER. Nein, das nicht! Aber nur darum hab ich ihm Erlaubnis
gegeben, daß er zu uns kommen darf, damit er dir nicht bei
Nebel und Nacht aufpassen soll. Das hat meine Mutter auch
nicht gelitten!

KLARA. Ich seh ihn nicht!   -20-

MUTTER. Schmollt ihr miteinander*? Ich mag* ihn sonst wohl
leiden, er ist so gesetzt! Wenn er nur erst etwas wäre! Zu
meiner Zeit hätt er nicht lange warten dürfen*, da rissen die
Herren sich um* einen geschickten Schreiber wie die Lahmen um
die Krücke, denn sie waren selten. Auch wir geringeren Leute -25-
konnten ihn* brauchen. Heute setzte er dem Sohne* einen Neu-
jahrswunsch für den Vater auf und erhielt allein für den vergoldeten Anfangsbuchstaben so viel, daß man einem Kinde eine
Docke* dafür hätte kaufen können. *Morgen gab ihm der Vater
einen Wink und ließ sich den Wunsch vorlesen, heimlich, bei   -30-
verschlossenen Türen, um nicht überrascht zu werden und die
Unwissenheit* gedeckt zu sehen. Das gab doppelte Bezahlung. Da
waren die Schreiber obenauf* und machten das Bier teuer. Jetzt
ists anders, jetzt müssen wir Alten, die wir* uns nicht aufs
Lesen und Schreiben verstehen, uns von neunjährigen Buben aus- -35-
spotten lassen! Die Welt wird immer klüger, vielleicht kommt
noch einmal die Zeit, wo einer sich schämen muß, wenn er nicht

-----
4: were bled; planing bench. 7: (wood) shaving. 11: Let (him).
21: Are you two mad at one another; =kann. 23: =brauchen. 24:
competed for. 26: i.e., einen Schreiber; for the son. 29:
=Puppe; sc. Heute. 32: i.e., inability to read the greeting. 33:
on top of the world. 34: we who.

auf dem Seil tanzen kann!

KLARA.   Es läutet!

MUTTER.   Nun Kind, ich will für dich beten! Und was deinen
 Leonhard betrifft, so liebe ihn, wie er Gott liebt, nicht
 mehr, nicht weniger. So sprach meine alte Mutter zu mir, als   -5-
 sie aus der Welt ging und mir den Segen gab, ich habe ihn
 lange genug behalten, hier hast du ihn wieder!

KLARA (reicht ihr einen Strauß). Da!

MUTTER.   Der kommt gewiß von Karl!

KLARA (nickt; dann beiseite).   Ich wollt, es wäre so! Was   ihr   -10-
 eine rechte Freude machen soll, das muß von ihm kommen!

MUTTER.   Oh, er ist gut und hat mich lieb. (Ab)

KLARA (sieht ihr durchs Fenster nach).   Da geht sie! Dreimal
 träumt ich, sie läge im Sarg, und nun - o die boshaften
 Träume, sie kleiden sich in unsere Furcht, um unsere Hoffnung -15-
 zu erschrecken! Ich will mich niemals wieder an einen Traum
 kehren*, ich will mich über einen guten nicht wieder freuen,
 damit ich mich über den bösen, der ihm folgt, nicht wieder zu
 ängstigen brauche! Wie sie fest und sicher ausschreitet!
 Schon ist sie dem Kirchhof nah - wer wohl* der erste ist, der -20-
 ihr begegnet? Es soll nichts bedeuten, nein, ich meine nur -
 (Erschrocken zusammenfahrend*) Der Totengräber! Er hat eben
 ein Grab gemacht und steigt daraus hervor, sie grüßt ihn und
 blickt lächelnd in die düstre Grube hinab, nun wirft sie den
 Blumenstrauß hinunter und tritt in die Kirche. (Man hört einen -25-
 Choral.) Sie singen: Nun danket alle Gott! (Sie faltet die
 Hände.) Ja Ja! Wenn meine Mutter gestorben wär, nie wär ich
 wieder ruhig geworden, denn (Mit einem Blick gen* Himmel) Aber
 du bist gnädig, du bist barmherzig! Ich wollt', ich hätt einen
 Glauben wie die Katholischen, daß ich dir etwas schenken   -30-
 dürfte! Meine ganze Sparbüchse wollt* ich leeren und dir ein
 schönes vergoldetes Herz kaufen und es mit Rosen umwinden.
 Unser Pfarrer sagt, vor dir seien die Opfer nichts, denn alles
 sei dein, und man müßte dir das, was du schon hast, nicht erst
 geben wollen! Aber alles, was im Hause ist, gehört meinem   -35-
 Vater doch auch, und dennoch sieht ers gar gern, wenn ich ihm
 für sein eignes Geld ein Tuch kaufe und es sauber* sticke und
 es ihm zum Geburtstag auf den Teller lege. Ja, er tut mir die
 Ehre an und trägts nur an den höchsten Feiertagen, zu Weihnacht oder zu Pfingsten! Einmal sah ich ein ganz kleines   -40-

-----
17: heed. 20: I wonder. 22: starting, wincing. 28: =gegen. 31:
=würde... wollen. 37: neatly.

katholisches Mädchen, das* seine Kirschen zum Altar trug. Wie
gefiel mir das! Es waren die ersten im Jahr, die das Kind
bekam, ich sah, wie es* brannte, sie zu essen! Dennoch bekämpfte es seine unschuldige Begierde, es warf sie, um nur der
Versuchung ein Ende zu machen, rasch hin, der Meßpfaff*, der   -5-
eben den Kelch erhob, schaute finster drein*, und das Kind
eilte erschrekt von dannen*, aber die Maria über dem Altar
lächelte so mild, als wünschte sie aus ihrem Rahmen heraus-
zutreten, um dem kind nachzueilen und es zu küssen. Ich tats
für sie! Da kommt Leonhard! Ach!   -10-

                    VIERTE SZENE

LEONHARD (**vor der Tür**). Angezogen?

KLARA.   Warum so zart, so rücksichtsvoll?   Ich bin noch immer
   keine Prinzessin.

LEONHARD (**tritt ein**). Ich glaubte, du wärst nicht allein!   Im   -15-
   Vorübergehen* kam es mir vor, als ob Nachbars Bärbchen* am
   Fenster stände!

KLARA.   Also darum!

LEONHARD.   Du bist immer verdrießlich!   Man kann vierzehn Tage
   weggeblieben sein, Regen und Sonnenschein können sich am   -20-
   Himmel zehnmal abgelöst haben, in deinem Gesicht steht, wenn
   man endlich wiederkommt, immer noch die alte Wolke!

KLARA.   Es gab andere Zeiten!

LEONHARD. Wahrhaftig! Hättest du immer ausgesehen wie jetzt, wir
   wären niemals gut Freund* geworden!   -25-

KLARA.   Was lag daran*!

LEONHARD. So frei fühlst du dich von mir? Mir kanns recht sein*!
   Dann (**Mit Beziehung***) hat dein Zahnweh von neulich nichts zu
   bedeuten gehabt!

KLARA.   O Leonhard, es war nicht recht von dir!   -30-

LEONHARD. Nicht recht, daß ich mein höchstes Gut*, denn das bist
   du, auch durch das letzte Band an mich festzuknüpfen suchte?

1: =**die**. 3: =**sie**. 5: priest officiating at mass. 6: looked ...
down. 7: =**von dort** (**weg**). 16: On my way over; Bobbi from next
door. 25: =**gute Freunde**. 26: What did it matter. 27: It's all
right with me. 28: Meaningfully. 31: what is dearest to me.

Und in dem Augenblick, wo ich in Gefahr stand, es zu verlieren? Meinst du, ich sah die stillen Blicke nicht, die du
mit dem Sekretär wechseltest? Das war ein schöner Freudentag
für mich! Ich führe dich zum Tanz, und...

KLARA. Du hörst nicht auf, mich zu kränken! Ich sah den Sekretär   -5-
an, warum sollt ichs leugnen? Aber nur wegen des Schnurrbarts,
den er sich auf der Akademie hat wachsen lassen, und der
ihm... (Sie hält inne*.)

LEONHARD. So gut steht, nicht wahr? Das wolltest du doch sagen?
O ihr Weiber! Euch gefällt das Soldatenzeichen noch in der   -10-
ärgsten Karikatur! Mir kam das kleine, lächerliche Gesicht des
Gecken* - ich bin erbittert auf ihn, ich verhehle* es nicht,
er hat mir lange genug bei dir im Wege gestanden - mit dem
Walde von Haaren, der es* in der Mitte durchschneidet, wie ein
weißes Kaninchen vor*, das sich hinter den Busch verkriecht.   -15-

KLARA. Ich habe ihn noch nicht gelobt, du brauchst ihn nicht
herabzusetzen.

LEONHARD. Du scheinst noch immer warmen Anteil* an ihm zu
nehmen!

KLARA. Wir haben als Kinder zusammen gespielt, und nachher - du   -20-
weißt recht gut!

LEONHARD. O ja, ich weiß! Aber eben darum!

KLARA. Da war es wohl natürlich, daß ich, nun* ich ihn seit so
langer Zeit zum erstenmal wieder erblickte, ihn ansah und mich
verwunderte, wie groß und...   -25-
(Sie unterbricht sich.)

LEONHARD. Warum wurdest du denn rot, als er dich wieder ansah?

KLARA. Ich glaube, er sähe nach dem Wärzchen auf meiner linken
Backe, ob das auch größer geworden sei! Du weißt, daß ich mir
dies allemal einbilde, wenn mich jemand so starr betrachtet,   -30-
und daß ich dann immer rot werde. Ist mirs* doch, als ob die
Warze wächst, solange einer danach guckt!

LEONHARD. Seis* wie es sei, mich überliefs*, und ich dachte:
Noch diesen Abend stell ich sie auf die Probe! Will sie mein
Weib werden, so weiß sie, daß sie nichts wagt*. Sagt sie nein,   -35-

-----
8: pauses. 12: dandy; =verberge. 14: =das Gesicht. 15: goes with
kam (1. 11). 18: interest. 23: =da. 31: =Es scheint mir. 33:
=Sei es; it annoyed. 35: =wagen wird.

so...

KLARA. Oh, du sprachst ein böses, böses Wort, als ich dich zu-
rückstieß und von der Bank aufsprang. Der Mond, der bisher zu
meinem Beistand so fromm in die Laube hineingeschienen hatte,
ertrank kläglich in den nassen Wolken, ich wollte forteilen,   -5-
doch ich fühlte mich zurückgehalten, ich glaubte erst, du
wärst es, aber es war der Rosenbusch, der mein Kleid mit
seinen Dornen wie mit Zähnen festhielt, du lästertest mein
Herz, und ich traute ihm selbst nicht mehr, du standst vor mir
wie einer, der eine Schuld einfordert*, ich - ach Gott!   -10-

LEONHARD. Ich kanns noch nicht bereuen. Ich weiß, daß ich dich
mir nur so erhalten konnte. Die alte Jugendliebe tat die Augen
wieder auf, ich konnte sie nicht schnell genug zudrücken.

KLARA. Als ich zu Hause kam, fand ich meine Mutter krank, tod-
krank. Plötzlich dahingeworfen, wie von unsichtbarer Hand. Der   -15-
Vater hatte nach mir schicken wollen, sie hatte es nicht zu-
gegeben, um mich in meiner Freude nicht zu stören. Wie ward*
mir zumut, als ichs hörte! Ich hielt mich fern, ich wagte
nicht, sie zu berühren, ich zitterte. Sie nahms für kindliche
Besorgnis und winkt mich zu sich heran; als ich mich langsam   -20-
nahte, zog sie mich zu sich nieder und küßte meinen entweihten
Mund. Ich verging, ich hätte ihr ein Geständnis tun, ich hätte
ihr zuschreien mögen, was ich dachte und fühlte: Meinetwegen
liegst du so da! Ich tats, aber Tränen und Schluchzen er-
stickten die Worte, sie griff nach der Hand meines Vaters und   -25-
sprach mit einem seligen Blick auf mich: "Welch ein Gemüt*!"

LEONHARD. Sie ist wieder gesund. Ich kam, ihr meinen Glückwunsch
abzustatten, und - was meinst du?

KLARA. Und?

LEONHARD. Bei deinem Vater um dich anzuhalten*!   -30-

KLARA. Ach!

LEONHARD. Ist dirs nicht recht?

KLARA. Nicht recht? Mein Tod wärs, wenn ich nicht bald dein Weib
würde, aber du kennst meinen Vater nicht! Er weiß nicht, warum
wir Eile haben, er kanns nicht wissen, und wir könnens ihm   -35-
nicht sagen, und er hat hundertmal erklärt, daß er seine
Tochter nur dem gibt, der, wie er es nennt, nicht bloß Liebe
im Herzen, sondern auch Brot im Schrank für sie hat. Er wird

10: calls in a debt. 17: =wurde. 26: feeling. 30: to ask for
your hand in marriage.

sprechen: "Wart noch ein Jahr, mein Sohn, oder   zwei"; und was
willst du antworten?

LEONHARD. Närrin, der Punkt ist ja gerade beseitigt!   Ich habe
die Stelle, ich bin Kassierer*!

KLARA. Du bist Kassierer? Und der andere Kandidat, der Neffe vom   -5-
Pastor?

LEONHARD. War betrunken, als er   zum Examen kam, verbeugte sich
gegen den Ofen statt gegen den Bürgermeister und stieß, als er
sich niedersetzte, drei Tassen vom Tisch. Du weißt, wie hitzig
der Alte ist. "Herr!" fuhr er auf, doch noch bekämpfte er sich   -10-
und biß sich auf die Lippen, aber seine Augen blitzten   durch
die Brille wie ein Paar Schlangen, die springen   wollen, und
jede seiner Mienen spannte sich.   Nun gings ans Rechnen und -
ha! ha! - mein Mitbewerber rechnete   nach einem selbst-
erfundenen Einmaleins*, das ganz neue Resultate lieferte. "Der   -15-
verrechnet sich!" sprach der Bürgermeister und reichte mir mit
einem Blick, in dem schon die Bestallung* lag, die Hand, die
ich, obgleich sie nach Tabak roch, demütig an die Lippen
führte - hier ist sie selbst, unterschrieben und besiegelt!

KLARA. Das kommt...   -20-

LEONHARD. Unerwartet, nicht wahr? Nun, es kommt auch nicht so
ganz von ungefähr*. Warum ließ ich mich vierzehn Tage lang bei
euch nicht sehen?

KLARA. Was weiß ich? Ich denke, weil wir uns den letzten Sonntag
erzürnten!   -25-

LEONHARD. Den kleinen Zwist führte ich selbst listig herbei,
damit ich wegbleiben könnte, ohne daß es zu sehr auffiele.

KLARA. Ich versteh dich nicht!

LEONHARD. Glaubs. Die Zeit benutzt ich dazu, der kleinen buckligen Nichte des Bürgermeisters, die soviel bei dem Alten   -30-
gilt, die seine rechte Hand ist wie der Gerichtsdiener die
linke, den Hof zu machen.   Versteh mich recht! Ich sagte ihr
selbst nichts Angenehmes, ausgenommen ein Kompliment über ihre
Haare, die bekanntlich rot sind, ich sagte ihr nur einiges,
das ihr wohl gefiel, über dich!   -35-

KLARA. Über mich?

4: (city) treasurer. 15: multiplication table. 17: appointment.
22: by chance.

LEONHARD. Warum soll ichs verschweigen? Geschah es doch in der
    besten Absicht! Als ob es mir nie im Ernst um dich zu tun
    gewesen wäre, als ob... Genug! Das dauerte so lange, bis ich
    dies in Händen hatte, und wies gemeint war, wird die leicht-
    gläubige, manntolle Törin erfahren, sobald sie uns in der   -5-
    Kirche aufbieten hört*!

KLARA. Leonhard!

LEONHARD. Kind! Kind! Sei du* ohne Falsch wie die Taube*, ich
    will klug wie die Schlange sein, dann genügen wir, da Mann und
    Weib doch nur eins sind, dem Evangelienspruch* vollkommen.   -10-
    (Lacht) Es kam auch nicht ganz von selbst, daß der junge
    Herrmann in dem wichtigsten Augenblick seines Lebens betrunken
    war. Du hast gewiß nicht gehört, daß der Mensch sich aufs
    trinken verlegt*!"

KLARA. Kein Wort.   -15-

LEONHARD. Um so leichter glückte mein Plan. Mit drei Gläsern
    wars getan. Ein paar Kameraden von mir mußten ihm auf den Leib
    rücken*. "Darf man gratulieren?" Noch nicht! "Oh, das ist ja
    abgemacht! Dein Onkel..." Und nun: Trink, mein Brüderlein,
    trink! Als ich heute morgen zu dir ging, stand er am Fluß und   -20-
    guckte, übers Brückengeländer sich lehnend, schwermütig hin-
    ein. Ich grüßte ihn spöttisch und fragte, ob ihm etwas ins
    Wasser gefallen sei. "Jawohl", sagte er, ohne aufzusehen, "und
    es ist vielleicht gut, wenn ich selbst nachspringe."

KLARA. Unwürdiger! Mir aus den Augen!   -25-

LEONHARD. Ja? (Macht, als wollt er gehen)

KLARA. O mein Gott, an diesen Menschen bin ich gekettet!

LEONHARD. Sei kein Kind! Und nun noch ein Wort im Vertrauen. Hat
    dein Vater die tausend Taler noch immer in der Apotheke
    stehen*?   -30-

KLARA. Ich weiß nichts davon.

LEONHARD. Nichts über einen so wichtigen Punkt?

KLARA. Da kommt mein Vater.

6: hear our banns read in church. 8: May you be, Let you be;
"innocent as doves" (Matthew 10:16). 10: Gospel text, object of
genügen satisfy. 14: goes in for drinking. 18: press close,
i.e., get friendly with. 30: invested.

LEONHARD. Versteh mich! Der Apotheker soll nah am Konkurs* sein,
  darum fragt ich!

KLARA. Ich muß in die Küche! (Ab)

LEONHARD (allein). Nun müßte hier nichts zu holen sein*! Ich
  kann es mir zwar nicht denken, denn der Meister Anton ist der   -5-
  Art, daß er, wenn man ihm aus Versehen auch nur einen Buchstaben zuviel auf den Grabstein setzte, gewiß als Geist solange umginge, bis er* wieder ausgekratzt wäre, denn er würde
  es für unredlich halten, sich mehr vom Alphabet anzueignen,
  als ihm zukäme*!   -10-

                         FÜNFTE SZENE

DER VATER, MEISTER ANTON (tritt ein).   Guten Morgen, Herr Kassierer! (Er nimmt seinen Hut ab und setzt seine wollene Mütze
  auf.) Ist einem alten Manne erlaubt, sein Haupt* zu bedecken?

LEONHARD. Er* weiß also...   -15-

MEISTER ANTON. Schon gestern Abend. Ich hörte, als ich in der
  Dämmerung zum toten Müller ging, um dem Mann das Maß zur
  letzten Behausung* zu nehmen, ein paar von Seinen guten
  Freunden auf Ihn schimpfen. Da dachte ich gleich: Der Leonhard
  hat gewiß den Hals nicht gebrochen. Im Sterbehause* hörte ich   -20-
  das Nähere* vom Küster*, der eben vor mir gekommen war, um die
  Witwe zu trösten und nebenbei sich selbst zu betrinken.

LEONHARD. Und Klara mußte es erst von mir erfahren?

MEISTER ANTON. Wenn es Ihn nicht trieb*, der Dirne* die Freude
  zu machen, wie sollt es mich treiben? Ich stecke in meinem   -25-
  Hause keine Kerzen an, als die mir selbst gehören. Dann weiß
  ich, daß niemand kommen kann, der sie wieder ausbläst, wenn
  wir eben unsere beste Lust daran haben!

LEONHARD. Er konnte doch von mir nicht denken...

MEISTER ANTON. Denken? Über Ihn? Über irgendeinen? Ich hoble mir   -30-
  die Bretter wohl zurecht mit meinem Eisen*, aber nie die

1: near bankruptcy. 4: That means there's nothing to be had
here. 8: i.e., der Buchstabe. 10: was befitting. 14: =Kopf. 15:
archaic form of address: =Sie, and passim (also Ihn, Sein,
etc.). 18: final resting place, i.e., coffin. 20: mortuary,
house of mourning. 21: more detailed information; sexton. 24:
weren't compelled; =Mädchen. 31: iron tool.

Menschen mit meinen Gedanken. Über die Torheit bin ich längst
hinaus*. Wenn ich einen Baum grünen sehe, so denk ich wohl:
Nun wird er bald blühen! Und wenn er blüht: Nun wird er
Früchte bringen! Darin sehe ich mich auch nicht getäuscht,
darum geb ich die alte Gewohnheit nicht auf. Aber über   -5-
Menschen denke ich nichts, gar nichts, nichts Schlimmes,
nichts Gutes, dann brauch ich nicht abwechselnd, wenn sie bald
meine Furcht, bald meine Hoffnung täuschen, rot oder blaß zu
werden. Ich mache bloß Erfahrungen über sie und nehme mir ein
Beispiel an meinen beiden Augen, die auch nicht denken,   -10-
sondern nur sehen. Über Ihn glaubte ich schon eine ganze Erfahrung gemacht zu haben, nun finde ich Ihn hier und muß be-
kennen, daß es doch nur eine halbe gewesen ist!

LEONHARD. Meister Anton, Er macht es ganz verkehrt. Der Baum
hängt von Wind und Wetter ab, der Mensch hat in sich Gesetz   -15-
und Regel!

MEISTER ANTON. Meint Er? Ja, wir Alten sind dem Tod vielen Dank
schuldig, daß er uns noch so lang unter euch Jungen herum-
laufen läßt und uns Gelegenheit gibt, uns zu bilden. Früher
glaubte die dumme Welt, der Vater sei dazu da, um den Sohn zu -20-
erziehen. Umgekehrt, der Sohn soll dem Vater die letzte Poli-
tur geben, damit der einfältige Mann sich im Grabe nicht vor
den Würmern zu schämen braucht. Gottlob, ich habe in meinem
Karl einen braven Lehrer, der rücksichtslos und, ohne das alte
Kind durch Nachsicht zu verzärteln, gegen meine Vorurteile zu -25-
Felde zieht*. So hat er mir noch heute morgen zwei neue Lehren
gegeben, und auf die geschickteste Weise, ohne auch nur den
Mund aufzutun, ohne sich bei mir sehen zu lassen, ja, eben
dadurch. Erstlich hat er mir gezeigt, daß man sein Wort nicht
zu halten braucht, zweitens, daß es überflüssig ist, in die   -30-
Kirche zu gehen und Gottes Gebote in sich aufzufrischen.
Gestern abend versprach er mir, es zu tun, und ich verließ
mich darauf, daß er kommen würde, denn ich dachte: Er wird dem
gütigen Schöpfer doch für die Wiederherstellung seiner Mutter
danken wollen. Aber er war nicht da, ich hatte es in meinem   -35-
Stuhl, der freilich für zwei Personen ein wenig eng ist, ganz
bequem. Ob es ihm wohl ganz recht wäre, wenn ich mir die neue
Lehre gleich zu eigen machte und ihm auch mein Wort nicht
hielte? Ich habe ihm zu seinem Geburtstag einen neuen Anzug
versprochen und hätte also Gelegenheit, seine Freude über   -40-
meine Gelehrigkeit zu prüfen. Aber das Vorurteil, das Vorurteil! Ich werde es nicht tun!

LEONHARD. Vielleicht war er unwohl –

MEISTER ANTON. Möglich, ich brauche meine Frau nur zu fragen,

-----
2: past. 26: takes the field, fights against.

dann hör ich ganz gewiß, daß er krank ist. Denn über alles in
der Welt sagt sie mir die Wahrheit, nur nicht über den Jungen.
Und wenn auch nicht krank - auch das hat die junge Welt vor
uns Alten voraus*, daß sie allenthalben* ihre Erbauung findet,
daß sie beim Vogelfangen, beim Spazierengehen, ja im Wirtshaus   -5-
ihre Andacht halten kann. "Vater unser, der du bist im
Himmel!" - "Guten Tag, Peter, sieht man dich beim Abendtanz?"
- "Geheiligt werde dein Name!" - "Ja, lach nur, Kathrine, es
findet sich!"* - "Dein Wille geschehe!" - "Hol mich der
Teufel, ich bin noch nicht rasiert!" - Und so zu Ende, und den   -10-
Segen gibt man sich selbst, denn man ist ja ein Mensch, so gut
wie der Prediger, und die Kraft, die vom schwarzen Rock ausgeht, steckt gewiß auch im blauen. Ich habe nichts dagegen,
und wollt ihr sogar zwischen die sieben Bitten sieben Gläser
einschalten, was tuts*, ich kanns keinem beweisen, daß Bier   -15-
und Religion sich nicht miteinander vertragen, und vielleicht
kommts noch einmal als eine neue Art, das Abendmahl zu nehmen,
in die Liturgie. Ich alter Sünder freilich, ich bin nicht
stark genug, um die Mode mitzumachen, ich kann die Andacht
nicht wie einen Maikäfer auf der Straße einfangen, bei mir   -20-
kann das Gezwitscher der Spatzen und der Schwalben die Stelle
der Orgel nicht vertreten; wenn ich mein Herz erhoben fühlen
soll, so muß ich erst die schweren eisernen Kirchtüren hinter
mir zuschlagen hören und mir einreden, es seien die Tore der
Welt gewesen, die düstern hohen Mauern mit den schmalen   -25-
Fenstern, die das helle freche Weltlicht nur verdunkelt durch-
lassen, als ob sie es sichteten*, müßten* sich um mich zusam-
mendrängen, und in der Ferne muß ich das Beinhaus* mit dem
eingemauerten* Totenkopf sehen können. Nun - besser ist
besser!   -30-

LEONHARD.   Er nimmts auch zu genau.

MEISTER ANTON.   Gewiß! Ganz gewiß! Und heute, als ehrlicher Mann
muß ichs gestehen, trifft nicht einmal zu, in der Kirche verlor ich die Andacht, denn der offene Platz neben mir verdroß
mich, und draußen, unter dem Birnbaum in meinem Garten, fand   -35-
ich sie wieder. Er wundert sich? Sieh Er, ich ging betrübt und
niedergeschlagen zu Hause, wie einer, dem die Ernte verhagelt
ist, denn Kinder sind wie Acker, man sät sein gutes Korn hinein, und dann geht Unkraut auf. Unter dem Birnbaum, den die
Raupen abgefressen haben, stand ich still. Ja - dacht ich -   -40-
der Junge ist, wie dieser da, leer und kahl! Da kam es mir auf
einmal vor, als ob ich sehr durstig wäre und durchaus ins
Wirtshaus müßte. Ich betrog mich selbst, mir war nicht

4: has the better of; =überall. 9: you'll see. 15: what's the
difference. 27: filtered; predicate of **Mauern** 28: charnel house.
29: i.e., enclosed in the wall.

um ein Glas Bier zu tun*, nur darum, den Burschen aufzusuchen
und auszuschmälen*, im Wirtshaus, das wußte ich, hätte ich ihn
ganz gewiß gefunden. Eben wollt ich gehen, da ließ der alte,
vernünftige Baum eine saftige Birne zu meinen Füßen nieder-
fallen, als wollte er sagen: Die ist für den Durst, und weil   -5-
du mich durch den Vergleich mit deinem Schlingel* ver-
schimpfiert* hast! Ich besann mich, biß hinein und ging ins
Haus.

MEISTER ANTON. Doch! Ich bin ein Christ. Der Mann hat viele
Kinder!   -10-

LEONHARD. Weiß Er, daß der Apotheker nah am Konkurs ist?

MEISTER ANTON. Was kümmerts mich!

LEONHARD. So gar nichts?

MEISTER ANTON. Doch! Ich bin ein Christ. Der Mann hat viele
Kinder!   -15-

LEONHARD. Und noch mehr Gläubiger*. Auch die Kinder sind eine
Art von Gläubigern.

MEISTER ANTON. Wohl dem, der keins von beiden ist!

LEONHARD. Ich glaube, Er selbst...

MEISTER ANTON. Das ist längst abgemacht.   -20-

LEONHARD. Er ist ein vorsichtiger Mann. Er hat sein Geld gewiß
gleich eingefordert*, als Er sah, daß es mit dem Kräuter-
händler rückwärtsging!

MEISTER ANTON. Ja, ich brauche nicht mehr zu zittern, daß ich es
verliere, denn ich habe es längst verloren.   -25-

LEONHARD. Spaß*!

MEISTER ANTON. Ernst!

KLARA (sieht in die Tür). Rief Er, Vater?

MEISTER ANTON. Klingen dir schon die Ohren? Von dir war die Rede
noch nicht!   -30-

KLARA. Das Wochenblatt! (Ab)

1: I didn't go to get... just... 2: berate. 6: rascal. 7:
insulted. 16: creditor. 21: demanded (back). 26: You're joking.

LEONHARD. Er ist ein Philosoph!

MEISTER ANTON. Was heißt das?

LEONHARD. Er weiß sich zu fassen*!

MEISTER ANTON. Ich trage einen **Mühlstein** wohl zuweilen als **Hals-
krause***, statt damit ins Wasser zu gehen - das gibt einen   -5-
steifen Rücken!

LEONHARD. Wers kann, machts nach!

MEISTER ANTON. Wer einen so wackern Mitträger findet, als ich in
Ihm zu finden scheine, der muß unter der Last sogar tanzen
können. Er ist ja ordentlich blaß geworden! Das nenn ich Teil-   -10-
nahme!

LEONHARD. Er wird mich nicht verkennen*!

MEISTER ANTON. Gewiß nicht! (Er **trommelt auf einer Kommode.**)
Daß* das Holz nicht durchsichtig ist, wie?

LEONHARD. Ich verstehe Ihn nicht!   -15-

MEISTER ANTON. Wie einfältig war unser Großvater Adam, daß er
die Eva nahm, ob sie gleich* nackt und bloß war und nicht einmal das Feigenblatt mitbrachte. Wir beide, Er und ich, hätten
sie als Landstreicherin* aus dem Paradies hinausgepeitscht!
Was meint Er?   -20-

LEONHARD. Er ist ärgerlich auf Seinen Sohn. Ich kam, Ihn um
Seine Tochter -

MEISTER ANTON. Halt Er ein! Vielleicht sag ich nicht nein!

LEONHARD. Das hoff ich! Und ich will Ihm meine Meinung sagen!
Sogar die heilige Erzväter* verschmähten nicht den Mahlschatz* -25-
ihrer Weiber, Jakob liebte die Rahel und warb sieben Jahre um
sie, aber er freute sich auch über die fetten Widder und
Schafe, die er in ihres Vaters Dienst gewann*. Ich denke, es
gereicht ihm nicht zu Schande*, und ihn übertreffen, heißt*
ihn rot machen. Ich hätte es gern gesehen, wenn Seine Tochter   -30-
mir ein paar hundert Taler zugebracht hätte, und das war natürlich, denn um so besser würde sie selbst es bei mir gehabt
haben; wenn ein Mädchen das Bett im Koffer mitbringt, so

3: He, (i.e., you) know how to keep calm. 5: ruffled collar. 12:
I hope you're not misjudging me.   14: It's funny that. 17: =ob-
gleich (=obwohl) sie.   19: tramp. 25: patriarchs; dowry. 28:
Genesis 29:20 ff. 29: bring him shame; means.

braucht sie nicht erst Wolle zu kratzen* und Garn zu spinnen.
Es ist nicht der Fall - was tuts? Wir machen aus der Fasten-
speise* unser Sonntagsessen und aus dem Sonntagsbraten unsern
Weihnachtsschmaus! So gehts auch!

MEISTER ANTON (**reicht ihm die Hand**). Er spricht brav, und unser   -5-
Herrgott nickt zu Seinen Worten, nun - ich wills vergessen,
daß meine Tochter vierzehn Tage lang des Abends* vergeblich
beim Teetrinken eine Tasse für Ihn auf den Tisch gestellt hat.
Und nun* Er mein Schwiegersohn wird, will ich Ihm auch sagen,
wo die tausend Taler geblieben sind!   -10-

LEONHARD (**beiseite**).   Also doch weg! Nun so brauch ich mir von
dem alten Werwolf auch nichts gefallen zu lassen*, wenn er
mein Schwiegervater ist!

MEISTER ANTON. Mir gings in jungen Jahren schlecht. Ich bin so
wenig wie Er als ein borstiger Igel* zur Welt gekommen, aber   -15-
ich bin nach und nach einer geworden. Erst waren all die
Stacheln bei mir nach innen gerichtet, da kniffen und drückten
sie* alle* zu ihrem Spaß auf meiner nachgiebigen glatten Haut
herum und freuten sich, wenn ich zusammenfuhr, weil die
Spitzen mir in Herz und Eingeweide drangen. Aber das Ding ge-   -20-
fiel mir nicht, ich kehrte meine Haut um, nun fuhren ihnen die
Borsten in die Finger, und ich hatte Frieden.

LEONHARD (**für sich**). Vor dem Teufel selbst, glaub ich!

MEISTER ANTON. Mein Vater arbeitete sich, weil er sich Tag und
Nacht keine Ruhe gönnte, schon in seinem dreißigsten Jahr zu   -25-
Tode, meine arme Mutter ernährte mich mit Spinnen so gut es
ging, ich wuchs auf, ohne etwas zu lernen, ich hätte mir, als
ich größer wurde und doch noch immer nichts verdienen konnte,
wenigstens gern das Essen abgewöhnt, aber wenn ich mich auch
des Mittags zuweilen krank stellte und den Teller zurückschob,   -30-
was wollte es bedeuten? Am Abend zwang mich der Magen, mich
wieder für gesund zu erklären. Meine größte Pein war, daß ich
so ungeschickt blieb, ich konnte darüber mit mir selbst
hadern, als obs meine eigne Schuld wäre, als ob ich mich im
Mutterleibe* nur mit Freßzähnen* versehen und alle nützlichen   -35-
Eigenschaften und Fertigkeiten wie absichtlch darin zurückgelassen hätte, ich konnte rot werden, wenn mich die Sonne
beschien. Gleich nach meiner Konfirmation trat der Mann, den
sie gestern begraben haben, der Meister Gebhard, zu uns in die
Stube. Er runzelte die Stirn und verzog das Gesicht, wie er   -40-
immer tat, wenn er etwas Gutes beabsichtigte, dann sagte er

1: to card. 3: Lenten fare. 7: =abends, **jeden Abend**. 9: =da. 12:
put up with.   15: bristly hedgehog. 18: object: i.e., **die
Stacheln**; subject. 35: womb; wolf's teeth.

zu meiner Mutter: "Hat Sie* Ihren Jungen in die Welt gesetzt,
daß er Ihr Nase und Ohren vom Kopf fressen soll?" Ich schämte
mich und legte das Brot, von dem ich mir gerade ein Stück ab-
schneiden wollte, schnell wieder in den Schrank, meine Mutter
ärgerte sich über das wohlgemeinte Wort, sie hielt ihr Rad* an   -5-
und versetzte heftig, ihr Sohn sei brav und gut. "Nun, das
wollen wir sehen", sagte der Meister, "wenn er Lust hat, kann
er gleich, wie er da steht, mit mir in die Werkstatt gehen,
Lehrgeld verlang ich nicht, die Kost* bekommt er, für Kleider
will ich auch sorgen, und wenn er früh aufstehen und spät zu   -10-
Bette gehen will, so solls ihm an Gelegenheit, hin und wieder
ein gutes Trinkgeld für seine alte Mutter zu verdienen, nicht
fehlen." Meine Mutter fing an zu weinen, ich zu tanzen, als
wir endlich zu Worte kamen, hielt der Meister sich die Ohren
zu, schritt hinaus und winkte mir. Den Hut braucht ich nicht   -15-
aufzusetzen, denn ich hatte keinen; ohne der Mutter auch nur
Adjes* zu sagen, folgt ich ihm, und als ich am nächsten Sonntag zum erstenmal auf ein Stündchen zu ihr zurück durfte, gab
er mir einen halben Schinken für sie mit. Gottes Segen in des
braven Mannes Gruft! Noch hör ich sein halbzorniges: "Tonerl*,   -20-
unter die Jacke damit, daß meine Frau es nicht sieht!"

LEONHARD.   Kann Er auch weinen?

MEISTER ANTON (**trocknet sich die Augen**).   Ja, daran darf ich
nicht denken, so gut der Tränenbrunnen auch in mir verstopft
ist, das gibt jedesmal wieder einen Riß. Nun, auch gut; wenn   -25-
ich einmal wassersüchtig* werde, so brauche ich mir wenigstens
diese Tropfen nicht mit abzapfen* zu lassen. (**Mit einer plötz-**
lichen Wendung) Was meint Er? Wenn Er den Mann, dem Er alles
verdankte, einmal an einem Sonntagnachmittag auf eine Pfeife
Tabak besuchen wollte und Er träfe ihn verwirrt und verstört,   -30-
ein Messer in der Hand, dasselbe Messer, womit er Ihm tausendmal sein Vesperbrot* abgeschnitten*, blutig am Halse, und das
Tuch ängstlich bis ans Kinn hinaufziehend...

LEONHARD.   So ging der alte Gebhard bis an sein Ende!

MEISTER ANTON.   Der Narbe wegen. Und* Er käme noch eben zur   -35-
rechten Zeit, Er könnte retten und helfen, aber nicht bloß
dadurch, daß Er ihm das Messer aus der Hand risse und die
Wunde verbände, sondern Er müßte auch lumpige* tausend Taler,
die Er erspart hätte, hergeben, und das müßte sogar, um den
kranken Mann nur zur Annahme zu bewegen, ganz in der Stille   -40-
geschehen, was würde Er tun?

1: =Haben Sie. 5: =Spinnrad. 9: board. 17: =Adieu. 20: Tony. 26:
afflicted with dropsy.   27: drain.   32: evening bread; sc.
hat(te), and passim.   35: sc. **wenn**.   38: a measly.

LEONHARD. Ledig und los*, wie ich bin, ohne Weib und Kind, würde
ich das Geld opfern.

MEISTER ANTON. Und wenn er zehn Weiber hätte, wie die Türken,
und soviel Kinder als dem Vater Abraham versprochen waren*,
und Er könnte sich auch nur einen Augenblick bedenken, so wär   -5-
Er - nun, Er wird mein Schwiegersohn! Jetzt weiß Er, wo das
Geld geblieben ist, heute konnt ich es Ihm sagen, denn mein
alter Meister ist begraben, vor einem Monat hätt ichs noch auf
dem Sterbebett bei mir behalten. Die Verschreibung* hab ich
dem Toten, bevor sie den Sarg zunagelten, unter den Kopf ge-   -10-
schoben, wenn ich schreiben könnte, hätt ich vorher ein: Ehrlich bezahlt! darunter gesetzt, unwissend, wie ich bin, blieb
mir nichts übrig, als der Länge nach einen Riß ins Papier zu
machen. Nun wird er ruhig schlafen, und ich hoffe, ich auch,
wenn ich mich einst neben ihn hinstrecke.   -15-

                    SECHSTE SZENE

DIE MUTTER (tritt schnell ein). Kennst mich noch?

MEISTER ANTON (auf das Hochzeitskleid deutend). Den Rahmen, jawohl, der hat sich gehalten, das Bild nicht recht. Es scheint
sich viel Spinnweb darauf gesetzt zu haben, nun, die Zeit war   -20-
lang genug dazu!

MUTTER. Hab ich nicht einen aufrichtigen Mann? Doch ich brauch
ihn nicht apart* zu loben, Aufrichtigkeit ist die Tugend der
Ehemänner.

MEISTER ANTON. Tuts dir leid, daß du mit zwanzig Jahren besser   -25-
vergoldet warst als mit fünfzig?

MUTTER. Gewiß nicht! Wärs anders, so müßt ich mich ja für dich
und mich schämen!

MEISTER ANTON. So gibst du mir einen Kuß! Ich bin rasiert und
besser wie gewöhnlich!   -30-

MUTTER. Ich sage ja, bloß um zu prüfen, ob du dich noch auf die
Kunst verstehst. Das fiel dir lange nicht mehr ein!

MEISTER ANTON. Gute Hausmutter! Ich will nicht verlangen, daß du
mir die Augen zudrücken* sollst, es ist ein schweres Stück,
ich wills für dich übernehmen, ich will dir den letzten   -35-

-----
1: Single and free. 4: "as the stars of heaven and as the sand
which is on the seashore" (Genesis 22:17). 9: promissory note.
23: especially. 34: i.e., to survive me.

Liebesdienst erweisen, aber Zeit mußt du mir lassen, hörst du, daß ich mich stähle und vorbereite und nicht als Stümper* bestehe*. Noch wärs viel zu früh!

MUTTER. Gott sei Dank, wir bleiben noch eine Weile beisammen.

MEISTER ANTON. Ich hoffs auch, du hast ja ordentlich wieder -5- Backen!

MUTTER. Ein possierlicher* Mensch, unser neuer Totengräber. Er machte ein Grab, als ich heute morgen über den Kirchhof ging, ich fragte ihn, für wen es sei. "Für wen Gott will", sagte er, "vielleicht für mich selbst, es kann mir gehen wie meinem -10- Großvater, der auch mal eins auf den Vorrat* gemacht hatte und in der Nacht, als er aus dem Wirtshaus nach Hause kam, hineinfiel und sich den Hals brach."

LEONHARD (der bisher im Wochenblatt gelesen hat). Der Kerl ist nicht von hier, er kann uns vorlügen, was ihm gefällt! -15-

MUTTER. Ich fragte ihn: "Warum wartet Er denn nicht, bis man die Gräber bei ihm bestellt?" - "Ich bin heute auf eine Hochzeit gebeten*", sprach er, "und da bin ich Prophet genug, um zu wissen, daß ichs morgen noch im Kopf spüren werde. Nun hat mir aber gewiß jemand den Tort angetan* und ist gestorben. Da müßt -20- ich morgen beizeiten heraus und könnte nicht ausschlafen."

MEISTER ANTON. Hanswurst*, hätt ich gesagt, wenn das Grab nun nicht paßt?

MUTTER. Ich sagte es auch, aber der schüttelt die spitzen Antworten aus dem Ärmel wie der Teufel die Flöhe. "Ich habe das -25- Maß nach dem Weber Veit genommen", sagte er, "der ragt wie König Saul um einen Kopf über uns alle hinaus, nun mag kommen wer will, er wird sein Haus nicht zu klein finden, und wenns zu groß ist, so schadets keinem als mir, denn als ehrlicher Mann laß ich mir keinen Fuß über die Sarglänge bezahlen." Ich -30- warf meine Blumen hinein und sprach: Nun ists besetzt!

MEISTER ANTON. Ich denke, der Kerl hat bloß gespaßt, und das ist schon sündlich genug. Gräber im voraus machen, hieße vorwitzig* die Falle des Todes aufstellen; den Halunken*, der es täte, sollte man vom Dienst jagen. (Zu dem lesenden Leonhard) -35- Was Neues? Sucht ein Menschenfreund eine arme Witwe, die ein paar hundert Taler brauchen kann? Oder umgekehrt die arme Witwe den Menschenfreund, der sie geben will?

2: bungler. 3: survive. 7: funny. 11: in reserve. 18: =eingeladen. 20: played a dirty trick (on me). 22: Clown. 34: impertinently; rascal.

LEONHARD. Die Polizei macht einen Juwelendiebstahl bekannt. Wunderbar genug. Man sieht daraus, daß trotz der schlechten Zeiten noch immer Leute unter uns leben, die Juwelen besitzen.

MEISTER ANTON. Ein Juwelendiebstahl? Bei wem?

LEONHARD. Beim Kaufmann Wolfram!   -5-

MEISTER ANTON. Bei... Unmöglich! Da hat mein Karl vor ein paar Tagen einen Sekretär poliert!

LEONHARD. Aus dem Sekretär verschwunden, richtig!

MUTTER (zu Meister Anton). Vergebe dir Gott dies Wort!

MEISTER ANTON. Du hast recht, es war ein nichtswürdiger Gedanke!   -10-

MUTTER. Gegen deinen Sohn, das muß ich dir sagen, bist du nur ein halber Vater.

MEISTER ANTON. Frau, wir wollen heute nicht darüber sprechen!

MUTTER. Er ist anders als du, muß er darum gleich schlecht sein?

MEISTER ANTON. Wo bleibt er denn jetzt? Die Mittagsglocke hat   -15-
längst geschlagen, ich wette, daß das Essen draußen verkocht und verbrät, weil Klara heimliche Order hat, den Tisch nicht zu decken, bevor er da ist.

MUTTER. Wo sollt er bleiben? Höchstens wird er Kegel schieben, und da muß er ja die entfernteste Bahn aufsuchen, damit du ihn   -20-
nicht entdeckst. Dann ist der Rückweg natürlich lang. Ich weiß auch nicht, was du gegen das unschuldige Spiel hast.

MEISTER ANTON. Gegen das Spiel? Gar nichts! Vornehme Herren müssen eimen Zeitvertreib haben. Ohne den Kartenkönig hätte der wahre König gewiß oft Langeweile, und wenn die Kegel nicht   -25-
erfunden wären, wer weiß, ob Fürsten und Barone nicht mit unsern Köpfen bosseln* würden! Aber ein Handwerksmann kann nicht ärger freveln, als wenn er seinen sauer verdienten Lohn aufs Spiel setzt. Der Mensch muß, was er mit schwerer Mühe im Schweiß seines Angesichts erwirbt, ehren, es hoch und wert   -30-
halten, wenn er nicht an sich selbst irre werden*, wenn er nicht sein ganzes Tun und Treiben verächtlich finden soll. Wie können sich alle meine Nerven spannen für den Taler, den ich wegwerfen will. (Man hört draußen die Türklingel.)

MUTTER. Da ist er.   -35-

27: =kegeln. 31: doubt himself.

SIEBENTE* SZENE

Gerichtsdiener Adam und noch ein Gerichtsdiener treten ein.

ADAM (zu Meister Anton). Nun geh Er nur hin und bezahl Er seine
    Wette! Leute im roten Rock mit blauen Aufschlägen (dies betont
    er stark) sollten Ihm nie ins Haus kommen*? Hier sind wir   -5-
    unsrer zwei*! (Zum zweiten Gerichtsdiener)   Warum behält Er*
    seinen Hut nicht auf wie ich? Wer wird Umstände machen, wenn
    er* bei seinesgleichen ist?

MEISTER ANTON. Bei deinesgleichen, Schuft?

ADAM. Er hat recht, wir sind nicht bei unsersgleichen, Schelme   -10-
    und Diebe sind nicht unsersgleichen! (Er zeigt auf die Kom-
    mode) Aufgeschlossen*! Und dann drei Schritte davon! Daß Er
    nichts herauspraktiziert*!

MEISTER ANTON. Was? Was?

KLARA (tritt mit Tischzeug herein). Soll ich... (Sie verstummt).   -15-

ADAM (zeigt ein Papier). Kann Er geschriebene Schrift lesen?

MEISTER ANTON. Soll ich können, was nicht einmal mein Schul-
    meister konnte?

ADAM. So hör Er! Sein Sohn hat Juwelen gestohlen. Den Dieb haben
    wir schon. Nun wollen wir Haussuchung halten!   -20-

MUTTER. Jesus! (Fällt um und stirbt)

KLARA. Mutter! Mutter! Was sie für Augen macht!

LEONHARD. Ich will einen Arzt holen!

MEISTER ANTON. Nicht nötig! Das ist das letzte Gesicht. Sahs
    hundertmal. Gute Nacht, Therese! Du starbst, als dus hörtest!   -25-
    Das soll man dir aufs Grab setzen!

LEONHARD. Es ist doch vielleicht... (Abgehend) Schrecklich! Aber
    gut für mich! (Ab).

MEISTER ANTON (zieht ein Schlüsselbund hervor und wirft es von
    sich). Da! Schließt auf! Kasten nach Kasten! Ein Beil her!   -30-

-----

1: *SIEBTE   5: (a court official was not a very respected pro-
fession).   6: two of us; i.e., the zweiter Gerichtsdiener. 8.
i.e., man. 12: Open it. 13: slip anything out.

Der Schlüssel zum Koffer ist verloren! Hei, Schelmen und
Diebe! (**Er kehrt sich die Taschen um.**) Hier find ich nichts!

ZWEITER GERICHTSDIENER. Meister Anton, faß Er sich! Jeder weiß,
daß Er der ehrlichste Mann in der Stadt ist.

MEISTER ANTON. So? So? (**Lacht**) Ja, ich hab die Ehrlichkeit in   -5-
der Familie allein verbraucht! Der arme Junge! Es blieb nichts
für ihn übrig! Die da - (**er zeigt auf die Tote**) war auch viel
zu sittsam! Wer weiß, ob die Tochter nicht... (**Plötzlich zu
Klara**) Was meinst du, mein unschuldiges Kind?

KLARA. Vater!   -10-

ZWEITER GERICHTSDIENER (**zu Adam**). Fühlt Er kein Mitleid?

ADAM. Kein Mitleid! Wühl ich dem alten Kerl in den Taschen?
Zwing ich ihn, die Strümpfe auszusiehen und die Stiefel umzu-
kehren? Damit wollt ich anfangen, denn ich hasse ihn, wie ich
nur hassen kann, seit er im Wirtshaus sein Glas... Er kennt   -15-
die Geschichte, und Er müßte sich auch beleidigt fühlen, wenn
Er Ehre im Leibe hätte. (**Zu Klara**) Wo ist die Kammer des
Bruders?

KLARA (**zeigt sie**). Hinten!
(**Beide Gerichtsdiener ab**)   -20-

KLARA. Vater, er ist unschuldig! Er muß unschuldig sein! Er ist
ja dein Sohn, er ist ja mein Bruder!

MEISTER ANTON. Unschuldig, und ein Muttermörder? (**Lacht**)

EINE MAGD (**tritt ein mit einem Brief, zu Klara**). Von Herrn Kassierer Leonhard. (**Ab**)   -25-

MEISTER ANTON. Du brauchst ihn nicht zu lesen! Er sagt sich von
dir los! (**Schlägt in die Hände**) Bravo, Lump!

KLARA (**hat gelesen**). Ja! Ja! O mein Gott!

MEISTER ANTON. Laß ihn!

KLARA. Vater, Vater, ich kann nicht!   -30-

MEISTER ANTON. Kannst nicht? Kannst nicht! Was ist das? Bist
du...
(**Beide Gerichtsdiener kommen zurück.**)
ADAM (**hämisch**). Suchet, so werdet ihr finden!

ZWEITER GERICHTSDIENER (**zu Adam**). Was fällt Ihm ein? Trafs denn   -35-
heute zu?

ADAM. Halt Ers Maul! (Beide ab)

MEISTER ANTON. Er ist unschuldig und du - du

KLARA. Vater, Er ist schrecklich!

MEISTER ANTON (faßt sie bei der Hand, sehr sanft). Liebe Tochter, der Karl ist doch nur ein Stümper, er hat die Mutter um-   -5-
gebracht, was wills heißen*? Der Vater blieb am Leben! Komm
ihm zu Hilfe, du kannst nicht verlangen, daß er alles allein
tun soll, gib du mir den Rest*, der alte Stamm sieht noch so
knorrig aus, nicht wahr, aber er wackelt schon, es wird dir
nicht viel Mühe kosten, ihn zu fällen! Du brauchst nicht nach   -10-
der Axt zu greifen, du hast ein hübsches Gesicht, ich hab dich
noch nie gelobt, aber heute will ichs dir sagen, damit du Mut
und Vertrauen bekommst, Augen, Nase und Mund finden gewiß Bei-
fall, werde - du verstehst mich wohl, oder sag mir, es kommt
mir so vor, daß dus schon bist!   -15-

KLARA (fast wahnsinnig, stürzt der Toten mit aufgehobenen Armen
zu Füßen und ruft wie ein Kind). Mutter! Mutter!

MEISTER ANTON. Faß die Hand der Toten und schwöre mir, daß du
bist, was du sein sollst!

KLARA. Ich - schwöre - dir, - daß - ich - dir - nie - Schande -   -20-
machen will!

MEISTER ANTON. Gut! (Er setzt seinen Hut auf.) Es ist schönes
Wetter! Wir wollen Spießruten laufen*, straßauf, straßab! (Ab)

ZWEITER AKT

Zimmer im Hause des Tischlermeisters   -25-

ERSTE SZENE

Meister Anton steht vom Tisch auf. Klara will abräumen.

MEISTER ANTON. Willst du wieder nicht essen?

KLARA. Vater, ich bin satt.

MEISTER ANTON. Von nichts?   -30-

KLARA. Ich aß schon in der Küche.

6: what of it. 8: finish me off. 23: run the gauntlet.

MEISTER ANTON.   Wer keinen Appetit hat, der hat kein gut Gewissen! Nun, alles wird sich finden*! Oder war Gift in der
Suppe, wie ich gestern träumte? Einiger wilder Schierling* aus
Versehen beim Pflücken ins Kräterbündel hineingeraten*? Dann
tats du klug!   -5-

KLARA.   Allmächtiger Gott!

MEISTER ANTON.   Vergib mir, ich... Geh zum Teufel mit deiner
blassen Leidensmiene, die du der Mutter des Heilands gestohlen
hast! Rot soll man aussehen, wenn man jung ist! Nur einer darf
Staat machen* mit einem solchen Gesicht, und der tuts nicht! -10-
Hei! Jedem eine Ohrfeige, der noch Au sagt, wenn er sich in
den Finger geschnitten hat! Dazu hat keiner das Recht mehr,
denn hier steht ein Mann, der... Eigenlob stinkt, aber was tat
ich, als der Nachbar über deine Mutter den Sargdeckel zunageln
wollte?   -15-

KLARA.   Er* riß ihm den Hammer weg und tats selbst und sprach:
"Dies ist mein Meisterstück!" Der Kantor*, der eben mit den
Chorknaben vor der Tür das Sterbelied absang, meinte, Er sei
verrückt geworden!

MEISTER ANTON. Verrückt! (Lacht) Verrückt! Ja, ja, das ist ein -20-
kluger Kopf, der sich selbst köpft, wenns Zeit ist. Der meinige muß dazu zu fest stehen, sonst... Man hockte in der Welt
und glaubte in einer guten Herberge hinterm Ofen zu sitzen, da
wird plötzlich Licht auf der Tische gestellt, und siehe da,
man ist in einem Räuberloch, nun gehts piff, paff von allen -25-
Seiten, aber es schadet nicht, man hat zum Glück ein stei-
nernes Herz!

KLARA.   Ja, Vater, so ists!

MEISTER ANTON. Was weißt du davon? Meinst du, du hast ein Recht,
mit mir zu fluchen, weil dein Schreiber davongelaufen ist? -30-
Dich wird ein anderer sonntags nachmittags spazierenführen,
ein anderer wird dir sagen, daß deine Backen rot sind und
deine Augen blau, ein anderer wird dich zum Weibe nehmen, wenn
dus verdienst. Aber wenn du nun dreißig Jahre lang in Züchten
und Ehren* die Last des Lebens getragen, wenn du nie gemurrt, -35-
sondern Leid und Tod und jedes Mißgeschick in Geduld hin-
genommen hast, und dann kommt dein Sohn, der dir für dein
Alter ein weiches Kopfkissen stopfen sollte, und überhäuft
dich so mit Schande, daß du die Erde anrufen möchtest: Verschlucke mich, wenn dich nicht ekelt, denn ich bin kotiger   -40-

-----
2: we'll see. 3: some... hemlock. 4: got into. 10: show off. 16:
i.e., Meister Anton.   17: choir-master. 35: in propriety and
honor.

als du! - dann magst du all die Flüche, die ich in meiner
Brust zurückhalte, aussprechen, dann magst du dein Haar raufen
und deine Brüste zerschlagen, das sollst du vor mir voraus-
haben*, denn du bist kein Mann!

KLARA. O Karl!   -5-

MEISTER ANTON. Wundern soll michs doch, was ich tun werde, wenn
   ich ihn wieder vor mir sehe, wenn er abends vor Lichtanzünden
   mit geschorenem Kopf, denn im Zuchthaus sind die Frisuren
   nicht erlaubt, in die Stube tritt und einen Guten Abend her-
   ausstottert und die Klinke der Tür in der Hand behält. Tun   -10-
   werd ich etwas, das ist gewiß, aber was? (Mit Zähneknirschen)
   Und ob* sie ihn zehn Jahre behalten, er wird mich finden, ich
   werde so lange leben, das weiß ich, merk dirs, Tod, ich bin
   von jetzt an ein Stein vor deiner Hippe*, sie wird eher zerspringen als mich aus der Stelle rücken!   -15-

KLARA (faßt seine Hand). Vater, Er sollte sich eine halbe Stunde
   niederlegen!

MEISTER ANTON. Um zu träumen, daß du in die Wochen gekommen
   seist*? Um dann aufzufahren und dich zu packen und mich hinterdrein* zu besinnen und zu sprechen: Liebe Tochter, ich   -20-
   wußte nicht, was ich tat! Ich danke*. Mein Schlaf hat den
   Gaukler verabschiedet* und einen Propheten in Dienst genommen,
   der zeigt mir mit seinem Blutfinger häßliche Dinge, und ich
   weiß nicht, wie's kommt, alles scheint mir jetzt möglich. Hu,
   mich schauderts vor der Zukunft, wie vor einem Glas Wasser,   -25-
   das man durchs Mikroskop - ists richtig, Herr Kantor? Er hat
   mirs oft genug vorbuchstabiert! - betrachtet hat. Ich tats
   einmal in Nürnberg auf der Messe und mochte den ganzen Tag
   nicht mehr trinken! Den lieben Karl sah ich in der letzten
   Nacht mit einer Pistole in der Hand, als ich den Schützen*   -30-
   näher ins Auge faßte, drückte er ab*, ich hörte einen Schrei,
   aber vor Pulverdampf konnt ich nichts sehen, auch als der
   Dampf sich verzog, erblickte ich keinen zerschmetterten Schä-
   del, aber mein Herr Sohn war inzwischen ein reicher Mann geworden, er stand und zählte Goldstücke von einer Hand in die -35-
   andere, und er hatte ein Gesicht - hol mich der Teufel, man
   kanns nicht ruhiger haben, wenn man den ganzen Tag arbeitete
   und nun die Werkstatt hinter sich abschließt. Nun davor könnte
   man aufpassen! Man könnte Gericht halten und sich nachher
   selbst von den höchsten Richter stellen.   -40-

KLARA. Werd Er doch wieder ruhig!

4: that's where you have the advantage over me. 12: =wenn. 14:
scythe. 19: gave birth. 20: =nachher. 21: No thanks! 22: dis-
missed the charlatan. 30: marksmam. 31: squeezed the trigger.

MEISTER ANTON. Werd Er doch wieder gesund! Warum ist Er krank!
   Ja, Arzt, reich mir nur den Trank der Genesung! Dein Bruder
   ist der schlechteste Sohn, werde du die beste Tochter! Wie ein
   nichtswürdiger Bankrottierer steh ich vor dem Angesicht der
   Welt, einen braven Mann, der in die Stelle* dieses Invaliden   -5-
   treten könne, war ich ihr* schuldig, mit einem Schelm hab ich
   sie betrogen. Werde du ein Weib, wie deine Mutter war, dann
   wird man sprechen: An den Eltern hats nicht gelegen, daß der
   Bube abseits ging*, denn die Tochter wandelt den rechten Weg
   und ist allen andern vorauf*. (Mit schrecklicher Kälte) Und   -10-
   ich will das Meinige dazu tun, ich will dir die Sache leichter
   machen als den übrigen. In dem Augenblick, wo ich bemerke, daß
   man auch auf dich mit Fingern zeigt, werd ich - (mit einer
   Bewegung an den Hals) mich rasieren und dann, das schwör ich
   dir zu, rasier ich den ganzen Kerl* weg; du kannst sagen, es   -15-
   sei aus Schreck geschehen, weil auf der Straße ein Pferd
   durchging* oder weil die Katze auf dem Boden einen Stuhl umwarf oder weil mir eine Maus an den Beinen hinauflief. Wer
   mich kennt, wird freilich den Kopf dazu schütteln, denn ich
   bin nicht sonderlich* schreckhaft, aber was tuts? Ich kanns in   -20-
   einer Welt nicht aushalten, wo die Leute mitleidig sein
   müßten, wenn sie nicht vor mir ausspucken sollen.

KLARA.   Barmherziger Gott, was soll ich tun?

MEISTER ANTON. Nichts, nichts, liebes Kind, ich bin zu hart
   gegen dich, ich fühls wohl, nichts, bleib nur, was du bist,   -25-
   dann ists gut! Oh, ich hab so groß Unrecht erlitten, daß ich
   Unrecht tun muß, um nicht zu erliegen, wenns mich so recht
   anfaßt. Sieh, ich gehe vorhin* über die Straße, da kommt der
   Pockenfritz* daher*, der Gaudieb*, den ich vor Jahren ins Loch
   stecken* ließ, weil er zum drittenmal lange Finger bei mir   -30-
   gemacht hatte*. Früher wagte der Halunke nicht, mich anzusehen, jetzt trat er frech auf mich zu und reichte mir die
   Hand. Ich wollte ihm einen hinter die Ohren geben*, aber ich
   besann mich und spuckte nicht einmal aus, wir sind ja Vettern
   seit acht Tagen, und es ist billig*, daß Verwandte sich   -35-
   grüßen. Der Pfarrer, der mitleidige Mann, der mich gestern
   besuchte, meinte zwar, ein Mensch habe niemanden zu vertreten
   als sich selbst, und es sei ein unchristlicher Hochmut von
   mir, daß ich auch noch für meinen Sohn aufkommen* wolle; sonst
   müßte Adam es sich zu Gemüte ziehen* wie ich. Herr, ich glaubs   -40-
   gern, daß es den Frieden des Erzvaters im Paradies nicht mehr

-----
5: =an Stelle von. 6: i.e., der Welt. 9: went bad. 10: =voraus.
15: i.e., himself. 17: bolted. 20: =besonders. 28: =eben erst,
kürzlich. 29: Pocken smallpox scars; along (the way); vagabond.
30: put in jail. 31: had stolen. 33: box his ears. 35: right.
39: take the reponsibility. 40: take it to heart.

stört, wenn einer seiner Ururenkel* zu morden oder zu rauben
anfängt, aber raufte er sich nicht die Haare über Kain? Nein,
nein es ist zuviel! Ich könnte mich zuweilen nach meinem
Schatten umsehen, ob er nicht schwärzer geworden ist! Denn
alles, alles kann ich ertragen und habs bewiesen, nur nicht   -5-
die Schande! Legt mir auf den **Nacken**, was ihr wollt, nur
schneidet nicht den **Nerv** durch, der mich zusammenhält!

KLARA. Vater, noch hat Karl ja nichts gestanden, und sie haben
auch nichts bei ihm gefunden.

MEISTER ANTON. Was soll mir das*? Ich bin in der Stadt herum-   -10-
gegangen und habe mich in den Schenken nach seinen Schulden
erkundigt, da kam mehr zusammen, als er im nächsten Vierteljahr bei mir verdient hätte, und wenn er noch dreimal so
fleißig wäre, als er ist. Nun weiß ich, warum er immer zwei
Stunden später Feierabend machte* als ich und warum er trotz-   -15-
dem auch noch vor mir aufstand, aber er sah ein, daß dies
alles doch nichts half, oder es war ihm zu mühevoll und dauerte ihm zu lange, da griff er zu, als die Gelegenheit sich
bot.

KLARA. Er glaubt von Karl immer das Schlimmste, Er hat es stets* -20-
getan! Weiß Er wohl noch, wie...

MEISTER ANTON. Du sprichst, wie deine Mutter sprechen würde, ich
will dir antworten, wie ich ihr zu antworten pflegte, ich will
stillschweigen!

KLARA. Und wenn Karl doch freigesprochen wird? Wenn die Juwelen -25-
sich wiederfinden?

MEISTER ANTON. Dann würd ich einen Advokaten annehmen*, und mein
letztes Hemd daransetzen*, um zu erfahren, ob der Bürgermeister den Sohn eines ehrlichen Mannes mit Recht ins Gefängnis warf oder nicht. Wär es, so würd ich mich beugen, denn was   -30-
jedem widerfahren kann, das muß auch ich mir gefallen lassen,
und mußte ich es zu meinem Unglück auch tausendmal teurer bezahlen als andere, es war ein Schicksal, und wenn Gott mich
schlägt, so falte ich die Hände und spreche: Herr, du weißt
warum! Wär es aber nicht, hätte der Mann mit der goldenen   -35-
Kette um den Hals sich übereilt, weil er an nichts dachte als
daran, daß der Kaufmann, der die Juwelen vermißt, sein
Schwager ist, so würde sichs finden, ob das Gesetzbuch ein
Loch hat und ob der König, der wohl weiß, daß er seinen Unter-
tanen ihre Treu und ihren Gehorsam mit Gerechtigkeit bezahlen   -40-
muß, und der dem Geringsten unter ihnen gewiß am wenigsten

1: remote descendant. 10: What's that to me. 15: quit work for
the day. 20: =immer. 27: hire. 28: put up for sale.

etwas schuldig bleiben will, dies Loch ungestopft ließe. Aber
dies sind unnütze Reden! Der Junge wird so wenig rein aus
diesem Prozeß hervorgehen wie deine Mutter lebendig aus ihrer
Gruft. Von dem* kommt mir nun und nimmer ein Trost, darum vergiß du nicht, was du mir schuldig bist, halte du deinen   -5-
Schwur, damit ich den meinigen nicht zu halten brauche! (**Er
geht, kehrt aber wieder um.**) Ich komme heute abend erst spät
zu Hause, ich gehe zu dem alten Holzhändler ins Gebirge. Das
ist der‚ einzige Mann, der mir noch wie sonst in die Augen
sieht, weil er noch nicht von meiner Schande weiß. Er ist   -10-
taub, keiner kann ihm was erzählen, ohne sich heiser zu
schreien, und auch dann hört er alles verkehrt, darum erfährt
er nichts. (**Ab**).

ZWEITE SZENE

KLARA (**allein**). O Gott, o Gott! Erbarme dich! Erbarme dich über   -15-
den alten Mann! Nimm mich zu dir! Ihm ist nicht anders zu
helfen! Sieh, der Sonnenschein liegt so goldig auf der Straße,
daß die Kinder mit Händen nach ihm greifen, die Vögel fliegen
hin und her, Blumen und Kräuter werden nicht müde, in die Höhe
zu wachsen. Alles lebt, alles will leben, tausend Kranke zit- -20-
tern in dieser Stunde vor dir, o Tod; wer dich in der be-
klommenen Nacht noch rief, weil er seine Schmerzen nicht mehr
ertragen konnte, der findet sein Lager jetzt wieder sanft und
weich, **ich** rufe dich! Verschone den, dessen Seele sich am
tiefsten vor dir wegkrümmt, laß ihm so lange Frist, bis die   -25-
schöne Welt wieder grau und öde wird, nimm mich für ihn! Ich
will nicht schaudern, wenn du mir deine kalte Hand reichst,
ich will sie mutig fassen und dir freudiger folgen, als dir
noch je ein Menschenkind gefolgt ist.

DRITTE SZENE   -30-

DER KAUFMANN WOLFRAM (**tritt ein**). Guten Tag, Jungfer* Klara, ist
Ihr Vater nicht zu Hause?

KLARA. Er ist eben fortgegangen.

WOLFRAM. Ich komme -- meine Juwelen haben sich wiedergefunden.

KLARA. O Vater, wärst du da! Er hat seine Brille vergesen, dort   -35-
liegt sie! Daß ers bemerkte* und umkehrte! Wie denn? - Wo? -
Bei wem?

WOLFRAM. Meine Frau... Sag Sie mir aufrichtig, Jungfer, hat Sie

-----
4: i.e., **dem Sohn**. 31: =Fräulein. 36: If only he would notice...

auch schon etwas Wunderliches über meine Frau gehört?

KLARA. Ja!

WOLFRAM. Daß sie... (Er deutet auf die Stirn.) Nicht wahr?

KLARA. Daß sie nicht recht bei sich ist, freilich!

WOLFRAM (ausbrechend*).   Mein Gott! Mein Gott! Alles umsonst!   -5-
Keinen Dienstboten*, den ich einmal in mein Haus nahm, hab ich
wieder von mir gelassen, jedem habe ich doppelten Lohn gegeben
und zu allen Nachlässigkeiten die Augen zugedrückt, um mir ihr
Stillschweigen zu erkaufen, dennoch - die falschen, undank-
baren Kreaturen! O meine armen Kinder! Bloß euretwegen suchte   -10-
ichs zu verbergen!

KLARA. Schelt Er seine Leute nicht! Die sind gewiß unschuldig!
Seit das Nachbarhaus abbrannte und Seine Frau aus dem geöffneten Fenster dazu lachte und in die Hände klatschte, ja, sogar mit vollen Backen ins Feuer hineinblies, als wollte sie es   -15-
noch mehr anfachen, seitdem hatte man nur die Wahl, ob man sie
für einen Teufel oder für eine Verrückte halten wollte. Und
das haben Hunderte gesehen.

WOLFRAM.   Es ist wahr. Nun, da die ganze Stadt mein Unglück
kennt, so wäre es töricht, wenn ich Ihr das Versprechen ab-   -20-
fordern* wollte, es zu verschweigen. Höre Sie denn! Den Dieb-
stahl, wegen dessen Ihr Bruder im Gefängnis sitzt, hat der
Wahnsinn begangen!

KLARA. Seine eigne Frau...

WOLFRAM. Daß sie, die früher die edelste, mitleidigste Seele von   -25-
der Welt war, boshaft und schadenfroh geworden ist, daß sie
jauchzt und jubelt, wenn vor ihren Augen ein Unglück geschieht, wenn die Magd ein Glas zerbricht oder sich in den
Finger schneidet, wußte ich längst; daß sie aber auch Sachen
im Hause auf die Seite bringt*, Geld versteckt, Papiere zer-   -30-
reißt, das habe ich leider zu spät erfahren, erst heute mittag. Ich hatte mich aufs Bett gelegt und wollte eben einschlafen, da bemerkte ich, daß sie sich mir leise näherte und
mich scharf betrachtete, ob ich schon schliefe. Ich schloß die
Augen fester, da nahm sie aus meiner über den Stuhl gehängten   -35-
Weste den Schlüssel, öffnete den Sekretär, griff nach einer
Goldrolle, schloß wieder zu und trug den Schlüssel zurück. Ich
entsetzte mich, doch ich hielt an mich, um sie nicht zu
stören, sie verließ das Zimmer, ich schlich ihr auf den Zehen

-----
5: bursting out. 6: servant. 21: =verlangen. 30: hides.

nach. Sie stieg zum obersten Boden* hinauf und warf die Goldrolle in eine alte Kiste hinein, die noch vom Großvater her
leer dasteht, dann sah sie sich scheu nach allen Seiten um und
eilte, ohne mich zu bemerken, wieder fort. Ich zündete einen
Wachsstock* an und durchsuchte die Kiste, da fand ich die   -5-
Spielpuppe meiner jüngsten Tochter, ein Paar Pantoffeln der
Magd, ein Handlungsbuch*, Briefe und leider, oder gottlob, wie
soll ich sagen, ganz unten auch die Juwelen!

KLARA. O meine arme Mutter! Es ist doch zu schändlich!

WOLFRAM. Gott weiß, ich würde den Schmuck darum geben, könnt ich   -10-
ungeschehen machen, was geschehen ist! Aber nicht ich bin
schuld! Daß mein Verdacht, bei aller Achtung vor Ihrem Vater,
auf Ihren Bruder fiel, war natürlich, er hatte den Sekretär
poliert, und mit ihm waren die Juwelen verschwunden, ich bemerkte es fast augenblicklich, denn ich mußte aus dem Fach,   -15-
worin sie lagen, Papiere herausnehmen. Doch es fiel mir nicht
ein, gleich strenge Maßregeln gegen ihn zu ergreifen, ich
teilte die Sache nur vorläufig dem Gerichtsdiener Adam und
ersuchte* ihn, ganz in der Stille Nachforschungen anzustellen,
aber dieser wollte von keiner Schonung wissen, er erklärte   -20-
mir, er müsse und werde den Fall auf der Stelle anzeigen, denn
Ihr Bruder sei ein Säufer und Schuldenmacher, und er gilt bei
dem Bürgermeister leider so viel, daß er durchsetzen kann, was
er will. Der Mann scheint aufs äußerste gegen Ihren Vater aufgebracht* zu sein, ich weiß nicht warum, es war nicht möglich,   -25-
ihn zu beschwichtigen, er hielt sich die Ohren zu und rief,
als er fortrannte: "Wenn Er mir den Schmuck geschenkt hätte,
ich wäre nicht so vergnügt wie jetzt!"

KLARA. Der Gerichtsdiener hat im Wirtshaus einmal sein Glas
neben das meines Vaters auf den Tisch gestellt und ihm dabei   -30-
zugenickt, als ob er ihn zum Anstoßen auffordern* wolle. Da
hat mein Vater das seinige weggenommen und gesagt: "Leute im
roten Rock mit blauen Aufschlägen mußten ehemals* aus Gläsern
mit hölzernen Füßen trinken, auch mußten sie draußen vor dem
Fenster, oder wenns regnete, vor der Tür stehenbleiben und   -35-
bescheiden den Hut abziehen, wenn der Wirt ihnen den Trunk
reichte; wenn sie aber ein Gelüsten trugen*, mit jemandem an-
zustoßen, so warteten sie, bis der Gevatter Fallmeister* vor-
überkam." Gott! Gott! Was ist alles möglich auf der Welt! Das
hat meine Mutter mit einem jähen* Tode bezahlen müssen!   -40-

WOLFRAM. Man soll keinen reizen und die Schlimmen am wenigsten!

1: =Stock. 5: taper, candle. 7: account book. 19: =bat. 25: en-
raged. 31: asked him to clink glasses. 33: =früher. 37: desired.
38: Neighbor, Friend Fallmeister. 40: sudden.

Wo ist Ihr Vater?

KLARA. Im Gebirg beim Holzhändler.

WOLFRAM. Ich reite hinaus und such ihn auf. Beim Bürgermeister
war ich schon, leider traf ich ihn nicht daheim, sonst würde
Ihr Bruder schon hier sein, aber der Sekretär hat sogleich   -5-
einen Boten abgefertigt*, Sie wird ihn* noch vor Abend sehen.
(Ab)

                           VIERTE SZENE

KLARA (allein). Nun sollt ich mich freuen! Gott, Gott! Und ich
kann nichts denken, als: Nun bist dus allein! Und doch ist mir   -10-
zumut, als müsse mir gleich etwas einfallen, das alles wieder
gutmacht!

                           FÜNFTE SZENE

DER SEKRETÄR (tritt ein). Guten Tag!

KLARA (hält sich an einem Stuhl, als sollte* sie umfallen).   -15-
Der! Oh, wenn der nicht zurückgekommen wäre...

SEKRETÄR. Der Vater ist nicht zu Hause?

KLARA. Nein!

SEKRETÄR. Ich bringe eine fröhlich Botschaft. Ihr Bruder...
Nein, Klara, ich kann in diesem Ton nicht mit dir reden, mir   -20-
deucht*, Tische, Stühle, Schränke, all die Bekannten... Guten
Tag, du!(Er nickt einem Schranke zu) Wie gehts? Du hast dich
nicht verändert! - um die wir als Kinder so oft herumgehüpft
sind, werden die Köpfe zusammenstecken und den Narren aus-
spotten, wenn ihn nicht schnell einen anderen anschlage*. Ich   -25-
muß du zu dir sagen wie ehemals, wenns dir nicht gefällt, so
denke: Der große Junge träumt, ich will ihn aufwecken und vor
ihn hintreten und mich (mit Gebärden*) hoch aufrichten, damit
er sieht, daß er kein kleines Kind mehr vor sich hat - das war
dein Maß im elften Jahr! (Er deutet auf einen Schrammstrich*   -30-
in der Tür) - sondern ein gehörig* erwachsenes Mädchen, das
den Zucker auch dann erreichen kann, wenn er auf den Schrank
gestellt wird. Du weißt doch noch? Das war der Platz, die
feste Burg, wo er auch unverschlossen* vor uns sicher war.

6: dispatched a messenger; i.e., Karl. 15: might. 21: =es
scheint mir. 25: change his tune. 28: gesticulations. 30:
scratch-mark. 31: properly. 34: unlocked.

Wir vertrieben uns, wenn er dort stand, die Zeit gewöhlich mit
Fliegeklatschen, weil wir den Fliegen, die lustig ab- und
zuflogen, das unmöglich gönnen konnten, was wir selbst nicht
zu erlangen wußten.

KLARA. Ich dächte, man vergäße solche Dinge, wenn man hundert   -5-
und tausend Bücher durchstudieren müßte.

SEKRETÄR. Man vergißts auch! Freilich, was vergißt man nicht
über* Justinian* und Gajus! Die Knaben, die sich so hartnäckig
gegen das ABC wehren, wissen wohl warum; sie haben eine Ahnung
davon, daß, wenn sie sich nur mit der Fibel* nicht einlassen,   -10-
sie mit der Bibel nie Händel bekommen* können! Aber schändlich
genug, man verführt die unschuldigen Seelen, man zeigt ihnen
hinten den roten Hahn mit dem Korb voll Eier*, da sagen sie
von selbst: Ah! und nun ist kein Halten mehr, nun gehts
reißend schnell bergunter bis zum Z und so weiter und weiter,   -15-
bis sie auf einmal mitten im Corpus juris* sind und mit
Grausen innewerden*, in welche Wildnis die verfluchten vier-
undzwanzig Buchstaben, die sich anfangs im lustigen Tanz nur
zu wohlschmeckenden und wohlriechenden Worten, wie Kirsche und
Rose, zusammenstellten, sie hineingelockt haben!   -20-

KLARA. Und wie wirds dann gemacht? (**Abwesend*** ohne allen Anteil)

SEKRETÄR. Darin sind die Temperamente verschieden. Einige arbeiten sich durch. Die kommen gewöhnlich in drei bis vier
Jahren wieder ans Tageslicht, sind dann aber etwas mager und
blaß, das muß man ihnen nicht übelnehmen. Zu diesen gehöre   -25-
ich. Andere legen sich in der Mitte des Waldes nieder, sie
wollen bloß ausruhen, aber sie stehen selten wieder auf. Ich
habe selbst einen Bekannten, der nun schon drei Jahre im
Schatten der Lex Julia* sein Bier trinkt, er hat sich den
Platz des Namens wegen ausgesucht, der ruft ihm angenehme Erin-   -30-
nerungen zurück. Noch andere werden desperat und kehren um.
Die sind die Dümmsten, denn man läßt sie nur unter der Bedingung aus dem einen Dickicht heraus, daß sie sich spornstreichs wieder in ein anderes hineinbegeben. Und da gibts
einige, die noch schrecklicher sind, die gar kein Ende haben!   -35-
(**Für sich**) Was man alles schwätzt, wenn man etwas auf dem
Herzen hat und es nicht herauszubringen weiß!

KLARA. Alles ist heute lustig und munter, das macht der schöne
Tag!

8: because of; "the Great" (483-565), Byzantine emperor and
law-giver; =Gaius (c. 110-c. 180), Roman jurist. 10: spelling
book. 11: get in trouble. 13: apparently figures in the spelling book. 16: (L.) body of law. 17: perceive. 21: Absent-mindedly. 29: (L.) Julian law.

SEKRETÄR. Ja, bei solchem Wetter fallen die Eulen aus dem Nest,
die Fledermäuse bringen sich um, weil sie fühlen, daß der
Teufel sie gemacht hat, der Maulwurf bohrt sich so tief in die
Erde ein, daß er den Weg zurück nicht mehr findet und jäm-
merlich ersticken muß, wenn er sich nicht bis zur anderen   -5-
Seite durchfrißt und in Amerika wieder zum Vorschein kommt.
Heute tut jede Kornähre* einen doppelten Schuß, und jede Mohn-
blume wird noch einmal so rot wie sonst, wenn auch nur aus
Scham, daß sies noch nicht ist. Soll der Mensch zurückbleiben?
Soll er den lieben Gott um den einzigen Zins betrügen, den   -10-
seine Welt ihm abwirft*, um ein fröhlich Gesicht und um ein
helles Auge, das all die Herrlichkeit abspiegelt und verklärt*
zurückgibt? Wahrhaftig, wenn ich des Morgens diesen oder jenen
Hocker* aus seiner Tür hervorschleichen sehe, die Stirn in
Falten heraufgezogen und den Himmel anglotzend wie einen Bogen   -15-
Löschpapier*, dann denk ich oft: Es gibt gleich Regen, Gott
muß, er kann nicht umhin*, den Wolkenvorhang niederzulassen,
um sich nur über die Fratze* nicht zu ärgern. Man sollte die
Kerls als Hintertreiber* von Lustpartien*, als Verderber des
Erntewetters vor Gericht belangen* können. Wodurch willst du   -20-
denn für das Leben danken, als dadurch, daß du lebst? Jauchze,
Vogel, sonst verdienst du die Kehle nicht!

KLARA. Ach, das ist so wahr, so wahr - ich könnte gleich zu
weinen anfangen!

SEKRETÄR. Es ist nicht gegen dich gesagt, daß du seit acht Tagen   -25-
schwerer atmest wie sonst, begreif ich wohl, ich kenne deinen
Alten... Aber gottlob, ich kann deine Brust wieder freimachen,
und eben darum bin ich hier. Du wirst deinen Bruder noch heut
Abend wiedersehen, und nicht auf ihn, sondern auf die Leute,
die ihn ins Gefängnis geworfen haben, wird man mit Fingern   -30-
zeigen. Verdient das einen Kuß, einen schwesterlichen, wenns
denn kein anderer sein darf? Oder wollen wir Blindekuh* darum
spielen? Wenn ich dich nicht in zehn Minuten hasche*, so geh
ich leer aus und bekomm noch einen Backenstreich obendrein*.

KLARA (für sich). Mir ist, als wär ich auf einmal tausend Jahre   -35-
alt geworden, und nun stünde die Zeit über mir still, ich kann
nicht zurück und auch nicht vorwärts. Oh, dieser festgenagelte
Sonnenschein und all die Heiterkeit um mich her!

SEKRETÄR. Du antwortest mir nicht. Freilich, das vergaß ich, du
bist Braut*! O Mädchen, warum hast du mir das angetan! Und   -40-

-----
7: Ähre ear. 11: pays. 12: glorified. 14: good-for-nothing. 16:
blotting paper. 17: avoid. 18: that (ugly) face. 19: obstruc-
tionists, "wet blankets"; outings. 20: sue. 32: blind-man's
buff. 33: catch, tag. 34: slap in the face to boot. 40: be-
trothed, engaged.

doch — habe ich ein Recht, mich zu beklagen? Sie ist, wie
alles Liebe und Gute, alles Liebe und Gute hätte mich an sie
erinnern sollen, dennoch war sie jahrelang für mich wie nicht
mehr in der Welt. Dafür hat sie... Wärs nur wenigstens ein
Kerl, vor dem man die Augen niederschlagen müßte! Aber dieser   -5-
Leonhard...

KLARA (plötzlich, wie sie den Namen hört). Ich muß zu ihm... Das
ists ja, ich bin nicht mehr die Schwester eines Diebes — o
Gott, was will ich denn noch? Leonhard wird und muß... Er
braucht ja bloß kein Teufel zu sein, und alles ist wie vorher!   -10-
(Schaudernd) Wie vorher! (Zum Sekretär) Nimms nicht übel,
Friedrich! — Warum werden mir die Beine auf einmal so schwer?

SEKRETÄR. Du willst...

KLARA. Zu Leonhard, wohin denn sonst? Nur den einen Weg hab ich
auf dieser Welt noch zu machen!   -15-

SEKRETÄR. So liebst du ihn? Dann...

KLARA (wild). Lieben? Er oder der Tod! Wunderts wen*, daß ich
ihn wähle? Ich täts nicht, dächt ich an mich allein!

SEKRETÄR. Er oder der Tod? Mädchen, so spricht die Verzweiflung,
oder...   -20-

KLARA. Mach mich nicht rasend! Nenne das Wort nicht mehr! Dich!
dich lieb ich! Da! Da! Ich rufs dir zu, als ob ich schon jenseits des Grabes wandelte, wo niemand mehr rot wird, wo sie
alle nackt und frierend aneinander vorbeischleichen, weil Gottes furchtbar heilige Nähe in jedem den Gedanken an die   -25-
anderen bis auf die Wurzel weggezehrt* hat!

SEKRETÄR. Mich? Noch immer mich? Klara, ich habs geahnt, als ich
dich draußen im Garten sah!

KLARA. Hast du? Oh, der andere auch! (Dumpf, als ob sie allein
wäre) Und er trat vor mich hin! "Er oder ich!" Oh, mein Herz,   -30-
mein verfluchtes Herz! Um ihm, um mir selbst zu beweisen, daß
es nicht so sei, oder ums zu ersticken, wenns so wäre, tat
ich, was mich jetzt... (in Tränen ausbrechend) Gott im Himmel,
ich würde mich erbarmen, wenn ich du wäre und du ich!

SEKRETÄR. Klara, werde mein Weib! Ich kam zu dir, um dir noch   -35-
einmal auf die alte Weise ins Auge zu sehen. Hättest du den
Blick nicht verstanden, ich würde mich, ohne zu reden, wieder
entfernt haben. Jetzt biet ich dir alles an, was ich bin und

17: Should it surprise anybody. 26: consumed.

was ich habe. Es ist wenig, aber es kann mehr werden. Längst
wäre ich hier gewesen, doch deine Mutter war krank, dann starb
sie.
(Klara lacht wahnsinnig.)
SEKRETÄR. Fasse Mut, Mädchen. Der Mensch hat dein Wort. Das ängs-   -5-
tigt dich. Und freilich ists verflucht. Wie konntest du...

KLARA. O frag noch, was alles zusammenkommt, um ein Mädchen verrückt zu machen. Spott und Hohn von allen Seiten, als du auf
die Akademie gezogen warst und nichts mehr von dir hören ließest. "Die denkt noch an den!" - "Die glaubt, daß Kindereien   -10-
ernsthaft gemeint waren!" - "Erhält sie Briefe?" - Und dann
die Muter! "Halte dich zu seinesgleichen*! Hochmut tut nimmer
gut! Der Leonhard ist doch recht brav, alle wundern sich, daß
du ihn über die Achsel ansiehst*." Dazu mein eignes Herz: "Hat
er dich vergessen, zeig ihm, daß auch du... " o Gott!   -15-

SEKRETÄR. Ich bin schuld. Ich fühls. Nun, was schwer ist, ist
darum nicht unmöglich. Ich schaff* dir dein Wort* zurück.
Vielleicht...

KLARA. Oh, mein Wort - da! (Sie wirft ihm Leonhards Brief hin.)

SEKRETÄR (liest). "Ich als Kassierer - dein Bruder - Dieb - sehr   -20-
leid - aber ich kann nicht umhin aus Rücksicht auf mein Amt
--" (Zu Klara) Das schrieb er dir denselben Tag, wo deine Mutter starb? Er bezeugt dir ja zugleich sein Beileid über ihren
jähen Tod!

KLARA. Ich glaube, ja!   -25-

SEKRETÄR. Daß dich*! Lieber Gott, die Katzen, Schlangen und son-
stige Scheusale*, die dir bei der Schöpfung so zwischen den
Fingern durchgeschlüpft sind, haben Beelzebubs* Wohlgefallen
erregt, er* hat sie dir* nachgemacht, aber er hat sie besser
herausgeputzt* wie du, er hat sie in Menschenhaut gesteckt,   -30-
und nun stehen sie mit deinen Menschen in Reih und Glied*, und
man erkennt sie erst, wenn sie kratzen und stechen! (Zu Klara)
Aber es ist ja gut, es ist ja vortrefflich! (Er will sie um-
armen.) Komm! Für ewig! Mit diesem Kuß...

KLARA (sinkt an ihn). Nein, nicht für ewig, nur daß ich nicht   -35-
umfalle, aber keinen Kuß!

12: one's equals. 14: that you give him the cold shoulder. 17:
I'll get; =Jawort. 26: (anger directed at Leonhard: Why you!).
27: monsters. 28: Satan's. 29: i.e., Satan; i.e., God. 30:
dressed ... up. 31: in rank and file.

SEKRETÄR. Mädchen, du liebst ihn nicht, du hast dein Wort zurück...

KLARA (**dumpf, sich wieder aufrichtend**). Und ich muß doch zu ihm,
ich muß mich auf Knien vor ihm niederwerfen und stammeln: Sieh
die weißen Haare meines Vaters an, nimm mich!   -5-

SEKRETÄR. Unglückliche, versteh ich dich?

KLARA. Ja!

SEKRETÄR. Darüber kann kein Mann weg*! Vor dem Kerl, dem man ins
Gesicht spucken möchte, die Augen niederschlagen müssen? (**Er
preßt Klara wild an sich.**) Ärmste! Ärmste!   -10-

KLARA. Geh nun, geh!

SEKRETÄR (**für sich, brütend**). Oder man müßte den Hund, ders
weiß, aus der Welt wegschießen! Daß er Mut hätte*! Daß er sich
stellte*! Daß man ihn zwingen könnte! Ums Treffen* wär mir
nicht bange!   -15-

KLARA. Ich bitte dich!

SEKRETÄR (**indem er geht**). Wenns dunkel wird! (**Er kehrt wieder um
und faßt Klaras Hand.**) Mädchen, du stehst vor mir -- (**Er
wendet sich ab.**) Tausende ihres Geschlechts hättens klug und
listig verschwiegen und es erst dem Mann in einer Stunde süßer -20-
Vergessenheit in Ohr und Seele geschmeichelt! Ich fühle, was
ich dir schuldig bin! (**Ab**)

                         SECHSTE SZENE

KLARA (**allein**). Zu! Zu, mein Herz! Quetsch dich in dich ein, daß
auch kein Blutstropfe mehr heraus kann, der in den Adern das   -25-
gefrierende Leben wieder entzünden will. Da hatte sich wieder
was wie eine Hoffnung in dir aufgetan! Jetzt erst merk ichs!
Ich dachte... (**Lächelnd**) Nein, darüber kann kein Mann weg! Und
wenn... Könntest du selbst darüber hinweg? Hättest du den Mut,
eine Hand zu fassen, die... Nein, nein, diesen schlechten Mut   -30-
hättest du nicht! Du müßtest dich selbst einriegeln* in deine
Hölle, wenn man dir von außen die Tür öffnen wollte... Du bist
für ewig... Oh, daß das aussetzt*, daß das nicht immer so
fortbohrt, daß zuweilen ein Aufhören ist! Nur darum dauerts
lange! Der Gequälte glaubt auszuruhen, weil der Quäler   -35-

-----

8: No man can ignore this. 13: i.e., to duel me. 14: position
himself (to duel); fight, i.e., duel. 31: =einschließen. 33:
might pause.

einhalten muß, um Odem* zu schöpfen; es ist ein Aufatmen, wie*
des Ertrinkenden auf den Wellen, wenn der Strudel, der ihn
hinunterzieht, ihn noch einmal wieder ausspeit, um ihn gleich
wieder aufs neue zu fassen, er hat nichts davon als den zwei-
fachen Todeskampf! - Nun, Klara? Ja, Vater, ich gehe, ich   -5-
gehe! Deine Tochter wird dich nicht zum Selbstmord treiben!
Ich bin bald das Weib des Menschen*, oder... Gott, nein! Ich
bettle ja nicht um mein Glück, ich bettle um mein Elend, um
mein tiefstes Elend - mein Elend wirst du mir geben! Fort - wo
ist der Brief? (Sie nimmt ihn.) Drei Brunnen triffst du auf   -10-
dem Weg zu ihm... Daß du mir an keinem stehenbleibst*! Noch
hast du nicht das Recht dazu! (Ab).

DRITTER AKT

Zimmer bei Leonhard

ERSTE SZENE   -15-

LEONHARD (an einem Tisch mit Akten, schreibend). Das wäre nun
der sechste Bogen nach Tisch*! Wie fühlt sich der Mensch, wenn
er seine Pflicht tut! Jetzt könnte mir in die Tür treten, wer
wollte, und wenns der König wäre - ich würde aufstehen, aber
ich würde nicht in Verlegenheit geraten! Einen nehm ich aus*, -20-
das ist der alte Tischler! Aber im Grunde kann auch der mir
wenig machen! Die arme Klara! Sie dauert mich*, ich kann nicht
ohne Unruhe an sie denken! Daß der verfluchte Abend nicht
wäre! Es war in mir wirklich mehr die Eifersucht als die
Liebe, die mich zum Rasen brachte, und sie ergab sich gewiß   -25-
nur darein*, um meine Vorwürfe zu widerlegen, denn sie war
kalt gegen mich wie der Tod. Ihr stehen böse Tage bevor, nun,
auch ich werde noch viel Verdruß haben! Trage jeder das
Seinige! Vor allen Dingen die Sache mit dem kleinen Buckel*
nur recht fest gemacht, damit die mir nicht entgeht, wenn das -30-
Gewitter ausbricht! Dann hab ich den Bürgermeister auf meiner
Seite und brauche vor nichts bange zu sein!

ZWEITE SZENE

KLARA (tritt ein). Guten Abend, Leonhard!

LEONHARD. Klara (Für sich) Das hätt ich nun nicht mehr erwartet! -35-

-----
1: =Atem; sc. das. 7: of that man, i.e., Leonhard. 11: (ad-
monishing herself not to kill herself yet [by drowning herself in
a well]). 17: after dinner. 20: exclude. 22: I'm sorry for her.
26: submitted to it. 29: i.e., the humpbacked girl.

(**Laut**) Hast du meinen Brief nicht erhalten? Doch – du kommst vielleicht für deinen Vater und willst die Steuer bezahlen! Wieviel ist es nur (**In einem Journal* blätternd**) Ich sollte es eigentlich aus dem Kopf wissen!

KLARA. Ich komme, um dir deinen Brief zurückzugeben! Hier ist -5- er! Lies ihn noch einmal!

LEONHARD (**liest mit großem Ernst**). Es ist ein ganz vernünftiger Brief! Wie kann ein Mann, dem die öffentlichen Gelder an- vertraut sind, in eine Familie heiraten, zu der (**er ver- schluckt ein Wort**), zu der dein Bruder gehört? -10-

KLARA. Leonhard!

LEONHARD! Aber vielleicht hat die ganze Stadt unrecht! Dein Bruder sitzt nicht im Gefängnis? Er hat nie im Gefängnis ge- sessen? Du bist nicht die Schwester eines - deines Bruders?

KLARA. Leonhard, ich bin die Tochter meines Vaters, und nicht -15- als Schwester eines unschuldig Verklagten, der schon wieder freigesprochen ist, denn das ist mein Bruder, nicht als Mäd- chen, das vor unverdienter Schande zittert, denn (**halblaut**) ich zittere noch mehr vor dir, nur als Tochter des alten Mannes, der mir das Leben gegeben hat, stehe ich hier! -20-

LEONHARD. Und du willst?

KLARA. Du kannst fragen? Oh, daß ich wieder gehen dürfte! Mein Vater schneidet sich die Kehle ab, wenn ich - heirate mich!

LEONHARD. Dein Vater...

KLARA. Er hats geschworen! Heirate mich! -25-

LEONHARD. Hand und Hals sind nahe Vettern. Sie tun einander nichts zuleide! Mach dir keine Gedanken!

KLARA. Er hats geschworen - heirate mich, nachher bring mich um, ich will dir für das eine noch dankbarer sein wie für das andere! -30-

LEONHARD. Liebst su mich? Kommst du, weil dich dein Herz treibt? Bin ich der Mensch, ohne den du nicht leben und sterben kannst?

KLARA. Antworte dir selbst!

3: daybook, accounts book.

LEONHARD. Kannst du schwören, daß du mich liebst? Daß du mich so
liebst, wie ein Mädchen den Mann lieben muß, der sich auf ewig
mit ihr verbinden soll?

KLARA. Nein, das kann ich nicht schwören! Aber dies kann ich
schwören: Ob ich dich liebe, ob ich dich nicht liebe, nie   -5-
sollst dus erfahren! Ich will dir dienen, ich will für dich
arbeiten, und zu essen sollst du mir nichts geben, ich will
mich selbst ernähren, ich will bei Nachtzeit nähen und spinnen
für andere Leute, ich will hungern, wenn ich nichts zu tun
habe, ich will lieber in meinen eignen Arm hineinbeißen als zu   -10-
meinem Vater gehen, damit er nichts merkt. Wenn du mich
schlägst, weil dein Hund nicht bei der Hand ist oder weil du
ihn abgeschafft hast*, so will ich eher meine Zunge ver-
schlucken als ein Geschrei ausstoßen, das den Nachbarn verraten könnte, was vorfällt. Ich kann nicht versprechen, daß   -15-
meine Haut die Striemen deiner Geißel nicht zeigen soll, denn
das hängt nicht von mir ab, aber ich will lügen, ich will
sagen, daß ich mit dem Kopf gegen den Schrank gefahren oder
daß ich auf dem Estrich*, weil er zu glatt war, ausgeglitten
bin, ich wills tun, bevor noch einer fragen kann, woher die   -20-
blauen Flecken rühren*. Heirate mich – ich lebe nicht lange.
Und wenns dir doch zu lange dauert und du die Kosten der
Scheidung nicht aufwenden* magst, um von mir loszukommen, so
kauf Gift aus der Apotheke und stells hin, als obs für Ratten
wäre, ich wills, ohne daß du auch nur zu winken brauchst,   -25-
nehmen und im Sterben zu den Nachbarn sagen, ich hätts für
zerstoßenen* Zucker gehalten!

LEONHARD. Ein Mensch, von dem du dies alles erwartest, überrascht dich doch nicht, wenn er nein sagt?

KLARA. So schaue Gott mich nicht zu schrecklich an, wenn ich   -30-
komme, ehe er mich gerufen hat! Wärs um mich allein* – ich
wollts ja tragen, ich wollts geduldig hinnehmen, als verdiente
Strafe für, ich weiß nicht was, wenn die Welt mich in meinem
Elend mit Füßen träte, statt mir beizustehen, ich wollte mein
Kind, und wenns auch die Züge dieses Menschen trüge, lieben,   -35-
ach, und ich wollte vor der armen Unschuld* so viel weinen,
daß es, wenns älter und klüger würde, seine Mutter gewiß nicht
verachten noch ihr fluchen sollte. Aber ich bins nicht allein,
und leichter find ich am Jüngsten Tag* noch eine Antwort auf
des Richters Frage: Warum hast du dich selbst umgebracht? als   -40-
auf die: Warum hast du deinen Vater soweit getrieben?

LEONHARD. Du sprichst, als ob du die erste und letzte wärst!

13: got rid of. 19: stone floor. 21: come from. 23: come up
with. 27: powdered. 31: If it concerned me alone. 36: innocence,
i.e., the innocent child. 39: Judgment Day.

Tausende haben das   vor dir durchgemacht, und sie ergaben sich
darein, Tausende werden nach dir in den Fall kommen und sich
in ihr Schicksal finden*: sind die alle Nickel*, daß du dich
für dich allein in die Ecke stellen willst? Die hatten auch
Väter, die ein Schock* neue Flüche erfanden, als sies zuerst   -5-
hörten, und von Mord und Totschlag sprachen; nachher schämten
sie   sich   und taten Buße für ihre Schwüre und Gottes-
lästerungen, sie setzten sich hin und wiegten das Kind oder
wedelten ihm die Fliegen ab!

KLARA. Oh, ich glaubs gern, daß du nicht begreifst, wie irgend-   -10-
einer in der Welt seinen Schwur halten sollte!

                        DRITTE SZENE

EIN KNABE   (tritt ein). Da sind Blumen! Ich soll nicht sagen,
wovon.

LEONHARD.   Ei, die lieben Blumen! (**Schlägt sich vor die Stirn**)   -15-
Teufel! Teufel! Das ist dumm! Ich hätte welche schicken sollen! Wie hilft man sich heraus? Auf solche Dinge versteh ich
mich schlecht, und die Kleine nimmts genau, sie hat an nichts
anderes zu denken! (**Er nimmt die Blumen**) Alle behalt ich sie
aber nicht! (**Zu Klara**) Nicht wahr, die da bedeuten Reue und   -20-
Scham? Hast du mir das nicht einmal gesagt? (**Klara nickt**)
LEONHARD (**zum Knaben**). Merk dirs, Junge, die sind für mich, ich
stecke sie an, siehst du, hier, wo das Herz ist! Diese, die
dunkelroten, die wie ein düsteres Feuer brennen, trägst du
zurück.   Verstehst du? Wenn meine Äpfel reif sind, kannst du   -25-
dich melden*!

KNABE. Das ist noch lange hin! (**Ab**)

                        VIERTE SZENE

LEONHARD. Ja, siehst du, Klara, du sprachst von Worthalten. Eben
weil ich ein Mann von Wort bin, muß ich dir antworten, wie ich   -30-
dir geantwortet habe. Dir schrieb ich vor acht Tagen ab*, du
kannst es nicht leugnen, der Brief liegt da. (**Er reicht ihr
den Brief, sie nimmt ihn mechanisch.**) Ich hatte Grund, dein
Bruder - du sagst, er ist freigesprochen, es freut mich! In
diesen acht Tagen knüpfte ich ein neues Verhältnis an; ich   -35-
hatte das Recht dazu, denn du hast nicht zur rechten Zeit
gegen meinen Brief protestiert, ich war frei in meinem Gefühl
wie vor dem Gesetz. Jetzt kommst du, aber ich habe schon ein

3: adapt to their fate; scamps.   5: heap. 26: report for duty.
31: rejected.

Wort gegeben und eins empfangen, ja - (**für sich**) ich wollt, es
wär so - die andere ist schon mit dir in gleichem Fall*, du
dauerst mich (**er streicht ihr die Locken zurück, sie läßt es
geschehen, als ob sie es gar nicht bemerkte**), aber du wirst
einsehen - mit dem Bürgermeister ist nicht zu spaßen!   -5-

KLARA (**wie geistesabwesend**)*. Nicht zu spaßen!

LEONHARD. Siehst du, du wirst vernünftig! Und was deinen Vater
betrifft, so kannst du ihm keck ins Gesicht sagen, daß er
allein schuld ist! Starre mich nicht so an, schüttle nicht den
Kopf, es ist so, Mädchen, es ist so! Sags ihm nur, er wirds   -10-
schon verstehen und in sich gehen*, ich bürge dir dafür*! (**Für
sich**) Wer die Aussteuer seiner Tochter wegschenkt, der muß
sich nicht wundern, daß sie sitzenbleibt. Wenn ich daran
denke, so steift sich mir ordentlich der Rücken, und ich
könnte wünschen, der alte Kerl wäre hier, um eine Lektion in   -15-
Empfang zu nehmen. Warum muß ich grausam sein? Nur weil er ein
Tor war! Was auch daraus entsteht, er hats zu verantworten,
das ist klar! (**Zu Klara**) Oder willst du, daß ich selbst mit
ihm rede? Dir zuliebe will ich ein blaues Auge* wagen und zu
ihm gehen! Er kann grob gegen mich werden, er kann mir den   -20-
Stiefelknecht* an den Kopf werfen, aber er wird die Wahrheit,
trotz des Bauchgrimmens*, das sie ihm verursacht, hinunter-
knirschen* und dich in Ruhe lassen müssen. Verlaß dich darauf!
Ist er zu Hause?

KLARA (**richtet sich hoch auf**). Ich danke dir! (**Will gehen**)   -25-

LEONHARD. Soll ich dich hinüberbegleiten? Ich habe den Mut!

KLARA. Ich danke dir, wie ich einer Schlange danken würde, die
mich umknotet hätte und mich von selbst wieder ließe und fort-
spränge, weil eine andere Beute sie lockte. Ich weiß, daß ich
gebissen bin, ich weiß, daß sie mich nur läßt, weil es ihr   -30-
nicht der Mühe wert scheint, mir das bißchen Mark aus den Ge-
beinen zu saugen, aber ich danke dir doch, denn nun hab ich
einen ruhigen Tod. Ja, Mensch, es ist kein Hohn, ich danke
dir, mir ist, als hätt ich durch deine Brust in den Abgrund
der Hölle hinuntergesehen, und, was auch* in der furchtbaren   -35-
Ewigkeit mein Los sei, mit dir hab ich nichts mehr zu schaffen*, und das ist ein Trost! Und wie der Unglückliche, den ein
Wurm* gestochen hat, nicht gescholten* wird, wenn er sich in
Schauder und Ekel die Adern öffnet, damit das vergiftete Leben
schnell ausströmen kann, so wird die ewige Gnade sich viel-   -40-

-----

2: i.e., also pregnant. 6: absent-mindedly. 11: repent; I'll
vouch for that. 19: black eye. 21: bootjack. 22: bellyache. 23:
knirschen crunch, grind. 35: whatever. 37: =tun. 38: =Schlange;
reprimanded.

leicht auch mein* erbarmen, wenn sie dich ansieht und mich,
was du aus mir gemacht hast, denn warum könnt ichs tun, wenn
ichs nimmer, nimmer tun **dürfte**? Nur eins noch: Mein Vater weiß
von nichts, er ahnt nichts, und damit er nie etwas erfährt,
geh ich noch heute aus der Welt! Könnt ich denken, daß du...   -5-
(**Sie tut wild einen Schritt auf ihn zu.**) Doch das ist Torheit,
dir kanns ja nur willkommen sein, wenn sie alle stehen und die
Köpfe schütteln und sich umsonst fragen, warum das geschehen
ist!

LEONHARD. Es kommen Fälle vor! Was soll man tun? Klara!   -10-

KLARA. Fort von hier! Der Mensch* kann sprechen! (**Sie will
gehen.**)

LEONHARD. Meinst du, daß ichs dir glaube?

KLARA. Nein!

LEONHARD. Du kannst gottlob nicht Selbstmörderin werden, ohne   -15-
zugleich Kindesmörderin zu werden!

KLARA. Beides lieber, als Vatermörderin! Oh, ich weiß, daß man
Sünde mit Sünde nicht büßt! Aber was ich jetzt tu, das kommt
über mich **allein**! Geb ich meinem Vater das Messer in die Hand,
so trifffts ihn wie mich! Mich trifffts immer*! Dies gibt mir   -20-
Mut und Kraft in meiner Angst! Dir wirds wohl gehen auf Erden!
(**Ab**)

FÜNFTE SZENE

LEONHARD (**allein**). Ich muß! Ich muß sie heiraten! Und warum muß
ich? Sie will einen verrückten Streich begehen, um ihren Vater   -25-
von einem verrückten Streich abzuhalten; wo liegt die Not-
wendigkeit, daß ich den ihrigen durch einen noch verrückteren
verhindern muß? Ich kann sie nicht zugeben*, wenigstens nicht
eher, als bis ich denjenigen vor mir sehe, der mir wieder
durch den allerverrücktesten zuvorkommen* will, und wenn der   -30-
ebenso denkt wie ich, so gibts kein Ende. Das klingt ganz gescheit, und doch... Ich muß ihr nach! Da kommt jemand! Gott
sei Dank, nichts ist schmählicher, als sich mit seinen eigenen
Gedanken abzanken* zu müssen! Eine Rebellion im Kopf, wo man
Wurm nach Wurm gebiert* und einer den andern frißt oder in den   -35-
Schwanz beißt, ist die schlimmste von allen!

1: genitive: (have mercy on) me. 11: i.e., **du**. 20: In either
case it affects me. 28: allow it, i.e., the necessity. 30: fore-
stall. 34: quarrel. 35: gives birth to.

SECHSTE SZENE

SEKRETÄR (tritt ein). Guten Abend!

LEONHARD. Herr Sekretär? Was verschafft mir die Ehre...

SEKRETÄR. Du wirst es gleich sehen!

LEONHARD. Du? Wir sind freilich Schulkameraden gewesen!   -5-

SEKRETÄR. Und werden vielleicht auch Todeskameraden sein! (Zieht
Pistolen hervor) Verstehst du damit umzugehen*?

LEONHARD. Ich begreife Sie nicht!

SEKRETÄR (spannt* eine Pistole).   Siehst du? So wirds gemacht.
Dann zielst du auf mich, wie ich jetzt auf dich, und drückst   -10-
ab! So!

LEONHARD. Was reden Sie?

SEKRETÄR.   Einer von uns beiden muß sterben! Sterben! Und das
sogleich!

LEONHARD. Sterben?   -15-

SEKRETÄR. Du weißt warum!

LEONHARD. Bei Gott nicht!

SEKRETÄR. Tut nichts, es wird dir in der Todesstunde schon einfallen!

LEONHARD. Auch keine Ahnung...   -20-

SEKRETÄR. Besinne dich! Ich könnte dich sonst für einen tollen
Hund halten, der mein Liebstes gebissen hat, ohne selbst etwas
davon zu wissen, und dich niederschießen wie einen solchen, da
ich dich doch noch eine halbe Stunde lang für meinesgleichen
gelten lassen muß!   -25-

LEONHARD.   Sprechen Sie doch nicht so laut! Wenn Sie einer
hörte...

SEKRETÄR.   Könnte mich einer hören, du hättest ihn längst gerufen! Nun?

LEONHARD. Wenns des Mädchens wegen ist, ich kann sie ja   -30-

-----
7: to use. 9: cocks.

heiraten! Dazu war ich schon halb und halb entschlossen, als
sie selbst hier war!

SEKRETÄR. Sie war hier, und sie ist wieder gegangen, ohne dich
   in Reue und Zerknirschung* zu ihren Füß gesehen zu haben?
   Komm! Komm!   -5-

LEONHARD. Ich bitte Sie... Sie sehen einen Menschen vor sich,
   der zu allem bereit ist, was Sie vorschreiben! Noch heut Abend
   verlobe ich mich mit ihr!

SEKRETÄR. Das tu ich oder keiner. Und wenn die Welt daran hinge,
   nicht den Saum ihres Kleides sollst du wieder berühren! Komm   -10-
   in den Wald mit mir! Aber wohlgemerkt*, ich faß dich unter den
   Arm, und wenn du unterwegs nur einen Laut von dir gibst, so -
   (**Er erhebt die Pistole.**) Du wirst mirs glauben! Ohnehin nehmen
   wir, damit du nicht in Versuchung kommst, den Weg hinten zum
   Hause hinaus durch die Gärten!   -15-

LEONHARD. Eine* ist für mich - geben Sie mir die!

SEKRETÄR. Damit du sie wegwerfen und mich zwingen kannst, dich
   zu morden oder dich laufen zu lassen, nicht wahr? Geduld, bis
   wir am Platz sind, dann teil ich ehrlich mit dir!

LEONHARD (**geht und stößt aus Versehen sein Trinkglas vom Tisch**).   -20-
   Soll ich nicht wieder trinken?

SEKRETÄR. Courage, mein Junge, vielleicht gehts gut, Gott und
   Teufel scheinen sich ja beständig um die Welt zu schlagen, wer
   weiß denn, wer gerade Herr* ist! (**Faßt ihn unter den Arm,
   beide ab**)   -25-

SIEBENTE SZENE

Zimmer im Hause des Tischlers. Abend.

KARL (**tritt ein**). Kein Mensch daheim! Wüßt ich das Rattenloch
   unter der Türschwelle nicht, wo sie den Schlüssel zu verbergen
   pflegen, wenn sie alle davongehen*, ich hätte nicht hinein-   -30-
   können. Nun, das hätte nichts gemacht! Ich könnte jetzt zwanzigmal um die Stadt laufen und mir einbilden, es gäbe kein
   größeres Vergnügen auf der Welt, als die Beine zu brauchen.
   Wir wollen Licht anzünden! (**Er tuts.**) Das Feuerzeug ist noch
   auf dem alten Platz, ich wette, denn wir haben hier im Hause   -35-
   zweimal zehn Gebote. Der Hut gehört auf den dritten Nagel,

-----
4: regret, contrition. 11: take notice. 16: sc. **Pistole.** 24:
master, lord. 30: =**weggehen.**

nicht auf den vierten! Um halb zehn Uhr muß man müde sein! Vor
Martini* darf man nicht frieren, nach Martini nicht schwitzen!
Das steht in einer Reihe mit: Du sollst Gott fürchten und
lieben! Ich bin durstig! (Ruft) Mutter! Pfui! Als ob ichs vergessen hätte, daß sie da liegt, wo auch des Bierwirts Knecht   -5-
sein Nußknackermaul* nicht mehr mit einem "Ja, Herr!" auf-
zureißen braucht, wenn er gerufen wird! Ich habe nicht geweint, als ich die Totenglocke in meinem finstern Turmloch
hörte, aber... Rotrock*, du hast mich auf der Kegelbahn nicht
den letzten Wurf tun lassen, obgleich ich die Bossel* schon in -10-
der Hand hielt, ich lasse dir nicht zum letzten Atemzug Zeit,
wenn ich dich allein treffe, und das kann heut abend noch geschehen, ich weiß, wo du um zehn Uhr zu finden bist. Nachher
zu Schiff! Wo die Klara bleibt! Ich bin ebenso hungrig als
durstig! Heut ist Donnerstag, sie haben Kalbfleischsuppe ge-   -15-
gessen. Wärs Winter, so hätts Kohl gegeben, vor Fastnacht*
weißen, nach Fastnacht grünen! Das steht so fest, als daß der
Donnerstag wiederkehren muß, wenn der Mittwoch dagewesen ist,
daß er nicht zum Freitag sagen kann: Geh du für mich, ich habe
wunde Füße!   -20-

                    ACHTE SZENE

                  Klara tritt ein.

KARL.   Endlich! Du solltest auch nur nicht so viel küssen! Wo
   sich vier rote Lippen zusammenbacken, da ist dem Teufel eine
   Brücke gebaut! Was hast du da!   -25-

KLARA.   Wo? Was?

KARL.   Wo? Was? In der Hand!

KLARA.   Nichts!

KARL.   Nichts? Sind das Geheimnisse? (**Er entreißt ihr Leonhards
   Brief.**) Her damit! Wenn der Vater nicht da ist, so ist der   -30-
   Bruder Vormund*!

KLARA. Den Fetzen hab ich festgehalten, und doch geht der Abendwind so stark, daß er die Ziegel von den Dächern wirft! Als
   ich an der Kirche vorbeiging, fiel einer dicht vor mir nieder,
   so daß ich mir den Fuß zerstieß. O Gott, dacht ich, noch   -35-
   einen*! und stand still! Das wäre so schön gewesen, man hätte
   mich begraben und gesagt: Sie hat ein Unglück gehabt! Ich

2: Martinmas: November 11. 6: nutcracker-mouth or an old fogey's
mouth. 9: i.e., Adam. 10: bowling ball. 16: Shrove-Tuesday (before Ash Wednesday). 31: guardian. 36: sc. **Ziegel.**

hoffte umsonst auf den zweiten!

KARL (**der den Brief gelesen hat**). Donner und... Kerl, den Arm,
der das schrieb, schlag ich dir lahm! Hol mir eine Flasche
Wein! Oder ist die Sparbüchse leer?

KLARA. Es ist noch eine im Hause. Ich hatte sie heimlich für den   -5-
Geburtstag der Mutter gekauft und beiseite gestellt. Morgen
wäre der Tag... (**Sie wendet sich.**)

KARL. Gib sie her! (**Klara bringt den Wein**)

KARL (**trinkt hastig**). Nun könnten wir denn wieder anfangen.
Hobeln, Sägen, Hämmern, dazwischen Essen, Trinken und Schla-   -10-
fen, damit wir immerfort hobeln, sägen und hämmern können.
Sonntags ein Kniefall* obendrein: Ich danke dir, Herr, daß ich
hobeln, sägen und hämmern darf! (**Trinkt**) Es lebe jeder brave
Hund, der an der Kette nicht um sich beißt! (**Er trinkt wie-**
der.) Und noch einmal: Er lebe!   -15-

KLARA. Karl, trink nicht so viel! Der Vater sagt, im Wein sitzt
der Teufel!

KARL. Und der Priester sagt, im Wein sitzt der liebe Gott. (**Er**
trinkt) Wir wollen sehen, wer recht hat! Der Gerichtsdiener
ist hier im Hause gewesen - wie betrug er sich?   -20-

KLARA. Wie in einer Diebsherberge*. Die Mutter fiel um und war
tot, sobald er nur den Mund aufgetan hate!

KARL. Gut! Wenn du morgen früh hörst, daß der Kerl erschlagen
gefunden worden ist, so fluche nicht auf den Mörder!

KLARA. Karl, du wirst doch nicht...   -25-

KARL. Bin ich sein einziger Feind? Hat man ihn nicht schon oft
angefallen? Es dürfte schwerhalten*, aus so vielen, denen das
Stück zuzutrauen wäre, den rechten herauszufinden, wenn dieser
nur nicht Stock oder Hut auf dem Platz zurückläßt. (**Er**
trinkt.) Wer es auch sei: Auf gutes Gelingen!   -30-

KLARA. Bruder, du redest...

KARL. Gefällts dir nicht? Laß gut sein! Du wirst mich nicht
lange mehr sehen!

KLARA (**zusammenschaudernd**). Nein!

12: genuflexion. 21: den of thieves. 27: It would have to be
difficult.

KARL. Nein? Weißt dus schon, daß ich zur See will? Kriechen mir
die Gedanken auf der Stirn herum, daß du sie lesen kannst?
Oder hat der Alte nach seiner Art gewütet und gedroht, mir das
Haus zu verschließen? Pah! Das wär nicht viel anders, als wenn
der Gefängnisknecht* mir zugeschworen hätte: Du sollst nicht   -5-
länger im Gefängnis sitzen, ich stoße dich hinaus ins Freie!

KLARA. Du verstehst mich nicht.

KARL (singt).   Dort bläht ein Schiff die Segel,
                    Frisch saust hinein der Wind!
Ja, wahrhaftig, jetzt hält mich nichts mehr an der Hobelbank   -10-
fest! Die Mutter ist tot, es gibt keine mehr, die nach jedem
Sturm aufhören würde, Fische zu essen, und von Jugend auf wars
mein Wunsch. Hinaus! Hier gedeih ich nicht oder erst dann,
wenn ichs gewiß weiß, daß das Glück dem Mutigen*, der sein
Leben aufs Spiel setzt, der ihm* den Kupferdreier*, den er aus -15-
dem großen Schatz empfangen hat, wieder hinwirft, um zu sehen,
ob es* ihn* einsteckt* oder ihn vergoldet zurückgibt, nicht
mehr günstig ist.

KLARA. Und du willst den Vater allein lassen? Er ist sechzig
Jahr!   -20-

KARL. Allein? Bleibst du ihm nicht?

KLARA. Ich?

KARL. Du! Sein Schoßkind*! Was wächst dir für Unkraut im Kopf,
daß du fragst! Seine Freude laß ich ihm, und von seinem ewigen
Verdruß wird er befreit, wenn ich gehe, warum sollt ichs denn   -25-
nicht tun? Wir passen ein für allemal nicht zusammen, er kanns
nicht eng genug um sich haben, er möchte seine Faust zumachen
und hineinkriechen, ich möchte meine Haut abstreifen wie den
Kleinkinderrock*, wenns nur ginge! (Singt)
                    Der Anker wird gelichtet*,   -30-
                    Das Steuer flugs gerichtet,
                    Nun fliegts hinaus geschwind!
Sag selbst, hat er auch nur einen Augenblick an meiner Schuld
gezweifelt? Und hat er in seinem überklugen: Das hab ich erwartet! Das hab ich immer gedacht! Das konnte nicht anders   -35-
enden! Wärst du gewesen, er hätte sich umgebracht! Ich möcht
ihn sehen, wenn du ein Weiberschicksal* hättest! Es würde ihm
sein, als ob er selbst in die Wochen* kommen sollte! Und mit

5: prison guard. 14: depends on **günstig ist** (l. 18). 15: i.e.,
dem Glück; three-penny copper coin. 17: i.e., **das Glück**; i.e.,
den Kupferdreier; pockets. 23: favorite (child). 29: baby
clothing. 30: weighed, hoisted. 37: women's fate, i.e., preg-
nancy. 38: in labor, in childbirth.

dem Teufel dazu!

KLARA. Oh, wie das an mein Herz greift! Ja, ich muß fort, fort!

KARL. Was soll das heißen?

KLARA. Ich muß in die Küche - was wohl sonst? (**Faßt sich an die
Stirn**) Ja! Das noch! Darum allein ging ich ja noch wieder zu   -5-
Hause! (**Ab**)

KARL. Die kommt mir ganz sonderbar vor! (**Singt**)
        Ein kühner Wasservogel
        Kreist grüßend um den Mast!

KLARA (**tritt wieder ein**).   Das Letzte ist getan, des Vaters   -10-
Abendtrank steht am Feuer. Als ich die Küchentür hinter mir
anzog und ich dachte: Du trittst nun nie wieder hinein! ging
mir ein Schauder durch die Seele. So werd ich auch aus dieser
Stube gehen, so aus dem Hause, so aus der Welt!

KARL (**singt, er geht immer auf und ab, Klara hält sich im**   -15-
Hintergrund).
        Die Sonne brennt herunter,
        Manch Fischlein, blank und munter,
        Umgaukelt* keck den Gast!

KLARA. Warum tu ichs denn nicht? Werd ichs nimmer tun? Werd ichs   -20-
von Tag zu Tag aufschieben wie jetzt von Minute zu Minute,
bis... Gewiß! Darum fort! - Fort! Und doch blieb ich stehen!
Ists mir nicht, als obs in meinem Schoß bittend Hände aufhöbe,
als ob Augen... (**Sie setzt sich auf einen Stuhl.**) Was soll
das? Bist du zu schwach dazu? So frag dich, ob du stark genug   -25-
bist, deinen Vater mit abgeschnittener Kehle... (**Sie steht
auf.**) Nein! Nein! - Vater unser, der du bist im Himmel - Ge-
heiliget werde dein Reich - Gott, Gott, mein armer Kopf - ich
kann nicht einmal beten... Bruder! Bruder... Hilf mir...

KARL. Was hast du?   -30-

KLARA.   Das Vaterunser! (**Sie besinnt sich.**) Mir war, als ob ich
schon im Wasser läge und untersänke und hätte noch nicht gebetet! Ich... (**Plötzlich**) Vergib uns unsere Schuld, wie wir
vergeben unsern Schuldigern! Da ists! Ja! Ja! Ich vergeb ihm
gewiß, ich denke ja nicht mehr an ihn! Gute Nacht, Karl!   -35-

KARL. Willst du schon so früh schlafen gehen? Gute Nacht!

KLARA (**wie ein Kind, das sich das Vaterunser überhört**).

19: dances about.

Vergib uns...

KARL. Ein Glas Wasser könntest du mir noch bringen, aber es muß
frisch sein!

KLARA (schnell). Ich will es dir vom Brunnen holen.

KARL. Nun, wenn du willst, es ist ja nicht weit!   -5-

KLARA. Dank! Dank! Das war das letzte, was mich noch drückte!
Die Tat selbst mußte mich verraten! Nun werden sie doch sagen:
Sie hat ein Unglück gehabt! Sie ist hineingestürzt!

KARL. Nimm dich aber in acht, das Brett ist wohl noch immer
nicht angenagelt!   -10-

KLARA. Es ist ja Mondschein! - O Gott, ich komme nur, weil sonst
mein Vater käme! Vergib mir, wie ich... Sei mir gnädig -
gnädig... (Ab)

                          NEUNTER AUFTRITT

KARL (singt). Wär gern hineingesprungen,   -15-
              Da draußen ist mein Reich!
      Ja! aber vorher... (Er sieht nach der Uhr) Wieviel ists? Neun!
              Ich bin ja jung von Jahren,
              Da ists mir nur ums Fahren*,
              Wohin? Das gilt* mir gleich!   -20-

                          ZEHNTER AUFTRITT

MEISTER ANTON (tritt ein). Dir hätt ich etwas abzubitten, aber
wenn ichs dir verzeihe, daß du heimlich Schulden gemacht hast,
und sie noch obendrein für dich bezahle, so werd ichs mir er-
sparen dürfen!   -25-

KARL. Das eine ist gut, das andere ist nicht nötig, wenn ich
meine Sonntagskleider verkaufe, kann ich die Leute, die ein
paar Taler von mir zu fordern haben, selbst befriedigen, und
das werd ich gleich morgen tun, als Matrose, (für sich) da
ists heraus! (laut) brauch ich sie nicht mehr!   -30-

MEISTER ANTON. Was sind das wieder für Reden?

KARL. Er hört sie nicht zum erstenmal, aber Er mag mir heute
darauf antworten, was Er will, mein Entschluß steht fest!

19: All I want to do is travel. 20: =ist.

MEISTER ANTON. Mündig* bist du, es ist wahr!

KARL. Eben weil ichs bin, trotz* ich nicht darauf. Aber ich
    denke, Fisch und Vogel sollten nicht darüber streiten, obs in
    der Luft oder im Wasser am besten ist. Nur eins. Er sieht mich
    entweder nie wieder, oder Er wird mich auf die Schulter klop-   -5-
    fen und sagen: Du hast recht getan!

MEISTER ANTON. Wir wollens abwarten. Ich brauche den Gesellen,
    den ich für dich eingestellt habe, nicht wieder abzulohnen,
    was ists denn weiter?

KARL. Ich dank Ihm!   -10-

MEISTER ANTON. Sag mir, hat der Gerichtsdiener, statt dich auf
    dem kürzesten Weg zum Bürgermeister zu führen, dich wirklich
    durch die ganze Stadt...

KARL. Straßauf, straßab, über den Markt, wie den Fastnachts-
    ochsen, aber zweifle Er nicht, auch den werde ich bezahlen, eh   -15-
    ich gehe.

MEISTER ANTON. Das tadle ich nicht, aber ich verbiet es dir!

KARL. Ho!

MEISTER ANTON. Ich werde dich nicht aus den Augen lassen, und
    ich selbst, ich würde dem Kerl beispringen, wenn du dich an   -20-
    ihm vergreifen* wolltest!

KARL. Ich meinte, Er hätte die Mutter auch liebgehabt!

MEISTER ANTON. Ich werds beweisen.

                    ELFTER AUFTRITT

DER SEKRETÄR (tritt bleich und wankend herein, er drückt ein   -25-
    Tuch gegen die Brust). Wo ist Klara? (Er fällt auf einen Stuhl
    zurück.) Jesus! Guten Abend! Gott sei Dank, daß ich noch her-
    kam! Wo ist sie?

KARL. Sie ging zum... Wo bleibt sie? Ihre Reden... mir wird
    angst*! (Ab)   -30-

SEKRETÄR. Sie ist gerächt - Der Bube* liegt* - Aber auch ich bin
    - Warum das, Gott? - Nun kann ich sie ja nicht...

1: of age. 2: boast. 21: abuse, attack. 30. =Ich habe Angst. 31:
scoundrel; is dead.

MEISTER ANTON. Was hat Er? Was ist mit Ihm?

SEKRETÄR. Es ist gleich aus*! Geb Er mir die Hand darauf, daß Er
Seine Tochter nicht verstoßen will - Hört Er, nicht verstoßen,
wenn sie...

MEISTER ANTON. Das ist eine wunderliche Rede. Warum sollt ich   -5-
sie denn... Ha, mir gehen die Augen auf! Hätt ich ihr nicht
unrecht getan?

SEKRETÄR. Geb Er mir die Hand!

MEISTER ANTON. Nein! (Steckt beide Hände in die Tasche) Aber ich
werde ihr Platz machen, und sie weiß das, ich habs ihr gesagt!   -10-

SEKRETÄR (entsetzt). Er hat ihr - Unglückliche, jetzt erst versteh ich dich ganz!

KARL (stürzt hastig herein). Vater, Vater, es liegt jemand im
Brunnen! Wenns nur nicht...

MEISTER ANTON. Die große Leiter her! Haken! Stricke! Was*   -15-
säumst* du? Schnell! Und obs der Gerichtsdiener wäre!

KARL. Alles ist schon da. Die Nachbarn kamen vor mir. Wenns nur
nicht Klara ist!

MEISTER ANTON. Klara? (Er hält sich an einem Tisch.)

KARL. Sie ging, um Wasser zu schöpfen, und man fand ihr Tuch.   -20-

SEKRETÄR. Bube, nun weiß ich, warum deine Kugel traf*. Sie ists.

MEISTER ANTON. Sieh doch zu! (Setzt sich nieder) Ich kann nicht.
(Karl ab) Und doch! (Steht wieder auf) Wenn ich Ihn recht verstanden habe, so ist alles gut.

KARL (kommt zurück). Klara! Tot! Der Kopf gräßlich am Brunnen-   -25-
rand zerschmettert, als sie... Vater, sie ist nicht hineingestürzt, sie ist hineingesprungen, eine Magd hats gesehen!

MEISTER ANTON. Die soll sichs überlegen, eh sie spricht! Es ist
nicht hell genug, daß sie das mit Bestimmtheit hat unterscheiden können!   -30-

SEKRETÄR. Zweifelt Er? Er möchte wohl, aber Er kann nicht! Denk

-----
2: over. 15: =Warum. 16: delay, hesitate. 21: hit the mark.

Er nur an das, was Er ihr gesagt hat! Er hat sie auf den Weg
des Todes hinausgewiesen, ich, ich bin schuld, daß sie nicht
wieder umgekehrt ist. Er dachte, als Er ihren Jammer ahnte, an
die **Zungen**, die hinter Ihm herzischeln* würden, aber nicht an
die **Nichtswürdigkeit der Schlangen**, denen sie angehören, da   -5-
sprach Er ein Wort aus, das sie zur Verzweiflung trieb; ich,
statt sie, als ihr Herz in namenloser Angst vor mir aufsprang*, in meine Arme zu schließen, dachte an den Buben, der
dazu ein Gesicht ziehen* könnte, und - nun, ich bezahls mit
dem Leben, daß ich mich von einem, der **schlechter** war als ich,   -10-
so **abhängig** machte, und auch Er, so eisern Er dasteht, auch Er
wird noch einmal sprechen: Tochter, ich wollte doch, du
hättest mir das Kopfschütteln und Achselzucken der Pharisäer
um mich her nicht erspart, es beugt mich tiefer, daß du nicht
an meinem Sterbebett sitzen und mir den Angstschweiß ab-   -15-
trocknen kannst!

MEISTER ANTON. Sie hat mir nichts erspart - man hats gesehen!

SEKRETÄR. Sie hat getan, was sie konnte - **Er wars nicht wert,
daß ihre Tat gelang!**

MEISTER ANTON. Oder **sie** nicht!   -20-
                     (Tumult draußen)
KARL. Sie kommen mit ihr - **(Will ab)**

MEISTER ANTON **(fest wie bis zu Ende, ruft ihm nach).** In die
Hinterstube, wo die Mutter stand*!

SEKRETÄR. Ihr entgegen! **(Will aufstehen, fällt aber zurück)**   -25-
Oh, Karl!
(Karl hilft ihm auf und führt ihn ab.)
MEISTER ANTON. Ich verstehe die Welt nicht mehr!
(Er bleibt sinnend stehen.)

                            1844

4: hiss. 8: burst open. 9: make. 24: =war, or where her coffin
stood.

GOTTFRIED KELLER

ROMEO UND JULIA AUF DEM DORFE

Diese Geschichte zu erzählen würde eine müßige Nachahmung sein,
wenn sie nicht auf einem wirklichen Vorfall beruhte, zum Beweise,
wie tief im Menschenleben jede jener Fabeln wurzelt, auf welche
die großen alten Werke gebaut sind. Die Zahl solcher Fabeln ist
mäßig; aber stets treten sie in neuem Gewande wieder in die Er- -5-
scheinung und zwingen alsdann* die Hand, sie festzuhalten.
An dem schönen Flusse, der eine halbe Stunde entfernt an
Seldwyl* vorüberzieht, erhebt sich eine weitgedehnte Erdwelle*
und verliert sich, selber wohlbebaut*, in der fruchtbaren Ebene.
Fern an ihrem Fuße liegt ein Dorf, welches manche große Bauern- -10-
höfe enthält, und über die sanfte Anhöhe lagen vor Jahren drei
prächtige lange Äcker weithingestreckt gleich drei riesigen
Bändern nebeneinander. An einem sonnigen Septembermorgen pflügten
zwei Bauern auf zweien* dieser Äcker, und zwar auf jedem der
beiden äußersten; der mittlere schien seit langen Jahren brach* -15-
und wüst zu liegen, denn er war mit Steinen und hohem Unkraut
bedeckt und eine Welt von geflügelten Tierchen summte ungestört
über ihm. Die Bauern aber, welche zu beiden Seiten hinter ihrem
Pfluge gingen, waren lange knochige Männer von ungefähr vierzig
Jahren und verkündeten auf den ersten Blick den sichern, gut- -20-
besorgten Bauersmann. Sie trugen kurze Kniehosen von starkem
Zwillich*, an dem jede Falte ihre unveränderliche Lage hatte und
wie in Stein gemeißelt aussah. Wenn sie, auf ein Hindernis
stoßend, den Pflug fester faßten, so zitterten die groben Hemdärmel von der leichten Erschütterung, indessen die wohlrasierten -25-
Gesichter ruhig und aufmerksam, aber ein wenig blinzelnd in den
Sonnenschein vor sich hinschauten, die Furche bemaßen oder auch
wohl zuweilen sich umsahen, wenn ein fernes Geräusch die Stille
des Landes unterbrach. Langsam und mit einer gewissen natürlichen
Zierlichkeit setzten sie einen Fuß um den andern vorwärts und -30-
keiner sprach ein Wort, außer wenn er etwa dem Knechte, der die
stattlichen Pferde antrieb, eine Anweisung gab. So glichen sie
einander vollkommen in einiger Entfernung; denn sie stellten die
ursprüngliche Art dieser Gegend dar, und man hätte sie auf den
ersten Blick nur daran unterscheiden können, daß der eine den -35-
Zipfel seiner weißen Kappe nach vorn trug, der andere aber hinten
im Nacken hängen hatte. Aber das wechselte zwischen ihnen ab,
indem sie in der entgegengesetzten Richtung pflügten; denn wenn
sie oben auf der Höhe zusammentrafen und aneinander vorüberkamen,
so schlug dem, welcher gegen den frischen Ostwind ging, die -40-
Zipfelkappe nach hinten über, während sie bei dem andern, der den

-----
6: =dann.   8: a fictional locale in Switzerland; ridge. 9:
well-cultivated. 14: =zwei, and passim. 15: fallow. 22: ticking:
a strong, heavy, cotton or linen, often striped.

Wind im Rücken hatte, sich nach vorne sträubte. Es gab auch
jedesmal einen mittlern Augenblick, wo die schimmernden Mützen
aufrecht in der Luft schwankten und wie zwei weiße Flammen gen*
Himmel züngelten. So pflügten beide ruhevoll und es war schön
anzusehen in der stillen goldenen Septembergegend, wenn sie so -5-
auf der Höhe aneinander vorbeizogen, still und langsam, und sich
mählig* voneinander entfernten, immer weiter auseinander, bis
beide wie zwei untergehende Gestirne hinter die Wölbung des
Hügels hinabgingen und verschwanden, um eine gute Weile darauf
wieder zu erscheinen. Wenn sie einen Stein in ihren Furchen -10-
fanden, so warfen sie denselben auf den wüsten Acker in der Mitte
mit lässig kräftigem Schwunge, was aber nur selten geschah, da
derselbe schon fast mit allen Steinen belastet war, welche überhaupt auf den Nachbaräckern zu finden gewesen*. So war der lange
Morgen zum Teil vergangen, als von dem Dorfe her ein kleines -15-
artiges Fuhrwerklein sich näherte, welches kaum zu sehen war, als
er begann die gelinde Höhe heranzukommen. Das war ein grün-
bemaltes Kinderwägelchen, in welchem die Kinder der beiden
Pflüger, ein Knabe und ein kleines Ding von Mädchen, gemeinschaftlich den Vormittagsimbiß heranfuhren. Für jeden Teil* lag -20-
ein schönes Brot, in eine Serviette gewickelt, eine Kanne Wein
mit Gläsern und noch irgend ein Zutätchen* in dem Wagen, welches
die zärtliche Bäuerin für den fleißigen Meister mitgesandt, und
außerdem waren da noch verpackt allerlei seltsam gestaltete an-
gebissene Äpfel und Birnen, welche die Kinder am Wege auf- -25-
gelesen*, und eine völlig nackte Puppe mit nur einem Bein und
einem verschmierten Gesicht, welche wie ein Fräulein zwischen den
Broten saß und sich behaglich fahren ließ. Dies Fuhrwerk hielt
nach manchem Anstoß und Aufenthalt endlich auf der Höhe im Schatten eines jungen Lindengebüsches, welches da am Rande des Feldes -30-
stand, und nun konnte man die beiden Fuhrleute näher betrachten.
Es war ein Junge von sieben Jahren und ein Dirnchen* von fünfen,
beide gesund und munter, und weiter war nichts Auffälliges an
ihnen als daß beide sehr hübsche Augen hatten und das Mädchen
dazu noch eine bräunliche Gesichtsfarbe und ganz krause dunkle -35-
Haare, welche ihm* ein feuriges und treuherziges Ansehen gaben.
Die Pflüger waren jetzt auch wieder oben angekommen, steckten den
Pferden etwas Klee vor und ließen die Pflüge in der halb-
vollendeten Furche stehen, während sie als gute Nachbaren sich zu
dem gemeinschaftlichen Imbiß begaben und sich da zuerst be- -40-
grüßten; denn bislang* hatten sie sich noch nicht gesprochen an
diesem Tage.
Wie nun die Männer mit Behagen ihr Frühstück einnahmen und mit
zufriedenem Wohlwollen den Kindern mitteilten, die nicht von der
Stelle wichen, solange gegessen und getrunken wurde, ließen sie -45-
ihre Blicke in der Nähe und Ferne herumschweifen und sahen das

-----

3: =gegen. 7: =allmählich. 14. sc. waren, and passim. 20: i.e.,
Mann. 22: additional delicacy. 26: (had) picked up. 32: =Mädchen.
36: =ihr, and passim. 41: =bis jetzt.

Städtchen räucherig glänzend in seinen Bergen liegen; denn das
reichliche Mittagsmahl, welches die Seldwyler alle Tage be-
reiteten, pflegte ein weithin scheinendes Silbergewölk über ihre
Dächer emporzutragen, welches lachend an ihren Bergen hin-
schwebte.   -5-
"Die Lumpenhunde* zu* Seldwyl kochen wieder gut!" sagte Manz,
der eine der Bauern, und Marti, der andere, erwiderte: "Gestern
war einer bei mir wegen des Ackers hier." "Aus dem Bezirksrat*?
bei mir ist er auch gewesen!" sagte Manz. "So? und meinte wahrscheinlich auch, du solltest das Land benutzen und den Herren*   -10-
die Pacht* zahlen?" "Ja, bis es sich entschieden habe, wem der
Acker gehöre und was mit ihm anzufangen* sei. Ich habe mich aber
bedankt*, das verwilderte Wesen für einen Andern herzustellen,
und sagte, sie sollten den Acker nur verkaufen und den Ertrag
aufheben, bis sich ein Eigentümer gefunden, was wohl nie ge-   -15-
schehen wird; denn was einmal auf der Kanzlei* zu Seldwyl liegt,
hat da gute Weile*, und überdem* ist die Sache schwer zu entscheiden. Die Lumpen möchten indessen gar zu gern etwas zu
naschen bekommen* durch den Pachtzins, was sie freilich mit der
Verkaufssumme auch tun könnten; allein wir würden uns hüten, die- -20-
selbe zu hoch hinaufzutreiben*, und wir wüßten dann doch, was wir
hätten und wem das Land gehört!" "Ganz so meine ich auch und habe
dem Steckleinspringer* eine ähnliche Antwort gegeben!" Sie schwie-
egen eine Weile, dann fing Manz wiederum an: "Schad ist es aber
doch, daß der gute Boden so daliegen muß, es ist nicht zum An-   -25-
sehen, das geht nun schon in die zwanzig Jahre so und keine Seele
fragt darnach; denn hier im Dorf ist niemand, der irgend einen
Anspruch auf den Acker hat, und niemand weiß auch, wo die Kinder
des verdorbenen Trompeters hingekommen sind."
"Hm!" sagte Marti, "das wäre eine Sache! Wenn ich den schwarzen -30-
Geiger ansehe, der sich bald bei den Heimatlosen aufhält, bald in
den Dörfern zum Tanz aufspielt*, so möchte ich darauf schwören,
daß er ein Enkel des Trompeters ist, der freilich nicht weiß, daß
er noch einen Acker hat. Was täte er aber damit? Einen Monat lang
sich besaufen und dann nach wie vor! Zudem*, wer dürfte da einen -35-
Wink geben*, da man es doch nicht sicher wissen kann!"
"Da könnte man eine schöne Geschichte anrichten*!" antwortete
Manz, "wir haben so genug zu tun, diesem Geiger das Heimatsrecht
in unserer Gemeinde abzustreiten, da man uns den Fetzel* fortwährend* aufhalsen will. Haben sich seine Eltern einmal unter die -40-
Heimatlosen begeben, so mag er auch dableiben und dem Kesselvolk*
das Geigelein streichen. Wie in aller Welt können wir wissen, daß
er des Trompeters Sohnessohn ist? Was mich betrifft, wenn ich den

-----
6: rascals; =in. 8: district council. 10: i.e., council members.
11: rent (from a lease). 12: =zu tun. 13: i.e., said thanks, but
no thanks. 16: court. 17: there's no hurry (concerning it);
=außerdem. 19: skim something off. 21: bid up. 23: pompous
official. 32: =Musik macht. 35: =Außerdem. 36: hint (at). 37:
start a nice mess. 39: tramp. 40: =dauernd. 41: vagrants.

Alten auch in dem dunklen Gesicht vollkommen zu erkennen glaube,
so sage ich: irren ist menschlich, und das geringste Fetzchen
Papier, ein Stücklein von einem Taufschein würde meinem Gewissen
besser tun als zehn sündhafte Menschengesichter!"
    "Eia*, sicherlich!" sagte Marti, "er sagt zwar, er sei nicht   -5-
schuld, daß man ihn nicht getauft habe! Aber sollen wir unsern
Taufstein tragbar machen und in den Wäldern herumtragen? Nein, er
steht fest in der Kirche, und dafür ist die Totenbahre tragbar,
die draußen an der Mauer hängt. Wir sind schon übervölkert im
Dorf und brauchen bald zwei Schulmeister!"   -10-
    Hiermit war die Mahlzeit und das Zwiegespräch der Bauern ge-
endet, und sie erhoben sich, den Rest ihrer heutigen Vormittags-
arbeit zu vollbringen. Die beiden Kinder hingegen, welche schon
den Plan entworfen hatten, mit den Vätern nach Hause zu ziehen,
zogen ihr Fuhrwerk unter den Schutz der jungen Linden und begaben -15-
sich dann auf einen Streifzug* in dem wilden Acker, da derselbe
mit seinen Unkräutern, Stauden und Steinhaufen eine ungewohnte
und merkwürdige Wildnis darstellte. Nachdem sie in der Mitte
dieser grünen Wildnis einige Zeit hingewandert, Hand in Hand, und
sich daran belustigt, die verschlungenen Hände über die hohen   -20-
Distelstauden zu schwingen, ließen sie sich endlich im Schatten
einer solchen nieder und das Mädchen begann seine Puppe mit den
langen Blättern des Wegekrautes* zu bekleiden, so daß sie einen
schönen grünen und ausgezackten* Rock bekam; eine einsame rote
Mohnblume, die da noch blühte, wurde ihr als Haube über den Kopf -25-
gezogen und mit einem Grase festgebunden, und nun sah die kleine
Person aus wie eine Zauberfrau, besonders nachdem sie noch ein
Halsband und einen Gürtel von kleinen roten Beerchen erhalten.
Dann wurde sie hoch in die Stengel der Distel gesetzt und eine
Weile mit vereinten Blicken angeschaut, bis der Knabe sie genug- -30-
sam* besehen und mit einem Steine herunterwarf. Dadurch geriet
aber ihr Putz* in Unordnung und das Mädchen entkleidete sie
schleunigst, um sie aufs neue zu schmücken; doch als die Puppe
eben wieder nackt und bloß war und nur noch der roten Haube sich
erfreuete*, entriß der wilde Junge seiner Gefährtin das Spielzeug -35-
und warf es hoch in die Luft. Das Mädchen sprang klagend darnach,
allein der Knabe fing die Puppe zuerst wieder auf, warf sie aufs
neue empor, und indem das Mädchen sie vergeblich zu haschen sich
bemühte, neckte er es* auf diese Weise eine gute Zeit. Unter   -40-
seinen Händen aber nahm die fliegende Puppe Schaden, und zwar am
Knie ihres einzigen Beines, allwo* ein kleines Loch einige Kleie-
körner* durchsickern ließ. Kaum bemerkte der Peiniger dies Loch,
so verhielt er sich mäuschenstill und war mit offenem Munde
eifrig beflissen, das Loch mit seinen Nägeln zu vergrößern und

-----
5: Why. 16: roving expedition. 23: plantain. 24: scalloped. 31:
=genügend. 32: attire. 35: =erfreute, and passim: only enjoyed
(having) the red bonnet (on). 39: =sie, and passim. 41: =wo. 42:
bran flakes.

dem Ursprung der Kleie nachzuspüren. Seine Stille erschien dem
armen Mädchen höchst verdächtig und es drängte sich herzu und
mußte mit Schrecken sein böses Beginnen* gewahren. "Sieh mal!"
rief er und schlenkerte ihr das Bein vor der Nase herum, daß ihr
die Kleie ins Gesicht flog, und wie sie darnach langen* wollte -5-
und schrie und flehte, sprang er wieder fort und ruhte nicht
eher, bis das ganze Bein dürr und leer herabhing als eine trauige
Hülse.   Dann warf er das mißhandelte Spielzeug hin und stellte
sich höchst frech und gleichgültig, als die Kleine sich weinend
auf die Puppe warf und dieselbe in ihre Schürze hüllte. Sie nahm -10-
sie aber wieder hervor und betrachtete wehselig* die Ärmste, und
als sie das Bein sah, fing sie abermals an laut zu weinen, denn
dasselbe hing an dem Rumpfe nicht anders denn* das Schwänzchen an
einem Molche. Als sie gar so unbändig weinte, ward* es dem Misse-
täter endlich etwas übel zu Mut und er stand in Angst und Reue -15-
vor der Klagenden, und als sie dies merkte, hörte sie plötzlich
auf und schlug ihn einigemal mit der Puppe, und er tat, als ob es
ihm weh täte, und schrie au! so natürlich, daß sie zufrieden war
und nun mit ihm gemeinschaftlich die Zerstörung und Zerlegung
fortsetzte.   Sie bohrten Loch auf Loch in den Marterleib* und -20-
ließen aller Enden* die Kleie entströmen, welche sie sorgfältig
auf einem flachen Steine zu einem Häufchen sammelten, umrührten
und aufmerksam betrachteten. Das einzige Feste, was noch an der
Puppe bestand, war der Kopf und mußt jetzt vorzüglich* die Aufmerksamkeit der Kinder erregen; sie trennten ihn sorgfältig los -25-
von dem ausgequetschten Leichnam und guckten erstaunt in sein
hohles Innere. Als sie die bedenkliche Höhlung sahen und auch die
Kleie sahen, war es der nächste und natürlichste Gedankensprung,
den Kopf mit der Kleie auszufüllen, und so waren die Fingerchen
der Kinder nun beschäftigt, um die Wette* Kleie in den Kopf zu -30-
tun*, so daß zum ersten Mal in seinem Leben etwas in ihm steckte.
Der Knabe mochte es aber immer noch für ein totes Wissen* halten,
weil er plötzlich eine große blaue Fliege fing und, die summende
zwischen beiden hohlen Händen haltend, dem Mädchen gebot*, den
Kopf von der Kleie zu entleeren.Hierauf wurde die Fliege hinein- -35-
gesperrt und das Loch mit Gras verstopft. Die Kinder hielten den
Kopf an die Ohren und setzten ihn dann feierlich auf einen Stein;
da er noch mit der roten Mohnblume bedeckt war, so glich der
Tönende jetzt einem weissagenden Haupte* und die Kinder lauschten
in tiefer Stille seinen Kunden und Märchen*, indessen sie sich -40-
umschlungen hielten. Aber jeder Prophet erweckt Schrecken und
Undank; das wenige Leben in dem dürftig geformten Bilde erregte
die menschliche Grausamkeit in den Kindern, und es wurde beschlossen, das Haupt zu begraben. So machten sie ein Grab und
legten den Kopf, ohne die gefangene Fliege um ihre Meinung zu -45-

-----
3: undertaking. 5: =greifen. 11: =wehmütig. 13: =als. 14: =wurde.
20: tormented body. 21: =überall. 24: =besonders. 30: vying with
each other. 31: =hineinzustecken. 32: =Wesen. 34: =befahl. 39:
=Kopf(e). 40: tidings and tales.

befragen, hinein und errichteten über dem Grabe ein ansehnliches
Denkmal von Feldsteinen. Dann empfanden sie einiges Grauen, da
sie etwas Geformtes und Belebtes begraben hatten, und entfernten
sich ein gutes Stück von der unheimlichen Stätte. Auf einem ganz
mit grünen Kräutern bedeckten Plätzchen legte sich das Dirnchen   -5-
auf den Rücken, da es müde war, und begann in eintöniger Weise
einige Worte zu singen, immer die nämlichen*, und der Junge
kauerte daneben und half*, indem er nicht wußte, ob er auch vollends* umfallen solle, so lässig und müßig war er.   Die Sonne
schien dem singenden Mädchen in den geöffneten Mund, beleuchtete   -10-
dessen blendendweiße Zähnchen und durchschimmerte die runden Pur-
purlippen. Der Knabe sah die Zähne, und dem Mädchen den Kopf
haltend und dessen Zähnchen neugierig untersuchend, rief er:
"Rate, wie viele Zähne hat man?" Das Mädchen besann sich einen
Augenblick, als ob es reiflich nachzählte, und sagte dann auf   -15-
Geratewohl*: Hundert! "Nein, zweiunddreißig!" rief er, "wart, ich
will einmal zählen!" Da zählte er die Zähne des Kindes, und weil
er nicht zweiunddreißig herausbrachte, so fing er immer wieder
von neuem an. Das Mädchen hielt lange still, als aber der eifrige
Zähler nicht zu Ende kam, raffte es sich auf und rief: "Nun will   -20-
ich deine zählen!" Nun legte sich der Bursche hin ins Kraut, das
Mädchen über ihn, umschlang seinen Kopf, er sperrte das Maul*
auf, und es zählte: Eins, zwei, sieben, fünf, zwei, eins; denn
die kleine Schöne konnte noch nicht zählen. Der Junge verbesserte
sie und gab ihr Anweisung, wie sie zählen solle, und so fing auch   -25-
sie unzähligemal* von neuem an und das Spiel schien ihnen am
besten zu gefallen von allem, was sie heut unternommen. Endlich
aber sank das Mädchen ganz auf den kleinen Rechenmeister* nieder
und die Kinder schliefen ein in der hellen Mittagssonne.
    Inzwischen hatten die Väter ihre Äcker fertig gepflügt und in   -30-
frischduftende braune Fläche umgewandelt. Als nun, mit der
letzten Furche zu Ende gekommen, der Knecht des Einen halten
wollte, rief sein Meister: "Was* hältst du? Kehr noch einmal um!"
"Wir sind ja fertig!" sagte der Knecht. "Halt's Maul und tu, wie
ich dir sage!" *der Meister. Und sie kehrten um und rissen eine   -35-
tüchtige Furche in den mittlern herrenlosen Acker hinein, daß
Kraut und Steine flogen. Der Bauer hielt sich aber nicht mit der
Beseitigung derselben auf, er mochte denken, hiezu* sei noch
Zeit genug vorhanden, und er begnügte sich, für heute die Sache
nur aus dem Gröbsten* zu tun. So ging es rasch die Höhe empor*   -40-
in sanftem Bogen, und als man oben angelangt* und das liebliche*
Windeswehen* eben wieder den Kappenzipfel des Mannes zurückwarf,
pflügte auf der anderen Seite der Nachbar vorüber, mit dem Zipfel
nach vorn, und schnitt ebenfalls eine ansehnliche Furche vom

7: =dieselben. 8: joined in. 9: =völlig. 16: haphazardly. 22:
=Mund.   26: innumerable times. 28: mathematician. 33: =Warum. 35:
sc. sagte.   38: =hierzu for this.   40: in a rough way; up the
slope. 41: =angekommen; pleasant. 42: breeze.

mittlern Acker, daß die Schollen nur so zur Seite flogen. Jeder
sah wohl, was der Andere tat, aber keiner schien es zu sehen und
sie entschwanden sich wieder, indem jedes Sternbild still am
andern vorüberging und hinter diese runde Welt hinabtauchte. So
gehen die Weberschiffchen* des Geschickes aneinander vorbei und -5-
"was er webt, das weiß kein Weber!"

Es kam eine Ernte um die andere, und jede sah die Kinder größer
und schöner und den herrenlosen Acker schmäler zwischen seinen
breitgewordenen Nachbaren. Mit jedem Pflügen verlor er hüben und
drüben* eine Furche, ohne daß ein Wort darüber gesprochen worden -10-
wäre und ohne daß ein Menschenauge den Frevel zu sehen schien.
Die Steine wurden immer mehr zusammengedrängt und bildeten schon
einen ordentlichen Grat auf der ganzen Länge des Ackers, und das
wilde Gesträuch darauf war schon so hoch, daß die Kinder, obgleich sie gewachsen waren, sich nicht mehr sehen konnten, wenn -15-
eines dies- und das andere jenseits ging. Denn sie gingen nun
nicht mehr gemeinschaftlich auf das Feld, da der zehnjährige
Salomon oder Sali, wie er genannt wurde, sich schon wacker auf
Seite der größeren Burschen und der Männer hielt; und das braune
Vrenchen*, obgleich es ein feuriges Dirnchen war, mußte bereits -20-
unter der Obhut* seines Geschlechtes gehen, sonst wäre es von den
andern als ein Bubenmädchen* ausgelacht worden. Dennoch nahmen
sie während jeder Ernte, wenn alles* auf den Äckern war, einmal
Gelegenheit, den wilden Steinkamm*, der sie trennte, zu besteigen
und sich gegenseitig von demselben herunterzustoßen. Wenn sie -25-
auch sonst keinen Verkehr miteinander hatten, so schien diese
jährliche Zeremonie umso sorglicher gewahrt zu werden als sonst
nirgends die Felder ihrer Väter zusammenstießen.
Indessen sollte der Acker doch endlich verkauft und der Erlös
einstweilen* amtlich aufgehoben* werden. Die Versteigerung fand -30-
an Ort und Stelle statt, wo sich aber nur einige Gaffer* ein-
fanden außer den Bauern Manz und Marti, da niemand Lust hatte,
das seltsame Stückchen zu erstehen* und zwischen den zwei Nachbaren zu bebauen*. Denn obgleich diese zu den besten Bauern des
Dorfes gehörten und nichts weiter getan hatten als was zwei Drit- -35-
tel der übrigen unter diesen Umständen auch getan haben würden,
so sah man sie doch jetzt stillschweigend darum an und niemand
wollte zwischen ihnen eingeklemmt sein mit dem geschmälerten
Waisenfelde. Die meisten Menschen sind fähig oder bereit, ein in
den Lüften umgehendes Unrecht zu verüben, wenn sie mit der Nase -40-
darauf stoßen; sowie es aber von einem begangen ist, sind die
übrigen froh, daß sie es doch nicht gewesen sind, daß die Versuchung nicht sie betroffen hat, und sie machen nun den Aus-

-----
5: weaver's shuttles. 10: on either side. 20: diminutive of
Verena. 21: in the watchful company. 22: tomboy. 23: =alle. 24:
stone ridge. 30: =vorläufig for the moment; put in escrow. 31:
idle onlookers. 33: =kaufen. 34: cultivate, farm.

erwählten* zu dem Schlechtigkeitsmesser* ihrer* Eigenschaften und
behandeln ihn mit zarter Scheu als einen Ableiter des Übels, der
von den Göttern gezeichnet* ist, während ihnen zugleich noch der
Mund wässert nach den Vorteilen, die er dabei genossen. Manz und
Marti waren also die einzigen, welche ernstlich auf den Acker   -5-
boten; nach einem ziemlich hartnäckigen Überbieten erstand ihn
Manz und er wurde ihm zugeschlagen. Die Beamten und die Gaffer
verloren sich vom Felde; die beiden Bauern, welche sich auf ihren
Äckern noch zu schaffen gemacht*, trafen beim Weggehen wieder
zusammen und Marti sagte: "Du wirst nun dein Land, das alte und   -10-
das neue, wohl zusammenschlagen und in zwei gleiche Stücke
teilen? Ich hätte es wenigstens so gemacht, wenn ich das Ding
bekommen hätte." "Ich werde es allerdings auch tun," antwortete
Manz, "denn als ein Acker würde mir das Stück zu groß sein. Doch
was ich sagen wollte: Ich habe bemerkt, daß du neulich noch am   -15-
untern Ende dieses Ackers, der jetzt mir gehört, schräg hinein-
gefahren bist und ein gutes Dreieck abgeschnitten hast. Du hast
es vielleicht getan in der Meinung, du werdest das ganze Stück an
dich bringen und es sei dann sowieso dein. Da es nun aber mir
gehört, so wirst du wohl einsehen, daß ich eine solche ungehörige -20-
Einkrümmung* nicht brauchen noch dulden kann, und wirst nichts
dagegen haben, wenn ich den Strich wieder grad mache! Streit wird
das nicht abgeben sollen!"
Marti erwiderte ebenso kaltblütig als ihn Manz angeredet hatte:
"Ich sehe auch nicht, wo Streit herkommen soll! Ich denke, du   -25-
hast den Acker gekauft, wie er da ist, wir haben ihn alle gemeinschaftlich besehen und er hat sich seit einer Stunde nicht um ein
Haar verändert!"
"Larifari*!" sagte Manz, "was früher geschehen, wollen wir
nicht aufrühren! Was aber zuviel ist, ist zuviel und alles muß   -30-
zuletzt eine ordentliche grade Art haben; diese drei Äcker sind
von jeher so grade nebeneinander gelegen, wie nach dem Richt-
scheit* gezeichnet; es ist ein ganz absonderlicher* Spaß von dir,
wenn du nun einen solchen lächerlichen und unvernünftigen Schnörkel dazwischen bringen willst, und wir beide würden einen Über-   -35-
namen* bekommen, wenn wir den krummen Zipfel da bestehen ließen.
Er muß durchaus weg!"
Marti lachte und sagte: "Du hast ja auf einmal eine merkwürdige
Furcht vor dem Gespötte der Leute! Das läßt sich aber ja wohl
machen, mich geniert* das Krumme gar nicht; ärgert es dich, gut,   -40-
so machen wir es grad, aber nicht auf meiner Seite, das geb ich
dir schriftlich, wenn du willst!"
"Rede doch nicht so spaßhaft," sagte Manz, "es wird wohl grad
gemacht, und zwar auf deiner Seite, darauf kannst du Gift

1: the chosen one, i.e., the one who has committed the crime; the
measure of the depravity; ihrer=ihrer eigenen. 3: marked,
branded. 9: found more things to do. 21: crookedness (of the
land). 29: Nonsense. 33: straight-edge, i.e., land survey; =son-
derbarer. 36: =Spottnamen. 40: =stört.

nehmen*!"
    "Das werden wir ja sehen und erleben!" sagte Marti, und beide
Männer gingen auseinander, ohne sich weiter anzublicken; vielmehr
starrten sie nach verschiedener Richtung ins Blaue hinaus, als ob
sie da wunder was für* Merkwürdigkeiten im Auge hätten, die sie -5-
betrachten müßten mit Aufbietung aller ihrer Geisteskräfte.
    Schon am nächsten Tage schickte Manz einen Dienstbuben*, ein
Tagelöhnermädchen* und sein eigenes Söhnchen Sali auf den Acker
hinaus, um das wilde Unkraut und Gestrüpp auszureuten und auf
Haufen zu bringen, damit nachher die Steine umso bequemer weg- -10-
gefahren werden könnten. Dies war eine Änderung in seinem Wesen,
daß er den kaum eilfjährigen* Jungen, der noch zu keiner Arbeit
angehalten* worden, nun mit hinaussandte, gegen die Einsprache
der Mutter. Es schien, da er es mit ernsthaften und gesalbten
Worten tat, als ob er mit dieser Arbeitsstrenge gegen sein -15-
eigenes Blut das Unrecht betäuben wollte, in dem er lebte und
welches nun begann seine Folgen ruhig zu entfalten. Das aus-
gesandte Völklein jätete inzwischen lustig an dem Unkraut und
hackte mit Vergnügen an den wunderlichen Stauden und Pflanzen
allerart, die da seit Jahren wucherten. Denn da es eine außer- -20-
ordentliche, gleichsam milde Arbeit war, bei der keine Regel und
keine Sorgfalt erheischt* wurde, so galt sie als eine Lust. Das
wilde Zeug, an der Sonne gedörrt, wurde aufgehäuft und mit großem
Jubel verbrannt, daß der Qualm weithin sich verbreitete und die
jungen Leutchen darin herumsprangen wie besessen. Dies war das -25-
letzte Freudenfest auf dem Unglücksfelde, und das junge Vrenchen,
Martis Tochter, kam auch hinausgeschlichen und hielt tapfer mit.
Das Ungewöhnliche dieser Begebenheit und die lustige Aufregung
gaben einen guten Anlaß, sich seinem kleinen Jugendgespielen
wieder einmal zu nähern, und die Kinder waren recht glücklich und -30-
munter bei ihrem Feuer. Es kamen noch andere Kinder hinzu und es
sammelte sich eine ganze vergnügte Gesellschaft; doch immer, sobald sie getrennt wurden, suchte Sali alsobald wieder neben Vrenchen zu gelangen, und dieses wußte desgleichen immer vergnügt
lächelnd zu ihm zu schlüpfen, und es war beiden Kreaturen, wie -35-
wenn dieser herrliche Tag nie enden müßte und könnte. Doch der
alte Manz kam gegen Abend herbei, um zu sehen, was sie ausgerichtet, und obgleich sie fertig waren, so schalt er doch ob*
dieser Lustbarkeit und scheuchte die Gesellschaft auseinander.
Zugleich zeigte sich Marti auf seinem Grund und Boden und, seine -40-
Tochter gewahrend*, pfiff er derselben schrill und gebieterisch
durch den Finger, daß sie erschrocken hineilte, und er gab ihr,
ohne zu wissen warum, einige Ohrfeigen, also daß beide Kinder in
großer Traurigkeit und weinend nach Hause gingen, und sie wußten
jetzt eigentlich so wenig, warum sie so traurig waren, als warum -45-
sie vorhin so vergnügt gewesen; denn die Rauheit der Väter, an

-----
1: you can stake your life on it. 5: heaven knows what. 7: hired
hand. 8: hired girl (for day wages), 12: =elfjährigen. 13: en-
couraged (to do). 22: demanded. 38: =wegen. 41: noticing.

sich ziemlich neu, war von den arglosen Geschöpfen noch nicht
begriffen und konnte sie nicht tiefer bewegen.

Die nächsten Tage war es schon eine härtere Arbeit, Zu welcher
Mannsleute* gehörten, als Manz die Steine aufnehmen und wegfahren
ließ. Es wollte kein Ende nehmen und alle Steine der Welt   -5-
schienen da beisammen zu sein. Er ließ sie aber nicht ganz von
Felde wegbringen, sondern jede Fuhre* auf jenem streitigen Dreieck abwerfen, welches von Marti schon säuberlich umgepflügt war.
Er hatte vorher einen graden Strich gezogen als Grenzscheide und
belastete nun dies Fleckchen Erde mit allen Steinen, welche beide -10-
Männer seit unvordenklichen Zeiten* herübergeworfen, so daß eine
gewaltige Pyramide entstand, die wegzubringen sein Gegner bleiben
lassen* würde, dachte er. Marti hatte dies am wenigsten erwartet;
er glaubte, der Andere werde nach alter Weise mit dem Pfluge zu
Werke gehen wollen, und hatte daher abgewartet, bis er ihn als -15-
Pflüger anziehen sähe. Erst als die Sache schon beinahe fertig,
hörte er von dem schönen Denkmal, welches Manz da errichtet,
rannte voll Wut hinaus, sah die Bescherung*, rannte zurück und
holte den Gemeindeammann*, um vorläufig gegen den Steinhaufen zu
protestieren und den Fleck gerichtlich in Beschlag zu nehmen* -20-
lassen, und von diesem Tage an lagen die zwei Bauern im Prozeß
miteinander und ruhten nicht, ehe sie beide zugrunde gerichtet
waren.

Die Gedanken der sonst so wohlweisen* Männer waren nun so kurz
geschnitten wie Häcksel*; der beschränkteste Rechtssinn von der -25-
Welt erfüllte jeden von ihnen, indem keiner begreifen konnte noch
wollte, wie der andere so offenbar unrechtmäßig und willkürlich
den fraglichen unbedeutenden Ackerzipfel an sich reißen könne.
Bei Manz kam noch ein wunderbarer Sinn für Symmetrie und paral-
lele Linien hinzu und er fühlte sich wahrhaft gekränkt durch den -30-
aberwitzigen Eigensinn, mit welchem Marti auf dem Dasein des unsinnigsten und mutwilligsten Schnörkels beharrte. Beide aber
trafen zusammen in der Überzeugung, daß der Andere, den Andern so
frech und plump übervorteilend*, ihn notwendig für einen ver-
ächtlichen Dummkopf halten müsse, da man dergleichen etwa einem -35-
armen haltlosen* Teufel, nicht aber einem aufrechten, klugen und
wehrhaften Manne gegenüber sich erlauben könne, und jeder sah
sich in seiner wunderlichen Ehre gekränkt und gab sich rück-
haltlos der Leidenschaft des Streites und dem daraus erfolgenden
Verfalle hin, und ihr Leben glich fortan* der träumerischen Qual -40-
zweier Verdammten, welche, auf einem schmalen Brette einen
dunklen Strom hinabtreibend, sich befehden*, in die Luft hauen
und sich selber anpacken und vernichten, in der Meinung, sie
hätten ihr Unglück gefaßt. Da sie eine faule Sache hatten, so

-----
4: =Männer. 7: cartload. 11: since time immemorial. 13: forebear.
18: gift. 19: town magistrate. 20: confiscated. 24: prudent. 25:
chaff, chopped straw. 34: defrauding. 36: unprincipled. 40: =von
nun an. 42: =bekämpfen.

gerieten beide in die allerschlimmsten Hände von Tausend-
künstlern*, welche ihre verdorbene Phantasie auftrieben zu un-
geheueren Blasen, die mit den nichtsnutzigsten Dingen angefüllt
wurden. Vorzüglich waren es die Spekulanten aus der Stadt Seldwyla, welchen dieser Handel ein gefundenes Essen war, und bald -5-
hatte jeder der Streitenden einen Anhang von Unterhändlern, Zu-
trägern* und Ratgebern hinter sich, die alles bare Geld auf hundert Wegen abzuziehen wußten. Denn das Fleckchen Erde mit dem
Steinhaufen darüber, auf welchem bereits wieder ein Wald von Nes-
seln und Disteln blühte, wer nur noch der erste Keim oder der -10-
Grundstein einer verworrenen Geschichte und Lebensweise, in
welcher die zwei Fünfzigjährigen noch neue Gewohnheiten und
Sitten, Grundsätze und Hoffnungen annahmen als sie bisher geübt.
Je mehr Geld sie verloren, desto sehnsüchtiger wünschten sie
welches zu haben, und je weniger sie besaßen, desto hartnäckiger -15-
dachten sie reich zu werden und es dem Andern zuvorzutun. Sie
ließen sich zu jedem Schwindel verleiten und setzten auch jahraus
jahrein in alle fremden Lotterien, deren Lose* massenhaft in
Seldwyla zirkulierten. Aber nie bekamen sie einen Taler Gewinn zu
Gesicht, sondern hörten nur immer vom Gewinnen anderer Leute und -20-
wie sie selbst beinahe gewonnen hätten, indessen diese Leidenschaft ein regelmäßiger Geldabfluß für sie war. Bisweilen*
machten sich die Seldwyler den Spaß, beide Bauern, ohne ihr
Wissen, am gleichen Lose teilnehmen zu lassen, so daß beide die
Hoffnung auf Unterdrückung und Vernichtung des Andern auf ein und -25-
dasselbe Los setzten. Sie brachten die Hälfte ihrer Zeit in der
Stadt zu, wo jeder in einer Spelunke* sein Hauptquartier hatte,
sich den Kopf heißmachen und zu den lächerlichsten Ausgaben und
einem elenden und ungeschickten Schlemmen* verleiten ließ, bei
welchem ihm heimlich doch selber das Herz blutete, also daß -30-
beide, welche eigentlich nur in diesem Hader lebten, um für keine
Dummköpfe zu gelten, nun solche von der besten Sorte darstellten
und von jedermann dafür angesehen wurden. Die andere Hälfte der
Zeit lagen sie verdrossen zu Hause oder gingen ihrer Arbeit nach,
wobei sie dann durch ein tolles böses Überhasten und Antreiben -35-
das Versäumte einzuholen suchten und damit jeden ordentlichen und
zuverlässigen Arbeiter verscheuchten. So ging es gewaltig rückwärts mit ihnen, und ehe zehn Jahre vorüber, steckten sie beide
von Grund aus in Schulden und standen wie die Störche auf einem
Beine auf der Schwelle ihrer Besitztümer, von der jeder Lufthauch -40-
sie herunterwehte. Aber wie es ihnen auch* erging*, der Haß
zwischen ihnen wurde täglich größer, da jeder den andern als den
Urheber seines Unsterns betrachtete, als seinen Erbfeind und ganz
unvernünftigen Widersacher, den der Teufel absichtlich in die
Welt gesetzt habe, um ihn zu verderben. Sie spieen aus, wenn sie -45-
sich nur von weitem sahen; kein Glied ihres Hauses durfte mit

-----
2: con men. 7: scandal mongers. 18: prizes, chances. 22: =Manch-
mal. 27: dive. 29: revelry. 41: sc. immer; =ging.

Frau, Kind oder Gesinde* des Andern ein Wort sprechen, bei Ver-
meidung* der gröbsten Mißhandlung. Ihre Weiber* verhielten sich
verschieden bei dieser Verarmung und Verschlechterung des ganzen
Wesens. Die Frau des Marti, welche von guter Art war, hielt den
Verfall nicht aus, härmte sich ab und starb, ehe ihre Tochter -5-
vierzehn Jahre alt war. Die Frau des Manz hingegen bequemte sich
der veränderten Lebensweise an, und um sich als eine schlechte
Genossin zu entfalten, hatte sie nichts zu tun als einigen weiblichen Fehlern, die ihr von jeher angehaftet, den Zügel schießen
zu lassen* und dieselben zu Lastern auszubilden. Ihre Nasch- -10-
haftigkeit wurde zu wilder Begehrlichkeit, ihre Zungenfertigkeit
zu einem grundfalschen und verlogenen Schmeichel- und Ver-
leumdungswesen, mit welchem sie jeden Augenblick das Gegenteil
von dem sagte, was sie dachte, alles hintereinander hetzte* und
ihrem eigenen Manne ein X für ein U vormachte*; ihre ursprüng- -15-
liche Offenheit, mit der sie sich der unschuldigeren Plauderei
erfreut, ward nun zur abgehärteten Schamlosigkeit, mit der sie
jenes falsche Wesen betrieb, und so, statt unter ihrem Manne zu
leiden, drehte sie ihm eine Nase; wenn er es arg trieb*, so
machte sie es bunt*, ließ sich nichts abgehen* und gedieh zu der -20-
dicksten Blüte einer Vorsteherin des zerfallenden Hauses.
So war es nun schlimm bestellt um die armen Kinder, welche
weder eine gute Hoffnung für ihre Zukunft fassen konnten noch
sich auch nur einer lieblich frohen Jugend erfreuten, da überall
nichts als Zank und Sorge war. Vrenchen hatte anscheinend einen -25-
schlimmern Stand als Sali, da seine* Mutter tot und es einsam in
einem wüsten Hause der Tyrannei eines verwilderten Vaters anheim-
gegeben war. Als es sechzehn Jahre zählte, war es schon ein
schlankgewachsenes, ziervolles* Mädchen; seine dunkelbraunen
Haare ringelten sich unablässig fast bis über die blitzenden -30-
braunen Augen, dunkelrotes Blut durchschimmerte die Wangen des
bräunlichen Gesichtes und glänzte als tiefer Purpur auf den
frischen Lippen, wie man es selten sah und was dem dunklen Kinde
ein eigentümliches Ansehen und Kennzeichen gab. Feurige Lebenslust und Fröhlichkeit zitterte in jeder Fiber dieses Wesens; es -35-
lachte und war aufgelegt zu Scherz und Spiel, d.h. wenn es nicht
zu sehr gequält wurde und nicht zu viel Sorgen ausstand. Diese
plagten es aber häufig genug; denn nicht nur hatte es den Kummer
und das wachsende Elend des Hauses mit zu tragen, sondern es
mußte noch sich selber in Acht nehmen und mochte sich gern halb- -40-
wegs ordentlich und reinlich kleiden, ohne daß der Vater ihm die
geringsten Mittel dazu geben wollte. So hatte Vrenchen die größte
Not, ihre anmutige Person einigermaßen auszustaffieren*, sich ein
allerbescheidenstes Sonntagskleid zu erobern und einige bunte,

-----

1: servants. 2: at the risk; =Frauen. 10: to give rein. 14: kept
everything (everybody) in turmoil. 15: hoodwinked. 19: behaved
badly. 20: made things lively; denied herself nothing. 26: =ihre,
and passim. 29: =zierliches graceful. 43: to dress up, deck out.

fast wertlose Halstüchelchen zusammenzuhalten. Darum war das
schöne wohlgemute junge Blut* in jeder Weise gedemütigt und ge-
hemmt und konnte am wenigsten der Hoffart anheimfallen. Überdies
hatte es bei schon erwachendem Verstande das Leiden und den Tod
seiner Mutter gesehen, und dies Andenken war ein weiterer Zügel, -5-
der seinem lustigen und feurigen Wesen angelegt war, so daß es
nun höchst lieblich, unbedenklich* und rührend sich ansah, wenn
trotz alledem das gute Kind bei jedem Sonnenblick sich ermunterte
und zum Lächeln bereit war.
  Sali erging es nicht so hart auf den ersten Anschein; denn er -10-
war nun ein hübscher und kräftiger junger Bursche, der sich zu
wehren wußte und dessen äußere Haltung wenigstens eine schlechte
Behandlung von selbst unzulässig machte*. Er sah wohl die üble
Wirtschaft seiner Eltern und glaubte sich erinnern zu können, daß
es einst nicht so gewesen; ja er bewahrte noch das frühere Bild -15-
seines Vaters wohl in seinem Gedächtnisse als eines festen,
klugen und ruhigen Bauers, desselben Mannes, den er jetzt als
einen grauen Narren, Händelführer* und Müßiggänger vor sich sah,
der mit Toben und Prahlen auf hundert törichten und verfänglichen
Wegen wandelte und mit jeder Stunde rückwärts ruderte wie ein -20-
Krebs. Wenn ihm nun dies mißfiel und ihn oft mit Scham und Kummer
erfüllte, während es seiner Unerfahrenheit nicht klar war, wie
die Dinge so gekommen, so wurden seine Sorgen wieder betäubt
durch die Schmeichelei, mit der ihn die Mutter behandelte. Denn
um in ihrem Unwesen* ungestörter zu sein und einen guten Partei- -25-
gänger zu haben, auch um ihrer Großtuerei zu genügen, ließ sie
ihm zukommen, was er wünschte, kleidete ihn sauber und prah-
lerisch und unterstützte ihn in allem, was er zu seinem Vergnügen
vornahm. Er ließ sich dies gefallen ohne viel Dankbarkeit, da ihm
die Mutter viel zu viel dazu schwatzte und log; und indem er so -30-
wenig Freude daran empfand, tat er lässig und gedankenlos, was
ihm gefiel, ohne daß dies jedoch etwas Übles war, weil er für
jetzt noch unbeschädigt war von dem Beispiele der Alten und das
jugendliche Bedürfnis fühlte, im ganzen einfach, ruhig und lieblich tüchtig zu sein. Er war ziemlich genau so, wie sein Vater in -35-
diesem Alter gewesen war, und dieses flößte demselben eine un-
willkürliche Achtung vor dem Sohne ein, in welchem er mit ver-
wirrtem Gewissen und gepeinigter Erinnerung seine eigene Jugend
achtete. Trotz dieser Freiheit, welche Sali genoß, ward er seines
Lebens doch nicht froh und fühlte wohl, wie er nichts Rechtes vor -40-
sich hatte und ebensowenig etwas Rechtes lernte, da von einem
zusammenhängenden und vernunftgemäßen Arbeiten in Manzens Hause
längst nicht mehr die Rede war. Sein
bester Trost war daher, stolz auf seine Unabhängigkeit und einst-
weilige Unbescholtenheit zu sein, und in diesem Stolze ließ er -45-
die Tage trotzig verstreichen und wandte die Augen von der
Zukunft ab.

2: =**Person.** 7: innocent. 13: precluded. 18: brawler. 25: dis-
orderly life.

Der einzige Zwang, dem er unterworfen, war die Feindschaft seines Vaters gegen alles, was Marti hieß und an diesen erinnerte. Doch wußte er nichts anderes als daß Marti seinem Vater Schaden zugefügt und daß man in dessen Hause ebenso feindlich gesinnt sei, und es fiel ihm daher nicht schwer, weder den Marti noch seine Tochter anzusehen und seinerseits auch einen angehenden*, doch ziemlich zahmen Feind vorzustellen. Vrenchen hingegen, welches mehr erdulden mußte als Sali und in seinem Hause viel verlassener war, fühlte sich weniger zu einer förmlichen Feindschaft aufgelegt und glaubte sich nur verachtet von dem wohlgekleideten und scheinbar glücklicheren Sali; deshalb verbarg sie sich vor ihm, und wenn er irgendwo nur in der Nähe war, so entfernte sie sich eilig, ohne daß er sich die Mühe gab ihr nachzublicken. So kam es, daß er das Mädchen schon seit ein paar Jahren nicht mehr in der Nähe gesehen und gar nicht wußte, wie es aussah, seit es herangewachsen. Und doch wunderte es ihn zuweilen ganz gewaltig, und wenn überhaupt von den Martis gesprochen wurde, so dachte er unwillkürlich nur an die Tochter, deren jetziges Aussehen ihm nicht deutlich und deren Andenken ihm gar nicht verhaßt war.

Doch war sein Vater Manz nur der erste von den beiden Feinden, der sich nicht mehr halten konnte und von Haus und Hof springen* mußte. Dieser Vortritt rührte daher, daß er eine Frau besaß, die ihm geholfen, und einen Sohn, der doch auch einiges mit brauchte*, während Marti der einzige Verzehrer war in seinem wackeligen Königreich, und seine Tochter durfte wohl arbeiten wie ein Haustierchen, aber nichts gebrauchen. Manz aber wußte nichts anderes anzufangen als auf den Rat seiner Seldwyler Gönner in die Stadt zu ziehen und da sich als Wirt aufzutun*. Es ist immer betrüblich anzusehen, wenn ein ehemaliger Landmann, der auf dem Felde alt geworden ist, mit den Trümmern seiner Habe in eine Stadt zieht und da eine Schenke oder Kneipe auftut, um als letzten Rettungsanker den freundlichen und gewandten Wirt zu machen*, während es ihm nichts weniger als* freundlich zu Mut ist. Als die Manzen vom Hofe zogen, sah man erst, wie arm sie bereits waren; denn sie luden lauter alten und zerfallenen Hausrat* auf, dem man es ansah, daß seit vielen Jahren nichts erneuert und angeschafft worden war. Die Frau legte aber nichtsdestominder ihren besten Staat an, als sie sich oben auf die Gerümpelfuhre* setzte, und machte ein Gesicht voller Hoffnungen, als künftige Stadtfrau schon mit Verachtung auf die Dorfgenossen herabsehend, welche voll Mitleid hinter den Hecken hervor dem bedenklichen Zuge zuschauten. Denn sie nahm sich vor, mit ihrer Liebenswürdigkeit und Klugheit die ganze Stadt zu bezaubern, und was ihr versimpelter Mann nicht machen könne, das wolle sie schon

-5-

-10-

-15-

-20-

-25-

-30-

-35-

-40-

-45-

7: incipient. 22: hastily leave. 25: needed things as well. 29: to set up shop (as a tavern owner). 34: to play the role of; anything but. 37: household furniture, utensils. 40: cartload of junk.

ausrichten, wenn sie nur erst einmal als Frau Wirtin in einem
stattlichen Gasthofe säße. Dieser Gasthof bestand aber in einer
trübseligen Winkelschenke* in einem abgelegenen schmalen Gäßchen,
auf der eben ein Anderer zugrunde gegangen war und welche die
Seldwyler dem Manz verpachteten, da er noch einige hundert Taler -5-
einzuziehen hatte. Sie verkauftem ihm auch ein paar Fäßchen an-
gemachten* Weines und das Wirtschaftsmobiliar*, das aus einem
Dutzend weißen geringen Flaschen, ebensoviel Gläsern und einigen
tannenen* Tischen und Bänken bestand, welchr einst blutrot angestrichen gewesen und jetzt vielfältig abgescheuert waren. Vor -10-
dem Fenster knarrte ein eiserner Reifen in einem Haken und in dem
Reifen schenkte eine blecherne Hand Rotwein aus einem Schöppchen*
in ein Glas. Überdies hing ein verdorrter Busch von Stechpalme*
über der Haustüre, was Manz alles mit in die Pacht bekam. Um des-
willen* war er nicht so wohlgemut wie seine Frau, sondern trieb -15-
mit schlimmer Ahnung und voll Ingrimm die mageren Pferde an,
welche er vom neuen Bauern geliehen. Das letzte schäbige Knechtchen, das er gehabt, hatte ihn schon seit einigen Wochen verlassen. Als er solcherweise abfuhr, sah er wohl, wie Marti voll
Hohn und Schadenfreude sich unfern der Straße zu schaffen -20-
machte*, fluchte ihm und hielt denselben für den alleinigen Urheber seines Unglückes. Sali aber, sobald das Fuhrwerk im Gange
war, beschleunigte seine Schritte, eilte voraus und ging allein
auf Seitenwegen nach der Stadt.
    "Da wären wir!" sagte Manz, als die Fuhre vor dem Spelunkelein* -25-
anhielt. Die Frau erschrak darüber, denn das war in der Tat ein
trauriger Gasthof. Die Leute traten eilfertig* unter die Fenster
und vor die Häuser, um sich den neuen Bauernwirt anzusehen, und
machten mit ihrer Seldwyler Überlegenheit mitleidig spöttische
Gesichter. Zornig und mit nassen Augen kletterte die Manzin vom -30-
Wagen herunter und lief, ihre Zunge vorläufig wetzend, in das
Haus, um sich heute vornehm* nicht wieder blicken zu lassen; denn
sie schämte sich des schlechten Gerätes und der verdorbenen
Betten, welche nun abgeladen wurden. Sali schämte sich auch, aber
er mußte helfen und machte mit seinem Vater einen seltsamen Ver- -35-
lag* in dem Gäßchen, auf welchem alsbald* die Kinder der Fal-
liten* herumsprangen und sich über das verlumpte Bauernpack
lustig machten. Im Hause aber sah es noch trübseliger aus und es
glich einer vollkommenen Räuberhöhle. Die Wände waren schlecht
geweißtes feuchtes Mauerwerk, außer der dunklen unfreundlichen -40-
Gaststube mit ihren ehemals blutroten Tischen waren nur noch ein
paar schlechte Kämmerchen da, und überall hatte der ausgezogene
Vorgänger den trostlosesten Schmutz und Kehricht zurückgelassen.

3: cheap dive. 7: adulterated; furnishings of the establishment.
9: made out of fir. 12: a (one-half liter) container. 13: holly.
15: For that reason. 21: was pretending to be working. 25: miserable little dive. 27: =eilig. 32: like a distinguished lady. 36:
display; =sofort. 37: bankrupt people.

So war der Anfang und so ging es auch fort. Während der ersten
Woche kamen, besonders am Abend, wohl hin und wieder ein Tisch
voll Leute aus Neugierde, den Bauernwirt zu sehen und ob es da
vielleicht einigen Spaß absetzte*. Am Wirt hatten sie nicht viel
zu betrachten, denn Manz war ungelenk, starr, unfreundlich und   -5-
melancholisch und wußte sich gar nicht zu benehmen, wollte es
auch nicht wissen. Er füllte langsam und ungeschickt die Schöppchen, stellte sie mürrisch vor die Gäste und versuchte etwas zu
sagen, brachte aber nichts heraus. Desto eifriger warf sich nun
seine Frau ins Geschirr* und hielt die Leute wirklich einige Tage -10-
zusammen, aber in einem ganz andern Sinne als sie meinte. Die
ziemlich dicke Frau hatte sich eine eigene Haustracht zusammen-
gesetzt, in der sie unwiderstehlich zu sein glaubte. Zu einem
leinenen ungefärbten Landrock trug sie einen alten grünseidenen
Spenser*, eine baumwollene Schürze und einen schlimmen weißen   -15-
Halskragen. Von ihrem nicht mehr dicken Haar hatte sie an den
Schläfen possierliche Schnecken* gewickelt und in das Zöpfchen
hinten einen hohen Kamm gesteckt. So schwänzelte und tänzelte*
sie mit angestrengter Anmut herum, spitzte lächerlich das Maul,
daß es süß aussehen sollte, hüpfte elastisch an die Tische hin,   -20-
und das Glas oder den Teller mit gesalzenem Käse hinsetzend,
sagte sie lächelnd: "So so? so soll*! herrlich herrlich, ihr
Herren!" und solches dummes Zeug mehr; denn obwohl sie sonst eine
geschliffene Zunge hatte, so wußte sie jetzt doch nichts Ge-
scheites vorzubringen, da sie fremd war und die Leute nicht   -25-
kannte. Die Seldwyler von der schlechtesten Sorte, die da
hockten, hielten die Hand vor den Mund, wollten vor Lachen ersticken, stießen sich unter dem Tisch mit den Füßen und sagten:
"Potz tausig*! das ist ja eine Herrliche!" "Eine Himmlische!"
sagte ein Anderer, "beim ewigen Hagel*! es ist der Mühe wert,   -30-
hierher zu kommen, so eine haben wir lang nicht gesehen!" Ihr
Mann bemerkte das wohl mit finsterm Blicke; er gab ihr einen Stoß
in die Rippen und flüsterte: "Du alte Kuh! Was machst du denn?"
"Störe mich nicht," sagte sie unwillig, "du alter Tolpatsch*!
siehst du nicht, wie ich mir Mühe gebe und mit den Leuten um-   -35-
zugehen weiß? Das sind aber nur Lumpen von deinem Anhang! Laß
mich nur machen, ich will bald fürnehmere* Kundschaft hier
haben!" Dies alles war beleuchtet von einem oder zwei dünnen
Talglichten*; Sali, der Sohn, aber ging hinaus in die dunkle
Küche, setzte sich auf den Herd und weinte über Vater und Mutter. -40-
    Die Gäste hatten aber das Schauspiel bald satt, welches ihnen
die gute Frau Manz gewährte, und blieben wieder, wo es ihnen
wohler war und sie über die wunderliche Wirtschaft lachen
konnten; nur dann und wann erschien ein einzelner, der ein Glas
trank und die Wände angähnte, oder es kam ausnahmsweise eine   -45-

-----
4: whether there would be any fun there. 10: came on strong. 15:
short jacket. 17: spirals. 18: wiggled and danced. 22: that's
nice. 29: Good Lord. 30: by thunder. 34: blockhead. 37: =vor-
nehmere. 39: tallow candles.

ganze Bande, die armen Leute mit einem vorübergehenden Trubel und
Lärm zu täuschen. Es ward ihnen angst und bange in dem engen
Mauerwinkel, wo sie kaum die Sonne sahen, und Manz, welcher sonst
gewohnt war tagelang in der Stadt zu liegen, fand es jetzt unerträglich zwischen diesen Mauern. Wenn er an die freie Weite der   -5-
Felder dachte, so stierte er finster brütend an die Decke oder
auf den Boden, lief unter die enge Haustüre und wieder zurück, da
die Nachbaren den bösen Wirt, wie sie ihn schon nannten, an-
gafften. Nun dauerte es aber nicht mehr lange und sie verarmten
gänzlich und hatten gar nichts mehr in der Hand; sie mußten, um   -10-
etwas zu essen, warten, bis einer kam und für wenig Geld etwas
von dem noch vorhandenen Wein verzehrte, und wenn er eine Wurst
oder dergleichen begehrte, so hatten sie oft die größte Angst und
Sorge, dieselbe beizutreiben*. Bald hatten sie auch den Wein nur
noch in einer großen Flasche verborgen, die sie heimlich in einer   -15-
anderen Kneipe füllen ließen, und so sollten sie nun die Wirte
machen* ohne Wein und Brot und freundlich sein, ohne ordentlich
gegessen zu haben. Sie waren beinahe froh, wenn nur niemand kam,
und hockten so in ihrem Kneipchen, ohne leben noch sterben zu
können. Als die Frau diese traurigen Erfahrungen machte, zog sie   -20-
den grünen Spenser wieder aus und nahm abermals eine Veränderung
vor, indem sie nun, wie früher die Fehler, so nun einige weibliche Tugenden aufkommen ließ und mehr ausbildete, da Not an den
Mann ging*. Sie übte Geduld und suchte den Mann aufrecht zu
halten und den Jungen zum Guten anzuweisen; sie opferte sich   -25-
vielfältig in allerlei Dingen, kurz, sie übte in ihrer Weise eine
Art von wohltätigem Einfluß, der zwar nicht weit reichte und
nicht viel besserte, aber immerhin besser war als gar nichts oder
als das Gegenteil und die Zeit wenigstens verbringen half, welche
sonst viel früher hätte brechen* müssen für diese Leute. Sie   -30-
wußte manchen Rat zu geben nunmehr* in erbärmlichen Dingen, nach
ihrem Verstande, und wenn der Rat nichts zu taugen schien und
fehlschlug, so ertrug sie willig den Grimm der Männer, kurzum,
sie tat jetzt alles, da sie alt war, was besser gedient hätte,
wenn sie es früher geübt*.   -35-
    Um wenigstens etwas Beißbares zu erwerben und die Zeit zu ver-
bringen, verlegten sich* Vater und Sohn auf die Fischerei, das
heißt mit der Angelrute, soweit es für jeden erlaubt war, sie in
den Fluß zu hängen. Dies war auch eine Hauptbeschäftigung der
Seldwyler, nachdem sie falliert hatten. Bei günstigem Wetter,   -40-
wenn die Fische gern anbissen, sah man sie dutzendweise hinaus-
wandern mit Rute und Eimer, und wenn man an den Ufern des Flusses
wandelte, hockte alle Spanne lang* einer, der angelte, der eine
in einem langen braunen Bürgerrock, die bloßen Füße im Wasser,
der ander in einem spitzen blauen Frack auf einer alten Weide   -45-
stehend, den alten Filz* schief auf dem Ohre; weiterhin angelte

-----

14: to procure. 17: play hosts. 24: since worst had come to
worst. 30: run out. 31: =jetzt. 35: sc. hätte. 37: took up. 43:
every few inches. 46: sc. hut felt hat.

gar einer im zerrissenen großblumigen Schlafrock, da er keinen
andern mehr besaß, die lange Pfeife in der einen, die Rute in der
anderen Hand, und wenn man um eine Krümmung des Flusses bog,
stand ein alter kahlköpfiger Dickbauch faselnackt* auf einem
Stein und angelte; dieser hatte, trotz des Aufenthaltes am Was-   -5-
ser, so schwarze Füße, daß man glaubte, er habe die Stiefel an-
behalten. Jeder hatte ein Töpfchen oder ein Schächtelchen neben
sich, in welchem Regenwürmer wimmelten, nach denen sie zu andern
Stunden zu graben pflegten. Wenn der Himmel mit Wolken bezogen
und es ein schwüles dämmeriges Wetter war, welches Regen ver-   -10-
kündete, so standen diese Gestalten am zahlreichsten an dem
ziehenden Strome, regungslos gleich einer Galerie von Heiligen-
oder Prophetenbildern. Achtlos zogen die Landleute mit Vieh und
Wagen an ihnen vorüber, und die Schiffer auf dem Flusse sahen
sie nicht an, während sie leise murrten über die störenden   -15-
Schiffe.
     Wenn man Manz vor zwölf Jahren, als er mit einem schönen Ge-
spann pflügte auf dem Hügel über dem Ufer, geweissagt hätte, er
würde sich einst zu diesen wunderlichen Heiligen gesellen und
gleich ihnen Fische fangen, so wäre er nicht übel aufgefahren*.   -20-
Auch eilte er jetzt hastig an ihnen vorüber hinter ihren Rücken
und eilte stromaufwärts gleich einem eigensinnigen Schatten der
Unterwelt, der sich zu seiner Verdammnis ein bequemes einsames
Plätzchen sucht an den dunklen Wässern. Mit der Angelrute zu
stehen hatten er und sein Sohn indessen keine Geduld und sie er- -25-
innerten sich der* Art, wie die Bauern auf manche andere Weise
etwa Fische fangen, wenn sie übermütig sind, besonders mit den
Händen in den Bächen; daher nahmen sie die Ruten nur zum Schein
mit und gingen an den Borden der Bäche hinauf, wo sie wußten, daß
es teure und gute Forellen gab.   -30-
     Dem auf dem Lande zurückgebliebenen Marti ging es inzwischen
auch immer schlimmer und es war ihm höchst langweilig dabei, so
daß er, anstatt auf seinem vernachlässigten Felde zu arbeiten,
ebenfalls auf das Fischen verfiel und tagelang im Wasser herum-
plätscherte. Vrenchen durfte nicht von seiner Seite und mußte ihm -35-
Eimer und Gerät nachtragen durch nasse Wiesengründe*, durch Bäche
und Wassertümpel* allerart, bei Regen und Sonnenschein, indessen
sie das Notwendigste zu Hause liegen lassen mußte. Denn es war
sonst keine Seele mehr da und wurde auch keine gebraucht, da
Marti das meiste Land schon verloren hatte und nur noch wenige   -40-
Äcker besaß, die er mit seiner Tochter liederlich* genug oder gar
nicht bebaute.
     So kam es, daß, als er eines Abends einen ziemlich tiefen und
reißenden* Bach entlang ging, in welchem die Forellen fleißig
sprangen, da der Himmel voll Gewitterwolken hing, er unverhofft   -45-
auf seinen Feind Manz traf, der an dem andern Ufer daherkam.
Sobald er ihn sah, stieg ein schrecklicher Groll und Hohn in ihm

-----

4: naked as a babe. 20: he would have flown into no small rage.
26: =an die. 36: meadowland. 37: pools. 41: slovenly. 44: raging.

auf; sie waren sich seit Jahren nicht so nahe gewesen, ausgenommen vor den Gerichtsschranken*, wo sie nicht schelten
durften, und Marti rief jetzt voll Grimm: "Was tust du hier, du
Hund? Kannst du nicht in deinem Lotterneste* bleiben, du Seldwyler Lumpenhund?"   -5-
    "Wirst nächstens wohl auch ankommen, du Schelm!" rief Manz.
"Fische fängst du ja auch schon und wirst deshalb nicht viel mehr
zu versäumen haben!"
    "Schweig, du Galgenhund!" schrie Marti, da hier die Wellen des
Baches stärker rauschten, "du hast mich ins Unglück gebracht!"   -10-
Und da jetzt auch die Weiden am Bache gewaltig zu rauschen anfingen im aufgehenden Wetterwind, so mußte Manz noch lauter
schreien: "Wenn dem nur so wäre, so wollte ich mich freuen, du
elender Tropf!" "O du Hund!" schrie Marti herüber und Manz hinüber: "O du Kalb, wie dumm bist du!" Und jener sprang wie ein   -15-
Tiger den Bach entlang und suchte herüberzukommen. Der Grund,
warum er der Wütendere war, lag in seiner Meinung, daß Manz als
Wirt wenigstens genug zu essen und zu trinken hätte und gewissermaßen ein kurzweiliges Leben führe, während es ungerechter-
weise ihm so langweilig wäre auf seinem zertrümmerten Hofe. Manz   -20-
schritt indessen auch grimmig genug an der andern Seite hin; hinter ihm sein Sohn, welcher, statt auf den bösen Streit zu hören,
neugierig und verwundert nach Vrenchen hinübersah, welche hinter
ihrem Vater ging, vor Scham in die Erde sehend, daß ihr die
braunen krausen Haare ins Gesicht fielen. Sie trug einen hölzer-   -25-
nen Fischeimer in der einen Hand, in der anderen hatte sie Schuh
und Strümpfe getragen und ihr Kleid der Nässe wegen aufgeschürzt.
Seit aber Sali auf der anderen Seite ging, hatte sie es schamhaft
sinken lassen und war nun dreifach belästigt und gequält, da sie
alle das Zeug tragen, den Rock zusammenhalten und des Streites   -30-
wegen sich grämen mußte. Hätte sie aufgesehen und nach Sali geblickt, so würde sie entdeckt haben, daß er weder vornehm noch
sehr stolz mehr aussah und selbst bekümmert genug war. Während
Vrenchen so ganz beschämt und verwirrt auf die Erde sah und Sali
nur diese in allem Elende schlanke und anmutige Gestalt im Auge   -35-
hatte, die so verlegen und demütig dahinschritt, beachteten sie
dabei nicht wie ihre Väter still geworden, aber mit verstärkter
Wut einem hölzernen Stege zueilten, der in kleiner Entfernung
über den Bach führte und eben sichtbar wurde. Es fing an zu
blitzen und erleuchtete seltsam die dunkle melancholische Wasser- -40-
gegend; es donnerte auch in den grauschwarzen Wolken mit dumpfen
Grolle und schwere Regentropfen fielen, als die verwilderten
Männer gleichzeitig auf die schmale, unter ihren Tritten schwan-
kende Brücke stürzten, sich gegenseitig packten und die Fäuste in
die* vor Zorn und ausbrechenden Kummer bleichen zitternden Ge-   -45-
sichter schlugen. Es ist nichts Anmutiges und nichts weniger als*
artig, wenn sonst gesetzte Menschen noch in den Fall kommen,

2: bar of justice. 4: dirty hole. 45: goes with **Gesichter** (l.
46). 46: anything but.

aus Übermut, Unbedacht oder Notwehr unter allerhand Volk, das sie
nicht näher berührt, Schläge auszuteilen oder welche zu bekommen;
allein dies ist eine harmlose Spielerei gegen das tiefe Elend,
das zwei alte Menschen überwältigt, die sich wohl kennen und seit
lange kennen, wenn diese aus innerster Feindschaft und aus dem   -5-
Gange einer ganzen Lebensgeschichte heraus sich mit nackten
Händen anfassen und mit Fäusten schlagen. So taten jetzt diese
beide ergrauten Männer; vor fünfzig Jahren vielleicht hatten sie
sich als Buben zum letzten Mal gerauft, dann aber fünfzig lange
Jahre mit keiner Hand mehr berührt, ausgenommen in ihrer guten   -10-
Zeit, wo sie sich etwa zum Gruße die Hände geschüttelt, und auch
dies nur selten bei ihrem trockenen und sichern Wesen. Nachdem
sie ein oder zweimal geschlagen, hielten sie inne* und rangen
still zitternd miteinander, nur zuweilen aufstöhnend und elendiglich* knirschend, und einer suchte den andern über das knackende   -15-
Geländer ins Wasser zu werfen. Jetzt waren aber auch ihre Kinder
nachgekommen und sahen den erbärmlichen Auftritt. Sali sprang
eines Satzes* heran, um seinem Vater beizustehen und ihm zu
helfen, dem gehaßten Feinde den Garaus zu machen*, der ohnehin
der schwächere schien und eben zu unterliegen drohte. Aber auch   -20-
Vrenchen sprang, alles wegwerfend, mit einem langen Aufschrei
herzu und umklammerte ihren Vater, um ihn zu schützen, während
sie ihn dadurch nur hinderte und beschwerte. Tränen strömten aus
ihren Augen und sie sah flehend den Sali an, der im Begriff war,
ihren Vater ebenfalls zu fassen und vollends zu überwältigen.   -25-
Unwillkürlich legte er aber seine Hand an seinen eigenen Vater
und suchte denselben mit festem Arm von dem Gegner loszubringen
und zu beruhigen, so daß der Kampf eine kleine Weile ruhte oder
vielmehr die ganze Gruppe unruhig hin und her drängte, ohne auseinander zu kommen. Darüber waren die jungen Leute, sich mehr   -30-
zwischen die Alten schiebend, in dichte Berührung gekommen, und
in diesem Augenblicke erhellte ein Wolkenriß, der den grellen
Abendschein durchließ, das nahe Gesicht des Mädchens, und Sali
sah in dies ihm so wohlbekannte und doch so viel anders und
schöner gewordene Gesicht. Vrenchen sah in diesem Augenblicke   -35-
auch sein Erstaunen und es lächelte ganz kurz und geschwind mitten in seinem Schrecken und in seinen Tränen ihn an. Doch ermannte sich Sali, geweckt durch die Anstrengungen seines Vaters,
ihn abzuschütteln, und brachte ihn mit eindringlich bittenden
Worten und fester Haltung endlich ganz von seinem Feinde weg.   -40-
Beide alte Gesellen atmeten hoch auf und begannen jetzt wieder zu
schelten und zu schreien, sich voneinander abwendend; ihre Kinder
aber atmeten kaum und waren still wie der Tod, gaben sich aber im
Wegwenden und Trennen, ungesehen von den Alten, schmell die
Hände, welche vom Wasser und von den Fischen feucht und kühl   -45-
waren.
    Als die grollenden Parteien ihrer Wege gingen, hatten die
Wolken sich wieder geschlossen, es dunkelte mehr und mehr und der

-----

13: paused. 15: =elend. 18: in one leap. 19: to finish off.

Regen goß nun in Bächen durch die Luft. Manz schlenderte voraus
auf den dunklen nassen Wegen, er duckte sich, beide Hände in den
Taschen, unter den Regengüssen, zitterte noch in seinen Gesichts-
zügen und mit den Zähnen und ungesehene Tränen rieselten ihm in
den Stoppelbart, die er fließen ließ, um sie durch das Wegwischen   -5-
nicht zu verraten. Sein Sohn hatte aber nichts gesehen, weil er
in glückseligen Bildern verloren daherging. Er merkte weder Regen
noch Sturm, weder Dunkelheit noch Elend; sondern leicht, hell und
warm war es ihm innen und außen und er fühlte sich so reich und
wohlgeborgen* wie ein Königssohn. Er sah fortwährend das sekun-   -10-
denlange Lächeln des nahen schönen Gesichtes und erwiderte dasselbe erst jetzt, eine gute halbe Stunde nachher, indem er voll
Liebe in Nacht und Wetter hinein und das liebe Gesicht anlachte,
das ihm allerwegen* aus dem Dunkel entgegentrat, so daß er
glaubte, Vrenchen müsse auf seinen Wegen dies Lachen notwendig   -15-
sehen und seiner inne werden*.

Sein Vater war des andern Tags* wie zerschlagen und wollte
nicht aus dem Hause. Der ganze Handel und das vieljährige Elend
nahm heute eine neue, deutlichere Gestalt an und breitete sich
dunkel aus in der drückenden Luft der Spelunke, also daß Mann und   -20-
Frau matt und scheu um das Gespenst herumschlichen, aus der Stube
in die dunklen Kämmerchen, von da in die Küche und aus dieser
wieder sich in die Stube schleppten, in welcher kein Gast sich
sehen ließ. Zuletzt hockte jedes in einem Winkel und begann den
Tag über ein müdes, halbtotes Zanken und Vorhalten mit dem   -25-
andern, wobei sie zeitweise einschliefen, von unruhigen Tag-
träumen geplagt, welche aus dem Gewissen kamen und sie wieder
weckten. Nur Sali sah und hörte nichts davon, denn er dachte nur
an Vrenchen. Es war ihm immer noch zu Mut, nicht nur als ob er
unsäglich reich wäre, sondern auch was Rechtes gelernt hätte und   -30-
unendlich viel Schönes und Gutes wüßte, da er nun so deutlich und
bestimmt um das wußte*, was er gestern gesehen. Diese Wissenschaft* war ihm wie vom Himmel gefallen und er war in einer unaufhörlichen glücklichen Verwunderung darüber; und doch war es
ihm, als ob er es eigentlich von jeher gewußt und gekannt hätte,   -35-
was ihn jetzt mit so wunderbarer Süßigkeit erfüllte. Denn nichts
gleicht dem Reichtum und der Unergründlichkeit* eines Glückes,
das an den Menschen herantritt in einer so klaren und deutlichen
Gestalt, vom Pfäfflein getauft und wohl versehen mit einem
eigenen Namen, der nicht tönt wie andere Namen.   -40-
Sali fühlte sich an diesem Tage weder müßig noch unglücklich,
weder arm noch hoffnungslos; vielmehr war er vollauf* beschäftigt, sich Vrenchens Gesicht und Gestalt vorzustellen, unaufhörlich, eine Stunde wie die andere; über dieser aufgeregten
Tätigkeit aber verschwand ihm der Gegenstand derselben fast   -45-

-----
10: very secure. 14: =überall. 16: become aware of him. 17: =am
nachsten Tag. 32: had knowledge of that. 33: knowledge. 37: un-
fathomability. 42: =völlig.

vollständig, das heißt er bildete sich endlich ein, nun doch
nicht zu wissen, wie Vrenchen recht genau aussehe, er habe wohl
ein allgemeines Bild von ihr im Gedächtnis, aber wenn er sie beschreiben sollte, so könnte er das nicht. Er sah fortwährend dies
Bild, als ob es vor ihm stände, und fühlte seinen angenehmen Ein-   -5-
druck, und doch sah er es nur wie etwas, das man eben nur ein Mal
gesehen, in dessen Gewalt man liegt und das man doch noch nicht
kennt. Er erinnerte sich genau der Gesichtszüge, welche das
kleine Dirnchen einst gehabt, mit großem Wohlgefallen, aber nicht
eigentlich derjenigen, welche er gestern gesehen. Hätte er Vren-   -10-
chen nie wieder zu sehen bekommen, so hätten sich seine Erin-
nerungskräfte schon behelfen müssen und das liebe Gesicht säuberlich wieder zusammengetragen, daß nicht ein Zug daran fehlte.
Jetzt aber versagten sie schlau und hartnäckig ihren Dienst, weil
die Augen nach ihrem Recht und ihrer Lust verlangten, und als am   -15-
Nachmittage die Sonne warm und hell die oberen Stockwerke der
schwarzen Häuser beschien, strich Sali aus dem Tore und seiner
alten Heimat zu, welche ihm jetzt erst ein himmlisches Jerusalem
zu sein schien mit zwölf glänzenden Pforten und die sein Herz
klopfen machte, als er sich ihr näherte.   -20-
     Er stieß auf dem Wege auf Vrenchens Vater, welcher nach der
Stadt zu gehen schien. Der sah sehr wild und liederlich aus, sein
grau gewordener Bart war seit Wochen nicht geschoren, und er sah
aus wie ein recht böser verlorener Bauersmann, der sein Feld ver-
scherzt hat und nun geht, um Andern Übles zuzufügen. Dennoch sah   -25-
ihn Sali, als sie sich vorübergingen, nicht mehr mit Haß, sondern
voll Furcht und Scheu an, als ob sein Leben in dessen Hand stände
und er es lieber von ihm erflehen als ertrotzen möchte. Marti
aber maß ihn mit einem bösen Blicke von oben bis unten und ging
seines Weges. Das war indessen dem Sali recht, welchem es nun, da   -30-
er den Alten das Dorf verlassen sah, deutlicher wurde, was er
eigentlich da wolle, und er schlich sich auf altbekannten Pfaden
so lange um das Dorf herum und durch dessen verdeckte Gäßchen,
bis er sich Martis Haus und Hof gegenüber befand. Seit mehreren
Jahren hatte er diese Stätte nicht mehr so nah gesehen; denn auch   -35-
als sie noch hier wohnten, hüteten sich die verfeindeten Leute
gegenseitig, sich ins Gehege zu kommen*. Deshalb war er nun erstaunt über das, was er doch an seinem eigenen Vaterhause erlebt,
und starrte voll Verwunderung in die Wüstenei, die er vor sich
sah. Dem Marti war ein Stück Ackerland um das andere abgepfändet   -40-
worden, er besaß nichts mehr als das Haus und den Platz davor
nebst* etwas Garten und dem Acker auf der Höhe am Flusse, von
welchem er hartnäckig am längsten nicht lassen wollte.
     Es war aber keine Rede mehr von einer ordentlichen Bebauung,
und auf dem Acker, der einst so schön im gleichmäßigen Korne   -45-
gewogt, wenn die Ernte kam, waren jetzt allerhand abfällige

37: encroaching on one another's property.   42: along with.

Samenreste* gesäet* und aufgegangen, aus alten Schachteln und
zerrissenen Düten* zusammengekehrt*, Rüben, Kraut und dergleichen
und etwas Kartoffeln, so daß der Acker aussah wie ein recht übel
gepflegter Gemüseplatz und eine wunderliche Musterkarte war, dazu
angelegt, um von der Hand in den Mund zu leben, hier eine Hand-   -5-
voll Rüben auszureißen, wenn man Hunger hatte und nichts Besseres
wußte, dort eine Tracht* Kartoffeln oder Kraut, und das übrige
fortwuchern oder verfaulen zu lassen, wie es mochte. Auch lief
jedermann darin herum, wie es ihm gefiel, und das schöne breite
Stück Feld sah beinahe so aus wie einst der herrenlose Acker, von   -10-
dem alles Unheil herkam. Deshalb war um das Haus nicht eine Spur
von Ackerwirtschaft* zu sehen. Der Stall war leer, die Türe hing
nur in einer Angel, und unzählige Kreuzspinnen, den Sommer hindurch halb groß geworden, ließen ihre Fäden in der Sonne glänzen
vor dem dunklen Eingang. An dem offenstehenden Scheunentor, wo   -15-
einst die Früchte des festen Landes eingefahren, hing schlechtes
Fischgerät, zum Zeugnis der verkehrten Wasserpfuscherei*; auf dem
Hofe war nicht ein Huhn und nicht eine Taube, weder Katze noch
Hund zu sehen; nur der Brunnen war noch als etwas Lebendiges da,
aber er floß nicht mehr durch die Röhre, sondern sprang durch   -20-
einen Riß nahe am Boden über diesen hin und setzte überall kleine
Tümpel an*, so daß er das beste Sinnbild der Faulheit abgab. Denn
während mit wenig Mühe des Vaters das Loch zu verstopfen und die
Röhre herzustellen gewesen wäre, mußte sich Vrenchen nun ab-
quälen, selbst das lautere Wasser dieser Verkommenheit ab-   -25-
zugewinnen und seine Wäscherei in den seichten Sammlungen* am
Boden vorzunehmen statt in dem vertrockneten und zerspellten*
Troge. Das Haus selbst war ebenso kläglich anzusehen; die Fenster
waren vielfältig zerbrochen und mit Papier verklebt, aber doch
waren sie das Freundlichste an dem Verfall; denn sie waren,   -30-
selbst die zerbrochenen Scheiben, klar und sauber gewaschen, ja
förmlich poliert, und glänzten so hell wie Vrenchens Augen,
welche ihm* in seiner Armut ja auch allen übrigen Staat ersetzen
mußten. Und wie die krausen Haare und die rotgelben Kattunhals-
tücher* zu Vrenchens Augen, stand zu diesen blinkenden Fenstern   -35-
das wilde grüne Gewächs, was da durcheinander rankte um das Haus,
flatternde Bohnenwäldchen und eine ganze duftende Wildnis von
rotgelbem Goldlack*. Die Bohnen hielten sich, so gut sie konnten,
hier an einem Harkenstiel oder an einem verkehrt in die Erde
gesteckten Stumpfbesen*, dort an einer von Rost zerfressenen   -40-
Helbarte* oder Sponton*, wie man es nannte, als Vrenchens Großvater das Ding als Wachtmeister getragen, welches es* jetzt aus
Not in die Bohnen gepflanzt hatte; dort kletterten sie wieder

-----
1: waste seed remains; =**gesät** sown. 2: =**Tüten**; swept together. 7:
armload or basketload. 12: =**Landwirtschaft**. 17: bungling around
in the water. 22: formed small puddles. 26: shallow pools. 27:
split apart. 33: i.e., Vrenchen. 35: **Kattun** calico. 38: gilly
flower. 40: worn-out broom. 41: =**Hellebarde** long-handled battle-ax; spontoon: a short (military) pike. 42: i.e., Vrenchen.

lustig eine verwitterte Leiter empor, die am Hause lehnte seit
undenklichen Zeiten, und hingen von da in die klaren Fensterchen
hinunter wie Vrenchens Kräuselhaare in seine Augen. Dieser mehr
malerische als wirtliche Hof lag etwas beiseit und hatte keine
näheren Nachbarhäuser, auch ließ sich in diesem Augenblicke nir-   -5-
gends eine lebendige Seele wahrnehmen; Sali lehnte daher in aller
Sicherheit an einem alten Scheunchen, etwa dreißig Schritte entfernt, und schaute unverwandt nach dem stillen wüsten Hause hinüber. Eine geraume* Zeit lehnte und schaute er so, als Vrenchen
unter die Haustür kam und lange vor sich hin blickte, wie mit   -10-
allen ihren Gedanken an einem Gegenstande hängend. Sali rührte
sich nicht und wandte kein Auge von ihr. Als sie endlich zufällig
in dieser Richtung hinsah, fiel er ihr in die Augen. Sie sahen
sich eine Weile an, herüber und hinüber, als ob sie eine Luft-
erscheinung betrachteten, bis sich Sali endlich aufrichtete und   -15-
langsam über die Straße und über den Hof ging auf Vrenchen los.
Als er dem Mädchen nahe war, streckte es seine Hände gegen ihn
aus und sagte: Sali! Er ergriff die Hände und sah ihr immerfort
ins Gesicht. Tränen stürzten aus ihren Augen, während sie unter
seinen Blicken vollends dunkelrot wurde, und sie sagte: Was   -20-
willst du hier? "Nur dich sehen!" erwiderte er, "Wollen wir nicht
wieder gute Freunde sein?" "Und unsere Eltern?" fragte Vrenchen,
sein weinendes Gesicht zur Seite neigend, da es die Hände nicht
frei hatte, um es zu bedecken. "Sind wir schuld an dem, was sie
getan und geworden sind?" sagte Sali, "vielleicht können wir das -25-
Elend nur gut machen, wenn wir zwei zusammenhalten und uns recht
lieb sind!" "Es wird nie gut kommen," antwortete Vrenchen mit
einem tiefen Seufzer, "geh in Gottes Namen deiner Wege, Sali!"
"Bist du allein?" fragte dieser, "kann ich einen Augenblick hin-
einkommen?" "Der Vater ist zur Stadt, wie er sagte, um deinem   -30-
Vater irgend etwas anzuhängen*; aber hereinkommen kannst du
nicht, weil du später vielleicht nicht so ungesehen weggehen
kannst wie jetzt. Noch ist alles still und niemand um den Weg,
ich bitte dich, geh jetzt!" "Nein, so geh ich nicht! Ich mußte
seit gestern immer an dich denken, und ich geh nicht so fort, wir -35-
müssen miteinander reden, wenigstens eine halbe Stunde lang oder
eine Stunde, das wird uns gut tun!" Vrenchen besann sich ein
Weilchen und sagte dann: "Ich geh gegen Abend auf unsern Acker
hinaus, du weißt welchen, wir haben nur noch den, und hole etwas
Gemüse. Ich weiß, daß niemand weiter dort sein wird, weil die   -40-
Leute anderswo schneiden*; wenn du willst, so komm dorthin, aber
jetzt geh und nimm dich in Acht, daß dich niemand sieht! Wenn
auch kein Mensch hier mehr mit uns umgeht, so würden sie doch ein
solches Gerede machen, daß es der Vater sogleich vernähme." Sie
ließen sich jetzt die Hände frei, ergriffen sie aber auf der   -45-
Stelle wieder und beide sagten gleichzeitig: "Und wie geht es dir
auch?" Aber statt sich zu antworten, fragten sie das gleiche aufs

-----
9: =längere.   31: to make trouble of some kind for your father.
41: are harvesting.

neue und die Antwort lag nur in den beredten* Augen, da sie nach
Art der Verliebten die Worte nicht mehr zu lenken wußten und,
ohne sich weiter etwas zu sagen, halb selig und halb traurig aus-
einanderhuschten. "Ich komme recht bald hinaus, geh nur gleich
hin!" rief Vrenchen noch nach.   -5-
    Sali ging auch alsobald* auf die stille schöne Anhöhe hinaus,
über welche die zwei Äcker sich erstreckten, und die prächtige
stille Julisonne, die fahrenden weißen Wolken, welche über das
reife wallende Kornfeld wegzogen, der glänzende blaue Fluß, der
unten vorüberwallte, alles dies erfüllte ihn zum ersten Male seit -10-
langen Jahren wieder mit Glück und Zufriedenheit statt mit Kummer, und er warf sich der Länge nach in den durchsichtigen Halb-
schatten des Kornes, wo dasselbe Martis wilden Acker begrenzte,
und guckte glückselig in den Himmel.
    Obgleich es kaum eine Viertelstunde währte*, bis Vrenchen nach- -15-
kam, und er an nichts anderes dachte als an sein Glück und dessen
Namen, stand es doch plötzlich und unverhofft vor ihm, auf ihn
niederlächelnd, und froh erschreckt sprang er auf. "Vreeli!" rief
er, und dieses gab ihm still und lächelnd beide Hände, und Hand
in Hand gingen sie nun das flüsternde Korn entlang bis gegen den -20-
Fluß hinunter und wieder zurück, ohne viel zu reden; sie legten
zwei und dreimal den Hin- und Herweg zurück, still, glückselig
und ruhig, so daß dieses einige* Paar nun auch einem Sternbilde
glich, welches über die sonnige Rundung der Anhöhe und hinter
derselben niederging, wie einst die sicher gehenden Pflugzüge   -25-
ihrer Väter. Als sie aber einsmals* die Augen von den blauen
Kornblumen aufschlugen, an denen sie gehaftet, sahen sie plötzlich einen andern dunklen Stern vor sich her gehen, einen
schwärzlichen Kerl, von dem sie nicht wußten, woher er so un-
versehens gekommen. Er mußte im Korn gelegen haben; Vrenchen   -30-
zuckte zusammen und Sali sagte erschreckt: Der schwarze Geiger!
In der Tat trug der Kerl, der vor ihnen her strich, eine Geige
mit dem Bogen unter dem Arm und sah übrigens schwarz genug aus;
neben einem schwarzen Filzhütchen und einem schwarzen rußigen
Kittel, den er trug, war auch sein Haar pechschwarz so wie der   -35-
ungeschorene Bart, das Gesicht und die Hände aber ebenfalls ge-
schwärzt; denn er trieb allerlei Handwerk, meistens Kessel-
flicken*, half auch den Kohlenbrennern und Pechsiedern* in den
Wäldern und ging mit der Geige nur auf einen guten Schick aus*,
wenn die Bauern irgendwo lustig waren und ein Fest feierten. Sali -40-
und Vrenchen gingen mäuschenstill hinter ihn drein* und dachten,
er würde vom Felde gehen und verschwinden, ohne sich umzusehen,
und so schien es auch zu sein, denn er tat, als ob er nichts von
ihnen merkte. Dazu waren sie in einem seltsamen Bann*, daß sie
nicht wagten den schmalen Pfad zu verlassen und dem unheimlichen -45-

1: eloquent.   6: =alsbald=sofort.   15: =dauerte.   23: =geeinte
united.   26: =einmal.   38: tinkering, mending pots; pitch makers.
39: went out... on the chance of doing a good stroke of business.
41: =her.   44: under a strange spell.

verlassen und dem unheimlichen Gesellen unwillkürlich folgten bis
an das Ende des Feldes, wo jener ungerechte Steinhaufen lag, der
das immer noch streitige Ackerzipfelchen bedeckte. Eine zahllose
Menge von Mohnblumen oder Klatschrosen* hatte sich darauf an-
gesiedelt, weshalb der kleine Berg feuerrot aussah zurzeit. -5-
Plötzlich sprang der schwarze Geiger mit einem Satze auf die rot-
bekleidete Steinmasse hinauf, kehrte sich und sah ringsum. Das
Pärchen blieb stehen und sah verlegen zu dem dunklen Burschen
hinauf; denn vorbei konnten sie nicht gehen, weil der Weg in das
Dorf führte, und umkehren mochten sie auch nicht vor seinen -10-
Augen. Er sah sie scharf an und rief: "Ich kenne euch, ihr seid
die Kinder derer, die mir den Boden hier gestohlen haben! Es
freut mich zu sehen, wie gut ihr gefahren* seid, und werde gewiß
noch erleben, daß ihr vor mir den Weg alles Fleisches geht! Seht
mich nur an, ihr zwei Spatzen! Gefällt euch meine Nase, wie?" In -15-
der Tat besaß er eine schreckbare Nase, welche wie ein großes
Winkelmaß* aus dem dürren schwarzen Gesicht ragte oder eigentlich
mehr einem tüchtigen Knebel oder Prügel glich, welcher in dies
Gesicht geworfen worden war und unter dem ein kleines rundes
Löchelchen von einem Munde sich seltsam stutzte* und zusammenzog, -20-
aus dem er unaufhörlich pustete, pfiff und zischte. Dazu stand
das kleine Filzhütchen ganz unheimlich, welches nicht rund und
nicht eckig und so sonderlich geformt war, daß es alle Augenblicke seine Gestalt zu verändern schien, obgleich es unbeweglich
saß, und von den Augen des Kerls war fast nichts als das Weiße zu -25-
sehen, da die Sterne* unaufhörlich auf einer blitzschnellen Wanderung begriffen waren und wie zwei Hasen im Zickzack umher-
sprangen. "Seht mich nur an," fuhr er fort, "eure Väter kennen
mich wohl und jedermann in diesem Dorfe weiß, wer ich bin, wenn
er nur meine Nase ansieht. Da haben sie vor Jahren aus- -30-
geschrieben*, daß ein Stück Geld für den Erben dieses Ackers bereit liege; ich habe mich zwanzigmal gemeldet, aber ich habe
keinen Taufschein und keinen Heimatschein, und meine Freunde, die
Heimatlosen, die meine Geburt gesehen, haben kein gültiges Zeugnis*, und so ist die Frist längst verlaufen und ich bin um den -35-
blutigen Pfennig gekommen*, mit dem ich hätte auswandern können!
Ich habe eure Väter angefleht, daß sie mir bezeugen möchten*, sie
müßten mich nach ihrem Gewissen für den rechten Erben halten;
aber sie haben mich von ihren Höfen gejagt, und nun sind sie
selbst zum Teufel gegangen! Item*, das ist der* Welt Lauf, mir -40-
kanns recht sein, ich will euch doch geigen, wenn ihr tanzen
wollt!" Damit sprang er auf der anderen Seite von den Steinen
hinunter und machte sich* dem Dorfe zu, wo gegen Abend der Ernte-
segen* eingebracht wurde und die Leute guter Dinge* waren. Als er

-----

4: red poppies. 13: fared. 17: carpenter's square. 20: puckered.
26: pupils. 31: announced. 35: have no valid testimony, i.e., are
unqualified to give testimony. 36: deprived (of). 37: might vouch
for. 40: After all; genitive. 43: headed for. 44: rich harvest;
in good spirits.

verschwunden, ließ sich das Paar ganz mutlos und betrübt auf die
Steine nieder; sie ließen ihre verschlungenen Hände fahren* und
stützten die traurigen Köpfe darauf; denn die Erscheinung des
Geigers und seine Worte hatten sie aus der glücklichen Vergessenheit gerissen, in welcher sie wie zwei Kinder auf und ab-   -5-
gewandelt, und wie sie nun auf dem harten Grund ihres Elendes
saßen, verdunkelte sich das heitere Lebenslicht und ihre Gemüter
wurden so schwer wie Steine.   Da erinnerte sich Vrenchen un-
versehens der wunderlichen Gestalt und der Nase des Geigers, es
mußte plötzlich hell auflachen und rief: "Der arme Kerl sieht gar -10-
zu spaßhaft aus! Was für eine Nase!" und eine allerliebste sonnenhelle Lustigkeit verbreitete sich über des Mädchens Gesicht,
als ob sie nur geharrt* hätte, bis des Geigers Nase die trüben
Wolken wegstieße.   Sali sah Vrenchen an und sah diese Fröhlichkeit. Es hatte die Ursache aber schon wieder vergessen und lachte -15-
nur noch auf eigene Rechnung* dem Sali ins Gesicht. Dieser, verblüfft und erstaunt, starrte unwillkürlich mit lachendem Munde
auf die Augen, gleich einem Hungrigen, der ein süßes Weizenbrot
erblickt, und rief: "Bei Gott, Vreeli! wie schön bist du!" Vrenchen lachte ihn nur noch mehr an und hauchte dazu aus klangvoller -20-
Kehle einige kurze mutwillige* Lachtöne, welche dem armen Sali
nicht anders dünkten* als der Gesang einer Nachtigall. "O du
Hexe!" rief er, "wo hast du das gelernt? Welche Teufelskünste*
treibst du da?" "Ach du lieber Gott!" sagte Vrenchen mit
schmeichelnder Stimme und nahm Salis Hand, "das sind keine Teu-   -25-
felskünste! Wie lange hätte ich gern einmal gelacht*! Ich habe
wohl zuweilen, wenn ich ganz allein war, über irgend etwas lachen
müssen, aber es war nichts Rechts dabei; jetzt aber möchte ich
dich immer und ewig anlachen, wenn ich dich sehe, und ich möchte
dich wohl immer und ewig sehen! Bist du mir auch ein bißchen   -30-
recht gut*?" "O Vreeli!" sagte er und sah ihr ergeben und treuherzig in die Augen, "ich habe noch nie ein Mädchen angesehen, es
war mir immer, als ob ich dich einst lieb haben müßte, und ohne
daß ich wollte oder wußte, hast du mir doch immer im Sinn gelegen!" "Und du mir auch," sagte Vrenchen, "und das noch viel   -35-
mehr; denn du hast mich nie angesehen und wußtest nicht, wie ich
geworden bin; ich aber habe dich zuzeiten aus der Ferne und sogar
heimlich aus der Nähe recht gut betrachtet und wußte immer, wie
du aussiehst! Weißt du noch, wie oft wir als Kinder hierher gekommen sind? Denkst du noch des* kleinen Wagens? Wie kleine Leute -40-
sind wir damals gewesen und wie lang ist es her! Man sollte
denken, wir wären recht alt?" "Wie alt bist du jetzt?" fragte
Sali voll Vergnügen und Zufriedenheit, "Du mußt ungefähr siebzehn
sein?" "Siebzehn und ein halbes Jahr bin ich alt!" erwiderte
Vrenchen, "und wie alt bist du? Ich weiß aber schon, du bist bald -45-

-----
2: =los.   13: =gewartet. 16: on her own account, i.e., she had
forgotten the reason. 21: mischievous. 22: =schienen. 23: sor-
cery. 26: How long it's been that I've wanted to laugh (again).
31: Don't you love me a bit? 40: =an den.

zwanzig!" "Woher weißt du das?" fragte Sali. "Gelt*, wenn ich es
sagen wollte!" "Du willst es nicht sagen?" "Nein!" "Gewiß nicht?"
"Nein, nein!" "Du sollst es sagen!" "Willst du mich etwa
zwingen?" "Das wollen wir sehen!" Diese einfältigen Reden führte
Sali, um seine Hände zu beschäftigen und mit ungeschickten Lieb-   -5-
kosungen, welche wie eine Strafe aussehen sollten, das schöne
Mädchen zu bedrängen. Sie führte auch, sich wehrend, mit vieler
Langmut* den albernen Wortwechsel fort, der trotz seiner Leerheit
beide witzig und süß genug dünkte, bis Sali erbost* und kühn
genug war, Vrenchens Hände zu bezwingen und es in die Mohnblumen   -10-
zu drücken. Da lag es nun und zwinkerte in der Sonne mit den
Augen; seine Wangen glühten wie Purpur und sein Mund war halb
geöffnet und ließ zwei Reihen weiße Zähne durchschimmern. Fein
und schön flossen die dunklen Augenbrauen ineinander und die
junge Brust hob und senkte sich mutwillig unter sämtlichen vier   -15-
Händen, welche sich kunterbunt* darauf streichelten und be-
kriegten. Sali wußte sich nicht zu lassen vor Freuden, das
schlanke schöne Geschöpf vor sich zu sehen, es sein eigen zu wissen, und es dünkte ihm ein Königreich. "Alle deine weißen Zähne
hast du noch!" lachte er, "weißt du noch, wie oft wir sie einst   -20-
gezählt haben? Kannst du jetzt zählen?" "Das sind ja nicht die
gleichen, du Kind!" sagte Vrenchen, "jene sind längst aus-
gefallen!" Sali wollte nun in seiner Einfalt jenes Spiel wieder
erneuern und die glänzenden Zahnperlen zählen; aber Vrenchen verschloß plötzlich den roten Mund, richtete sich auf und begann   -25-
einen Kranz von Mohnrosen zu winden, den es sich auf den Kopf
setzte. Der Kranz war voll und breit und gab der bräunlichen
Dirne ein fabelhaftes reizendes Ansehen, und der arme Sali hielt
in seinem Arm, was reiche Leute teuer bezahlt hätten, wenn sie es
nur gemalt an ihren Wänden hätten sehen können. Jetzt sprang sie   -30-
aber empor und rief: "Himmel, wie heiß ist es hier! Da sitzen wir
wie die Narren und lassen uns versengen! Komm, mein Lieber! laß
uns ins hohe Korn sitzen!" Sie schlüpften hinein so geschickt und
sachte*, daß sie kaum eine Spur zurückließen, und bauten sich
einen engen Kerker in den goldenen Ähren, die ihnen hoch über den -35-
Kopf ragten, als sie drin saßen, so daß sie nur den tiefblauen
Himmel über sich sahen und sonst nichts von der Welt. Sie um-
halsten sich und küßten sich unverweilt* und so lange, bis sie
einstweilen* müde waren, oder wie man es nennen will, wenn das
Küssen zweier Verliebter auf eine oder zwei Minuten sich selbst   -40-
überlebt und die Vergänglichkeit alles Lebens mitten im Rausche
der Blütezeit ahnen läßt. Sie hörten die Lerchen singen hoch über
sich und suchten dieselben mit ihren scharfen Augen, und wenn sie
glaubten, flüchtig eine in der Sonne aufblitzen zu sehen, gleich
einem plötzlich aufleuchtenden oder hinschießenden Stern am   -45-
blauen Himmel, so küßten sie sich wieder zur Belohnung und
suchten einander zu übervorteilen und zu täuschen, soviel sie

-----
1: =Nicht wahr. 8: =Geduld. 9: =böse. 16: in confusion 34:
=leise. 38: =unaufhörlich. 39: for a while.

konnten. "Siehst du, dort blitzt eine!" flüsterte Sali und Vrenchen erwiderte ebenso leise: "Ich höre sie wohl, aber ich sehe
sie nicht!" "Doch, paß nur auf, dort wo das weiße Wölkchen steht,
ein wenig rechts davon!" Und beide sahen eifrig hin und sperrten
vorläufig ihre Schnäbel auf, wie die jungen Wachteln im Neste, um   -5-
sie unverzüglich* aufeinander zu heften, wenn sie sich ein-
bildeten, die Lerche gesehen zu haben. Auf einmal hielt Vrenchen
inne und sagte: "Dies ist also eine ausgemachte Sache, daß jedes
von uns einen Schatz hat, dünkt es dich nicht so?" "Ja," sagte
Sali, "es scheint mir auch so!" "Wie gefällt dir denn dein   -10-
Schätzchen," sagte Vrenchen, "was ist es für ein Ding, was hast
du von ihm zu melden?" "Es ist ein gar feines Ding," sagte Sali,
"es hat zwei braune Augen, einen roten Mund und läuft auf zwei
Füßen; aber seinen Sinn* kenn ich weniger als den Papst zu Rom!
Und was kannst du von deinem Schatz berichten?" "Er hat zwei   -15-
blaue Augen, einen nichtsnutzigen Mund und braucht zwei verwegene
starke Arme; aber seine Gedanken sind mir unbekannter als der
türkische Kaiser!" "Es ist eigentlich wahr," sagte Sali, "daß wir
uns weniger kennen als wenn wir uns hie gesehen hätten, so fremd
hat uns die lange Zeit gemacht, seit wir groß geworden sind! Was   -20-
ist alles vorgegangen in deinem Köpfchen, mein liebes Kind?"
"Ach, nicht viel! Tausend Narrenspossen* haben sich wollen regen,
aber es ist mir immer so trübselig ergangen, daß sie nicht aufkommen konnten!" Du armes Schätzchen," sagte Sali, "ich glaube
aber, du hast es hinter den Ohren*, nicht?" "Das kannst du ja   -25-
nach und nach erfahren, wenn du mich recht lieb hast!" "Wenn du
einst meine Frau bist?" Vrenchen zitterte leis bei diesem letzten
Worte und schmiegte sich tiefer in Salis Arme, ihn von neuem
lange und zärtlich küssend. Es traten ihr dabei Tränen in die
Augen, und beide wurden auf einmal traurig, da ihnen ihre hoff-   -30-
nungsarme* Zukunft in den Sinn kam und die Feindschaft ihrer
Eltern. Vrenchen seufzte und sagte: "Komm, ich muß nun gehen!"
und so erhoben sie sich und gingen Hand in Hand aus dem Kornfeld,
als sie Vrenchens Vater spähend vor sich sahen. Mit dem kleinlichen* Scharfsinn des müßigen Elendes hatte dieser, als er dem   -35-
Sali begegnet, neugierig gegrübelt, was der wohl allein im Dorfe
zu suchen ginge, und sich des gestrigen Vorfalles erinnernd, verfiel* er, immer nach der Stadt zu schlendernd, endlich auf die
richtige Spur, rein aus Groll und unbeschäftigter Bosheit, und
nicht so bald gewann der Verdacht eine bestimmte Gestalt, als er   -40-
mitten in den Gassen von Seldwyla umkehrte und wieder in das Dorf
hinaustrollte*, wo er seine Tochter in Haus und Hof und rings in
den Hecken vergeblich suchte. Mit wachsender Neugier rannte er
auf den Acker hinaus, und als er da Vrenchens Korb liegen sah, in
welchem es die Früchte zu holen pflegte, das Mädchen selbst aber   -45-
nirgends erblickte, spähte er eben am Korne des Nachbars herum,
als die erschrockenen Kinder herauskamen.

6: =sofort. 14: mind, thoughts. 22: foolish ideas. 25: smart. 31:
=hoffnungslose. 35: petty. 38: =kam. 42: strolled (begrudgingly).

Sie standen wie versteinert und Marti stand erst auch da und
beschaute sie mit bösen Blicken, bleich wie Blei; dann fing er
fürchterlich an zu toben in Gebärden und Schimpfworten und
langte* zugleich grimmig nach dem jungen Burschen, um ihn zu
würgen; Sali wich aus und floh einige Schritte zurück, entsetzt   -5-
über den wilden Mann, sprang aber sogleich wieder zu, als er sah,
daß der Alte statt seiner* nun das zitternde Mädchen faßte, ihm
eine Ohrfeige gab, daß der rote Kranz herunterflog, und seine
Haare um die Hand wickelte, um es mit sich fortzureißen und
weiter zu mißhandeln. Ohne sich zu besinnen, raffte er einen   -10-
Stein auf und schlug mit demselben den Alten gegen den Kopf, halb
in Angst um Vrenchen und halb im Jähzorn. Marti taumelte erst ein
wenig, sank dann bewußtlos auf den Steinhaufen nieder und zog das
erbärmlich aufschreiende Vrenchen mit. Sali befreite noch dessen
Haare aus der Hand des Bewußtlosen und richtete es auf; dann   -15-
stand er da wie eine Bildsäule, ratlos und gedankenlos. Das
Mädchen, als es den wie tot daliegenden Vater sah, fuhr sich mit
den Händen über das erbleichende Gesicht, schüttelte sich und
sagte: "Hast du ihn erschlagen?" Sali nickte lautlos und Vrenchen
schrie: "O Gott, du lieber Gott! Es ist mein Vater! der arme   -20-
Mann!" und sinnlos warf es sich über ihn und hob seinen Kopf auf,
an welchem indessen kein Blut floß. Es ließ ihn wieder sinken;
Sali ließ sich auf der anderen Seite des Mannes nieder, und beide
schauten, still wie das Grab und mit erlahmten reglosen Händen,
in das leblose Gesicht. Um nur etwas anzufangen, sagte endlich   -25-
Sali: "Er wird doch nicht gleich tot sein müssen? das ist gar
nicht ausgemacht!" Vrenchen riß ein Blatt von einer Klatschrose
ab und legte es auf die erblaßten Lippen und es bewegte sich
schwach. "Er atmet noch," rief es, "so lauf doch ins Dorf und hol
Hilfe!" Als Sali aufsprang und laufen wollte, streckte es ihm die -30-
Hand nach und rief ihn zurück: "Komm aber nicht mit zurück und
sage nichts, wie es zugegangen, ich werde auch schweigen, man
soll nichts aus mir herausbringen!" sagte es und sein Gesicht,
das es dem armen ratlosen Burschen zuwandte, überfloß von
schmerzlichen Tränen. "Komm, küß mich noch einmal! Nein, geh,   -35-
mach dich fort! Es ist aus, es ist ewig aus, wir können nicht
zuammenkommen!" Es stieß ihn fort und er lief willenlos dem Dorfe
zu. Er begegnete einem Knäbchen, das ihn nicht kannte; diesem
trug er auf, die nächsten Leute zu holen, und beschrieb ihm genau, wo die Hilfe nötig sei. Dann machte er sich verzweifelt fort -40-
und irrte die ganze Nacht im Gehölze herum. Am Morgen schlich er
in die Felder, um zu erspähen, wie es gegangen sei, und hörte von
frühen Leuten, welche miteinander sprachen, daß Marti noch lebe,
aber nichts von sich wisse, und wie das eine seltsame Sache wäre,
da kein Mensch wisse, was ihm zugestoßen*. Erst jetzt ging er in -45-
die Stadt zurück und verbarg sich in dem dunklen Elend des
Hauses.

Vrenchen hielt ihm Wort; es war nichts aus ihm herauszufragen,

-----
4: =griff. 7: =ihm. 45: =geschehen.

als daß es selbst den Vater so gefunden habe, und da er am andern
Tage sich wieder tüchtig regte und atmete, freilich ohne Bewußtsein, und überdies kein Kläger da war, so nahm man an, er sei
betrunken gewesen und auf die Steine gefallen, und ließ die Sache
auf sich berühren*. Vrenchen pflegte ihn und ging nicht von   -5-
seiner Seite, außer um die Arzneimittel zu holen beim Doktor   und
etwa für sich selbst eine schlechte Suppe zu kochen; denn es
lebte beinahe von nichts, obgleich es Tag und Nacht wach sein
mußte und niemand ihm half. Es dauerte beinahe sechs Wochen, bis
der Kranke allmählig* zu seinem Bewußtsein kam, obgleich er vor-   -10-
her schon wieder aß und in seinem Bette ziemlich munter war. Aber
es war nicht das alte Bewußtsein, das er jetzt erlangte, sondern
es zeigte sich immer deutlicher, je mehr er sprach, daß er blöd-
sinnig geworden, und zwar auf die wunderlichste Weise. Er erinnerte sich nur dunkel an das Geschehene und wie an etwas sehr   -15-
Lustiges, was ihn nicht weiter berühre, lachte immer wie ein Narr
und war guter Dinge. Noch im Bette liegend, brachte er hundert
närrische, sinnlos mutwillige Redensarten und Einfälle zum Vorschein*, schnitt Gesichter* und zog sich die schwarzwollene Zip-
felmütze in die Augen und über die Nase herunter, daß diese aus-   -20-
sah wie ein Sarg unter einem Bahrtuch*. Das bleiche und ab-
gehärmte Vrenchen hörte ihm geduldig zu, Tränen vergießend über
das törichte Wesen, welches die arme Tochter noch mehr ängstigte
als die frühere Bosheit; aber wenn der Alte zuweilen etwas gar zu
Drolliges anstellte*, so mußte es mitten in seiner Qual laut auf-   -25-
lachen, da sein unterdrücktes Wesen immer zur Lust aufzuspringen
bereit war, wie ein gespannter Bogen, worauf dann eine umso tiefere Betrübnis erfolgte. Als der Alte aber aufstehen konnte, war
gar nichts mehr mit ihm anzustellen*; er machte nichts als Dummheiten, lachte und stöberte um das Haus herum, setzte sich in die   -30-
Sonne und streckte die Zunge heraus oder hielt lange Reden in die
Bohnen hinein.
    Um die gleiche Zeit aber war es auch aus mit den wenigen Über-
bleibseln seines ehemaligen Besitzes und die Unordnung* so weit
gediehen, daß auch sein Haus und der letzte Acker, seit geraumer   -35-
Zeit verpfändet, nun gerichtlich verkauft wurden. Denn der Bauer,
welcher die zwei Acker des Manz gekauft, benutzte die gänzliche
Verkommenheit Martis und seine Krankheit und führte den alten
Streit wegen des strittigen Steinfleckes kurz und entschlossen zu
Ende, und der verlorene Prozeß trieb Martis Faß vollends den   -40-
Boden aus*, indessen er in seinem Blödsinne nichts mehr von
diesen Dingen wußte. Die Versteigerung fand statt; Marti wurde
von der Gemeinde in einer Stiftung für dergleichen arme Tröpfe
auf öffentliche Kosten untergebracht. Diese Anstalt befand sich
in der Hauptstadt des Ländchens; der gesunde und eßbegierige*   -45-
Blödsinnige wurde noch gut gefüttert, dann auf ein mit Ochsen

-----
5: let... drop. 10: =allmählich. 19: uttered; made faces. 21:
pall, funeral covering. 25: contrived. 29: =zu tun, anzufangen.
34: sc. **war**. 41: i.e., was the final blow, ruined. 45: voracious.

bespanntes Wägelchen geladen, das ein ärmlicher Bauersmann nach
der Stadt führte, um zugleich einen oder zwei Säcke Kartoffeln zu
verkaufen, und Vrenchen setzte sich zu dem Vater auf das Fuhrwerk, um ihn auf diesem letzten Gange zu dem lebendigen Begräbnis
zu begleiten. Es war eine traurige und bittere Fahrt, aber Vren-   -5-
chen wachte sorgfältig über seinen Vater und ließ es ihm an
nichts fehlen, und es sah sich nicht um und ward nicht ungeduldig, wenn durch die Kapriolen* des Unglücklichen die Leute
aufmerksam wurden und dem Wägelchen nachliefen, wo sie durch-
fuhren. Endlich erreichten sie das weitläufige Gebäude in der   -10-
Stadt, wo die langen Gänge, die Höfe und ein freundlicher Garten
von einer Menge ähnlicher Tröpfe belebt waren, die alle in weiße
Kittel gekleidet waren und dauerhafte Lederkäppchen auf den
harten Köpfen trugen. Auch Marti wurde noch vor Vrenchens Auge in
diese Tracht gekleidet, und er freute sich wie ein Kind darüber   -15-
und tanzte singend umher. "Gott grüß euch, ihr geehrten Herren!"
rief er seine neuen Genossen an, "ein schönes Haus habt ihr hier!
Geh heim, Vrenggel*, und sag der Mutter, ich komme nicht mehr
nach Haus, hier gefällts mir bei Gott! Juchhei! Es kreucht* ein
Igel über den Hag*, ich hab ihn hören bellen! O Meitli*, küß kein -20-
alten Knab, küß nur die jungen Gesellen! Alle die Wässerlein*
laufen in Rhein, die mit der Pflaumenaug*, die muß es sein! Gehst
du schon, Vreeli? Du siehst ja aus wie der Tod im Häfelein* und
geht es mir doch so erfreulich! Die Füchsin schreit im Felde:
Halleo, halleo! das Herz tut ihr weho! hoho!" Ein Aufseher gebot -25-
ihm Ruhe* und führte ihn zu einer leichten Arbeit, und Vrenchen
ging das Fuhrwerk aufzusuchen. Es setzte sich auf den Wagen, zog
ein Stückchen Brot hervor und aß dasselbe, dann schlief es, bis
der Bauer kam und mit ihm nach dem Dorfe zurückfuhr. Sie kamen
erst in der Nacht an. Vrenchen ging nach dem Hause, in dem es   -30-
geboren und nur zwei Tage bleiben durfte, und es war jetzt zum
ersten Mal in seinem Leben ganz allein darin. Es machte ein
Feuer, um das letzte Restchen Kaffee zu kochen, das es noch besaß, und setzte sich auf den Herd, denn es war ihm ganz elendiglich zu Mut. Es sehnte sich und härmte sich ab, den Sali nur ein -35-
einziges Mal zu sehen, und dachte inbrünstig an ihn; aber die
Sorgen und der Kummer verbitterten seine Sehnsucht und diese
machte die Sorgen wieder viel schwerer. So saß es und stützte den
Kopf in die Hände, als jemand durch die offenstehende Tür hereinkam. "Sali!" rief Vrenchen, als es aufsah, und fiel ihm um den   -40-
Hals; dann sahen sich aber beide erschrocken an und riefen: "Wie
siehst du elend aus!" Denn Sali sah nicht minder als Vrenchen
bleich und abgezehrt aus. Alles vergessend zog es ihn zu sich auf
den Herd und sagte: "Bist du krank gewesen, oder ist es dir auch
so schlimm gegangen?" Sali antwortete: "Nein, ich bin gerade   -45-

-----

8: antics. 18: endearing name for **Vrenchen**. 19: =kriecht. 20:
hedge; diminutive of **Mädchen**. 21: little brooks. 22: sloe-eyed
girl. 23: like death in a pot, like death warmed over. 26:
ordered him to be quiet.

nicht krank, außer vor Heimweh nach dir! Bei uns geht es jetzt
hoch und herrlich zu; der Vater hat einen Einzug* und Unter-
schleif* von auswärtigem Gesindel* und ich glaube, soviel ich
merke, ist er ein Diebshehler* geworden. Deshalb ist jetzt einstweilen Hülle und Fülle* in unserer Taverne, solang es geht und   -5-
bis es ein Ende mit Schrecken nimmt. Die Mutter hilft dazu, aus
bitterlicher Gier, nur etwas im Hause zu sehen, und glaubt den
Unfug noch durch eine gewisse Aufsicht und Ordnung annehmlich und
nützlich zu machen! Mich fragt man nicht und ich konnte mich
nicht viel darum kümmern; denn ich kann nur an dich denken Tag   -10-
und Nacht. Da allerlei Landstreicher bei uns einkehren, so haben
wir alle Tage gehört, was bei euch vorgeht, worüber mein Vater
sich freut wie ein kleines Kind. Daß dein Vater heute nach dem
Spittel* gebracht wurde, haben wir auch vernommen; ich habe gedacht, du werdest jetzt allein sein, und bin gekommen, um dich zu   -15-
sehen!" Vrenchen klagte ihm jetzt auch alles, was sie drückte und
was sie erlitt, aber mit so leichter zutraulicher Zunge, als ob
sie ein großes Glück beschriebe, weil sie glücklich war, Sali
neben sich zu sehen. Sie brachte inzwischen notdürftig* ein
Becken voll warmen Kaffee zusammen, welchen mit ihr zu teilen sie   -20-
den Geliebten zwang. "Also übermorgen mußt du hier weg?" sagte
Sali, "was soll denn ums Himmels willen werden?" "Das weiß ich
nicht," sagte Vrenchen, "Ich werde dienen* müssen und in die Welt
hinaus! Ich werde es aber nicht aushalten ohne dich, und doch
kann ich dich nie bekommen, auch wenn alles andere nicht wäre,   -25-
bloß weil du meinen Vater geschlagen und um den Verstand gebracht* hast! Dies würde immer ein schlechter Grundstein unserer
Ehe sein und wir* beide nie sorglos werden, nie!" Sali seufzte
und sagte: "Ich wollte auch schon hundertmal Soldat werden oder
mich in einer fremden Gegend als Knecht verdingen*, aber ich kann   -30-
noch nicht fortgehen, solange du hier bist, und hernach wird es
mich aufreiben*. Ich glaube, das Elend macht meine Liebe zu dir
stärker und schmerzhafter, so daß es um Leben und Tod geht! Ich
habe von dergleichen keine Ahnung gehabt!" Vrenchen sah ihn
liebevoll lächelnd an; sie lehnten sich an die Wand zurück und   -35-
sprachen nichts mehr, sondern gaben sich schweigend der glücklichen Empfindung hin, die sich über allem Gram erhob, daß sie
sich im größten Ernste gut wären und geliebt wüßten. Darüber
schliefen sie friedlich ein auf dem unbequemen Herde, ohne Kissen
und Pfühl*, und schliefen so sanft und ruhig wie zwei Kinder in   -40-
einer Wiege. Schon graute der Morgen, als Sali zuerst erwachte;
er weckte Vrenchen, so sacht er konnte; aber es duckte sich immer

-----
2: is maintaing a refuge.   3: hiding place; out-of-town scoundrels. 4: receiver of stolen goods. 5: enough and to spare. 14:
=Spital=Krankenhaus, or here: asylum. 19: with difficulty. 23: do
service (as a servant). 27: deprived him of his reason. 28: sc.
würden.   30: hire myself out as a (farm) hand. 32: destroy. 40:
bolster, cushion.

wieder an ihn, schlaftrunken, und wollte sich nicht ermuntern. Da
küßte er es heftig auf den Mund und Vrenchen fuhr empor, machte
die Augen weit auf, und als es Sali erblickte, rief es: "Herrgott! ich habe eben noch von dir geträumt! Es träumte mir, wir   -5-
tanzten miteinander auf unserer Hochzeit, lange, lange Stunden!
Und waren so glücklich, sauber geschmückt und es fehlte uns an
nichts. Da wollten wir uns endlich küssen und dürsteten darnach,
aber immer zog uns etwas auseinander, und nun bist du es selbst
gewesen, der uns gestört und gehindert hat! Aber wie gut, daß du
gleich da bist!" Gierig fiel es ihm um den Hals und küßte ihn,   -10-
als ob es kein Ende nehmen sollte. "Und was hast du denn geträumt?" fragte es und streichelte ihm Wangen und Kinn. "Mir
träumte, ich ginge endlos auf einer langen Straße durch einen
Wald und du in der Ferne immer vor mir her; zuweilen sahest* du
nach mir um, winktest mir und lachtest und dann war ich wie im   -15-
Himmel. Das ist alles!" Sie traten unter die offengebliebene
Küchentüre, die unmittelbar ins Freie führte, und mußten lachen,
als sie sich ins Gesicht sahen. Denn die rechte Wange Vrenchens
und die linke Salis, welche im Schlafe aneinander gelehnt hatten,
waren von dem Drucke ganz rot gefärbt, während die Blässe der   -20-
anderen durch die kühle Nachtluft noch erhöht war. Sie rieben
sich zärtlich die kalte bleiche Seite ihrer Gesichter, um sie
auch rot zu machen; die frische Morgenluft, der tauige stille
Frieden, der über der Gegend lag, das junge Morgenrot machten sie
fröhlich und selbstvergessen, und besonders in Vrenchen schien   -25-
ein freundlicher Geist der Sorglosigkeit gefahren zu sein. "Morgen abend muß ich also aus diesem Hause fort", sagte es, "und ein
anderes Obdach* suchen. Vorher aber möchte ich einmal, nur einmal
recht lustig sein, und zwar mit dir; ich möchte recht herzlich
und fleißig mit dir tanzen irgendwo, denn das Tanzen aus dem   -30-
Traume steckt mir immerfort im Sinn!" "Jedenfalls will ich dabei
sein und sehen, wo du unterkommst", sagte Sali, "und tanzen
wollte* ich auch gerne mit dir, du herziges Kind! aber wo?" "Es
ist morgen Kirchweih* an zwei Orten nicht sehr weit von hier",
erwiderte Vrenchen, "da kennt und beachtet man uns weniger;   -35-
draußen am Wasser will ich auf dich warten, und dann können wir
gehen, wohin es uns gefällt, um uns lustig zu machen, einmal, ein
Mal nur! Aber je*, wir haben ja gar kein Geld!" setzte es
traurig, "da kann nichts daraus werden!" "Laß nur", sagte Sali,
"Ich will schon etwas mitbringen!" "Doch nicht von deinem Vater, -40-
von - von dem Gestohlenen?" "Nein, sei nur ruhig! Ich habe noch
meine silberne Uhr bewahrt bis dahin*, die will ich verkaufen!"
"Ich will dir nicht abraten," sagte Vrenchen errötend, "denn ich
glaube, ich müßte sterben, wenn ich nicht morgen mit dir tanzen
könnte." "Es wäre das beste, wir beide könnten sterben!" sagte   -45-
Sali; sie umarmten sich wehmütig und schmerzlich zum Abschied,

-----
14: =sahst, and passim. 28: =Unterkunft shelter. 33: =würde...
wollen. 34: consecration or dedication of a church, accompanied
by a festival. 38: =Jesus Heavens! 42: =jetzt.

und als sie voneinander ließen, lachten sie sich doch freundlich
an in der sicheren Hoffnung auf den nächsten Tag. "Aber wann
willst du denn kommen?" rief Vrenchen noch. "Spätestens um eilf
Uhr mittags", erwiderte er, "wir wollen recht ordentlich zusammen
Mittag essen!" "Gut, gut! komm lieber um halb eilf schon!" Doch   -5-
als Sali schon im Gehen war, rief sie ihn noch einmal zurück und
zeigte ein plötzlich verändertes verzweiflungvolles Gesicht. "Es
wird doch nichts daraus", sagte sie bitterlich weinend, "ich habe
keine Sonntagsschuhe mehr! Schon gestern habe ich diese groben
hier anziehen müssen, um nach der Stadt zu kommen! Ich weiß keine -10-
Schuhe aufzubringen*!" Sali stand ratlos und verblüfft. "Keine
Schuhe!" sagte er, "da mußt du halt* in diesen kommen!" "Nein,
nein, in denen kann ich nicht tanzen!" "Nun, so müssen wir welche
kaufen?" "Wo, mit was?" "Ei, in Seldwyl da gibt es Schuhläden
genug! Geld werde ich in minder als zwei Stunden haben." "Aber   -15-
ich kann doch nicht mit dir in Seldwyl herumgehen, und dann wird
das Geld nicht langen*, auch noch Schuhe zu kaufen!" "Es muß! und
ich will die Schuhe kaufen und morgen mitbringen!" "O du Närr-
chen, sie werden ja nicht passen, die du kaufst!" "So gib mir
einen alten Schuh mit, oder halt, noch besser, ich will dir das   -20-
Maß nehmen, das wird doch kein Hexenwerk sein!" "Das Maß nehmen?
Wahrhaftig, daran hab ich nicht gedacht! Komm, komm, ich will dir
ein Schnürchen suchen!" Sie setzte sich wieder auf den Herd, zog
den Rock etwas zurück und streifte den Schuh vom Fuße, der noch
von der gestrigen Reise her mit einem weißen Strumpfe bekleidet   -25-
war. Sali kniete nieder und nahm, so gut er es verstand, das Maß,
indem er den zierlichen Fuß der Länge und Breite nach umspannte
mit dem Schnürchen und sorgfältig Knoten in dasselbe knüpfte. "Du
Schuhmacher!" sagte Vrenchen und lachte errötend und freund-
schaftlich zu ihm nieder. Sali wurde aber auch rot und hielt den   -30-
Fuß fest in seinen Händen, länger als nötig war, so daß Vrenchen
ihn, nocht tiefer errötend, zurückzog, den verwirrten Sali aber
noch einmal stürmisch umhalste und küßte, dann aber fortschickte.
     Sobald er in der Stadt war, trug er seine Uhr zu einem Uhr-
macher, der ihm sechs oder sieben Gulden dafür gab; für die sil-   -35-
berne Kette bekam er auch einige Gulden, und er dünkte* sich nun
reich genug, denn er hatte, seit er groß war, nie so viel Geld
besessen auf einmal. Wenn nur erst der Tag vorüber und der Sonntag angebrochen wäre, um das Glück damit zu erkaufen, das er sich
von dem Tage versprach, dachte er; denn wenn das Übermorgen auch   -40-
umso dunkler und unbekannter hereinragte*, so gewann die ersehnte
Lustbarkeit von morgen nur einen seltsamern erhöhten Glanz und
Schein. Indessen brachte er die Zeit noch leidlich* hin, indem er
ein Paar Schuhe für Vrenchen suchte, und dies war ihm das ver-
gnügteste Geschäft, das er je betrieben. Er ging von einem Schuh- -45-
macher zum andern, ließ sich alle Weiberschuhe zeigen, die

11: to get, procure. 12: =eben, doch. 17: =reichen. 36: =glaubte.
41: loomed. 43: passably.

vorhanden waren, und endlich handelte er ein leichtes und feines
Paar ein*, so hübsch, wie sie Vrenchen noch nie getragen. Er
verbarg die Schuhe unter seiner Weste und tat sie die übrige Zeit
nicht mehr von sich*; er nahm sie sogar mit ins Bett und legte
sie unter das Kopfkissen. Da er das Mädchen heute früh noch ge- -5-
sehen und morgen wieder sehen sollte, so schlief er fest und
ruhig, war aber in aller Frühe munter und begann seinen dürftigen
Sonntagsstaat* zurechtzumachen und auszuputzen, so gut es gelingen wollte. Es fiel seiner Mutter auf und sie fragte verwundert, was er vorhabe, da er sich schon lange nicht mehr so sorg- -10-
lich angezogen. Er wollte einmal über* Land gehen und sich ein
wenig umtun*, erwiderte er, er werde sonst krank in diesem Hause.
"Das ist mir die Zeit her* ein merkwürdiges Leben", murrte der
Vater, "und ein Herumschleichen!" "Laß ihn nur gehen", sagte aber
die Mutter, "es tut ihm vielleicht gut, es ist ja ein Elend, wie -15-
er aussieht!" "Hast du Geld zum Spazierengehen? woher hast du
es?" sagte der Alte. "Ich brauche keins!" sagte Sali. "Da hast du
einen Gulden!" versetzte der Alte und warf ihm denselben hin, "du
kannst im Dorf ins Wirtshaus gehen und ihn dort verzehren, damit
sie nicht glauben, wir seien hier so übel dran*." "Ich will nicht -20-
ins Dorf und brauche den Gulden nicht, behaltet ihn nur!" "So
hast du ihn gehabt, es wäre schön, wenn du ihn haben müßtest, du
Starrkopf!" rief Manz und schob seinen Gulden wieder in die
Tasche. Seine Frau aber, welche nicht wußte, warum sie heute
ihres Sohnes wegen so wehmütig und gerührt war, brachte ihm ein -25-
großes schwarzes Mailänder* Halstuch mit rotem Rande, das sie nur
selten getragen und er schon früher gern gehabt hätte. Er schlang
es um den Hals und ließ die langen Zipfel fliegen; auch stellte
er zum ersten Mal den Hemdkragen, den er sonst immer umge-
schlagen*, ehrbar und männlich in die Höhe, bis über die Ohren -30-
hinauf, in einer Anwandlung* ländlichen Stolzes, und machte sich
dann, seine Schuhe in der Brusttasche des Rockes, schon nach
sieben Uhr auf den Weg. Als er die Stube verließ, drängte ihn ein
seltsames Gefühl, Vater und Mutter die Hand zu geben, und auf der
Straße sah er sich noch einmal nach dem Hause um. "Ich glaube am -35-
Ende", sagte Manz, "der Bursche streicht irgend einem Weibsbild*
nach*; das hätten wir gerade noch nötig!" Die Frau sagte: "O
wollte Gott! daß vielleicht ein Glück machte! das täte dem
armen Buben gut!" "Richtig!" sagte der Mann, "das fehlt nicht!
das wird ein himmlisches Glück geben, wenn er nur erst an eine -40-
solche Maultasche* zu geraten das Unglück hat! das täte dem armen
Bübchen gut! natürlich!"
      Sali richtete seinen Schritt erst nach dem Flusse zu, wo er
Vrenchen erwarten wollte; aber unterwegs ward er andern Sinnes*
und ging geradezu ins Dorf, um Vrenchen im Hause selbst ab- -45-

-----
2: =kaufte. 4: put aside. 8: Sunday attire. 11: =aufs. 12: to
look around.   13: all along. 20: so badly off. 26: Milanese. 30:
(wore) turned down. 31: impulse, fit. 36: =Frau. 37: is running
after. 41: loudmouth. 44: changed his mind.

zuholen, weil es ihm zu lang währte bis halb eilf. "Was kümmern
uns die Leute!" dachte er. "Niemand hilft uns und ich bin ehrlich
und fürchte niemand!" So trat er unerwartet in Vrenchens Stube
und ebenso unerwartet fand er es schon vollkommen angekleidet und
geschmückt dasitzen und der Zeit harren, wo es gehen könne, nur -5-
die Schuhe fehlten ihm noch. Aber Sali stand mit offenem Munde
still in der Mitte der Stube, als er das Mädchen erblickte, so
schön sah es aus. Es hatte nur ein einfaches Kleid an von blau-
gefärbter Leinwand, aber dasselbe war frisch und sauber und saß
ihm gut um den schlanken Leib. Darüber trug es ein schneeweißes -10-
Musselinhalstuch und dies war der ganze Anzug. Das braune ge-
kräuselte Haar war sehr wohl geordnet und die sonst so wilden
Löckchen lagen nun fein und lieblich um den Kopf; da Vrenchen
seit vielen Wochen fast nicht aus dem Hause gekommen, so war
seine Farbe zarter und durchsichtiger geworden, sowie auch vom -15-
Kummer; aber in diese Durchsichtigkeit goß jetzt die Liebe und
die Freude ein Rot um das andere, und an der Brust trug es einen
schönen Blumenstrauß von Rosmarin, Rosen und prächtigen Astern.
Es saß am offenen Fenster und atmete still und hold die frisch
durchsonnte Morgenluft; wie es aber Sali erscheinen sah, streckte -20-
es ihm beide hübsche Arme entgegen, welche vom Ellbogen an bloß
waren, und rief: "Wie recht hast du, daß du schon jetzt und hierher kommst! Aber hast du mir Schuhe gebracht? Gewiß? Nun steh ich
nicht auf, bis ich sie anhabe!" Er zog die ersehnten aus der
Tasche und gab sie dem begierigen schönen Mädchen; es schleuderte -25-
die alten von sich, schlüpfte in die neuen und sie paßten sehr
gut. Erst jetzt erhob es sich vom Stuhl, wiegte sich in den neuen
Schuhen und ging eifrig einigemal auf und nieder. Es zog das
lange blaue Kleid etwas zurück und beschaute wohlgefällig die
roten wollenen Schleifen, welche die Schuhe zierten, während Sali -30-
unaufhörlich die feine reizende Gestalt betrachtete, welche da in
lieblicher Aufregung vor ihm sich regte und freute. "Du beschaust
meinen Strauß?" sagte Vrenchen, "hab ich nicht einen schönen zu-
sammengebracht? Du mußt wissen, dies sind die letzten Blumen, die
ich noch aufgefunden in dieser Wüstenei. Hier war noch ein -35-
Röschen, dort eine Aster, und wie sie nun gebunden sind, würde
man es ihnen nicht ansehen, daß sie aus einem Untergange zusam-
mengesucht sind! Nun ist es aber Zeit, daß ich fortkomme, nicht
ein Blümchen mehr im Garten und das Haus auch leer!" Sali sah
sich um und bemerkte erst jetzt, daß alle Fahrhabe*, die noch -40-
dagewesen, weggebracht war. "Du armes Vreeli!" sagte er, "haben
sie dir schon alles genommen?" "Gestern", erwiderte es, "haben
sies weggeholt, was sich von der Stelle bewegen ließ, und mir
kaum mehr mein Bett gelassen. Ich habs aber auch gleich verkauft
und hab jetzt auch Geld, sieh!" Es holte einige neu glänzende -45-
Talerstücke aus der Tasche seines Kleides und zeigte sie ihm.
"Damit", fuhr es fort, "sagte der Waisenvogt*, der auch hier war,
solle ich mir einen Dienst suchen in einer Stadt und ich solle

-----
40: movable property.   47: superintendent of orphans' affairs.

mich heute gleich auf den Weg machen!" "Da ist aber auch gar
nichts mehr vorhanden", sagte Sali, nachdem er in die Küche ge-
guckt hatte, "ich sehe kein Hölzchen, kein Pfännchen, kein Messer! Hast du denn auch nicht zu Morgen gegessen?" "Nichts!" sagte
Vrenchen, "ich hätte mir etwas holen können, aber ich dachte, ich -5-
wolle lieber hungrig bleiben, damit ich recht viel essen könne
mit dir zusammen, denn ich freue mich so sehr darauf, du glaubst
nicht, wie ich mich freue!" "Wenn ich dich nur anrühren dürfte",
sagte Sali, "so wollte ich dir zeigen, wie es mir ist, du
schönes, schönes Ding!" "Du hast recht, du würdest meinen ganzen -10-
Staat verderben, und wenn wir die Blumen ein bißchen schonen, so
kommt es zugleich meinem armen Kopf zu gut, den du mir übel zu-
zurichten* pflegst!" "So komm, jetzt wollen wir ausrücken!" "Noch
müssen wir warten, bis das Bett abgeholt wird; denn nachher
schließe ich das leere Haus zu und gehe nicht mehr hierher zu- -15-
rück! Mein Bündelchen gebe ich der Frau aufzuheben*, die das Bett
gekauft hat." Sie setzten sich daher einander gegenüber und warteten; die Bäuerin kam bald, eine vierschrötige* Frau mit lautem
Mundwerk*, und hatte einen Burschen bei sich, welcher die Bett-
stelle* tragen sollte.   Als diese Frau Vrenchens Liebhaber er- -20-
blickte und das geputzte Mädchen selbst, sperrte sie Maul und
Augen auf, stemmte die Arme unter und schrie: "Ei sieh da,
Vreeli! Du treibst es ja schon gut! Hast einen Besucher und bist
gerüstet wie eine Prinzeß?" "Gelt aber!" sagte Vrenchen freundlich lachend, "wißt Ihr* auch, wer das ist?" "Ei, ich denke, das -25-
ist wohl der Sali Manz? Berg und Tal kommen nicht zusammen, sagt
man, aber die Leute! Aber nimm dich doch in Acht, Kind, und denk,
wie es euren Eltern ergangen ist!" "Ei, das hat sich jetzt gewendet und alles ist gut geworden", erwiderte Vrenchen lächelnd
und freundlich mitteilsam, ja beinahe herablassend, "seht, Sali -30-
ist mein Hochzeiter*!" "Dein Hochzeiter! was du sagst!" "Ja, und
er ist ein reicher Herr, er hat hunderttausend Gulden in der Lot-
terie gewonnen! Denket einmal, Frau!" Diese tat einen Sprung,
schlug ganz erschrocken die Hände zusammen und schrie: "Hund –
hunderttausend Gulden!" "Hunderttausend Gulden!" versicherte -35-
Vrenchen ernsthaft. "Herr du meines Lebens! Es ist aber nicht
wahr, du lügst mich an, Kind!" "Nun, glaubt was Ihr wollt!" "Aber
wenn es wahr ist und du heiratest ihn, was wollt ihr denn machen
mit dem Gelde? Willst du wirklich eine vornehme Frau werden?"
"Versteht sich, in drei Wochen halten wir die Hochzeit!" "Geh mir -40-
weg*, du bist eine häßliche Lügnerin!" "Das schönste Haus hat er
schon gekauft in Seldwyl mit einem großen Garten und Weinberg;
Ihr müßt mich auch besuchen, wenn wir eingerichtet sind, ich
zähle darauf!" "Allweg*, du Teufelshexlein, was du bist!" "Ihr
werdet sehen, wie schön es da ist! einen herrlichen Kaffee werde -45-
ich machen und Euch mit feinem Eierbrot aufwarten, mit Butter und

-----

13: to confuse, disarrange. 16: to take care of. 18: robust. 19:
loud mouth. 20: bedstead, bed frame. 25: archaic: =Sie. 31:
=Bräutigam. 41: Go on, Nonsense. 44: Of course.

Honig!" "O du Schelmenkind*! zähl darauf, daß ich komme!" rief
die Frau mit lüsternem Gesicht und der Mund wässerte ihr. "Kommt
Ihr aber um die Mittagszeit und seid ermüdet vom Markt, so soll
Euch eine kräftige Fleischbrühe und ein Glas Wein immer parat*
stehen!" "Das wird mir baß* tun!" "Und an etwas Zuckerwerk oder   -5-
weißen Wecken für die lieben Kinder zu Hause soll es Euch auch
nicht fehlen!" "Es wird mir ganz schmachtend!" "Ein artiges Halstüchelchen oder ein Restchen Seidenzeug* oder ein hübsches altes
Band für Eure Röcke oder ein Stück Zeug zu einer neuen Schürze
wird gewiß auch zu finden sein, wenn wir meine Kisten und Kasten   -10-
durchmustern in einer vertrauten Stunde!" Die Frau drehte sich
auf den Hacken* herum und schüttelte jauchzend ihre Röcke. "Und
wenn Euer Mann ein vorteilhaftes Geschäft machen könnte mit einem
Land- oder Viehhandel und er mangelt des Geldes, so wißt Ihr, wo
Ihr anklopfen sollt. Mein lieber Sali wird froh sein, jederzeit   -15-
ein Stück Bares sicher und erfreulich anzulegen! Ich selbst werde
auch etwa einen Sparpfennig haben, einer vertrauten Freundin beizustehen!" Jetzt war der Frau nicht mehr zu helfen, sie sagte
gerührt: "Ich habe immer gesagt, du seist ein braves und gutes
und schönes Kind! Der Herr wolle es dir wohl ergehen lassen immer -20-
und ewiglich und es dir gesegnen*, was du an mir tust!" "Dagegen
verlange ich aber auch, daß Ihr es gut mit mir meint!" "Allweg
kannst du das verlangen!" "Und daß Ihr jederzeit Eure Waren, sei
es Obst, seien es Kartoffeln, sei es Gemüse, erst zu mir bringet
und mir anbietet, ehe Ihr auf den Markt gehet, damit ich sicher   -25-
sei, eine rechte Bäuerin an der Hand zu haben, auf die ich mich
verlassen kann! Was irgend einer gibt für die Ware, werde ich
gewiß auch geben mit tausend Freuden, Ihr kennt mich ja! Ach, es
ist nichts Schöneres als wenn eine wohlhabende Stadtfrau, die so
ratlos in ihren Mauern sitzt* und doch so vieler Dinge benötigt   -30-
ist*, und eine rechtschaffene ehrliche Landfrau, erfahren in
allem Wichtigen und Nützlichen, eine gute und dauerhafte Freundschaft zusammen haben! Es kommt einem zu gut in hundert Fällen,
in Freud und Leid, bei Gevatterschaften* und Hochzeiten, wenn die
Kinder unterrichtet werden und konfirmiert, wenn sie in die Lehre -35-
kommen und wenn sie in die Fremde sollen! Bei Mißwachs* und Über-
schwemmungen, bei Feuersbrünsten* und Hagelschlag, wofür* uns
Gott behüte!" "Wofür uns Gott behüte!" sagte die gute Frau
schluchzend und trocknete mit ihrer Schürze die Augen; welch ein
verständiges und tiefsinniges Bräutlein bist du, ja, dir wird es -40-
gut gehen, da* müßte keine Gerechtigkeit in der Welt sein! Schön,
sauber, klug und weise bist du, arbeitsam und geschickt zu allen
Dingen! Keine ist feiner und besser als du, in und außer dem
Dorfe, und wer dich hat, der muß meinen, er sei im Himmelreich,

-----

1: little rascal.   4: =bereit. 5: =besser, i.e., gut.. 8: silk
material. 12: turned on her heels. 21: =segnen. 30: i.e., within
her four walls. 31: =nötig hat. 34: christenings. 36: =Mißernte
bad harvest. 37: =Brände; =Wovor (God forbid!). 41: or else.

oder er ist ein Schelm und hat es mit mir zu tun*. Hör, Sali! daß
du nur recht artlich bist mit meinem Vreeli, oder ich will dir
den Meister zeigen, du Glückskind, das du bist, ein solches Rös-
lein zu brechen!" "So nehmt jetzt auch hier noch mein Bündel mit,
wie Ihr mir versprochen habt, bis ich es abholen lassen werde! -5-
Vielleicht komme ich aber selbst in der Kutsche und hole es ab,
wenn Ihr nichts dagegen habt! Ein Töpfchen Milch werdet Ihr mir
nicht abschlagen alsdann, und etwa eine schöne Mandeltorte dazu
werde ich schon selbst mitbringen!" "Tausendskind*! Gib her das
Bündel!" Vrenchen lud ihr auf das zusammengebundene Bett, das sie -10-
schon auf dem Kopfe trug, einen langen Sack, in welchen es sein
Plunder* und Habseliges* gestopft, so daß die arme Frau mit einem
schwankenden Turme auf dem Haupte dastand. "Es wird mir doch fast
zu schwer auf einmal", sagte sie, "könnte ich nicht zweimal dran
machen?" "Nein, nein! wir müssen jetzt augenblicklich gehen, denn -15-
wir haben einen weiten Weg, um vornehme Verwandte zu besuchen,
die sich jetzt gezeigt haben, seit wir reich sind! Ihr wißt ja,
wie es geht!" "Weiß wohl! So behüt dich Gott und denk an mich in
deiner Herrlichkeit!"
    Die Bäuerin zog aab mit ihrem Bündelturme, mit Mühe das Gleich- -20-
gewicht behauptend, und hinter ihr drein ging ihr Knechtchen,
das* sich in Vrenchens einst buntbemalte Bettstatt hineinstellte,
den Kopf gegen den mit verblichenen Sternen bedeckten Himmel*
derselben stemmte und, ein zweiter Simson*, die zwei vorderen
zierlich geschnitzten Säulen faßte, welche diesen Himmel trugen. -25-
Als Vrenchen, an Sali gelehnt, dem Zuge nachschaute und den wandelnden Tempel zwischen den Gärten sah, sagte es: "Das gäbe noch
ein artiges Gartenhäuschen oder eine Laube, wenn mans in einen
Garten pflanzte, ein Tischchen und ein Bänklein drein stellte und
Winden* drum herumsäete! Wolltest* du mit darin sitzen, Sali?" -30-
"Ja, Vreeli! besonders wenn die Winden aufgewachsen wären!" "Was
stehen wir noch?" sagte Vrenchen, "nichts hält uns mehr zurück!"
"So komm und schließ das Haus zu! Wem willst du denn den Schlüssel übergeben?" Vrenchen sah sich um. "Hier an die Helbart wollen
wir ihn hängn; sie ist über hundert Jahr* in diesem Hause ge- -35-
wesen, habe ich den Vater oft sagen hören, nun steht sie da als
der letzte Wächter!" Sie hingen den rostigen Hausschlüssel an
einen rostigen Schnörkel der alten Waffe, an welcher die Bohnen
rankten, und gingen davon. Vrenchen wurde aber bleicher und ver-
hüllte ein Weilchen die Augen, daß Sali es führen mußte, bis sie -40-
ein Dutzend Schritte entfernt waren. Es sah aber nicht zurück.
"Wo gehen wir nun zuerst hin?" fragte es. "Wir wollen ordentlich
über Land gehen", erwiderte Sali, "wo es uns freut den ganzen
Tag, uns nicht übereilen, und gegen Abend werden wir dann schon
einen Tanzplatz finden!" "Gut!" sagte Vrenchen, "den ganzen Tag -45-

-----
1: will have to reckon with me. 9: =Teufelskind. 12: clothing;
=Habseligkeiten belongings. 22: i.e., der. 23: canopy. 24:
Samson. 30: morning glories; =Würdest... wollen. 35: =Jahre.

werden wir beisammen sein und gehen, wo wir Lust haben. Jetzt ist
mir aber elend, wir wollen gleich im andern Dorf einen Kaffee
trinken!" "Versteht sich!" sagte Sali, "mach nur*, daß wir aus
diesem Dorf wegkommen!"

   Bald waren sie auch im freien Felde und gingen still neben-   -5-
einander durch die Fluren*; es war ein schöner Sonntagmorgen im
September, keine Wolke stand am Himmel, die Höhen und die Wälder
waren mit einem zarten Duftgewebe bekleidet, welches die Gegend
geheimnisvoller und feierlicher machte, und von allen Seiten tönten die Kirchglocken herüber, hier das harmonische tiefe Geläute -10-
einer reichen Ortschaft, dort die geschwätzigen zwei Bimmel-
glöcklein* eines kleinen armen Dörfchens. Das liebende Paar vergaß, was am Ende dieses Tages werden sollte, und gab sich einzig
der hoch aufatmenden* wortlosen Freude hin, sauber gekleidet und
frei, wie zwei Glückliche, die sich von Rechts wegen* angehören,   -15-
in den Sonntag hineinzuwandeln. Jeder in der Sonntagsstille ver-
hallende Ton oder ferne Ruf klang ihnen erschütternd durch die
Seele; denn die Liebe ist eine Glocke, welche das Entlegenste und
Gleichgültigste wiedertönen läßt und in eine besondere Musik verwandelt. Obgleich sie hungrig waren, dünkte sie die halbe Stunde -20-
Weges bis zum nächsten Dorfe nur ein Katzensprung lang zu sein,
und sie betraten zögernd das Wirtshaus am Eingang des Ortes. Sali
bestellte ein gutes Frühstück, und während es bereitet wurde,
sahen sie mäuschenstill der sicheren und freundlichen Wirtschaft
in der großen reinlichen Gaststube zu. Der Wirt war zugleich ein -25-
Bäcker, das eben Gebackene durchduftete angenehm das ganze Haus,
und Brot allerart wurde in gehäuften Körben herbeigetragen, da
nach der Kirche die Leute hier ihr Weißbrot holten oder ihren
Frühschoppen* tranken. Die Wirtin, eine artige und saubere Frau,
putzte gelassen und freundlich ihre Kinder heraus*, und sowie   -30-
eines entlassen war, kam es zutraulich zu Vrenchen gelaufen,
zeigte ihm seine Herrlichkeiten und erzählte von allem, dessen es
sich erfreute und rühmte. Wie nun der wohlduftende starke Kaffee
kam, setzten sich die zwei Leutchen schüchtern an den Tisch, als
ob sie da zu Gast gebeten wären. Sie ermunterten sich jedoch bald -35-
und flüsterten bescheiden, aber glückselig miteinander; ach, wie
schmeckte dem aufblühenden Vrenchen der gute Kaffee, der fette
Rahm, die frischen, noch warmen Brötchen, die schöne Butter und
der Honig, der Eierkuchen und was alles noch für Leckerbissen da
waren! Sie schmeckten ihm, weil es den Sali dazu ansah, und es aß -40-
so vergnügt, als ob es ein Jahr lang gefastet hätte. Dazu freute
es sich über das feine Geschirr, über die silbernen Kaffee-
löffelchen; denn die Wirtin schien sie für rechtliche junge Leutchen zu halten, die man anständig bedienen müsse, und setzte sich
auch ab und zu plaudernd zu ihnen, und die beiden gaben ihr   -45-

-----

3: just hurry. 6: meadows, fields. 12: tinkling little bells. 14:
i.e., breathless. 15: by rights. 29: morning draft. 30: dressed
up.

verständigen Bescheid*, welches ihr gefiel. Es ward dem guten
Vrenchen so wählig* zu Mut, daß es nicht wußte, mochte es lieber
wieder ins Freie, um allein mit seinem Schatz herumzuschweifen
durch Auen* und Wälder, oder mochte es lieber in der gastlichen
Stube bleiben, um wenigstens auf Stunden* sich an einem statt-   -5-
lichen Orte zu Hause zu träumen. Doch Sali erleichterte die Wahl,
indem er ehrbar* und geschäftig zum Aufbruch mahnte, als ob sie
einen bestimmten und wichtigen Weg zu machen hätten. Die Wirtin
und der Wirt begleiteten sie bis vor das Haus und entließen sie
auf das wohlwollendste wegen ihres guten Benehmens, trotz der   -10-
durchscheinenden Dürftigkeit, und das arme junge Blut* verab-
schiedete sich mit den besten Manieren von der Welt und wandelte
sittig und ehrbar von hinnen*. Aber auch als sie schon wieder im
Freien waren und einen stundenlangen Eichwald betraten, gingen
sie noch in dieser Weise nebeneinander her, in angenehme Träume -15-
vertieft, als ob sie nicht aus zank- und elenderfüllten ver-
nichteten Häusern herkämen, sondern guter Leute Kinder wären,
welche in lieblicher Hoffnung wandelten. Vrenchen senkte das
Köpfchen tiefsinnig gegen seine blumengeschmückte Brust und ging,
die Hände sorglich an das Gewand gelegt, einher* auf dem glatten -20-
feuchten Waldboden; Sali dagegen schritt schlank aufgerichtet,
rasch und nachdenklich, die Augen auf die festen Eichenstämme
geheftet, wie ein Bauer, der überlegt, welche Bäume er am vor-
teilhaftesten fällen soll. Endlich erwachten sie aus diesen ver-
geblichen Träumen, sahen sich an und entdeckten, daß sie immer -25-
noch in der Haltung gingen, in welcher sie das Gasthaus verlassen, erröteten und ließen traurig die Köpfe hängen. Aber
Jugend hat keine Tugend*; der Wald war grün, der Himmel blau und
sie allein in der weiten Welt, und sie überließen sich alsbald
wieder diesem Gefühle. Doch blieben sie nicht lange mehr allein, -30-
da die schöne Waldstraße sich belebte mit lustwandelnden Gruppen
von jungen Leuten sowie mit einzelnen Paaren, welche schäkernd*
und singend die Zeit nach der Kirche verbrachten. Denn die Landleute haben so gut ihre ausgesuchten Promenaden und Lustwälder
wie die Städter, nur mit dem Unterschied, daß dieselben keine   -35-
Unterhaltung* kosten und noch schöner sind; sie spazieren nicht
nur mit einem besonderen Sinn des Sonntags durch ihre blühenden
und reifenden Felder, sondern sie machen sehr gewählte Gänge
durch Gehölze und an grünen Halden* entlang, setzen sich hier auf
eine anmutige fernsichtige Höhe, dort an einem Waldrand, lassen   -40-
ihre Lieder ertönen und die schöne Wildnis ganz behaglich auf
sich einwirken; und da sie dies offenbar nicht zu ihrer Pönitenz*
tun, sondern zu ihrem Vergnügen, so ist wohl anzunehmen, daß sie
Sinn für die Natur haben, auch abgesehen von ihrer Nützlichkeit.

1: intelligent answers, information. 2: exuberant. 4: meadows. 5:
for a few hours. 7: gravely. 11: =Paar. 13: =von dort (weg). 20:
along. 28: young people will be young people. 32: joking,
teasing. 36: maintenance. 39: hill-sides, slopes. 42: penance.

Immer brechen sie etwas Grünes ab, junge Bursche* wie alte Müt-
terchen, welche die alten Wege ihrer Jugend aufsuchen, und selbst
steife Landmänner in den besten Geschäftsjahren*, wenn sie über
Land gehen, schneiden sich gern eine schlanke Gerte, sobald sie
durch einen Wald gehen, und schälen die Blätter ab, von denen sie   -5-
nur oben ein grünes Büschel stehen lassen.   Solche Rute* tragen
sie wie ein Szepter vor sich hin; wenn sie in eine Amtsstube oder
Kanzlei treten, so stellen sie die Gerte ehrerbietig* in einen
Winkel, vergessen aber auch nach den ernstesten Verhandlungen
nie, dieselbe säuberlich wieder mitzunehmen und unversehrt nach   -10-
Hause zu tragen, wo es erst dem kleinsten Söhnchen gestattet ist,
sie zugrunde zu richten. - Als Sali und Vrenchen die vielen
Spaziergänger sahen, lachten sie ins Fäustchen* und freuten sich,
auch gepaart zu sein, schlüpften aber seitwärts auf engere Wald-
pfade, wo sie sich in tiefen Einsamkeiten verloren. Sie hielten   -15-
sich auf, wo es sie freute, eilten vorwärts und ruhten wieder,
und wie keine Wolke am reinen Himmel stand, trübte auch keine
Sorge in diesen Stunden ihr Gemüt; sie vergaßen, woher sie kamen
und wohin sie gingen, und benahmen sich so fein und ordentlich
dabei, daß trotz aller frohen Erregung und Bewegung Vrenchens   -20-
niedlicher einfacher Aufputz* so frisch und unversehrt blieb, wie
er am Morgen gewesen war. Sali betrug sich auf diesem Wege nicht
wie ein beinahe zwanzigjähriger Landbursche oder der Sohn eines
verkommenen Schenkwirtes, sondern wie wenn er einige Jahre jünger
und sehr wohl erzogen wäre, und es war beinahe komisch, wie er   -25-
nur immer sein feines lustiges Vrenchen ansah, voll Zärtlichkeit,
Sorgfalt und Achtung. Denn die armen Leutchen mußten an diesem
einen Tage, der ihnen vergönnt war, alle Manieren* und Stimmungen
der Liebe durchleben und sowohl die verlorenen Tage der zarteren
Zeit nachholen als das leidenschaftliche Ende vorausnehmen mit   -30-
der Hingabe ihres Lebens.
    So liefen sie sich wieder hungrig und waren erfreut, von der
Höhe eines schattenreiches Berges ein glänzendes Dorf vor sich zu
sehen, wo sie Mittag halten wollten. Sie stiegen rasch hinunter,
betraten dann aber ebenso sittsam diesen Ort, wie sie den vorigen   -35-
verlassen. Es war niemand um der Weg, der sie erkannt hätte; denn
besonders Vrenchen war die letzten Jahre hindurch gar nicht unter
die Leute und noch weniger in andere Dörfer gekommen. Deshalb
stellten sie ein wohlgefälliges ehrsames* Pärchen vor, das irgend
einen angelegentlichen* Gang tut. Sie gingen ins erste Wirtshaus   -40-
des Dorfes, wo Sali ein erkleckliches* Mahl bestellte; ein
eigener Tisch wurde ihnen sonntäglich gedeckt und sie saßen wieder still und bescheiden daran und beguckten die schön getäfelten
Wände von gebohntem Nußbaumholz, das ländliche, aber glänzende
und wohlbestellte Büffet von gleichem Holze und die klaren weißen   -45-

-----
1: =Burschen. 3: active years. 6: Such a switch. 8: =respektvoll.
13: secretly. 21: outfit. 28: phases. 39: respectable. 40: =ge-
legentlichen occasional (walk, outing). 41: fairly large.

Fenstervorhänge. Die Wirtin trat zutulich* herzu und setzte ein
Geschirr voll frischer Blumen auf den Tisch. "Bis die Suppe
kommt", sagte sie, "könnt ihr, wenn es euch gefällig ist, einstweilen die Augen sättigen an dem Strauße. Allem Anschein nach,
wenn es erlaubt ist zu fragen, seid ihr ein junges Brautpaar, das   -5-
gewiß nach der Stadt geht, um sich morgen kopulieren zu lassen*?"
Vrenchen wurde rot und wagte nicht aufzusehen, Sali sagte auch
nichts und die Wirtin fuhr fort: "Nun, ihr seid freilich beide
noch wohl jung, aber jung geheiratet lebt lang, sagt man zuweilen, und ihr seht wenigstens hübsch und brav aus und braucht   -10-
euch nicht zu verbergen. Ordentliche Leute können etwas zuwege*
bringen, wenn sie so jung zusammenkommen und fleißig und treu
sind. Aber das muß man freilich sein, denn die Zeit ist kurz und
doch lang und es kommen viele Tage, viele Tage! Je nun*, schön
genug sind sie und amüsant dazu, wenn man gut Haus hält damit*!   -15-
Nichts für ungut*, aber es freut mich, euch anzusehen, so ein
schmuckes* Pärchen seid ihr!" Die Kellnerin brachte die Suppe,
und da sie einem Teil dieser Worte noch gehört und lieber selbst
geheiratet hätte, so sah sie Vrenchen mit scheelen Augen an,
welches nach ihrer Meinung so gedeihliche Wege ging*. In der   -20-
Nebenstube ließ die unliebliche Person ihren Unmut frei und sagte
zur Wirtin, welche dort zu schaffen hatte, so laut, daß man es
hören konnte: "Das ist wieder ein rechtes Hudelvölkchen*, das,
wie es geht und steht*, nach der Stadt läuft und sich kopulieren
läßt, ohne einen Pfennig, ohne Freunde, ohne Aussteuer und ohne   -25-
Aussicht als auf Armut und Bettelei! Wo soll das noch hinaus*,
wenn solche Dinger* heiraten, die du Jüppe* noch nicht allein
anziehen und keine Suppe kochen können? Ach der hübsche junge
Mensch kann mich nur dauern*, der ist schön petschiert* mit
seiner jungen Gungeline*!" "Bscht! willst du wohl schweigen, du   -30-
hässiges Ding!" sagte die Wirtin, "denen lasse ich nichts geschehen! Das sind gewiß zwei recht ordentliche Leutlein aus den
Bergen, wo die Fabriken sind; dürftig sind sie gekleidet, aber
sauber, und wenn sie sich nur gern haben und arbeitsam sind, so
werden sie weiter kommen als du mit deinem bösen Maul! Du kannst   -35-
freilich noch lang warten, bis dich einer abholt, wenn du nicht
freundlicher bist, du Essighafen*!"
     So genoß Vrenchen alle Wonnen einer Braut, die zur Hochzeit
reiset: die wohlwollende Ansprache und Aufmunterung einer sehr
vernünftigen Frau, den Neid einer heiratslustigen bösen Person,   -40-
welche aus Ärger den Geliebten lobte und bedauerte, und ein
leckeres Mittagsmahl an der Seite eben dieses Geliebten. Es

1: friendly, cordially. 6: to get married. 11: =zustande bring
about, accomplish. 14: Well. 15: if one uses them well. 16: no
offense. 17: =hübsches. 20: who was on such a promising path. 23:
ragamuffins.   24: as it stands. 26: Where will it end. 27:
creatures; jacket. 29: =leid tun; stuck. 30: stuck-up hussy. 37:
vinegar pot, i.e., sourpuss.

glühte im Gesicht wie eine rote Nelke, das Herz klopfte ihm, aber
es aß und trank nichtsdestominder mit gutem Appetit und war mit
der aufwartenden Kellnerin nur umso artiger, konnte aber nicht
unterlassen, dabei den Sali zärtlich anzusehen und mit ihm zu
lispeln*, so daß es diesem auch ganz kraus im Gemüt wurde*. Sie   -5-
saßen indessen lang und gemächlich* am Tische, wie wenn sie zö-
gerten und sich scheuten, aus der holden Täuschung herauszugehen.
Die Wirtin brachte zum Nachtisch süßes Backwerk und Sali bestellte feinern und stärkern Wein dazu, welcher Vrenchen feurig
durch die Adern rollte, als es ein wenig davon trank; aber es -10-
nahm sich in Acht, nippte bloß zuweilen und saß so züchtig und
verschämt da wie eine wirkliche Braut.   Halb spielte es aus
Schalkheit diese Rolle und aus Lust, zu versuchen, wie es tue*,
halb war es ihm in der Tat so zu Mut und vor Bangigkeit und
heißer Liebe wollte ihm das Herz brechen, so daß es ihm zu eng -15-
ward innerhalb der vier Wände und es zu gehen begehrte. Es war,
als ob sie sich scheuten, auf dem Wege wieder so abseits und
allein zu sein; denn sie gingen unverabredet* auf der Hauptstraße
weiter, mitten durch die Leute, und sahen weder rechts noch
links.   Als sie aber aus dem Dorfe waren und auf das nächst- -20-
liegende zugingen, wo Kirchweih war, hing sich Vrenchen an Salis
Arm und flüsterte mit zitternden Worten: "Sali! warum sollen wir
uns nicht haben und glücklich sein?" "Ich weiß auch nicht warum!"
erwiderte er und heftete seine Augen an den milden Herbstsonnen-
schein, der auf den Auen webte*, und er mußte sich bezwingen und -25-
das Gesicht ganz sonderbar verziehen. Sie standen still, um sich
zu küssen; aber es zeigten sich Leute und sie unterließen es und
zogen weiter. Das große Kirchdorf*, in dem Kirchweih war, belebte
sich schon von der Lust des Volkes; aus dem stattlichen Gasthofe
tönte eine pomphafte Tanzmusik, da die jungen Dörfler bereits um -30-
Mittag den Tanz angehoben*, und auf dem Platz vor dem Wirtshause
war ein kleiner Markt aufgeschlagen, bestehend aus einigen
Tischen mit Süßigkeiten und Backwerk und ein paar Buden mit Flit-
terstaat*, um welche sich die Kinder und dasjenige Volk drängten,
welches sich einstweilen mehr mit Zusehen begnügte. Sali und -35-
Vrenchen traten auch zu den Herrlichkeiten und ließen ihre Augen
darüber fliegen; denn beide hatten zugleich die Hand in der
Tasche und jedes wünschte dem andern etwas zu schenken, da sie
zum ersten und einzigen Male miteinander zu Markt waren; Sali
kaufte ein großes Haus von Lebkuchen, das mit Zuckerguß* freund- -40-
lich geweißt war, mit einem grünen Dach, auf welchem weiße Tauben
saßen und aus dessen Schornstein ein Amörchen* guckte als Kamin-
feger; an den offenen Fenstern umarmten sich pausbäckige* Leutchen mit winzig kleinen roten Mündchen, die sich recht eigentlich
küßten, da der flüchtige* praktische Maler mit einem Kleckschen -45-

-----
5: =flüstern whisper; became confused. 6: =bequem, gemütlich. 13:
how it felt. 18: without previous discussion. 25: was floating.
28: village with a church. 31: =angefangen. 34: tawdry junk. 40:
icing. 42: little Cupid. 43: chubby-faced. 45: hasty, careless.

gleich zwei Mündchen gemacht, die so ineinander verflossen.
Schwarze Pünktchen stellten muntere Äuglein vor*. Auf der rosen-
roten Haustür aber waren diese Verse zu lesen:

> Tritt in mein Haus, o Liebste!
> Doch sei Dir unverhehlt*:   -5-
> Drin wird allein nach Küsen
> Gerechnet und gezählt.
>
> Die Liebste sprach: "O Liebster,
> Mich schrecket nichts zurück!
> Hab alles wohl erwogen*:   -10-
> In Dir nur lebt mein Glück!
>
> "Und wenn ichs recht bedenke,
> Kam ich deswegen auch!"
> Nun denn, spazier mit Segen
> Herein und üb den Brauch!   -15-

Ein Herr in einem blauen Frack und eine Dame mit einem sehr
hohen Busen komplimentierten sich* diesen Versen gemäß in das
Haus hinein, links und rechts an die Mauer gemalt. Vrenchen
schenkte Sali dagegen ein Herz, auf dessen einer Seite ein Zet-
telchen klebte mit den Worten: -20-

> Ein süßer Mandelkern steckt in dem Herze hier,
> Doch süßer als der Mandelkern ist meine Lieb zu Dir!

Und auf der anderen Seite:

> Wenn du dies Herz gegessen, vergiß dies Sprüchlein nicht:
> Viel eh'r als meine Liebe mein braunes Auge bricht*!   -25-

Sie lasen eifrig die Sprüche und nie ist etwas Gereimtes und
Gedrucktes schöner befunden und tiefer empfunden worden als diese
Pfefferkuchensprüche; sie hielten, was sie lasen, in besonderer
Absicht auf sich gemacht, so gut schien es ihnen zu passen.
"Ach", seufzte Vrenchen, "du schenkst mir ein Haus! Ich habe dir   -30-
auch eines und erst das wahre geschenkt; denn unser Herz ist
jetzt unser Haus, darin wir wohnen, und wir tragen so unsere
Wohnung mit uns, wie die Schnecken! Andere haben wir nicht!"
"Dann sind wir aber zwei Schnecken, von denen jede das Häuschen
der andern trägt!" sagte Sali, und Vrenchen erwiderte: "Desto   -35-
weniger dürfen wir voneinander gehen, damit jedes seiner Wohnung
nah bleibt!" Doch wußten sie nicht, das sie in ihren Reden eben

-----
2: depicted. 5: =unverhohlen unconcealed. 10: considered. 17:
paid their respects to one another (on their way into the house).
25: grows dim (in death).

solche Witze machten als auf den vielfach geformten Lebkuchen zu
lesen waren, und fuhren fort diese süße einfache Liebesliteratur
zu studieren, die da ausgearbeitet lag und besonders auf vielfach
verzierte kleine und große Herzen geklebt war. Alles dünkte sie
schön und einzig zutreffend; als Vrenchen auf einem vergoldeten -5-
Herzen, das wie eine Lyra mit Saiten bespannt war, las: "Mein
Herz ist wie ein Zitherspiel, rührt man es viel, so tönt es
viel!" ward ihm so musikalisch zu Mut, daß es glaubte, sein
eigenes Herz klingen zu hören. Ein Napoleonsbild war da, welches
aber auch der Träger eines verliebten Spruches sein mußte, denn -10-
es stand darunter geschrieben: "Groß war der Held Napoleon, sein
Schwert von Stahl, sein Herz von Ton*; mein Herz trägt ein Rös-
lein frei, doch ist ihr Herz wie Stahl so treu!" - Während sie
aber beiderseitig in das Lesen vertieft schienen, nahm jedes die
Gelegenheit wahr*, einen heimlichen Einkauf zu machen. Sali -15-
kaufte für Vrenchen ein vergoldetes Ringelchen mit einem grünen
Glassteinchen, und Vrenchen einen Ring von schwarzem Gemshorn*,
auf welchem ein goldenes Vergißmeinnicht eingelegt war. Wahrscheinlich hatten sie den gleichen Gedanken, sich diese armen
Zeichen* bei der Trennung zu geben.   -20-
   Während sie in diese Dinge sich versenkten, waren sie so vergessen, daß sie nicht bemerkten, wie nach und nach ein weiter
Ring sich um sie gebildet hatte von Leuten, die sie aufmerksam
und neugierig betrachteten. Denn da viele junge Bursche und Mädchen aus ihrem Dorfe hier waren, so waren sie erkannt worden, und -25-
alles stand jetzt in einiger Entfernung um sie herum und sah mit
Verwunderung auf das wohlgeputzte Paar, welches in andächtiger
Innigkeit die Welt um sich her zu vergessen schien. "Ei seht!"
hieß es, "das ist ja wahrhaftig das Vrenchen Marti und der Sali
aus der Stadt! Die haben sich ja säuberlich gefunden und ver- -30-
bunden! Und welche Zärtlichkeit und Freundschaft, seht doch,
seht! Wo die wohl hinaus wollen*?" Die Verwunderung dieser Zu-
schauer war ganz seltsam gemischt aus Mitleid mit dem Unglück,
aus Verachtung der Verkommenheit und Schlechtigkeit der Eltern
und aus Neid gegen das Glück und die Einigkeit des Paares, -35-
welches auf eine ganz ungewöhnliche und fast vornehmere Weise
verliebt und aufgeregt war und in dieser rückhaltlosen Hingebung
und Selbstvergessenheit dem rohen Völkchen ebenso fremd erschien
wie in seiner Verlassenheit und Armut. Als sie daher endlich auf-
wachten und um sich sahen, erschauten sie nichts als gaffende -40-
Gesichter von allen Seiten; niemand grüßte sie und sie wußten
nicht, sollten sie jemand grüßen, und diese Verfremdung und Un-
freundlichkeit war von beiden Seiten mehr Verlegenheit als Absicht. Es wurde Vrenchen bang und heiß, es wurde bleich und rot,
Sali nahm es aber bei der Hand und führte das arme Wesen hinweg, -45-
das ihm mit seinem Haus in der Hand willig folgte, obgleich die
Trompeten im Wirtshause lustig schmetterten und Vrenchen so gern

-----

12: clay. 15: took the opportunity. 17: chamois horn. 20: token.
32: What can they be up to?

tanzen wollte. "Hier können wir nicht tanzen!" sagte Sali, als
sie sich etwas entfernt hatten, "wir würden hier wenig Freude
haben, wie es scheint!" "Jedenfalls", sagte Vrenchen traurig, "es
wird auch am besten sein, wir lassen es ganz bleiben und ich
sehe, wo ich ein Unterkommen finde!" "Nein", rief Sali, "du -5-
sollst einmal tanzen, ich habe dir darum Schuhe gebracht! Wir
wollen gehen, wo das arme Volk sich lustig macht, zu dem wir
jetzt auch gehören, da werden sie uns nicht verachten; im Para-
diesgärtchen* wird jedesmal auch getanzt, wenn hier Kirchweih
ist, da es in die Kirchgemeinde gehört, und dorthin wollen wir -10-
gehen, dort kannst du zur Not auch übernachten." Vrenchen schau-
erte zusammen bei dem Gedanken, nun zum ersten Mal an einem unbekannten Ort zu schlafen; doch folgte es willenlos seinem
Führer, der jetzt alles war, was es in der Welt hatte. Das Paradiesgärtlein war ein schöngelegenes Wirtshaus an einer einsamen -15-
Berghalde*, das weit über das Land wegsah, in welchem aber an
solchen Vergnügungstagen nur das ärmere Volk, die Kinder der ganz
kleinen Bauern und Tagelöhner und sogar mancherlei fahrendes
Gesinde* verkehrte. Vor hundert Jahren war es als ein kleines
Landhaus von einem reichen Sonderling gebaut worden, nach welchem -20-
niemand mehr da wohnen möchte, und da der Platz sonst zu nichts
zu gebrauchen war, so geriet der wunderliche Landsitz in Verfall
und zuletzt in die Hände eines Wirtes, der da sein Wesen trieb*.
Der Name und die demselben entsprechende Bauart waren aber dem
Hause geblieben. Es bestand nur aus einem Erdgeschoß, über -25-
welchem ein offener Estrich* gebaut war, dessen Dach an den vier
Ecken von Bildern aus Sandstein getragen wurde, so* die vier Erz-
engel* vorstellten und gänzlich verwittert waren.. Auf dem
Gesimse* des Daches saßen ringsherum kleine musizierende Engel
mit dicken Köpfen und Bäuchen, den Triangel, die Geige, die -30-
Flöte, Zimbel und Tamburin spielend, ebenfalls aus Sandstein, und
die Instrumente waren ursprünglich vergoldet gewesen. Die Decke
inwendig* sowie die Brustwehr* des Estrichs und das übrige Ge-
mäuer des Hauses waren mit verwaschenen Freskomalereien bedeckt,
welche lustige Engelscharen sowie singende und tanzende Heilige -35-
darstellten. Aber alles war verwischt und undeutlich wie ein
Traum und überdies reichlich mit Weinreben übersponnen*, und
blaue reifende Trauben hingen überall in dem Laube. Um das Haus
herum standen verwilderte Kastanienbäume, und knorrige starke
Rosenbüsche, auf eigene Hand* fortlebend, wuchsen da und dort so -40-
wild herum wie anderswo die Holunderbäume. Der Estrich diente zum
Tanzsaal; als Sali und Vrenchen daherkam, sahen sie schon von
weitem die Paare unter dem offenen Dache sich drehen, und rund um
das Haus zechten* und lärmten eine Menge lustiger Gäste. Vrenchen, welches andächtig und wehmütig sein Liebeshaus trug, glich -45-

-----
9: (also **Paradiesgärtlein**): name of a tavern. 16: hillside. 19:
vagabonds. 23: pursued his trade. 26: attic. 27: =die. 28: arch-
angels. 29: cornice. 33: on the inside; parapet. 37: covered. 40:
on their own. 44: caroused.

einer heiligen Kirchenpatronin auf alten Bildern, welche das
Modell eines Domes oder Klosters auf der Hand hält, so* sie ge-
stiftet; aber aus der frommen Stiftung, die ihm im Sinne lag,
konnte nichts werden. Als es aber die wilde Musik hörte, welche
vom Estrich ertönte, vergaß es sein Leid und verlangte endlich -5-
nichts als mit Sali zu tanzen. Sie drängten sich durch die Gäste,
die vor dem Hause saßen und in der Stube, verlumpte Leute aus
Seldwyla, die eine billige Landpartie* machten, armes Volk von
allen Enden*, und stiegen die Treppe hinauf, und sogleich drehten
sie sich im Walzer herum, keinen Blick voneinander abwendend.   -10-
Erst als der Walzer zu Ende, sahen sie sich um; Vrenchen hatte
sein Haus zerdrückt und zerbrochen und wollte eben betrübt darüber werden, als es noch mehr erschrak über den schwarzen
Geiger, in dessen Nähe sie standen. Er saß auf einer Bank, die
auf einem Tische stand, und sah so schwarz aus wie gewöhnlich; -15-
nur hatte er heute einen grünen Tannenbusch* auf sein Hütchen
gesteckt, zu seinen Füßen hatte er eine Flasche Rotwein und ein
Glas stehen, welche er nie umstieß, obgleich er fortwährend mit
den Beinen strampelte, wenn er geigte, und so eine Art von Eier-
tanz* damit vollbrachte. Neben ihm saß noch ein schöner, aber   -20-
trauriger junger Mensch mit einem Waldhorn, und ein Buckliger
stand an einer Baßgeige. Sali erschrak auch, als er den Geiger
erblickte; dieser grüßte sie aber auf das freundlichste und rief:
"Ich habe doch gewußt, daß ich euch noch einmal aufspielen werde!
So macht euch nur recht lustig, ihr Schätzchen, und tut mir Be-   -25-
scheid*!" Er bot Sali das volle Glas und Sali trank und tat ihm
Bescheid. Als der Geiger sah, wie erschrocken Vrenchen war,
suchte er ihm freundlich zuzureden und machte einige fast anmutige Scherze, die es zum Lachen brachten. Es ermunterte sich
wieder, und nun waren sie froh, hier einen Bekannten zu haben und -30-
gewissermaßen unter dem besonderen Schutze des Geigers zu stehen.
Sie tanzten nun ohne Unterlaß, sich und die Welt vergessend in
dem Drehen, Singen und Lärmen, welches in und außer dem Hause
rumorte und vom Berge weit in die Gegend hinausschallte, welche
sich allmählig in den silbernen Duft des Herbstabends hüllte. Sie -35-
tanzten, bis es dunkelte und der größere Teil der lustigen Gäste
sich schwankend und johlend* nach allen Seiten entfernte. Was
noch zurückblieb, war das eigentliche Hudelvölkchen, welches nirgends zu Hause war und sich zum guten Tag auch noch eine gute
Nacht machen wollte. Unter diesen waren einige, welche mit dem   -40-
Geiger gut bekannt schienen und fremdartig aussahen in ihrer zu-
sammengewürfelten* Tracht. Besonders ein junger Bursche fiel auf,
der eine grüne Manchesterjacke* und einen zerknitterten Strohhut,
um den er einen Kranz von Eberschen* oder Vogelbeerbüscheln* gebunden hatte. Dieser führte eine wilde Person mit sich, die einen -45-

-----

2: =das.   8: outing.   9: from all over.   16: sprig of fir.   20:
egg-dance, i.e., a difficult feat.   26: drink to my health.   37:
yelling.   42: motley.   43: corduroy jacket.   44: mountain-ash; sprig
of mountain-ash berry.

Rock von kirschrotem weißgetüpfeltem* Kattun* trug und sich einen
Reifen* von Rebenschossen* um den Kopf gebunden, so daß an jeder
Schläfe eine blaue Traube hing. Dies Paar was das ausgelassenste
von allen, tanzte und sang unermüdlich und war in allen Ecken
zugleich. Dann war noch ein schlankes hübsches Mädchen da,   -5-
welches ein schwarzseidenes abgeschossenes* Kleid trug und ein
weißes Tuch um den Kopf, daß der Zipfel über den Rücken fiel. Das
Tuch zeigte rote, eingewobene* Streifen und war eine gute leinene
Handzwehle* oder Serviette. Darunter leuchteten aber ein Paar
veilchenblaue Augen hervor. Um den Hals und auf der Brust hing   -10-
eine sechsfache Kette von Vogelbeeren auf einen Faden gezogen und
ersetzte die schönste Korallenschnur. Diese Gestalt tanzte fortwährend allein mit sich selbst und verweigerte hartnäckig mit
einem der Gesellen zu tanzen. Nichtsdestominder bewegte sie sich
anmutig und leicht herum und lächelte jedesmal, wenn sie sich an   -15-
dem traurigen Waldhornbläser vorüberdrehte, wozu dieser immer den
Kopf abwandte. Noch einige andere vergnügte Frauensleute waren da
mit ihren Beschützern, alle von dürftigem Aussehen, aber sie
waren umso lustiger und in bester Eintracht untereinander. Als es
gänzlich dunkel war, wollte der Wirt keine Lichter anzünden, da   -20-
er behauptete, der Wind lösche sie aus, auch ginge der Vollmond
sogleich auf und für das, was ihm diese Herrschaften einbrächten,
sei das Mondlicht gut genug. Diese Eröffnung* wurde mit großem
Wohlgefallen aufgenommen; die ganze Gesellschaft stellte sich an
die Brüstung des luftigen Saales und sah dem Aufgange des Ge-   -25-
stirnes entgegen, dessen Röte schon am Horizonte stand; und sobald der Mond aufging und sein Licht quer durch den Estrich des
Paradiesgärtels warf, tanzten sie im Mondschein weiter, und zwar
so still, artig und seelenvergnügt*, als ob sie im Glanze von   -30-
hundert Wachskerzen tanzten. Das seltsame Licht machte alle vertrauter, und so konnten Sali und Vrenchen nicht umhin, sich unter
die gemeinsame Lustbarkeit zu mischen und auch mit Andern zu
tanzen. Aber jedesmal, wenn sie ein Weilchen getrennt gewesen,
flogen sie zusammen und feierten ein Wiedersehen, als ob sie sich -35-
jahrelang gesucht und endlich gefunden. Sali machte ein trauriges
und unmutiges Gesicht, wenn er mit einer Anderen tanzte, und
drehte fortwährend das Gesicht nach Vrenchen hin, welches ihn
nicht ansah, wenn es vorüberschwebte, glühte wie eine Purpurrose
und überglücklich schien, mit wem es auch* tanzte. "Bist du   -40-
eifersüchtig, Sali?" fragte es ihn, als die Musikanten müde waren
und aufhörten. "Gott bewahre*!" sagte er, "ich wüßte nicht, wie
ich es anfangen sollte*!" "Warum bist du denn so bös, wenn ich
mit Andern tanze?" "Ich bin nicht darüber bös, sondern weil ich
mit Andern tanzen muß! Ich kann kein anderes Mädchen ausstehen,

-----
1: dotted with white; calico. 2: ring; sprigs of grapevines. 6:
faded. 8: interwoven. 9: =Handtuch. 23: announcement. 29:
heartily content. 39: sc. immer. 41: God forbid. 42: how to be.

es ist mir, als wenn ich ein Stück Holz im Arm habe, wenn du es
nicht bist! Und du? wie geht es dir?" "O, ich bin immer wie im
Himmel, wenn ich nur tanze und weiß, daß du zugegen* bist! Aber
ich glaube, ich würde sogleich tot umfallen, wenn du weggingest
und mich da ließest!" Sie waren hinabgegangen und standen vor dem   -5-
Hause; Vrenchen umschloß ihn mit beiden Armen, schmiegte seinen
schlanken zitternden Leib an ihn, drückte seine glühende Wange,
die von heißen Tränen feucht war, an sein Gesicht und sagte
schluchzend: "Wir können nicht zusammen sein und doch kann ich
nicht von dir lassen, nicht einen Augenblick mehr, nicht eine   -10-
Minute!" Sali umarmte und drückte das Mädchen heftig an sich und
bedeckte es mit Küssen. Seine verwirrten Gedanken rangen nach
einem Ausweg, aber er sah keinen. Wenn auch das Elend und die
Hoffnungslosigkeit seiner Herkunft zu überwinden gewesen wären,
so war seine Tugend und unerfahrene Leidenschaft nicht beschaf-   -15-
fen, sich eine lange Zeit der Prüfung und Entsagung vorzunehmen*
und zu überstehen, und dann wäre erst noch Vrenchens Vater dagewesen, welchen er zeitlebens* elend gemacht. Das Gefühl, in der
bürgerlichen Welt nur in einer ganz ehrlichen und gewissenfreien
Ehe glücklich sein zu können, war in ihm ebenso lebendig wie in   -20-
Vrenchen, und in beiden verlassenen Wesen* war es die letzte
Flamme der Ehre, die in früheren Zeiten in ihren Häusern geglüht
hatte und welche die sich sicher fühlenden Väter durch einen un-
scheinbaren Mißgriff ausgeblasen und zerstört hatten, als sie,
eben diese Ehre zu äufnen* wähnend* durch Vermehrung ihres Eigen-   -25-
tums, so gedankenlos sich das Gut eines Verschollenen* aneig-
neten, ganz gefahrlos, wie sie meinten. Das geschieht nun freilich alle Tage; aber zuweilen stellt das Schicksal ein Exempel
auf und läßt zwei solche Äufner ihrer Hausehre und ihres Gutes
zusammentreffen, die sich dann unfehlbar aufreiben und auffressen   -30-
wie zwei wilde Tiere. Denn die Mehrer des Reiches verrechnen sich
nicht nur auf den Thronen, sondern zuweilen auch in den nieder-
sten Hütten und langen* ganz am entgegengesetzten Ende an als
wohin sie zu kommen trachteten, und der Schild der Ehre ist im
Umsehen* eine Tafel der Schande. Sali und Vrenchen hatten aber   -35-
noch die Ehre ihres Hauses gesehen in zarten Kinderjahren und
erinnerten sich, wie wohlgepflegte Kinderchen sie gewesen und daß
ihre Väter ausgesehen wie andere Männer, geachtet und sicher.
Dann waren sie auf lange getrennt worden, und als sie sich wie-
derfanden, sahen sie in sich zugleich das verschwundene Glück des   -40-
Hauses, und beider* Neigung klammerte sich nur umso heftiger ineinander. Sie mochten so gern fröhlich und glücklich sein, aber
nur auf einem guten Grund und Boden, und dieser schien ihnen un-
erreichbar, während ihr wallendes Blut am liebsten gleich zusam-
mengestömt wäre. "Nun ist es Nacht", rief Vrenchen, "und wir   -45-

-----

3: =anwesend present. 16: to undergo. 18: for the rest of his
life. 21: creatures. 25: =(ver)mehren; =glaubend. 26: of a man
who had dropped from sight. 33: =kommen. 35: in a trice, flash.
41: genitive plural.

sollen uns trennen!" "Ich soll nach Hause gehen und dich allein
lassen?" rief Sali, "nein, das kann ich nicht!" "Dann wird es Tag
werden und nicht besser um uns stehen!"

"Ich will euch einen Rat geben, ihr närrischen Dinger!" tönte
eine schrille Stimme hinter ihnen, und der Geiger trat vor sie   -5-
hin. "Da steht ihr", sagte er, "wißt nicht wo hinaus und hättet
euch gern. Ich rate euch, nehmt euch, wie ihr seid, und säumet
nicht. Kommt mit mir und meinen guten Freunden in die Berge, da
braucht ihr keinen Pfarrer, kein Geld, keine Schriften, keine
Ehre, kein Bett, nicht als euern guten Willen! Es ist gar nicht -10-
so übel bei uns, gesunde Luft und genug zu essen, wenn man tätig
ist; die grünen Wälder sind unser Haus, wo wir uns lieb haben,
wie es uns gefällt, und im Winter machen wir uns die wärmsten
Schlupfwinkel* oder kriechen den Bauern ins warme Heu. Also kurz
entschlossen*, haltet gleich hier Hochzeit und kommt mit uns,   -15-
dann seid ihr aller Sorgen los und habt euch für immer und ewiglich, solange es euch gefällt wenigstens; denn alt werdet ihr bei
unserm freien Leben, das könnt ihr glauben! Denkt nicht etwa, daß
ich euch nachtragen* will, was eure Alten an mir getan! Nein! es
macht mir zwar Vergnügen, euch da angekommen zu sehen, wo ihr   -20-
seid; allein damit bin ich zufrieden und werde euch behilflich
und dienstfertig sein, wenn ihr mir folgt." Er sagte das wirklich
in einem aufrichtigen und gemütlichen Tone. "Nun, besinnt euch
ein bißchen, aber folget mir, wenn ich euch gut zum Rat bin*!
Laßt fahren die Welt und nehmet euch und fraget niemandem was   -25-
nach! Denkt an das lustige Hochzeitsbett im tiefen Wald oder auf
einem Heustock, wenn es euch zu kalt ist!" Damit ging er ins
Haus. Vrenchen zitterte in Salis Armen und dieser sagte: "Was
meinst du dazu? Mich dünkt, es wäre nicht übel, die ganze Welt in
den Wind zu schlagen* und uns dafür zu lieben ohne Hindernis und -30-
Schranken!" Er sagte es aber mehr als einen verzweifelten Scherz
denn im Ernst. Vrenchen aber erwiderte ganz treuherzig und küßte
ihn: "Nein, dahin möchte ich nicht gehen, denn da geht es auch
nicht nach meinem Sinne zu. Der junge Mensch mit dem Waldhorn und
das Mädchen in dem seidenen Rock gehören auch so zueinander und   -35-
sollen sehr verliebt gewesen sein. Nun sei letzte Woche die Person ihm zum ersten Mal untreu geworden, was ihm nicht in den Kopf
wolle*, und deshalb sei er so traurig und schmolle mit ihr und
mit den Andern, die ihn auslachen. Sie aber tut eine mutwillige
Buße, indem sie allein tanzt und mit niemandem spricht, und lacht -40-
ihn auch nur aus damit. Dem armen Musikanten sieht man es jedoch
an, daß er sich noch heute mit ihr versöhnen wird. Wo es aber so
hergeht, möchte ich nicht sein, denn nie möcht ich dir untreu
werden, wenn ich auch sonst noch alles ertragen würde, um dich zu
besitzen!" Indessen aber fieberte das arme Vrenchen immer   -45-
heftiger an Salis Brust; denn schon seit dem Mittag, wo jene

14: hiding places. 15: make up your minds quickly. 19: bear you a
grudge (for). 24: if you want to take my advice. 30: to dis-
regard. 38: which he can't quite believe.

Wirtin es für eine Braut gehalten und es eine solche ohne Wider-
rede vorgestellt, lohte* ihm das Brautwesen im Blute, und je
hoffnungsloser es war, umso wilder und unbezwinglicher. Dem Sali
erging es ebenso schlimm, da die Reden des Geigers, so wenig er
ihnen folgen mochte, dennoch seinen Kopf verwirrten, und er sagte -5-
mit ratlos stockender Stimme: "Komm herein, wir müssen wenigstens
noch was essen und trinken." Sie gingen in die Gaststube, wo niemand mehr war als die kleine Gesellschaft der Heimatlosen, welche
bereits um einen Tisch saß und eine spärliche Mahlzeit hielt. "Da
kommt unser Hochzeitpaar!" rief der Geiger, "jetzt seid lustig -10-
und fröhlich und laßt euch zusammengeben!" Sie wurden an den
Tisch genötigt und flüchteten sich vor sich selbst an denselben
hin; sie waren froh, nur für den Augenblick unter Leuten zu sein.
Sali bestellte Wein und reichlichere Speisen, und es begann eine
große Fröhlichkeit. Der Schmollende hatte sich mit der Untreuen -15-
versöhnt und das Paar liebkoste sich in begieriger Seligkeit; das
andere wilde Paar sang und trank und ließ es ebenfalls nicht an
Liebeserzeugungen* fehlen, und der Geiger nebst dem buckligen
Baßgeiger lärmten ins Blaue hinein*. Sali und Vrenchen waren
still und hielten sich umschlungen; auf einmal gebot der Geiger -20-
Stille und führte eine spaßhafte Zeremonie auf, welche eine Trauung vorstellen sollte. Sie mußten sich die Hände geben und die
Gesellschaft stand auf und trat der Reihe nach zu ihnen, um sie
zu beglückwünschen und in ihrer Verbrüderung willkommen zu
heißen. Sie ließen es geschehen, ohne ein Wort zu sagen, und be- -25-
trachteten es als einen Spaß, während es sie doch kalt und heiß
durchschauerte.
    Die kleine Versammlung wurde jetzt immer lauter und auf-
geregter, angefeuert durch den stärkern Wein, bis plötzlich der
Geiger zum Aufbruch mahnte. "Wir haben weit*", rief er, "und -30-
Mitternacht ist vorüber! Auf! wir wollen dem Brautpaar das Geleit* geben und ich will vorausgeigen*, daß es eine Art hat*!" Da
die ratlos Verlassenen nichts Besseres wußten und überhaupt ganz
verwirrt waren, ließen sie abermals geschehen, daß man sie vor-
anstellte und die übrigen zwei Paare einen Zug hinter ihnen for- -35-
mierten, welchen der Bucklige abschloß mit seiner Baßgeige über
der Schulter. Der Schwarze zog voraus und spielte auf seiner
Geige wie besessen den Berg hinunter. So strich der tolle nächt-
liche Zug durch die stillen Felder und durch das Heimatdorf Salis
und Vrenchens, dessen Bewohner längst schliefen.   -40-
    Als sie durch die stillen Gassen kamen und an ihren verlorenen
Vaterhäusern vorüber, ergriff sie eine schmerzhaft wilde Laune
und sie tanzten mit den Andern um die Wette hinter dem Geiger
her, küßten sich, lachten und weinten. Sie tanzten auch den Hügel
hinauf, über welchen der Geiger sie führte, wo die drei Äcker -45-
lagen, und oben strich der schwärzliche Kerl die Geige noch

2: =flammte. 18: signs of affection. 19: haphazardly. 30: sc. **zu**
gehen. 32: =**Begleitung**; precede while fiddling; so that it may
have some class.

einmal so wild, sprang und hüpfte wie ein Gespenst, und seine
Gefährten blieben nicht zurück in der Ausgelassenheit, so daß es
ein wahrer Blocksberg* war auf der stillen Höhe; selbst der Bucklige sprang keuchend mit seiner Last herum und keines schien mehr
das andere zu sehen. Sali faßte Vrenchen fester in den Arm und   -5-
zwang es still zu stehen; denn er war zuerst zu sich gekommen. Er
küßte es, damit es schweige, heftig auf den Mund, da es sich ganz
vergessen hatte und laut sang. Es verstand ihn endlich und sie
standen still und lauschend, bis ihr tobendes Hochzeitgeleite das
Feld entlang gerast war und, ohne sie zu vermissen, am Ufer des   -10-
Stromes hinauf sich verzog. Die Geige, das Gelächter der Mädchen
und die Jauchzer* der Bursche tönten aber noch eine gute Zeit
durch die Nacht, bis zuletzt alles verklang und still wurde.
    "Diesen sind wir entflohen", sagte Sali, "aber wie entfliehen
wir uns selbst? Wie meiden wir uns?"   -15-
    Vrenchen war nicht imstande zu antworten und lag hochaufatmend
an seinem Halse. "Soll ich dich nicht lieber ins Dorf zurück-
bringen und Leute wecken, daß sie dich aufnehmen? Morgen kannst
du ja deines Weges ziehen und gewiß wird es dir wohl gehen, du
kommst überall fort!"   -20-
    "Fortkommen, ohne dich!"
    "Du mußt mich vergessen!"
    "Das werde ich nie! Könntest denn du es tun?"
    "Darauf kommts nicht an, mein Herz!" sagte Sali und streichelte
ihm die heißen Wangen, je nachdem es sie leidenschaftlich an   -25-
seiner Brust herumwarf, "es handelt sich jetzt nur um dich; du
bist noch so ganz jung und es kann dir noch auf allen Wegen* gut
gehen!"
    "Und dir nicht auch, du alter Mann?"
    "Komm!" sagte Sali und zog es fort. Aber sie gingen nur einige -30-
Schritte und standen wieder still, um sich bequemer zu umschlingen und zu herzen. Die Stille der Welt sang und musizierte
ihnen durch die Seelen, man hörte nur den Fluß unten sacht und
lieblich rauschen im langsamen Ziehen.
    "Wie schön ist es da rings herum! Hörst du nicht etwas tönen, -35-
wie ein schöner Gesang oder ein Geläute?"
    "Es ist das Wasser, das rauscht! Sonst ist alles still."
    "Nein, es ist noch etwas anderes, hier, dort hinaus, überall
tönts!"
    "Ich glaube, wir hören unser eigenes Blut in unsern Ohren   -40-
rauschen!"
    Sie horchten ein Weilchen auf diese eingebildeten oder wirk-
lichen Töne, welche von der großen Stille herrührten oder welche
sie mit den magischen Wirkungen des Mondlichts verwechselten,
welches nah und fern über die weißen Herbstnebel wallte, welche   -45-

-----
3: or **Brocken**: the highest peak in the Harz Mountains, legendary
scene of the witches' carnival on Walpurgis Night (April 30). 12:
shouts. 27: =überall.

tief auf den Gründen lagen. Plötzlich fiel Vrenchen etwas ein;
es suchte in seinem Brustgewand* und sagte: "Ich habe dir noch
ein Andenken gekauft, das ich dir geben wollte!" Und es gab ihm
den einfachen Ring und steckte ihm denselben selbst an den
Finger. Sali nahm sein Ringlein auch hervor und steckte ihn an   -5-
Vrenchens Hand, indem er sagte: "So haben wir die gleichen Gedanken gehabt!" Vrenchen hielt seine Hand in das bleiche Silber-
licht und betrachtete den Ring. "Ei, wie ein* feiner Ring!" sagte
es lachend; "nun sind wir aber doch verlobt und versprochen, du
bist mein Mann und ich deine Frau, wir wollen es einmal einen   -10-
Augenblick lang denken, nur bis jener Nebelstreif am Mond vorüber
ist oder bis wir zwölf gezählt haben! Küsse mich zwölfmal!"
   Sali liebte gewiß ebenso stark als Vrenchen, aber die Heirats-
frage war in ihm doch nicht so leidenschaftlich lebendig als ein
bestimmtes Entweder - Oder, als ein unmittelbares Sein oder Nicht- -15-
sein, wie in Vrenchen, welches nur das **eine** zu fühlen fähig war
und mit leidenschaftlicher Entschiedenheit unmittelbar Tod oder
Leben darin sah. Aber jetzt ging ihm endlich ein Licht auf und
das weibliche Gefühl des jungen Mädchens ward in ihm auf der
Stelle zu einem wilden und heißen Verlangen und eine glühende   -20-
Klarheit erhellte ihm die Sinne. So heftig er Vrenchen schon umarmt und liebkost hatte, tat er es jetzt doch ganz anders und
stürmischer und übersäete es mit Küssen*. Vrenchen fühlte trotz
aller eigenen Leidenschaft auf der Stelle diesen Wechsel und ein
heftiges Zittern durchfuhr sein ganzes Wesen, aber ehe jener   -25-
Nebelstreif am Monde vorüber war, war es auch davon ergriffen. Im
heftigen Schmeicheln und Ringen begegneten sich ihre ringge-
schmückten Hände und faßten sich fest, wie von selbst eine Trauung vollziehend, ohne den Befehl eines Willens. Salis Herz
klopfte bald wie mit Hämmern, bald stand es still, er atmete   -30-
schwer und sagte leise: "Es gibt eines für uns, Vrenchen, wir
halten Hochzeit zu dieser Stunde und gehen dann aus der Welt -
dort ist das tiefe Wasser - dort scheidet uns niemand mehr und
wir sind zusammengewesen - ob kurz oder lang, das kann uns dann
gleich sein. -"   -35-
   Vrenchen sagte sogleich: "Sali - was du da sagst, habe ich
schon lang bei mir gedacht und ausgemacht*, nämlich daß wir
sterben könnten und dann alles vorbei wäre - so schwör mir es,
daß du es mit mir tun willst!"
   "Es ist schon so gut wie getan, es nimmt dich niemand mehr aus -40-
meiner Hand als der Tod!" rief Sali außer sich. Vrenchen aber
atmete hoch auf, Tränen der Freude entströmten seinen Augen; es
raffte sich auf und sprang leicht wie ein Vogel über das Feld
gegen den Fluß hinunter. Sali eilte ihm nach; denn er glaubte, es
wolle ihm entfliehen, und Vrenchen glaubte, er wolle es zurück-   -45-
halten. So sprangen sie einander nach und Vrenchen lachte

2: bodice. 8: =**was für ein.** 23: (he) rained kisses on her. 37:
decided.

wie ein Kind, welches sich nicht will fangen lassen. "Bereust du
es schon?" rief eines zum andern, als sie am Flusse angekommen
waren und sich ergriffen; "nein! es freut mich immer mehr!" erwiderte ein jedes. Aller Sorgen ledig* gingen sie am Ufer hinunter
und überholten die eilenden Wasser, so hastig suchten sie eine   -5-
Stätte, um sich niederzulassen; denn ihre Leidenschaft sah jetzt
nur den Rausch der Seligkeit, der in ihrer Vereinigung lag, und
der ganze Wert und Inhalt des übrigen Lebens drängte sich in
diesem zusammen; was danach kam, Tod und Untergang, war ihnen ein
Hauch, ein Nichts, und sie dachten weniger daran als ein Leicht- -10-
sinniger denkt, wie er den andern Tag leben will, wenn er seine
letzte Habe verzehrt.
    "Meine Blumen gehen mir voraus", rief Vrenchen, "sieh, sie sind
ganz dahin und verwelkt!" Es nahm sie von der Brust, warf sie ins
Wasser und sang laut dazu: "Doch süßer als ein Mandelkern ist -15-
meine Liebe zu dir!"
    "Halt!" rief Sali, "hier ist dein Brautbett!"
    Sie waren an einen Fahrweg gekommen, der vom Dorfe her an den
Fluß führte, und hier war eine Landungsstelle, wo ein großes
Schiff, hoch mit Heu beladen, angebunden lag. In wilder Laune -20-
begann er unverweilt* die starken Seile loszubinden. Vrenchen
fiel ihm lachend in den Arm und rief: "Was willst du tun? Wollen
wir den Bauern ihr Heuschiff stehlen zu guter Letzt*?" "Das soll
die Aussteuer sein, die sie uns geben, eine schwimmende Bett-
stelle und ein Bett, wie noch keine Braut gehabt! Sie werden -25-
überdies ihr Eigentum unten wiederfinden, wo es ja doch hin soll,
und werden nicht wissen, was damit geschehen ist. Sieh, schon
schwankt es und will hinaus!"
    Das Schiff lag einige Schritte vom Ufer entfernt im tiefern
Wasser. Sali hob Vrenchen mit seinen Armen hoch empor und schritt -30-
durch das Wasser gegen das Schiff; aber es liebkoste ihn so heftig ungebärdig* und zappelte wie ein Fisch, daß er im ziehenden
Wasser* keinen Stand halten* konnte. Es strebte Gesicht und Hände
ins Wasser zu tauchen und rief: "Ich will auch das kühle Wasser
versuchen! Weißt du noch, wie kalt und naß unsere Hände waren, -35-
als wir sie uns zum ersten Mal gaben? Fische fingen wir damals,
jetzt werden wir selber Fische sein und zwei schöne große!" "Sei
ruhig, du lieber Teufel!" sagte Sali, der Mühe hatte, zwischen
dem tobenden Liebchen und den Wellen sich aufrecht zu halten, "es
zieht mich sonst fort!" Er hob seine Last in das Schiff und -40-
schwang sich nach; er hob sie auf die hochgebettete weiche und
duftende Ladung und schwang sich auch hinauf, und als sie oben
saßen, trieb das Schiff allmählig in die Mitte des Stromes hinaus
und schwamm dann, sich langsam drehend, zu Tal*.
    Der Fluß zog bald durch hohe dunkle Wälder, die ihn über- -45-
schatteten, bald durch offenes Land; bald an stillen Dörfern

4: =los free of. 21: =sofort. 23: as a final touch. 32: unruly.
33: in the current; keep (his) footing. 44: downstream.

vorbei, bald* an einzelnen Hütten; hier geriet er in eine Stille,
daß er einem ruhigen See glich und das Schiff beinahe stillhielt,
dort strömte er um Felsen und ließ die schlafenden Ufer schnell
hinter sich; und als die Morgenröte aufstieg, tauchte zugleich
eine Stadt mit ihren Türmen aus dem silbergrauen Strome. Der   -5-
untergehende Mond, rot wie Gold, legte eine glänzende Bahn den
Strom hinauf und auf dieser kam das Schiff langsam überquer* gefahren. Als es sich der Stadt näherte, glitten im Froste des
Herbstmorgens zwei bleiche Gestalten, die sich fest umwandten,
von der dunklen Masse herunter in die kalten Fluten.   -10-
   Das Schiff legte sich eine Weile nachher unbeschädigt an eine
Brücke und blieb da stehen. Als man später unterhalb der Stadt
die Leichen fand und ihre Herkunft ausgemittelt hatte, war in den
Zeitungen zu lesen, zwei junge Leute, die Kinder zweier blut-
armen* zugrunde gegangenen* Familien, welche in unversöhnlicher -15-
Feindschaft lebten, hätten im Wasser den Tod gesucht, nachdem sie
einen ganzen Nachmittag herzlich miteinander getanzt und sich
belustigt auf einer Kirchweih. Es sei dies Ereignis vermutlich in
Verbindung zu bringen mit einem Heuschiff aus jener Gegend,
welches ohne Schiffleute* in der Stadt gelandet sei, und man   -20-
nehme an, die jungen Leute haben das Schiff entwendet, um darauf
ihre verzweifelte und gottverlassene Hochzeit zu halten, abermals
ein Zeichen von der um sich greifenden Entsittlichung und Ver-
wilderung der Leidenschaften.

(1855) 1856*

1: now... now... now. 7: crosswise. 15: impoverished; ruined. 20:
crew. after 24: in the first part of the collection **Die Leute von
Seldwyla** (1856).

FRIEDRICH HEBBEL

Nachtlied

Quellende, schwellende Nacht,
  Voll von Lichtern und Sternen:
  In den ewigen Fernen,
Sage, was ist da erwacht!

Herz in der Brust wird beengt,   -5-
  Steigendes, neigendes Leben,
  Riesenhaft fühle ich's weben,
Welches das meine verdrängt.

Schlaf, da nahst du dich leis,
  Wie dem Kinde die Amme*,   -10-
  Und um die dürftige Flamme
Ziehst du den schützenden Kreis.
                                1836

An den Tod

Halb aus dem Schlummer erwacht,
  Den ich traumlos getrunken*,
  Ach, wie war ich versunken
In die unendliche Nacht!

Tiefes Verdämmern des Seins,   -5-
  Denkend nichts, noch* empfindend!
  Nichtig mir selber entschwindend,
Schatte mit Schatten zu eins!

Da beschlich's mich so bang,
  Ob auch*, den Bruder verdrängend*,   -10-
  Geist mir und Sinne verengend,
Listig der Tod mich umschlang.

Schaudernd dacht' ich's, und fuhr
  Auf, und schloß mich ans Leben,
  Drängte in glühendem Erheben   -15-
Kühn mich an Gott und Natur.

Siehe, da hab ich gelebt:
  Was sonst, zu Tropfen zerflossen,

10: wet-nurse, nanny./ 2: sc. **habe**. 6: nor. 10: =**Als ob**; pushing
(i.e., in bed).

Langsam und karg sich ergossen,
Hat mich auf einmal durchbebt.   -20-

Oft noch berühre du mich,
   Tod, wenn ich in mir zerrinne,
   Bis ich mich wieder gewinne
Durch den Gedanken an dich!
                           1837

Abendgefühl

Friedlich bekämpfen
   Nacht sich und Tag.
Wie das zu dämpfen,
   Wie das zu lösen vermag!

Der mich bedrückte,   -5-
   Schläfst du schon, Schmerz?
Was mich beglückte,
   Sage, was war's doch, mein Herz?

Freude, wie Kummer,
   Fühl ich, zerrann,   -10-
Aber den Schlummer
   Führten sie leise heran.

Und im Entschweben,
   Immer empor,
Kommt mir das Leben   -15-
   Ganz wie ein Schlummerlied vor.
                           1838

Mysterium

Oh, könnte ich den Faden doch gewinnen,
   Der, mich mit Gott und der Natur verknüpfend,
   Und, abgewickelt, das Geheimste lüpfend*,
Verborgen sitzt im Geist und in den Sinnen!

Wie wollte ich ihn mutig rückwärts spinnen,   -5-
   Bis er mir, endlich von der Spindel hüpfend,
   Und in den Mittelpunkt hinüberschlüpfend,
Gezeigt*, wie All und Ich in eins zerrinnen.

3: lifting, raising. 8: sc. hat.

Nur fürchte ich, daß, wie ich selbst Gedanken,
   Die gleich Kometen blitzten, schon erstickte,   -10-
   Eh' ich verging in ihrem glühnden Lichte,

So auch das All ein Ich, das, seiner Schranken
   Vergessen*, an das Welten-Rätsel tickte,
   Aus Notwehr, eh' es* tiefer dringt, vernichte*.

                             1842

Sommerbild

Ich sah des Sommers letzte Rose stehn,
   Sie war, als ob sie bluten könne, rot;
   Da sprach ich schauernd* im Vorübergehn:
   So weit im Leben, ist zu nah am Tod!

Es regte sich kein Hauch am heißen Tag,   -5-
   Nur leise strich ein weißer Schmetterling;
   Doch, ob auch* kaum die Luft sein Flügelschlag*
   Bewegte, sie empfand es und verging.

                             1844

Herbstbild

Dies ist ein Herbsttag, wie ich keinen sah!
   Die Luft ist still, als atmete man kaum,
   Und dennoch fallen raschelnd, fern und nah,
   Die schönsten Früchte ab von jedem Baum.

O stört sie nicht, die Feier der Natur!   -5-
   Dies ist die Lese*, die sie selber hält,
   Denn heute löst sich von den Zweigen nur,
   Was vor dem milden Strahl der Sonne fällt.

                             1852

12: governed by daß (1. 9); direct object. 13: having forgotten
its limitations. 14: i.e., ein Ich; verb of das All: might
destroy./ 3: shuddering. 7: =obwohl; subject./ 6: gleaning,
harvest.

GOTTFRIED KELLER

Winternacht

Nicht ein Flügelschlag ging durch die Welt,
Still und blendend lag der weiße Schnee.
Nicht ein Wölklein hing am Sternenzelt*,
Keine Welle schlug im starren See.

Aus der Tiefe stieg der Seebaum auf,   -5-
Bis sein Wipfel in dem Eis gefror;
An den Ästen klomm* die Nix* herauf,
Schaute durch das grüne Eis empor.

Auf dem dünnen Glase stand ich da,
Das die schwarze Tiefe von mir schied*;   -10-
Dicht ich unter meine Füßen sah
Ihre weiße Schönheit Glied um Glied.

Mit ersticktem Jammer tastet' sie
An der harten Decke her und hin -
Ich vergeß das dunkle Antlitz* nie,   -15-
Immer, immer liegt es mir im Sinn!
                              1851

Ich hab in kalten Wintertagen

Ich hab in kalten Wintertagen,
In dunkler, hoffnungsarmer Zeit
Ganz aus dem Sinne dich geschlagen,
O Trugbild* der Unsterblichkeit!

Nun, da der Sommer glüht und glänzet*,   -5-
Nun seh ich, daß ich wohlgetan*;
Ich habe neu das Herz umkränzet,
Im Grabe aber ruht der Wahn.

Ich fahre auf dem klaren Strome,
Er rinnt mir kühlend durch die Hand;   -10-
Ich schau hinauf zum blauen Dome -
Und such kein beßres Vaterland.

Nun erst versteh ich, die da blühet,
O Lilie, deinen stillen Gruß,

3: firmament. 7: climbed; **Nixe** water sprite. 10: separated. 15:
=Gesicht./ 4: phantom. 5: =glänzt, and passim. 6: sc. **habe.**

Ich weiß, wie* hell die Flamme glühet,   15-
Daß ich gleich dir vergehen muß!
                                        c. 1851

Land im Herbste

Die alte Heimat seh ich wieder,
Gehüllt in herbstlich feuchten Duft;
Er träufelt* von den Bäumen nieder,
Und weithin dämmert grau die Luft.

Und grau ragt eine Flur im Grauen,   -5-
Drauf geht ein Mann mit weitem Schritt
Und streut, *ein Schatten nur zu schauen,
Ein graues Zeug, wohin er tritt.

Ist es der Geist verschollner* Ahnen*,
Der kaum erstrittnes* Land besät,   -10-
Indes* zu seiten seiner Bahnen
Der Speer in brauner Erde steht?

Der aus vom Kampf noch blut'gen Händen*
Die Körner in die Furche wirft,
So* mit dem Pflug von End' zu Enden   -15-
Ein jüngst vertriebnes Volk geschürft*?

Nein, den Genossen meines Blutes
Erkenn ich, da ich ihm genaht*,
Der langsam schreitend, schweren Mutes*
Die Flur bestäubt mit Aschensaat*.   -20-

Die müde Scholle* neu zu stärken,
Läßt er den toten Staub verwehn;
So seh ich ihn in seinen Werken*
Gedankenvoll und einsam gehen.

Grau ist der Schuh an seinem Fuße,   -25-
Grau Hut und Kleid, wie Luft und Land;
Nun reicht er mir die Hand zum Gruße
Und färbt mit Asche mir die Hand.

Das alte Lied, wo ich auch* bliebe,
Von Mühsal und Vergänglichkeit!   -30-

15: =wie auch immer./ 3: drips. 7: sc. er ist. 9: (long-)lost;
ancestors. 10: =erkämpftes won. 11: While. 13: object of aus.
15: Which. 16: sc. hat scratched, scraped. 18: approached. 19:
with heavy heart. 20: ashes (as fertilizer). 21: soil. 23:
labors. 29: sc. immer wherever.

Ein wenig Freiheit, wenig Liebe,
Und um das Wie der arme Streit!

Wohl hör ich grüne Halme flüstern
Und ahne froher* Lenze* Licht;
Wohl blinkt ein Sichelglanz im Düstern,   -35-
Doch binden **wir** die Garben nicht!

Wir dürfen selbst das Korn nicht messen,
Das wir gesät aus toter Hand;
Wir gehn und werden* bald vergessen,
Und unsre Asche fliegt im Land!   -40-
                         1879

34: gen. pl.; =**Frühlinge.**   39: are.

THEODOR STORM

Abseits

Es ist so still; die Heide liegt
Im warmen Mittagssonnenstrahle,
Ein rosenroter Schimmer fliegt
Um ihre alten Gräbermale;
Die Kräuter blühn; der Heideduft   -5-
Steigt in die blaue Sommerluft.

Laufkäfer* hasten durchs Gesträuch
In ihren goldnen Panzerröckchen,
Die Bienen hängen Zweig um Zweig
Sich an der* Edelheide Glöckchen*,   -10-
Die Vögel schwirren aus dem Kraut –
Die Luft ist voller Lerchenlaut.

Ein halbverfallen niedrig Haus
Steht einsam hier und sonnbeschienen;
Der Kätner* lehnt zur Tür hinaus,   -15-
Behaglich blinzelnd nach den Bienen;
Sein Junge auf dem Stein davor
Schnitzt Pfeifen sich aus Kälberrohr*.

Kaum zittert durch die Mittagsruh
Ein Schlag der Dorfuhr, der entfernten;   -20-
Dem Alten fällt die Wimper zu,
Er träumt von seinen Honigernten.
– Kein Klang der aufgeregten Zeit
Drang noch* in diese Einsamkeit.
                            1847

Die Stadt

Am grauen Strand, am grauen Meer
Und seitab liegt die Stadt;
Der Nebel drückt die Dächer schwer,
Und durch die Stille braust das Meer
Eintönig um die Stadt.   -5-

Es rauscht kein Wald, es schlägt im Mai
Kein Vogel ohne Unterlaß*;
Die Wandergans mit hartem Schrei

7: ground-beetles.   10: genitive;   heather-bells. 15: cottager.
18: a variety of reed.   24: yet./ 7: unceasingly.

Nur fliegt in Herbstesnacht vorbei,
Am Strande weht das Gras.   -10-

Doch hängt mein ganzes Herz an dir,
Du graue Stadt am Meer;
Der* Jugend Zauber für und für*
Ruht lächelnd doch auf dir, auf dir,
Du graue Stadt am Meer.   -15-

Meeresstrand

Ans Haff* nun fliegt die Möwe,
Und Dämmrung bricht herein;
Über die feuchten Watten*
Spiegelt sich der Abendschein.

Graues Geflügel huschet*   -5-
Neben dem Wasser her;
Wie Träume liegen die Inseln
Im Nebel auf dem Meer.

Ich höre des gärenden Schlammes
Geheimnisvollen Ton,   -10-
Einsames Vogelrufen –
So war es immer schon.

Noch einmal schauert leise
Und schweiget dann der Wind;
Vernehmlich werden die Stimmen,   -15-
Die über der Tiefe sind.
                    1854

Über die Heide

Über die Heide hallet* mein Schritt;
Dumpf aus der Erde wandert es mit.

Herbst ist gekommen, Frühling ist weit –
Gab es denn einmal selige Zeit?

Brauende Nebel geisten umher*;   -5-
Schwarz ist das Kraut und der Himmel so leer.

13: genitive; for ever and ever./ 1: lagoon. 3: shoals. 5:
=huscht, and passim./ 1: =hallt echoes, resounds. 5: move about
like ghosts.

Wär ich hier nur nicht gegangen im Mai!
Leben und Liebe, - wie flog es vorbei!
                                        1875

Oktoberlied

Der Nebel steigt, es fällt das Laub;
Schenk ein den Wein, den holden!
Wir wollen uns den grauen Tag
Vergolden, ja vergolden.

Und geht es draußen noch so toll,   -5-
Unchristlich oder christlich,
Ist doch die Welt, die schöne Welt,
So gänzlich unverwüstlich!

Und wimmert auch einmal das Herz, -
Stoß an, und laß es klingen!   -10-
Wir wissen's doch, ein rechtes Herz
Ist gar nicht umzubringen.

Der Nebel steigt, es fällt das Laub;
Schenk ein den Wein, den holden!
Wir wollen uns den grauen Tag   -15-
Vergolden, ja vergolden!

Wohl ist es Herbst; doch warte nur,
Doch warte nur ein Weilchen!
Der Frühling kommt, der Himmel lacht,
Es steht die Welt in Veilchen.   -20-

Die blauen Tage brechen an;
Und ehe sie verfließen,
Wir wollen sie, mein wackrer Freund,
Genießen, ja genießen!
                 1876

CONRAD FERDINAND MEYER

Eingelegte Ruder

Meine eingelegte* Ruder triefen,
Tropfen fallen langsam in die Tiefen.

Nichts das mich verdroß! Nichts das mich freute!
Niederrint ein schmerzenloses Heute!

Unter mir - ach, aus dem Licht verschwunden -   -5-
Träumen schon die schönern meiner Stunden.

Aus der blauen Tiefe ruft das Gestern:
Sind im Licht noch manche meiner Schwestern?
                                              1869

Im Spätboot

Aus der Schiffsbank mach ich meinen Pfühl*,
Endlich wird die heiße Stirne kühl!
O wie suß erkaltet mir das Herz!
O wie weich verstummen Lust und Schmerz!
Über mir des Rohres* schwarzer Rauch   -5-
Wiegt und biegt sich in des Windes Hauch.
Hüben* hier und wieder drüben dort
Hält das Boot an manchem kleinen Port:
Bei der Schiffslaterne kargem Schein
Steigt ein Schatten aus und niemand ein.   -10-
Nur der Steurer noch, der wacht und steht!
Nur der Wind, der mir im Haare weht!
Schmerz und Lust erleiden sanften Tod:
Einen Schlummrer trägt das dunkle Boot.
                                              1869

Zwei Segel

Zwei Segel erhellend
Die tiefblaue Bucht*!
Zwei Segel sich schwellend
Zu ruhiger Flucht!

Wie eins in den Winden   -5-
Sich wölbt und bewegt,

1: Rested./ 1: pillow, bolster. 5: smokestack. 7: Far (and near),
here (and there)./ 2: bay, inlet.

Wird auch das Empfinden
Des andern erregt.

Begehrt* eins zu hasten,
Das andre geht schnell,   -10-
Verlangt* eins zu rasten,
Ruht auch sein Gesell.
1870

Der Römische Brunnen

Aufsteigt der Strahl und fallend gießt
Er voll der* Marmorschale* Rund,
Die, sich verschleiernd, überfließt
In einer zweiten Schale Grund;
Die zweite gibt, sie wird zu reich,   -5-
Der dritten wallend ihre Flut,
Und jede nimmt und gibt zugleich
Und strömt und ruht.
1870

9: =Wenn... begehrt. 11: =Wenn... verlangt./2: genitive, and
passim; marble basin.

THEODOR FONTANE

Herr von Ribbeck auf Ribbeck im Havelland

Herr von Ribbeck auf Ribbeck im Havelland,
Ein Birnbaum in seinem Garten stand,
Und kam die goldene Herbsteszeit
Und die Birnen leuchteten weit und breit,
Da stopfte, wenn's Mittag vom Turme scholl*   —5—
Der von Ribbeck sich beide Taschen voll,
Und kam in Pantinen* ein Junge daher*,
So rief er: "Junge, wiste 'ne Beer*?"
Und kam ein Mädel, so rief er: "Lütt Dirn,
Kumm mal röwer*, ick hebb 'ne Birn."   —10—

So ging es viel Jahre, bis lobesam*
Der von Ribbeck auf Ribbeck zu sterben kam.
Er fühlte sein Ende. 's war Herbsteszeit,
Wieder lachten die Birnen weit und breit,
Da sagte von Ribbeck: "Ich scheide nun ab.   —15—
Legt mir eine Birne mit ins Grab."
Und drei Tage drauf*, aus dem Doppeldachhaus,
Trugen von Ribbeck sie hinaus,
Alle Bauern und Büdner* mit Feiergesicht
Sangen "Jesus meine Zuversicht",   —20—
Und die Kinder klagten, das Herze* schwer:
"He is dod* nu. Wer giwt* uns nu 'ne Beer?"

So klagten die Kinder. Das war nicht recht,
Ach, sie kannten den alten Ribbeck schlecht,
Der **neue** freilich, der knausert* und spart,   —25—
Hält Park und Birnbaum strenge verwahrt*.
Aber der **alte**, vorahnend schon
Und voll Mißtrauen gegen den eigenen Sohn,
Der wußte genau, was damals er tat,
Als um eine Birn' ins Grab er bat,   —30—
Und im dritten Jahr, aus dem stillen Haus
Ein Birnbaumsprößling* sproßt heraus.

So spendet* Segen noch immer die Hand
Des von Ribbeck auf Ribbeck im Havelland.
                                        1889

5: resounded. 7: clogs; along. 8: =**willst du eine Birne.** 10:
=**Kleine Dirne** (=**Mädchen**), **Komm mal rüber.** 11: honorably. 17:
later. 19: cootagers. 21: =**Herz.** 22: =**tot;** =**gibt.** 25: is stingy.
26: secured. 32: **Sprößling** sprout, shoot. 33: is giving,
bestowing.

NATURALISM

GERHART HAUPTMANN

BAHNWÄRTER THIEL

1.

Allsonntäglich saß der Bahnwärter* Thiel in der Kirche zu*
Neu-Zittau*, ausgenommen die Tage, an denen er Dienst hatte oder
krank war und zu Bette lag. Im Verlaufe von zehn Jahren war er
zweimal krank gewesen; das eine Mal infolge eines* vom Tender
einer Maschine* während des Vorbeifahrens herabfallenen Stückes   -5-
Kohle, welches ihn getroffen und mit zerschmettertem Bein in den
Bahngraben* geschleudert hatte; das andere Mal einer Weinflasche
wegen, die aus dem vorüberrasenden Schnellzuge mitten auf seine
Brust geflogen war. Außer diesen beiden Unglücksfällen hatte
nichts vermocht, ihn, sobald er frei war, von der Kirche fern-   -10-
zuhalten.
Die ersten fünf Jahre hatte er den Weg von Schön-Schornstein*,
einer Kolonie* an der Spree*, herüber nach Neu-Zittau allein
machen müssen. Eines schönen Tages war er dann in Begleitung
eines schmächtigen und kränklich aussehenden Frauenzimmers*   -15-
erschienen, die, wie die Leute meinten, zu seiner herkulischen*
Gestalt wenig gepaßt hatte. Und wiederum eines schönen Sonntag-
nachmittags reichte er dieser selben Person am Altare der Kirche
feierlich die Hand zum Bunde fürs Leben. Zwei Jahre nun saß das
junge, zarte Weib* ihm zur Seite in der Kirchenbank; zwei Jahre   -20-
blickte ihr hohlwangiges*, feines Gesicht neben seinem vom Wetter
gebräunten in das uralte Gesangbuch -; und plötzlich saß der
Bahnwärter wieder allein wie zuvor.
An einem der vorangegangenen Wochentage hatte die Sterbeglocke
geläutet; das war das Ganze.   -25-
An dem Wärter hatte man, wie die Leute versicherten, kaum eine
Veränderung wahrgenommen. Die Knöpfe seiner sauberen Sonntags-
uniform waren so blank geputzt als je zuvor, seine roten Haare so
wohl geölt und militärisch gescheitelt wie immer, nur daß er den
breiten, behaarten Nacken ein wenig gesenkt trug und noch   -30-
eifriger der Predigt lauschte oder sang, als er es früher getan
hatte. Es war die allgemeine Ansicht, daß ihm der Tod seiner Frau
nicht sehr nahegegangen sei*, und diese Ansicht erhielt eine
Bekräftigung, als sich Thiel nach Verlauf eines Jahres zum
zweiten Male, und zwar mit einem dicken und starken Frauenzimmer, -35-

-----
1: signalman; =in. 2: a village in the province of Brandenburg
northeast of Berlin. 4: goes with **Stückes** (l. 5), the object of
infolge. 5: locomotive. 7: ditch alongside the embankment. 12: a
village. 13: tiny village; small river in and near Berlin. 15:
=**Frau.** 16: Herculean. 20: =**Frau.** 21: hollow-cheeked. 33: had not
affected (him) very deeply.

einer Kuhmagd* aus Alte-Grund*, verheiratete.

Auch der Pastor gestattete sich, als Thiel die Trauung anmelden kam, einige Bedenken zu äußern:

"Ihr* wollt also schon wieder heiraten?"

"Mit der Toten kann ich nicht wirtschaften*, Herr Prediger!" -5-

"Nun ja wohl. Aber ich meine – Ihr eilt ein wenig."

"Der Junge geht mir drauf*, Herr Prediger."

Thiels Frau war im Wochenbett* gestorben, und der Junge, welchen sie zur Welt gebracht*, lebte und hatte den Namen Tobias erhalten. -10-

"Ach so, der Junge", sagte der Geistliche und machte eine Bewegung, die deutlich zeigte, daß er sich des* Kleinen erst jetzt erinnere. "Das ist etwas andres – wo habt Ihr ihn denn untergebracht, während Ihr im Dienst seid?"

Thiel erzählte nun, wie er Tobias einer alten Frau übergeben, -15- die ihn einmal beinahe habe verbrennen lassen, während er ein anderes Mal von ihrem Schoß auf die Erde gekugelt sei, ohne glücklicherweise mehr als eine große Beule davonzutragen. Das könne nicht so weitergehen, meinte er, zudem* da der Junge, schwächlich wie er sei, eine ganz besondere Pflege benötige. Des- -20- wegen und ferner, weil er der Verstorbenen in die Hand gelobt*, für die Wohlfahrt des Jungen zu jeder Zeit ausgiebig* Sorge zu tragen, habe er sich zu dem Schritte entschlossen.

Gegen das neue Paar, welches nun allsonntäglich zur Kirche kam, hatten die Leute äußerlich durchaus nichts einzuwenden. Die -25- frühere Kuhmagd schien für den Wärter wie geschaffen. Sie war um einen halben Kopf kleiner als er und übertraf ihn an Glieder- fülle. Auch war ihr Gesicht ganz so grob geschnitten wie das seine, nur daß ihm* im Gegensatz zu dem des Wärters die Seele abging*. -30-

Wenn Thiel den Wunsch gehegt hatte, in seiner zweiten Frau eine unverwüstliche* Arbeiterin, eine musterhafte Wirtschafterin zu haben, so war dieser Wunsch in überraschender Weise in Erfüllung gegangen. Drei Dinge jedoch hatte er, ohne es zu wissen, mit seiner Frau in Kauf genommen*: eine harte, herrschsüchtige* -35- Gemütsart, Zanksucht* und brutale Leidenschaftlichkeit. Nach Ver- lauf eines halben Jahres war es ortsbekannt, wer in dem Häuschen des Wärters das Regiment führte. Man bedauerte den Wärter.

Es sei ein Glück für "das Mensch"*, daß sie so ein gutes Schaf wie den Thiel zum Manne bekommen habe, äußerten die auf- -40- gebrachten* Ehemänner; es gäbe welche, bei denen sie greulich

-----

1: dairy-maid; place-name. 4: (archaic)=du. 5: manage (the house- hold). 7: is too much for me (to handle). 8: in childbirth. 9: sc. hat, and passim. 12: =an den. 19: especially. 21: had promised. 22: copiously. 29: in it, i.e., in her face. 30: was lacking. 32: indestructible. 35: received in the bargain; domi- neering. 36: quarrelsomeness. 39: the hussy. 41: irritated.

anlaufen würde*. So ein "Tier" müsse doch kirre* zu machen sein,
meinten sie, und wenn es nicht anders ginge denn mit Schlägen.
Durchgewalkt* müsse sie werden, aber dann gleich so, daß es
zöge*.

Sie durchzuwalken aber war Thiel trotz seiner sehnigen* Arme -5-
nicht der Mann. Das, worüber sich die Leute ereiferten, schien
ihm wenig Kopfzerbrechen zu machen*. Die endlosen Predigten
seiner Frau ließ er gewöhnlich wortlos über sich ergehen, und
wenn er einmal antwortete, so stand das schleppende Zeitmaß*
sowie der leise, kühle Ton seiner Rede in seltsamstem Gegensatz -10-
zu dem kreischen Gekeif* seiner Frau. Die Außenwelt schien ihm
wenig anhaben* zu können: es war, als trüge er etwas in sich,
wodurch er alles Böse, was sie ihm antat, reichlich mit Gutem
aufgewogen* erhielt.

Trotz seines unverwüstlichen Phlegmas hatte er doch Augen- -15-
blicke, in denen er nicht mit sich spaßen ließ. Es war dies immer
anläßlich solcher Dinge, die Tobiaschen betrafen. Sein kindgutes,
nachgiebiges Wesen gewann dann einen Anstrich von Festigkeit, dem
selbst ein so unzähmbares Gemüt wie das Lenens* nicht entgegen-
zutreten wagte. -20-

Die Augenblicke indes, darin er diese Seite seines Wesens
herauskehrte, wurden mit der Zeit immer seltener und verloren
sich zuletzt ganz. Ein gewisser leidender Widerstand, den er der
Herrschaft Lenens während des ersten Jahres entgegengesetzt, verlor sich ebenfalls im zweiten. Er ging nicht mehr mit der -25-
früheren Gleichgültigkeit zum Dienst, nachdem er einen Auftritt
mit ihr gehabt, wenn er sie nicht vorher besänftigt hatte. Er
ließ sich am Ende nicht selten herab, sie zu bitten, doch wieder
gut zu sein. – Nicht wie sonst mehr war ihm sein einsamer Posten
inmitten des märkischen* Kiefernforstes sein liebster Aufenthalt. -30-
Die stillen, hingebenden Gedanken an sein verstorbenes Weib
wurden von denen an die Lebende durchkreuzt. Nicht widerwillig,
wie die erste Zeit, trat er den Heimweg an, sondern mit leidenschaftlicher Hast, nachdem er vorher oft Stunden und Minuten bis
zur Zeit der Ablösung gezählt hatte. -35-

Er, der mit seinem ersten Weibe durch eine mehr vergeistigte*
Liebe verbunden gewesen war, geriet durch die Macht roher Triebe
in die Gewalt seiner zweiten Frau und wurde zuletzt in allem fast
unbedingt von ihr abhängig. – Zuzeiten empfand er Gewissensbisse
über diesen Umschwung der Dinge, und er bedurfte einer Anzahl -40-
außergewöhnlicher Hilfsmittel, um sich darüber hinwegzuhelfen. So

-----

1: whom she would run up against in a way that would be horrible
for her, i.e., who would take it out on her; tame. 3: thrashed.
4: so that the pain would last. 5: sinewy, muscular. 7: to give
him little worry. 9: the time taken by the drawling way he spoke.
11: nagging. 12: to affect him little. 14: counterbalanced. 19:
the name of his second wife (genitive). 30: Die **Mark** (Branden-
burg): the region just north of Berlin. 36: spiritualized.

erklärte er sein Wärterhäuschen* und die Bahnstrecke, die er zu
besorgen hatte, insgeheim gleichsam für geheiligtes Land, welches
ausschließlich den Manen* der Toten gewidmet sein sollte. Mit
Hilfe von allerhand Vorwänden war es ihm in der Tat bisher gelungen, seine Frau davon abzuhalten, ihn dahin zu begleiten.   -5-
    Er hoffte es auch fernerhin tun zu können. Sie hätte nicht
gewußt, welche Richtung sie einschlagen sollte, um eine "Bude",
deren Nummer sie nicht einmal kannte, aufzufinden.
    Dadurch, daß er die ihm zu Gebote* stehende Zeit somit gewis-
senhaft zwischen die Lebende und die Tote zu teilen vermochte,   -10-
beruhigte Thiel sein Gewissen in der Tat.
    Oft freilich und besonders in Augenblicken einsamer Andacht,
wenn er recht innig mit der Verstorbenen verbunden gewesen war,
sah er seinen jetzigen Zustand im Lichte der Wahrheit und empfand davor Ekel.   -15-
    Hatte er Tagdienst, so beschränkte sich sein geistiger Verkehr
mit der Verstorbenen auf eine Menge lieber Erinnerungen aus der
Zeit seines Zusammenlebens mit ihr. Im Dunkel jedoch, wenn der
Schneesturm durch die Kiefern und über die Strecke raste, in
tiefer Mitternacht beim Scheine seiner Laterne, da wurde das   -20-
Wärterhäuschen zur Kapelle.
    Eine verblichene Photographie* der Verstorbenen vor sich auf
dem Tisch, Gesangbuch und Bibel aufgeschlagen, las und sang er
abwechselnd die lange Nacht hindurch, nur von den in Zwischenräumen* vorbeitobenden* Bahnzügen* unterbrochen, und geriet hier-   -25-
bei in eine Ekstase, die sich zu Gesichten* steigerte, in denen
er die Tote leibhaftig vor sich sah.
    Der Posten, den der Wärter nun schon zehn volle Jahre ununter-
brochen innehatte, war aber in seiner Abgelegenheit dazu angetan*, seine mystischen Neigungen zu fördern.   -30-
    Nach allen vier Windrichtungen mindestens durch einen drei-
viertelstündigen Weg von jeder menschlichen Wohnung entfernt, lag
die Bude inmitten des Forstes dicht neben einem Bahnübergang,
dessen Barrieren der Wärter zu bedienen hatte.
    Im Sommer vergingen Tage, im Winter Wochen, ohne daß ein   -35-
menschlicher Fuß, außer denen des Wärters und seines Kollegen,
die Strecke passierte*. Das Wetter und der Wechsel der Jahres-
zeiten brachten in ihrer periodischen Wiederkehr fast die einzige
Abwechslung in diese Einöde. Die Ereignisse, welche im übrigen
den regelmäßigen Ablauf der Dienstzeit Thiels außer den beiden   -40-
Unglücksfällen unterbrochen hatten, waren unschwer zu über-
blicken. Vor vier Jahren war der kaiserliche Extrazug, der den
Kaiser nach Breslau* gebracht hatte, vorübergejagt. In einer
Winternacht hatte der Schnellzug einen Rehbock überfahren. An

-----
1: signalman's booth, hut. 3: manes: Roman spirits of the
dead. 9: =zur **Verfügung** at his disposal. 22: =**Photograph**. 25:
intervals; raging by; trains. 26: visions. 30: calculated. 37:
passed by. 43: capital of Silesia, now Polish Wrocław.

einem heißen Sommertage hatte Thiel bei seiner Streckenrevision*
eine verkorkte Weinflasche gefunden, die sich glühend heiß an-
faßte* und deren Inhalt deshalb von ihm für sehr gut gehalten
wurde, weil er nach Entfernung des Korkes einer Fontäne gleich
herausquoll, als augenscheinlich gegoren* war. Diese Flasche, von   -5-
Thiel in den seichten Rand eines Waldsees gelegt, um abzukühlen,
war von dort auf irgendwelche Weise abhanden gekommen, so daß er
noch nach Jahren ihren Verlust bedauern mußte.
    Einige Zerstreuung vermittelte dem Wärter ein Brunnen dicht
hinter seinem Häuschen. Von Zeit zu zeit nahmen in der Nähe   -10-
beschäftigte Bahn- oder Telegraphenarbeiter einen Trunk daraus,
wobei natürlich ein kurzes Gespräch mit unterlief. Auch der
Förster kam zuweilen, um seinen Durst zu löschen.
    Tobias entwickelte sich nur langsam; erst gegen Ablauf seines
zweiten Lebensjahres lernte er notdürftig sprechen und gehen. Dem -15-
Vater bewies er eine ganz besondere Zuneigung. Wie* er ver-
ständiger wurde, erwachte auch die alte Liebe des Vaters wieder.
In dem Maße, wie diese zunahm, verringerte sich die Liebe der
Stiefmutter zu Tobias und schlug sogar in unverkennbare Abneigung
um*, als Lene nach Verlauf eines neuen Jahres ebenfalls einen   -20-
Jungen gebar.
    Von da ab begann für Tobias eine schlimme Zeit. Er wurde
besonders in Abwesenheit des Vaters unaufhörlich geplagt und
mußte ohne die geringste Belohnung dafür seine schwachen Kräfte
im Dienste des kleinen Schreihalses einsetzen, wobei er sich mehr -25-
und mehr aufrieb. Sein Kopf bekam einen ungewöhnlichen Umfang;
die brandroten Haare und das kreidige Gesicht darunter machten
einen unschönen und im Verein mit der übrigen kläglichen Gestalt
erbarmungswürdigen Eindruck. Wenn sich der zurückgebliebene
Tobias solchergestalt*, das kleine, von Gesundheit strotzende   -30-
Brüderchen auf dem Arme, hinunter zur Spree schleppte, so wurden
hinter den Fenstern der Hütten Verwünschungen laut, die sich
jedoch niemals hervorwagten. Thiel aber, welchen die Sache doch
vor allem anging, schien keine Augen für sie zu haben und wollte
auch die Winke nicht verstehen, welche ihm von wohlmeinenden   -35-
Nachbarsleuten gegeben wurden.

                                2.

    An einem Junimorgen gegen sieben Uhr kam Thiel aus dem Dienst.
Seine Frau hatte nicht so bald ihre Begrüßung beendet, als sie
schon in gewohnter Weise zu lamentieren* begann. Der Pachtacker*,   -40-
welcher bisher den Kartoffelbedarf* der Familie gedeckt hatte,
war vor Wochen gekündigt* worden, ohne daß es Lenen* bisher
gelungen war, einen Ersatz dafür ausfindig zu machen. Wenngleich
nun die Sorge um den Acker zu ihren Obliegenheiten* gehörte, so

-----
1: review of his area. 3: to the touch. 5: fermented. 16: =Als.
20: changed.   30: in such a way. 40: complain, whine; leased
field. 41: **Bedarf** needs. 42: canceled; dative. 44: duties.

mußte doch Thiel ein Mal übers andere hören, daß niemand anders
als er daran schuld sei, wenn man in diesem Jahre zehn Sack Kartoffeln für schweres Geld kaufen müsse. Thiel brummte nur und
begab sich, Lenens Reden wenig Beachtung schenkend, sogleich an
das Bett seines Ältesten, welches er in den Nächten, wo er nicht   -5-
im Dienst war, mit ihm teilte. Hier ließ er sich nieder und
beobachtete mit einem sorglichen Ausdruck seines guten Gesichts
das schlafende Kind, welches er, nachdem er die zudringlichen
Fliegen eine Weile von ihm abgehalten, schließlich weckte. In den
blauen, tiefliegenden Augen des Erwachenden malte sich eine   -10-
rührende Freude. Er griff hastig nach der Hand des Vaters, indes
sich seine Mundwinkel zu einem kläglichen Lächeln verzogen. Der
Wärter half ihm sogleich beim Anziehen der wenigen Kleidungsstücke, wobei plötzlich etwas wie ein Schatten durch seine Mienen
lief, als er bemerkte, daß sich auf der rechten, ein wenig ange-   -15-
schwollenen Backe einige Fingerspuren weiß in rot abzeichneten.
    Als Lene beim Frühstück mit vergrößertem Eifer auf vorbereyte*
Wirtschaftsangelegenheit zurückkam, schnitt er ihr das Wort ab
mit der Nachricht, daß ihm der Bahnmeister* ein Stück Land längs
des Bahndammes* in unmittelbarer Nähe des Wärterhauses umsonst   -20-
überlassen habe, angeblich weil es ihm, dem Bahnmeister zu ab-
gelegen sei.
    Lene wollte das anfänglich nicht glauben. Nach und nach wichen*
jedoch ihre Zweifel, und nun geriet sie in merklich gute Laune.
Ihre Fragen nach Größe und Güte des Ackers sowie andre ver-   -25-
schlangen sich* förmlich, und als sie erfuhr, daß bei alledem
noch zwei Zwergobstbäume darauf stünden, wurde sie rein närrisch.
Als nichts mehr zu erfragen übrigblieb, zudem die Türglocke des
Krämers, die man, beiläufig gesagt, in jedem einzelnen Hause des
Ortes vernehmen konnte, unaufhörlich anschlug, schoß sie davon,   -30-
um die Neuigkeit im Örtchen auszusprengen*.
    Während Lene in die dunkle, mit Waren überfüllte Kammer des
Krämers kam, beschäftigte sich der Wärter daheim ausschließlich
mit Tobias. Der Junge saß auf seinen Knien und spielte mit
einigen Kiefernzapfen*, die Thiel mit aus dem Walde gebracht   -35-
hatte.
    "Was willst du werden?" fragte ihn der Vater, und diese Frage
war stereotyp wie die Antwort des Jungen: "Ein Bahnmeister." Es
war keine Scherzfrage, denn die Träume des Wärters verstiegen
sich in der Tat in solche Höhen, und er hegte allen Ernstes den   -40-
Wunsch und die Hoffnung, daß aus Tobias mit Gottes Hilfe etwas
Außergewöhnliches werden sollte. Sobald die Antwort "Ein Bahnmeister" von den blutlosen Lippen des Kleinen kam, der natürlich
nicht wußte, was sie bedeuten sollte, begann Thiels Gesicht

17: =**vorberedete** previously discussed. 19: line inspector. 20:
along the embankment.   23: gave way.   26: entangled themselves,
i.e., followed each other rapidly. 31: to spread. 35: pine cones.

sich aufzuhellen, bis es förmlich strahlte von innerer Glückseligkeit.
   "Geh, Tobias, geh spielen!" sagte er kurz darauf, indem er eine
Pfeife Tabak mit einem im Herdfeuer entzündeten Span in Brand
steckte, und der Kleine drückte sich alsbald in scheuer Freude   -5-
zur Türe hinaus. Thiel entkleidete sich, ging zu Bett und entschlief, nachdem er geraume Zeit gedankenvoll die niedrige und
rissige Stubendecke angestarrt hatte.   Gegen zwölf Uhr mittags
erwachte er, kleidete sich an und ging, während seine Frau in
ihrer lärmenden Weise das Mittagbrot bereitete, hinaus auf die -10-
Straße, wo er Tobiaschen sogleich aufgriff, der mit den Fingern
Kalk aus einem Loche in der Wand kratzte und in den Mund steckte.
Der Wärter nahm ihn bei der Hand und ging mit ihm an den etwa
acht Häuschen des Ortes vorüber bis hinunter zur Spree, die
schwarz und glasig zwischen schwach belaubten Pappeln lag. Dicht -15-
am Rande des Wassers befand sich ein Granitblock, auf welchen
Thiel sich niederließ.
   Der ganze Ort hatte sich gewöhnt, ihn bei nur irgend erträg-
lichem Wetter an dieser Stelle zu erblicken. Die Kinder besonders
hingen an ihm, nannten ihn "Vater Thiel" und wurden von ihm in -20-
mancherlei Spielen unterrichtet, deren er sich aus seiner Jugend-
zeit erinnerte. Das Beste jedoch von dem Inhalt seiner Erinnerungen war für Tobias. Er schnitzelte ihm Fitschepfeile*, die
höher flogen als die aller anderen Jungen. Er schnitt ihm Weiden-
pfeifchen* und ließ sich sogar herbei*, mit seinem verrosteten -25-
Baß das Beschwörungslied* zu singen, während er mit dem Horngriff
seines Taschenmessers die Rinde leise klopfte.
   Die Leute verübelten ihm seine Läppschereien*; es war ihnen
unerfindlich, wie er sich mit den Rotznasen* so viel abgeben
konnte. Im Grunde durften sie jedoch damit zufrieden sein, denn -30-
die Kinder waren unter seiner Obhut gut aufgehoben*.   Überdies
nahm Thiel auch ernste Dinge mit ihnen vor, hörte den Großen ihre
Schulaufgaben ab, half ihnen beim Lernen der Bibel- und Gesang-
buchverse und buchstabierte mit den Kleinen a-b-ab, d-u-du, und
so fort.   -35-
   Nach dem Mittagessen legte sich der Wärter abermals zu kurzer
Ruhe nieder. Nachdem sie beendigt, trank er den Nachmittagskaffee
und begann gleich darauf sich für den Gang in den Dienst vorzu-
bereiten. Er brauchte dazu, wie zu allen seinen Verrichtungen,
viel Zeit; jeder Handgriff* war seit Jahren geregelt; in stets -40-
gleicher Reihenfolge wanderten die sorgsam auf der kleinen Nuß-
baumkommode ausgebreiteten Gegenstände: Messer, Notizbuch, Kamm,
ein Pferdezahn, die alte, eingekapselte Uhr*, in die Taschen

23: =Flitzpfeile arrows for a boy's bow.   25: whistles   made of
willow; even agreed, condescended.   26: incantation. 28: bits of
foolishness. 29: snot-nosed kids. 31: well taken care of (in his
keeping). 40: manipulation. 43: watch in a case.

seiner Kleider.   Ein kleines, in rotes Papier eingeschlagenes*
Büchelchen wurde mit besonderer Sorgfalt behandelt.   Es lag
während der Nacht unter dem Kopfkissen des Wärters und wurde am
Tage von ihm stets in der Brusttasche des Dienstrockes herum-
getragen. Auf der Etikette* unter dem Umschlag stand in un-   -5-
beholfenen, aber verschnörkelten Schriftzügen, von Thiels Hand
geschrieben: "Sparkassenbuch des Tobias Thiel."
    Die Wanduhr mit dem langen Pendel und dem gelbsüchtigen*
Zifferblatt* zeigte dreiviertel fünf, als Thiel fortging.   Ein
kleiner Kahn, sein Eigentum, brachte ihn über den Fluß. Am jen-   -10-
seitigen Spreeufer blieb er einige Male stehen und lauschte nach
dem Ort zurück.   Endlich bog er in einen breiten Waldweg und
befand sich nach wenigen Minuten inmitten des tiefaufrauschenden
Kiefernforstes, dessen Nadelmassen einem schwarzgrünen, wellen-
werfenden Meere glichen.   Unhörbar wie auf Filz schritt er über   -15-
die feuchte Moos- und Nadelschicht des Waldbodens. Er fand seinen
Weg, ohne aufzublicken, hier durch die rostbraunen Säulen des
Hochwaldes, dort weiterhin durch dichtverschlungenes* Jungholz,
noch weiter über ausgedehnte Schonungen*, die von einzelnen hohen
und schlanken Kiefern überschattet wurden, welche man zum Schutze   -20-
für den Nachwuchs aufbehalten hatte.   Ein bläulicher, durchsichtiger, mit allerhand Düften geschwängerter* Dunst stieg aus
der Erde auf und ließ die Formen der Bäume verwaschen* erscheinen. Ein schwerer, milchiger Himmel hing tief herab über die
Baumwipfel.   Krähenschwärme badeten gleichsam im Grau der Luft,   -25-
unaufhörlich ihre knarrenden Rufe ausstoßend.   Schwarze Wasser-
lachen füllten die Vertiefungen des Weges und spiegelten die
trübe Natur noch trüber wider.
    Ein furchtbares Wetter, dachte Thiel, als er aus tiefem Nach-
denken erwachte und aufschaute.   -30-
    Plötzlich jedoch bekamen seine Gedanken eine andere Richtung.
Er fühlte dunkel, daß er etwas daheim vergessen haben müsse, und
wirklich vermißte er beim Durchsuchen seiner Taschen das Butterbrot, welches er der langen Dienstzeit halber* stets mitzunehmen
genötigt war. Unschlüssig blieb er eine Weile stehen, wandte sich   -35-
dann plötzlich und eilte in der Richtung des Dorfes zurück.
    In kurzer Zeit hatte er die Spree erreicht, setzte mit wenigen
kräftigen Ruderschlägen über und stieg gleich darauf, am ganzen
Körper schwitzend, die sanft ansteigende Dorfstraße hinauf. Der
alte, schäbige Pudel des Krämers lag mitten auf der Straße.   Auf   -40-
dem geteerten Plankenzaune eines Kossätenhofes* saß eine Nebel-
krähe*. Sie spreizte die Federn, schüttelte sich, nickte, stieß

1: wrapped up (in). 5: label. 8: jaundiced, i.e., yellowed. 9:
dial, face. 18: thickly entangled. 19: tree plantation. 22:
saturated. 23: faded. 34: =wegen. 41: of a peasant hut and ad-
joining small yard. 42: hooded crow.

ein ohrenzerreißendes Krä-Krä aus und erhob sich mit pfeifendem
Flügelschlag, um sich vom Winde in der Richtung des Forstes
davontreiben zu lassen.
      Von den Bewohnern der kleinen Kolonie, etwa zwanzig Fischern
und Waldarbeitern mit ihren Familien, war nichts zu sehen.   -5-
      Der Ton einer kreischenden Stimme unterbrach die Stille so laut
und schrill, daß der Wärter unwillkürlich mit Laufen innehielt.
Ein Schwall heftig herausgestoßner, mißtönender Laute schlug an
sein Ohr, die aus dem offnen Giebelfenster eines niedrigen Häuschens zu kommen schienen, welches er nur zu wohl kannte.   -10-
      Das Geräusch seiner Schritte nach Möglichkeit dämpfend, schlich
er sich näher und unterschied nun ganz deutlich die Stimme seiner
Frau.   Nur noch wenige Bewegungen, und die meisten ihrer Worte
wurden ihm verständlich.
      "Was, du unbarmherziger, herzloser Schuft! soll sich das elende -15-
Wurm die Plautze* ausschreien vor Hunger? - wie? - na, wart nur,
wart, ich will dich lehren aufpassen! - du sollst dran denken."
Einige Augenblicke blieb es still; dann hörte man ein Geräusch,
wie wenn Kleidungsstücke ausgeklopft würden; unmittelbar darauf
entlud sich ein neues Hagelwetter von Schimpfworten.   -20-
      "Du erbärmlicher Grünschnabel*", scholl es im schnellsten Tempo
herunter*, "meinst du, ich sollte mein liebliches Kind wegen
solch einem Jammerlappen*, wie du bist, verhungern lassen?" -
"Halt's Maul!" schrie es, als ein leises Wimmern hörbar wurde,
"oder du sollst eine Portion kriegen, an der du acht Tage zu   -25-
fressen hast."
      Das Wimmern verstummte nicht.
      Der Wärter fühlte, wie sein Herz in schweren, unregelmäßigen
Schlägen ging. Er begann leise zu zittern. Seine Blicke hingen
wie abwesend am Boden fest, und die plumpe und harte Hand strich -30-
mehrmals im Büschel nasser Haare zur Seite,das immer von neuem
in die sommersprossige Stirne hineinfiel.
      Einen Augenblick drohte es ihn zu überwältigen. Es war ein
Krampf, der die Muskeln schwellen machte und die Finger der Hand
zur Faust zusammenzog. Es ließ nach, und dumpfe Mattigkeit blieb -35-
zurück.
      Unsicheren Schrittes trat der Wärter in den engen, ziegel-
gepflasterten Hausflur. Müde und langsam erklomm* er die knar-
rende Holzstiege.
      "Pfui, pfui, pfui!" hob es wieder an; dabei hörte man, wie   -40-
jemand dreimal hintereinander mit allen Zeichen der Wut und Verachtung ausspie*. "Du erbärmlicher, niederträchtiger, hinter-
listiger, hämischer, feiger, gemeiner Lümmel!" Die Worte folgten
einander in steigender Betonung, und die Stimme, welche sie her-
ausstieß, schnappte zuweilen über vor Anstrengung. "Meinen Buben -45-
willst du schlagen, was? Du elende Göre unterstehst dich*, das
arme, hilflose Kind aufs Maul zu schlagen? - wie? - he, wie?

16: =**Mund**. 21: brat. 22: resounded. 23: milksop. 38: climbed. 42:
was spitting. 46: You miserable brat, you dare.

- Ich will mich nur nicht dreckig machen an dir, sonst -..."
   In diesem Augenblick öffnete Thiel die Tür des Wohnzimmers,
weshalb der erschrockenen Frau das Ende des begonnenen Satzes in
der Kehle steckenblieb. Sie war kreidebleich vor Zorn; ihre
Lippen zuckten bösartig; sie hatte die Rechte erhoben, senkte sie   -5-
und griff nach dem Milchtopf, aus dem sie ein Kinderfläschchen
vollzufüllen versuchte. Sie ließ jedoch diese Arbeit, da der
größte Teil der Milch über den Flaschenhals auf den Tisch rann,
halb verrichtet*, griff vollkommen fassungslos vor Erregung bald
nach diesem, bald nach jenem Gegenstand, ohne ihn länger als   -10-
einige Augenblicke festhalten zu können, und ermannte sich endlich so weit, ihren Mann heftig anzulassen*: was es denn heißen
solle, daß er um diese ungewöhnliche Zeit nach Hause käme, er
würde sie doch nicht etwa gar belauschen wollen. "Das wäre noch
das Letzte*", meinte sie, und gleich darauf: sie habe ein reines   -15-
Gewissen und brauche vor niemand die Augen niederzuschlagen.
   Thiel hörte kaum, was sie sagte. Seine Blicke streiften
flüchtig das heulende Tobiaschen. Einen Augenblick schien er, als
müsse er gewaltsam etwas Fürchterliches zurückhalten, was in ihm
aufstieg; dann legte sich über die gespannten Mienen plötzlich   -20-
das alte Phlegma, von einem verstohlnen begehrlichen Aufblitzen
der Augen seltsam belebt. Sekundenlang spielte sein Blick über
den starken Gliedmaßen seines Weibes, das, mit abgewandtem
Gesicht herumhantierend*, noch immer nach Fassung suchte. Ihre
vollen, halbnackten Brüste blähten sich vor Erregung und drohten   -25-
das Mieder* zu sprengen, und ihre angerafften Röcke* ließen die
breiten Hüften noch breiter erscheinen. Eine Kraft schien von dem
Weibe auszugehen, unbezwingbar, unentrinnbar, der Thiel sich
nicht gewachsen* fühlte.
   Leicht gleich einem feinen Spinngewebe und doch fest wie ein   -30-
Netz von Eisen legte es sich um ihn, fesselnd, überwindend,
erschlaffend. Er hätte in diesem Zustand überhaupt kein Wort an
sie zu richten vermocht, am allerwenigsten ein hartes, und so
mußte Tobias, der in Tränen gebadet und verängstet in einer Ecke
hockte, sehen, wie der Vater, ohne auch nur weiter nach ihm umzu- -35-
schauen, das vergeßne Brot von der Ofenbank nahm, es der Mutter
als einzige Erklärung hinhielt und mit einem kurzen, zerstreuten
Kopfnicken sogleich wieder verschwand.

                                3.

   Obgleich Thiel den Weg in seine Waldeinsamkeit mit möglichster   -40-
Eile zurücklegte, kam er doch erst fünfzehn Minuten nach der
ordnungsmäßigen* Zeit an den Ort seiner Bestimmung.

9: half done. 12: to rebuke. 15: That would be the last straw.
24: fidgeting, fussing around. 26: bodice; gathered-up dress. 29:
equal. 42: regular.

Der Hilfswärter, ein infolge des* bei seinem Dienst unumgäng-
lichen schnellen Temperaturwechsels schwindsüchtig gewordener
Mensch, der mit ihm im Dienste abwechselte, stand schon fertig
zum Aufbruch auf der kleinen, sandigen Plattform des Häuschens,
dessen große Nummer schwarz auf weiß weithin durch die Stämme   -5-
leuchtete.
    Die beiden Männer reichten sich die Hände, machten sich einige
kurze Mitteilungen und trennten sich. Der eine verschwand im
Innern der Bude, der andre ging quer über die Strecke, die Fort-
setzung jener Straße benutzend, welche Thiel gekommen war. Man   -10-
hörte sein krampfhaftes Husten erst näher, dann ferner durch die
Stämme, und mit ihm verstummte der einzige menschliche Laut in
dieser Einöde. Thiel begann wie immer so auch heute damit, das
enge, viereckige Steingebauer der Wärterbude* auf seine Art für
die Nacht herzurichten. Er tat es mechanisch, während sein Geist   -15-
mit dem Eindruck der letzten Stunde beschäftigt war. Er legte
sein Abendbrot auf den schmalen, braungestrichnen Tisch an einem
der beiden schlitzartigen Seitenfenster, von denen aus man die
Strecke bequem übersehen konnte. Hierauf entzündete er in dem
kleinen, rostigen Öfchen ein Feuer und stellte einen Topf kalten   -20-
Wassers darauf. Nachdem er schließlich noch in die Gerät-
schaften*, Schaufel, Spaten, Schraubstock* und so weiter, einige
Ordnung gebracht hatte, begab er sich ans Putzen seiner Laterne,
die er zugleich mit frischem Petroleum versorgte.
    Als dies geschehen war, meldete die Glocke mit drei schrillen   -25-
Schlägen, die sich wiederholten, daß ein Zug in der Richtung von
Breslau her aus der nächstliegenden Station abgelassen sei*. Ohne
die mindeste Hast zu zeigen, blieb Thiel noch eine gute Weile im
Innern der Bude, trat endlich, Fahne und Patronentasche* in der
Hand, langsam ins Freie und bewegte sich trägen und schlürfenden   -30-
Ganges* über den schmalen Sandpfad, dem etwa zwanzig Schritt ent-
fernten Bahnübergang* zu. Seine Barrieren schloß und öffnete
Thiel vor und nach jedem Zuge gewissenhaft, obgleich der Weg nur
selten von jemand passiert wurde.
    Er hatte seine Arbeit beendet und lehnte jetzt wartend an der   -35-
schwarzweißen Sperrstange*.
    Die Strecke schnitt rechts und links gradlinig in den unabseh-
baren grünen Forst hinein; zu ihren beiden Seiten stauten die
Nadelmassen gleichsam zurück*, zwischen sich eine Gasse frei
lassend, die der rötlichbraune, kiesbestreute Bahndamm ausfüllte.   -40-
Die schwarzen, parallellaufenden Geleise darauf glichen in ihrer
Gesamtheit einer ungeheuren eisernen Netzmasche*, deren schmale
Strähne sich im äußersten Süden und Norden in einem Punkte des
Horizontes zusammenzogen.

1: goes with **Temperaturwechsels** (1. 2). 14: the narrow cagelike
interior of the signalman's booth, which was square and made of
stone. 22: tools; vise. 27: had left. 29: pouch for
cartridge-flares. 31: with an indolent, shuffling gait. 32: grade
crossing. 36: barrier. 39: were held back. 42: mesh of a net.

Der Wind hatte sich erhoben und trieb leise Wellen den Waldrand
hinunter und in die Ferne hinein. Aus den Telegraphenstangen, die
die Strecke begleiteten, tönten summende Akkorde*.   Auf den
Drähten, die sich wie das Gewebe einer Riesenspinne von Stange zu
Stange fortrankten, klebten in dichten Reihen Scharen zwit-   -5-
schender Vögel. Ein Specht flog lachend über Thiels Kopf weg,
ohne daß er eines Blickes gewürdigt wurde*.
Die Sonne, welche soeben unter dem Rande mächtiger Wolken herabhing, um in das schwarzgrüne Wipfelmeer zu versinken, goß
Ströme von Purpur über den Forst. Die Säulenarkaden* der Kiefer-   -10-
stämme jenseits des Dammes entzündeten sich gleichsam von innen
heraus und glühten wie Eisen.
Auch die Geleise begannen zu glühen, feurigen Schlangen gleich,
aber sie erloschen zuerst; und nun stieg die Glut langsam vom
Erdboden in die Höhe, erst die Schäfte der Kiefern, weiter den   -15-
größten Teil ihrer Kronen in kaltem Verwesungslichte* zurück-
lassend, zuletzt nur noch den äußersten Rand der Wipfel mit einem
rötlichen Schimmer streifend. Lautlos und feierlich vollzog sich
das erhabene Schauspiel. Der Wärter stand noch regungslos an der
Barriere. Endlich trat er einen Schritt vor. Ein dunkler Punkt am   -20-
Horizonte, da wo die Geleise sich trafen, vergrößerte sich. Von
Sekunde zu Sekunde wachsend, schien er doch auf einer Stelle zu
stehen. Plötzlich bekam er Bewegung und näherte sich. Durch die
Geleise ging ein Vibrieren und Summen, ein rhythmisches Geklirr*,
ein dumpfes Getöse, das, lauter und lauter werdend, zuletzt den   -25-
Hufschlägen eines heranbrausenden* Reitergeschwaders* nicht un-
ähnlich war.
Ein Keuchen und Brausen schwoll stoßweise* fernher durch die
Luft. Dann plötzlich zerriß die Stille. Ein rasendes Tosen und
Toben erfüllte den Raum, die Geleise bogen sich, die Erde   -30-
zitterte – ein starker Luftdruck – eine Wolke von Staub, Dampf
und Qualm, und das schwarze, schnaubende Ungetüm* war vorüber. So
wie sie anwuchsen, starben nach und nach die Geräusche. Der Dunst
verzog sich.   Zum Punkte eingeschrumpft, schwand* der Zug in der
Ferne, und das alte heil'ge Schweigen schlug über dem Waldwinkel   -35-
zusammen*.

"Minna*", flüsterte der Wärter, wie aus einem Traum erwacht,
und ging nach seiner Bude zurück.   Nachdem er sich einen dünnen
Kaffee aufgebrüht, ließ er sich nieder und starrte, von Zeit zu
Zeit einen Schluck zu sich nehmend, auf ein schmutziges Stück   -40-
Zeitungspapier, das er irgenwo auf der Strecke aufgelesen*.
Nach und nach überkam ihn eine seltsame Unruhe. Er schob* es

3: chords, sounds. 7: without even being given a glance. 10:
pillared arcades. 16: in the cold light of decomposition (as the
sunbeams no longer touched them). 24: clanking. 26: approaching
with a roaring noise; cavalry troop. 28: in fits and starts. 32:
monster. 34: =verschwand. 36: closed over. 37: the name of his
first wife. 41: =aufgehoben. 42: blamed (on).

auf die Backofenglut, welche das Stübchen erfüllte, und riß Rock
und Weste auf, um sich zu erleichtern. Wie das nichts half, erhob
er sich, nahm einen Spaten aus der Ecke und begab sich auf das
geschenkte Äckerchen.
    Es war ein schmaler Streifen Sandes, von Unkraut dicht über-   -5-
wuchert. Wie schneeweißer Schaum lag die junge Blütenpracht auf
den Zweigen der beiden Zwergobstbäumchen, welche darauf standen.
Thiel wurde ruhig, und ein stilles Wohlgefallen beschlich ihn.
Nun also an die Arbeit.
    Der Spaten schnitt knirschend in das Erdreich; die nassen   -10-
Schollen fielen dumpf zurück und bröckelten auseinander.
    Eine Zeitlang grub er ohne Unterbrechung. Dann hielt er plötz-
lich inne und sagte laut und vernehmlich vor sich hin, indem er
dazu bedenklich den Kopf hin und her wiegte: "Nein, nein, das
geht ja nicht."   -15-
    Es war ihm plötzlich eingefallen, daß ja nun Lene des öftern*
herauskommen würde, um den Acker zu bestellen*, wodurch dann die
hergebrachte* Lebensweise in bedenkliche Schwankungen geraten*
müßte. Und jäh* verwandelte sich seine Freude über den Besitz des
Ackers in Widerwillen. Hastig, wie wenn er etwas Unrechtes zu tun   -20-
im Begriff gestanden hätte*, riß er den Spaten aus der Erde und
trug ihn nach der Bude zurück. Hier versank er abermals in dumpfe
Grübelei. Er wußte kaum, warum, aber die Aussicht, Lene ganze
Tage lang bei sich im Dienst zu haben, wurde ihm, sosehr er auch
versuchte, sich damit zu versöhnen, immer unerträgicher. Es kam   -25-
ihm vor, als habe er etwas ihm Wertes zu verteidigen, als versuchte jemand, sein Heiligstes anzutasten, und unwillkürlich
spannten sich seine Muskeln in gelindem Kampfe, während ein
kurzes, herausforderndes Lachen seinen Lippen entfuhr. Vom Widerhall dieses Lachens erschreckt, blickte er auf und verlor dabei   -30-
den Faden seiner Betrachtungen. Als er ihn wiedergefunden, wühlte
er sich gleichsam* in den alten Gegenstand.
    Und plötzlich zerriß etwas wie ein dichter, schwarzer Vorhang
in zwei Stücke, und seine umnebelten Augen gewannen einen klaren
Ausblick. Es war ihm auf einmal zumute, als erwache er aus einem   -35-
zweijährigen totenähnlichen Schlaf und betrachte nun mit ungläu-
bigem Kopfschütteln all das Haarsträubende, welches er in diesem
Zustand begangen haben sollte. Die Leidensgeschichte seines
Ältesten, welche die Eindrücke der letzten Stunden nur noch
hatten besiegeln können, trat deutlich vor seine Seele. Mitleid   -40-
und Reue ergriff ihn sowie auch eine tiefe Scham darüber, daß er
diese ganze Zeit in schmachvoller Duldung hingelebt hatte, ohne
sich des lieben, hilflosen Geschöpfes anzunehmen*, ja ohne auch
nur die Kraft zu finden, sich einzugestehen, wie sehr dieses
litt.   -45-

16: rather often. 17: to till the field. 18: customary; fall. 19:
suddenly. 21: were at the point of. 32: burrowed himself, as it
were. 43: to take care of.

Über* den selbstquälerischen Vorstellungen all seiner Unter-
lassungssünden* überkam ihn eine schwere Müdigkeit, und so entschlief er mit gekrümmtem Rücken, die Stirn auf die Hand, diese
auf den Tisch gelegt.
Eine Zeitlang hatte er so gelegen, als er mit erstickter Stimme -5-
mehrmals den Namen "Minna" rief.
Ein Brausen und Sausen füllte sein Ohr, wie von unermeßlichen
Wassermassen; es wurde dunkel um ihn, er riß die Augen auf und
erwachte. Seine Glieder flogen*, der Angstschweiß drang ihm aus
allen Poren, sein Puls ging unregelmäßig, sein Gesicht war naß -10-
von Tränen.
Es war stockdunkel*. Er wollte einen Blick nach der Tür werfen,
ohne zu wissen, wohin er sich wenden sollte. Taumelnd erhob er
sich, noch immer währte* seine Herzensangst. Der Wald draußen
rauschte wie Meeresbrandung, der Wind warf Hagel und Regen gegen -15-
die Fenster des Häuschens. Thiel tastete ratlos mit den Händen
umher. Einen Augenblick kam er sich vor wie ein Ertrinkender - da
plötzlich flammte es bläulich blendend auf, wie wenn Tropfen
überirdischen Lichtes in die dunkle Erdatmosphäre herabsänken, um
sogleich von ihr erstickt zu werden.   -20-
Der Augenblick genügte, um den Wärter zu sich selbst zu
bringen. Er griff nach seiner Laterne, die er auch glücklich zu
fassen bekam, und in diesem Augenblick erwachte der Donner am
fernsten Saume des märkischen Nachthimmels. Erst dumpf und verhalten* grollend, wälzte er sich näher in kurzen, brandenden*   -25-
Erzwellen*, bis er, zu Riesenstößen anwachsend, sich endlich, die
ganze Atmosphäre überflutend, dröhnend, schütternd und brausend
entlud.
Die Scheiben klirrten, die Erde erbebte.
Thiel hatte Licht gemacht. Sein erster Blick, nachdem er die   -30-
Fassung wiedergewonnen, galt der Uhr. Es lagen kaum fünf Minuten
zwischen jetzt und der Ankunft des Schnellzuges. Da er glaubte,
das Signal überhört zu haben, begab er sich, so schnell als Sturm
und Dunkelheit erlaubten, nach der Barriere. Als er noch damit
beschäftigt war, diese zu schließen, erklang die Signalglocke. -35-
Der Wind zerriß ihre Töne und warf sie nach allen Richtungen auseinander. Die Kiefern bogen sich und rieben unheimlich knarrend
und quietschend ihre Zweige aneinander. Einen Augenblick wurde
der Mond sichtbar, wie er gleich einer blaßgoldnen Schale
zwischen den Wolken lag. In seinem Lichte sah man das Wühlen des -40-
Windes in den schwarzen Kronen der Kiefern. Die Blattgehänge der
Birken* am Bahndamm wehten und flatterten wie gespenstige Roß-
schweife*. Darunter lagen die Linien der Geleise, welche, vor
Nässe glänzend, das blasse Mondlicht in einzelnen Flecken auf-
saugten.   -45-

1: During. 2: sins of omission. 9: His limbs shook. 12:
pitch-dark. 14: =dauerte. 25: subdued; surging. 26: arch-waves,
i.e., primeval waves. 42: The leaves festooning the birches. 43:
horsetails.

Thiel riß die Mütze vom Kopfe. Der Regen tat ihm wohl und lief
vermischt mit Tränen über sein Gesicht. Es gärte in seinem Hirn*;
unklare Erinnerungen an das, was er im Traum gesehen, verjagten
einander. Es war ihm gewesen, als würde Tobias von jemand gemiß-
handelt, und zwar auf eine so entsetzliche Weise, daß ihm noch   -5-
jetzt bei dem Gedanken daran das Herz stillstand. Einer anderen
Erscheinung erinnerte er sich deutlicher. Er hatte seine verstorbene Frau gesehen. Sie war irgendwoher aus der Ferne gekommen, auf einem der Bahngeleise. Sie hatte recht kränklich ausgesehen, und statt der Kleider hatte sie Lumpen getragen. Sie war   -10-
an Thiels Häuschen vorübergekommen, ohne sich darnach umzu-
schauen, und schließlich - hier wurde die Erinnerung undeutlich -
war sie aus irgendwelchem Grunde nur mit großer Mühe vorwärts
gekommen und sogar mehrmals zusammengebrochen.
Thiel dachte weiter nach, und nun wußte er, daß sie sich auf   -15-
der Flucht befunden hatte. Es lag außer allem Zweifel*, denn weshalb hätte sie sonst diese Blicke voll Herzensangst nach rückwärts gesandt und sich weitergeschleppt, obgleich ihr die Füße
den Dienst versagten. O diese entsetzlichen Blicke!
Aber es war etwas, das sie mit sich trug, in Tücher gewickelt,   -20-
etwas Schlaffes, Blutiges, Bleiches, und die Art, mit der sie
darauf niederblickte, erinnerte ihn an Szenen der Vergangenheit.
Er dachte an eine sterbende Frau, die ihr kaum geborenes Kind,
das sie zurücklassen mußte, unverwandt anblickte, mit einem Ausdruck tiefsten Schmerzes, unfaßbarer Qual, jenem Ausdruck, den   -25-
Thiel ebensowenig vergessen konnte, wie daß er einen Vater und
eine Mutter habe.
Wo war sie hingekommen? Er wußte es nicht. Das aber trat ihm
klar vor die Seele: sie hatte sich von ihm losgesagt, ihn nicht
beachtet, sie hatte sich fortgeschleppt immer weiter und weiter   -30-
durch die stürmische, dunkle Nacht. Er hatte sie gerufen: "Minna,
Minna", und davon war er erwacht.
Zwei rote, runde Lichter durchdrangen wie die Glotzaugen eines
riesigen Ungetüms die Dunkelheit. Ein blutiger Schein ging vor
ihnen her, der die Regentropfen in seinem Bereich in Blutstropfen   -35-
verwandelte. Es war, als fiele ein Blutregen vom Himmel.
Thiel fühlte ein Grauen und, je näher der Zug kam, eine um so
größere Angst; Traum und Wirklichkeit verschmolzen ihm in eins.
Noch immer sah er das wandernde Weib* auf den Schienen, und seine
Hand irrte nach der Patronentasche, als habe er die Absicht, den   -40-
rasenden Zug zum Stehen zu bringen. Zum Glück war es zu spät,
denn schon flirrte es vor Thiels Augen von Lichtern*, und der Zug
raste vorüber.
Den übrigen Teil der Nacht fand Thiel wenig Ruhe mehr in seinem
Dienst. Es drängte ihn, daheim zu sein. Er sehnte sich,   -45-
Tobiaschen wiederzusehen. Es war ihm zumute, als sei er durch
Jahre von ihm getrennt gewesen. Zuletzt war er in steigender

2: There was a fermenting in his brain. 16: It was beyond all
doubt. 39: =Frau. 42: lights glittered before Thiel's eyes.

Bekümmernis um das Befinden* des Jungen mehrmals versucht, den
Dienst zu verlassen.
   Um die Zeit hinzubringen*, beschloß Thiel, sobald es dämmerte,
seine Strecke zu revidieren*. In der Linken einen Stock, in der
Rechten einen langen eisernen Schraubschlüssel, schritt er denn   -5-
auch alsbald auf dem Rücken einer Bahnschiene in das schmutzig-
graue Zwielicht hinein.
   Hin und wieder zog er mit dem Schraubenschlüssel einen Bolzen
fest oder schlug an eine der runden Eisenstangen*, welche die
Geleise untereinander verbanden.   -10-
   Regen und Wind hatten nachgelassen, und zwischen zer-
schlissenen* Wolkenschichten wurden hie und da Stücke eines blaß-
blauen Himmels sichtbar.
   Das eintönige Klappen der Sohlen auf dem harten Metall, ver-
bunden mit dem schläfrigen Geräusch der tropfenschüttelnden -15-
Bäume, beruhigte Thiel nach und nach.
   Um sechs Uhr früh wurde er abgelöst und trat ohne Verzug den
Heimweg an.
   Es war ein herrlicher Sonntagmorgen.
   Die Wolken hatten sich zerteilt und waren mittlerweile hinter -20-
den Umkreis des Horizontes hinabgesunken. Die Sonne goß, im Aufgehen gleich einem ungeheuren blutroten Edelstein funkelnd, wahre
Lichtmassen über den Forst.
   In scharfen Linien schossen die Strahlenbündel durch das Gewirr
der Stämme, hier eine Insel zarter Farrenkräuter*, deren Wedel* -25-
feingeklöppelten* Spitzen glichen, mit Glut behauchend*, dort die
silbergrauen Flechten des Waldgrundes zu roten Korallen um-
wandelnd.
   Von Wipfeln, Stämmen und Gräsern floß der Feuertau*. Eine Sint-
flut* von Licht schien über die Erde ausgegossen. Es lag eine -30-
Frische in der Luft, die bis ins Herz drang, und auch hinter
Thiels Stirn mußten die Bilder der Nacht allmählich verblassen.
   Mit dem Augenblick jedoch, wo er in die Stube trat und
Tobiaschen rotwangiger als je im sonnenbeschienenen Bette liegen
sah, waren sie ganz verschwunden.   -35-
   Wohl wahr! Im Verlauf des Tages glaubte Lene mehrmals etwas
Befremdliches an ihm wahrzunehmen*; so im Kirchstuhl, als er,
statt ins Buch zu schauen, sie selbst von der Seite betrachtete,
und dann auch um die Mittagszeit, als er, ohne ein Wort zu sagen,
das Kleine, welches Tobias wie gewöhnlich auf die Straße tragen   -40-
sollte, aus dessen Arm nahm und ihr auf den Schoß setzte. Sonst
aber hatte er nicht das geringste Auffällige an sich.
   Thiel, der den Tag über nicht dazu gekommen war, sich nieder-
zulegen, kroch, da er die folgende Woche Tagdienst hatte, bereits
gegen neun Uhr abends ins Bett. Gerade als er im Begriff war   -45-

-----
1: state of health.   3: To kill time. 4: inspect. 9: iron rods.
12: torn. 25: =Farnkräuter ferns; fronds. 26: fine, handmade bone
laces; breathing on. 29: fire dew, i.e., dew illuminated by the
sun to the color of fire. 30: flood, deluge. 37: notice.

einzuschlafen, eröffnete* ihm die Frau, daß sie am folgenden
Morgen mit nach dem Walde gehen werde, um das Land umzugraben und
Kartoffeln zu stecken*.
    Thiel zuckte zusammen; er war ganz wach geworden, hielt jedoch
die Augen fest geschlossen.   -5-
    Es sei die höchste Zeit, meinte Lene, wenn aus den Kartoffeln
noch etwas werden sollte, und fügte bei, daß sie die Kinder werde
mitnehmen müssen, da vermutlich der ganze Tag draufgehen würde*.
Der Wärter brummte einige unverständliche Worte, die Lene weiter
nicht beachtete. Sie hatte ihm den Rücken gewandt und war beim   -10-
Scheine eines Talglichtes* damit beschäftigt, das Mieder auf-
zunesteln* und die Röcke herabzulassen.
    Plötzlich fuhr sie herum, ohne selbst zu wissen, aus welchem
Grunde, und blickte in das von Leidenschaften verzerrte, erd-
farbene Gesicht ihres Mannes, der sie, halbaufgerichtet, die   -15-
Hände auf der Bettkante, mit brennenden Augen anstarrte.
    "Thiel!" - schrie die Frau halb zornig, halb erschreckt, und
wie ein Nachtwandler, den man bei Namen ruft, erwachte er aus
seiner Betäubung, stotterte einige verwirrte Worte, warf sich in
die Kissen zurück und zog das Deckbett* über die Ohren.   -20-
    Lene war die erste, welche sich am folgenden Morgen vom Bett
erhob. Ohne dabei Lärm zu machen, bereitete sie alles Nötige für
den Ausflug vor. Der Kleinste wurde in den Kinderwagen gelegt,
darauf Tobias geweckt und angezogen. Als er erfuhr, wohin es
gehen sollte*, mußte er lächeln. Nachdem alles bereit war und   -25-
auch der Kaffee fertig auf dem Tisch stand, erwachte Thiel. Mißbehagen war sein erstes Gefühl beim Anblick all der getroffenen
Vorbereitungen. Er hätte wohl gern ein Wort dagegen gesagt, aber
er wußte nicht, womit beginnen. Und welche für Lene stichhaltigen
Gründe hätte er auch angeben sollen?   -30-
    Allmählich begann dann das mehr und mehr strahlende Gesichtchen
seinen Einfluß auf Thiel zu üben, so daß er schließlich schon um
der Freude willen, welche dem Jungen der Ausflug bereitete, nicht
daran denken konnte, Widerspruch zu erheben. Nichtsdestoweniger
blieb Thiel während der Wanderung durch den Wald nicht frei von   -35-
Unruhe. Er stieß das Kinderwägelchen mühsam durch den tiefen Sand
und hatte allerhand Blumen darauf liegen, die Tobias gesammelt
hatte.
    Der Junge war ausnehmend lustig. Er hüpfte in seinem braunen
Plüschmützchen zwischen den Farrenkräutern umher und suchte auf   -40-
eine freilich etwas unbeholfene Art die glasflügligen* Libellen
zu fangen, die darüber hinaukelten*. Sobald man angelangt war,
nahm Lene den Acker in Augenschein*. Sie warf das Säckchen mit
Kartoffelstückchen, welche sie zur Saat* mitgebracht hatte, auf
den Grasrand eines kleinen Birkengehölzes, kniete nieder und ließ   -45-

-----
1: revealed. 3: plant. 8: it would take the entire day. 11:
tallow candle. 12: open up. 20: coverlet. 25: where they were
planning to go. 41: with wings of glass, i.e., transparent wings.
42: flitted about. 43: looked over. 44: for sowing.

den etwas dunkel gefärbten Sand durch ihre harten Finger laufen.
Thiel beobachtete sie gespannt: "Nun, wie ist er?"
"Reichlich so gut wie die Spree-Ecke!" Dem Wärter fiel eine
Last von der Seele.   Er hatte gefürchtet, sie würde unzufrieden
sein, und kratzte beruhigt seine Bartstoppeln.   -5-
Nachdem die Frau hastig eine dicke Brotkante* verzehrt hatte,
warf sie Tuch und Jacke fort und begann zu graben, mit der
Geschwindigkeit und Ausdauer einer Maschine.
In bestimmten Zwischenräumen richtete sie sich auf und holte in
tiefen Zügen Luft, aber es war jeweilig nur ein Augenblick, wenn -10-
nicht etwa das Kleine gestillt* werden mußte, was mit keuchender,
schweißtropfender Brust hastig geschah.
"Ich muß die Strecke belaufen*, ich werde Tobias mitnehmen",rief der Wärter nach einer Weile von der Plattform vor
der Bude aus zu ihr herüber.   -15-
"Ach was - Unsinn!" schrie sie zurück, "wer soll bei dem
Kleinen bleiben? - Hierher kommst du!" setzte sie noch lauter
hinzu, während der Wärter, als ob er sie nicht hören könne, mit
Tobiaschen davonging.
Im ersten Augenblick erwog* sie, ob sie nicht nachlaufen solle, -20-
und nur der Zeitverlust bestimmte sie, davon abzustehen. Thiel
ging mit Tobias die Strecke entlang. Der Kleine war nicht wenig
erregt; alles war ihm neu, fremd. Er begriff nicht, was die
schmalen, schwarzen, vom Sonnenlicht erwärmten Schienen zu
bedeuten hatten.   Unaufhörlich tat* er allerhand sonderbare -25-
Fragen. Vor allem verwunderlich war ihm das Klingen der Telegraphenstangen. Thiel kannte den Ton jeder einzelnen seines
Reviers*, so daß er mit geschlossenen Augen stets gewußt haben
würde, in welchem Teil der Strecke er sich gerade befand.
Oft blieb er, Tobiaschen an der Hand, stehen, um den wunder- -30-
baren Lauten zu lauschen, die aus dem Holze wie sonore Choräle
aus dem Innern einer Kirche hervorströmten. Die Stange am Südende
des Reviers hatte einen besonders vollen und schönen Akkord. Es
war ein Gewühl von Tönen in ihrem Innern, die ohne Unterbrechung
gleichsam in einem Atem fortklangen, und Tobias lief rings um das -35-
verwitterte Holz, um, wie er glaubte, durch eine Öffnung die
Urheber des lieblichen Getöns zu entdecken. Der Wärter wurde
weihevoll gestimmt, ähnlich wie in der Kirche. Zudem unterschied
er mit der Zeit eine Stimme, die ihn an seine verstorbene Frau
erinnerte. Er stellte sich vor, os sei ein Chor seliger Geister, -40-
in den sie ja auch ihre Stimme mische, und diese Vorstellung
erweckte in ihm eine Sehnsucht, eine Rührung bis zu Tränen.
Tobias verlangte nach den Blumen, die seitab im Birkenwäldchen
standen, und Thiel, wie immer, gab ihm nach.
Stücke blauen Himmels schienen auf den Boden des Haines herab- -45-
gesunken, so wunderbar dicht standen kleine blaue Blüten darauf.

6: crust of bread. 11: nursed. 13: walk, go over my area. 20:
considered.   25: =stellte asked. 28: area, "beat."

Farbigen Wimpeln gleich* flatterten und gaukelten die Schmetter-
linge lautlos zwischen dem leuchtenden Weiß der Stämme, indes
durch die zartgrünen Blätterwolken der Birkenkronen ein sanftes
Rieseln ging.
Tobias rupfte Blumen, und der Vater schaute ihm sinnend zu.   -5-
Zuweilen erhob sich auch der Blick des letzteren und suchte durch
die Lücken der Blätter den Himmel, der wie eine riesige, makel-
los blaue Kristallschale das Goldlicht der Sonne auffing.
"Vater, ist das der liebe Gott?" fragte der Kleine plötzlich,
auf ein braunes Eichhörnchen deutend, das unter kratzenden   -10-
Geräuschen am Stamme einer alleinstehenden Kiefer hinanhuschte.
"Närrischer Kerl", war alles, was Thiel erwidern konnte,
während losgerissene Borkenstückchen den Stamm herunter vor seine
Füße fielen.
Die Mutter grub noch immer, als Thiel und Tobias zurückkamen. -15-
Die Hälfte des Ackers war bereits umgeworfen.
Die Bahnzüge folgten einander in kurzen Zwischenräumen, und
Tobias sah sie jedesmal mit offenem Munde vorübertoben.
Die Mutter selbst hatte ihren Spaß an seinen drolligen
Grimassen.   -20-
Das Mittagessen, bestehend aus Kartoffeln und einem Restchen
kalten Schweinebraten, verzehrte man in der Bude. Lene war auf-
geräumt, und auch Thiel schien sich in das Unvermeidliche mit
gutem Anstand fügen zu wollen. Er unterhielt seine Frau während
des Essens mit allerlei Dingen, die in seinen Beruf schlugen*. So -25-
fragte er sie, ob sie sich denken könne, daß in einer einzigen
Bahnschiene sechsundvierzig Schrauben säße, und anderes mehr.
Am Vormittage war Lene mit Umgraben fertig geworden; am Nachmittage sollten die Kartoffeln gesteckt werden. Sie bestand
darauf, daß Tobias jetzt das Kleine warte*, und nahm ihn mit -30-
sich.
"Paß auf...", rief Thiel ihr nach, von plötzlicher Besorgnis
ergriffen, "paß auf, daß er den Geleisen nicht zu nahe kommt."
Ein Achselzucken Lenens war die Antwort.

Der schlesische Schnellzug* war gemeldet, und Thiel mußte auf -35-
seinen Posten. Kaum stand er dienstfertig an der Barriere, so
hörte er ihn auch schon heranbrausen.
Der Zug wurde sichtbar - er kam näher - in unzählbaren sich
überhastenden* Stößen fauchte der Dampf aus dem schwarzen
Maschinenschlote*. Da: ein - zwei - drei milchweiße Dampfstrahlen -40-
quollen kerzengerade empor, und gleich darauf brachte die Luft
den Pfiff der Maschine getragen*. Dreimal hintereinander, kurz,
grell, beängstigend. Sie bremsen, dachte Thiel, warum nur? Und

-----
1: like (preceded by its object: **Farbigen Wimpeln**). 25: that were
related to his job.   30: take care of. 35: The Silesian Express,
from Breslau. 39: following quickly one after another. 40: locomotive smokestack. 42: the air carried the sound of the whistle.

wieder gellten die Notpfiffe schreiend, den Widerhall weckend,
diesmal in langer, ununterbrochener Reihe.
Thiel trat vor, um die Strecke überschauen zu können. Mechanisch zog er die rote Fahne aus dem Futteral und hielt sie gerade
vor sich hin über die Geleise. - Jesus Christus - war er blind   -5-
gewesen? Jesus Christus - o Jesus, Jesus, Jesus Christus! was war
das? Dort! - dort zwischen den Schienen... "Ha-alt!" schrie der
Wärter aus Leibeskräften*. Zu spät. Eine dunkle Masse war unter
den Zug geraten und wurde zwischen den Rädern wie ein Gummiball
hin und her geworfen. Noch einige Augenblicke, und man hörte das   -10-
Knarren und Quietschen der Bremsen. Der Zug stand.
Die einsame Strecke belebte sich. Zugführer und Schaffner
rannten über den Kies nach dem Ende des Zuges. Aus jedem Fenster
blickten neugierige Gesichter, und jetzt - die Menge knäulte sich
und kam nach vorn.   -15-
Thiel keuchte; er mußte sich festhalten, um nicht umzusinken
wie ein gefällter Stier. Wahrhaftig, man winkt ihm - "Nein!"
Ein Aufschrei zerreißt die Luft von der Unglücksstelle* her,
ein Geheul folgt, wie aus der Kehle eines Tieres kommend. Wer war
das?! Lene?! Es war nicht ihre Stimme, und doch...   -20-
Ein Mann kommt in Eile die Strecke herauf.
"Wärter!"
"Was gibt's?"
"Ein Unglück!"... Der Bote schrickt zurück*, denn des Wärters
Augen spielen seltsam. Die Mütze sitzt schief, die roten Haare   -25-
scheinen sich aufzubäumen*.
"Er lebt noch, vielleicht ist noch Hilfe."
Ein Röcheln ist die einzige Antwort.
"Kommen Sie schnell, schnell!"
Thiel reißt sich auf mit gewaltiger Anstrengung. Seine   -30-
schlaffen Muskeln spannen sich; er richtet sich hoch auf, sein
Gesicht ist blöd und tot.
Er rennt mit dem Boten, er sieht nicht die todbleichen,
erschreckten Gesichter der Reisenden in den Zugfenstern. Eine
junge Frau schaut heraus, ein Handlungsreisender* im Fez*, ein   -35-
junges Paar, anscheinend auf der Hochzeitsreise.
Was geht's ihn an? Er hat sich nie um den Inhalt dieser
Polterkasten* gekümmert - sein Ohr füllt das Geheul Lenens. Vor
seinen Augen schwimmt es durcheinander, gelbe Punkte, Glüh
würmchen gleich, unzählig. Er schrickt zurück - er steht. Aus dem   -40-
Tanze der Glühwürmchen tritt es hervor, blaß, schlaff, blut-
rünstig*. Eine Stirn, braun und blau geschlagen, blaue Lippen,
über die schwarzes Blut tröpfelt. Er ist es.
Thiel spricht nicht. Sein Gesicht nimmt eine schmutzige Blässe
an. Er lächelt wie abwesend; endlich beugt er sich; er fühlt die   -45-

-----
8: shouted with all his might. 18: site of the accident. 24:
shrinks back. 26: rear up. 35: salesman; (Turkish) red skull cap.
38: bluster-boxes: Thiel's contemptuous expression. 42: bloody

schlaffen, toten Gliedmaßen schwer in seinen Armen; die rote
Fahne wickelt sich darum.
   Er geht.
   Wohin?
   "Zum Bahnarzt, zum Bahnarzt", tönt es durcheinander.   -5-
   "Wir nehmen ihn gleich mit" ruft der Packmeister* und macht in
seinem Wagen aus Dienströcken und Büchern ein Lager zurecht. "Nun
also?"
   Thiel machte keine Anstalten*, den Verunglückten loszulassen.
Man drängt in ihn. Vergebens. Der Packmeister läßt eine Bahre aus   -10-
dem Packwagen reichen und beordert einen Mann, dem Vater bei-
zustehen.
   Die Zeit ist kostbar. Die Pfeife des Zugführers trillert.
Münzen regnen aus den Fenstern.
   Lene gebärdet sich wie wahnsinnig. "Das arme, arme Weib", heißt   -15-
es* in den Coupés, "die arme, arme Mutter."
   Der Zugführer trillert abermals - ein Pfiff - die Maschine
stößt weiße, zischende Dämpfe aus ihren Zylindern und streckt
ihre eisernen Sehnen; einige Sekunden, und der Kurierzug* braust
mit wehender Rauchfahne in verdoppelter Geschwindigkeit durch den   -20-
Forst.
   Der Wärter, anderen Sinnes geworden*, legt den halbtoten Jungen
auf die Bahre. Da liegt er da in seiner verkommenen Körper-
gestalt, und hin und wieder hebt ein langer, rasselnder Atemzug
die knöcherne Brust, welche unter dem zerfetzten Hemd sichtbar   -25-
wird. Die Ärmchen und Beinchen, nicht nur in den Gelenken
gebrochen, nehmen die unnatürlichsten Stellungen ein. Die Ferse
des kleinen Fußes ist nach vorn gedreht. Die Arme schlottern*
über den Rand der Bahre.
   Lene wimmert in einem fort*; jede Spur ihres einstigen Trotzes   -30-
ist aus ihrem Wesen gewichen. Sie wiederholt fortwährend eine
Geschichte, die sie von jeder Schuld an dem Vorfall reinwaschen
soll.
   Thiel scheint sie nicht zu beachten; mit entsetzlich bangem
Ausdruck haften seine Augen an dem Kinde.   -35-
   Es ist still ringsum geworden, totenstill; schwarz und heiß
ruhen die Geleise auf dem blendenden Kies. Der Mittag hat die
Winde erstickt, und regungslos, wie aus Stein, steht der Forst.
   Die Männer beraten sich leise. Man muß, um auf dem schnellsten
Wege nach Friedrichshagen zu kommen, nach der Station zurück, die   -40-
nach der Richtung Breslau liegt, da der nächste Zug, ein be-
schleunigter Personenzug*, auf der Friedrichshagen näher gelegenen* nicht anhält.
   Thiel scheint zu überlegen, ob er mitgehen solle. Augenblicklich ist niemand da, der den Dienst versteht. Eine stumme   -45-

-----
6: loadmaster. 9: made no effort. 16: is said. 19: =Schnellzug.
22: having changed his mind. 28: dangle. 30: continuously. 42: a
local train that doesn't stop at every station. 43: at the
station closer to Friedrichshagen.

Handbewegung bedeutet* seiner Frau,   die   Bahre aufzunehmen;   sie
wagt nicht,   sich   zu widersetzen, obgleich   sie um   den   zurück-
bleibenden Säugling   besorgt ist.   Sie und der fremde Mann tragen
die Bahre.   Thiel begleitet den   Zug bis an   die   Grenze   seines
Reviers, dann bleibt er stehen und schaut ihm lange nach.   Plötz-   -5-
lich schlägt   er sich mit der flachen   Hand vor die Stirn, daß es
weithin schallt.
    Er meint   sich zu erwecken*; denn   es wird   ein Traum sein, wie
der gestern,   sagt er sich. - Vergebens.   - Mehr   taumelnd   als
laufend erreichte er sein Häuschen. Drinnen fiel er auf die Erde,   -10-
das Gesicht voran. Seine Mütze rollte in die Ecke, seine peinlich
gepflegte Uhr fiel   aus seiner   Tasche, die Kapsel*   sprang,   das
Glas zerbrach.   Es war,   als hielte ihn   eine eiserne   Faust   im
Nacken   gepackt,   so   fest, daß er sich nicht bewegen konnte,   so
sehr er auch unter Ächzen und Stöhnen sich frei zu machen suchte.   -15-
Seine Stirn war kalt, sein Augen trocken, sein Schlund* brannte.
    Die Signalglocke   weckte ihn.   Unter   dem Eindruck jener   sich
wiederholenden drei Glockenschläge ließ   der Anfall nach.   Thiel
konnte sich erheben und seinen dienst tun.   Zwar waren seine Füße
bleischwer, zwar kreiste um ihn die Strecke wie die Speiche eines   -20-
ungeheuren Rades, dessen Achse sein Kopf war; aber er gewann doch
wenigstens   soviel   Kraft,   sich   für   einige   Zeit   aufrecht   zu
erhalten.
    Der Personenzug kam heran. Tobias mußte darin sein. Je näher er
rückte,   umsomehr verschwammen die   Bilder vor Thiels Augen.   Am   -25-
Ende   sah er nur   noch den zerschlagenen Jungen mit dem   blutigen
Munde.   Dann wurde es Nacht.
    Nach einer Weile   erwachte er aus einer Ohnmacht.   Er fand sich
dicht   an   der Barriere im   heißen   Sande   liegen.   Er stand auf,
schüttelte die Sandkörner   aus seinen   Kleidern und   spie sie aus   -30-
seinem Munde.   Sein Kopf wurde ein   wenig freier, er   vermochte
ruhiger zu denken.
    In der Bude nahm er sogleich seine Uhr   vom Boden auf und legte
sie auf den Tisch.   Sie war   trotz des Falles   nicht   stehen-
geblieben.   Er zählte während zweier Stunden die Sekunden und   -35-
Minuten, indem er sich vorstellte, was indes mit Tobias geschehen
mochte*. Jetzt kam Lene   mit ihm an;   jetzt   stand sie vor dem
Arzte. Dieser betrachtete und betastete den Jungen und schüttelte
den Kopf.
    "Schlimm,   sehr schlimm - aber vielleicht... wer weiß?"   Er   -40-
untersuchte   genauer.   "Nein",   sagte   er   dann,   "nein,   es   ist
vorbei."
    "Vorbei,   vorbei", stöhnte der Wärter,   dann   aber richtete er
sich   hoch   auf und   schrie,   die   rollenden Augen   an die   Decke

-----
1: gives... to understand, indicates.   8: He thinks he's awakened
himself.   12: case, casing.   16: throat.   37: might have happened.

geheftet, die erhobenen Hände unbewußt zur Faust ballend und mit
einer Stimme, als müsse der enge Raum davon zerbersten: "Er muß,
muß leben, ich sage dir, er muß, muß leben." Und schon stieß er
die Tür des Häuschens von neuem auf, durch die das rote Feuer des
Abends hereinbrach, und rannte mehr, als er ging, nach der   -5-
Barriere zurück. Hier blieb er eine Weile wie betroffen stehen
und schritt dann plötzlich, beide Arme ausbreitend, bis in die
Mitte des Dammes, als wenn er etwas aufhalten wollte, das aus der
Richtung des Personenzuges kam. Dabei machten seine weit offenen
Augen den Eindruck der Blindheit.   -10-
    Während er, rückwärts schreitend, vor etwas zu weichen* schien,
stieß er in einem fort halbverständliche Worte zwischen den
Zähnen hervor: "Du - hörst du - bleib doch - du - hör doch -
bleib - gib ihn wieder - er ist braun und blau geschlagen - ja ja
- gut - ich will sie wieder braun und blau schlagen - hörst du? -15-
bleib doch - gib ihn mir wieder."
    Es schien, als ob etwas an ihm vorüberwandle, denn er wandte
sich und bewegte sich, wie um es zu verfolgen, nach der anderen
Richtung.
    "Du, Minna" - seine Stimme wurde weinerlich, wie die eines -20-
kleinen Kindes. "Du, Minna, hörst du? - gib ihn wieder - ich
will..." Er tastete in die Luft, wie um jemand festzuhalten.
"Weibchen - ja - und da will ich sie... und da will ich sie auch
schlagen - braun und blau - auch schlagen - und da will ich mit
dem Beil - siehst du? - Küchenbeil - mit dem Küchenbeil will ich -25-
sie schlagen, und da wird sie verrecken*.
    Und da... ja mit dem Beil - Küchenbeil, ja - schwarzes Blut!"
Schaum stand vor seinem Munde, seine gläsernen Pupillen bewegten
sich unaufhörlich.
    Ein sanfter Abendhauch   strich leis und nachhaltig über den -30-
Forst, und rosaflammiges Wolkengelock* hing über dem westlichen
Himmel.
    Etwa hundert Schritte hatte er so das unsichtbare Etwas
verfolgt, als er anscheinend mutlos stehenblieb, und mit entsetzlicher Angst in den Mienen streckte der Mann seine Arme aus, -35-
flehend, beschwörend. Er strengte seine Augen an und beschattete
sie mit der Hand, wie um noch einmal in weiter Ferne das Wesen-
lose* zu entdecken. Schließlich sank die Hand, und der gespannte
Ausdruck seines Gesichts verkehrte sich in stumpfe Ausdrucks-
losigkeit; er wandte sich und schleppte sich den Weg zurück, den -40-
er gekommen.
    Die Sonne goß ihre letzte Glut über den Forst, dann erlosch
sie. Die Stämme der Kiefern streckten sich wie bleiches, ver-
westes Gebein zwischen die Wipfel hinein, die wie grauschwarze
Moderschichten* auf ihnen lasteten.   Das Hämmern eines Spechtes -45-
durchrang die Stille. Durch den kalten, stahlblauen Himmelsraum

-----
11: give way.   26: die (like an animal). 31: pink clouds that
looked like flaming curls. 38: something unreal. 45: layers of
rot.

ging ein einziges, verspätetes Rosengewölk. Der Windhauch wurde
kellerkalt, so daß es den Wärter fröstelte. Alles war ihm neu,
alles fremd. Er wußte nicht, was das war, worauf er ging, oder
das, was ihn umgab. Da huschte ein Eichhorn über die Strecke, und
Thiel besann sich. Er mußte an den lieben Gott denken, ohne zu   -5-
wissen, warum. "Der liebe Gott springt über den Weg, der liebe
Gott springt über den Weg." Er wiederholte diesen Satz mehrmals,
gleichsam um auf etwas zu kommen, das damit zusammenhing. Er
unterbrach sich, ein Lichtschein fiel in sein Hirn: "Aber mein
Gott, das ist ja Wahnsinn." Er vergaß alles und wandte sich gegen -10-
diesen neuen Feind. Er suchte Ordnung in seine Gedanken zu
bringen, vergebens! es war ein haltloses Streifen und Schweifen*.
Er ertappte sich* auf den unsinnigsten Vorstellungen und schauderte zusammen im Bewußtsein seiner Machtlosigkeit.
    Aus dem nahen Birkenwäldchen kam Kindergeschrei. Es war das   -15-
Signal zur Raserei. Fast gegen seinen Willen mußte er darauf zu-
eilen und fand das Kleine, um welches sich niemand mehr gekümmert
hatte, weinend und strampelnd ohne Bettchen im Wagen liegen. Was
wollte er tun? Was trieb ihn hierher? Ein wirbelnder Strom von
Gefühlen und Gedanken verschlang diese Fragen.   -20-
    "Der liebe Gott springt über den Weg", jetzt wußte er, was das
bedeuten wollte. "Tobias" - sie hatte ihn gemordet - Lene - ihr
war er anvertraut - "Stiefmutter, Rabenmutter*", knirschte er,
"und ihr Balg* lebt." Ein roter Nebel umwölkte seine Sinne, zwei
Kinderaugen durchdrangen ihn; er fühlte etwas Weiches,   -25-
Fleischiges zwischen seinen Fingern. Gurgelnde und pfeifende
Laute, untermischt mit heiseren Ausrufen, von denen er nicht
wußte, wer sie ausstieß, trafen sein Ohr.
    Da fiel etwas in sein Hirn wie Tropfen heißen Siegellacks*, und
es hob sich wie eine Starre* von seinem Geist. Zum Bewußtsein   -30-
kommend, hörte er den Nachhall der Meldeglocke durch die Luft
zittern.
    Mit eins* begriff er, was er hatte tun wollen: seine Hand löste
sich von der Kehle des Kindes, welches sich unter seinem Griffe
wand. - Es rang nach Luft, dann begann es zu husten und zu   -35-
schreien.
    "Es lebt! Gott sei Dank, es lebt!" Er ließ es liegen und eilte
nach dem Übergange. Dunkler Qualm wälzte sich fernher über die
Strecke, und der Wind drückte ihn zu Boden. Hinter sich vernahm
er das Keuchen einer Maschine, welches wie das stoßweise gequälte -40-
Atmen eines kranken Riesen klang.
    Ein kaltes Zwielicht lag über der Gegend.
    Nach einer Weile, als die Rauchwolken auseinandergingen,
erkannte Thiel den Kieszug*, der mit geleerten Loren* zurückging
und die Arbeiter mit sich führte, welche tagsüber auf der Strecke -45-

-----

12: a touching and moving. 13: caught himself (making). 23:
raven-mother, i.e., unnatural or evil mother. 24: brat. 29: of
hot sealing-wax. 30: rigidity. 33: Suddenly. 44: gravel train,
carrying gravel, tools, spare parts, etc; freight cars.

gearbeitet hatten.

Der Zug hatte eine reichbemessene* Fahrzeit und durfte überall anhalten, um die hie und da noch beschäftigten Arbeiter auf-zunehmen, andere hingegen abzusetzen.   Ein gutes Stück vor Thiels Bude begann man zu bremsen.   Ein lautes Quietschen, Schnarren,   -5- Rasseln und Klirren durchdrang weithin die Abendstille, bis der Zug unter einem einzigen, schrillen, langgedehnten Ton still-stand.

Etwa fünfzig Arbeiter und Arbeiterinnen waren in den Loren ver-teilt. Fast alle standen aufrecht, einige unter den Männern mit   -10- entblößtem Kopfe. In ihrer aller* Wesen lag eine rätselhafte Feierlichkeit*. Als sie des Wärters ansichtig wurden*, erhob sich ein Flüstern unter ihnen. Die Alten zogen die Tabakspfeifen zwischen den gelben Zähnen hervor und hielten sie respektvoll in den Händen. Hie und da wandte sich ein Frauenzimmer*, um sich zu   -15- schneuzen. Der Zugführer stieg auf die Strecke herunter und trat auf Thiel zu. Die Arbeiter sahen, wie er ihm feierlich die Hand schüttelte, worauf Thiel mit langsamem, fast militärisch steifem Schritt auf den letzten Wagen zuschritt.

Keiner der Arbeiter wagte ihn anzureden, obgleich sie ihn alle   -20- kannten.

Aus dem letzten Wagen hob man soeben das kleine Tobiaschen.

Es* war tot.

Lene folgte ihm; ihr Gesicht war bläulichweiß, braune Kreise lagen um ihre Augen.   -25-

Thiel würdigte sie keines Blickes; sie aber erschrak beim Anblick ihres Mannes. Seine Wangen waren hohl, Wimpern und Bart-haare verklebt, der Scheitel, so schien es ihr, ergrauter als bisher. Die Spuren vertrockneter Tränen überall auf dem Gesicht; dazu ein unstetes Licht in seinen Augen, davor sie ein Grauen   -30- ankam*.

Auch die Tragbahre hatte man wieder mitgebracht, um die Leiche transportieren zu können.

Eine Weile herrschte unheimliche Stille. Eine tiefe, entsetz-liche Versonnenheit* hatte sich Thiels bemächtigt. Es wurde   -35- dunkler. Ein Rudel* Rehe setzte seitab* auf den Bahndamm. Der Bock blieb stehen mitten zwischen den Geleisen. Er wandte seinen gelenken Hals neugierig herum, da pfiff die Maschine, und blitz-artig verschwand er samt* seiner Herde.

In dem Augenblick, als der Zug sich in Bewegung setzen wollte,   -40- brach Thiel zusammen.

Der Zug hielt abermals, und es entspann sich eine Beratung über das, was nun zu tun sei. Man entschied sich dafür, die Leiche des Kindes einstweilen* im Wärterhaus unterzubringen und statt ihrer*

2: liberal. 11: all of their. 12: solemnity; caught sight of. 15: =**Frau.** 23: i.e., Tobias (because of the diminutive). 31: which terrified her. 35: alienated detachment. 36: herd; entered to one side off in the distance. 39: =**mit.** 44. =**vorläufig** for the time being; it, i.e., **die Leiche.**

den durch kein Mittel wieder ins Bewußtsein zu rufenden Wärter*
mittelst* der Bahre nach Hause zu bringen.
Und so geschah es. Zwei Männer trugen die Bahre mit dem Bewußtlosen, gefolgt von Lene, die, fortwährend schluchzend, mit
tränenüberströmtem Gesicht den Kinderwagen mit dem Kleinsten -5-
durch den Sand stieß.
Wie eine riesige purpurglühende Kugel lag der Mond zwischen den
Kiefernschäften am Waldesgrund. Je höher er rückte, um so kleiner
schien er zu werden, um so mehr verblaßte er. Endlich hing er,
einer Ampel* vergleichbar, über dem Forst, durch alle Spalten und -10-
Lücken der Kronen einen matten Lichtdunst drängend, welcher die
Gesichter der Dahinschreitenden leichenhaft anmalte.
Rüstig, aber vorsichtig schritt man vorwärts, jetzt durch eng-
gedrängtes Jungholz*, dann wieder an weiten, hochwaldumstandenen*
Schonungen entlang, darin sich das bleiche Licht wie in großen, -15-
dunklen Becken angesammelt hatte.
Der Bewußtlose röchelte von Zeit zu Zeit oder begann zu phan-
tasieren. Mehrmals ballte er die Fäuste und versuchte mit
geschlossenen Augen sich emporzurichten.
Es kostete Mühe, ihn über die Spree zu bringen; man mußte ein -20-
zweites Mal übersetzen, um die Frau und das Kind nachzuholen.
Als man die kleine Anhöhe des Ortes emporstieg, begegnete man
einigen Einwohnern, welche die Botschaft des geschehnen Unglücks
sofort verbreiteten.
Die ganze Kolonie kam auf die Beine*. -25-
Angesichts ihrer Bekannten brach Lene in erneutes Klagen aus.
Man beförderte den Kranken mühsam die schmale Stiege hinauf in
seine Wohnung und brachte ihn sofort zu Bett. Die Arbeiter
kehrten sogleich um, um Tobiaschens Leiche nachzuholen.
Alte, erfahrene Leute hatten kalte Umschläge* angeraten, und -30-
Lene befolgte ihre Weisung mit Eifer und Umsicht. Sie legte Hand-
tücher in eiskaltes Brunnenwasser und erneuerte sie, sobald die
brennende Stirn des Bewußtlosen sie durchhitzt hatte. Ängstlich
beobachtete sie die Atemzüge des Kranken, welche ihr mit jeder
Minute regelmäßiger zu werden schienen. -35-
Die Aufregungen des Tages hatten sie doch stark mitgenommen*,
und sie beschloß, ein wenig zu schlafen, fand jedoch keine Ruhe.
Gleichviel ob sie die Augen öffnete oder schloß, unaufhörlich
zogen die Ereignisse der Vergangenheit daran vorüber. Das Kleine
schlief. Sie hatte sich entgegen* ihrer sonstigen Gewohnheit -40-
wenig darum bekümmert. Sie war überhaupt eine andre geworden.
Nirgend eine Spur des früheren Trotzes. Ja, dieser kranke Mann
mit dem farblosen, schweißglänzenden Gesicht regierte sie im
Schlaf.
Eine Wolke verdeckte die Mondkugel, es wurde finster im Zimmer, -45-

-----

1: the signalman, who could not be recalled to consciousness by
any means. 2: by means of. 10: hanging lamp. 14: thick forest of
young trees; flanked by tall trees. 25: came running. 30: cold
compresses. 36: severely affected. 40: contrary to.

und Lene hörte nur noch das schwere, aber gleichmäßige Atemholen
ihres Mannes. Sie überlegte, ob sie Licht machen sollte. Es wurde
ihr unheimlich im Dunkeln. Als sie aufstehen wollte, lag es ihr
bleiern in allen Gliedern*, die Lider fielen ihr zu, sie entschlief*.   -5-
      Nach Verlauf von einigen Stunden, als die Männer mit der
Kindesleiche zurückkehrten, fanden sie die Haustüre weit offen.
Verwundert über diesen Umstand, stiegen sie die Treppe hinauf, in
die obere Wohnung, deren Tür ebenfalls weit geöffnet war.
      Man rief mehrmals den Namen der Frau, ohne eine Antwort zu   -10-
erhalten. Endlich strich man ein Schwefelholz* an der Wand, und
der aufzuckende Lichtschein enthüllte eine grauenvolle Ver-
wüstung.
      "Mord, Mord!"
      Lene lag in ihrem Blut, das Gesicht unkenntlich, mit zer-   -15-
schlagener Hirnschale*.
      "Er hat seine Frau ermordet, er hat seine Frau ermordet!"
      Kopflos lief man umher. Die Nachbarn kamen, einer stieß an die
Wiege. "Heiliger Himmel!" Und er fuhr zurück*, bleich, mit ent-
setzenstarrem Blick. Da lag das Kind mit durchschnittenem Halse. -20-
      Der Wärter war verschwunden; die Nachforschungen, welche man
noch in derselben Nacht anstellte, blieben erfolglos. Den Morgen
darauf fand ihn der diensttuende Wärter zwischen den Bahngeleisen
und an der Stelle sitzend, wo Tobiaschen überfahren worden war.
      Er hielt das braune Pudelmützchen im Arm und liebkoste es un- -25-
unterbrochen wie etwas, das Leben hat.
      Der Wärter richtete einige Fragen an ihn, bekam jedoch keine
Antwort und bemerkte bald, daß er es mit einem Irrsinigen zu tun
habe.
      Der Wärter am Block*, davon in Kenntnis gesetzt, erbat tele- -30-
graphisch Hilfe.
      Nun versuchten mehrere Männer ihn durch gutes Zureden von den
Geleisen fortzulocken; jedoch vergebens.
      Der Schnellzug, der um diese Zeit passierte, mußte anhalten,
und erst der Übermacht seines Personals gelang es, den Kranken,   -35-
der alsbald furchtbar zu toben begann, mit Gewalt von der Strecke
zu entfernen.
      Man mußte ihm Hände und Füße binden, und der inzwischen re-
quirierte* Gendarm* überwachte seine Transport nach dem Berliner
Untersuchungsgefängnisse*, von wo aus er jedoch schon am ersten   -40-
Tage nach der Irrenabteilung der Charité* überführt wurde. Noch
bei der Einlieferung hielt er das braune Mützchen in Händen und
bewachte es mit eifersüchtiger Sorgfalt und Zärtlichkeit.

                                              (1887) 1888

4: her limbs were like lead.   5: =schlief ein.   11: match.   16:
bashed-in skull.   19: recoiled.   30: at the block signal, located
at the block boundary, between two stations.   39: summoned;
policeman.   40: holding jail.   41: famous hospital in Berlin.

ARNO HOLZ
JOHANNES SCHLAF

DIE FAMILIE SELICKE*

PERSONEN

Eduard Selicke, Buchhalter
Seine Frau
Toni,   22 Jahre alt
Albert,   18 Jahre alt
Walter,   12 Jahre alt   (ihre Kinder   -5-
Linchen,   8 Jahre alt
Gustav Wendt, cand. theol.*, Chambregarnist* bei ihnen
Der alte Kopelke

        Zeit: Weihnachten. Ort: Berlin N.*

-----
before 1: a pun on **selig**, i.e., the blessed family, the happy
family. 7: candidate for a degree in theology; (Fr.): lodger. 9:
=**Nord**.

ERSTER AUFZUG

Das Wohnzimmer der Familie Selicke
Es ist mäßig groß und sehr bescheiden eingerichtet. Im Vordergrunde rechts führt eine Tür in den Korridor, im Vordergrunde
links eine in das Zimmer Wendts. Etwas weiter hinter dieser eine
Küchentür mit Glasfenstern und Zwirngardinen*. Die Rückwand nimmt   -5-
ein altes, schwerfälliges Sofa ein, über welchem zwischen zwei
kleinen, vergilbten Gipsstatuetten "Schiller und Goethe" der
bekannte Kaulbachsche* Stahlstich* "Lotte, Brot schneidend"*
hängt. Darunter, im Halbkranze, symmetrisch angeordnet, eine Anzahl photographischer Familienporträts. Vor dem Sofa ein ovaler   -10-
Tisch, auf welchem zwischen allerhand Kaffeegeschirr eine
brennende weiße Glaslampe mit grünem Schirm steht. Rechts von ihm
ein Fenster, links von ihm eine kleine Tapetentür*, die in eine
Kammer führt. Außerdem noch, zwischen den beiden Türen an der
linken Seitenwand, ein Tischchen mit einem Kanarienvogel, über   -15-
welchem ein Regulator* tickt, und, hinten an der rechten Seitenwand, ein Bett, dessen Kopfende, dem Zuschauerraum zunächst,
durch einen Wandschirm verdeckt wird. Über ihm zwei große, alte
Lithographien in fingerdünnem Goldrahmen, der alte Kaiser* und
Bismarck. Am Fußende des Bettes, neben dem Fenster, schließlich   -20-
noch ein kleines Nachttischchen mit Medizinflaschen. Zwischen
Kammer- und Küchentür ein Ofen;
                    Stühle.

Frau Selicke, etwas ältlich, vergrämt*, sitzt vor dem Bett und
strickt. Abgetragene Kleidung, lila* Seelenwärmer*, Hornbrille   -25-
    auf der Nase, ab und zu ein wenig fröstelnd. Pause.
FRAU SELICKE *seufzend*. Ach Gott ja!

WALTER *noch hinter der Szene*, in der Kammer*. Mamchen?!

FRAU SELICKE *hat in Gedanken ihren Strickstrumpf* fallen lassen,
    zieht ihr Taschentuch halb aus der Tasche, bückt sich drüber   -30-
    und schneuzt sich.

WALTER *steckt den Kopf durch die Kammertür*. Pausbacken*, Pudel-
    mütze, rote, gestrickte Fausthandschuhe*. Mamchen? darf ich
    mir noch schnell 'ne Stulle* schneiden?

FRAU SELICKE *ist zusammengefahren*. Ach, geh du ungezogner Junge!   -35-

-----
5: yarn curtains. 8: by the artist Kaulbach; steel engraving; a
favorite scene in Goethe's **Werther** (1774). 13: tapestried door.
16: =Uhr. 19: i.e., Wilhelm I. 24: (deeply) troubled. 25:
lilac-colored; comforter. 28: behind the scenes, off-stage. 29:
stocking being knitted. 32: chubby-face. 33: fluffy cap; mittens.
34: slice of bread and butter.

Erschrick einen doch nich immer so! Ist aufgestanden und an den Tisch getreten. Kannst du denn auch gar nich 'n bißchen Rücksicht nehmen?! Siehst du denn nich, daß das Kind krank ist?

WALTER ist unterdessen aufs Sofa geklettert und trinkt nun nacheinander die verschiedenen Kaffeereste aus. Den Zucker holt er -5- sich mit dem Löffel extra raus. Aber ich hab' doch noch solchen Hunger, Mamchen?

ALBERT ebenfalls noch hinter der Szene, in der Kammer, deren Tür jetzt weit aufsteht. Man sieht ihn vor einer kleinen Spiegelkommode*, auf der ein Licht brennt. Knüpft sich grade seine -10- Krawatte um. Hemdärmel*. Ach was, Mutter! Jieb* ihm lieber 'n Katzenkopp* un denn* is jut!

FRAU SELICKE Die jetzt Walter die Stulle schneidet. Na, du, Großer, sei doch man* schon ganz still! Du verdienst ja noch alle Tage welche! Ich denk', ihr seid überhaupt schon lange -15- weg?

ALBERT ärgerlich. Ja doch! Gleich! Aber ich wer'* mir doch wohl noch erst den Rock abbürschten* können?

FRAU SELICKE. Na ja, gewiß doch! Steh du man immer recht vorm Spiegel und vertrödle* recht viel Zeit! Da werd't ihr ja euern -20- lieben Vater sicher noch finden! Der wird heute grade noch auf'm Comptoir* sitzen!

ALBERT. Ach Jott! Nu tu doch man nicht wieder so! Vor sechs kann er ja doch heute sowieso nich aus 'm Geschäft!

FRAU SELICKE. So! Na! Und wie spät denkste* denn, daß es jetz' -25- is? Hat während des Streichens der Stulle einen Augenblick inne gehalten*, den Schirm von der Lampe gerückt, die Brille auf die Stirn gerückt und nach dem Regulator gesehen... Jetz' is gleich Dreiviertel!

ALBERT. Ach, Unsinn! Die jeht ja vor! -30-

FRAU SELICKE für sich, fast weinend. Hach* nee! Ich sag' schon! Sicher is er nu wieder weg, und vor morgen früh wer'n wir'n* ja dann natürlich nich wieder zu sehn kriegen! Nein, so ein Mann! So ein Mann!...

10: bureau. 11: short-sleeves; =Gib: j for g is characteristic of Berlin dialect. 12: =Katzenkopf box on the ears; =dann. 14: an interjection without gramatical force, replaces sometimes the personal pronoun. 17: =werde. 18: =abbürsten. 20: idle away. 22: (Fr.): office. 25: =denkst du. 27: paused. 31: =Ach. 32: =ihn.

ALBERT noch immer in der Kammer vorm Spiegel. Hurrjott*, Mutter!
Räsonier* doch nich immer so! Du weißt ja noch gar nich!
FRAU SELICKE.   Ach was! Laß mich zufrieden! Beruf'* mich nich
immer! Ich weiß schon, was ich weiß! (Unwirsch* zu Walter.) Da
- haste*! Klapp se* dir zusammen und dann macht, daß ihr end-   -5-
lich fortkommt! Aus euch wird auch nischt*!
                            Es klingelt.
Einen Augenblick lang horchen beide. Frau Selicke ist zusammen-
gefahren, Walter starrt, die Stulle in der Hand, mit offenem Mund
über die Lampe weg nach der Tür, die ins Entree* führt.   -10-
FRAU SELICKE endlich. Na? Machste nu auf, oder nich?
Walter hat die Stulle liegen lassen und läuft auf die Tür zu. Er
            klinkt diese auf* und verschwindet im Entree.
ALBERT der eben aus der Kammer getreten ist, in der er das Licht
ausgelöscht hat. Zieht sich noch grade seinen Überzieher an.   -15-
Aus der Brusttasche stecken Glacés*, zwischen den Zähnen hält
er eine brennende Zigarette, an einem breiten, schwarzen Bande
baumelt ihm ein Kneifer* herab. Modern gescheitelt. Hut und
Stöckchen hat er einstweilen auf den Stuhl neben dem Sofa
plaziert*. Zu Frau Selicke, indem er mit dem Fuße die Tür   -20-
hinter sich zudrückt. Nanu*? Das kann doch unmöglich schon der
Vater sein?

FRAU SELICKE die sich wieder mit dem Kaffeegeschirr zu tun macht,
unruhig. Ach wo!
Unterdessen ist draußen die Flurtür aufgegangen und man hört die -25-
Stimme des alten Kopelke: "Brrr... is det* heit 'n* Schwein-
wetter!?" - Die Tür klappt wieder zu, und jetzt schreit Walter
laut auf, ausgelassen: "Ach! Olle* Kopelke! Olle Kopelke!" -
"Nich doch, Kind, nich doch; du tust mir ja weh! Du drickst* mir
ja! Du mußt doch abber ooch* heer'n*! Da - nimm mir mal lieber -30-
hier 'n bisken* det Menneken* ab!... Brrr... nee... ä!"

ALBERT zu Frau Selicke, sich die Handschuhe zuknöpfend. Ach, der
alte Quacksalber?!

FRAU SELICKE. Na, du, Großmaul, wirst doch nich immer gleich das
Geld geb'n für 'n Dokter!   -35-

ALBERT aufgebracht. Ach, Blech! Nich wahr? Nu fang wieder davon
an!...

1: =Herrgott. 2: Grumble. 3: Blame. 4: Brusquely. 5: =hast du;
=sie.   6: =nichts. 10: =Eingang. 13: unlatches. 16: =Glacé-
handschuhe kid-gloves. 18: pince-nez. 20: =gelegt. 21: =Nun?. 26:
=das; =heute ein. 28: =Alter. 29: =drückst. 30: =auch; =hören.
31: =bißchen; =Männchen manikin, puppet.

WALTER noch halb im Entree. Au, Mamchen, sieh mal! 'n Hampelmann*! Mamchen, 'n Hampelmann! (Er kommt mit ihm ins Zimmer
getanzt. Zum alten Kopelke zurück.) Wah! den schenken Se mir?

KOPELKE behutsam* hinter ihm drein*. Klein, kugelrund, freundlich, Vollmondgesicht, glattrasiert. Sammetjoppe*, Pelzkappe, -5-
Wollschal. Sachteken*! Sachteken!

ALBERT hat sich den Stock schnell unter den Arm geklemmt und sich
den Kneifer aufgesetzt, affektiert. Ah, gut'n Abend, Herr
Kopelke!

KOPELKE. 'n Abend! 'n Abend, junger Herr! Reicht Frau Selicke die -10-
Hand. 'n Abend! Nach dem Bett hin. Na? Und meine kleene*
Patientin? Ick muß doch mal sehn kommen?

FRAU SELICKE weinerlich. Ach Gott ja! Na, ich kann wohl schon
sagen!

KOPELKE sie beruhigend. Ach wat*, wissen Se! det... det... e... -15-

WALTER hat sich unterdessen mit seinem Hampelmann abgegeben, ihm
die Zunge gezeigt, "Bah!" zu ihm gemacht und tänzelt nun mit
ihm um den alten Kopelke rum, diesen unterbrechend. Olle
Kopelke! Olle Kopelke!

KOPELKE sanft abwehrend. Ach, nich doch, Kind! det 's jo* -20-
unjezogen*! Du mußt nich immer Olle Kopelke sagen! Det jeheert
sick* nich!

WALTER Rübchen schabend*. Oh...! Olle Kopelke!...

ALBERT wütend. Hörst du denn nich, du Schafskopp? Du sollst still
sein!
                                                                -25-

WALTER den Ellbogen gegen ihn vor. Nanu? Du hast mir doch
jarnischt zu sagen?

ALBERT holt mit der Hand aus.

FRAU SELICKE mit dem Strickstrumpf, den sie unterdessen wieder
aufgenommen hat, dazwischen. Nein, Nein! Nun sehn Sie doch -30-
bloß! Die reinen Banditen! Das Kind! Das Kind! Nehmt doch
wenigstens auf das Kind Rücksicht!

2: puppet. 4: cautiously; =her. 5: velvet jacket. 6: Take it
easy! 11: =kleine. 15: =was. 20: =ja. 21: =ungezogen
ill-mannered. 22: =gehört sich inappropriate. 23: Making a game
of it (with him).

ALBERT **der sich achselzuckend wieder abgewandt hat.** Natürlich! So
is recht! Bestärk ihn man noch immer! Dem läßt du ja alles
durchgehn*! Der kann ja machen, was er will! Aus dem Bürschchen
erziehst du ja was Rechtes! Vater hat janz recht!

FRAU SELICKE.   Nein! Nein! Nu hören Se doch bloß. Und da soll man   -5-
sich nich gleich schlagrührend* ärgern?

KOPELKE **zu Albert.** Sachteken, werter junger Herr, sachteken... **Zu
Frau Selicke.**   Immer in Jiete*, Mutter! Det ville Jehaue* und
det ville   Jeschumpfe*   nutzt zu janisch,   zu reenjanischt!...
Ibrijens*...   **Er hat   sich   mitten in die   Stube   gestellt   und**   -10-
schnuppert   nun   nach allen Seiten in der Luft   rum*... wat ick
doch jleich noch   sagen wollte... det... det... riecht jo hier
so anjenehm nach Kaffee?... Hm! Pf! Brrr!... Nee, dieset
Schweinewetter?! Ick bin - wahhaftijen Jott - janz aus de
Puste*! **Er hat sich seinen großen,   dicken Wollschal abgezerrt**   -15-
und schlenkert   ihn nun nach allen   Seiten um sich   rum.   Kopp
wech*! Zu Walter,   den er   dabei getroffen hat. He? Wah* det
deine Neese*?

WALTER **der   sich   den Schnee   von   den Backen   wischt,   vergnügt**
lachend. Hohohoo!   -20-

ALBERT **bereits   äußerst ungeduldig,   den   Hut in der Hand.** Na,
jedenfalls ich jeh jetzt! Wir kommen   ja   sonst **wahrhaftig** noch
zu spät!

FRAU SELICKE.   Ja, ja! Macht man, daß ihr fortkommt!

KOPELKE **zu Albert.**   Aha! Wol zu Pappan* uf't* Contor?   -25-

ALBERT **ausweichend.**   Ach! ja! Das heißt... e... wir wollten so...
bloß 'n bißchen vorbeijehn.

KOPELKE **ihm   mit   einer Handbewegung gutmütig   zublinzelnd,   ver-**
schmitzt*.   Weeß* schon! **Zu Frau   Selicke,   halb   ins   Ohr.**
Edewachten* kenn   ick doch?... **Wieder zu Albert.**   Na, denn...   -30-
e... denn beeilen 'sick man! Sowat looft* weg!

ALBERT **schon unter der   Tür stehend zu   Walter, der   sich   eben**
seinen Hampelmann an die Jacke knöpft.   Na, willste nu so   jut
sein oder nich?

3: You let him get away with everything.   6: work oneself into a
stroke.   8: =Güte; =viel(e); =Gehaue beating. 9: =Geschimpfe
scolding; =rein gar nichts. 10: =Übrigens. 11: sniffs around. 15:
out of breath. 17: =Kopf weg; =War. 18: =Nase. 25: =Papa;   =auf
das.   29: slyly; =Weiß. 30: =Eduard (Selicke's given name). 31:
=läuft.

WALTER gibt dem alten Kopelke die Hand. Atchee*!

KOPELKE. Atchee, mein Sohn, Atchee! Un jrieß* ooch Vatern!

FRAU SELICKE. Na, und die Stulle? Reicht sie ihm noch schnell
nach, Walter beißt sofort in sie hinein. Und dann, sagt, er
soll gleich hierherkommen! Sagt, Toni is auch schon da! Wir   -5-
warten schon!

ALBERT hat die Tür bereits aufgeklinkt und macht nun zum alten
Kopelke hin eine stumme, zeremonielle Verbeugung.

KOPELKE. Wah mich sehr anjenehm, werter junger Herr! Wah mich
sehr anjenehm! Die beiden verschwinden. Draußen im Entree   -10-
schlägt Walter hin. Schreit. Albert: "Na, du Ochse!"

FRAU SELICKE. Ei Herrgott! Was is denn nu schon wieder... Will
auf die Korridortür zu, draußen schlägt die Flurtür zu. Hach!
Gott sei Dank, daß man die Gesellschaft endlich los ist!

KOPELKE sich die Hände reibend, schmunzelnd. Jo! Wah is't*! 'n -15-
bisken wiewe* sind se! Abber - Jotteken* doch! det is doch nu
mal nich anders! det...
            Vom Bett Geräusch und Husten.
FRAU SELICKE wirft ihr Strickzeug in das Kaffegeschirr und eilt
auf das Bett zu. Ach, nein! Ich sag schon! Nu haben sie ja das -20-
arme Kind glücklich wieder wachkrakeelt*... Na, mein liebes
Herzchen?... Wie is dir, mein liebes Linchen, he? Kleine Pause.
Frau Selicke hat sich übers Bett gebeugt, leises Stöhnen. Hast
du Schmerzen, mein liebes Puttchen*?

LINCHEN feines, rührendes Stimmchen. Ma - ma - chen?   -25-

FRAU SELICKE. Ja, mein Herzchen? Hm?

LINCHEN. Ma - ma - chen?

FRAU SELICKE. Hast du Appetit, mein Schäfchen?... Nein? Ach, du
mein Mäuschen!

LINCHEN. Ich - bin - so - müde...   -30-

FRAU SELICKE. Ach, mein Herzchen! Aber nicht wahr? Du willst
jetzt noch einnehmen?! Onkel Kopelke ist ja da!

LINCHEN. On - kel - Ko - pel - ke?

1: =Adieu. 2: =grüß. 15: =Wahr ist es. 16: =(Fr.) vive: lively;
=Gott. 21: =wachgerüttelt awakened. 24: (nursery talk): chick.

KOPELKE hat sein rotbaumwollenes Schnupftuch gezogen und schneuzt
sich.

FRAU SELICKE halb zu ihm zurückgewandt. Wollen Sie se mal sehn?
Ich misch solange die Tropfen! Läßt ihn ans Kopfende treten und
mischt während des Folgenden am Fußende des Bettes, auf dem   -5-
Nachttischchen, die Medizin.

KOPELKE hat sich jetzt ebenfalls über das Bett gebeugt. Täp-
pisch*-zärtlich.   Na, Lin'ken? Kennste mir noch? Ach Jotteken
doch, die Ärmken! Nich wah? Det - watt* doch mal, Kind, 'n
Oogenblickchen! - Det... tut doch nich weh?... Na, sehste!! Ick   -10-
sag' ja! Det... det is allens* man auswendig! Det's janich so
schlimm! Uf de Woche kannste all dreist* widder* ufstehn! Denn
jehste for Mamman bei'n Koofmann! Denn jehste mit ihr uf'n
Marcht*! Inholen*! He? Weeßte noch? Uf'n Pappelplatz? Der mit
't Schielooge*? "Jungens" sag ick, "Bande! Wehrt ihr wohl det   -15-
Meechen* sind lassen?"* Abber da!! Heidi*! Wat haste, wat
kannste!... Nich wah? Nu nehmste abber ooch sauber in*? Zu Frau
Selicke, während er diese ans Bett treten läßt. Wat det Kind
bloß for'n Schwitz* hat?!

FRAU SELICKE besorgt. Nich wahr? Ach Gott ja!   -20-

KOPELKE beruhigend. Abber det... e... wissen Se!... Det... det is
immer so! Det is nu mal nich anders! Det... Schneuzt sich abermals.

FRAU SELICKE kommt mit dem Löffel. Na, Linchen? Ist dir wieder
besser?   -25-

LINCHEN. Ach - ich - will - nicht - einnehmen!

FRAU SELICKE. O ja, meine Kleine! Du willst doch wieder gesund
werden?!

LINCHEN. Es - schmeckt - so - bitter!

FRAU SELICKE.   Nicht weinen, mein Schäfchen!... Komm!... Sonst -30-
zankt der Herr Doktor wieder! Nicht wahr, Onkel Kopelke?

KOPELKE eifrig nickend. Ja, ja, Kindken! Det muß nu mal so sind*!
Det jeheert sick!

FRAU SELICKE. Nicht wahr? Hörst du? Komm, mein Liebling! Ja?

8: Awkwardly. 9: =wart. 11: =alles. 12: =doch; =wieder. 14:
=Markt; =Einholen=Einkaufen. 15: =mit dem Schielauge squint-eyed.
16: =Mädchen; allowed; an exclamation. 17: =ein. 19: =Schweiß,
Schwitzen. 32: =sein.

LINCHEN. Es - schmeckt - so - bitter!

FRAU SELICKE. Aber nachher kannst du ja wieder spazierengehn,
mein Mäuschen?! Und Emmchen zeigt dir auch ihre Bilderbücher!
Ja?... Komm!... Na, nu mach doch, Linchen!... Du mußt doch aber
auch folgen!... Gucke doch!... Ich verschütte ja das ganze Ein-   -5-
nehmen?... Sie hat ihr leise die Hand unters Köpfchen geschoben.

LINCHEN. Au! Au!... Du - ziepst* - mich!

FRAU SELICKE. Oh!... Na so!... Nicht wahr?... Fest! Drück' die
Augen zu!... Schlucke! Tüchtig!... Siehst du?... Nicht weinen, -10-
nicht weinen!... So! Nicht wahr? Nu is alles wieder gut! Nu is
alles vorbei!

LINCHEN dreht sich jetzt unruhig in ihren Kissen rum und hustet
gequält.

FRAU SELICKE. Mein armes, armes Herzchen! Der alte, böse -15-
Husten!... So!... Nu rücken wir bloß noch 'n bißchen das Kissen
höher, nicht wahr? und dann schläfst du schön wieder ein! Bückt
sich über sie und küßt sie. Ach, du mein süßes Puttchen! Nachdem sie den Wandschirm jetzt noch näher ans Bett gerückt*, zum
alten Kopelke. Ach, Gott nein! Nu sagen Se doch bloß? Muß man -20-
da nich rein verzweifeln? Das geht nu schon tagelang so! Sie
wacht geradezu nur noch auf Minuten auf!

KOPELKE die Hände in den Taschen seiner Joppe, nachdenklich vor
sich hin. Hm!...

FRAU SELICKE. Und aus dem Doktor wird man auch nicht mehr klug*! -25-
Der sagt einem ja nichts! Der kommt kaum noch! Und... und... na
ja, wenn wir Sie nicht noch hätten...

KOPELKE leichthin*. Jo!... na!... Wissen Se: det kommt jo bei mir
nicht so druf an! Begütigend. Det verseimt mir jo weiter nich*!
det's jo man immer so in Vorbeijehn! det - ach wat! det hat jo -30-
janischt zu sagen! det's jo Mumpitz*!!... Abber det, wissen Se,
det mit do Dokters, verstehn Se, da hab'n Se eejentlich woll
nich so janz unrecht! Ick... nu ja! Se wissen ja! Ick bin man
sozusagen 'n janz eenfacher Mann... Abber det kann 'k* Ihn'*
versichern: jeholfen hab 'k schon manchen!... Jott! Ick kennt* -35-
jo wat bei* verdienen! Wat meen'n* Se woll! Abber sehn Se...
will 'k denn? Ick... nu ja! Ick bin nu mal so! Eifrig. Wissen

-----
8: pinching, pulling my hair. 19: sc. hat. 25: Can't get any
information out of him.   28: casually. 29: I'm not going to
neglect it anymore. 31: rubbish. 34: =ick=ich; =Ihnen. 35:
=könnte. 36: =dabei; =meinen.

Se? de Hauptsach is jetz: man immer scheen* warm halten! det
Ibrije*, verstehn Se, det ibrije jiebt sick denn janz von
alleene*! Janz von alleene! Ick sag: man bloß nich immer so
ville mang der Natur fuschen*, sag ick!... Det mit die olle
Medizin da zum Beispiel...   -5-
                    Es klopt an Wendts Tür.
FRAU SELICKE. Bitte, Herr Wendt, bitte! Treten Sie nur ein!

WENDT ist mehr als mittelgroß und sehr schlank. Feine, bleiche
Gesichtszüge, das halblange, schwarze Haar einfach hintenüber-
gekämmt. Dunkle, peinlich saubere Kleidung, kein Pastoral-   -10-
schnitt. Die Tür hinter sich schließend zu Frau Selicke. Verzeihen Sie! Ich dachte... Zum alten Kopelke, ihm die Hand
reichend. Ah! 'n Abend, Herr Kopelke! Wie geht's?

KOPELKE geschmeichelt. 'n Abend, werter junger Herr! Och, ick
danke! Immer noch uf een langet un een kurzet Been*!... Is mich -15-
sehr anjenehm... is mich sehr anjenehm... Hört nicht auf,
Wendts Hand zu schütteln.

WENDT zu Frau Selicke rüber*. Fräulein Toni wollte doch heute
etwas früher kommen?

FRAU SELICKE die Achseln zuckend. Ja! Na - Sie wissen ja! Wie das -20-
so is!

KOPELKE Wendt zublinzelnd und ihm scherzhaft mit dem Finger
drohend. Freilein Toni? Na wachten* Se man, Sie kleener
Scheeker*!... Frau Selicken? Ick sage: passen Se mir ja uf die
beeden jungen Leite uf! Wieder zu Wendt. Det is nich doch schon   -25-
lange so?... he? Sie?

FRAU SELICKE lächelnd. Ach, lieber Gott, ja!

WENDT der ebenfalls gelächelt hat, zum alten Kopelke. Na, aber
Scherz beiseite! Ich wollte ihr mal - da sehn Sie mal! - das da
zeigen! Er hat ein großes, zusammengekniftes Papier aus der   -30-
inneren Brusttasche gezogen und es dem alten Kopelke über-
reicht.

KOPELKE. Oh!... He!... Na - ick... e... Se meen'n, ick soll det
hier - lesen, meen'n Se?

WENDT aufmunternd. Gewiß, gewiß, Herr Kopelke! Ich bitte Sie   -35-
sogar darum!

1: =schön. 2: =das Übrige. 3: =von sich. 4: interfere with
nature. 15: =Bein. 18: =hinüber. 23: =warten. 24: =Schäker joker.

KOPELKE. Oh!... He!... Na, ick - bin so frei*! Ist mit dem Papier
zur Lampe getreten. Zu Frau Selicke. Man... e... Hab'n Se da
nich wo* Ihre Brille, Frau Selicken?

FRAU SELICKE umhersuchend. Meine Brille? Ach Gott ja! ich...

KOPELKE sie ihr von der Stirn nehmend. Lassen Se man, ick hab ihr -5-
schon! Setzt sie sich auf. So! Na! Nu kann't losjehn! Hat das
Papier sorgfältig entfaltet und liest es nun, die Arme weit von
sich weg. Nach einer kleinen Pause, über die Brille zu Wendt
hinüberschielend. Nanu?

WENDT der ihn lächelnd beobachtet. Na?   -10-

FRAU SELICKE neugierig. Was denn?

WENDT lächelnd. Ja, ja, Frau Selicke!

FRAU SELICKE wie ungläubig. Ach!

KOPELKE hat das Papier unterdessen wieder sorgfältig zusammen-
gefaltet und gibt es nun wieder an Wendt zurück. In komischem -15-
Pathos. Nee, wissen Se! Det kennen Se von mir nich verlangen!
Dazu jratulieren Se sick man alleene*!

WENDT lachend, das Papier wieder einsteckend. Na, na!

FRAU SELICKE zum alten Kopelke. Was denn? Was denn, Herr Kopelke?

KOPELKE zu Frau Selicke, komisch.   Paster*! Landpaster! Mit 'ne -20-
Bienenzucht* un 'ne lange Feife*! Wieder zu Wendt. Nee, wissen
Se! Da kennen Se sagen, wat Se wollen, verstehn Se, abber for
die Brieder* sind Se ville zu schade!

FRAU SELICKE die Hände zusammenschlagend. Aber Herr Kopelke?!

KOPELKE. Ach wat! Hat sich wieder sein Schnupftuch hervorgezogen -25-
und schneuzt sich.

WENDT ihm vergnügt auf die Schulter klopfend. Na, lassen Sie man!
'n hübsches Weihnachtsgeschenk bleibt's doch! Was, Frau
Selicke?

FRAU SELICKE immer noch ganz erstaunt. Ach, nein!... wahrhaftig? -30-
Also Sie sollen jetzt wirklich Pastor werden?

1: don't mind if I do. 3: =irgendwo. 17: =selbst. 20: =Pastor.
21: bee-keeping; =Pfeife. 23: =Brüder.

WENDT. Nun ja! Und... wie Sie sehn! Ich freue mich sogar von
Herzen drüber!

FRAU SELICKE. Ach ja! Und Sie waren ja auch immer so fleißig! Ich
habe Sie wahrhaftig manchmal recht bedauert! Wenn ich so denke,
so die ganzen letzten Wochen, Tag und Nacht, immer hinter den   -5-
Büchern...

WENDT. Ach, ich bitte Sie! Was hing aber auch nicht alles davon
ab? Alles! Alles! Geradezu alles! - Und dann, was ich Ihnen
noch gleich sagen muß, ich reise jetzt natürlich nicht erst
Drittfeiertag*, sondern schon morgen!   -10-

FRAU SELICKE. Schon morgen?

WENDT. Ja! Na, die Sachen sind ja schon alle so gut wie gepackt,
und... e... aber ich vergesse ganz! Zum alten Kopelke. Sie
sprachen vorher von Linchen?

KOPELKE. Ick? Nu ja! Ick... det heeßt... ick... e... Sieht zu   -15-
Frau Selicke hinüber.

FRAU SELICKE. Aber setzen Sie sich doch, Herr Kopelke! Woll'n Se
sich nicht setzen? Ich mach Ihnen noch schnell 'ne Tasse
Kaffee!

KOPELKE zu Wendt. Hm... ja... sehn Se, ick... Plötzlich zu Frau -20-
Selicke. 'ne Tasse Kaffe? In sich hineinschmunzelnd, sich vergnügt die Hände reibend. Hm!... 'ne Tasse Kaffe is jo wat sehr
wat Scheenet! Wat sehr wat Scheenet!... Abber... Nee, Frau
Selicken! Nee! Heite nich! Det verlohnt sick nich! Wahhaftijen
Jott! Abber ick muß heite noch unjelogen* hinten in de Druck-   -25-
erei!... Se wissen ja! Det mit de ollen, deemlichen* Kranken-
kassen!...

FRAU SELICKE nach der Küche hin. Na, denn werd' ich wenigstens
noch 'n paar Kohlen unterlegen! Mit einem Blick auf die Uhr.
Toni muß ja jeden Augenblick kommen! Verschwindet durch die   -30-
Küchentür, hinter der bald darauf ein Licht aufblitzt. 'n
Augenblickchen!

KOPELKE mit krummgezogenem Buckel*, sich schmunzelnd die Hände
reibend. Ihr nachsehend. Scheeniken*! Scheeniken!

WENDT langt* seine Zigarrentasche vor. Aber ich darf Ihnen doch -35-
wenigstens 'ne Zigarette anbieten?

10: day after Christmas. 25: =ungelegen inopportunely (perhaps
blended with ungelogen: that's no lie). 26: =dämmlichen stupid.
33: hunched over. 34: Very nice! That's fine! 35: =reicht.

KOPELKE. Oh!... He!... Na! Ick bin so frei, von Ihr jietijet* Anersuchen - mbf! - Jebrauch zu machen, werter, junger Herr! Abber... e... - winkt Wendt zu sich heran; dieser beugt sich ein wenig zu ihm, Olle Kopelke hält ihm die hohle Hand ans Ohr- ... ick meen man! Ick beraube Ihnen! -5-

WENDT. Oh, ich bitte Sie!

KOPELKE. Na, wissen Se! So'n junger Student hat det ooch nich immer so dicke*!... Na, ick meen man!

WENDT. Junger Student?! Oho!

KOPELKE. A so! Blinzelt ihm zu. Na! Ibrijens bin ick darin durch- -10- aus keen Unmensch! Kneift sich mit den Fingernägeln die Spitze von der Zigarre und bückt sich über die Lampe. Abber... nee, wissen Se! Mit einem Blick zum Bett hin. Ick weer ihr man doch lieber* draußen roochen! Se nehmen mir det doch nich iebel*?

WENDT. *Bewahre, Herr Kopelke! Im Gegenteil! Hier hätten Sie sie -15- ja doch sowieso nicht rauchen können! Selbstverständlich!

KOPELKE. Ja, un denn - na ja! wat ick also noch sagen wollte!... Se mee'n, mit det Kind, mee'n Se?

WENDT. Ja! Ich... e... Sie können sich ja denken, wie mich das unmöglich gleichgültig lassen kann!... Der Arzt scheint sich -20- ja, wenigstens soviel ich darüber weiß, überhaupt nicht äußern zu wollen...

KOPELKE klopt sich mit der Zigarre auf dem Daumen herum. Ja, wissen Se! Offen jestanden! Abber det kann ick den Mann eejentlich janich verdenken*! Denn Se könn'n sagen, wat Se -25- wollen - ick bin man sozesagen 'n janz eenfacher Mann, verstehn Se! Abber det kann 'k Ihn'n sagen: mit det Kind is't retour jejangen*! Schon wenn se een'n immer so anseht*, verstehn Se! - wahrhaft'jen Jott, abber so wat kann eenen durch und durch jehn! -30-

WENDT finster. Hm... Also Sie meinen, daß wirklich Gefahr vor- liegt?

KOPELKE ausweichend. Jott! det nu jrade! Det will ick nu jrade nich jesagt haben! Abber, wie det so is, verstehn Se! Et mangelt hier den Leiten* an't Neetichste*, wissen Se! Macht die -35- Bewegung des Geldzählens. Die kennen* ooch man nich immer so,

-----

1: =gütiges. 8: =viele. 14: for her sake; übel. 15: sc. Gott God forbid. 25: blame. 28: has regressed; =ansieht. 35: =Leuten; =Nötigste. 36: =können.

wie se wollen!

WENDT **geht erregt ein paarmal auf und ab.** Ach Gott, ja!... Na! Es
wird ja mal... anders werden!

KOPELKE. Ja! Wenn eener immer ville Jeld hat, wissen Se, denn
mag't ja wol noch jehn! Ja, det liebe Jeld!... Neh'm Se mir mal   -5-
zun Beispiel! Ick wah ooch nich uff'n Kopp* jefallen als Junge!
Ick wah immer der Erste in de Schule! Wat meen'n Se woll?!...
Abber de Umstände, wissen Se! de Umstände! Et half nischt!
Vatter ließ mir Schuster* weer'n*!... Freilich, mit die
Schusterei is det nu ooch nischt mehr heitzudage! Die ollen   -10-
Fabriken, wissen Se! Die ollen Fabriken rujeniren* den kleenen
Mann!... Sehn Se! So bin ick eejentlich, wat man so 'ne ver-
fehlte Existenz nennt! Nu bin ick sozesagen alles un
janischt!... Ja!... Da bring 'k mal een'n durch'n Prozeß, da
wird mal'n bisken jeschustert*, dann mal mit de Homöopathie*   -15-
und denn mit den Silewettenschneidern*, wie det jrade so kommt,
verstehn Se! Ja!... Freilich! Se haben alle nischt, die armen
Deibels*, den'n ick...
                      Die Uhr schlägt sechs.
Wat?! Sechsen schon?! Hurrjott!... **Wickelt sich schnell den**   -20-
Schal um... den'n ick jeholfen hab' meen ick!... **Umhersehend.**
Hanschuh'n hat ick ja wol zufällig keene nich gehappt?... Na,
abber man krepelt sick so durch*! **Wendts Hand schüttelnd.** Wah
mich sehr anjenehm, werter junger Herr, wah mich sehr anjenehm!... Dunnerwettstock*, det wird ja die allerheechste*   -25-
Eisenbahn! **Macht ein paar eilige Schritte auf die Korridortür**
zu, besinnt sich dann aber wieder und kehrt um. Na, ick kann ja
denn ooch mal jleich hinten rum! **Schon in der Küchentür.** Un
denn, det ick det nich verjesse: Verjniegte Feierdage*! Morjen
frieh seh ick Ihn' doch noch?   -30-

WENDT. Oh, danke, danke! Natürlich!

KOPELKE. Scheeniken! Atchee! **Klinkt die Küchentür auf.** 'n Abend,
Frau Selicken!

FRAU SELICKE **hinter der Szene in der Küche.** Was? Sie wollen schon
gehen?   -35-

KOPELKE **während er die Küchentür wieder hinter sich zudrückt.** Na,
wat meen'n Se woll?...

6: =auf den Kopf. 9: =Schuhmacher; =werden. 11: =ruinieren. 15: a
few shoes are repaired; homeopathy: theory that certain diseases
can be cured by giving very small doses of drugs. 16: the cutting
of silhouettes. 18: =Teufel (pl.). 23: squeaks by. 25: =Donner-
wetter; =allerhöchste: the trolley he needs to catch. 29: =Ver-
gnügte Feiertage.

WENDT einen Augenblick allein. Sieht sich zuerst aufatmend im
Zimmer um und tritt dann vorsichtig an das Bett Linchens. Eine
kleine Weile beobachtet er sie, dann klingelt es plötzlich im
Korridor und er geht hastig aufmachen. Ah, endlich!

TONI tritt ein. Sie trägt ein großes, in ein schwarzes Tuch ein-   -5-
geschlagenes* Bündel vor sich her. - Sie ist mittelgroß,
schlank, aber nicht schwächlich. Blond. Schlichter, ein wenig
ernster Gesichtsausdruck. Einfaches, dunkles Kleid, langer,
braungelber Herbstmantel. Schwarze, gestrickte Wollhandschuhe.

WENDT mit ihr zugleich eintretend und nach dem Bündel fassend.   -10-
Geben Sie!

TONI abwehrend. Ach, lassen Sie... ich kann ja...

WENDT nimmt ihr das Paket ab. Geben Sie doch! Indem er es aufs
Sofa trägt. Und das haben Sie vom Alexanderplatz bis hierher
getragen?   -15-

TONI sich die Handschuhe ausziehend, nickt lächelnd. Etwas
scherzhaft-wichtig. Getragen: Ja!

WENDT. Bei der...?

TONI. Nun - ja! Es war etwas unbequem bei der Kälte! Hat die
Handschuhe auf den Tisch zwischen das Kaffeezeug gelegt und   -20-
tritt nun, indem sie sich ihren Mantel aufknöpfelt, an das Bett
Linchens. Sie schläft? Ach, das arme Puttelchen! Ist wieder
etwas zurückgetreten. Aber... nein! Ich will doch erst lieber -
ich habe die Kälte noch so in den Kleidern! Zu Wendt, der ihr
jetzt behilflich ist, den Mantel abzulegen. Danke; danke schön,   -25-
Herr Wendt! Wollen Sie so gut sein, da an den Nagel? Reicht ihm
auch noch ihren Hut hin und stellt sich nun an den Ofen. Ach,
ist der schön!

WENDT der ihr unterdessen Hut und Mantel an die kleine Kleider-
knagge* zwischen der Korridortür und dem Wandschirm gehängt   -30-
hat. Wissen Sie auch, Fräulein Toni, daß ich heute schon auf
Sie gewartet habe?

TONI. Ach nein! Wirklich? Auf mich?

WENDT hat sich, die Arme gekreuzt mit dem Rücken gegen den Tisch
ihr gegenübergestellt, aber so, daß das Licht der Lampe noch   -35-
auf sie fällt. Ja. Und na? Raten Sie mal, weshalb*!

TONI lächelnd. Ach, das rat' ich ja doch nicht! Sagen Sie's mir
lieber!

6: wrapped (up). 30: peg for hanging clothes. 36: =warum.

WENDT. Ja? Soll ich's sagen?

TONI. Ja.

WENDT zieht das Papier aus der Tasche und reicht es ihr. Na...
da! Lesen Sie mal!

TONI. Was denn? Sie hat sich, noch immer am Ofen, mit dem Papier   -5-
etwas gegen die Lampe gebückt und liest nun.   Ah! Grade heute
zum Heiligen Abend! Hat das Papier sinken lassen und sieht
einen kleinen Augenblick in die Lampe. Langsam, leise. Ja! Das
ist ja recht schön! Da können Sie sich recht freuen!

WENDT. Nicht wahr?   -10-

FRAU SELICKE aus der Küche, deren Tür sie eben aufgemacht hat. Wo
bleibst du denn so lange? Mit einem Blick auf das Bündel auf
dem Sofa.   Ach, du hast wieder... Armes Mädchen!... Wart'! Ich
bring dir gleich noch 'n bißchen heißen Kaffee! Sie will wieder
in die Küche zurück.   -15-

TONI die unterdessen das Papier auf den Tisch gelegt hat, auf sie
zutretend. Mutterchen?! - Wart' mal!... Hier! Man hört Geld
klappern. Eins - zwei - drei...

FRAU SELICKE. Ach, Gott ja!... Das liebe bißchen... das wird
wieder weg sein, man weiß nicht, wie!   -20-

TONI. Ist denn der Arzt dagewesen?

FRAU SELICKE. Ach, nein! Du weißt ja! Der alte Kopelke!

TONI. So? Was sagt er denn?

FRAU SELICKE. Bist du ihm nicht unten begegnet? Er sagt... -
zuckt die Achseln - nichts Bestimmtes! Man wird ja aus keinem   -25-
Menschen mehr klug*! Plötzlich. Ach Gott! Ich hab' so eine
Ahnung! Du sollst sehn, wir behalten sie nicht! Schluchzt.

TONI tröstend. Ach Gott, Mutterchen! Nach einer Weile. Ist denn
der Vater noch nicht da?

FRAU SELICKE wieder beruhigt. Ach, der!   -30-

TONI abermals nach einer kleinen Pause. Und die Jungens?

FRAU SELICKE. I! die wolltn 'n vom Comptoir abholen! Aber die
treiben sich ja doch wieder auf dem Markt rum, die Schlingels*!

26: You can't find out anything from anyone anymore. 33: rascals.

Das ist ja doch die Hauptsache! Die können's auch nicht satt
kriegen*!... Na, ich will nun... Du bist ja ganz durchfroren!
Geht wieder in die Küche zurück.

TONI die wieder zum Ofen getreten ist. Dann reisen Sie nun wohl
bald?   -5-

WENDT der unterdessen ans Fenster getreten war und die ganze Zeit
über auf den Hof hinab gesehen hatte. Er hat sich wieder um-
gedreht und sieht nun, sich mit den Händen hinten aufs Fenster-
brett stützend wieder zu Toni hinüber. Ja! Morgen!
TONI leicht erschreckt. Morgen schon?   -10-

WENDT. Ja!

TONI nach einer kleinen Pause. Ach, die Handschuhe! Holt sie und
tritt mit ihnen an das kleine Tischchen links, in dessen Schub-
lade sie sie hineintut. Lächelnd. Sehn Sie mal! Da hat er
wieder den Spiegel neben's Bauer* gestellt... Der Vogel soll   -15-
denken, es is noch 'n andrer da, mit dem er sich unterhalten
kann... Der Vater spricht mit dem Vogel, als wenn er ein Mensch
wär'!

WENDT ist vom Fenster weggetreten und steckt nun das Papier vom
Tisch wieder in seine Rocktasche. Ja! ja!   -20-

TONI. Hm?... Mätzchen*! Mätzchen!... Ordentlich zärtlich ist er
mit ihm! Der Vater ist ein großer Tierfreund!

WENDT der unterdes auf sein Zimmer links im Vordergrund zugegangen ist, sieht ihr, die Hand auf der Klinke, einen Augenblick lang unentschlossen zu. Zögernd. Ja! ich...   -25-

TONI ihn unterbrechend. Ach sagen Sie doch: Wie spät ist's denn?
Mit einem Blick auf den Regulator. Der kann doch unmöglich
richtig gehn?

WENDT der jetzt die Tür aufgeklinkt hat. Etwas nach sechs.

TONI. Nach sechs? Da müßte er doch nun... Seufzt.   -30-
Wendt geht langsam in sein Zimmer. – Toni, die ihm nachgesehen
hat, bleibt einen Augenblick in Gedanken stehn, seufzt und geht
wieder auf den Sofatisch zu. Sie nimmt das Bündel auf den Teppich
runter und knotet es auf. Frau Selicke kommt mit dem Kaffee.
FRAU SELICKE. Hier! Nu trink erst! Setzt die Kanne auf den Tisch. -35-

TONI die sich vor dem geöffneten Bündel auf dem Teppich niedergekauert hat. Ja, gleich!

2: get enough of it either. 15: cage. 21: the bird's name.

FRAU SELICKE **hat sich leicht auf den Sofatisch gestützt und sieht ihr zu. Mäntel?...** Da kannst du wieder die ganzen paar Feiertage sitzen*! Ach ja! Du hast doch auch gar nichts von deinem Leben!

TONI **immer noch mit dem Ordnen der Zeugstücke beschäftigt.** Na! 's -5- ist doch wenigstens ein kleiner Nebenverdienst*!

FRAU SELICKE **aufseufzend.** Ach ja, ja!

TONI. Aber ein **Leben*** auf den Straßen? Kaum zum Durchkommen!

FRAU SELICKE **nickend.** Das glaub ich!... Du wirst dich schön haben schleppen müssen mit dem alten Bündel! Bist du denn nich wenig- -10- stens ein Stück mit der Pferdebahn* gefahren?

TONI. Ach, alles voll! Alles voll! Da war gar nicht anzukommen!

FRAU SELICKE **ihr die Tasse zuschiebend.** Aber du trinkst ja gar nicht! Trink doch erst!

TONI. Ja! **Erhebt sich und schenkt sich den Kaffee ein. Ihn** -15- **schlürfend, von der Tasse zu Frau Selicke aufsehend.** Schön warm!

FRAU SELICKE. Bist du der Mohr'n* vorhin begegnet?

TONI. Ja, auf der Treppe! Sie hielt mich an!

FRAU SELICKE. Sie wollte mal wieder horchen*? Nicht wahr?   -20-

TONI. Ja!... Sie fing natürlich von Linchen an! Und, was wir diesmal für'n schlechten Weihnachten durchzumachen hätten und so, na du weißt ja! **Sie bückt sich wieder zu ihren Mänteln.**

FRAU SELICKE. Nein, solche Menschen! Um was die sich nicht alles kümmern!   -25-

TONI. Na, von mir bekommt sie nichts raus!

FRAU SELICKE. Die mögen schön über uns schwatzen!... Solche Menschen! Die sollten sich doch lieber an ihre eigne Nase fassen*! Die! Die trinkt Bier wie'n Kerl! Den richtigen Bierhusten hat sie schon! Hast du noch nicht gemerkt?   -30-

-----
3: Again you won't be able to go out during the entire holidays.
6: extra earnings. 8: a lot of people. 11: horse-trolley. 18: =**Frau Mohr.** 20: eavesdrop. 29: tend to their own business.

TONI. Na, ja! Laß doch man, Mutterchen! Laß sie alle machen, was sie wollen! Sie geben uns ja doch nichts dazu! Ist aufgestanden und steht nun, die Hände unter der Tischplatte, da. Rück doch mal'n bißchen den Tisch! Ich möchte mir da die Mäntel zurecht- legen! Frau Selicke hilft ihr. Der Vater kann doch jetzt unmög- -5- lich mehr auf dem Comptoir sein?

FRAU SELICKE hat vom Tisch wieder ihren Strickstrumpf aufgenommen und sich die Brille aufgesetzt. Vom Stuhl vor dem Bette Linchens her. I, ich dachte gar!... Wer weiß, wo der jetzt wieder steckt! -10-

TONI hinter dem Tisch auf dem Sofa die Zeugstücke ordnend. Na, er wird auf dem Weihnachtsmarkt sein und ein bißchen einkaufen, für Linchen!

FRAU SELICKE. I, jawoll doch! Und... du lieber Gott, was soll nicht alles von den paar Groschen bezahlt werden! Wer weiß -15- übrigens, ob er diesmal so viel zu Weihnachten kriegt wie sonst*!... Er tut wenigstens so!... Das heißt, auf den kann man sich ja nie verlassen! Der sagt einem ja nie die Wahrheit!... Andre Männer teilen ihren Frauen alles mit und beraten sich, wie's am besten geht, aber unsereiner* wird ja für gar nichts -20- ästimiert! Der weiß ja alles besser!... Nein, so ein trauriges Familienleben, wie bei uns... Paß mal auf: Der hat heute wieder ein paar Pfennige in der Tasche und kömmt* nu vor morgen früh nich nach Hause!

TONI. Na, ich dachte gar!... das wäre doch!... Heute! -25-

FRAU SELICKE. Na, du wirst ja sehn! Vergangne Nacht hat mir wieder mal von Pflaumen geträumt, und dann kann ich jedes Mal Gift drauf nehmen*, daß es Skandal* gibt!

TONI. Ach Gott! darauf kann man doch aber nichts geben!

FRAU SELICKE. Na, paß auf! Meine Ahnungen trügen mich nie! -30-

TONI. Aber wie kann man bloß so abergläubisch sein, Mutterchen!

FRAU SELICKE. Abergläubisch? Nein, gar nicht! Ich bin gar nicht abergläubisch! Aber es ist doch komisch, daß es bis jetzt jedesmal eingetroffen ist!

TONI. Ach, Mutterchen! -35-

FRAU SELICKE. Nein, nein! Du sollst sehn! Ich kann mich heilig

-----

17: i.e., as a Christmas bonus. 20: the likes of us, i.e., I. 23: =kommt. 28: count on, be sure that; a scene.

drauf verlassen! **Weinerlich.** Paß mal auf! Paß mal auf!

TONI. Ach siehst du, Mutterchen! Wenn du dich vorher schon immer
so ängstlich machst, dann ist es ja gar kein Wunder!... Mach's
wie ich! Laß ihn kommen! Widersprich ihm mit keinem Wort!...
Laß ihn räsonieren*, soviel wie er will! Einmal muß er dann   -5-
doch aufhören und durch sein Räsonieren wird es ja doch nicht
besser.

FRAU SELICKE. Ach Gott ja! Eigentlich ist's auch wahr! Man müßte
gar nich drauf hören! Wenn ich nur nich so nervös wäre! Wenn
ich ihn dann aber so sehe, in seinem Zustande, und er kommt   -10-
dann auch noch mit* seinen Ungerechtigkeiten, dann kann ich
mich nich halten!... Es ist mir rein unmöglich!... Dann läuft
mir jedesmal die Galle über!

TONI. Siehst du! Aber grade dadurch wird es immer erst schlimm!
Laß ihn schimpfen, die Augen rollen, Fäuste machen. Du mußt es   -15-
gar nicht beachten! Schließlich tut er ja doch nichts!...
Siehst du, du mußt mich nicht falsch verstehn! aber ich glaube,
du hast ihn von Anfang an nicht recht zu behandeln gewußt,
Mutterchen!

FRAU SELICKE. Ja: 's is auch wahr!... Er hätte nur so eine recht   -20-
Resolute haben sollen.

TONI. Ach, nein! So meinte ich's nicht!... Ach!

FRAU SELICKE. Nein! 's ist ja wirklich wahr!... Da soll man sich
nun nicht empören!... Hier liegt das arme Kind krank, man weiß
nich vor Sorgen wohin*! Andre Leute freuen sich heute, und   -25-
wir... Na! und denn soll man ihm auch noch freundlich entgegen-
kommen?... Das **kann** ich einfach nicht! Das **kann** ich nicht!!

TONI **seufzend.** Aber dann würde er sicher anders sein, wenn du
dich ein bißchen zwängst*, Mutterchen!... Er ist ja im Grunde
eigentlich gar nicht so schlimm, wie er tut!   -30-

FRAU SELICKE. Er hat mich die ganzen Jahre her zu schlecht behandelt! Ich **kann** mich nicht überwinden, freundlich mit ihm zu
sein!

TONI. Ach ja, ja! **Kleine Pause. Holt aus dem Tischchen links ihr
Nähzeug vor, setzt sich einen Stuhl an den Sofatisch und**   -35-
beginnt zu nähen.

FRAU SELICKE. Willst du heute noch nähen?

5: argue. 11: comes on with, starts up with. 25: there are so
many problems you don't know what to do. 29: would force.

TONI. Ja, ein bißchen!

FRAU SELICKE. Ach! das ist nun Heiligabend! Das sind Festtage!...
So einen traurigen Weinachten haben wir wirklich noch nie
gehabt!

TONI. Na! Eine kleine Freude macht er Linchen und den Jungens   -5-
doch! Und wir andern? Liebe Zeit...

FRAU SELICKE gähnt. Ach, bin ich - müde!... Nächtelang hat man
kein Auge zugetan und mein Fuß tut auch wieder so weh...

TONI. Ja! Leg dich ein bißchen hin, Mutterchen! Du strengst dich
überhaupt viel zu sehr an! Das solltest du gar nicht!   -10-

FRAU SELICKE. Ja, ja! Du hast eigentlich auch recht! Ich will
mich 'n bißchen schlafen legen! Zum Bett hin. Ach, mein
Mäuschen! Ist aufgestanden, hat ihr Strickzeug zusammen-
gewickelt und es mit der Brille auf den Tisch gelegt. Heute
nacht hat man ja doch wieder keine Ruhe! Das weiß ich schon!   -15-
Ach ja!... Gähnt. Schon in der Kammertür. Ja, und nun geht Herr
Wendt auch schon zu den Feiertagen, und eh' man dann wieder 'n
Mieter kriegt!... Ach Gott ja!... Na!... Verschwindet in der
Kammer.

TONI über ihre Arbeit gebückt, allein. Pause. Ab und zu seufzt   -20-
sie. Fernes Glockengeläute, das eine Zeitlang während des
Folgenden fortdauert. - Es klopt an Wendts Tür. Toni zuckt
leicht zusammen. Dann. Herein?

WENDT tritt ein. Störe ich?

TONI. O nein!... Wünschen Sie etwas?   -25-

WENDT zum Tisch tretend. Ich?... Nein! Sieht ihr einen Augenblick
zu. Sie arbeiten heute noch?

TONI. Ja! 's hilft nichts! Ich muß in den Feiertagen damit fertig
werden!

WENDT. In den Feiertagen?... Mit... mit all den Mänteln da?   -30-

TONI lächelnd. Ja! ein tüchtiges Stück Arbeit ist es!... Hören
Sie? Die schönen Weihnachtsglocken!

WENDT während er sich ebenfalls einen Stuhl holt und diesen neben
den Tonis stellt. Ja! Die Weihnachtsglocken! Die Weihnachtsglocken!   -35-

TONI. Hören Sie das Glockengeläute nicht gern?

WENDT. Die Berliner Glocken sind schrecklich! So eilig! So...
so... eh! **Macht eine Handbewegung.**

TONI. Wie?

WENDT. Ach! So - nervös, mein ich!

TONI. Nervös? Ach!   -5-

WENDT. Nein! Ich höre die Glocken hier nicht gern!

TONI. Sie wollen doch aber nun Pastor werden?

WENDT. Ja!

TONI. Zu Weihnachten klingen sie immer schön, find' ich!... Als
ich noch ganz klein war, ging der Vater mit uns am ersten   -10-
Feiertagmorgen in die Christmette*. Ganz früh. Wir wurden dann
tüchtig eingemummelt* und jedes hatte ein kleines Wachs-
stöckchen*. Das wurde in der Kirche angezündet, und wenn wir
dann wieder nach Hause kamen, kriegten wir beschert*. Ich muß
immer daran denken, wenn ich hier zu Weihnachten die Glocken -15-
höre!... Freilich, so schön klingen sie nicht, wie bei uns zu
Hause!
**Kleine Pause. Man hört nur ein wenig stärker und näher das
                      Geläute.**
WENDT **ein wenig erregt.** Ach ja! Das... damals... damals waren -20-
sie... Weihnachten war schöner damals!... Hm: - **Beugt sich zu
ihr hin, ohne sie anzusehen.** Toni! Sagen Sie mal!

TONI. Wie?

WENDT. Ich meine... hm! Ja! Ich mußte - nur eben wieder daran
denken - daß ich nun morgen, morgen schon von hier fortgehe! -25-

TONI **ohne aufzusehen.** Ja! Sie bekommen ja nun - eine Stellung!

WENDT. Eine Stellung! **Sich zurücklehnend.** Komme nun, sozusagen,
in geordnete, bürgerliche Verhältnisse. Ja! Eine Landpfarre*!

TONI. Aufs Land kommen Sie?

WENDT. Ja, aufs Land! Aufs Land!   -30-

TONI. Ach, das muß Ihnen gewiß recht angenehm sein! Es hat Ihnen
ja sowieso nicht mehr recht in der Großstadt gefallen!

11: matins, here: early morning Christmas service. 12: bundled
up. 13: small wax candle. 14: gifts were distributed to us. 28:
rural parsonage.

WENDT. Ja, man lernt hier so viel kennen!... Aber nun! Landpastor
also!... Eine lange Pfeife, wie der Herr Kopelke sagt, eine
Bienenzüchterei und... und hahaha!

TONI sieht auf. Sie sagen das so sonderbar! Sind sie mit Ihrer
Stellung nicht zufrieden?   -5-

WENDT. Ach, das... das ist ja gleichgültig!

TONI. Gleichgültig?

WENDT. Ach, das... Es könnte freilich - unter Umständen - recht
schön sein! Sieht Toni plötzlich voll an, diese bückt sich noch
tiefer über ihre Arbeit. Aber ich wollte ja... Ich meinte... Er -10-
beugt sich wieder zu ihr hin. Alle die Mäntel müssen Sie nun
also in den - Feiertagen nähen?

TONI leise, ernst. Ja! Es macht freilich so mehr Mühe mit der
Hand! Aber mit der Nähmaschine geht's jetzt nicht, wo Linchen
krank ist. Pause. Ja, das wird nun...   -15-

WENDT. Wie meinen Sie?

TONI. Zwei Jahre haben... Sie nun... hier gewohnt!

WENDT. Aber die Handarbeit:... das fortwährende Nähen muß doch
Ihre Gesundheit sehr angreifen!

TONI mit einem Lächeln. Ach, ich bin nicht schwächlich! Man muß -20-
nur Ausdauer und ein bißchen Geduld haben.

WENDT sich zusammenraffend. Geduld... Ja! Toni! Ich wollte Sie
nun etwas fragen!... Ich habe schon einmal... Sie nahmen's
damals für Scherz... und ich sah damals auch ein, daß ich noch
kein Recht hatte... Aber jetzt kann ich Sie ja mit mehr Recht -25-
fragen... Jetzt, wo ich in - geordnete Verhältnisse komme: Ich
meine... wollen Sie mir auf meine - Landpfarre folgen? Das
Geläute hört auf.

TONI. Sie... ob ich - Ihnen...

WENDT. Ja! Ob Sie mir jetzt folgen wollen?   -30-

TONI. Ach... Sie bricht in Tränen aus.

WENDT. Sie weinen?!

TONI. Warum... das ist - nicht recht von Ihnen, daß Sie wieder
davon - sprechen!

WENDT. Nicht recht?!... Warum?!... Toni! Jetzt?   -35-

TONI. Das – geht ja doch nicht! Das geht ja nicht!

WENDT. Das – geht nicht?!

TONI. Nein!... Ach Gott!

WENDT. Aber warum denn nicht?

TONI. Ach Gott!   -5-

WENDT. Es geht, Toni! **Jetzt geht es!**... Wissen Sie: in diesen
  Tagen fand ich hier ein Buch!

TONI. Ein... Buch?

WENDT.   Ein einfaches Büchelchen!... Zwei Bogen gelbes Konzept-
  papier* in ein Stück blaue Pappe geheftet. Mit solchem weißen   -10-
  Zwirn da! Jemand hatte es hier liegenlassen, aus Versehn!

TONI **sehr verwirrt.** Ein... das...

WENDT. Ich habe darin gelesen!... Es waren allerlei Notizen
  darin! Tagebuchnotizen! Selbstbekenntnisse, die eine für sich
  gemacht hatte, die immer so still und bescheiden ist, alles mit   -15-
  sich selbst im stillen abmacht und auskämpft!...

TONI **weint heftiger.** Ach!... Warum haben Sie darin gelesen?

WENDT **rückt näher zu ihr und sucht ihr ins Gesicht zu sehn.**   Ich
  war sehr, sehr glücklich, als ich das alles las!

TONI. Ach! Ich... aber ich **darf** doch hier nicht fort!   -20-

WENDT. Du **darfst** nicht?! Toni! Bist du... ich meine: kannst du's
  hier – aushalten?! Bist du hier glücklich?!

TONI **immer noch weinend.** O Gott! O Gott!

WENDT **sehr erregt.** Nein! Nein! Das ist unmöglich, Toni... Ich
  habe vorhin, drin in meinem Zimmer, gehört, was du mit deiner   -25-
  Mutter sprachst! Ich habe mehr als zwei Jahre hier gewohnt und
  all die Szenen mit angehört, die furchtbaren Szenen!... Ich
  habe euer ganzes, unglückliches Familienleben kennengelernt!
  Zwei Jahre lang hab' ich das alles gehört und gesehen! Zwei
  Jahre lang! Und es hat mich... **Stöhnt auf.** Und du! Wenn man   -30-
  denken muß: zweiundzwanzig Jahre hast du in alle dem Elend

10: scratch paper

gelebt und hast es ertragen müssen! Zweiundzwanzig Jahre!...
Herr mein Gott! Zweiundzwanzig Jahre!

TONI verlegen - trotzig. Oh, der Vater ist gut... ein bißchen
aufbrausend*, aber... Ach Gott! Schluchzt.

WENDT verbittert. Gut! Gut! Lacht auf, zornig. Nein! Nein! Du   -5-
darfst nicht länger bleiben! Du darfst nicht länger in diesem
traurigen Elend leben! Hörst du, du verdienst das nicht! Du
paßt nicht hierher!

TONI. Aber ich...

WENDT. Hast du denn gar kein Bedürfnis nach Glück?!   -10-

TONI schüchtern, forschend. Glück?! Ich - weiß nicht!... Ich -
verstehe Sie nicht!

WENDT. Ach, ich spreche da! Ich... ich meine: hast du denn nicht
manchmal den Wunsch gehabt, hier wegzukommen, in ruhige, schöne
Verhältnisse? Wo du nicht Tag für Tag - Herrgott! - Tag für   -15-
Tag! all das Elend hier vor Augen hast? Wie?

TONI. Aber...

WENDT leise, etwas höhnisch. Ich habe auch davon etwas in dem
kleinen, blauen Büchelchen gelesen! Siehst du? Ich kenne dich
ganz genau! Du bist auch nur ein Mensch!   -20-

TONI. Ach! Warum haben Sie nur... Weint von neuem.

WENDT fortgerissen*. Nein! Es ist ja hier... Das kann ja kein
Mensch ertragen! Dein Vater: brutal, rücksichtslos, deine
Mutter krank, launisch; beide eigensinnig; keiner kann sich
überwinden, dem andern nachzugeben, ihn zu verstehen, um... um   -25-
der Kinder willen! Selbst jetzt, wo sie nun alt geworden sind,
wo sie mit den Jahren vernünftiger geworden sein müßten! Die
Kinder müssen ja dabei zugrunde gehn! Und das ist ihre Schuld,
die sie gar nicht wiedergutmachen können! Einer schiebt sie auf
den andern! Keiner bedenkt, was daraus werden soll!... Und das   -30-
nun schon lange, schrecklich lange Jahre durch! Dabei Krankheit
und Sorge... Furchtbar! Furchtbar!! Wenn man sich in den
Gedanken versenkt... tt!... Nein, das ist alles zu, zu schrecklich! Das sind keine vernünftigen Menschen mehr, das sind... Ä!
Sie sind einfach jämmerlich in ihrem nichtswürdigen, kindischen   -35-
Haß!... Ist aufgesprungen und geht nun mit großen Schritten im
Zimmer umher.

4: quarrelsome. 22: carried away.

TONI schluchzend. Oh, wie können Sie nur so von Vater und Mutter
sprechen! Sie sind beide so gut! Wie können Sie das nur sagen!

WENDT sich mäßigend. Setzt sich wieder zu ihr, den Stuhl noch
näher zu ihr rückend. Oh, ich...t!... Höre doch nicht, was ich
schwatze! Ich... Nein! Ich meine... du kannst doch unmöglich   -5-
hier bleiben!... Weine doch nicht, liebe Toni! Mißversteh mich
doch nicht! Ich meinte ja nur!... Sieh mal! Du mußt dich ja bei
all' dem Elend aufreiben*! Es ist unerträglich, geradezu unerträglich, daß du - du! hier verkümmern sollst!... Und mach dich
doch nicht stärker, als du bist, Toni! Ich weiß es ja, Toni!   -10-
Siehst du, ich weiß es ja, daß du dich hier heraussehnst!

TONI. Oh, wenn man mal... 'n bißchen... ungeduldig ist!... Das
habe ich nur so - hingeschrieben!

WENDT. Nur so...? Ach was! Das glaubst du ja selbst nicht, Toni!
Das war ja ganz natürlich?! Ganz berechtigt?!   -15-

TONI. Ach sprechen Sie doch nicht mehr davon! Ich bitte Sie!...
Sprechen Sie nicht mehr davon!

WENDT. Siehst du? Du hast Angst, das zu hören! Aber doch! Grade
mußt du das hören! Die Aufopferung muß doch ihre Grenze
haben!... Zweiundzwanzig Jahre! Einen Tag nach dem andern,   -20-
jahraus, jahrein, immer dasselbe Elend, dieselbe Not! Das ist
ja geradezu der pure Selbstmord! Nein! Du mußt hier fort! Du
hast ein Recht, an dich und deine Zukunft zu denken!... Warum
sollst du hier verkümmern? Warum?! Was kann dich dazu verpflichten?!... Was hat dein Vater und deine Mutter getan, daß -25-
sie das verdienen? Nun?!... Haben sie an deine Zukunft
gedacht?!

TONI. Ich... ich weiß nicht!... Ach, reden Sie doch nicht so!
Sagen Sie doch das nicht!

WENDT. Heute, am Heiligen Abend, sitzt du da in Angst und Bangen, -30-
wo sich jeder freut, und flickst dich krank! Nein! Das ist -
empörend!! Das... Sieh mal, Toni! Warum sollte es nicht gehn?
Tust du ihnen denn nicht selber einen Gefallen? Es muß ihnen
doch nur lieb sein, wenn du "versorgt"* bist?! Wenn sie einen
"Esser wen'ger" haben? Ist dein Vater nicht vielleicht grade   -35-
deshalb so, weil er sich über deine Zukunft Sorge macht? Hat er
dir nicht mehr wie einmal vorgeworfen, daß du noch hier bist?

TONI. Oh, das meint er ja nur so!

WENDT. Soso!

8: wear yourself out.   34: provided for, taken care of.

TONI. Und dann... die Mutter! Ich kann doch die Mutter nicht hier
so allein lassen? Sie ist so krank und schwächlich! Sie kann
mich gar nicht entbehren!

WENDT eifrig, faßt ihre Hand. Ach, was das anbetrifft; sieh
mal...   -5-

TONI horcht auf. Warten Sie mal! Entwindet ihm ihre Hand, steht
auf und schleicht sich auf Spitzzehen zum Bett hin. Einen
Augenblick beobachtet sie die Kranke, dann kehrt sie wieder
zurück. Nein!... Ich dachte... Linchen... Pause... Und... Weint
noch heftiger.   -10-

WENDT hat sie die ganze Zeit gespannt beobachtet und bricht nun
seufzend zusammen. Ach Gott ja! Sich auf seinem Stuhl wieder
aufrichtend. Sieh mal! Was das anbetrifft... und... Linchen...
Du meinst Linchen?... Oh, sie ist ja in den letzten Tagen...
man kann doch unmöglich sagen, daß es grade schlimmer mit ihr   -15-
geworden ist!... Schneller. Sieh mal! Wenn sie dich nun versorgt wissen, ist ihnen doch schon eine große Last genommen!
Und dann könnten wir sie ja auch unterstützen, nicht wahr? Und
wenn erst ihre äußere Lage etwas besser ist, dann ist ja auch
vieles, vieles gleich ganz anders! Und dann... ja, dann sind   -20-
sie ja auch mit den Jahren - dieses Zusammenleben so gewohnt
geworden! Nicht wahr? Sie würden vielleicht etwas entbehren,
wenn sie's anders hätten auf einmal, ich meine - versteh' mich!
- wenn sie's ganz anders hätten!... Der Mensch gewöhnt sich ja
an das Allerunglaublichste!   -25-

TONI. Ach, nein... nein...

WENDT in höchster Aufregung, sich aber noch fassend. Toni!... Ich
weiß nicht, du hast so viele Bedenken, so viele... Sag's! Sag's
grade raus! Hast du das vielleicht - auch nur so geschrieben,
daß... daß du... mich lieb hast? Kannst du mir nicht folgen,   -30-
weil... du mich... nicht lieb hast?

TONI. Ob ich dich...? Aber... o Gott! Was sag ich!

WENDT freudig. Oh, nicht wahr? Drückt ihr die Hand. Liebe!

TONI schluchzt nur.

WENDT wieder sehr erregt. Und dann, liebe Toni, siehst du? muß   -35-
ich dir noch etwas sagen! Ich bin... ich weiß nicht... aber du
mußt mich recht verstehn, ich... ich bin so gut wie - tot! Toni
sieht ihn erschrocken an und rückt in naivem Schreck unwillkürlich ein wenig von ihm ab. Hat aufgehört zu weinen. Wendt
spricht das Folgende immer noch in größter Erregung wie zu sich   -40-
selbst. Als ich zu studieren anfing, da war ich frisch und
lebendig, voll Hoffnung! .Da glaubte ich noch an meinen

Beruf! Da hatte ich noch Ziele, für die ich mich begeisterte!... Aber das hat sich alles geändert!... Seitdem ich
hierher gekommen bin in dieses... in die Großstadt, mein'
ich... und all das furchtbare Elend kennengelernt habe, das
ganze Leben: seitdem bin ich - innerlich - so gut wie tot!...   -5-
Ja, das hat mir die Augen aufgemacht!... Die Menschen sind
nicht mehr das, wofür ich sie hielt! Sie sind selbstsüchtig!
Brutal selbstsüchtig! Sie sind nichts weiter als Tiere, raffi-
nierte Bestien, wandelnde Triebe, die gegeneinander kämpfen,
sich blindlings zur Geltung bringen* bis zur gegenseitigen Ver- -10-
nichtung! Alle die schönen Ideen, die sie sich zurechtgeträumt*
haben, von Gott, Liebe und... eh! das ist ja alles Blödsinn!
Blödsinn! Man... man tappt nur so hin. Man ist die reine
Maschine! Man... eh! es ist ja alles lächerlich! **Mit einer
hastigen Bewegung zu ihr.** Siehst du, liebe Toni! Deshalb **kannst** -15-
du und **darfst** du einfach gar nicht "Nein" sagen! Du bist meine
einzige Rettung!... Ich könnte ohne dich keinen Tag mehr leben,
oder ich müßte verrückt werden, einfach verrückt! Du... du bist
das einzige, woran ich nicht zweifle! Alles andre versteh' ich!
Alles andre ist mir so unheimlich klar und durchsichtig! Aber   -20-
du... du?!... Wenn ich dich so sehe, so still leidend, so
geduldig, da... möcht' ich dich - leben!... für dich leben,
verstehst du? Und... alles andre... hahaha!... ich pfeife,
pfeife drauf*!... Nur du... du!!... **Sieht sie an, kommt plötzlich wieder zu sich und springt auf.** Du!... Was... was hab ich -25-
- gesprochen? Du weinst? Mädchen!... Herrgott! **Rückt ganz nahe
zu ihr. Spricht das Folgende sehr sanft.** Ach, siehst du. Das
war ja alles Unsinn, Torheit! Ich weiß nicht...tt!... Ich
meinte... siehst du?... man lernt soviel kennen in der Welt,
was einen niederdrückt, mißmutig macht... so **manchmal** mein   -30-
ich!... Nicht wahr?... Deshalb wirft man ja aber doch die
Flinte nicht gleich ins Korn*?!... Das geht allen so!... Ich
meinte nur: wenn zwei, so wie wir, sich zusammentäten, dann
würd' es ihnen leichter, das Leben zu ertragen!... So meint'
ich!... Ich habe da... ich weiß nicht, wie ich das alles so   -35-
hingeschwatzt habe!... Das ist ja alles selbstverständlich!...
Es ist ja weiter gar nichts dabei*!... Es ist ganz einfach!
Weine doch nicht mehr, mein liebes, liebes Mädchen!... Nein,
ich... ich... Narr!... Beruhige dich!... Beruhige dich doch!...
Hörst du?... Hab' ich dich so erschreckt?   -40-

TONI **rückt näher zu ihm, schmiegt sich an ihn.** Nein, ich... ich
bedaure dich so!

WENDT **sie an sich drückend.** Du - bedauerst mich?! Mädchen!

10: assert themselves. 11: dreamed up. 24: I don't give a damn
about all that. 32: But just because of that you don't immediately throw in the towel. 37: There's nothing more to it.

TONI. Kannst du denn dann Pastor werden?

WENDT glücklich. Ach das... das ist ja eine Form! Das ist Neben-
sache!

TONI. Aber wenn du nicht glaubst, daß... wenn du nicht an - Gott
glaubst?   -5-

WENDT. An Gott glaubst!... Die Hauptsache ist, - innig* - wir
werden uns dort beide auf dem Lande so wohl fühlen, so wohl!
Wir werden so glücklich sein! Nicht wahr?

TONI. Aber...

WENDT. Wir leben dann still für uns in ruhigen, schönen Verhält- -10-
nissen! Wir werden ganz andre Menschen sein! Und dann sollst du
sehn, wie ich den Leuten predigen werde! Der Katechismusgott
soll dann erst lebendig werden, lebendig!... Wir verstehen das
Leben! Wir wissen, wie miserabel es ist, aber wir haben dann
auch, was mit ihm versöhnt*! Und das ist besser als alle -15-
Kanzelphrasen*, wenn wir das den Leuten mitteilen.

TONI. Aber... ich weiß nicht... wenn du doch nicht wirklich
glaubst...?

WENDT. Kein offizieller Glaube, aber ein besserer, leben-
digerer!... Laß nur! Du sollst sehen!... Denke dir: Eine herr- -20-
liche Gegend! Laubwald*! Berge! Getreidefelder! Stilles,
gesundes Landleben!... Unser Haus hinter der kleinen Dorf-
kirche, ganz von Weinlaub umrankt*, mitten in einem großen
Obstgarten mit einem Hühnerhof. Ringsherum eine große, hohe
Mauer und dadrin hausen wir, wir beide, ganz abgeschlossen von -25-
der Welt, aber ohne Haß, und das ist die Hauptsache! Und wenn
du mir dann sonntags in den Talar* hilfst und ich durch den
kleinen Friedhof in die Sakristei* spaziere, dann sollst du
einmal sehen, was ich den Leuten predigen werde! Sie sollen
schon mit dem neuen Pastor zufrieden sein!   -30-

TONI die ihm aufmerksam, vor sich hinlächelnd, zugehört hat. Oh,
das wäre schön!

WENDT. Ja! Nicht wahr?! Nicht wahr?!

TONI. Aber hier, was sollen sie denn hier anfangen?

6: intimately. 15: We have also to a degree reconciled ourselves
with it (life), propitiated it. 16: pulpit-phrases. 21: broadleaf
forest. 23: entwined. 27: pastoral gown. 28: vestry.

WENDT. Ach, das wird dann auch alles ganz anders! Du sollst
sehn!... Albert hat dann ausgelernt* und verdient mit zu*.
Walter wird ja auch bald konfirmiert und du, du bist dann
"versorgt": dann werden sie nicht mehr soviel Grund haben...

TONI. Ach ja! Vielleicht!... Ach, das wäre so schön, so schön!   -5-

WENDT. Nicht wahr?

TONI. Ja, ja! Das ginge! Vielleicht!... Dann würde es wohl hier
besser werden!

WENDT. Sicher! Und dann... Vergiß doch nicht! Dann sind wir ja
auch da!   -10-

TONI. Aber Linchen! Wenn Linchen nur nicht immer so krank wäre?!

WENDT hastig. Ach, siehst du... sie... sie ist ja...

TONI zusammenschauernd. O Gott, wenn sie stirbt!

WENDT. Stirbt? Unruhig. Ach, wie kommst du nur darauf?

TONI. Ach, weißt du! Ich - weint - habe so wenig Hoffnung!   -15-

WENDT. Aber ich bitte dich! Du hörst ja!

TONI. Ach, ja, ja!... Sie ist das einzige, was Vater und Mutter
haben! Sie ist ihre einzige Freude! Wenn sie nicht noch wäre...
Siehst du, das ängstigt mich so! Das wäre zu schrecklich! Zu
schrecklich! Vor sich hinstarrend. Wenn sie stirbt und wenn ich   -20-
dann auch noch fort wäre... Wirft sich ihm un den Hals. Ach
nein! Nein! Das geht ja gar nicht! Das geht ja gar nicht! Dann
wäre hier alles noch viel, viel schlimmer...

WENDT sie sanft von sich loslösend. Aber wie kommst du denn nur
darauf, liebe Toni? Es liegt ja gar kein - Grund vor! Nein! Wir   -25-
nehmen sie dann später zu uns, daß sie sich in der gesunden,
schönen Luft ganz erholen kann! Quäle dich doch nicht immer so!
Es wird und muß jetzt alles besser werden! Ich hab's so im
Gefühl: wenn alles am trostlosesten aussieht, wenn es gar nicht
mehr schlimmer werden kann, dann muß sich alles zum Guten   -30-
wenden! Nein! Du wirst glücklich werden, wir alle! Du wirst
dort auf dem Lande wieder aufleben! Es wird eine ganz andre
Welt sein!... Du siehst ja alles nur so schwarz an, weil du
nie, nie in deinem ganzen Leben etwas andres als die Not hier
kennengelernt hast!   -35-

2: has completed his apprenticeship; is contributing something to
the family.

TONI **aufseufzend**. Ach ja! Das ist vielleicht auch wahr!

WENDT **beugt sich über sie**. Also, nicht wahr, Toni?

TONI. Ja, ja! - Wenn...

WENDT. Still! Still! **Küßt sie**. Oh, nun wird die Welt so schön
werden! So schön!   -5-

TONI. Schön?... Ach Gott ja!

WENDT. Ja! Schön!... Trotz alledem! **Küßt sie**.

TONI. Lieber! **Erwidert seinen Kuß**.

WENDT **nach einer kleinen Pause. Scherzend. Fru Pastern*!**

TONI **lächelnd**. Ach du!   -10-

                         ZWEITER AUFZUG

Dasselbe Zimmer. Es ist Nacht, durch das verschneite Fenster
fällt voll das Mondlicht. Frau Selicke sitzt wieder neben dem
**Bett und strickt, Toni arbeitet am Sofatisch, auf welchem, hinter
dem grünen Schirm die Lampe brennt**, Albert sitzt neben ihr,   -15-
liest, blättert und gähnt ab und zu, Walter steht vorm Fenster,
            die Arme auf das Fensterbrett gestützt.

WALTER **vom Fenster weg zu Frau Selicke hin**. Mama! Er kömmt immer
noch nich!

FRAU SELICKE **müde, etwas weinerlich**. Ach ja!... Na, heute können -20-
wir uns wieder mal auf etwas gefaßt machen*.

WALTER **sich an sie drängend, sie umfassend**. Mamchen! Biste wieder
gut mit mir*?... Ja?... Mamchen!

FRAU SELICKE. Ja!... Ja!... Wenn du nur nich immer so ungezogen
wärst!   -25-

WALTER. Ach Mamchen!

FRAU SELICKE. Ja!... Ja!... 's is schon gut!... Laß mich nur!

9: =**Frau Pastor**. 21: we can get ready for something (bad) again.
23: Do you love me again?

WALTER **immer noch schmeichelnd.** Sag, Mamchen! Biste nu aber auch
wirklich **ganz gut** mit mir?

FRAU SELICKE **lächelnd, abwehrend.** Na ja! Ja, du Schlingel!

WALTER. Armes Mamchen! **Küßt sie und stellt sich dann wieder vor
das Fenster hin.** Nach einer kleinen Pause, während welcher -5-
Albert sich zurückgelehnt, die Arme gereckt und laut gegähnt
hat. Du, Albert! Au, kuck* mal! Drüben bei Krügers brennt noch
der Weihnachtsbaum!

ALBERT **hat sich faul erhoben und ist langsam, die Hände in den
Taschen, zum Fenster getreten.** Ach wo, du Peter*! Is ja man'n -10-
Licht in der Küche! Wo soll denn jetzt noch'n Weihnachtsbaum
brennen?

WALTER **ihn unterbrechend.** Halt doch mal! Horch mal! Ging – da
nich die - Haustür?!... **Nach einer kleinen Pause, weinerlich.**
Nee! Ach, nu kann man sich **wieder** nich hinlegen! -15-

ALBERT **gähnt faul.**

FRAU SELICKE. Leg dich doch schlafen! Das wehrt* dir doch
niemand!

WALTER. Ach!... **Wieder nach einer kleinen Pause.** Du, kuck mal,
Albert! Lauter* goldne Flinkerchen* hier auf'm Schnee! Wah*? -20-
Das sieht hübsch aus!

ALBERT **mißgelaunt.** Ja, ja!

WALTER. Ob e'* was mitbringt, Mamchen? 'n Baum?

FRAU SELICKE **ohne von ihrem Strickzeug aufzusehn.** Werden ja
sehn!... **Gähnt.** Hach ja! -25-

WALTER. Ach ja! Ich glaube!... 'n Baum hab'n wir doch jedes Jahr
gehabt? Morgen früh könn'n wir'n ja immer noch anputzen*! Wah,
Mamchen? Un wenn wir'n dann abends anbrennen... wah?

FRAU SELICKE **müde, abgespannt.** Ja, ja!

WALTER. Na, un' Linchen bringt er doch auch was mit? Linchen? -30-

FRAU SELICKE. Na! Er wird wohl! **Zählt ihre Maschen*, seufzt.**

7: =guck=schau. 10: you simpleton. 17: is preventing. 20: Nothing
but; glimmering points of light; =Nicht **wahr.**   23: =er. 27:
decorate. 31: stitches.

ALBERT ist vom Fenster weg wieder auf den Tisch zugetreten. Nee,
so'ne Unvernunft von dem! Mit einem Blick nach der Uhr.   's is
nu halb zwei!

TONI sieht in die Höhe.   Sprich mal nich so vom Vater!

ALBERT sich zu ihr aufs Sofa setzend und sie schmeichelnd um die -5-
Taille fassend. Ach was, Tönchen! Sei man still!... 's is doch
wahr! Näh mir lieber nächstens mal 'n paar Stege* an die Hosen!
He?...

TONI ihn sanft von sich abwehrend. Ach, nich doch, Albert! Red'
Walter zu und geht beide zu Bett!   -10-

FRAU SELICKE unwillig vom Bett herüber.   Ja doch! Stör' uns nich
immer und leg' dich lieber hin für dein unnützes Schmökern* da!

ALBERT. Na, was soll man denn machen?

FRAU SELICKE. Statt den ganzen Tag, wenn du frei hast, hier
umherzuliegen könntest du noch'n bißchen Sprachen lernen! Das -15-
braucht 'n Kaufmann heutzutage! Aber du hast nich 'n bißchen
Lerntrieb*!

ALBERT. Ach was, Mamchen!

FRAU SELICKE. Na, mach' doch, was du willst! Mir kann's egal
sein!... Mir wird sowieso bald alles egal sein!... Überhaupt! -20-
Nenn' mich nich immer Mamchen! Was denkste dir denn eigentlich,
du Gelbschnabel*?!

ALBERT. Na, liebe Zeit! Was wollt ihr denn nur! Ich tu' doch
meine Schuldigkeit im Geschäft! Da solltest du erst mal andre
junge Kaufleute sehn!   -25-

FRAU SELICKE.   Na, ja ja! Is schon gut! Wissen ja! Laß uns nur
zufrieden!

WALTER. Ach, nu kömmt er immer noch nich!

FRAU SELICKE. Leg dich zu Bett, Walter! Leg dich zu Bett!

WALTER. Ach nee! Ich kann ja doch nich schlafen, Mutterchen, wenn -30-
Vater nich da is!

FRAU SELICKE. Oh, und nun auch noch die Schmerzen in meinem
Fuße!... Ich könnte laut aufschrei'n!... Weiter nichts wie

7: straps. 12: and read your trash literature. 17: desire to
study. 22: little brat.

Elend und Sorge und Aufregung hat man! Das ist das ganze
bißchen Leben! Wenn einen* der liebe Gott doch **endlich** mal
erlösen wollte!

ALBERT **geht mit gesenktem Kopfe** verdrießlich **auf und ab. Die
Hände in den Taschen seines Jacketts.** Nein, das is auch eine   -5-
Wirtschaft* hier! Wenn man doch erst mal... he!... Sitzt man
bis spät in die Nacht 'nein und wagt kein Auge zuzutun und am
andern Tag is man dann janz kaputt!

FRAU SELICKE. Ach, geh schlafen und predige uns nich auch noch
was vor!... Walter, leg dich nun hin!   -10-

WALTER **sieht immer noch aufmerksam zum Fenster hinaus.** Ach nein,
Mamachen! Ich warte noch!

FRAU SELICKE. Ha, warte man...

ALBERT. Ä was! Ich leg mich hin!

FRAU SELICKE. Das machste gescheit*!   -15-

ALBERT **mürrisch.** Jute Nacht!

TONI. Gute Nacht!

ALBERT **nimmt, während er am Sofatisch vorbei geht, von diesem
eine Streichholzschachtel, klappert damit und verschwindet in
der Kammer, nachdem er bereits auf der Schwelle ein Zünd-   -20-
hölzchen angestrichen und in das Dunkel hineingeleuchtet hat.**

FRAU SELICKE. Walter!

WALTER. Ach, Mamachen!

FRAU SELICKE. Ach was! Dummer Junge!... Dir tut er ja nichts!

WALTER. O ja!   -25-

FRAU SELICKE. Ach, Dummheit!... Leg dich hin! Geh!...

WALTER. Au, unten kommt einer!

FRAU SELICKE **zusammenfahrend.** Kommt e'?!

WALTER **weinerlich.** Is 'n andrer!

2: accusative form of **man.**   6: household, also: mess. 15: That's
the smart thing to do.

FRAU SELICKE. Nein, so ein Mann! So ein Mann!... Das kann er doch wirklich nich verantworten*!... Walter! Geh nun!

TONI hat ihr Nähzeug auf den Tisch gepackt, ist aufgestanden, ans Fenster getreten und nimmt nun Walter an die Hand. Komm, Walterchen!   -5-

WALTER hat sie von unten auf umfaßt und sieht zu ihr empor. Ach, laß mich doch! Ich hab' ja solche Angst!... Ich wart' hier lieber am Fenster!

TONI. Dann geh ich auch nicht schlafen! Na?

WALTER weinerlich. Ach! - Macht sich von ihr nach dem Fenster zu   -10-
los.

TONI. Komm!

WALTER. Gleich! Sieht durch das Fenster. Jetzt! Läßt sich von ihr nach der Kammer führen. Schluchzt. Während die Tür aufgeht, sieht man noch das Licht brennen, das Albert sich angesteckt   -15-
hat. Toni bückt sich, küßt Walter und drückt dann die Tür wieder zu. "Gute Nacht!"
WALTER. Ach, laß doch die Tür 'n bißchen auf!

TONI. Na ja!... So!... Eine Weile noch sieht man durch den Spalt das Licht, dann verlischt es. Toni macht sich still wieder an   -20-
ihre Arbeit.

FRAU SELICKE. Nein! So ein komischer Junge! Sich so abzu- ängstigen*!... Über was man sich nich alles ärgern muß?... Nein!... Ach! Na - ich sage auch schon!...
        Kleine Pause. Im Bett Husten und Stöhnen.   -25-
LINCHEN. Ma - ma - chen!...

FRAU SELICKE beugt sich über die Kissen. Ach, da biste ja wieder, meine Kleine?

LINCHEN. Warum - kommt'n* Papa noch nicht?

FRAU SELICKE. Sei nur ruhig!... Weine nicht!... Rege dich nicht   -30-
auf, mein Herzchen! Er kommt nun bald!... Ach Gott, ja!

LINCHEN. Er ist wieder - betrunken! Nich wahr!
        Toni läßt ihr Nähzeug sinken und sieht vor sich hin.

2: answer for. 23: To worry himself sick with fretting. 29:
=denn.

FRAU SELICKE. Ach nein!... Nein doch, mein Herzchen!... Er is nur
einen Weg gegangen*!... Er bringt dir was mit!

LINCHEN. Ach nein!... Er will dich nachher wieder schlagen!.

FRAU SELICKE. Ach, aber meine Kleine!... Weine doch   nur nicht,
mein Linchen!... Gott, nein!... Siehste, du darfst dich ja nich   -5-
aufregen?! Du wirst ja   sonst   nich   gesund?... Nein,   mein
Mäuschen! Er hat nur ein'n Weg gehabt*!

LINCHEN. Bringt er mir wieder Törtchen mit?

FRAU SELICKE. Ja.

LINCHEN. Ach Mamachen! Und 'ne   neue   Puppe möcht' ich auch   so   -10-
gerne haben!

FRAU SELICKE. Ja, die kriegst du! Und auch wieder Wein!

LINCHEN. Solchen süßen?

FRAU SELICKE. Ja.

LINCHEN. Aber weißt du,   Ma - machen... es muß eine Puppe sein,   -15-
die... richtig sprechen kann...

FRAU SELICKE. Ja! So eine!
     Toni hört die ganze Zeit über in Gedanken versunken zu.
LINCHEN. Auch ein'n... Wagen...?

FRAU SELICKE. Ja!   -20-

LINCHEN. Au! Denn... fahrn wir die Puppe immer spaziern...! Nich
wahr, Tönchen?

TONI. Ja, liebes Kind!

FRAU SELICKE. Ja, meine Kleine! Dann gehst du wieder mit Tönchen
spaziern!   -25-

LINCHEN. Au ja!... Bald - Ma - machen?

FRAU SELICKE. Ja! Bald! Ganz bald!

LINCHEN. Morgen?

FRAU SELICKE. Morgen? Aber, liebes Kind! Du mußt dich doch erst

-----

2: He has just walked a ways. 7: He just had a ways (to walk).

noch 'n bißchen erholen?... Nich wahr?... Aber diese Woche vielleicht!

LINCHEN. Bestimmt?

FRAU SELICKE. Ja!... Bestimmt!

LINCHEN. Ma - machen... Ja? Ich - werde doch... wieder gesund?   -5-

FRAU SELICKE. Ja, gewiß, mein Mäuschen!... Freilich!
                        Kleine Pause.
LINCHEN. Ma - machen?...

FRAU SELICKE. Hm?

LINCHEN **lächelnd.** Kranksein is hübsch!   -10-

FRAU SELICKE. Ach Gott!... Meine arme, dumme Kleine!... Warum denn? **Beugt sich zärtlich zu Linchen hin.**

LINCHEN. Weil... weil du dann... immer... so... gut bist...

FRAU SELICKE. Oh, aber mein Linchen!... Bin ich denn sonst **nicht** gut?
                                                                 -15-

LINCHEN. Liebes Mamachen?

FRAU SELICKE. Was denn, meine Kleine?

LINCHEN. Mamachen?

FRAU SELICKE **rückt ihr etwas näher.** Na?

LINCHEN. Nich wahr... Ma - machen?... Du - zankst nich mehr...   -20-
mit mir... wenn ich... erst wieder... gesund... bin...

FRAU SELICKE. Ach, meine... **Küßt sie.**

LINCHEN. Hast du... mich... lieb, Ma - machen?

FRAU SELICKE. Ach, meine Kleine!

LINCHEN. Bringt Papa... ein' Baum mit... und Lichter?   -25-

FRAU SELICKE. Ja, Liebchen! Und morgen kommt der Weihnachtsmann!

LINCHEN. Ei!... Rück mich doch 'n bißchen in die Höh'*,
Ma-machen!

27: Raise me up a little bit.

FRAU SELICKE. Willst du denn nich wieder einschlafen, meine
Kleine?

LINCHEN **aufgeregt, hastig.** Ach, ich... bin... gar nich... müde...
Hustet. Ich... bin... ganz... wohl... Ma - ma - chen!

FRAU SELICKE. Ach, der alte, böse Husten!... Na so? **Hat sie ein**   -5-
wenig hochgerückt.

LINCHEN. Erzähl' mir... doch... 'n bißchen was!

FRAU SELICKE. Ach, liebes Kind!... Ich weiß nichts! **Seufzt.**

LINCHEN. Ma-machen!... Krieg' ich auch 'n neues Kleid... wenn
ich... wieder... gesund bin?   -10-

FRAU SELICKE. Ja! - Aber sprich doch nich so viel, mein Liebchen!
Es strengt dich so an?... Komm! **Legt den Kopf neben sie auf das**
Kissen. Komm! Schlafe! Schlafe, mein liebes Täubchen!

LINCHEN. Lieschen Ehlers sagt immer in der Schule zu mir: Ach
pfui... du - hast so'n... schlechtes Kleid!   -15-

FRAU SELICKE. Ja! Tönchen soll dir ein ganz neues machen! - Komm!
- Schlafe, meine Kleine!

LINCHEN. Au! Wart' doch - mal, Ma-machen! Meine - Hand...

FRAU SELICKE. Oh, hab' ich dir weh getan, mein Püppchen?

LINCHEN. Lieschen Ehlers is dumm! Nich wahr... Ma - mach'n?   -20-

FRAU SELICKE. Ja! Richtig dumm!...
Kleine Pause. Frau Selicke hat fortwährend noch ihren Kopf auf
dem Kissen.
LINCHEN **schnell, aufgeregt.** Und darf ich - auch wieder - mit
Tönchen zur - Tante, aufs Land?... wenn ich... wieder gesund...   -25-
bin?... Ja?... Weißte, dann... suchen wir immer... die Eier...
in der Scheune... Tante... und ich... Ma - mach'n!... Ma -
mach'n! Onkel sagt immer... zu mir: "Giv mi - mol 'n - Kuß, min
lütt Deern*!"... **Lächelnd.** Mama! 'n Kuß!... Aber - er hat -
so'n Stachelbart*!... Das kratzt immer... Weißte, ich hab 'n*   -30-
immer - seine - lange Pfeife gestopft... und dann - mußt ich -
immer essen, aber auch - **immer** essen!... Sie - nudeln* ein'*
orndlich*!... Au! Ich **konnte** manchmal - gar nich - mehr!... Die
alte - Großmutter - sagt immer... "Fat tau, Kind! Fat - drist

-----
29: =**Gib mir mal einen Kuß, mein kleines Mädchen.** 30: prickly
beard; =**denn.** 32: fatten (up); =**einen.** 33: =**ordentlich.**

-tau!" - Na, die - haben's ja! - Nich wahr - Ma - mach'n? - Sie
schlachten - jedes Jahr - vier Schweine!... Vier Schweine!...
Ma - mach'n? Horch mal! Lächelnd. Einmal - hat mir - Cousin
Otto... den Schweinsschwanz - hinten an'n... Zopf gebunden...
un - ich hab's erst - gar nicht gemerkt!... Cousin Otto - macht   -5-
immer - solche Dummheiten! - Nich? - Aber - er is - gut! - Er
hat mir immer - Weintrauben - aus dem Garten - gebracht...
Ja!...

FRAU SELICKE. Kucke, meine Kleine! Du wirst ja ganz munter? Aber
sprich lieber nich so viel, mein Häschen!   -10-

TONI hat während der Erzählung Linchens freudig überrascht auf-
gehorcht und ist nun auch an das Bett herangetreten. Wie unser
Linchen erzählt! Siehst du, Mama? Nun wird sie bald, bald
gesund sein!

LINCHEN etwas ungeduldig. Na ja!... Das - werd ich auch!   -15-

TONI. Schön! Schön! mein gutes Herzchen!
Steht am Bett mit übereinandergelegten Armen und sieht zärtlich
                     auf Linchen herab.
FRAU SELICKE die Toni zugenickt hat. Aber, hörst du? Erzähl
lieber nicht so viel, mein Linchen!   -20-

LINCHEN schnell, aufgeregt. Nein... wart doch mal... Ma-machen!
... Hör doch mal!... Un Cousine Anna... Die hat Kleider!...
Kleider hat die!... Na, aber auch... so viele!... Sonntags...
weißt du... wenn wir in die Kirche... Hustet.

FRAU SELICKE angstvoll. Kind! Kind!!   -25-

LINCHEN. Ach... das... schadet nichts... Ma - mach'n!... So'n -
bißchen - Husten noch!... Das - hört - morgen wieder auf -
Nich?... Sonntags in der Kirche... ein blaues, ein - ganz -
himmelblaues... mit... weißen Spitzen!... Fein, Mamachen!...
Na... aber auch alle, alle - haben - auf uns - gekuckt!...   -30-
Etwas ruhiger; nachdenklich. Ach, wie hübsch - ist es da -
Mamachen!... Immer - so still!... Aber - viel Fliegen!... Nich
wahr, Mamachen?... wenn es - recht heiß is... Onkel zankt
nich'n - einziges Mal - mit Tante!... Kein Schimpfwort!... Und
Anna und Otto - sind auch immer - so artig!   -35-

FRAU SELICKE. Liebes Herzchen! Du wirst ja ganz heiser!

LINCHEN. Weißte... sie wollten - mich dabehalten!... Sie wollten
mich - gar nich - wieder fortlassen!... Tante sagte: ich sollte
nu - ihre Tochter werden!... Papa - soll sich's... überlegen!
... Nachdenklich. Gut hätt' ich's da!... Nich, Mamachen?...   -40-
Sehr lebhaft, sich steigernd. Aber du - und Papa - sollen mich
- dann immer - besuchen!... Aber - ich ziehe nich hin,

Mamachen!... Nich?... Ich ziehe nich hin!... Ich bleibe - hier!

FRAU SELICKE. Uh! Dein Händchen brennt ja wie Feuer, mein liebes
   Puttchen!... So!... So!... Nich wahr, mein Herzchen?

LINCHEN **nach einer kleinen Pause.** Ach, Mamachen! Der schöne,
   schöne Mondschein!   -5-

FRAU SELICKE. Ja?

LINCHEN **versucht zu singen.**
           Wer hat die schönsten Schäfchen,
           Die hat der goldne Mond...
Sie bekommt einen Hustenanfall. Toni läßt ängstlich ihr Nähzeug   -10-
                         sinken.
LINCHEN. Ach!... aah!...aah!...

FRAU SELICKE. Mein armes Herzchen! Mein armes Herzchen! **Linchen**
   liegt einen Augenblick still, von dem Anfall erschöpft.

LINCHEN. Ma-mach'n!   -15-

FRAU SELICKE. Hm?

LINCHEN. Ach! - Ich... möchte aufstehn!

FRAU SELICKE. Aber Kind!

LINCHEN. Es - is - so - langweilig im Bette! **Wirft sich unruhig**
   herum.   -20-

FRAU SELICKE. Habe nur Geduld, meine Kleine! Morgen oder übermorgen wollen wir mal sehn! Dann kannst du wohl raus!

LINCHEN. Aber auch ganz gewiß!

FRAU SELICKE. Ja!

LINCHEN **seufzt.** Ich will auch - nie wieder unartig sein -   -25-
   Mama-chen... wenn ich wieder - gesund bin!... Ich gehe dann -
   alle Wege!...

FRAU SELICKE. Ja, ja, mein Liebchen! Aber nich wahr? Nun schläfst
   du auch wieder!

LINCHEN **schläfrig, immer leiser.** Ach ja... ja...   -30-

FRAU SELICKE **nach einer Pause.** Sie schläft wieder!... Ach, mein
   Fuß! Mein Fuß!... **Stöhnt auf.**

ALBERT **aus der Kammer.** Mama! Das geht einem ja durch Mark und

Bein!

FRAU SELICKE. Na wart nur!... Du sollst mal erst die Schmerzen
haben!... O Gott! Was hat man nur vom Leben!...

ALBERT aus der Kammer. Ach, nu faßt du das wieder so auf!... So
meint' ich's ja gar nich!   -5-
        Toni ist zum Fenster getreten.
FRAU SELICKE. Hörst du denn immer noch nichts, Toni?

TONI. Nein!

FRAU SELICKE. Ach Gott, nein! So ein Mann! Nicht ein bißchen
Rücksicht!... Das ist ihm hier alles egal, alles egal!... So -10-
ein alter Mann!... Er sollte sich doch nu schämen!... Nein,
wahrhaftig! Ich hab auch nich 'n bißchen Liebe mehr zu ihm!
Aber auch nich 'n bißchen!... Für mich is er so gut wie tot!...
Ach ja! Ich kann wohl sagen: mir ist alles so gleichgültig!
Wenn das arme Würmchen* nich noch wär'!... Ich kann wohl sagen: -15-
ich habe mein Leben recht satt!... Is gar kein Wunder, wenn man
gegen alles abstumpft*!... Wie gut hätten wir's haben
können!... Wie leben andre Leute in unsrem Stande! Wenn man so
nimmt! Mohrs!... Der Mann is 'n einfacher Handwerker gewesen
und hat jetzt sein schönes Haus! Und die Wirtschaft! Was haben -20-
die Leute für 'ne Wirtschaft!... Na! un bei uns?... Un der*
will nun 'n gebildeter Mann sein!... Nein, wie das bei uns noch
werden soll?... Und an allem bin ich schuld:... Ich verzieh*
die Kinder! Ich vernachlässige die Wirtschaft! Alles geht auf
mich!... Und da sollen die Kinder noch Respekt vor einem -25-
haben!... Ach Gott, nun sitzt man wieder hier und zittert und
bebt!... Und wenn man nur nicht dabei so hinfällig* wär'!...

WALTER steckt den Kopf durch die Kammertür. Mutterchen?!

FRAU SELICKE fährt herum. Was!...

WALTER. Mutterchen! Kommt er denn immer noch nich?!   -30-

FRAU SELICKE. Ach, du?! - Ich denke, du bist schon lange eingeschlafen?... Biste denn nur nich gescheit, Junge?!... Mach
mal gleich, daß du wieder ins Bett kommst! Du willst dich wohl
erkälten?! Was?!

WALTER. Ach, ich habe ja solche große Angst!   -35-

FRAU SELICKE. Nein, so was!... Leg dich mal gleich hin! Walter

-----
15: i.e., Linchen. 17: when you're hardened to everything. 21:
i.e., Selicke. 27: infirm.

schleicht sich wieder zurück. Ei, du lieber Gott! Nein!... In
Schulden steckt man bis über beide Ohren!... Nichts kann man
anschaffen!... Kaum, daß man das liebe bißchen Brot hat!...
Nein, das kann euer Vater wirklich vor Gott nicht verantworten!... Un dabei macht er sich selber ganz kaputt!...   -5-
Seine Hände fangen schon ordentlich an zu zittern! Haste noch
nich gemerkt?

TONI die währenddessen wieder eifrig genäht hat, antwortet nicht.

FRAU SELICKE.   Du armes Tier, du wirst gewiß auch schön müde
sein!... Ach nein, so ein Leben! So ein Leben!... Hm! Womöglich   -10-
is'm was passiert?!... Er hat vielleicht Streit gehabt! Er is
ja so unvernünftig, wie'n kleines Kind!... Ä! Ich sage auch!
Das ganze Leben is - - - Gähnt nervös, streichelt über Linchens
Händchen. Mein armes Würmchen! Das arme, magre* Händchen!...
Ach Got, ja, du sollst sehn, wir behalten sie nicht!   -15-

TONI. Ach, Mutterchen! Toni tritt wieder ans Fenster.

FRAU SELICKE. Horch mal!... Poltert's nicht auf der Treppe?!

TONI. Ach, wohl nur die Katze!

FRAU SELICKE.   Ach Gott, nein! Erhebt sich und geht schwerfällig
auf das Fenster zu. Wunderhübsch draußen!... Aber der Himmel   -20-
bezieht sich* wieder, wir bekommen andres Wetter!... Ich spür's
an meinem Fuß!... Nein, noch nichts zu sehn! Ach ja! Geht
wieder zurück und setzt sich. Ich bin todmüde! Wie zerschlagen!

TONI. Da kommt wer*!

FRAU SELICKE. Ach Gott! Fährt in die Höhe.   -25-

TONI. Er ist es!... Endlich!

FRAU SELICKE. Ach! - Ach! - Mein Herz! - Mein Herz! Die Angst
drückt's mir ab!

WALTER aus der Kammer. Mutterchen! Kommt er?

FRAU SELICKE. Still! Schlaf!   -30-

TONI. Er ist auf der Treppe! - Hinten! Sie ist auf Frau Selicke
zugetreten.

FRAU SELICKE. Ich renne fort!... Ach! Wohin?

14: =magere. 21: is clouding over. 24: =jemand.

TONI. Sei ruhig, Mutterchen!

FRAU SELICKE. Ach, meine Angst! Meine Angst!... Paß auf!... Es
gibt 'n Unglück! Das arme Kind!...

TONI stützt sie. Beruhige dich doch, Mutterchen! Er ist ja gar
nicht so schlimm, wie er immer tut!   -5-

FRAU SELICKE. Ach, trotzdem!... Meine Nerven sind ja so schwach!
Alles nimmt mich so mit*!

TONI. Der Vater... Nein! 's is wahr... hach!

FRAU SELICKE. Mich schwindelt!... Mir... is... zum Umkomm'n*!
Stützt sich gegen Toni. Horch!... Er kommt heut wieder hinten   -10-
rum! Ach, mein Herz! Mein Herz!... Fühl mal!

WALTER aus der Kammer in höchster Angst. Mutterchen! Mutterchen!
Es pumpert* gegen die Küchentür!

FRAU SELICKE. Ach Gott, ach Gott! Is der schwer!... Ruhig,
Walter! Sei still, mein Junge!... Tu, als ob du schläfst...   -15-
Toni, mach auf!

TONI. Ja! Geh so lang vorn raus, Mutterchen! Auf alle Fälle*!
Toni ab in die Küche mit der Lampe. Frau Selicke steht einen
Augenblick nach der Küche hin lauschend. Zittert. Preßt beide
Hände aufs Herz. Geht dann auf die Flurtür zu. - Es poltert in -20-
der Küche. Schwere Schritte. Eine tiefe Baßstimme. Lustiges
Lachen. - Frau Selicke verschwindet schnell im Flur. Die Küchentür wird aufgestoßen. Noch hinter der Szene die Stimme
                        Selickes:
        "Na?... Tönchen... Tööönchen..."   -25-
SELICKE tritt in die Stube, welche in diesem Augenblicke nur von
dem Licht der Lampe, das aus der Küche in die Stube fällt, hell
ist. Selicke: ein großer, breitschultriger Mann mit schwarz-
grauem Vollbart. Schwarzer Sonntagsanzug unter dem offenstehenden Überrock. Er schleift einen kleinen Christbaum hinter -30-
sich; aus den Taschen sieht Papier von Paketen und Düten* vor*.
Unter dem Arm hat er eine große, weiße Düte gequetscht. Er ist
angetrunken. Taumelt aber nur sehr wenig und spricht alles
deutlich, nur etwas langsam und schwerfällig. Sagt in sehr
guter Laune. Na?!... Habt ihr wieder kein Licht, ihr Tausend-   -35-
sakramenter*, ihr?... Hm?... Lacht fortwährend leise vor sich
hin, nickt mit dem Kopf und macht ein pfiffiges* Gesicht, als
wenn er eine Überraschung vorhätte. Toni kommt ihm mit

7: Everything exhausts me so. 9: I feel like I'm going to die.
13: There's a banging. 17: No matter what happens. 31: =Tüten
(shopping) bags; is sticking out. 36: you devils. 37: sly.

der Lampe nach. Setzt sie auf den Sofatisch. Huaach!... Ne!
Wird man - müde... wenn man so auf dem Weihnachtsmarkt rum-
läuft?... Lacht und blinzelt Toni zu, die am Sofatisch in
seiner Nähe steht... 'n hübscher Baum - hbf! - hä?... Holt man
morgen früh gleich die - hb! - Hütsche* vom Boden*! - Da! Nimm   -5-
ihn hin! Gibt Toni den Baum; tut scherzhaft, als ob er sie
erschrecken wollte. Sie lächelt gezwungen und stellt den Baum
beiseite. Er lacht, wendet sich dann zum Tische und fängt an
seine Taschen auszupacken; singt dabei. "Nicht Roß, nicht
Reisige"*... Sich unterbrechend. Wo sind denn... die Jungens?   -10-

TONI. Sie schlafen schon!

SELICKE. Wie - hb! - Wie spät is denn - eigentlich?

TONI. Zwei.

SELICKE tut sehr erstaunt. Was - Kuckuck*! Zwei?! - Hebt, indem
er weiter auspackt, abermals an: "Nicht Roß, micht Reisige..."   -15-
Er nimmt aus einer Düte zwei Pfannkuchen*, geht damit auf die
Kammer zu und ruft mit gedämpfter Stimme. He! Walter! - Walter!
- Willste noch 'n Pfannkuchen? Bekommt zuerst keine Antwort.
Na?!

WALTER in der Kammer, halb ängstlich. Ja!   -20-

SELICKE. Da! Fang! Wirft den Pfannkuchen nach Walters Bett hin
und lacht. Na, Großer*! Du auch? Albert antwortet nicht. Eh!
Frißt 'n je doch! Da! Wirft auch ihm einen Pfannkuchen zu und
geht dann vergnügt, leise vor sich hinpfeifend, zum Tisch zurück. Ja, ja! Die Jungens! "Nicht Roß, nicht Reisige..." -   -25-
Toni, die solange am Tisch gestanden, hat abwechselnd ihn beobachtet und zur Flurtür hingesehn. Er kramt wieder mit den
Sachen. Holt das Portemonnaie* vor, klappert mit dem Gelde.
Legt ein Goldstück auf den Tisch. Hier!... Da können wir
beide... morgen früh noch... einiges einkaufen... gehn! Die   -30-
Jungens könn'n dann 'n Baum putzen... und am Abend... bescher'n
wir!... Na? Was machste denn für'n Gesicht?

TONI. Ich?... Oh, gar nicht, Vaterchen!

SELICKE mißtrauisch. Ä! Red' nich!... Das heißt: Kommste
wieder... so spät, he?... Ja, - ja, mein Töchterchen!... Dein   -35-
Vater darf sich wohl nich mal'n Töppchen* gönn'n?... Was?!...
Ä, geh weg! Du altes, dummes Frauenzimmer*!... Ja! Ich möcht'

5: footstool (apparently to hold the tree); attic. 10: horseman.
14: Hell. 16: filled doughnuts. 22: Well, big boy. 28: purse. 36:
=Töpfchen mug of beer. 37: pejorative for Fräulein, also: old
maid.

mal sehn... wenn euer Vater... nich wär!... Weißte, mein'
Tochter?... Mir geht viel im Koppe* rum!... Ich sorge mich* -
euretwegen!... Jaa, ja! Wenn ich dich so sehe!... Wie sind
andre Mädchen in deinem Alter! - Die Flurtür öffnet sich ein
wenig. Frau Selicke lauscht durch den Türspalt. Du liegst   -5-
dein'm Vater immer noch - auf'm Halse*!... Ja, ja!... Ä! Du!...
Geh weg!... Ich mag* dich nich mehr - sehn!... Für sich, indem
er seitwärts tritt und an seinem Rocke herumzerrt, um ihn aus-
zuziehen. Ä! Is das - 'ne Hitze?... Toni versucht ihm beim Aus-
ziehen des Rockes behilflich zu sein. Selicke brummt mißgelaunt -10-
vor sich hin. Mach, daß du wegkömmst!... Ich - brauch dich
nicht! Toni hilft ihm dennoch. Er streift etwas die Wand. Endlich hat sie mit zitternden Händen ihm den Überrock und dann
auch den Rock abgestreift und beides an die Knagge* neben der
Korridortür gehängt. Selicke steht nun in Hemdärmeln* da.   -15-
Streicht sich über die Arme und schlägt sich dann, vor sich hin
kichernd, mit der Faust auf seine breite, gewölbte Brust. Ä!...
Ja? Siehste?... Dein Vater is noch 'n Kerl!... Lacht. Was
meinste, mein' Tochter!... Z-zerdrückn könnt ich dich mit
meinen Händen!... Z-zerdrücken!... Das wär' am Ende auch - das -20-
beste!... Mit dumpfer Stimme, sieht vor sich hin. Ich häng euch
- alle auf! Alle!... Und dann - schieß ich mich - tot!... Toni
wankt ein wenig zurück nach der Flurtür zu. - Selicke geht auf
die Kammertür zu. Man hört Walter in der Kammer weinen. Na, was
- haste denn, dummer Junge?! Mit schwerfälligen Schritten, ein -25-
wenig wankend, in die Kammer. Toni öffnet die Flurtür halb.
Frau Selicke steckt den Kopf ins Zimmer.

FRAU SELICKE. So'n Kerl! So'n Kerl!

TONI. Stille, Mutterchen! Stille!... Um Gottes willen!

FRAU SELICKE. Das Kind, das arme Kind!   -30-

SELICKE in der Kammer. Komm mein Sohn!... Dein Vater hat dich
lieb!... Er hat auch gesorgt, daß du was zu Weihnachten
kriegst!... Ja, wer sollte für dich sorgen, wenn dein Vater -
nich wär'!... Na, weine doch nicht!... Was - weinste denn?...
Was?! Ä! Sei nich so dumm!... Dummer Junge!   -35-

FRAU SELICKE in derselben Stellung, etwas mehr im Zimmer, mit
Toni nach der Kammer hinhorchend. Ach Gott, nun weckt er wieder
die armen Kinder, der Kerl!

TONI ängstlich. Geh wieder zurück, Mutterchen! Um Gottes willen!

2: =im Kopf herum; =ich mache mir Sorgen. 6: You're still a
burden for your father, i.e., I've still got you to take care of.
7: =will. 14: peg. 15: short sleeves.

SELICKE in der Kammer. Ja, ich habe euch - bhf! - doch - lieb!...
Alle!... Ja, ja?... Na? Wo ist denn deine Mutter? - Hä?

FRAU SELICKE tritt etwas zurück. Ach Gott, ach Gott!

TONI. Geh wieder zurück, Mutterchen!

SELICKE in der Kammer, lustig. He! Alte!... Wieder - fort-   -5-
gehumpelt*?... Na, humple, humple nur hin!... Sucht ihre Stimme
nachzumachen... "Ach, die - arme Frau!"... "Ä! Die hat's mal
schlecht!"

TONI drängt Frau Selicke zurück. Geh zur Türe, Mutterchen, daß du
so lange raus kannst, bis* er schläft!   -10-

FRAU SELICKE. Aber das Kind! Das Kind!... Ich kann doch nich...

TONI. Laß nur! Ich will schon sehn!... Drängt Frau Selicke sanft
noch mehr zurück. Armes Mutterchen!

SELICKE in der Kammer.   Die Alte ist schuld, daß dein Vater so
spät nach Hause kommt, mein Sohn!... Oh, das ist ein Unglück!   -15-
Ein rechtes Unglück!... Und der alte große Schlingel da?...
Hui! hbf!... Das - Schnarche nur! Aus dir wird nichts, mein
Sohn! Gar nichts!... Huste nich!... Dummer Junge!!... Was?!! Du
willst...

FRAU SELICKE schreit unterdrückt auf.   -20-

SELICKE kommt aus der Kammer. Frau Selicke zurück, schließt die
Tür. Äh! Da biste ja, mein süßes Weibchen! Geht auf die Flurtür
zu. Unterwegs macht er aber halt. Hm? Mein P - Putt... hbf!...
P - Puttchen?... Das arme Kind!... Das arme Kind! Er holt sich
die Düte vom Tisch und geht mit ihr auf das Bett zu. Walter   -25-
lugt* verstohlen um den Türpfosten. Man hört, daß jetzt auch
Albert wach geworden ist. Selicke bückt sich ein wenig über das
Bett. Leise. M - Mäuschen!... Sch-läfste, mein armes
Herzchen?... Sst!... Sie schläft, die - kleine Tochter!

TONI kommt ängstlich auf das Bett zu. Vater!   -30-

SELICKE. Ich habe dir - was mitgebracht?... K-Kuchen, Kind? -
K-Kuchen?

TONI. Vater? Sie wird ja wach!

SELICKE richtet sich auf. W... Was willst du? Hä?

6: have you hobbled off. 10: =sobald. 26: peeps.

TONI. Sie ist ja so krank!

SELICKE ihr nachäffend. "Sie ist so krank!"... Ä! Hab' dich doch,
alte Suse*! - "Sie ist so krank!"... "Piep, piep, piep!"...
Ach, Herr Jemine*!... Das arme Mädchen! Wie die sich vor ihrem
Vater ängstigen muß! - Mach, daß du wegkommst!... Mag dich   -5-
nicht sehn! Die letzten Worte zornig, bedrohend. Die Flurtür
ist ein wenig aufgegangen. Frau Selicke schreit auf. Aah!...
Sieh mal!... Da stäckste, mein süßes Lamm? Lacht, taumelt an
Toni vorbei auf die Flurtür zu. Draußen wird hastig die äußere
Flurtür aufgerissen. Es poltert die Treppe hinunter. - Selicke -10-
öffnet die Tür. Na, so 'ne Komödie!... Kuckt, wie die Alte
rennen kann - zeigt in das Entree - mit ihrem schlimmen
Fuße!... Nee!... Hähähä!... Wie se humpeln kann!... Hopp*,
hopp, hopp!... Wie der Wind!... Haste nich gesehn!... Wie'n
Schnellöfer*!... Lacht, schüttelt dann aber plötzlich die Faust -15-
nach dem Flur, ruft unterdrückt. Du altes Tier! Du willst 'ne
Mutter sein?!... Ach, du! - Du! - Du!... Unglücklich hast du
mich gemacht! Unglücklich!... Kommt zurück; während er an Toni
vorbeikommt. Na, du?... "Sie ist so krank!"... Ä! Weg!... Laß
mich vorbei! Tappt wieder zum Bett und will sich drüberbücken.   -20-

TONI ihm nach. Vater! Laß jetzt das Kind! - Sie stößt ihm mit der
Hand gegen die Schulter.

SELICKE richtet sich in die Höhe. Waaas?!... Waaas?! Du - willst
- dich - an deinem Vater - vergreifen?! Waaas?!!... I, nu seht
doch mal! Kommt auf sie zu. Toni ist zurückgetreten und lehnt   -25-
an der Wand. Regungslos. Die Hände zusammengekrampft. Sie sieht
ihm starr ins Gesicht. Ihre Lippen zucken. Die Tränen laufen
ihr über die Backen.

TONI. Pfui! Schäm dich!... Du bist betrunken!

SELICKE. I! Seht doch!... Das liebe Töchterchen!... Oh, du bist   -30-
ja ein reizendes Wesen! Kommt noch näher auf sie zu.

WALTER in der Kammer, ängstlich. Vaterchen! Liebes Vaterchen!

SELICKE sieht sich um. Bleibt wie verwirrt stehn. Na! Da - heult
einer und da... B-bin ich denn - der reine - Tyrann?! Geht von
Toni weg. Hm!... Brr!... So 'n Sausoff*!... Geht zum Sofatisch.   -35-
setzt sich davor nieder und legt den Kopf auf die Arme. Eine
Weile ist es still. Toni beobachtet ihn und will Frau Selicke
holen. Selicke scheint einzuschlafen... Nach einer Weile
richtet er aber den Kopf in die Höhe. So'n Weib!... So'n Weib!

3: an allusion to her being unmarried at twenty-two as well as,
in his view, a busybody. 4: an oath: Good God!. 13: Quick. 15:
=Schnelläufer sprinter. 35: swill.

Toni bleibt stehn. So geht man nun unter!... **Sie legt die Hände vors Gesicht. Bebt vor Schluchzen.** "Ach, mein Fuß!" - "Ach, mein Fuß!" - Weiter weißte nischt!... Immer ich - ich - ich! - Ich brauchte dich nicht zu heiraten! - 's war mein guter Wille! - Zu **dumm** war ich! Zu **dumm!** - Du alte... Ä! Du! - "Wir sind so -5- arm!" - "Wir haben kaum's liebe Brot!" - "Nichts in die Wirtschaft!" - Wer ist denn schuld?! - Wie kannst du mir das sagen! - Verdien' dir was, dann haste was!... Ja! Fortrennen! das kannste! - Den Leuten was vormachen*! Ja! Du armseliges Weib!... Ä! - Du bist ja - zu **dumm!** - Zu **dumm!** So ein - Un- -10- glück! - Oh!... **Ist eine Weile still. Toni will schon zur Flurtür. Fängt wieder an.** "Wir müssen uns vor jedem schäm'n!" - Hä! Du! - Ich hatte mir das anders vorgestellt! - Ja, ja! - Eine Ehe ist mehr! - Ä, du! - Was weißt du, was eine Ehe ist! - Du! - Wie sind - andre Frauen! - Sieh se dir mal an! - Aus... -15- nichts muß 'ne Hausfrau was machen können! - Aber alles: ich! - Alles der Mann! - Ä! Sieh zu, wie du uns durchschleppst*! - Und die - Kinder! - Die armen, armen Kinder! - O Gott, was soll aus den'n werden! - Verzogen sind sie, die lieben Söhnchen! - Und du, Toni! - Du! - Du wirst akkurat* wie deine Mutter! Ja, -20- ja?... Ich habe dich lieb gehabt, aber du hast mich nicht lieb gehabt! - Du bist niedrig! Niedrig! - Wir paßten nicht zusammen! - Was will man nun machen?! - Ä! - Schleppt man das so mit sich! - Ä! Immer hin*! - Immer hin! - Hui! Die armen Kinder! - Die armen Kinder! - Und du, mein liebes Mäuschen! - -25- **Seine Worte gehen in Weinen über.** Mein armes, liebes Mäuschen!

TONI **in höchstem Schmerz.** O Gott, o Gott! **Preßt die Hände vors Gesicht.**

SELICKE **zur Kammer hin.** Ja, ja? - Du! Großer! - Nimm dir'n Beispiel an deinem Vater! - So was ist ein Unglück! - Ein großes, -30- großes Unglück! - Dein Vater war dumm, gut und dumm, mein Sohn! Aber nicht schlecht! - Er hat euch - alle lieb! - Alle! - Auch eure Mutter! - Sie kann's nur nicht verstehn! - Und das - ist unser Unglück!...
Seine Worte gehen in ein dumpfes, undeutliches Murmeln über. -35-
Er schläft ein.
Vom Bett her das Rauschen von Kissen. Toni, die eben zur Flurtür wollte, schrickt zusammen.
LINCHEN **ängstlich.** Ma-mach'n... Ma-mach'n! Aah!... Aaaah!...

TONI **schnell zum Bett.** Mein liebes Herzchen! - Mama kommt gleich -40- wieder!

LINCHEN. War - Papa - hier?

9: Fool people.   17: See to it that you pull us through. 20: =genau. 24: =Immerhin Anyway.

TONI. Ja! Er schläft schon!

LINCHEN. Hat er mir - was mitgebracht?

TONI. Ja, Liebchen. **Beugt sich zärtlich zu ihr.** Huh! Du fieberst
ja, mein Herzchen! Das ganze Kissen ist heiß!

LINCHEN **unruhig.** Ach - nein!- Ich bin - wieder - ganz munter.   -5-
Tönchen! - ich kann - morgen - aufstehn! - 's is immer - so
schönes Wetter! - Und ich - muß immer - im Bett liegen...

TONI **kann nicht antworten. Horcht. Selicke schnarcht.**

LINCHEN. Ach, 's is man gut - daß - Papa da is! - Ich hatte schon
- solche Angst! - **Lächelnd.** Horch mal - wie er schnarcht! - Wie   -10-
'ne Säge, was? Du - weinst ja, Tönchen??...

TONI. Ich?! Ach nein!

LINCHEN. Du! - Du! - Er is wohl wieder - betrunken??

TONI. O nein! Ich dachte gar*, mein Liebchen!

LINCHEN. Will er auch - Mama - nicht schlagen?   -15-

TONI. Nein! I bewahre, mein Herzchen!

LINCHEN. Ach nein! - Das - tut er auch nicht! - Er macht immer -
bloß so! - Nicht wahr?

TONI. Freilich! Aber, schlafe wieder ein, mein Linchen!

LINCHEN **unruhig.** Ach nein! - Ich kann gar nicht schlafen! - Ich   -20-
bin ganz - munter, du! - Du! - Ist bald Morgen? - Kann ich bald
- aufstehn, Tönchen?

TONI. Nein, Herzchen! Noch nicht!

LINCHEN. Ach! - Du! - Du!

TONI **besorgt.** Was - was ist dir denn, mein Herzchen?! **Bückt sich**   -25-
zu ihr und fährt dann unwillkürlich wieder in die Höhe.

LINCHEN. Ach! - Nichts!... Du!...

TONI **sie gespannt, ängstlich beobachtend.** Ja?

LINCHEN **sehr unruhig.** Wo - is denn - Mamachen?

14: For all I knew (know).

TONI mit bebender Stimme. Warte! Ich rufe sie!

LINCHEN hastig. Ja! - Ja!... Toni will gehn. Du! - Tönchen! - Die
L-Lampe - brennt ja - so trübe...

TONI wendet sich erschrocken um. Aber - n... nein - liebes
Mäuschen?!... Sie - ist ja - ganz hell...?... Steht da, wie -5-
erstarrt.

LINCHEN wie vorhin. Schraub - doch - hoch*!... Es wird ja - ganz
dunkel...

TONI mit unterdrücktem Entsetzen. Kind!... Wird leichenblaß,
schraubt mit zitternden Fingern an der Lampe. Wendet sich dann -10-
mit wankenden Knieen zur Flurtür und öffnet sie. Vorsichtige
Schritte.

FRAU SELICKE zur Tür herein. Ist er denn...

LINCHEN ängstlich, bang angestrengt. Ma-ma-chen...

FRAU SELICKE aufhorchend. Ja? - Mein - Kind?!...   -15-

TONI bebend. Mutter! - Komm! - Schnell! - Er schläft! - Komm! -
Linchen... ich weiß nicht...

FRAU SELICKE unterdrückt. Was... Was?!... Schnell zum Bette hin.

LINCHEN. Ma-ma-chen... Ma-ma-chen...

FRAU SELICKE. Kind??? Beugt sich forschend über das Bett. Starrt -20-
Linchen an.

LINCHEN. Das - Licht - geht - aus... Das - Licht - geht - ja...
Ma-ma-chen... Ach! Lie-bes - Ma-ma-chen...

FRAU SELICKE hastig, erregt vor sich hinflüsternd, während ihre
Blicke wie gebannt auf Linchen haften. Toni! Toni!...   -25-

TONI neben ihr. Unterdrückt. O Gott...

FRAU SELICKE. Mein Liebchen! Mein süßes, süßes Liebchen! Pause.
Totenstille. Nur das leise Schnauben* Selickes.

LINCHEN. Ach - liebes - Ma......

FRAU SELICKE. Sie... Sie... stirbt! Ach Gott... Mein Herzchen! - -30-
Mein Herzchen!! Schreit auf. Stürzt sich über das Bett.

7: Turn it on high. 28: breathing.

TONI schnell zum Tisch. Mit jagender Stimme. Vater! – Vater!!

ALBERT aus der Kammer. Was ist denn??!

WALTER weinend aus der Kammer. Vaterchen!... Vaterchen...

FRAU SELICKE leise wimmernd. Sie ist tot!... Sie ist tot!...

ALBERT mit Walter schnell zum Bett.   -5-

WALTER. Mutterchen! – Mutterchen!...
) gleichzeitig.
ALBERT. Um Gottes willen!

TONI weinend. Vater!! – Vater! Rüttelt Selicke.

SELICKE aufwachend. Ä! – Na! – Laß... Na... Hebt verdrießlich den
    Kopf. Will wieder zurücksinken.   -10-

TONI. Vater!! Ihn, außer sich, an den Schultern packend.

SELICKE. Na – ja doch! –... Was – gibt's denn... Starrt um sich
    und reibt sich die Stirn.

TONI weint heraus. Linchen – ist tot...

SELICKE starrt sie an. Erhebt sich. Was – Was ist mit – Linchen?! -15-

TONI. Ach, sie ist – tot... Schluchzt. Selicke wischt sich über
    die Stirn.

SELICKE. L-Linchen?!! Zuckt zusammen und geht auf das Bett zu.
    Toni wankt ihm schluchzend nach. – Selicke steht eine Weile
    stumm vor dem Bett, dann bricht er schwer, mit einem dumpfen -20-
    Stöhnen, auf dem Stuhl zusammen. Die andern beobachten ihn
    stumm.

TONI sich plötzlich auf ihn zustürzend und ihm die Arme um den
    Hals schlingend.. Lieber Vater! – Mein lieber Vater...
Währenddem geht Wendts Tür auf und dieser tritt ins Zimmer.   -25-

                    DRITTER AUFZUG

Dasselbe Zimmer. Durch die zugezogenen Fenstervorhänge bricht
bereits der Morgen. Auf dem Tische, auf welchem Selickes Einkäufe
liegen, brennt noch trübe die Lampe. Der Weihnachtsbaum lehnt
noch beim Sofa gegen die Wand. – Draußen auf dem Treppenflur hört -30-
man Kinder lärmen und spielen. Eine helle, unbeholfene Stimme
singt ein Weihnachtslied. Der Gesang wird oft durch Schreien,

Jauchzen, Lachen und den Ton einer Trompete und dann durch den
Sänger selbst unterbrochen. Zuweilen ist er so deutlich, daß man
die Textworte höre kann: "Des* freuet* sich der* Engel Schar*..."
Selicke sitzt vor dem Bett in stummer, dumpfer Trauer. - Toni
steht etwas seitwärts von ihm neben Frau Selicke und hat den Arm   -5-
um sie geschlungen. Beide beobachten ihn mitleidig. - Walter
hockt auf dem Sofa, weint still vor sich hin, sieht dann wieder
zum Bett und zu Selicke hin, gähnt ab und zu aus Übermüdung und
zittert vor Frost. - Albert steht neben dem Weihnachtsbaum, zupft
in Gedanken an den Nadeln herum und schielt dabei ab und zu zum   -10-
                          Bett hinüber.

FRAU SELICKE mit müder Stimme, halb weinend. Die Lampe fängt an
    zu riechen, Toni!... Lösch aus!... 's is hell draußen!... Der
    Lärm auf dem Flur!... Die kennen keine Sorgen...

TONI löscht die Lampe aus und zieht dann den Fenstervorhang   -15-
    zurück. Das Morgenlicht fällt grau durch die verschneiten
    Scheiben ins Zimmer. - Toni will auf die Flurtür zugehen und
    den Kindern verbieten, die draußen immer noch lärmen; aber in
    diesem Augenblicke poltern sie lachend, schreiend und blasend
    die Treppe hinunter. Der Lärm entfernt sich unten im Hause und -20-
    hört dann allmählich ganz auf.

FRAU SELICKE. Die sind fidel*!... Sie tritt zu Selicke hin und
    legt ihm sanft die Hand auf die Schulter; mit mitleidiger,
    bebender Stimme. Vater!... Selicke, der, das Gesicht in den
    Händen, die Ellenbogen auf die Knie gestützt, vor sich hin-   -25-
    brütet, achtet nicht auf sie. Vater!... Komm!... Vater!... Ihre
    Worte gehen in Weinen über.

SELICKE rührt sich; dumpf, mit zärtlichem Ausdruck. Du!.... Mein
    Linchen!... Schluchzt unterdrückt.

FRAU SELICKE lehnt ihren Kopf gegen seine Schulter und weint.   -30-
    Vater, komm!... Komm hier fort!...

SELICKE. Du!... Mein Linchen!... Warum du? Starrt vor sich hin.

FRAU SELICKE immer noch in derselben Stellung. Komm Vater!... Wir
    wollen uns von jetzt ab - rechte Mühe geben... Wir wollen ver-
    nünftig sein... Es soll nun anders werden bei uns... Nich wahr, -35-
    Vater?

SELICKE richtet das Gesicht in die Höhe und sieht sie mit einem
    toten, ausdruckslosen Blick an. Frau Selicke starrt ihn eine
    kleine Weile angstvoll an und richtet sich dann, den Schürzen-
    zipfel vor den Augen, wieder auf. Selicke, der sich schwer-   -40-

-----
3: =Dessen=Darüber; =freut; genitive plural; host. 22: merry.

fällig erhoben hat, bückt sich über das Bett und küßt die
Leiche. Weich, zärtlich. Leb wohl!... Leb wohl, mein gutes
Linchen!... Du hast's gut!... Du hast's gut!... Betrachtet die
Leiche noch einen Augenblick, richtet sich dann in die Höhe und
wankt gebrochen in die Kammer, während Walter auf dem Sofa noch   -5-
lauter zu weinen anfängt und Albert sich, mit dem Gesicht gegen
das Fenster gewandt, laut schneuzt.
Kleine Pause.

FRAU SELICKE wieder in Tränen ausbrechend. Warum hat uns - der
liebe Gott das - Kind genommen?!... und ich... und ich - muß   -10-
mich - weiterschleppen... mit meinem Elend und meinem Leiden...
Ich muß mir selber zur Last sein... und... euch allen!...
Siehste?... Als ich 'm* das eben sagte: er hat mich - kaum
angesehn!... Schluchzt krampfhaft in ihr Taschentuch, in das
sie sich, während sie sprach, geschneuzt hat. Laut, sehn-   -15-
süchtig. Ach, hol mich bald nach*, mein Linchen! Hol mich bald
nach!...

TONI sie sanft umfassend. Mutterchen!... Sprich doch nicht so!...
Was sollten wir denn machen, wenn... Ach!...

FRAU SELICKE. Unser einzges... unser einzges...   -20-

TONI beißt die Lippen zusammen. Ihr Oberkörper zuckt von unterdrücktem Schluchzen.

FRAU SELICKE. Was hat sie nun gehabt von ihrem armen, bißchen
Leben?... Und doch... war sie immer... so fröhlich und
munter... unsre einzge, einzge Freude... Schluchzt. Ach, was   -25-
hatte man weiter von der Welt...?

TONI drückt Frau Selicke an sich. Mutterchen!

FRAU SELICKE. Was soll nu hier werden?... Nun kann man sich nur
gleich aufhängen oder... ins Wasser gehn...

TONI. Mutterchen!... Ach Gott!...   -30-

ALBERT tritt zu Frau Selicke hin und streichelt sie. Laß man,
Mutterchen!... Es soll schon noch werden*!...

FRAU SELICKE. Ja! Für euch!... Für euch wohl... Für mich is es 's
beste, Linchen holt mich nach... So bald als möglich!

ALBERT. Nein, Mutterchen!... Es soll dir noch recht gut gehn!   -35-
Warte man!

13: =ihm. 16: come for me soon. 32: It will change! Something
will happen!

FRAU SELICKE weinend. Ach, ja, ja...

TONI ist wieder zu Walter gegangen und nimmt ihn bei der Hand.
Walter, komm!

WALTER müde. Mich friert so!

TONI. Ja! Komm, mein Junge!... Geh in die Kammer und leg' dich -5-
hin!... Du hast die ganze Nacht nicht geschlafen!

WALTER steht auf; tritt mit Albert zum Bett.   Beide betrachten
neugierig-ernst die Leiche. Walter weint.

TONI. Geh in die Kammer, mein lieber Junge, und schlaf!

WALTER schmiegt sich   an   Frau   Selicke.   Mutterchen!... -10-
Mutterchen!...

FRAU SELICKE. Ja, ja?... Na ja, mein armer Junge!... Geh, leg
dich schlafen!... Du bist todmüde!...
              Walter und Albert gehn in die Kammer.
TONI tritt wieder zu Frau Selicke hin. Du solltest dich auch 'n -15-
bißchen ruhn, Mutterchen!

FRAU SELICKE nervös; bitterlich weinend.   Siehste?... Siehste,
Toni?... Kein Wort, kein Sterbenswörtchen hat er wieder für
mich gehabt!... Er sah mich grade an, wie: na, was willst 'n*
du?... Wer bist 'n du?... Als ob ich 'n* gar nichts anginge!... -20-
Ach Gott! Was ist das für ein elendes, elendes Leben gewesen
die dreißig Jahre!... Ach, wollt'* ich froh sein, wollt' ich
froh sein, wenn ich an deiner Stelle wäre, mein Linchen!...
Betrachtet die Leiche... Sieh mal, Toni!... Wie hübsch sie aussieht!... Wie schön!... Sie lächelt ein'n ordentlich an!... Wie -25-
schön weiß... und wie ihre Haare glänzen!... Ach, die lieben,
blonden Härchen!... Diese Worte gehen wieder in Weinen über.
Die lieben, blonden Härchen!...

TONI die neben ihr steht und den Arm um sie gelegt hat. Ach nein,
Mutterchen! Der Vater wird ganz anders werden! – Er ist ganz -30-
verändert!...

FRAU SELICKE. Nein! Nein! Der wird nie anders! In dem Blick...,
wie er mich so ansah..., da konnte ich so recht deutlich lesen:
wenn du 's doch wärst!... Ach, und ich wollt 'm ja so gerne
Platz machen! Weiß Gott im hohen Himmel!... Ach – so – gerne! -35-

TONI traurig. Nein! Das hat er sicher nicht gedacht!

19: =denn. 20: =ihn. 22: =würde... wollen.

FRAU SELICKE. So gerne wollt' ich 'm den Gefallen tun!... So
recht aus Herzensgrunde wünscht' ich das!... Aber 's is, als ob
der liebe Gott grade mich ausersehn* hätte...Hat wieder zu
weinen angefangen.

TONI. Nein, Mutterchen! Du mußt nicht so was denken!... Siehste,   -5-
wir müssen uns jetzt alle recht zusammenschließen!... Sei nur
recht gut und geduldig mit ihm... Du sollst sehn, dann wird es
besser... dann - wird alles gut werden!

FRAU SELICKE. Ach, ich bin ja schon immer zu allererst* wieder
gut!... Ich bin ja immer jedesmal zuerst wieder zu ihm gekommen   -10-
und freundlich mit 'm gewesen!... Ach Gott, schon um 'n lieben
Frieden willen*!... Ich sehne mich ja nach weiter nichts mehr,
als nach 'n bißchen Ruh' und Frieden... nur ein bißchen Ruh'
und Frieden...

                    Es klopft an Wendts Tür.   -15-
FRAU SELICKE halb für sich, sich erinnernd. Ach Gott, Herr Wendt!
Laut. Herein?
Wendt tritt ein. Er ist bleich und sieht überwacht aus. Seine
               Backen scheinen etwas eingefallen.
FRAU SELICKE weinend. Herr Wendt!... Ach, an Sie hab' ich auch   -20-
noch nich denken können!... Sie müssen ja gleich abreisen...
Mein armer Kopf is mir ganz verwirrt...

WENDT. Oh... Macht eine abwehrende Handbewegung und tritt auf sie
zu. Meine liebe, gute Frau Selicke... Drückt ihre Hand.

FRAU SELICKE mit der Schürze an den Augen, ist mit ihm ans Bett   -25-
getreten. Kann kaum sprechen vor Weinen. Sehn Sie... da...

WENDT steht mit ihr in stummer Trauer vorm Bett.

TONI. Mutterchen! Komm!

FRAU SELICKE sich die Augen trocknend, sich zusammennehmend. Ja,
ich will... Um elf geht Ihr Zug, Herr Wendt?
                                                                   -30-
WENDT. Ach! Handbewegung. Frau Selicke will auf die Küchentür zu.

TONI man merkt ihr große Ermattung an. Laß nur, Mutterchen!...
Ich will das schon alles besorgen! Du mußt unbedingt ein
bißchen ruhn! Komm, Mutterchen! Komm!...
Frau Selicke läßt sich willenlos von ihr langsam zur Kammer   -35-
führen. Toni drückt leise die Tür hinter ihr zu. Sie bleibt einen
Augenblick mit allen Anzeichen großer Müdigkeit bei der Tür
stehen, nimmt sich dann zusammen und macht ein paar Schritte auf

-----
3: chosen.   9: first and foremost. 12: for the sake of blessed
peace.

die Küchentür zu. - Die Uhr schlägt neun.
WENDT beim Bett, leise. Und heute - wollt' ich - mit deinen
   Eltern reden...

TONI äußerst abgespannt. Was?.. Neun schon?... Ach ja, ich muß ja
   noch... Sie müssen ja - um elf - fort...   -5-
Sie geht mit müden Schritten, wie mechanisch, auf die Küchentür
                              zu.
WENDT wiederholend. Fort...

TONI stehen bleibend, ihn mit ausdruckslosem Blick ansehend.
   Was?...   -10-

WENDT mehr ängstlich, als überrascht. Und - Toni! Du sagst
   "Sie"?!

TONI. Wie? Ach so... hab' ich... Ach ja! Mit einem müden Lächeln.
   Das ist nun auch - vorbei...

WENDT wie vorhin. Vor... vorbei?!   -15-

TONI wie im Selbstgespräch. Das ist jetzt - alles - anders
   gekommen...

WENDT seitwärts sehend. Toni!

TONI. Ach!... Ich bin ganz... mir ist*... Ah... sie sinkt in
   einem Anfall von physischer Schwäche gegen seine Schulter.   -20-

WENDT besorgt. Toni!... Was ist dir?! Beobachtet sie ängstlich.
   Ihre Augen sind geschlossen, um ihren Mund liegt ein gequältes
   Lächeln.
WENDT besorgt. Herrgott!... Liebe Toni!
                 Sie schlägt die Augen wieder auf.   -25-
WENDT. Ist dir besser?

TONI. Ja... Es war mir nur... so... ein Augenblickchen... Sie
   macht sich sanft von ihm frei.

WENDT erfaßt ihre Hand. Halt aus, meine gute, liebe Toni!... Halt
   aus!... Nur noch eine Weile!... Nur noch eine kleine Weile!...   -30-
   Du armes Mädchen!... Alles ist so - über uns hereingebrochen!
   Seufzt. Nur noch eine kleine Weile!... Es wird alles gut!... Es
   muß ja alles wieder gut werden!...

TONI hysterisches Weinen.

WENDT. Toni!!   -35-

19: I feel.

TONI. Ach, mir ist... **Faßt sich. Ja!**... Wir dürfen jetzt nicht
mehr - daran denken!... Ich habe das nicht nur so - hin-
gesagt!... Das ist **nun** - vorbei!

WENDT. Ach, du weißt ja nicht, was du... Wir wissen ja nicht -
jetzt...   -5-

TONI **müde, gequält.** Ach, wenn ich doch tot wär!...

WENDT **nach einer Pause.** Das - ist dein...

TONI **bleibt stumm.**

WENDT. Du - sagst das mit - voller Überlegung?

TONI **leise. Ja!**   -10-
Pause. **Wendt stumm an dem Tisch, auf welchen er sich schwer
gestützt hat; Toni neben ihm, ihn ängstlich beobachtend.**
TONI. Du mußt doch selbst sehn, daß es - jetzt nicht mehr geht.

WENDT. Mit voller Überlegung?... Nein! - Ach was! - Das kannst du
ja gar nicht!... Siehst du! Das kannst du ja gar nicht!... Es -15-
ist ja unmöglich, daß wir die Verhältnisse jetzt klar übersehen
können!...

TONI. Ach nein!... Ich weiß ganz genau, wie jetzt alles kommen
wird!... Wir können und **werden** uns nie heiraten!...

WENDT. Nie?...   -20-

TONI **traurig mit dem Kopfe schüttelnd.** Nein!... Nie!...

WENDT. Nie!... **Er hat sich auf den Stuhl vor dem Tisch sinken
lassen, der noch von gestern abend dasteht. Stumm, finster, den
Kopf in beiden Händen, vor sich hinstarrend.**

TONI **beunruhigt, mitleidig.** Siehst du!... Du mußt doch **sehn,** daß -25-
ich jetzt - hier - nicht fortkann!... Ach, du weißt ja!...
Diese schreckliche, schreckliche Nacht!... Ich kann, **ich kann**
doch nicht anders!... **Nachdenklich. Wenn es** jetzt auch so aussieht, als ob sie anders wären! Ach! Das scheint ja nur so!...
Traurig. Das dauert ja doch nicht lange! Bei der nächsten Gele- -30-
genheit - ist es wieder - wie vorher, und - und noch viel -
noch viel - schlimmer...

WENDT **dumpf vor sich hin.** Noch - schlimmer!...

TONI **ernst und traurig.** Ja!... Noch schlimmer!... **Pause.** Ja, wenn
Linchen noch... **Ihre Stimme zittert.** Wenn sie dem Vater so auf -35-
den Knien saß beim Essen... so neben ihm... wenn sie sich an

ihn schmiegte... und ihm - was vorschwatzte*... oder: wenn sie
sich zankten... wenn sie dann - weinte... und bat... mit ihrem
rührenden Stimmchen... Ach! Sie hat sie immer wieder heiter
gemacht und - getröstet... Ja! Aber jetzt... **Ist in Weinen ausgebrochen.** Ach, du weißt das ja alles gar nich! **Pause.** Was soll   -5-
werden?... Sag doch selber!... Zu uns nehmen* - könnten wir sie
ja doch nicht!... Du weißt ja, wie er ist!... Und - die Mutter
allein?... Das läßt er nicht!... Er hat sie ja viel, viel zu
lieb!... Er kann sich nicht von ihr trennen!... Und unterstützen?... **Sie lächelt müde.** Das siehst du ja selber: das kann   -10-
ja gar nichts nützen!... Darauf kommt es ja gar nicht an!...
Ach Gott! Ich darf gar nicht daran denken!... Die arme, arme
Mutter!... Und dann - die andern!... Der arme Walter!... Nein!
Leise. Es ist ganz unmöglich, ganz unmöglich, daß ich fortkann!... Und - das kann noch lange, lange Jahre so fort-   -15-
dauern!...

WENDT **nach einer Weile, halb zu sich selbst, seitwärts, zwischen
den Zähnen.** Und - da mußt du dich also - opfern!...

TONI **nachdenklich.** Die armen, armen Menschen!

WENDT. Dein ganzes Leben in diesem Elend verbringen! Dein ganzes   -20-
Leben!... Das soll man ertragen?!... **ist aufgesprungen.** Das ist
ja unmöglich, Toni! Das ist ja unmöglich!

TONI **sanft.** Ach, doch!

WENDT. Toni!

TONI. Und wenn sie noch **schlecht** wären!... Sie sind aber so gut!   -25-
Alle beide! Ich habe sie ja so lieb!...

WENDT **leise; einfach konstatierend*, nicht vorwurfsvoll.** Ja! Mehr
als mich!...

TONI. Ach, du bist ja viel glücklicher!

WENDT. Glücklicher? Ich?!   -30-

TONI. Ja, du! Du!... Du bist ja noch jung und hast noch so viel
vor dir!... Aber sie haben ja gar nichts mehr auf der Welt! Gar
nichts!...

WENDT **stöhnt auf.**

TONI **leise.** Wir könnten ja **doch** nie so recht glücklich sein!...   -35-
Ich hätte ja keine ruhige Stunde bei dir, wenn ich wüßte, wenn

-----
1: prattled. 6: Have them come live with us. 27: affirming.

ich fortwährend denken sollte, daß hier... Nein, nein!... Das
wäre ja nur eine fortwährende Qual für mich!... Das siehst du
ja auch ein?!

WENDT. Ich?... ein?!

TONI. Ja!   -5-

WENDT zuerst vollständig fassungslos, dann. Gut! Dann bleib ich
hier!... **Verzweifelt.** Ich habe den Mut nicht, ohne dich,
Toni!... Toni! - **Auf sie zu.**

TONI **erschrocken, schon in seinen Armen. Flehend*.** Hier?!...
Nein! Ach, nein!...   -10-

WENDT. Und wenn alles in **Stücke** geht!

TONI. O Gott!... Ach, nein!... **Nein!**... Deine Eltern...

WENDT. Meine Eltern?! - He! - Wohl mein Vater?! Dieser orthodoxe,
starrköpfige Pfaffe und... Ä! Die ist mir ja auch nicht mehr
das*!...   -15-

TONI. Oh!

WENDT **bitter.** Ja, ja, meine liebe Toni!

TONI. Und deine Stellung?

WENDT. Meine Stellung? He! - Was ist mir denn meine Stellung!
Leiser. Ich habe nur **dich,** Toni! Nur dich!...   -20-

TONI. Ach! - Aber sieh doch... Nein! Das würde dir ja **auch** nichts
nützen!

WENDT. Nichts nützen?!

TONI. Nein, nein!... Ach, nein! Das geht ja nicht!... Ach, das
würde ja alles ganz anders werden, als du dir's jetzt vor-   -25-
stellst!... Du bist ja nicht so an alles das gewöhnt!... Und
dann: eh' du dir dann wieder eine **neue** Stellung verschafft
hast!... Alles das!... Nein, nein!... Es ist so **gut** von dir, so
gut! Aber es nützte* ja doch nichts!... Ach, siehst du denn das
gar nicht ein?   -30-

WENDT **stöhnt schmerzlich auf.**

9: Beseeching. 15: She (i.e., my mother) is no longer to me what
she used to be. 29: =würde... nützen.

TONI einen Einfall bekommend. Ach na... Und dann – siehst du!...
Eigentlich: wir haben ja noch gar nichts verloren?... Später
könnten wir ja – vielleicht – immer noch zusammenkommen?

WENDT sie fest ansehend. Später?

TONI etwas verlegen. Nun ja?... Ich...   -5-

WENDT wie vorher. Später?

TONI mit einem gequälten Lächeln. Ich... Nun ja – Warum denn
nicht? Ich... e... Wir müßten vielleicht noch – ein paar Jahre
warten!... Aber unterdessen kannst du ja... Sie hat während der
letzten Worte nach dem Bett hingesehn. Hach?! Ist zusammen- -10-
gefahren, sich fest an ihn klammernd.

WENDT mit zitternder Stimme. Um Gottes willen! Was ist dir denn,
Toni?!

TONI wieder aufatmend und sich über die Stirn streichend. Mir war
– als wenn sich – im Bette dort etwas – bewegte...   -15-

WENDT gleichfalls unwillkürlich zum Bett hinsehend. Sucht sie zu
beruhigen. Du bist so erregt, Kind!
                          Pause.
TONI. Wir vergessen... Wir müssen – vernünftig sein!... Lächelnd.
Ach! – Sieh mal? – Mir – ist – schwindlig!... Ich bin – doch – -20-
ein bißchen – angegriffen...

WENDT sie stützend. Du hast dich so erschrocken, Toni!...

TONI mit mattem Lächeln. Laß nur! – Es ist – schon wieder gut!...
Sie ist mit gefalteten Händen vor das Bett Linchens getreten.
Weint. Ja! – Du siehst... Mein liebes, liebes Linchen!... Mein -25-
Schwesterchen!...

WENDT hinter ihr.

TONI weinend, wendet sich zu ihm. Sieh doch!

WENDT abgewandt. Toni...

TONI. Ich bitte dich! – Ich bitte dich! –   -30-

WENDT sie ansehend. Aufs tiefste erschüttert. Hat ihre Hand ergriffen. Demütig. Toni! – Oh, was bin ich gegen* dich! – Wie
muß ich mich vor dir schämen!...

TONI abwehrend. Ach... Ernst. Aber: wir dürfen nicht! Nicht wahr?

32: compared with.

WENDT sich abwendend. Du hast recht! Hat ihre Hand wieder fallen
lassen... Ja! Du brauchst mich nicht! - Du bist groß und mutig
und stark und ich so klein, so feig und - so selbstsüchtig!
Beschämt. Ich - Tor Ich!... Ja! Du hast recht! - Seufzt tief
auf. Wir dürfen nicht!...   -5-

TONI seine Hand ergreifend und ihm die ihre auf die Schulter
legend sieht ihm in die Augen. Nicht wahr, Gustav?... Wir
dürfen doch nicht nur an uns denken?!

WENDT im tiefsten Schmerz. Ihre Hand drückend. Ach - Mädchen! -

TONI. Du bist so gut gewesen!... Du hast's so gut mit uns   -10-
gemeint!...

WENDT gequält. Ist denn nur keine, keine Möglichkeit?!... Herrgott!!...

TONI schmiegt sich an ihn. Siehst du: ich muß ja doch auch aushalten!   -15-

WENDT schmerzlich. Toni! - Toni! -

TONI immer in derselben Stellung. Wieder mit einem Lächeln. Ach,
wenn man so den Tag über arbeitet, weißt du... wenn man sonst
gesund ist und immer tüchtig arbeiten kann, da denkt man an
nichts!... Da hat man keine Zeit, an was zu denken!... Und du - -20-
du weißt so viel! Du kannst so viel nützen*...

WENDT düster. Ich? Nützen?

TONI. Ach ja!

WENDT. Nützen!... Ja früher! Wenn ich noch wie früher wär!...
Aber jetzt?! Jetzt?!...   -25-

TONI. Ach, das ist ja nur so für den Augenblick!... Du kannst
glauben: das ist nur so für den Augenblick!... Wenn du erst
dort bist... Das ist so ein schöner, schöner Beruf, Pastor!

WENDT. Ich glaube an alles das nicht, womit ich die Leute   -
trösten soll, liebe Toni! Und ich kann nicht - lügen!   -30-

TONI lehnt den Kopf an seine Schulter. Zu ihm auf. Aber wenn
nun... Wenn du mich nun... Hättest du dann gelogen?

WENDT. Wie meinst du?

21: You can do so much good.

TONI. Ich meine: Wenn du mich - geheiratet hättest und du wärst
dann Pastor gewesen, dann hättest du doch ebensogut den Leuten
was vorgelogen, wenn du überhaupt an das alles nicht
glaubst?... Du sagtest doch gestern - ich weiß nicht mehr, wie
du's ausdrücktest!... Aber - ... Ja! - Wir hätten dann*, was   -5-
mit dem Leben versöhnte*! - So ungefähr! - Es war so schön!...

WENDT. Mädchen! - Mädchen! -

TONI. Ach, laß doch! - Du hast dort zu tun und ich - hier! - Und
wenn wir dann - manchmal aneinander denken, dann - wird es uns
leichter werden!... Nicht wahr?... Mit mildem Scherz. Ich will   -10-
mal sehn, wie oft mir das Ohr klingt!... Ach ja! Wenn man
nichts zu tun hat, dann denkt man so an alles und dann sieht
alles - viel schlimmer aus, als es ist!... Aber wenn man
arbeitet, dann schafft man sich alles vom Halse*!...

WENDT. Ja! Ja! Du hast wieder recht, wieder recht!... Sieht sie   -15-
innig an. Ach Mädchen! - Du wunderbares Mädchen! Wie könnt' ich
jetzt ohne dich leben!...

TONI ängstlich. O nein, nein!... Das sagst du ja nur so! - Das
wäre doch schlimm. Sieh mal, wenn du das nicht könntest, wenn
du bloß von mir abhingst*! - Lieber Gott! Ich bin ja so dumm! -   -20-
Ich weiß ja nichts!

WENDT. Ich meine nicht so! - Du hast recht! - H... Wir müssen uns
darein finden*!

TONI freudig, sich an ihn drückend. Ach, siehst du! - Das ist gut
von dir! Das ist gut!   -25-

WENDT. Aber, nicht wahr! Ich habe dich doch gefunden und du - du
machst mich jetzt zu einem anderen Menschen!... Du hast mich
überhaupt erst zu einem gemacht, liebe Toni!...

TONI. Ach, ich!...

WENDT innig. Ja! Du!... Das Leben ist ernst! Bitter ernst!...   -30-
Aber jetzt seh ich, es ist doch schön! - Und weißt du auch
warum, meine liebe Toni? Weil solche Menschen wie du möglich
sind! - ... Ja! So ernst und so schön!... Streichelt ihr über
das Haar.

TONI leise, selbstvergessen, glücklich. Ach ja!... Ach, aber das   -35-
ist gut von dir!... Ich wußte ja...

5: sc. etwas. 6: would be reconciled. 14: you get everything off
your back. 20: were only dependent. 23: We'll have to put up with
that.

Pause. Sie sehen sich in die Augen.
TONI schmerzlich, sehnsüchtig aufseufzend. Ach, du!...

WENDT sie fest an sich pressend. Hm? Du!... Toni!...

TONI in Gedanken an ihn vorbeisehend. Ach ja!

WENDT schmerzlich. Toni! - Toni! Preßt sie eng an sich.   -5-

TONI mit erstickter Stimme. Still... Sei still...

WENDT verloren. Toni... Beugt sich über sie und will sie küssen.

TONI mit erstickter Stimme. Laß!... Ich - höre - die Mutter!...
Ich muß nun - wir müssen nun daran denken!... Nicht wahr?...

WENDT. Toni! Ich bleibe noch!... Einen Tag!...   -10-

TONI wie vorher. Nein!... Bitte!... Bitte!... Mir zuliebe!...

WENDT. Ach!... Leb wohl!... Küßt sie.

TONI seinen Kuß erwidernd, mit tränender Stimme. Leb - wohl!...
Sie drückt sich gegen seine Brust. Leb wohl!... Es klingelt.
Toni will aufmachen.   -15-

WENDT hält sie zurück. Laß! Ich werde aufmachen! - 's wird wohl
nur der alte Kopelke sein... Er geht aufmachen. Toni zieht sich
in die Küche zurück.

KOPELKE noch im Korridor. Danke scheen! Danke scheen! Juten
Morjen, werter, junger Herr: - Na! Schon uf 'n Damm*?... Wie   -20-
steht's denn mit unse Kleene? - Aha! Ich weeß schon!... Se
schläft noch! Scheeniken!...

WENDT. Nein, sie... Bitte, treten Sie ein, Herr Kopelke!

KOPELKE tritt geräuschlos ein. Er hat ein kleines Paketchen
unterm Arm. Bleibt einen Augenblick bei der Tür stehen und   -25-
sieht sich um. Juten Morjen!... Nanu?! Keener da?!... Det is jo
hier noch 'ne Wirtschaft?!... Zu Wendt hinter sich zurück-
flüsternd. Sagen Se mal, et is doch nich etwa... He?!...

FRAU SELICKE lugt aus der Kammer. Ach, Sie sind's, Herr Kopelke?
Tritt ein.   -30-

KOPELKE. Ja, ick!... Juten Morjen, Frau Selicken! Ick wollt
mal... Sagen Se mal, et...

20: up and awake.

FRAU SELICKE **weinend.** Ach, Herr Kopelke!...

KOPELKE **besorgt.** Nanu?! Et is doch nich...

FRAU SELICKE **in Tränen ausbrechend.** Ach! Nun brauchen Sie - nicht
mehr - Herr Kopelke...

KOPELKE **das Paketchen auf den Tisch legend.** Det hat sick doch -5-
nich - verschlimmert!

FRAU SELICKE. Hier!... Da!... **Sie ist mit ihm ans Bett getreten.**

KOPELKE **steht eine Weile stumm da und gibt einige grunzende Laute
von sich.**

FRAU SELICKE. Diese Nacht um zwei...   -10-

KOPELKE **mit bebender Stimme.** Biste dot, mein liebet Linken*?...
Tritt zu Frau Selicke und nimmt ihre Hand. Frau Seliken!...
Meine liebe Frau Selicken!... Det... Sehn Se!... Det... Hm!...
**Er hält einige Augenblicke, seitwärts sehend, ihre Hand. Plötz-
lich.** Wo ist denn Edewacht*?   -15-

FRAU SELICKE. Drin in der Kammer!... Er sitzt da und - und -
rührt sich nich... Wie tot!... Ach Gott, ach Gott, ach Gott!...

KOPELKE. Hm!... **Wendet sich wieder zum Bett und betrachtet die
Leiche.** Un ick dacht'... Hm!... Un ick hatt' ihr da - noch 'ne
- Kleenigkeit - mitjebracht!... Hm!... Nu is det - nich mehr -20-
needig*!... Nu hat se det - freilich - nich mehr - needig!...
Hm!... Hm!...
**Toni tritt in die Küchentür und sieht in die Stube nach Frau
Selicke.**
Liebet Freilein*!... **Kopelke gibt ihr die Hand. Toni sieht** -25-
still seitwärts. Liebet Freilein!... **Toni geht zu Frau Selicke.**

TONI. Mutterchen! Da bist du ja schon wieder?... Hast du denn
nicht ein bißchen **geschlafen?**

FRAU SELICKE. Nein! - Kein Auge hab ich zutun können! - Nur so
ein bißchen gedämmert*!... Wie's klingelte, war ich gleich -30-
wieder wach!... Haste denn Herrn Wendt...

TONI. Ja! Laß nur! Ich gehe schon! Leg' dich aber wieder hin,
Mutterchen! Hörst du?

11: =Bist du tot, mein liebes Linchen. 15: =Eduard (Selicke). 21:
=nötig. 25: =Fräulein. 30: dozed (off).

FRAU SELICKE. Ja, ja! Toni geht in die Küche zurück. Warten Sie,
Herr Kopelke! - Ich werde meinem Manne sagen... Ab in die Kammer.

KOPELKE tritt vom Bett zu Wendt hin, der die ganze Zeit über
ernst beiseite gestanden hat.   Die armen Leite! - Die armen
Leite! - Jott! Ick sag immer: warum muß et bloß so ville Elend   -5-
in de Welt jeben? - Ä, Jottedoch*! -... Sie woll'n nu heite
ooch roioen?

WENDT zerstreut. Ja! - Gleich nach den Feiertagen tret ich meine
Stellung an.

KOPELKE.   Ja, ja! - Det wird Ihn'n nu ooch so nich passen! - Na,   -10-
wissen Se, werter, junger Herr! Det lassen Se man jut sind*!
Die Beffkens* un der schwarze Rock un det so: det is jo allens
Mumpitz*! - Sowat macht'n Paster nich! Damit kenn'n Se sick
trösten! - Da sitzt der Paster! Verstehn Se? Da! Klopft sich
auf die Brust... Un denn, wissen Se: in die zwee* Jahre haben   -15-
Se hier wat kennenjelernt, wat mennch eener* sein janzet* Leben
nich kennenlernt, un wat* Beßres, verstehn Se, hätt Ihn'n
janich passirn* können!... Ick wünsch' Ihn'n ooch ne recht
jlickliche* Reise! - Wah mich immer sehr anjenehm, werter,
junger Herr! - Wah mich immer sehr anjenehm!... Un, Se kommen   -20-
doch später hier mal widder* her? Wat?...

WENDT nachdrücklich. Ja das werd ich! - Über kurz oder lang*!...
Ich danke Ihnen, Herr Kopelke!

KOPELKE ihm die Hand drückend.   Scheeniken! Scheeniken! Det is
recht von Sie!   -25-
                Frau Selicke kommt aus der Kammer.
FRAU SELICKE. Es is nichts mit'm anzufangen! - Gehn Sie nur
selber zu 'm rein*, Herr Kopelke!... Ach Gott, ja!...

KOPELKE nimmt ihre Hand.   Kinder! - Kinderkens*!... Laßt man jut
sind*! Wir kommen ooch noch mal an de Reihe!... Verschwindet   -30-
hinter der Kammertür.
Draußen fangen die Glocken zum Frühgottesdienst an zu läuten. Das
             Läuten dauert bis gegen Schluß.
FRAU SELICKE. Da läuten sie schon zur Kirche!... Ach, wer hätte
das gedacht, daß Sie mal so von uns fortziehen würden, Herr   -35-
Wendt!... Unter solchen Umständen!... Weint. Lassen's Sie
sich's recht gut gehen! Gibt ihm die Hand. Und grüßen Sie Ihre

-----
6: =Gott doch. 11: =sein. 12: =Pfaffen. 13: nonsense. 15: =zwei.
16: =manch einer; =ganzes.   17: =was=etwas. 18: =passieren. 19:
=glückliche. 21: =wieder. 22: Sooner or later. 28: =zu ihm hinein. 29: =Kinderchen. 30: =Laßt gut sein Let it be enough, take
it easy.

Eltern unbekannterweise recht schön von uns!... Erleben Sie
bessere Feiertage - und - denken Sie manchmal an uns...

WENDT. Ja! - Das werd ich sicher, liebe Frau Selicke!

FRAU SELICKE. Wo bleibt denn Toni? Sie haben ja gar nich mehr
soviel Zeit...   -5-

TONI kommt mit Frühstück und Kaffeegeschirr; in der andern Hand
trägt sie ein Köfferchen. Im Vorbeigehn zu Wendt. Bitte!

WENDT nimmt es ihr ab und stellt es neben sich unter den Sofatisch. Ich danke Ihnen...

FRAU SELICKE mit der Schürze vor den Augen. Schluchzend. Ach Gott   -10-
ja! Ach Gott ja!

TONI hat das Frühstück in Wendts Zimmer getragen und kehrt nun
wieder zu ihrer Mutter zurück. Sie umarmt sie und küßt sie.
Zärtlich. Mutterchen! - Mutterchen!...

FRAU SELICKE zu Wendt, immer noch schluchzend. Ja, grüßen Sie sie   -15-
nur! Grüßen Sie sie nur recht von uns!

WENDT ihre Hand ergreifend. Ich danke Ihnen, Frau Selicke! Ich
danke Ihnen! Für - alles! Ihre Hand drückend. Leben Sie wohl!
Zu Toni, die mit dem einen Arm noch immer ihre Mutter umschlungen hält, ebenfalls ihre Hand ergreifend. Leben Sie wohl!   -20-
Ich... Toni hat sich an die Brust ihrer Mutter sinken lassen
und vermag ihm nicht zu antworten. Ihr ganzer Körper bebt vor
Schluchzen.

WENDT sich plötzlich über ihre Hand, die er immer noch nicht losgelassen hat, bückend und sie küssend. Ich komme wieder!...   -25-

1890

DETLEV VON LILIENCRON

Wer weiß wo
Schlacht bei Kolin*, 18. Juni 1757*

Auf Blut und Leichen, Schutt und Qualm
Auf roßzerstampften* Sommerhalm*
Die Sonne schien.
Es sank die Nacht. Die Schlacht ist aus,
Und mancher kehrte nicht nach Haus   -5-
Einst von Kolin.

Ein Junker auch, ein Knabe noch,
Der heut das erste Pulver roch,
Er mußte dahin.
Wie hoch er auch die Fahne schwang,   -10-
Der Tod in seinen Arm ihn zwang,
Er mußte dahin.

Ihm nahe lag ein frommes Buch,
Das stets* der Junker bei sich trug,
Am Degenknauf*.   -15-
Ein Grenadier* von Bevern* fand
Den kleinen erdbeschmutzten Band
Und hob ihn auf.

Und brachte heim mit schnellem Fuß
Dem Vater diesen letzten Gruß,   -20-
Der klang nicht froh.
Dann schrieb hinein die Zitterhand*:
"Kolin. Mein Sohn verscharrt* im Sand.
Wer weiß wo."

Und der* gesungen dieses Lied,   -25-
Und der es liest, im Leben zieht
Noch frisch und froh.
Doch einst bin ich, und bist auch du,
Verscharrt im Sand, zur ewigen Ruh,
Wer weiß wo.   -30-
                    (1890's) 1909*

-----

before 1: town in Czechoslovakia, some thirty miles east of
Prague; during Seven Years' War (1756-1763). 2: trampled to
pieces by horses; blade (of grass, grain). 14: =immer. 15:
pommel. 16: infantry soldier; a town in Belgium, near Antwerp.
22: trembling hand. 23: covered (hurriedly with earth). 25: he
who. after 30: date of collected poems.

Deutschland

Hundert Jahre sind es bald,
Als Despot Napoleon
Weggehaun und weggeknallt*,
Lief auf Leipzigs Feld davon*.
   Guten Schluß gemacht   -5-
   Hat die Völkerschlacht*,
   Und er hatte seinen Lohn.

Einnmal noch, nach manchem Jahr,
Will der Franzmann* unsern Rhein;
Der teutonische Barbar   -10-
Jagt ihn über Stock und Stein.
   Sedan*, hoch! Hurra!
   Und mit Gloria
   Drangen wir in Welschland* ein.

Deutschland einig! Nord und Süd!   -15-
Hand in Hand und Brust an Brust!
Kaiser Wilhelm*, niemals müd,
Bis zum Tode pflichtbewußt.
   Und des Kanzlers* Kraft
   Mit dem Eisenschaft*,   -20-
   Steht breitbeinig wie Granit.

Komm, wer will, nur jetzt heran;
Wenn die Welt uns auch umgraust*,
Unser Kaiser obenan*
Zeigt dem Teufel seine Faust.   -25-
   Friede soll es sein!
   Bricht der Feind herein,
   Wird gepackt er und zerzaust*.

Ruh nicht aus, mein Vaterland!
Stark zu Lande, stark zu Meer!   -30-
Duck dich nie! Paß auf am Strand!
Laß den Finger am Gewehr!
   Deiner* Flotte Hut*
   Schützt die Küste gut,
   Schützt den ruhigen Verkehr.   -35-

3: knocked aside and blown away. 4: i.e., Battle of Leipzig
(1813). 6: battle fought by allied nations. 9: (pejorative)=der
Franzose. 12: town in France, on the Meuse river, site of the
decisive battle of the Franco-Prussian war (1870). 14: here:
France. 17: i.e., Wilhelm I (1797-1888). 19: i.e., Bismarck's.
20: iron shaft, i.e., a well-armed military. 23: terrorizes on
all sides. 24: at the top. 28: seized and roughed up. 33:
genitive; protection.

Mächtig muß die Flotte sein,
Rings gesehn im Ozean.
Morgenrot und Mittagsschein
Glühn auf ihrer Flaggenbahn.
  Vorwärts! Auf! Es gilt*!   -40-
  Halten wir den Schild
  Über Deutschlands flüggen* Schwan.
             (1890's) 1909*

Zwei Meilen Trab*

Es sät* der Huf, der Sattel knarrt,
Der Bügel jankt*, es wippt mein Bart
  In immer gleichem Trabe.

Auf stillen Wegen wiegt mich längst
Mein alter Mecklenburger* Hengst*   -5-
  Im Trab, im Trab, im Trabe.

Der* sammetweichen* Sommernacht
Violenduft* und Blütenpracht*
  Begleiten mich im Trabe.

Ein grünes Blatt, ich nahm es mit,   -10-
Das meiner Stirn vorüberglitt*
  Im Trabe, Trabe, Trabe.

Hut ab, ich nestle wohlgemut*,
Hut auf, schon sitzt das Zweiglein gut,
  Ich blieb im gleichen Trabe.   -15-

Bisweilen* hätschelt* meine Hand
Und liebkost Hals und Mähnenwand*
  Dem guten Tier im Trabe.

Ich pfeif aus Flick und Flock* ihm vor,
Er prustet*, er bewegt das Ohr,   -20-
  Und sing ihm eins* im Trabe.

40: This is it.   42: fledgling. after 42: date of collected
poems./before 1: trot.   1: dibbles, makes holes in the ground. 2:
The stirrup creaks.   5: from Mecklenburg, a region in northern
Germany; stallion. 7: genitive; velvet-soft. 8: aroma of violets;
splendid array of flowers. 11: glided past. 13: cheerfully. 16:
=Ab und zu; caresses. 17: mane hanging like a wall. 19: vamping,
improvising. 20: snorts. 21: =ein Lied.

Ein Nixchen, das im nahen Bach
Sich badet, planscht* und spritzt mir nach
   Im Trabe, Trabe, Trabe.

Und wohlig* weg im gleichen Maß,   -25-
Daß ich die ganze Welt vergaß
   Im Trabe, Trabe, Trabe.

Und immer fort, der Fackel zu,
Dem Torfahrtlicht* der ewigen Ruh,
   Im Trabe, Trabe, Trabe...   -30-
           (1890's) 1909*

Morgenrot und Abendrot

   Vor der Schlacht, im Morgenrot,
   Legt um seines Pferdes Hals
   Den Arm der Tod.
   Er lehnt sich an die Mähne,
   Schmökt* sein isabellgelbes* Tonpfeifchen*,   -5-
   Und grinst ins Tal,
   Wo, wie zwei stößige* Hirsche,
   Zwei Heere zusammenstoßen wollen.

   Nach der Schlacht, im Abendrot,
   Reitet gleichgültig-gemütlich-gemächlich*   -10-
   Übers Blutfeld der Tod.
   Tralala!
   Den Erschlagenen speit* er
   In die gebrochenen* Augen,
   Wie der Fischer ins Wasser speit.   -15-
   Ihn salutieren* friedlich durcheinander
   Die von beiden Feinden
   Wie mit Geierkrallen
   Gegenseitig entrissenen
   Fahnen und Standarten: -20-
   Hurra! der Sieger!
           (1890's) 1909*

23: splashes. 25: content, cheerful. 29: gateway light. after 30:
date of collected poems./5: =schmaucht comfortably smokes;
cream-colored; little clay pipe. 7: butting. 10: lackadaisically.
13: =spukt spits. 14: dim. 16: the subjects are **Fahnen und
Standarten** (l. 20). after 21: date of collected poems.

ARNO HOLZ

Phantasus (1886)

Ihr* Dach stieß fast bis an die Sterne,
vom Hof her stampfte die Fabrik,
es war die richtige Mietskaserne*
mit Flur- und Leiermannsmusik*!
Im Keller nistete die Ratte,   -5-
parterre* gab's Branntwein, Grog und Bier,
und bis ins fünfte Stockwerk hatte
das Vorstadtelend* sein Quartier.

Dort saß er* nachts vor seinem Lichte
- duck nieder, nieder, wilder Hohn! -   -10-
und fieberte und schrieb Gedichte,
ein Träumer, ein verlorner Sohn!
Sein Stübchen konnte grade* fassen
ein Tischchen und ein schmales Bett;
er war so arm und so verlassen   -15-
wie jener Gott aus Nazareth!

Doch pfiff auch dreist die feile Dirne,
die Welt, ihn aus*: Er ist verrückt!
ihm hatte leuchtend auf die Stirne
der Genius* seinen Kuß gedrückt.   -20-
Und wenn vom holden Wahnsinn trunken*
er zitternd Vers an Vers gereiht*,
dann schien auf ewig ihm* versunken
die Welt und ihre Nüchternheit.

In Fetzen hing ihm seine Bluse,   -25-
sein Nachbar lieh ihm trocknes Brot,
er aber stammelte: O Muse!
und wußte nichts von seiner Not.
Er saß nur still vor seinem Lichte,
allnächtlich, wenn der Tag entflohn*,   -30-
und fieberte und schrieb Gedichte,
ein Träumer, ein verlorner Sohn!
                    1886

1: refers to **Mietskaserne** (l. 3). 3: tenement. 4: music in the
entry-hall and from the organ-grinder. 6: on the ground floor. 8:
the misery of the slums. 9: i.e., **ein Träumer** (l. 12). 13:
=**gerade** just. 18: But that whore, the world, also impudently
booed him. 20: guardian angel. 21: =**betrunken**. 22: sc. **hat(te)**.
23: as far as he's concerned. 30: sc. **war**.

ANDREAS SCHEU

Festgesang

Die du* die Binde von dem Blick genommen*
Der Menschheit, ringend nach der Wahrheit Licht;
Die du erhellst, was dunkel und verschwommen*
Des Menschen Geist mit Trug und Wahn umficht*:
O Wissensmacht! Du sollst die Schritte leiten,   -5-
Die wir auf steiler und beschränkter Bahn
In reinem, glühendem Verlangen schreiten
Nach* der Vollendung des Geschlechts* hinan.
    O Wissensmacht! Füll unsren Bund
    Mit deiner ganzen Stärke,   -10-
    Und gib dich unbesiegbar kund*
    In unsrem großen Werke!
    Sei unsre Rüstung, unser Schild
    Und unsrer* Waffen Schärfe,
    Daß unser Arm das Götzenbild   -15-
    Der Zeit in Trümmer werfe!

Der du zerbrachst der Menschheit Sklavenketten,
Der du der Tyrannei* den Stahl entringst;
Der du aus engen, dumpfen Arbeitsstätten
Mit kühnem Flug dich zu den Sternen schwingst: -20-
O Freiheitsdrang*! Du sollst mit Lust uns spornen,
Wenn uns im Jammer unsrer Lebensnot,
Umstrickt, verwundet von des Pfades Dornen,
Die Kampfesfreude zu ermatten droht! -
    O Freiheitsdrang! Stähl unsern Mut   -25-
    In Prüfung und Gefahren,
    Und laß uns deine ganze Glut
    Den Menschen offenbaren.
    Daß wir in der Gewohnheit Zwang
    Nicht tatenlos verderben: -30-
    Besel'ge* uns, o Freiheitsdrang,
    Im Leben und im Sterben!

Die du des Lebens größte Schmerzen stillest*
Und seines Kampfes tiefste Wunden heilst,
Die du des Ärmsten Brust mit Wonne füllest   -35-
Und seine Bürde freudig mit ihm teilst:

1: You who; sc. **hast**, and passim. 3: sc. **ist**: is hazy. 4:
surrounds in battle the human spirit with... 8: **Nach... hinan**
Toward; of the race of man. 11: proclaim. 14: genitive, and
passim. 18: from tyranny. 21: thirst for freedom. 31: Inspire.
33: =**stillst**, and passim.

O Menschenlieb'! Nur **dein** Gebot soll gelten,
Nur **deine** Satzung* soll zu Recht bestehn
In jenen neuen, wundersamen Welten,
Die aus den alten wir erstehen* sehn!   -40-
  O wissensmächt'ger Freiheitsdrang,
  Von Menschenlieb' entzündet;
  Dir töne* unser Lobgesang,
  Der du uns treu verbündet!
  Und auf der Arbeit Felsengrund*,   -45-
  Im Freiheitsmorgengrauen*,
  Laß hoch und herrlich uns im Bund
  Der Zukunft Tempel bauen!
                                1892

38: ordinance. 40: (a)rise. 43: may... resound. 45: rock-bed. 46:
dawn of freedom.

PAUL ERNST

Fannie

1

"Ich werde dich nie vergessen, glaubst du?"

Sie lag auf dem Sofa, die Arme um meinen Hals,
Und machte ein ernstes Gesicht;
Die runden Tränen kullerten* ihr aus den Augen,   -5-
Sie legte die nasse Backe an mich.

2

Nun sitz ich am Fenster,
Cigarettengeschmack, kalter Kaffee,
Und draußen regents*.

Du warst immer so lustig gewesen!
Schon in der Tür fingst du an zu schwatzen: -10-
"Du, das muß ich dir erst sagen, was ich der
   Tante wieder vorgeschwindelt habe*."

Vor mir, in einer Kragenschachtel*, liegen deine
   rosa Briefchen,
In jedem ein kleines Kreuz am Schluß,
Wo du einen Kuß draufgedrückt hast.   -15-

3

Auf der Straße liegt noch die schmelzende Eisschicht,
Mit Pferdeschmutz,
Und Rinnseln* mit eilfertig* schießendem Wasser.

Das Wasser fließt in den Fluß, und aus dem Fluß
   in den Strom,
Und dann ins Meer,   -20-
Wie es im Lesebuch stand, das wir als Jungens hatten,
Und nächsten Monat blühen die Bäume,
Unter denen dein Mann mit dir spazieren geht.

4: rolled. 8: =regnet es. 12: I pulled the wool over (my aunt's
eyes). 13: (shirt) collar-box. 18: =Rinnsalen rivulets; =eilig.

4

Unter blühenden Apfelbäumen
Küssen; pochender Busen.   -25-

"Hast du mich denn auch wirklich lieb?"

Langeweile ins Herz.
                    c. 1900

HERMANN CONRADI

Herbst

Der frischgedüngte* Acker stinkt herüber;
Braunrotes Land nickt über die Stakete*,
Die letzten Astern kümmern* auf dem Beete –
Und täglich wird der Himmel trüb und trüber.

Aus der Spelunke* jagte mich das Fieber   -5-
Und warf auf meine Backen grelle Röte*.

Wie sie heut wieder brünstig küßte, flehte*:
Ich möchte wiederkommen! Viel, viel lieber
Sei ihr die Nacht!... Denn, wär' der Tag zu Rüste*,
Dann sprängen heißer all die süßen Lüste   -10-
Und süßer sei das Indenarmenliegen!...

Der frischgedüngte Acker stinkt empörend –
Doch ist sein Stunk* nicht grade unbelehrend:
Nur wer das Leben überstinkt*, wird siegen!   -15-
                              c. 1890.

1: freshly manured. 2: fence. 3: =**verkümmern** are shriveling up.
5: dive. 6: garish redness, i.e., the symptom of tuberculosis. 7:
beseeched. 9: going to roost, i.e., ending. 14: =**Gestank.** 15:
outstinks.